KB189318

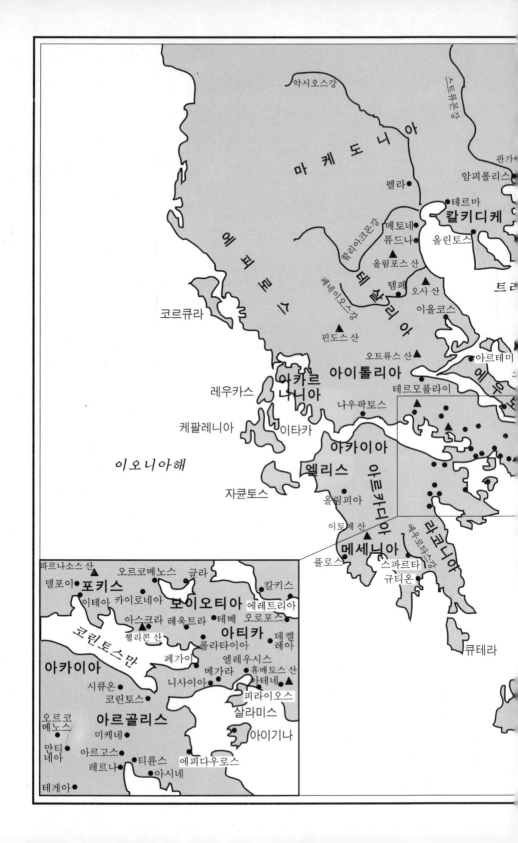

악시오스강

스트류몬강

마 케 도 니 아

판가

펠라 • 암피폴리스

• 테르마

칼키디케

에 피 로 스

할리아크몬강

메토네 •
퓨드나 •

올린토스

페네이오스강

올림포스 산 ▲

텔리

템페

트라

• 테르마

오사 산 ▲

이올코스

코르큐라

핀도스 산 ▲

아 리 아

오트류스 산 ▲

아르테미

에

우

아카르
나니아

아이톨리아

테르모퓔라이

레우카스

나우팍토스 •

케팔레니아

이타카

아카이아

엘리스

아르카디아

이오니아해

자퀸토스

올림피아 •

라 코 니 아

이토메 산 ▲

에우로타스강

메세니아

스파르타

퓰로스 •

규티온

큐테라

파르나소스 산 ▲

오르코메노스 글라

델포이 • 포키스

이테아 카이로네아

보이오티아

칼키스

에레트리아

아스크라 레욱트라 • 테베

오로포스

헬리콘산 ▲

아티카

데켈레

플라타이아

레아

코린토스만

페가이

엘레우시스

아카이아

메가라

휴메토스 산 ▲

시큐온 •

니사이아

아테네 ▲

코린토스

피라이오스

살라미스

오르코
메노스 •

아르골리스

아이기나

만티
네아 •

미케네 •

아르고스 •

레르나 • 티륜스 •

에피다우로스

테게아 •

아시네

아테네의 제우스 신전. 기원전 6세기경 피시스트라토스가 착수하여 2세기 초 로마의 하드리아누스 황제 때 완공되었다. 근 700년이나 걸려 세워진 이 건물은 4세기에 들어와 이교도 신전이라는 이유로 해체당하였다.

아테네 아크로폴리스의 파르테논 신전. 규모로 보나 신의 수로 보나 가히 만신전(萬神殿)이라 할 만한 건물로, 현재 유네스코의 재정후원을 받아 보수공사가 진행중이다.

아테네 아크로폴리스의 에렉테움 신전. 여섯 여신이 머리로 중방을 받쳐들고 있는 이 건물은 그리스 건축사에 빛나는 한 획을 그으며 전기와 후기 양식의 변화를 보여준다. 여신상과 오른쪽의 이오니아 원주는 모두 복제품.

아크로폴리스 언덕 서남쪽에 위치한 헤로데스 아티코스 오데움. 160년경에 세워진 원형극장으로 주로 음악 연주와 송시 낭독 장소로 이용되었으며 현재도 연주회가 개최되고 있다.

델포이 아폴론 신탁소. 전 그리스 도시국가의 위난과 길흉을 신탁에 묻던 곳으로 모든 도시국가들로부터 중립을 보장받은 곳이기도 하다.

델포이 신전. 그리스의 모든 신전은 집회소, 경기장, 원형극장, 신탁소, 주신전, 헌납물 보관소 등의 구조물을 고루 갖추고 있었다.

성역을 지키는 델로스의 사자상

크레타 섬 크노소스의 미노스 궁전. 에반스 경에 의해 발굴 조사된 이 유적은 미로와 밀실이 복잡하게 얽혀 있어 많은 신화와 전설의 무대가 되었다.

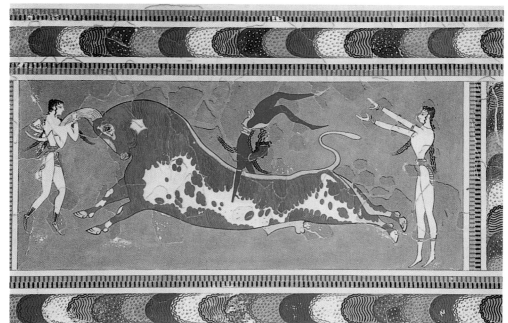

미노스 궁전 벽화 '황소 뛰어넘기'. 미노스 궁전은 수많은 수수께끼를 간직한 곳으로 유명하며, 공양도, 군어도 (群魚圖), 여인도, 황소 뛰어넘기 등 당시의 생활상을 알 수 있는 그림으로 가득차 있다.

미노스 궁전 프레스코 벽화 '프세이라 섬에서 온 세 귀부인'. 풍만한 가슴과 잘록하게 들어간 허리 곡선, 머리 스타일, 목장식, 매력을 돋보이게 하는 의상 등은 미의 극치를 보여준다.

기자의 스핑크스와 피라미드

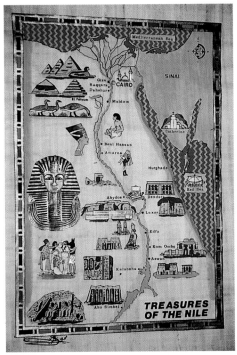

나일 강 유역. 파피루스 종이 그림

그리스의 신과 영웅들

그리스의 신과 영웅들

살아있는 지중해 신화와 전설

홍 사 석 지음

혜안

머리말

이 책자는 그리스 신화의 한 입문서로 에게해 연안의 신, 신화, 인물과 전설의 고장에 대해 간소하게 풀이한 일종의 단편 전승 설화집이라 할 수 있다. 에게해뿐 아니라 동 및 남 지중해 연안국과 동방의 주요 신화도 일부 첨부하고, 역사시대에 일어난 동서 세력간의 최대 갈등인 페르시아 전쟁의 에피소드도 간략히 언급하였다. 언뜻 강의록의 텍스트를 방불케 하는 이 원고는 에게해와 지중해의 일부 고대유적을 돌아본 감동을 지울 수 없어 신화에 지핀 겸허한 마음으로 엮은 초고를 다시 보충 정리한 글이기는 하지만 어디까지나 딜레탕트의 개인 비망록이라 하면 크게 어긋나지 않을 것이다.

신화는 본래 아득한 옛날부터 전해 오는 원초 신에 관한 구전(口傳)을 직관적·비유적인 언어로 서술한 설화로 우주의 창조와 신들의 활약과 사건을 현재화한 이야기이다. 다시 말하면 초자연적이고 초인간적인 힘이나 문제를 둘러싸고 일어나는 현상을 상징적으로 전한 시문이다. 여기에다 역사적으로 소문난 대사건에 근거한 영웅의 무용담(트로이 성 공략, 헤라클레스 후예의 귀환 등)과 실제 인물 및 실제 지역에 관한 이야기에 터무니없는 허구를 가미한 전설(로마를 건국한 로물루스 형제들)도 신화의 본류에 합류시킨다. 그 외에 단순한 모험담에 교묘하게 독창적 속임수와 마력을 첨부하여 괴물 혹은 거인을 물리치고 공주를 구해서 배우자로 삼았다는 영웅의 탐색원정(페르세우스, 벨레로폰 설화 등), 또는 왕실의 아들로 태어났지만 버림을 당해 산짐승의 젖으로 생명을 부지하고 후에 적법한 왕위계승자가 된다는 민간설화 혹은 야사도 신화의 부류에 넣는다. 분명히 한계를 짓기는 어려우나 무용담, 전설 및 야사를 포함한 전승설화는 모두 엄숙한 신의 의지 및 신성(神性)을 표출하며 또한 신과 인간이 어울린다는 데 그 특징이 있고, 신화는 '신들의 역사'라고 볼 수 있다. 신화

(Mythos, Myths)는 로고스(logos)의 대구로 허구적 이야기라는 뜻이다. 신화학
(Mythology : Mythos+Logos)도 같은 뜻으로 사용하지만 신화를 역사적으로 해
석하고 그 근거를 찾는 학문이라 정의할 수 있으며 그 효시는 플라톤의
'Mythologia'라고 본다.

그리스의 신화 및 전승설화는 원래 구전으로 음송되었으나, 카드모스에 의
해 페니키아의 알파벳 문자가 도입되어 글이 일반화되자 기원전 10~9세기경
호메로스와 헤시오도스에 의하여 가락과 음감에 맞추어 서사시로 집대성되고,
그 후 여러 시인들에 의해 비극과 희극 등으로 수식·각색되면서 체계화되었
다. 고대 그리스인은 이 신화를 천 년 이상에 걸쳐 젊은이의 교육이나 성인의
이상(理想) 점검 및 오락으로 활용하였으므로, 그리스 문화의 줄기는 말하자면
호메로스에 의지하였다고 하여도 과언이 아니다. 지상의 모든 조각품과 심지
어 생활토기에 묘사한 그림도 신화의 테마로 가득차 있고, 천상에서 빛나는 별
과 별자리에도 신과 신화적 인물이 자리하여 그리스인의 삶은 그야말로 낮이
고 밤이고 신화 일색이었다. 신화에는 신을 위시하여 요정, 영웅, 반신(半神),
인간 그리고 동물과 괴물 등이 다양하게 나타난다. 인물의 이름은 지역과 도시
이름을 위시하여 산과 강의 이름으로도 붙여진다. 같은 이름을 가진 지역이나
산과 강도 여럿이고 또한 사람에는 동명이인이 적지 않다. 그리스 사람들은 다
른 나라와 달리 성씨가 없이 이름 하나만을 사용하므로 같은 이름이 많을 수밖
에 없다. 따라서 특정인을 지칭하려면 부모 특히 아버지 이름, 선조 이름, 또한
소속 집단(Demos)이나 출생지 등을 붙여 구별해야 하는데, 그런데도 중복을 피
할 수 없을 때가 있다. 오늘날에는 신화 인물의 이름이 고사성어로 자리하고
움직임씨나 그림씨로도 전용된다. 이름은 원래 뜻을 가진 낱말로 만들어지고
또한 주인공의 행실이 뜻에 덧붙여지기도 한다. 그리고 이제 신화에 나오는 이
름 중에는 오감을 초월하는 개념이나 이해 범위를 훨씬 넘어 존재하는 상태를,
구체적인 상황으로 묘사할 때 쓰는 객관적 낱말로 매김할 수 있게 되어 이름의
원 색채를 떠난 것들도 있다.

그리스·로마 신화는 성경과 더불어 서구문화의 정신적 기반이 되어 문학은
물론 인류학·언어학·철학·의학·심리학 및 심지어 과학 등의 모든 학문 분
야에서 그 진수를 매개하고 전달하는 올이 되고, 연극·음악·미술 그 외 예술
의 주제로 자리잡았다. 또한 신화의 종교의례는 후에 생긴 신앙의 규범으로서

큰 영향을 미쳐 서구의 종교신학 발전에 이바지하였다.

그리스의 신은 불사신으로 탁월한 초능력을 지니면서도 인간미가 넘치고, 올림포스 산정에 거주하지만 세월의 대부분을 지상에서 보낸다. 그들은 인간과 마찬가지의 생활을 하며 서로 반목하고 다투고 호색하며 질투하고 사악하고 교활하며 변덕스럽고 잔혹하기도 하다. 인간사회의 사랑과 미움, 질투와 시기, 선과 악이 모두 신들에게서 나온 정서인 것이다. 시공을 넘어 종횡무진하면서도 인간에 친밀감을 주는, 인간과 동형(同形)의 신이며 인간의 삶의 행로에 동참한다. 그래서 인간사회가 없어지면 신도 떠나버린다. 그리스인은 신을 알기 위해서 자신의 모습과 닮게 만들고 신을 위해서 집단적 황홀상태를 낳는 축제를 열었다.

반면 로마의 신은 이 그리스 신을 복제, 부연 또는 윤색한 신이기는 하지만 막연한 인격을 지닐 뿐 그리스 신처럼 신인동격이 아니다. 뿐만 아니라 로마 신은 인간 모티프로 움직이지 않으며 영생하지 못하는 인간과는 연애나 결혼도 하지 않고 다투지도 않는다. 따라서 보나르(1888~1959)는 로마 신들은 그리스 신이 아니고 단지 원숭이 흉내를 낼 뿐이며 신들에 대해서 노래하는 로마의 시인들은 거의 신을 믿지 않고 신을 그저 문학적 수식이나 극 진행을 전환시키는 도구로만 사용하여 로마의 하늘에 차 있는 것은 오직 수사적 문채(文彩)뿐이라고 말한다. 횔더린(1770~1843)도 신화적 주제나 신화에 등장하는 이름을 문학적 미사여구로만 이용하는 작가들을 못마땅하게 여겨 심지어 '위선자들'이라 하고 이들은 신화 현상을 마치 '나포된 야수'처럼 멋대로 이용하거나 혹은 유희의 대상으로 한다고 질책한다.

신화와 전승설화는 인간이 생각할 수 있는 모든 범위에 걸쳐 흥미진진하게 펼쳐가는 스토리를 갖고 있다. 비록 동화의 세계 같은 환상 드라마이지만 그 이면에는 원초적 사건과 역사적 실마리가 내재하고 인간의 고귀한 체험과 시적 몽상이 담겨 있으며 인간의 인내와 극복 과정에서 얻어진 삶의 지혜가 싹터 숨쉬고 있는 정서적인 불후의 경전이다. 볼렌은 신화 속에서 우리 자신을 인정하면 거기에서 힘을 얻을 수 있으며, 감탄을 불러일으키는 대목은 우리를 깊게 움직이게 하는 요소로서 곧 우리에게 진정한 자아에 충실하도록 고무한다고 한다. 신화는 우리 정서의 양식인 것이다. 이 책이 바로 그러한 신화에 관심을 갖고 다가갈 수 있는 길잡이가 될 수 있기를 바라마지 않는다.

  이 책이 나오기까지 그간 도움을 주시고 격려해 주신 분들에 마음 깊이 감사를 올린다. 차승만 교수, 홍종화 사장, 최병일 교수, 조현구 이사, 차영남 교수, 양은석 박사, 양인민 교수, 조각가 백문기 교수, 이관희 박사, 김경환 교수, 안영수 교수와 부인 심정숙 여사, 하헌주 박사, 박은정 박사, 이성은 여사, 신혜선 여사, 김동수 관장, 백승길 교수, 이희덕 교수, 남문현 교수, 소헌 정도준 서예가, 정태호 교수, 오장옥 교수와 부인 현원영 박사, 유옥희 교수 그 밖에도 많은 분과 또한 원고 타자에 수고한 이경재 양과 민선자 양에게도 고마움을 표하는 바이다.

  지중해 섬의 답사를 같이한 구연철 교수 부부, 홍사욱 교수 부부, 이번에 동행한 집사람(조은애), 또한 같이 관심을 갖고 협조한 세 아들(세선·유선·현선) 및 세 자부(김미화·윤혜영·조애자)에게도 고맙게 생각한다. 또한 핸드 그래프 그림을 부탁한바 쾌히 승낙하여 준 나비수집가 홍승표(프리랜서 인테리어 디자이너) 씨에게 깊은 감사를 올린다. 끝으로 출판에 협조하여 주신 도서출판 혜안에도 깊은 감사를 드린다.

북현인

차 례

제1장 서 문

　그리스 사람들은 헬렌의 후예라 하며 스스로를 헬레네스라고 자부한다. 오늘날 나라의 공식 명칭은 Hellenic Republic이며 간단히 헬라스라 부른다. 헬라스는 옛 테살리아의 한 도시 혹은 아소포스 강과 에니페오스 강 사이에 위치한 지역을 지칭한다. 라틴어로는 그리스의 한 옛 지역 이름을 본떠, 혹은 그리스인이 이탈리아 남부 식민개척지에 위대한 문화적 발전을 이룩하고 이를 마그나 그라이키아(대그리스)라 한 데서 그라이키아 및 그라이키라 불렀으며 이에 연유하여 현재 영어로는 Greece 및 Greeks, 불어로는 Grecque 및 Grece, 포르투갈어로는 Gresia라 한다. 동양에 있어서 중국이나 우리 나라에서는 헬라스의 발음을 수용하여 희랍(希臘)이라 하고 일본은 포르투갈어 Gresia를 음역하여 기리시아(ギリシア)로 쓴다. 서구인은 그 나라의 고대 문화와 정치체제에 찬사를 아끼지 않으면서도 greek 혹은 grecque라는 낱말을 협잡꾼, 도박꾼이라는 뜻으로 전용하고 있어 과거 그리스 사람을 기피하는 심정이 있었지 않았나 싶다.

　전설에 의하면 이 나라 선조 헬렌에게는 아이올로스, 도로스 및 크수토스라는 세 아들이 있었고 그 각각의 후손들은 아이올리아인, 도리스인 및 이오니아인이 되었다고 한다. 이오니아는 크수토스의 아들 이온에 연유한다. 언어상으로도 각각 아이올리아 방언, 도리스 방언 및 이오니아 방언이 있으며 여기에서 다시 여러 갈래의 방언의 생겨났다. 언어학자에 의하면, 사포의 시(기원전 611년경)와 알카이오스의 시(기원전 606년경)는 레스보스의 아이올리아 방언이며, 보이오티아 태생으로 테베에서 수학한 핀다로스의 일부 시(기원전 490)는 보이오티아의 아이올리아 방언에 일부 도리스 방언이 섞여 있다. 유명한 호메로스의 서사시(기원전 800년경)는 고대 이오니아 방언으로 서술하였고, 헤로도토스(기원전 420), 히포크라테스(기원전 430), 투키디데스(기원전 423), 플라톤(기원전 399) 등의 시문은 아티카 지방의 이오니아 방언으로 쓴 작품이다. 알렉산더 대왕(재위 기원전 334~323)의 통치영역이 동방세계로 확장되면서부터는 코이네(주로 그리스어의 아티카 방언)라고 하는 표준말이 보급되었고, 아테네 크세노폰의 저술과 알렉산드리아 등지의 문학작품, 신약성경은 모두 이 코이네로 쓰여졌다.

　그리스 신화와 로마 신에 그리스 신의 신성을 결부시킨 로마 신화는 서구세계의 문화 유전자로 깊숙이 스며 있어 지울래야 지울 수도 없을 뿐만 아니라 없어서는 안 될 문화의 요소로 자리하고 있다. 그리스 신화는 원래 고대 그리스어로 기록한 것이고 로마시대에 와서는 라틴어로 번역 계승되었으며, 현대에 와서는 그리스어 원본과 라틴어 판을 기초로 여러 나라 말로 옮겨져 번역판과 관련 논문 및 논설이 수없이 출간되고 있다. 자연히 신화에 나오는 고유 낱말과 발음 표기는 시대나 지역의 변천에 따라 변화되고 각 나라 언어의 운(韻)에 맞추어져 변형되었으며 낱말 표기에도 차이가 생겨나게 되었다. 이에 학자 간, 또는 번역자 간에 적지 않은 이견이 제시되어 근래에 와서는 될 수 있는 한 그리스어 낱말의 원형과 원발음을 반영하고자 하는 정립운동이 일어나고 있다. 이 글에서는 그리스어 발음을 기준으로 하여 우리 말 음역으로 적고, 또한 일반적으로 널리 보급된 라틴어 음역과 영어 번역 음을 가리지 않고 수용하였다. 또한 그리스어의 고유 낱말의 장모음은 별도 표기하지 않았다.

　낱말의 알파벳 철자는 영어 표기 방식에 따랐다. 예컨대 그리스 글자와 영어 표기를 대조하면, ν-G, H-H, θ-Th, K-C, Θ-X, Σ(σ)-S, υ-Y(혹은 U), ρ-R, φ-Ph, X-Ch, Ψ-Ps, Ω(w)-O 등이다. 낱말 어간의 철자는 영어(혹은 불어, 독어 등) 표기에서도 그리스어 어간의 철자와 큰 차이가 없으나 어미의 표기에 있어서는 라틴어, 영어, 불어 등 사이에 차이가 있다. 이 글에서는 어미 os와 us, lia와 ly, ce와 cia, ion과 ium, ia와 ea, d와 s는 서로 병용하고, 통용하는 낱말들의 융통성을 두어 획일화시키지 않고 또한 어미 생략 표기방식 (Homeros-Homerus-Homer)도 같이 적용하였다.

　그리스어에 대한 이해 범위가 한정된 소위 'Greekless Greek'(번역물에만 의존한 그리스 문학 연구를 빗대는 말) 초보자로서 더 이상 언급하는 것은 무리인 동시에 사족인 줄 안다. 이 기록은 신화 입문자의 초보 기록으로 체계를 세워 저술한 것도 아니고 그렇다고 역사성에 초점을 두고 정리한 것도 아니다. 다만 보고 읽고 한 그리스의 신화 및 고대사의 인식을 보다 깊게 하기 위한, 나름대로의 의향과 실용성 또한 개인적 선호성에 따라 적어 본 것이다. 첨부해서 말하면 아이들에게 직접 이야기로써 생동감 있는 이야기를 전할 소질이 없어 신화의 개요를 알린다는 의도도 갖고 정성을 다 해서 엮었으나 두찬(杜撰)을 면치 못하였음을 밝혀 둔다.

1. 그리스 나라의 개요

그리스의 자연

현 그리스의 면적은 남한의 1.3배, 경작지는 20% 이내로 국토의 5분의 4가 산지이며 1000m를 넘는 높은 산이 흔하다. 이 나라 산 중에서 최고봉은 2917m의 올림포스 산봉으로 신화시대에는 주신(主神)들의 상징적 주거지로서 외경하는 성역이다. 고지대에는 나무와 숲이 있으나 대부분의 높은 산은 석회질 절벽의 민둥산이며 중턱부터 완만한 고원 경사지로 이어지기도 한다. 옛 켄타우로스족이 살았던 테살리아 고원은 800㎢가 넘는 비옥한 목초지이며 말 사육지로 이름 높다. 고원의 계곡을 흐르는 이 나라 최장의 강 페네이오스는 2000km가 넘는 긴 강이지만 상류는 물살이 세고 하류는 완만하나 수심이 얕아서 항해에는 적합하지 않다. 대부분의 내륙 골짜기는 좁아서 겨울 우기에 계곡의 하천이 범람하며 겨울이 지나면 건조기로 들어가 하천은 계속 말라붙어 자연의 혜택이라곤 거의 없다.

원래는 산야에 나무가 많아 소나무를 비롯한 플라타너스, 느릅나무, 떡갈나무 등 거목이 무성하여 날짐승과 들짐승이 우글거렸으나 원시시대부터 가옥, 목선, 숯을 만든다고 나무를 마구 베어내고 말았다. 따라서 이미 기원전 5세기에 무성한 숲은 자취를 감추고 산지나 언덕은 지금과 같은 메마른 모습을 드러내게 되었다. 이에 따라 자연의 섭리에 무지한 주민은 별수없이 땡볕과 바윗돌, 우기에는 광란하는 물결에 몸을 맡기는 신세가 되었다. 이러한 산지와는 달리 육지 둘레의 바다-지중해는 문자 그대로 대지의 한가운데에 있는 풍광

명미한 고요한 내해로, 겨울철을 빼놓고는 천혜의 낙원이다. 해산물이 풍부하고 교통이 편리하며 거기에다 금상첨화로 쪽빛 바다의 뱃길은 그지없이 상쾌하고 삶의 즐거움을 솟게 한다.

고대에는 지정학적으로 소아시아 문명과 이집트 문명이 키프로스, 크레타, 키클라데스를 거쳐 점진적으로 북상하여 그리스 본토에 전파되고 미케네 문명으로 이어졌다. 그리스의 큰 땅덩이 펠로폰네소스 반도는 지세로 보아 북쪽 본토의 짧은 줄기에 달린 큰 섬이라고 볼 수 있다. 실제로 현대에 와서 줄기 부위인 코린토스 협부를 개착, 이오니아해와 에게해를 연결하는 운하를 개통시켜 섬으로 만들고 교량을 가설해서 육로를 소통시켰다. 이 나라 해안선은 굴곡이 심해서 도처에 만과 곶이 있고 해안선이 이오니아해, 에게해, 지중해로 매우 어지럽게 펼쳐져 있다. 이 때문에 일찍부터 사람의 왕래나 짐을 나르는 데는 언덕을 넘어야 하는 육로보다 배를 이용하는 바닷길을 선호하여 해운이 발달하였다. 남쪽 전설의 고장 크레타는 지중해섬들 중 시칠리아, 사르디니아, 키프로스, 코르시카에 이어 다섯번째로 큰 섬으로, 높은 산들과 산맥이 군데군데 끊긴 대형 협곡이 산재하고 최고봉은 이다 산의 타원형 단일봉 티미오스 스트라브로스(2456m)이다. 섬의 해안선은 1000km가 넘고 기원전 2000년경 해안을 끼고 도시가 건설되었으며 그 중 크노소스의 미노스 궁전은 가장 유서 깊고 이름나 있다. 에게해의 중앙 부위에는 델로스를 둘러싼 한 무리의 섬들이 점철하는데 이 군도를 키클라데스(Cyclades : Cycle+Delos)라 한다. 여기에는 기원전 3000년경 이미 독특한 문화가 존재하였으며 대부분 석회질 바위섬으로 이루어져 있다. 옛 지각변동이라는 대역사는 아티카, 에우보이아 산맥의 동남쪽 연줄을 바다 속으로 내려 놓아 높은 산봉만 수면 위로 모습을 드러내고 동쪽으로 가서는 다시 아시아의 산맥으로 이어진다.

북쪽 산악지대는 겨울철에 몹시 춥고 눈이 많은 대륙성 기후로 옛적에는 인구가 희박하였다. 이에 비하여 남쪽 해안지대와 에게해 섬은 아열대의 전형적인 지중해 기후로 사철 내내 밖에서 지내도 큰 지장이 없다. 겨울철 우기에는 서해안 쪽에 비가 많고, 동해안 쪽에는 비오는 날보다 맑은 날이 많다. 봄·여름·가을철은 대체로 맑은 날이 이어지고, 초여름에서 늦가을까지 햇볕이 따가워 개울물이 줄어들고 초목이 시들며 말라 버린다. 해변은 해풍으로 견딜 만하고, 햇볕이 그리워 찾아오는 인파가 비취색 지중해 해안으로 모여든다. 태양열로 흐르는 땀을 식히느라 시원한 그늘진 곳을 찾는 모습은 일찍이 기원전 5~4세기의 희극시인 아리스토파네스도 희극시 「말벌」에서 "나귀 그늘을 차지하느라 다툰다"라고 묘사하고 있다.

평지에는 곡물을 심기도 하나 뿌리를 잘 내리지 못하므로 가뭄을 타지 않는 올리브, 포도 또는 더위에 강한 실과나무를 심으며, 생산되는 올리브유와 포도주는 예로부터 이 나라의 주요 산물이 되었다. 언덕은 목축지로 이용하여 양이나 산양을 기르고 있으나 소를 키우는 데는 적당하지 않다. 따라서 경작지의 부족으로 식량을 자급자족하는 것이 불가능하였기 때문에 외국에서 조달해야 했다. 도시국가 아테네에서는 기원전 7세기 솔론 시대부터 올리브유, 포도주, 도자기 등을 수출하고 곡물, 특히 소맥의 수입을 무엇보다 중요한 시책으로 삼았다. 그런데 곡물은 주로 흑해 연안의 여러 나라와 이집트에서 들여왔고, 따라서 흑해로 가는 길목인 헬레스폰트 해협을 지키는 것은 전략적으로 매우 중요하였다. 기원전 1240년 미케네가 유괴당한 헬레나를 되찾는다는 명목으로 트로이 성을 공략하여 헬레스폰트의 헤게모니를 장악하고자 장장 10년에 걸쳐 (기원전 1240~1230) 전쟁을 벌인 것은 유명하다.

아테네는 북위 38도선에 위치한 그리스 수도로 인구 1100만 명 중 400만 명이 시내와 근교에 거주한다(1995년 현재). 고대에 신전과 성채들로 들어찼던 아크로폴리스는 156m의 언덕으로 페르시아 전쟁 중에 완전히 파괴된 것을 승전 후 아테네의 전성기를 구가한 페리클레스 시대에 파르테논 등 우아하고 찬란한 구조물과 조각상을 재건립한 성역이다. 지금은 폐허가 되고 신전의 돌기둥, 부조된 박공, 대들보 등의 조각만이 옛 영광의 그림자를 보여주고 있는데 여전히 옛 아테네인의 창의성과 예술성을 접하고 느낄 수 있는 감동적 유적이다.

자연은 거기에 자리한 생물, 인간의 생활과 얼들에 지대한 영향을 미친다. 이 나라 사람들은 빈곤을 극복하는 강인성과 자립심이 유달리 돋보이며 쾌청한 기후 조건을 배경으로 쾌활한 심성을 지니게 된 것으로 보인다. 또한 용감성에는 각별히 찬사를 보내고 신체단련을 게을리한 적이 없으며 연극 경연에 열정을 쏟아 도시마다 또한 신전이 있는 곳마다 우아한 원형극장과 경기장을 설치하여 축제를 올렸다. 조각예술의 장인은 자연의 이상적인 아름다움을 추구하는 데 전력을 기울이고 그리스인은 아름다움이 곧 선(善)이라는 사유를 지니게 되었다. 교역의 길로서 일찍이 해운이 발달한 바다는 그리스인의 삶에 중요한 영향을 미쳤다. 바다는 신화의 세계가 펼쳐지는 무대였으며, 또한 이 바다를 통해 건너온 해외 문물에 접하여 독특한 헬레네스 문화를 꽃피워 낼 수 있었다.

그리스 사람은 어느 민족에 못지 않은 강렬한 조국 사랑의 혼을 가지고 있다. 종교 이상의 정서가 지배하는 이 혼은 오랜 역사의 흐름 속에서 그리스(그리스어로 말한다면 바로 헬레네스)를 강고하게 지켜 오는 힘이 되었다. 오랜 오토만의 지배에서 벗어나 나라를 되찾고자 1821년 총궐기하여 항쟁하는 헬레네스의 용사를 위해 솔로모스는 다음과 같은 해방의 송시[1]를 발표하였다.

Σε γνωρίζω από την κόψη
Του σπαθιού την τρομερή,
Σε γνωρίζω από την όψη
Που με βία μετρά τη γη.

Απ' τα κόκαλα βγαλμένη
Των Ελλήνων τα ιερά,
Και σαν πρώτα ανδρειωμένη,
Χαίρε, ω χαίρε, Ελευθεριά !

당신의 날카로운 공포의 칼날은 해방을 이루게 할 줄 아나이다.
당신의 빛나는 광채는 국토를 비추어 줌을 잘 아나이다.
거룩한 폐허에서 되살아나는 헬레네스의 위대성과 자유
지난날처럼 용감하여라! 만세 만세 오! 우리의 해방!

이 송시 158연 중에서 첫 7연이 1865년 그리스의 국가로 채택되었다.

---

1) 뉴욕 마운트 시나이 의대 유옥희 교수와 그리스인 의사 트라우디데스(Androulla Traudides) 외 2~3인이 솔로모스의 시와 내역 및 맥퍼슨(McPherson)의 영역문을 보내 주었다.

고대문명

문화와 문명이라는 말은 흔히 같은 뜻으로 사용한다. 그러나 두 낱말을 대비시켜 비교적 물질기술에 의존하는 인간사회의 편리를 위한 발전적 소산은 문명(Civilization)이라 하고, 이에 반하여 인간의 이상을 실현하려는 활동으로 정신에 의존하는 바 큰 성과를 문화(Culture)라 하는 견해가 있다. 구체적으로 문화는 예술·도덕·종교·학문 등 인간의 내적 정서 활동의 소산을 가리키고, 주로 언어와 얽혀 있다. 문명은 문자 그대로 도시를 만들어 시민생활을 한다는 말이다. 19세기에서 20세기의 독일 문화철학에서는 문명에 대비하는 문화상위론을 주장하였다. 다시 말하여 인간의 독창적인 정신 소산을 문화라 하며, 현실적 인간생활 영위에 요구되는 합리적 수단을 문명이라 본 것이다. 이와는 달리 인류발달사에 있어서는 야만, 미개에 이어지는 단계를 문명이라 일컫고 있다.

그리스에는 구석기시대에도 주민이 있어 문명을 지닌 흔적이 있고 신석기인은 어디서 왔는지 잘 모르나 기원전 3000년 청동기시대에 들어가 2000년간 융성한 에게 세계를 이루다가 쇠퇴하였다. 그리스의 초기 문화와 문명은 신석기시대에서 청동기시대 후반까지 이어진 크레타를 중심으로 한 미노아 문명(기원전 2200~1400)이다. 그리스 본토 문명(기원전 1600~1200)과 구분되는 키클라데스 문명도 특징적이다. 이 문명은 기원전 3000년경의 빛나는 유물, 예컨대 옥제품이나 대리석 조각상, 항아리 등의 발굴로 입증되었으며 미노아 문명이나 헬라스(미케네) 문명과는 다른 특징과 개성을 가지고 있다.

미노아 문명의 절정기(기원전 1600~1400)에 이르러 상류사회는 매우 호화스러운 생활을 하였다. 그들은 궁전과 정원, 대리석 층계로 이은 웅장한 고층건물, 발달된 위생시설을 갖춘 거실, 침실, 광 등을 미로형으로 배치하였다. 상쾌한 채색벽화는 이 시대 사람의 모습과 습관을 생생하게 보여준다. 발굴자 에반스는 멋들어진 한 여인의 프레스코 초상화에 「파리의 여인」이라는 이름을 붙였다. 궁전, 가옥 및 무덤에서 출토된 수많은 귀중품, 생활용품, 상아조각상, 광택 있는 홍색 고급토기, 정교한 금동제 기물들, 석각인(石刻印), 반지 등은 그들이 누린 문화가 얼마나 찬란하였는가를 뒷받침한다. 부유하고 쾌활한 심성을 가진 사람들은 오락으로서 장기나 황소 뛰어넘기 같은 운동경기를 즐겼으며 왕과 여러 신, 특히 뱀여신을 숭배하였다. 이들은 동방의 이집트, 아시리아 등과의 교역과 접촉으로 해외문명을 받아들이고 이를 다시 독자적인 문화로 발전시켰다. 이집트의 기념비적 문명과는 달리 식물과 동물 등 자연을 주제로 장식적 예술을 창안하였으며 그 문화는 인근의 섬들과 그리스 본토로 전파되었다. 테라(산토리니) 섬 유적, 특히 아크로티리 도시의 출토물은 크레타 유적과 맞물려 플라톤의 대화편(기원전 4세기)에 나오는 아틀란티스의 실체라고 추리하는 견해도 거듭 나오고 있다.

한편 청동기시대 초반, 크레타와 주변 섬에 관련이 있는 인종과 소아시아인들이 그리스 본토로 침투 혹은 침입하였다. 청동기시대 중반 기원전 2000년 직후에 그리스 본토는 두 차례의 침입을 받게 되는데, 현재 그리스인의 선조가 되었다고 생각되는 북방 코카서스의 아리안 인도족이 들어와 점차 융화되었다. 초기 그리스인은 에게인의 주류를 형성하고, 크노소스에 나라를 건설한 후 점차 섬을 넘어 그리스 본토, 소아시아, 시리아, 팔레스타인 및 이집트로 세력을 확장해 나갔고, 서방으로는 리파리 제도, 이스키아, 남부 이탈리아로 뻗어나가 기원전 8~7세기 그리스 식민도시를 크게 확산시켰다. 본토인은 크레타의 성숙한 미노아 문명의 영향을 받아 점차 개성적인 문화를 발전시키고 미로식 궁전은 성채로 변천하였다. 그러나 내부 장식벽화, 작은 조각품, 금속공예, 항아리 등은 크레타의 그것과 유사하며 흔히 미케네 문명으로 불린다. 시기적으로는 대략 기원전 1600~1100년 사이에 해당하는 이 문명의 후반기인 기원전 1400~1100년은 그리스의 영웅시대라 하며 아가멤논 왕의 세력권 아래 있던 미케네는 연합군을 편성하여 트로이 전쟁을 감행하였다. 트로이가 함락되고 얼마 되지 않은 청동기 말기에 미케네족은 멸망하고 많은 도시가 파괴 소각되었다. 멸망의 일부 원인은 먼 혈연의 도리스인이 일리리아인의 대이동에 밀려 침입하였기 때문인데, 결과적으로는 북방에서 새로운 그리스족이 내려오게 되었다. 이것을 헤라클레스 후예의 귀환이라 부르는데, 이들이 갑자기 토착문화를 덮치면서 문화 수준이 하락하고 건축, 항아리 모양 등이 완연히 달라졌다.

이 시대에 특기해야 할 유물은 크레타와 그리스 본토에서 출토된 서판이다. 크레타에는 초기 청동기시대에 그림표기가 있었으며, 중기에는 드물지만 상형문자가 나타나는데 말기에는 2획문자로 선문자 A(기원전 2000~1500)와 선문자 B(기원전 1500~1100)가 등장하였다. 크노소스에서 출토된 선문자 B는 1952년

왼쪽과 오른쪽 위는 하기아 트리아다에서 발견된 선문자 A로 현재 미해독인 채로 남
아 있다.
오른쪽은 크노소스에서 발견된 선문사 B

벤트리스가 해독하는 데 성공하였다. 선문자는 초기 형태의 그리스문자이다.
서판의 기록은 영구적 문서가 아니고 그때 그때에 기록해 둔 비망록 정도에 불
과한데, 기원전 1400년경의 화재로 점토서판이 구워지는 바람에 후대에 전해
지게 된 것이다. 그 밖에 기원전 1200년경 불에 탄 본토 도시 퓔로스의 서판은
유일하게 글씨가 쓰여진 점토판으로 대량 출토되었다. 기원전 11세기부터 역
사시대에 들어가기까지의 기간은 단지의 무늬에 연유하여 기하학기로 부르며
초기 철기시대에 해당된다. 이 무늬단지는 500년간의 암흑시대에 드물게 남겨
진 유물이다.
　기원전 8세기경 역사시대로 들어오면서 암흑시대에서 탈피하기 시작하였다.

페니키아에서 들어온 알파벳 문자가 보급되어 다시 예술, 철학, 서사시(호메로스의 일리아드와 오듀세이아)가 정착하여 고전문화가 가꾸어졌다. 각 도시마다 독자적인 화폐가 주조되고 나아가 자체적으로 달력을 갖게 되었다. 늘 도시(국가)들은 서로 시기하고 경쟁심을 가져 전쟁을 벌였으나 일단 외침을 받으면 국가 간에 동맹을 맺어 공동으로 대처하였으며, 올림피아 축제기간이나 질병 등의 극한 상황에서는 싸움을 중지하는 슬기로움을 발휘하였다. 열정적이고 전투적인 분립주의는 폴리스(Polis)의 정치활동의 중요한 특성으로 나타났고, 빈약한 영토에서 발전된 정치제도는 앞서 존재한 그 어떤 것보다도 개방적이고 시민 개개인의 광범위한 참여를 요구하였다. 단 이러한 모든 시민(여자·어린이·노예는 제외)의 참여는 오직 소규모 정치단위들 속에서만 가능하였다. 이러한 문화는 특히 아테네와 그 주변지역에서 크게 융성하였고 기원전 5세기에 절정에 달하였다.

그리스는 서구문명의 발상지이며, 서구의 지성사는 바로 이 그리스인과 더불어 시작하였다고 할 수 있다. 앤드루스는 그의 저서 『고대 그리스사』의 권말에서 "대다수 그리스인들이 그들 문명의 독특한 장점이 자유에 있다고 생각했다면, 우리가 그 생각에 동의하길 주저할 까닭은 없으며 또 그 자유의 현상을 그리스인들이 의도하였던 정치영역에만 국한시킬 필요도 없을 것이다.…… 그리스는 우리가 같은 공기를 호흡할 수 있는 세계이다. 그 세계의 걸작품을 바라볼 때는 물론이고 일상적 사항을 볼 때조차 세심한 주의를 기울여야 할 만큼 우리 세계와는 판이한 것이면서도, 그들을 움직였던 문제들이 오늘날의 문제와 대체로 같은 범주에 속한 것이라고 느낄 정도로 두 세계는 서로 유사성을 보이고 있다. 따라서 그리스에 대한 연구는 그저 기원을 알고자 하는 호고성(好古性) 탐구에만 그칠 일이 아니다. 호메로스와 헤로도토스, 유리피데스와 플라톤은 우리를 경탄하게 하고, 나아가 현 세계에 대한 우리의 통찰력을 보다 예리하게 다듬어 줄 수 있는 힘을 여전히 지니고 있는 것이다." 이 같은 맺음말은 서구인의 의향이며 우리에게는 별것 아닌 것 같으나 서구문화를 받아들인 지 이제 100년이 넘고 더구나 지나치게 빨리 돌아가는 현대화 물결에 휩싸여 온 지난 반세기를 돌아볼 때 지금의 우리에게도 적절하고 의미있는 충언으로 생각된다.

2. 그리스의 조소미술과 도자기

조소미술

그리스인은 일반적으로 조각의 목적을 신과 신화적 광경을 묘사하는 데 두었고 각각의 조각에서 순수한 미적 쾌감도 역시 종교적 체험을 위한 수단으로 인식하였다. 프로클로스[2])에 따르면 그리스 조각에서는 오직 오성에 새겨진 상(像)에 따라 만들어진 자연의 이상적인 미를 발견하게 된다고 한다. 그리스인은 대리석과 청동을 사용하여 참으로 열정적으로 수많은 조상(彫像)을 만들어 내었다. 이것들은 오늘날 서구를 위시한 온 세계 대형 박물관의 경쟁적인 수집 대상이 되고 있으며 때에 따라서는 셀 수 없을 정도로 넘쳐나는 풍부한 그리스 조상 더미에 당혹감을 느낄 정도이다. 그러나 진품은 이미 옛적에 사라져 버리고 독창적 작품을 조금이나마 보여주는 유품은 없다. 그 엄청난 수집품 속에는 반복하여 모방하는 과정에서 너무나 변형되어 딴 물건이 되어 버린 것, 반쯤 생명이 없어진 모조품, 또한 후대 헬레니즘 복제 등만이 존재할 뿐 진정 설득력 있는 품목은 하나도 없다. 다만 상고기(기원전 500년 이전)의 조각과 부조는 페르시아 전쟁으로 파괴된 아테네의 아크로폴리스 신전을 재건할 때 성책의 기초로 묻혔다가 근래 발굴되어 아크로폴리스 박물관에 남아 있어 그 면모를 감지할 수 있다. 그러나 고전기(기원전 5~4세기) 조각은 박공과 소벽의 부조 일부가 존재할 뿐 거장의 손으로 된 작품은 없다. 거장의 작품으로는 프락시텔레스의 「어린 디오뉴소스를 안은 젊은 헤르메스상」 정도가 고작인데, 그나마도 그의 대표작으로 치는 작품이 아니며 또한 일부 설에는 기원전 340년경의 헬레니즘 모작이라는 견해도 있다. 고전기 예술을 마무리하는 아테네의 파르테논 신전에 남아 있는 페이디아스의 박공과 소벽의 부조 조각은 대부분 반출되

---

2) 410?~485년의 신플라톤 학파의 마지막 위대한 스승으로 칭송된 그리스 철학자. 올림피오도로스(소요파), 플루타르크 및 시리아노스에게 사사하고 후에는 아테네의 플라톤 아카데미 학원장직을 계승하였다(450년경). 이암블리코스 교리(종교혼합철학)에서 유래한 요소인 우상숭배에 격렬히 맞서고 그리스도교에 반대하였다. 주 저술은 플라톤 대화편 해설집, 신플라톤 학파의 원리, 섭리와 운명, 섭리에 대한 의혹, 악(마)의 본질에 관한 평론, 일부 아리스토텔레스 논설 요약, 수학과 천문학에 관한 논문 등이 있다.

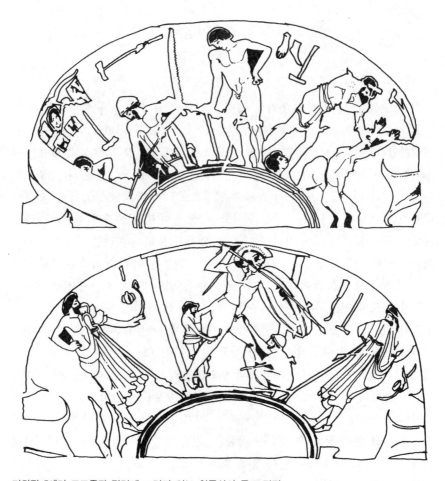

기원전 5세기 포도주잔 겉면에 그려져 있는 청동상의 주조 광경.
위 : 왼쪽 구석에는 용광로 일을 시중드는 소년, 벽면에는 모형, 부품이 걸려 있다. 오른쪽은 실물 크
기의 청동조상을 두드려 맞추고 있는 그림이다.
아래 : 가운데 두 장인이 전사 청동상을 매만져 부드럽게 하고 있는데, 주조공의 크기가 작게 그려져
청동상 크기는 실물의 두 배임을 알 수 있다.

어 런던 박물관의 어두운 광 속에 쌓여 광채를 잃고 있는 실정이다.

  그리스 조각에 대한 진수와 원천은 이처럼 믿음직하지 못하고 개탄스러운
상태다. 더구나 대부분의 고대 예술가들은 돌을 쪼는 것을 주로 한 것이 아니
라 청동으로 주조하였다. 고전기의 세 거장인 기원전 5세기의 뮤론과 폴류클레

이토스, 또한 기원전 4세기의 류시포스도 마찬가지지만 그들이 손수 만든 청동 상은 남아 있는 것이 하나도 없다. 각처의 대형 박물관에 청동상의 수가 매우 적은 이유도 고대 말기 이후 청동제의 원작이 소실되었기 때문이다. 거장들의 작품을 알아보고 탐구하는 데는 후세의 복제, 그것도 원작의 재질과는 다른 소 재로 만들어진 모작에 의존할 수밖에 없다. 청동 걸작을 녹여서 종(鍾), 화폐, 심지어 대포를 만들었기 때문이다. 따라서 원작을 접할 수 있는 경우는 전혀 없으며 언제나 모작, 그것도 두번째 아니면 네번째, 다섯번째 모작일 뿐이라고 보나르는 통절히 개탄한다.

도자기

고대 그리스에서 도자기 생산은 매우 중요한 산업으로, 가마에서 구워 낸 단 지는 식수, 올리브유, 포도주 같은 액체 음식의 저장에 불가결하였다. 아테네 및 아티카와 코린토스를 비롯한 모든 도시국가에서는 요업이 성행하여 그리스 의 주 농작물인 올리브유와 포도주를 단지나 항아리에 담아 수출하고 대신 곡 물 특히 소맥을 수입하는 데 중요한 역할을 하였다. 그 밖에 제기와 생활 도자 기도 없어서는 안 될 그릇이었으므로 그리스 세계의 요업은 크게 번창하였다.

신석기시대에는 단순한 둥근 무늬없는 토기였고 제조 수법도 간단하였으나 문명기(미노스 및 미케네 문명)에 들어서 기술이 향상, 모양과 장식이 다양해지 고, 그림 새기는 기법도 도입되어 채문도기(彩文陶器)가 나타났다. 그러나 미케 네의 멸망과 함께 도자기 숙련 기술은 사라졌고, 그 후 멀리 키프로스로 피난 간 그리스인이 만든 미케네 기형(器形)의 단지가 본토에 역수입되었는데 장식 은 간단한 원형, 삼각형, 사각형 무늬 정도에 그쳤다. 다시 아티카에서 도자기 요업이 재개되어 기원전 1100~660년 사이에는 단지의 표면 무늬가 단순성을 벗어나 다양한 기하학 무늬로 지그재그, 음영삼각형, 체크무늬, 그물 세공, 탄 젠트 및 동심원, 반원, 웨이브 줄무늬, 장미꽃, 수레바퀴 장식, 만(卍)자, 구불구 불한 무늬가 나타났다. 이처럼 단지 무늬가 두드러지는 때를 시대구분상 기하 학기로 부른다.

한편 암흑기(기원전 1125~900)를 벗어나면서 기존의 단일 문양에서 탈피하여

도요에 불을 지피는 도공(장식판 그림, 기원전 6세기, 베를린 박물관)과 구워 낸 두 손잡이 달린 암포라

인물과 동물 그림이 나타나고 자유로운 활동상과 표정까지 담아내게 되었다. 상고기의 화공들은 신화, 전설, 일상생활을 표현하였는데, 특히 영웅의 무용담 서사시 음송과 더불어 신화에 나오는 개개의 인물과 신의 속성을 그림으로 묘사해 냈다. 기원전 7세기부터는 가정의 단지와 식기에까지 빠짐없이 신화장면이 등장하고 그 외 향수와 기름을 담은 화장용기나 약병도 마찬가지였다. 그림 내용은 기품 있고 자비에 찬 신과 인간의 탁월성, 싸우고 죽이는 냉혹한 전쟁장면, 신들의 불화, 납치, 유혹상, 인간사회의 이면상으로 도둑과 노상강도, 유곽에서의 성행위 장면도 거침없이 담고 있다. 신과 인간사회의 희로애락을 소재로 삼은 이러한 작품들 속에서 우리는 그리스인의 신관(神觀), 개인관 또한 예술관을 엿볼 수 있다. 이와 같은 그림도자기는 그리스 본토, 크레타, 키클라데스 군도, 시칠리아, 키프로스로 퍼져나가 각 도시국가의 도예 단지에서 생산되었다.

현재 남아 있는 그리스의 그림도자기 수는 수십만 점에 달하며 그것도 전에는 모사품이 없었고 근래까지(1960년대) 위조품도 나돌지 않아 그리스 미술을 탐구하는 사람들은 이 도기 그림에서 큰 도움을 받을 수 있었다. 옛 벽화나 판화가 거의 남아 있지 않은 마당에 풍부한 도자기 그림은 고고학적 가치 이상으로 매우 중요하다. 옛 기록에는 미술 작품에 관한 언급이 거의 없어 아쉬움을 지울 수 없지만 도자기 그림으로 시대 측정은 어려움이 없다. 시대구분상 고고학에서는 원시기하학기(기원전 1050~900)와 기하학기로 나누고 있으나, 역사학

꽃병 화가와 조수들에게 화관을 씌워주는 아테나와 날개 달린 니케. 아티카 적색그림 휴드리아(기원
전 450년경)

에서는 초기 철기시대로 총칭하고 이를 대략 기원전 750년까지로 잡는다. 다음
은 상고기라 부르며 시기는 그리스가 페르시아의 침공을 물리친 기원전 480년
까지로 한다. 다음 시대는 고전기로 구분하고, 기원전 323년 알렉산더 대왕이
사망한 후부터 로마의 지배를 받게 되기까지는 헬레니즘기라고 칭한다. 그러
나 공예, 미술 및 건축상으로는 시대구분이 분명하지 않다.

그리스의 도기 화공은 원 고장의 연구기관의 집계에 따르면 1000명을 훨씬
웃돌며 그 중에는 화풍이 훌륭하며 뛰어난 화가로 인정받는 자가 있었음이 분
명하다. 도기에 명(銘)이 있는 예도 수백 종류가 넘는데 대부분 기원전 6~5세
기 아티카 도자기에 서명한 것이다. 예컨대 '아무개가 만들었다'라든가 '아무개
가 그렸다'라는 식의 명기(銘記)이다. 고대에는 도기 형태를 만드는 기술이 그
림장식 기술보다 더 높게 평가되어 화공이 도공의 이름을 적어 놓는 등, 도공
의 명이 화공보다 더 많다. 초기에는 요업주 자신이 도공이자 화공이었을 것이
다. 오듀세우스가 외눈박이 폴류페모스를 눈 멀게 하는 장면이나 페르세우스
와 고르곤의 그림은 기원전 650년 이전 것으로 추정되는데 필치가 거칠다. 그
후 단지 그림(기원전 650~600)은 더 착실하고 온건한 화풍을 나타내 사람과 동

물의 모습이 훨씬 정상적이고 일부 기명 도기에 의하면 엑세키아스, 두리스, 프시악스 같은 화풍이 뛰어난 화가가 묘사한 것도 있다. 그러나 대부분 도기에는 도공이나 화공의 서명 표지가 없어 장인들은 명성이나 실리에 구애받지 않은 직인들이었음을 알 수 있다. 그리고 그 형태와 균형이 제대로 잡혀 있지 않고 대강 마무리한 것이 대부분인데 채색그림 단지는 일반 생활그릇으로서 염가품이라 공들여 만들 의욕이 적었기 때문이기도 할 것이다.

편의상 옛 화공의 명칭을 별칭으로 불러 구분하고(예 : 아킬레스 화공, 아우로라 화공 등), 또한 도공과 화공의 서명이 있는 도자기 작품이라도 발굴자의 이름을 붙인 경우도 있다. 그 대표적인 예인 프랑수와 꽃병은 불치(티베르 강 서북부 에트루리아 도시)의 에트루리아인 묘에서 발굴된 대형 크라테르(높이 66cm)로 기원전 570년경에 제작된 것이다. 신화를 소재로 한 찬란한 그림으로 가득 덮여 있고 인물과 동물 등이 270, 명이 121개, 도공은 에르고티모스, 화공은 클레이티아스라고 적혀 있다. 기원전 6세기 중엽 이후 자신의 그림에 이렇듯 서명을 남겼다는 사실은 장인의 작품에 대한 자부심과 개성을 엿보게 한다. 같은 화가의 손으로 그린 수십 내지 수백 점(200점 이상)의 그림단지도 있다. 상고기 그림은 대체로 농담 없이 단조로운 색채에 거친 선으로 그려져 있으며 또한 화가의 서명은 페르시아 전쟁 이전(기원전 475년까지) 날짜에 한한다.

도자기 그림은 흑색그림과 적색그림으로 구분하며 그 특징은 다음과 같다.

흑색그림 : 기원전 7세기 말경부터 약 100년간 아티카(아테네 포함) 도기 화공은 녹로에서 붉은 빛이 도는 진흙으로 단지를 빚어 말린 다음 철화합물이 섞인 흙물로 검정 실루엣 그림을 그려 가마에 구워 냄으로써 그림자 그림이 나타나게 하였다. 코린토스에서는 더 오랫동안 이 기법이 지속되었다. 그림 안의 세밀한 부분은 바늘로 긁어서 새기고 어떤 부분은 두드러지게 하기 위해 검정 바탕 위에 백색과 자색 도료를 덧칠하였다. 엑세키아스의 큘릭스 술잔 그림(기원전 540년경) 「디오뉴소스의 해상 귀로」에 잘 나타나 있다.

적색그림 : 기원전 530년경 아테네에서 발전한 도기 그림으로, 흑색그림과는 반대되는 기법을 사용하여 그림 묘사의 제한성에서 벗어나게 하였다. 이는 철분흙물 페인트를 묻힌 붓으로 그림 윤곽을 그려 불에 구우면 흑색으로 변하고 그림 내용은 붉은 진흙색으로 남게 되는 기법을 이용한 것이다. 정밀한 세

부 묘사로 얼굴 표정을 세밀하고 또한 돋보이게 표현하였다.

그러나 재현 실험을 근거로 한 추정설에 따르면, 흑·적색의 채색은 산화철의 환원·산화 작용 기법에 의한 것으로 철분도료로 그림을 그리고 가마의 온도를 조절하여 공기 차단으로 흑색을, 자유로운 통풍으로 적색을 표출케 한 것이라 한다. 그렇더라도 어떻게 옛 도공이 온도 조절을 하였는지는 알 수 없다. 문득 우리 나라의 한 도공이 읊은 시 한 수가 떠오른다.

陶瓷短想

한익환

도자기에다
내 영혼을 넣는다고
그 많은 세월을
부셔 깼지만

언제부터인가
흙의 참 맛을 알게 되면서
침묵의 스승
자연을 알게 되었고
자연을 알게 되면서
인간의 길
깨닫게 되었다.

한잎 잎새와도 같은
陶工의 꿈

도자기에다
내 하찮은 영혼을
넣는다는 것이
어느덧
흙의 영혼이 내 속에 들어와 있음을
깨닫게 되었다.

그리스 도자기 명칭

도자기(단지, 항아리, 생활용기) 명칭

피토스 : 독 혹은 큰항아리. 족자리(손잡이) 또는 위아래 및 몸체에 밧줄고리가 달려 있다.

암포라 : 두 개의 손잡이가 달린 타원형 단지. 구(球)형 단지는 펠리케라 한다.

크라테르 : 혼주(混酒) 단지로 아가리가 넓다. 손잡이 장식의 모양에 따라 볼루테(나선), 칼륙스(꽃받침), 콜룸(기둥) 크라테르라 한다. 그 밖에 벨(종) 크라테르가 있고, 식탁용으로는 스탐노스, 손잡이가 없는 들통 모양의 칼라토스도 있다.

프슉테르 : 포도주 냉각용 단지로 대야의 찬물 속에 담근다.

휴드리아 : 작은 물항아리로 두 손잡이 외에 물을 쏟는 데 필요한 손잡이가 하나 더 길게 붙어 있으며 칼피스라고도 한다. 소녀가 머리에 똬리를 얹고 이고 다녔다.

오이노코이 : 한 개의 손잡이가 길게 붙어 있는 포도주 조끼로 받침대가 없는 것은 올페라 한다.

칸타로스 : 두 손잡이와 긴 축 받침대가 있는 포도주 잔으로, 주신(酒神)의 잔이다.

큘릭스 : 운두가 낮은 사발 술잔. 한 쌍의 손잡이와 홀쭉한 축과 굽이 있으며, 굽이 없는 잔은 스템리스 큘릭스라 한다.

스큐포스 : 두 귀가 달린 작은 술잔. 더 깊고 수평 손잡이가 달린 코튤레도 있다.

레큐토스 : 향료 단지. 낮고 폭이 넓은 스쿠아트 레큐토스도 있다.

아류발로스 : 화장 기름병. 램프 기름병은 아스코스라 하며 아가리가 좁다.

알라바스트론 : 향수, 기름 또는 약을 담는 병. 뚜껑 있는 약병은 퓩시스라 한다.

레베스 : 고기 삶는 솥. 두 귀 달린 후기의 솥은 데이노스, 결혼 선물용 솥은 레베스 가미코스라 한다.

루트로포로스 : 정수를 긷는 단지, 또는 제의에 쓰이는 꽃병이다.

류톤 : 짐승머리 모양의 잔 혹은 뿔잔으로, 유방형 잔은 마스토스라 한다.

피알레 : 운두가 낮은 헌주 사발로, 손으로 잡기 위해 한가운데가 돌출된 것
은 피알레 메콤팔레스라 한다.

레카니스 : 두 개의 손잡이가 달린 대야(수반)로, 뚜껑과 기대가 달린 수반도
있다.

아미스 : 휴대용 요강.

제2장 동방신화

1. 먼 옛날 옛적

원초 신

창세신화는 일반적으로 만물생성을 상징적으로 받아들인 이야기이다. 구약 성경 창세기에는 혼돈(카오스) 속에서 신이 현현하여 우주만물을 창조하고 마지막에 생령을 지닌 사람을 만들어 에덴 동산에서 살게 하였다 한다. 이 창세신화는 다른 창세신화에서 매우 많은 부분을 도입한 히브리 신화로, 모세 5경의 첫머리에 기록되어 있다. 모세 5경은 기원전 400년경에 집성되었고 사료로는 J전, E전, D전(신명기), P전 등이 뒤섞여 있다.

동방세계(고대 나일 강 유역과 티그리스·유프라테스강 유역의 여러 도시)에서는 기원전 6000년에 고도의 문명이 번영하였고 메소포타미아 사람들의 설형문자 문서에는 성서에 나오는 이야기와 동일한 창세신화가, 그것도 성서보다 수천 년 앞서 기록되어 있다. 이집트 헬리오폴리스 도시의 신화에는 아툼이 원초 신으로서 현현하여 아홉 주신이 탄생하고 천지를 창조하였다. 멤피스 도시에서는 이야기가 덧붙여져 프타가 최초로 현현하여 나우네트를 출현시키고, 그녀에서 아툼을 탄생시킨 다음 아홉 주신과 연결하였다. 따라서 첫 원초신은 프타이며 세상을 구축한 장인신으로서 창조신이다. 티그리스·유프라테스 강 유역, 특히 바빌로니아-메소포타미아의 창세시편은 '에누마 엘리시'(먼 옛날에)로 시작하는데 아프수와 티아마트라는 원초신이 현현하여 여러 창조신들을 출생시키고 우주를 구축, 천지를 개벽한다. 그런데 신들의 수가 늘어나 통치에 갈등이 생기자 두 파로 나뉘어 신권쟁탈의 격렬한 전쟁이 발발한다. 이 전쟁에서 마르두크는 원초여신 티아마트를 쓰러뜨리고 최고의 영웅신이 된다. 이제 신들은 그 생계를 위해 농부·노예가 필요하므로 적군의 총 지휘관인 괴물 킹구를 살해하고 그 피를 재료로 하여 인간이라는 꼭두각시를 만들어 종으로 삼았다.

그리스 신화도 첫 시작은 혼돈을 뜻하는 카오스(모신의 자궁 속을 상징)이며 우주창조에 관한 신화는 없이 곧 바로 대지여신 가이아와 성애의 신 에로스가 현현하고 천계의 신 우라노스를 출현시켜 그를 배우자로 하여 티탄족을, 또한 바다의 신 폰토스를 상대로 하여 여러 해신들을 배출한다. 우라노스의 장기집권 계책은 막내아들 크로노스와 가이아의 제동으로 저지되고 신권은 찬탈된다. 이 때 낫으로 거세된 상처에서 떨어진 핏방울에서 거인족 기간테스가 태어난다. 크로노스의 장기집권 계획 역시 같은 방법으로 아들 제우스에 거세당하고 찬탈된다. 이렇게 해서 올림포스 신 세대가 도래된다.

2. 이집트인의 신화

고대 이집트의 원시신앙은 어느 부족에서나 마찬가지이지만 자연현상과 자연신에서 연유하였다. 나일 강의 섭리와 태양열이 신앙의 진수로 자리잡고, 위대한 나일 강의 자연법칙은 심리적으로 삶과 죽음, 또한 쾌락에 대한 내세관도 유발시켰다. 이집트 신화를 티그리스·유프라테스 강 유역 메소포타미아에서 발생한 신화와 비교하면 비슷한 점보다는 차이점이 두드러지고 또한 더 중요하다.

자연과 역사

나일 강은 길이로 보아 세계에서 가장 긴 강으로, 빅토리아 호에서 발원하여 누비아 사막을 통과하는 흰 나일과 에티오피아 타나 호에서 발원하는 맑은 푸른 나일이 수단의 하르툼에서 합류하여 5~6개의 대폭포를 거쳐 북쪽으로 흐르는데 멤피스(현 카이로 남쪽 20km 지점)까지 다른 지류의 합류 없이 깊고 깊은 계곡을 구불구불 흐른다. 다만 아비도스 근방에서는 강이 두 줄기로 나뉘고 그 중 동쪽 흐름이 주를 이루지만 두 강이라기보다는 마치 호수에 무수한 섬이 있는 양상으로 꼬불꼬불 흐르며 둑에는 수목이 무성하다. 멤피스에 와서는 강물은 부채꼴 모양으로 여러 갈래로 퍼져 넓은 델타지대를 만들고 마지막에 지중해로 흘러 들어간다. 이러한 나일 강의 흐름 양상은 지정학적으로 이집트를 상·하 이집트로 나누고 정치정세에 따라 상·하 두 이집트와 통일이집트를 연출케 하면서 역사 변천에 반영되었다.

이집트에는 연중 비오는 날이 거의 없음에도 불구하고, 나일 강은 매년 정기적으로 또한 같은 시기에 범람하는데, 6월 초에 시작하여 12월 초에 끝난다. 이 기적은 멀리 중앙아프리카 대륙 적도지역의 열대성 계절 강우에 기인한다. 다른 나라의 경우 홍수는 범람으로 큰 재해를 가져오지만, 나일 강의 범람은 비옥한 검은 진흙물을 충적토 들판에 바르며 둑을 넘쳐 10~20km 너비의 옥토를 만들어 준다. 이 은총으로 산천초목이 생동하며 곡식, 목화, 과실이 생산되고 들짐승, 가축이 번식하여 신과 인간은 풍요의 즐거움을 구가하였다. 따라서 일찍이 역사가 헤로도토스는 '이집트는 나일 강의 선물'[1]이라고 말하였던 것이다. 또한 나일 강은 상류에 급류와 대폭포가 가로막아 뱃길이 단절되고, 나일 강 계곡을 넘어서면 황막한 사자색 사막이 한없이 펼쳐져 있어 외부인의 침입을 불허하였다. 이에 따라 이집트는 외부문명의 영향에서 격리·고립됨으로써 역사 형성기로부터 독특한 독자적 문화를 낳게 되었다.

기원전 3000년 이전 이집트 역사 초기에 나일 강 계곡을 통일한 세력이 하류 델타지역을 정복하여 강력한 통일국가를 달성하였다. 이 시기부터 이집트는 크게 초기왕조기, 3왕국(고왕국·중왕국·신왕국) 시대와 그 사이에 두 중간기를 넣어 구분하고, 그 후는 후기시대 또는 제3중간기와 후왕조기로 분류한다(아래의 고대 이집트 연대기 참조). 또한 왕조로 셈하는 분류에서는 31왕조로 나눈다. 제25왕조까지는 내분을 제외하면 큰 외침을 받지 않았으나 제26왕조(기원전 664~525) 때 페르시아에게 정복당하였다. 무려 3000년간 세습군주인 파라오의 전제가 이어지고, 여기에서 왕은 종교적으로도 최고의 신관 혹은 심지어

---

1) '나일 강의 선물'이라는 말은 오래 전부터 쓰이던 말이며 헤카타이오스(Hecataeus : 기원전 6~5세기 밀레토스의 역사가로 헤로도토스는 후에 그의 족적을 따라 여행하였다)는 이 말을 그의 저서 『역사』(일명 Genealogie)에 써 놓고 있다.

신의 지위를 겸하는 신정체제하에서 강력한 중앙집권제를 유지하였다. 신관은 관료 역할도 겸하는 귀족이었다. 분봉된 지방영주의 세력이 커져 강력한 권세를 갖게 되면 이집트는 상하로 나뉘어져 갈등과 혼란 속에 분권화되지만, 중간기 시대를 겪고 나면 다시 전제군주에 의해 중앙집권제를 회복하였다. 기원전의 이집트 문명은 3000년 이상을 기본 개념부터 정치체제, 종교 및 예술 형태까지 실질적 변화 없이 지속되었다.

<고대 이집트 연대기>

구 분	연 대	왕 조
전왕조기	기원전 3100년 이전	
초기왕조기(상고기)	기원전 3100~2686년경	제1~2왕조
고왕국시대(피라미드기)	기원전 2686~2181년경	제3~6왕조
제1중간기	기원전 2181~1991년경	제7~11왕조
중왕국시대	기원전 1991~1786년경	제12왕조
제2중간기	기원전 1786~1552년경	제13~17왕조
신왕국시대	기원전 1552~1069년경	제18~20왕조
제3중간기	기원전 1069~ 525년경	제21~26왕조
후왕조기	기원전 525~ 332년경	제27~31왕조
알렉산더 대왕 정복	기원전 332년	

3. 로제타 스톤

나일 강 삼각주 서쪽 지류의 기슭에서 15km 떨어진 곳에 인구 4만 정도의 로제타 시가 있는데, 1799년 이 근방에서 나폴레옹 군의 성채를 구축하던 포병 사관 부샤르가 높이 114cm, 폭 62cm, 두께 28cm의 현무암 비석 하나를 발견하였다. 이것이 그 유명한 로제타 스톤(Rosetta Stone)이다. 비석 위쪽은 이집트의 상형문자, 중간 부위에는 흘림체의 통속문자, 그 아래는 그리스 문자로 비문이 새겨져 있었다. 영국의 이름난 의사로 물리학자이자 이집트학자인 영(1773~1829)은 1814년 비문의 통속문자를 해독하고, 프랑스의 이집트학자 샹폴리옹

로제타 스톤

(1790~1832)은 1822년 비문의 상형문자를 해독하는 데 성공하였다. 상부 양단과 하부 우측 구석이 깨진 이 비문은 프톨레마이오스 5세의 공덕문으로 기원전 196년에 건립된 것으로 밝혀졌다. 옛 이집트의 상형문자를 해명하는 단서로서 이집트학의 발전에 크게 기여한 이 비문은 단일재료로 매우 중요한 가치를 지니고 있으며, 나일 강 해전에서 승리한 영국군의 손으로 넘어가 현재 대영박물관에 소장되어 있다.

4. 신성과 종교

이집트의 신과 신앙은 물론 그 고대문명은 어떠한 세계 문명보다도 선행한다. 아득한 옛날 기원전 2500년에 건립한 쿠푸의 피라미드는 오늘날의 기술로도 능가할 수 없는 위용을 자랑하는 고도의 과학문명이다. 세월이 흐르자 신과 신성의 변천이 일어나고 신의 계보는 매우 혼란해지게 되었다. 초기 기록은 망실되어 남은 자료는 충분하지 않으나 후세에 발굴을 통해 옛 신전이 밝혀지고 피라미드(세계 7대 불가사의 중 가장 오래 되고 또한 현존하는 유일한 구조물이다)에 보존된 왕조 기록, 묘비명, 파피루스 문서, 많은 석상과 조각에서 이끌어 낸 사료와 그리스인들(역사가 헤로도토스 등)이 남긴 기록이 주요 재료이다.

유구한 문화를 가진 이집트인은 독특한 신앙과 종교를 창출해 냈으며 신의 수효 또한 엄청나 발굴 초에만도 기록상 800 이상이 산정되었다. 시초에는 여러 부족집단이 각각의 지역신을 갖고 있었으나 부족들의 정치적 통합으로 각 부족신 사이에 합동이 일어났으며, 기원전 3100년경에는 최종 통합이 달성되어 나일 계곡신들과 남부신들이 손을 맞잡고 만신전에 자리잡았다. 시대가 지나자 일부 지역신은 권위와 세력이 커지고 한 주 전체, 혹은 나아가 나라 전체의 주신으로 존경되기도 하였다. 우주신은 외부에서 이집트로 유입되어 공존하였는데 지역신과는 달리 동물이나 물신(物神) 형태는 없고 또한 인간 생활권에서 멀리 떨어져 있는 존재로 경외되었다. 나라의 위대한 신이 된 천공신, 대지신, 태양신, 달신, 위대한 강신은 외경하지만 제의는 올리지 않았다. 후기에는 많은 신들을 숭배하고 신들의 이름과 신성도 적지 않게 융합되면서 혼란스러워졌지만, 개개의 숭배자는 습관상 지역신과 지역신에 동반하는 신들 및 물신에만 친근하게 되었다.

신화상으로 세상이 창조되기 전에는 혼돈이 있을 뿐 물(바다)이 대지를 덮고 암흑이 우세하며, 신은 전혀 없었다. 그러다가 물에서 만물의 생성요소와 정(精)이 태동하고 최초의 모신(母神)이 출현하였다. 구왕국시대에 이미 세 도시(헬리오폴리스, 멤피스, 헤르모폴리스)에 종교 중심지가 조성 발전되고, 각 지역신을 숭배의 대상으로 하는 사제들은 서로 경쟁적으로 자신들의 신과 동반 신들이 우주 창조를 어떻게 시작하였는지 과시하려고 노력하였다. 창세 과정은 모두 비슷하게 전진적·진화적인 창조설을 제시하였지만 단 한 군데 '첫 시작'에 차이가 있으며 창조 역할을 연출한 시점에 대해서는 확실히 의견을 달리하였다. 여신 마에트는 황금시대가 되자 모든 법전과 윤리 및 제도를 인류에게 만들어 주었다.

천지창조설은 헬리오폴리스 사람들의 것이 가장 중요하며 또한 널리 받아들여진다. 창조신은 모두 아홉 주신 엔네아드로 아툼이 원초신이다. 그는 원초 섬의 물 위에서 현현하여 공기신 슈를 내뿜고 증기의 여신 테프누트를 토해 냈다. 이 두 신은 결합하여 대지의 신 게브와 천공여신 누트를 낳았다. 다시 이 두 신이 결혼하여 낳은 신들이 바로 천지신이 아닌 오시리스, 이시스, 세트와 및 네프티스 형제자매들이다.

멤피스에서는 도시의 최고신 프타가 현현하여 나우네트를 출현시키고 그녀에게서 아들 아툼을 낳았다고 한다. 아툼에게서는 헬리오폴리스의 아홉 주신이 출현하였다. 이와 같이 멤피스에서는 그들의 신이 처음으로 창조를 시작하였다고 강력히 주장하였다. 프타는 솜씨 좋은 장인신이며 세상을 구축한 창조신으로 숭앙되었다. 프타의 한 아들 임호테프는 제3왕조 조세르 왕의 묘를 사카라에다 계단식 피라미드로 건립한 최초의 인물이며, 또한 의료의 신(그리스의 아스클레피오스)으로 존숭되었다.

헤르모폴리스에서는 여덟 주신 오그도아드가 세상을 창조하였다고 한다. 원초의 바다신 눈, 내세의 신 후, 암흑의 신 쿠크와 대기신 아문과 그 각각이 낳은 나우네트, 하우헤트, 카우케트 및 아마우네트가 그들이다. 다른 설에서는 세상은 껍질 없는 우주알 혹은 연꽃에서 나왔다고도 한다.

태양숭배는 일찍이 다른 곳에서 들어온 것 같다. 고왕국시대(기원전 2686~2181)에는 온(헬리오폴리스)에서 태양신이 왕의 비호신으로서 공적으로 숭배를 받았다. 태양신 레는 지역 창조신 아툼과 어깨를 나란히 하며 거대한 신전에 모셔지고 특히 제5왕조 때는 그 숭배가 절정에 달하였다. 레 신앙은 왕실과 접목되어 왕실종교로 발전하고 이집트 왕은 공식적으로 레의 아들로 불리게 되었다. 레를 모시는 신관 사제들의 세력도 커졌으며 종교신학도 정립되었다. 제4왕조 때부터는 으레 왕은 하늘나라의 태양에 오른다는 내세관이 발전하고 이에 연유한 구조물인 피라미드에 매장되었다. 고왕국 말기에는 왕실세력이 쇠퇴하면서 태양신앙은 주춤하게 되는데, 왕실이 약화되는 반면 레 사제의 세력은 계속 커져 감으로써 결과적으로 사회분란을 초래하는 요인이 되었다. 그 와중에 서민적이며 민주적인 오시리스 신앙이 두드러지면서 숭배대상의 교체가 일어났다. 그러나 여전히 장례의식과 부활은 태양신앙과 밀접하게 관련되어 있었다. 신왕국시대(기원전 1552~1069)가 되자 제18대 왕조 때 그 전까지는 지역신이던 아문을 '신중의 신'으로 올리고 레 숭배와 통합하여 나라의 위대한 신 아멘 레를 창출하였다. 여기에서 염두에 둘 것은 이집트 신들의 경우 합체는 하지만 원 모습과 특성을 포기하고 융합하는 일은 없다는 점이다. 제18대 왕조 말 아케나텐 왕은 태양신을 유일신으로 삼아 태양신 아텐 숭배에 집중하였으나 유일신앙의 성립에는 성공하지 못하였다. 아케나텐의 아텐 숭배는 초기의 태양숭배와는 여러 모로 다르면서도 초기의 이집트 통치자처럼 왕실과 태양신 간의 일체성을 시도하여 공통점이 엿보인다. 전체적으로 보아 태양숭배는 어느 때나 일반인들과는 거리가 있었고 관련성이 적어 원칙적으로 왕실과 나라의 신앙으로 존속하였다고 볼 수 있을 것이다.

테베의 사제들은 신왕국시대 후기에 와서 그들의 신 아문에 전지전능성을 부여하고 아문 신이 비밀리에 자기 자신과 모든 다른 신을 창출하였으며 또한 천지창조를 이룩하였다고 선언하였다. 또 다른 설에서는 나일 강의 작은 섬 엘레판티네의 염소머리 신 크눔이 아문의 모습으로 현현하여 그 고장 흙을 재료로 녹로를 돌려 인간을 만들었다고도 주장하였다.

이집트 사람은 신들을 세상에 실존하는 성스러운 동물의 형태로 표출시켰다. 호루스는 매, 바스트(그리스의 아르테미스)는 고양이, 사랑의 신 하토르(그리스의 아프로디테)는 암소로 나타났다. 또한 몸은 사람이고 머리만 동물형상으로 표현하기도 하였는데 예컨대 아누비스[2]는 개 또는 재칼, 토트(신의 대변인, 그리스의 헤르메스)는 따오기다. 원시시대 토템 신앙의 유풍일 것이며, 기이하고 신비성이 풍겨 이집트 신성의 독특한 특징을 보여준다. 그러나 동물 신들은 신성시되는 짐승이 아니다. 인간의 궁극적 관심이 다양한 형태의 동물적 생명력으로 상징화되어 나타난 것일 뿐이기 때문이다. 그리스로 전파된 이집트 신 중 중요한 신으로는 헬리오폴리스의 이시스와 오시리스, 멤피스의 세라피스를 꼽을 수 있다.

이시스

이집트의 여신 이시스(Isis)는 파라오 만신전의 주신으로 이 여신에 대한 숭

---

2) 오시리스의 인도원정에 동반한 이집트의 신으로 지하계의 안내자이다. 카두케오스를 지니고 있어 헤르메스와 동일시되기도 한다. 오시리스의 형제라고 하기도 하고 네프티스에게서 낳은 오시리스의 아들이라는 설도 있다.

부활의 여신이자 구원의 여
신 이시스(기원전 1000년).
카이로 이집트박물관

배와 신화는 그리스와 로마 세계로 널리 퍼졌다. 대지의 신 게브와 천상의 여
신 누트는 두 아들 오시리스와 세트와 쌍둥이 딸 이시스와 네프티스를 두었다.
이시스는 오시리스의 아내가 되고 네프티스는 세트(그리스 사람은 튜폰이라 한
다)와 결혼하였다. 오시리스는 왕권으로 통치하고 이시스는 왕비가 되어 아들
호루스를 낳았다. 원래 이시스의 뜻은 '왕좌'로서, 오시리스의 왕권이 의인신으
로 화한 것이라고 할 수 있다. 오시리스는 후에 동생 세트의 반란으로 죽음을
당하는데 그 내력을 보면 이렇다. 왕이 출타했다가 돌아와 세트의 환영 만찬회
에 참석하였는데 세트는 왕에게 딱 맞는 우아한 장식상자를 내놓고 누구든 상
자 안에 누워서 맞으면 선물로 주겠다고 여흥 삼아 말하였다. 여러 내빈들이
시험해 보았으나 성공하지 못하자 세트는 오시리스에게 은근히 권하였다. 이
에 오시리스가 장난 삼아 들어갔더니 세트를 추종하는 반역자들이 바로 상자

의 뚜껑을 닫고 못질을 한 후 상자에 무거운 돌을 달아 나일 강에 던져 버렸다. 이 소문을 듣고 상자를 찾아나선 이시스는 오랜 세월 갖은 고초를 겪은 끝에 마침내 상자를 찾아내 오시리스의 시신을 챙겨 부토 근방의 델타 풀밭에 숨겨 두었다. 그리고 세트의 눈길을 피해 살면서 유복자의 출산을 기다렸다. 그러나 달밤에 사냥 나온 세트에 발각되어 오시리스의 시신은 발기발기 14토막으로 해체되어 다시 나일 강 속에 던져지고 이집트 땅 널리 흩어져 떠내려갔다. 이시스는 또다시 오시리스를 찾아나섰고 그 슬픔에 찬 통곡 때문에 유복자 호루스는 어미의 원수를 갚게 된다.

오시리스는 하이집트의 영주로 신격화한 왕이고, 세트는 원래 상이집트의 영주로 마찬가지로 신격화된 왕이니 이는 나일 강 상부지역과 하부지역 간의 세력갈등을 표현한 신화이다. 모든 신들의 어미로 세트의 세력을 꺾어 승리를 거둔 이시스에 대한 신앙은 급속도로 널리 전파되었다. 그리스 종교의 많은 여신들이 이시스와 동격신성을 나타내는데, 이오의 이야기나 지하계의 왕 하데스에게 납치된 자신의 딸을 찾아나선 곡물의 증식을 가져오는 지모신(地母神) 데메테르의 유명한 설화가 모두 이시스 신화와 융합된 것들이다. 알렉산더 대왕의 이집트 통치시대에는 그리스와 이집트 종교 간에 병합이 일어나면서 이시스 여신의 모습은 헬레니즘의 요소를 지니게 되어, 머리에만 옛 파라오의 상징인 왕관을 썼을 뿐 그리스식 의상을 걸친 모습으로 바뀌게 되었다.

이집트 성전(聖典)의 첫장은 "오래 된 것 중에서 가장 오랜 신에 이시스가 있고, 이시스는 생명과 변화하는 모든 것을 탄생시킨 여신이다"라고 적혀 있다. 창조의 여신으로서 이시스는 이 세상에 처음으로 태양을 탄생시켰다. 로마 시대에 이시스를 숭배하는 비교에서는 여신을 '만물의 여신'으로 호칭하였고, 철학자이자 시인인 파트라이의 루키우스는 이시스 여신을 '신성하고 영원한 인류의 구세주'로 극진히 찬양하는 시문을 남겼으며, 경건한 이시스 숭배자 아풀레이우스는 수많은 여신이름을 부르면서 이시스의 응답으로 찬양하였다. 이처럼 이시스는 가장 고귀하며 자비로운 만물의 모신으로서 높은 신성을 획득하고 특히 증식을 가져오는 여신으로서 자애와 환희를 주는 영험이 있어 화류계 여인들에게 널리 보급되었으며 이는 애가(哀歌)로 남아 있다.

이집트 사람은 이시스를 모든 신의 여왕이며 지상에서 명계에까지 신비한 능력을 지닌 지고의 신으로 찬양하였다. 바다에 길을 냈다는 모세의 기적이나 태양을 정지시켰다는 그 후계자 여호수아의 기적도 그 원형은 이시스에서 나온 것이었다. 기원전 80년경 로마에 도래한 이시스 숭배는 서기 4세기 그리스도교에 밀려날 때까지 대단히 성행하였다. 그리스도교에서도 이시스 여신은 배척의 대상이라기보다는 성모 마리아와 동일시 내지 융합되어 성모 숭배를 촉진하였다. 호루스의 어미 이시스 및 사이스(기원전 7세기경 이집트의 수도)의 여신 네이트의 속성은 그리스도의 어미 마리아의 속성과 동일하다. 로마의 초기 그리스도교 교도 중에는 자신들을 '양치기'로서 '이시스의 시종'의 호칭인 파스토포리라고 자칭한 자도 있었으며 목사라는 뜻의 파스터(Pastor)라는 낱말은 여기에서 연유하여 생겨난 것이다.

오시리스

오시리스(Osiris)는 그를 시기하는 형제 세트에 의해 죽임을 당한 후 그 신체는 조각내어 나일 강에 던져졌다. 정숙한 부인 이시스는 쌍둥이로 태어난 자매 네프티스(세트의 부인)와 아누비스의 협력을 받아 신체 조각들을 모았다. 이시스는 그의 생명을 다시 되찾아 부부로 결합하고 그 결합으로 태어난 호루스는 아비의 원수를 갚는다. 그런데 이 오시리스는 헬레니즘에서는 이시스계의 신이 아니었다. 즉 이집트의 일부 지역에서 사자(死者)의 세계를 다스리며 장례신 역할을 담당하였으나 나일 강 유역 밖으로는 그 숭배가 퍼지지 않았던 것이다. 대신 세라피스가 이시스의 옆에 배치되었다. 그러나 로마시대에는 명확히 이시스 종교와 그 '비의(秘儀)'가 성행하고 사후 세계의 삶을 약속받기 위해 오시리스에 대한 관심이 재현되었다. 이에 따라 오시리스는 나일 강의 성스러운 물과 풍요의 상징이자 생(生)에 상응하는 존재로서 로마제국의 이시스 신전 의식에서 큰 역할을 하게 되었다. 이 신전에는 성수(聖水)를 담은 저수지와 수조가 있었고 제기로는 휴드리아와 시툴라이가 사용되었다. 오시리스 카노푸스신의 조각상 중에는 그러한 그릇을 머리에 올려 놓은 모습을 묘사한 것도 있다.

11월의 중요한 이시스 축제는 로마 수도에서도 올려졌고, 신의 수난 및 죽음과 부활을 되새겼다. 폼페이의 이시스 신전에는 여러 장식 외에 두 점의 오시리스 수난을 묘사한 그림이 있다. 증식의 신으로 계속 다시 태어나므로 때로는

명계의 신 오시리스.
테베의 무덤벽화 그림.
카이로 이집트박물관

디오뉴소스와도 결부되었다. 로마에 오시리스 '비의'가 존재했음은 익히 아는
바이나 오시리스에 관한 기록은 거의 없다. 그 대신 수많은 동으로 만든 조상
이 로마제국 전역과 무덤에서 발견된다. 여기에서의 오시리스는 고대 이집트
의 미이라형으로 흰 홀과 도리깨를 지니고 측면에 깃털 장식이 달린 높은 관을
쓰고 있다. 그리스인은 오시리스의 어미를 세멜레와 동일시하였다.

세라피스

알렉산드리아에서 이시스 숭배가 퍼진 초기에 이시스 여신에 동반하는 신은 오시리스가 아니라 바로 이 세라피스(Serapis)이다. 오시리스와 아피스(성스러운 소)의 합일신으로(멤피스에 장엄한 세라피스 신전이 있다) 그리스·이집트의 신이지만 그 출현을 둘러싸고는 의견 차이가 있다. 즉 고전 작가는 세라피스 숭배를 기원전 3세기 초의 프톨레마이오스 1세에 연유한다 하고, 다른 설에는 알렉산더 대왕이 스스로 세라피스 숭배를 창출시켰다 하는데 이 견해가 유력하다.

세라피스의 두상. 기원전 4세기 작품의 로마 복제상

세라피스 신전으로는 프톨레마이오스 3세 때 알렉산드리아에 세워진 것이 유명한데, 라코티스 언덕에서 나온 여러 유물들을 살펴보건대 프톨레마이오스 2세 치세 때부터 알렉산드리아에서 공식 신으로서 숭배되었음이 확실하다.

알렉산드리아의 세라피스 신전의 이름난 신상과 초상의 기원에 관해서는 확실치 않다. 세라피스는 오시리스에서 기원하여 죽음과 번식과 재생의 신으로서 지하의 신과 풍요의 신이라는 양면성을 지니고 있지만, 헬레니즘에서는 심각한 표정에 풍부한 머리 및 수염, 가운과 겉옷 매무새가 완전히 그리스 명계의 신 하데스를 상기시킨다. 이 지하의 신이 거느리는 괴물도 명계를 지키는 머리 셋 달린 케르베로스로, 시간(영겁)의 신인 아이온의 상징인 개의 머리, 늑대머리 및 사자머리를 하고 있다. 이것으로 보아 세라피스는 시간과 영원의 주인을 의미함을 알 수 있다. 쓰고 있는 두관은 농사의 풍요를 표시하는 것으로 세라피스가 풍요를 나누어 주는 신이기도 함을 알 수 있다.

원래 이시스와는 달리 프톨레마이오스 치세에는 환영받지 못하였던 세라피스는 헬레니즘 시대에 전파되어 이시스 신전에 봉안되었으나 이시스 여신의 배우자 역에서 좌천되었다. 콤모두스, 카라칼라[3] 및 셉티무스와 세베루스 황제 시대에는 풍요의 신, 치료의 신으로 존숭되었고, 점차 태양신 헬리오스와 동일시되어 신의 머리에서 관선이 비치는 조상이 만들어졌다. 그러나 그리스도교가 최종적인 승리를 거두기 전에 이미 그의 위신은 실추되었고, 391년 테오도시우스 황제의 명에 따라 알렉산드리아의 세라피스 신전은 파괴되었다.

5. 바빌로니아

바빌로니아(Babylonia)는 티그리스 강과 유프라테스 강 유역 메소포타미아에서 기원전 3000년 전에 번영했던 도시 바빌론과 그 외 여러 도시의 문명을 총칭할 때 사용되는 용어이다. 좁혀 말할 때는 바빌론 도시에서 흥망성쇠한 나라들을 지칭한다. 통일제국의 첫 시작은 수메르, 아카디아, 마리(현 탈알하리리) 등의 도시국가를 정복한 아모리인[4]이 건국한 함무라비 왕조(기원전 1894~1595년경)로, 특히 왕 함무라비(재위 기원전 1792~1750)는 불후의 업적을 남겼다. 그 하나가 함무라비 법전(기원전 1760년경)으로 당시로서는 놀랄 정도로 이성적이고 인도적인 관점에서 제정된 법전이다. 법전은 큰 섬록암 비석에 새겼는데, 비 상부에는 왕 함무라비가 오른손을 올리고 옥좌에 앉은 태양신 샤마시에게 법전의 편찬을 브리핑하는 장면을 부조하였다. 비문석 높이는 2.25m, 부조 부위의 높이는 0.71m로 파리의 루브르에 소장되어 있다. 또한 그는 역사상 가장 찬란한 도시 중 하나인 바빌론과 거대한 '바벨탑'을 건립하였다. 신의 문이라는 뜻을 가진 바벨(Ba-Bel)은 하늘세계로 가는 산, 즉 계단식 피라미드 신전인 지구라트이다. 이는 하늘에서 천신이 내려와 대지모신과 교합하는 성탑으로, 이

---

3) 마치 그리스 신화에 나오는 오이디푸스와 이오카스타처럼 어미와 공공연히 결혼한 그는 잔인무도한 성격의 인물로 알렉산드리아에서 수천 명을 체포, 도살하였다. 아킬레스 같은 복장을 걸치고 정복자 행세를 하며 자칭 아킬레스라 하였으나 217년 41세의 나이에 타살되었다.

4) 선주민으로 기원전 3000년 당시의 시리아 팔레스타인은 그네들의 땅이다.

함무라비 법전이 새겨진 비석의 윗 부분 (기원전 1760년경). 파리 루브르 박물관

곳을 생식기가 놓인 중심점으로 가장 신성한 장소로 간주하였다. 세계 7대 불가사의로 유명한 '공중정원'은 이 지구라트 계단 7개에다 세계를 7개로 나눈 상징도시와 신전을 각 7개씩 낭떠러지에 건립한 것으로 마치 공중에 걸려 있는 것처럼 보인다고 해서 붙여진 이름이다. 후대에 느부갓네살은 이 지구라트를 복원하였는데 세계를 7개로 구분, 7개의 동심원 모양으로 신전을 세웠다.

아름다운 수도 바빌론은 정치적·종교적·상업적 중심지로서 크게 번영하였다. 그 후 바빌로니아 제국은 카시트 왕조(기원전 1530~1150년경), 아람인 왕조(기원전 1100~1000년경)의 지배로 바뀌고 기원전 10세기부터는 아시리아 제국이 들어섰다. 이후 기원전 625년 바빌론의 영주 나보폴라사르(재위 기원전 626~605)가 아시리아의 지배에서 벗어나 메데스에 가담하고, 기원전 612년 아시리아의 수도 니네베는 함락당하였다. 영주의 아들 느부갓네살(재위 기원전 604~562)은 기원전 605년 카르케미시(히타이트 도시) 전쟁에서 이집트 군에게 승리를 거두고 바빌로니아 신제국(혹은 칼데아 제국)을 확립하였다. 신제국의 영역은 메소포타미아, 시리아, 팔레스타인 및 실리시아(터키의 옛 지명)까지 포함하는 대제국이었다. 바빌로니아는 전설적 영광의 절정시대를 맞이하고 이 때 이름난 공중정원도 출현하였다. 이처럼 고대 오리엔트인은 호전적이고 전제군주의 지배하에 찬란한 문명을 이룩하였으나 이어 잔인한 파괴로 멸망하고, 유달리 흥망성쇠가 자주 되풀이되었다.

6. 바빌로니아 창세시편

아시리아는 멸망과 함께 전화의 화염으로 전소되었다. 그리고 이 화염에 구워져 땅에 파묻힌 점토판 문서 하나가 2500년간의 긴 잠 끝에 발견되어 귀중한 역사사료가 되었다. 제국이 붕괴되기 직전 통치자 아슈르바니팔(재위 기원전 668~631)은 수도 니네베에 거대한 도서관을 세우고 여기에 방대한 수의 설형문자 문서판을 보관하였다. 점토판은 바로 이 도서관에서 출토된 것으로, 소위 '에누마 엘리시'로 알려져 있는 기원전 7세기의 바빌로니아 창세시편의 서판이다. 이 창세시편에 대해서는, 언어와 스타일로 보아 메소포타미아 남부에서 발견된 기원전 1000년 이전의 서판 단편보다 훨씬 더 오래 된 것으로 추정되기도 하며 학자에 따라서는 적어도 기원전 2000년 전의 원본 복사라고 추측하기도 한다.

바빌론에서는 새해 축제기간인 11일 중 넷째 날에 신관이 반드시 이 '에누마 엘리시'를 암송하였다. 새해에는 매번 다시 창세되므로 자연과 사회가 새로워져야 한다는 생각 때문이었는데, 따라서 왕도 재취임 의식을 밟았다. 일부 창세시의 내용을 풀이하면 다음과 같다.

먼 옛날에는 하늘과 땅이라는 이름도 없고 신들조차 아직 존재하지 않았다.

지구라트 유적(기원전 2100년경). 이라크 우르

무(無)에서 원생(原生) 남성 아프수(담수, 지하수, 샘과 개울물)와 여성 티아마트(해수, 대지 주위 혼돈의 정령)가 나타나 만물을 생성시켰다. 담수와 해수가 뒤섞여 한 몸이 되어 낳은 것이다. 질서나 한계, 법도도 없이 신과 괴물이 출현하였다. 신족의 아들 라마와 딸 라하마도 출생하고 이들은 크기 전에 안샤르와 키샤르를 낳았는데 남매는 다른 누구보다도 지혜가 뛰어나고 명석하였다. 안샤르와 키샤르의 첫 아들 에아(또는 누딤무드)는 대지와 물의 신이고, 다음 아들 아누(혹은 안)는 천공의 신이었다. 그런데 날이 가고 해를 거듭하면서 아누는 윗세대와 대립하였다. 수메르 신화에서는 천공의 신 안(바빌로니아의 아누)과 대지의 여신 키(바빌로니아의 에아)가 결합하여 엔릴(대기의 신)을 낳는다. 엔릴은 우주를 하늘과 땅으로 분리시키는 공기의 신으로 바람의 주신이자 비와 폭풍의 신이다. 바빌로니아 신화에서는 이 신을 지혜와 마술의 원초신으로 보며, 수메르의 엔키 또는 에아의 속성을 지니고 있다.

시간과 공간에 따라 신성은 변모해 갔다. 에아가 여신 니누르사그를 아내로 삼아 얻은 아들 마르두크는 자라면서 성격은 난폭하나 용맹하고 지혜가 출중하였다. 한편 신들의 수가 불어나게 되고 그들이 모여 춤추며 세상을 소란스럽게 하니 이에 화가 난 아프수가 이들을 파멸시키고자 하였다. 그러나 현명한 에아(수메르의 엔키)는 아프수(물)에 주문을 던져 조부신을 잠들게 한 후 아프수의 시종참모인 난쟁이 뭄무를 사로잡아 승리를 거두었다. 그러자 조모신 티아마트는 정복자인 손자들에게 복수할 계책을 세워 큰 괴물 킹구와 혼인하고 그를 수장으로 삼아 군병을 지휘, 운명의 주사위를 맡겼다. 이에 겁을 먹은 에아는 자신의 왕권을 찬탈하여 눈 밖에 난 아들 마르두크를 내세워 대항케 하였다. 처음에는 티아마트 군이 에아의 연합군을 이겼으나 두려움을 모르는 호담한 아들 마르두크가 티아마트 군의 계략을 알아차리고 앞으로 나서서 티아마트에게 단둘이서 승리를 결판짓자고 싸움을 걸었다. 그리고는 분노에 차서 앞뒤 가리지 않고 성미 급하게 덤비는 티아마트를 죽여 그 몸을 조개처럼 두 쪽으로 갈라 한 쪽으로는 창공을 만들어 별들을 차렸고 나머지 반으로는 땅을 만들었다. 모든 신들이 마르두크의 승리에 경탄하고 환영하였다. 마르두크는 적군을 지휘한 킹구를 살해하고 그 피로 인간이라 부르는 꼭두각시를 만들어 신들의 생계를 보장하기 위하여 땅의 경작을 맡게 하였다. 이제 신들의 세계는 혼돈 상태에서 벗어나 질서와 평화를 되찾고 인간은 그들의 종으로서 신들에게 복종할 운명이 씌워졌다. 신들이 협력하여 바빌론에 신전을 세우고 모든 신은 마르두크를 최고의 영웅신으로 삼아 바빌론의 주신으로서 엔릴과 에아와 함께 숭배하였다. 그리고 마르두크에게는 50개의 빛나는 별칭이 붙여졌는데 엔릴이 마지막으로 붙인 별칭은 '지상의 지배자'였다.

대략적인 내용은 이와 같은데 지금까지 발굴된 설형문자의 기록이 적은데다 파손 및 결손으로 해독이 난해하여 밝혀진 것은 아직 일부분에 불과하다. 앞으로의 연구 과제로서 크게 주목된다 할 것이다.

7. 길가메시

길가메시(Gilgamesh)는 기원전 3000년 초반 주민을 혹사하여 최초로 둘레가 9.5km나 되는 성벽을 쌓아 우루크(에레크) 도시를 건설한 소아시아의 왕으로, 아카디아와 수메르 또는 메소포타미아 지방 서사시에 등장하는 반신반인의 영웅이다. 기록상으로는 니네베의 아슈르바니팔 서고에서 출토된 설형문자 점토

길가메시. 장식판
(기원전 2000년경)

서판으로 알려졌으나 그 이전부터 구전된 셈족의 이야기로도 알려져 있었으며 타지역 즉, 이라크나 시리아, 터키, 이집트에서도 흡사한 신화가 발견되었다.

　여러 고대 건물기둥의 명(銘)에 '신 길가메시'라고 기록된 이 존재는 126년간을 통치한 초인간으로 알려져 있다. 그는 엔키두라는 야생인−전신에 털이 무성하고 머리칼은 여자처럼 어깨 아래까지 늘어뜨린 야수와 더불어 사는 자−의 도전을 받았다. 엔키두는 상류사회 창녀와 10여 일 간 인간적인 생활을 경험하여 길들여졌고 야성의 티를 어느 정도 벗어나 있었다. 그가 성문에 들어서서 행패를 부리자 두 사나이는 서로를 꽉 쥔 채 황소처럼 붙어 싸우는데 성문의 문설주를 내려놓아 성벽이 흔들릴 정도였다. 싸움에 승부가 나지 않자 결국 두 사나이는 화해하고 길가메시는 예의도 알고 의협심도 있는 이 사나이에게 우정을 느끼고 서로 친해지게 되었다. 그리고는 함께 삼림에 사는 공포의 거인 훔바바를 토벌하러 나섰다. 이 거인은 폭풍과 같이 노호하며 입에서는 화염을 뿜어 죽음의 숨을 내뿜는 무서운 괴물이었으나 둘이 힘을 합쳐 해치우는 데 성공하였다. 길가메시의 영웅적인 용감성에 탄복하여 연정을 품은 여신 인안나 (사랑, 성욕과 성행위, 다산 및 전쟁의 여신으로 셈족의 아스타르테, 아카디아의 이슈타르, 키프로스의 아프로디테와 동일시)는 그를 자신의 애인으로 삼기 위해 만찬에 초대, 찬사를 아끼지 않으며 모든 행운을 약속하였다. 그러나 놀랍게도 영웅은 여신의 신의 없는 그간의 행실을 혹평하고 그녀의 구애를 거절하였다. 분통이 터진 인안나는 어버이인 최고신 아누(신들의 왕으로 천공의 최고신)와 왕비 안툼에게 이를 불평하니 길가메시와 대결할 '천공의 황소'를 보내주었다. 길가메시는 다시 엔키두와 협력하여 이 괴물 황소도 처치하였다.

결국 신들의 회의가 열리고 두 사나이 중 한 명에게 벌을 내리기로 하였다. 엔키두는 꿈에 신족의 총리 엔릴(바람과 폭풍의 신)에게서 죽음의 선고를 받았다. 비통해하는 엔키두에게 창부는 "사막에서 자고 성벽 그늘에 서 있게 되며, 가시와 찔레에 발을 찔려 상처를 입고, 술에 만취되어 갈증이 볼 속으로 엄습할 것이다"는 저주의 말을 전하였다. 태양신 샤마시는 고뇌하는 그를 위무하나 깊은 잠에 빠져 지하계로 가는 꿈을 꾼 엔키두는 가시에 찔려 그 통증이 점점 심해지고 죽음의 공포가 엄습하였다. 마침내 엔키두는 죽음을 맞이하고 길가메시는 통곡한다.

길가메시는 친구를 살리고 자신도 죽음에서 벗어나 영생하는 방도를 찾아나섰다. 그리하여 머나먼 마슈 산으로 가서 신들의 잔을 채우는 시두리 여신을 만나게 되는데 그의 사연을 들은 시두리는 신들에게서 엿들은 이야기를 차분히 들려주었다. 즉 신들은 인간에게 죽음을 붙여 놓고 영생은 자기들 마음대로 하도록 손아귀에 쥐고 있다며 "잔혹한 신들이 인간은 모두 죽어야 하는 존재로 결정하였기 때문에 찾고자 하는 영생은 찾을 수 없을 것이니 집에 가서 할 수 있을 때 인생의 좋은 것을 즐기시오"라고 충고하였다. 시두리는 끝으로 권하기를 "길가메시 님이여! 왕궁에 돌아가서 좋은 음식으로 배를 채우시고 밤낮 없이 즐겁게 지내세요. 매일 잔치를 벌이고 밤낮 없이 춤추고 즐기세요. 깨끗

한 옷으로 치장하고 머리 감고 목욕하며 당신 손을 잡는 귀여운 자식의 재롱을 보면서 품에 안긴 아내와 행복을 누리세요"라고 하였다.

그러나 길가메시는 흔들림 없는 결심으로 수많은 난관을 뚫고 지옥의 바다를 건너 영생의 비밀을 안다는 노인 우트 나피슈팀(홍수 신화의 주인공. 인간 중 유일하게 불사를 얻은 인물로서 구약성경의 노아)을 찾아갔다. 그리고는 정중히 인사를 올리고 영생하는 신족에 낄 수 있는 방법을 물었다. 노인은 긴 사연을 들려주는데 이야기가 끝나기도 전에 길가메시는 그만 졸음에 빠져 버리고 말았다. 얼마나 인간은 나약한가! 긴 잠에서 깨어난 그는 마침내 노인이 알려준 불로초가 있다는 곳으로 갔다. 불로초는 깊은 바다 밑에 있었으므로 무거운 돌을 발목에 묶고 바다 밑의 영초를 찾아 채취한 후 매어 놓은 끈을 잘라 돌을 버리고 물 밖으로 나왔다.

불로초는 자신의 나라로 돌아가 먹기로 결심한 길가메시는 이제 우루크를 향해 귀향길에 올랐다. 그런데 도중에 샘물에서 몸을 씻고 있는 사이 뱀이 나와 이 영초를 훔쳐 삼키고는 껍질을 벗고 다시 젊어져 사라져 버렸다. 불로초를 빼앗긴 길가메시는 아연실색, 주저앉아 통곡을 하다 이것이 운명이며 인간은 마음의 젊음이 중요하다는 점을 깨닫고 다시 고향을 향해 발길을 재촉하였다.

위의 신화로도 알 수 있듯이 옛 이집트인들은 저승에서 삶과 쾌락에 기대를 걸었던 데 비해 수메르·바빌로니아 사람들은 그렇지 않았다. 즐거움을 현세에서 찾았던 것이다. 아랍의 신비주의적 종파 수피즘 철학자는 시두리를 샤크티 여신과 같은 신격으로 숭앙하고 이슬람교 속에 성(性)과 여성 숭배의 한 형태로 탄트리즘을 도입하였다. 탄트라교는 힌두교의 3대 신격의 하나인 파괴와 창조의 상징이자 인간의 운명을 지배하는 시바 여신과 여성의 생식력(기)이 인격화한 샤크티의 속성을 결합하여 궁극적인 진리에 도달하려 한 종교로 샤키즘과 밀접한 관계를 가지고 있다. 또한 시두리의 찰나주의 철학은 구약 전도서 9장에 전해 오는데 여기에는 '신의 말씀'으로 여러 가지 보복 또는 처벌을 가져온다는 내세를 부정하고 유대교·그리스도교의 신이 정의를 행하는 일은 없다는 식의 차원이 다른 이교적 사조를 전하였다.

8. 이슈타르

이슈타르(Ishtar) 여신을 고대 수메르인은 인안나, 아카디아 및 바빌로니아 아시리아에서는 아슈타르, 페니키아인 등은 아스타르테라 부르고 사랑·아름다움·생식·풍작·전쟁의 여신으로 숭배하였다. 그리스의 신으로는 아프로디테 여신에 견줄 수 있다. 이슈타르는 천공의 신인 아누 또는 달의 신인 신의 딸이라 한다. 아누의 딸이라 할 때는 그 속성을 사랑·생식·식물 생명의 소생 등 지모신으로 인식하고, 신의 딸이라 할 때는 전쟁의 여신으로 외경하며 해신 샤마시(수메르의 우투)와는 오누이간이다. '전쟁터의 귀부인'이라는 별칭을 가진 최고로 용맹한 정의의 여신 이슈타르는 아시리아의 주신 아슈르와 마찬가지로 직접 원정 전투에 뛰어들어 적에게 공포를 불어넣었다. 일곱 마리 사자가 끄는 전차를 몰고 손에는 활을 지닌 상징상으로 표출되는 이 여신에 대해 니네베와 아르벨라(이라크 Erbil)에서는 각별히 예배하며 숭배하였다. 이러한 그녀의 속성은 바빌로니아 아시리아 시대에도 변함없이 그대로 유지되며 메소포타미아 세계에서 수천 년 간 신앙의 대상으로서 숭배되었다. 한편 이슈타르를 여성신으로 인식하는 바빌로니아 아시리아인과는 달리, 아랍인들의 경우는 그녀를 아트타르라 하여 남성신으로 인식하여 차이를 보여준다.

도시를 넘어 전 메소포타미아 지역으로 전파되어 오랫동안 지배적 신앙으로 자리잡은 이슈타르 숭배는 기원전 600~500년에는 유대인에게 받아들여져 예루살렘에 탐무즈 비의가 성행하였다. 이슈타르와 유사성이 짙은 이름들, 예컨대 아스타르테나 아슈타르 혹은 아트타르는 모두 '별'이라는 뜻을 갖고 있으며 이슈타르 여신은 스스로 "나는 새벽의 샛별, 저녁의 샛별이다"라고 하여 금성의 인격화된 신이 되었다. 바빌로니아 성전(聖典)에서는 이슈타르를 '세계의 광명', '만군의 지휘자', '자궁을 여는 자', '율법을 정하는 입법자', '여신 중의 여신', '힘을 주는 승리의 여신', '죄를 용서하는 자'로 호칭하고 있다. 또한 하르(그리스의 호라이)라는 칭호도 있으며 여신 스스로 '지혜가 풍부한 창부[聖娼]'라고 칭하고도 있다. 성왕(聖王)으로 선택된 남성은 창부 여사제와 성교의식을 통하여 여신과 영적 교류를 하고 여신에게 희생 공양되었다. 길가메시 왕은 이때문에 최고의 여신인 이슈타르에게 애인들에 대해 잔인하다고 핀잔을 주었다.

태양과 초승달을 양 손
에 들고 사자 위에 앉아
있는 '천상의 선녀' 이슈
타르. 사산조 페르시아
의 은접시

바빌로니아의 이 최고 여신인 이슈타르에게 올리는 기도문은 후대에 유대 사
제들에 의해 그대로 모방되어 신에게 올리는 찬사 및 예배문으로 도용되었다.
구약성경의 '하늘 여신'(예레미아 44 : 19)이란 이슈타르를 지칭한 말이며 그 밖
에도 아슈토레트, 아나트, 아쉐라 혹은 에스테르라고도 호칭하였다. 신약성서
에서는 '큰 바빌론', '창녀의 어머니'라 하여 혐오와 신랄한 비난을 보내고 있다
(요한계시록 17 : 5).
　이슈타르 여신의 지하세계 행차 신화는 사람들 사이에 널리 회자되는 이야
기로 신앙 차원에서 중요하다. 가장 널리 받아들여지는 판본에 의하면 다음과
같다. 지하세계를 다스리는 여왕은 성미가 악독한 에레슈키갈로 이슈타르의
언니였다. 이슈타르는 명계로 간 애인 탐무즈(수메르에서는 두무지)를 만나보기
위하여 지하세계에 가기로 하고 신들에게 동의를 구하였다. 신들은 마음이 내
키지 않았지만 이 요청을 마지못해 들어주었다. 여신은 시녀 닌슈부르에게 만
약 3일이 지나도 돌아오지 않을 경우 해야 할 일들을 지시해 놓고 길을 떠났
다. 성미 급한 이슈타르는 저승으로 들어가는 문 간지르에 닿자마자 문을 격렬
히 두드리며 열지 않으면 때려부수겠다고 소리쳤다. 수문장 네티가 여왕 에레

슈키갈에게 아름다운 동생이 찾아왔다고 알리자 전혀 반가워하는 기색 없이 "그 아이의 마음을 나한테 쏠리게 한 게 누구지? 무엇이 그 아이 마음을 여기에 끌어들였을까?" 하며 "그 아이가 명계의 법도를 따를 경우에만 들여보내라"고 명령을 내렸다. 그런데 지하세계로 들어가는 문은 일곱 개가 있고 문을 통과할 때마다 일곱 가지의 상징적 권위를 하나씩 버려야 했다. 죽은 자들은 지상에서 누리던 권세의 흔적과 재물을 모두 버리는 것이 규칙이었던 것이다. 이슈타르는 먼저 왕관을 벗어 놓고 첫문을 들어선 후 차례로 문을 통과할 때마다 보석장신구를 비롯하여 몸에 지닌 것을 하나하나 풀어놓고 마지막 일곱번째 문 앞에서는 입은 옷마저 벗어 완전히 알몸이 되었다. 문 안으로 들어서자마자 사악한 언니는 동생을 보며 "여긴 무엇하러 왔느냐"며 소리쳤다. 에레슈키갈은 지하계의 신들인 아눈나(천상의 신들은 이기기라 한다)를 시켜 죽은 자들의 죄를 처벌하는 형벌(60가지 질병)을 안겨 주라고 하였다. 이에 따라 이슈타르는 형벌의 고통으로 초죽음이 된 채 축 늘어져 갈고리에 매달린 신세가 되었다.

한편 이슈타르가 명계에 있는 동안 지상의 농작물들은 전혀 자라지 않았으며 모든 동물의 생식작용도 정지되었다. 남자들은 더 이상 여자들에게 씨를 뿌리지 않았으며 소나 말 또한 마찬가지였다. 사흘 밤과 사흘 낮이 지났는데도 이슈타르 여신은 나타나지도 않았고 소식 또한 깜깜하였다. 그래서 닌슈부르는 여주인이 떠나기 전 지시한 대로 일을 진행하였다. 그녀는 먼저 니푸르의 엔릴(대기의 신으로 우주 창조신) 신전을 찾아갔다. 그러나 엔릴 신은 분노에 차 있어서 도움을 주기는커녕 지하세계까지 지배하려는 이슈타르의 욕심을 저주하며 지하세계의 권력을 탐내는 자는 누구든 지하계에 머물러야 한다고 호통을 쳤다. 우르의 난나(엔릴이 닌릴에게서 낳은 소생)의 대답 또한 마찬가지였다. 그러자 이번에는 지혜의 신 엔키를 찾아갔다. 엔키는 이슈타르가 지하계로 떠나기 전에 그녀의 간청으로 방책을 일러준 바 있었던 신이다. 엔키는 두 허수아비 피조물 쿠르 가르 라와 갈라 투르 라를, 혹은 일설에는 거세한 남자피조물로 지상에서 가장 잘 생긴 아수슈마미르를 만들어 딸려 보내며 동시에 생명을 소생시키는 약초와 약수를 주어 이슈타르의 삶을 확실히 소생시키는 방법을 알려주었다.

이렇게 해서 지하세계로 들어오니 이 곳은 알몸인 채로 중노동에 시달리는 모든 죽은 자들이 내는 비탄의 소리로 가득차 있었다. 에레슈키갈은 지상에서 온 이들이 가지고 온 선물이 자신을 매우 즐겁게 해 주는 선물임을 알고 자신도 그 보답으로 선물을 내려 주겠다고 하였다. 그러나 그들은 하사품을 사양하고 대신 이미 숨이 끊어진 이슈타르의 시신을 넘겨줄 것을 부탁하였다. 돌려받은 이슈타르의 시신에 자신들이 가지고 온 약수를 뿌리고 약초를 먹이니 놀랍게도 그녀의 생명이 소생하였다. 이슈타르가 다시 살아난 것에 놀란 명계의 신들 아눈나는 "지하세계에서 이런 일이 일어난 적은 아직껏 없었다. 더구나 살아 일어난 사람은 아무도 없었다"고 항의하며 그녀를 붙들고 만약 이 곳을 떠나려면 대신할 자를 내놓으라고 요구하였다. 몰인정하고 적의에 찬 귀신들도 다시 소생한 이슈타르의 뒤를 따르며 대신할 자를 요구하였다. 그때 이슈타르의 눈에 먼저 띈 것은 바로 누더기를 둘러쓰고 그 속을 기어오는 닌슈부르였다. 그러나 자신을 대신할 사람으로 이 충실한 시녀를 아귀다툼하는 귀신들에게 넘겨줄 수는 없는 일이었다.

그러던 참에 자신의 목숨까지 내놓고 찾아헤매던 그녀의 애인 탐무즈가 눈에 띄었다. 그는 쿨라브 들판에 있는 사과나무 거목 아래 찬란한 의상을 걸친 채 옥좌에 앉아 있었다. 이 무정한 애인에 격분한 이슈타르는 귀신들에게 탐무즈를 넘겨줘 버렸다. 놀란 탐무즈가 처남이자 해신인 샤마시(야간에는 지하세계로 이동하여 빛을 비춰 주고 죽은 자들을 양육한다. 수메르의 우투)에게 구해 달라고 애원하여 뱀으로 변신, 도피하지만 결국 귀신들의 추격으로 붙잡히고 말았다. 그 다음 이야기는 단편만 남아 있어 확실치 않으나 추측에 의하면 이슈타르 혹은 에레슈키갈이 개입하여 탐무즈는 한 해의 6개월은 명계에서 지내고 나머지 반은 탐무즈의 자매 게슈틴안나가 맡도록 하였다. 어쨌든 이슈타르는 이로써 명계를 벗어나 지상으로 나올 수 있었다. 이 때는 지하세계로 들어갈 때와 반대로 첫문을 나와 옷을 돌려받고 다음 문을 나와서는 팔찌와 발찌를, 그 밖의 소지품도 문을 나올 때마다 다시 돌려받아 마지막 지상으로 통하는 문을 나왔을 때는 왕관을 쓰고 일곱 가지 신권을 모두 되찾았다. 마침내 이슈타르가 지상으로 돌아오자 모든 생명체는 다시 생기를 되찾아 열매를 맺고 암수 동물은 생식을 위하여 한 쌍이 되고 남녀는 사랑하여 모든 생물은 지상의 풍요를 구가하게 되었다.

지하세계를 다녀와 저승의 힘을 획득한 그녀는 이렇게 하여 삶과 죽음에 영향력을 지닌 월등한 존재로 부상하게 되었다. 그러나 지하세계의 지배권은 여전히 에레슈키갈에게 있었다. 그런데 이슈타르의 간지르(저승문)까지의 여정은 지하가 아니라 지평 이동이며 지상의 여러 곳을 가로질러 지하세계 입구로 왔으며, 그녀는 수메르 여러 곳의 신전을 버리고 지하세계로 갔다고 한다. 예컨대 부켈라티의 추정 여정표에 의하면 그녀는 에레크, 바드티비라, 자발람, 아다브, 니푸르, 키시 및 아카드의 7개 도시를 거쳐갔다. 마지막 목적지는 지하계의 왕 네르갈(에레슈키갈의 남편)의 왕도(王都) 쿠투였다고 한다. 이것과는 달리 위 내용이 신화적 여정이기보다는 실제 신앙의식의 순례행차라는 설도 있다. 예컨대 아카디아 서판에는 명백히 지하세계는 쿠투(혹은 쿠루)로 되어 있고 그 문을 들어서자 수문장은 그녀에게 "귀부인이여 어서 오소서! 쿠투는 귀부인으로 인해 기뻐하게 되나이다"라 인사하며 환영하고 있다. 쿠투가 지하세계를 의미하지 않음을 생각할 때 이는 도시기능을 상징한 것이라 할 수 있고, 그렇다면 여정은 종교적인 신앙의식의 행차가 된다.

위에서 살펴본 것처럼 이슈타르의 첫번째 지하계 원정은 실패하였으나 저승의 권력을 직접 탐지하는 데는 일단 성공을 거두었다. 그녀가 명계 여왕의 왕권을 찬탈하는 데 실패한 것은 우선 명계의 문을 통과할 때 지상의 힘을 모두 상실했기 때문이며, 이는 라이벌 에레슈키갈의 만만치 않은 전략을 엿보게 한다. 그러나 이슈타르는 다음 단계에서 닌슈부르에게 지시한 대비책을 통해 목적을 달성하였다. 그녀의 승리는 '돌아나올 수 없는 땅'에서 돌아나온 데 있고, 따라서 지하계 왕 네르갈의 힘을 얻은 것이다. 즉 명계의 핵심 세력의 저항을 극복하고 한 번 들어가면 누구든 붙잡혀 있어야 하는 곳에서 다시 살아나온 것이다. 원래 죽음의 지배권이란 저승 신들에 속하는 것으로 누구든 함부로 넘겨볼 수 없다. 누구나 가야 하는 저승에서 다시 이승으로 나왔다는 것은 그야말로 있을 수 없는 중대한 사건이 아닐 수 없다. 그런데 아무도 성공하지 못한 이 죽음의 수수께끼를 이슈타르가 마침내 탐색하고 부활을 체득한 것이다. 명계의 신들 아눈나의 말을 들어보자. "누가 지하계에서 일어났단 말인가! 누가 언제 지하세계에서 살아 일어났단 말이냐?" 따라서 이슈타르의 부활을 인정하면서도 그들은 자신의 특권을 간단히 양보하려 들지 않았고, 이 때문에 그녀에게 "이 곳을 떠나려면 대신할 자를 내놓으라"고 한 것이다. 결국 이슈타르 여신은 이 모든 것을 극복하고 지상으로 돌아와 그의 신앙을 세계적 신앙으로 확장시키고 이승에서 저승까지 위력을 떨치는 위대한 종교혁신을 완수하게 된다.

탐무즈

탐무즈(Tammuz)는 원래 고대 수메르에서 시작된 농경부족의 숭배신앙으로, 천상의 생식의 여신 이슈타르(혹은 인안나)에게 곡물과 포도의 풍작을 기원하기 위하여 남신 탐무즈를 희생 공양하는 의식을 치렀다. 이슈타르는 대창부 또는 대성창(大聖娼)으로 호칭되고 남자들은 여사제와 성교의식을 통해서 여신과 영적 교류를 하였다. 유대인들은 바빌론 유수기에 이 숭배를 받아들여 예루살렘 신전에서 매년 탐무즈를 어버이로서 또는 애인으로 보살피는 여인들에게 성왕으로 희생시켜 여신 이슈타르에게 공양하였다. 이는 대지를 피로 적시면 지상의 생산력이 회복된다는 풍요의식의 하나이며 따라서 탐무즈는 구세주가 된다. 탐무즈는 그리스의 디오뉴소스, 로마의 리베르(바쿠스의 별칭으로 포도주에 의한 자유로운 상태, 혹은 포도주 자체를 의미하기도 한다), 또는 아도니스 등의 히브리 판이다.

9. 수메르

수메르(Sumer)는 기원전 4000~3000년부터 기원전 2000년 초기경까지 메소포타미아 남부에서 번영한 고대 문명 도시국가이다. 그 이전인 기원전 5000년 이전에는 널리 씨족문화가 형성되어 있었고, 그 이후 수메르의 에리두, 우루크(에레크), 라가시, 라르사 및 우르 등이 도시국가로서 번영을 누리며 상업이 성행하고 서로 경쟁과 침략으로 주변 영토를 통치하였다. 그러나 기원전 24세기, 셈족의 아카디아인이 북부 메소포타미아에서 침입하여 수메르를 정복하고 아카디아 나라에 예속시켰다. 이들 셈족(노아의 장자 셈이 선조라고 추측한다)에는 옛 아카디아, 아시리아, 아람인, 이스라엘 및 페니키아인이 포함되며, 현재의 아랍인과 유대인들이 여기에 속하는 사람이라고 한다. 이들 셈족의 거듭된 유혈전쟁에 종지부를 찍고 최초로 통일을 이룩한 인물이 바로 사르곤(기원전 2350~2300) 대왕5)으로, 그는 수메르를 비롯한 주변 여러 나라를 정복하여 아카

---

5) 그로부터 약 1500년 후 아시리아의 한 정복자는 자신을 사르곤 2세라고 칭하였다.

디아 대제국을 건국하였다. 여기에서 사르곤은 단순히 통치자(Sharrukin)라는 뜻을 가진 말이다. 어쨌든 아카디아인은 설형문자를 포함하여 수메르 문화를 흡수하고 그들의 문명을 첨가하여 이를 널리 퍼뜨렸다. 그러나 이 왕조도 그리 오래지 않아 막을 내리고 수메르는 일시 다시 소생하여 라가시와 특히 우르 도시를 통치하였다. 그러나 왕조의 내부갈등과 주변 부족의 침입으로 기원전 20세기에는 종말을 맞이하였다.

한참 국위를 떨쳤을 때 수메르는 설형문자를 발전시켜 처음으로 민법, 상법, 은행법을 기록하였으며 산업으로는 요업·주조업·농업을 크게 발전시키고 또한 군사기술을 향상시켰다. 수메르 문명이 쇠퇴된 다음 바빌로니아 세력이 일어났다. 그러나 메소포타미아의 과거 역사가 그렇듯이 제국의 운명은 그리 오래 가지 못하였다. 바빌로니아는 히타이트족과 다른 종족에게 정복당하여 멸망하였다.

제3장 그리스의 태초 신들

1. 그리스의 신과 신성

　그리스 사람들의 신은 불가사의한 자연현상의 공포와 당황스러움에서 벗어나기 위해 자연현상을 지혜롭게 나누어 탈바꿈시킨 존재이며 인간들과 닮은 신인동격(神人同格)으로 인간과 친근한 존재다. 그들은 인간을 도와주기도 하고, 훼방을 놓기도 한다. 인간과 신들 사이에는 장벽이 없어 신은 신족이나 인간과 연애를 하고 아들딸을 두고 자자손손 영화를 누린다. 그리고 대부분의 세월을 땅 위에서 보내며 인간들 사이에 끼여들어 삶을 계속하므로 본질적으로 인간과 같지만 정신적 또는 무형적 속성보다는 외향적인 힘, 아름다움, 불멸성과 같은 재능에서 인간보다도 탁월한 존재이다. 원초신과 올림포스 주신들의 속성을 간추리면 다음과 같다.

　카오스(Χάος, Chaos) : 우주와 생명의 본질로, 그로부터 가이아, 타르타로스 및 에로스가 출생하고, 에레보스·뉵스·아이테르·헤메라도 출현한다.

　가이아(Γα̃τα, Gaia) : 카오스의 딸로 태초의 대지여신이며 우라노스를 출생시키고 그를 배우자로 하여 티탄족과 기간테스를, 또한 폰토스를 배우자로 하여 오케아노스·테튜스·포르큐스·케토를 둔다.

　우라노스(Οὐρανός, Uranus) : 가이아에서 출생한 하늘(의인화한 천계)로, 가이아 또는 티테아를 배우자로 휴페리온, 므네모슈네, 크로노스, 레아, 헤카톤케이레스 등을 둔다. 아들 크로노스에게 거세되며 거기에서 떨어진 핏방울에서 기간테스가, 바다에 던져진 성기에서 아프로디테가 출현한다.

　크로노스(Κρόνος, Cronus) : 가이아와 우라노스의 아들. 레아를 아내로 하여 올림포스 신족 헤스티아·데메테르·헤라·하데스·포세이돈 및 제우스를 둔 다. 그는 레아가 아이들을 낳자마자 삼켜버렸는데, 이에 상심한 레아의 부추김 을 받은 아들 제우스에게 거세되어 좌천된다. 일설에는 아프로디테도 그의 딸 이라 한다. 때로 시간을 인격화한 존재로 보기도 한다.

레아('Ρέα, Rhea) : 크로노스의 아내이며 올림포스 신족의 어머니다.

제우스(Ζεύς, Zeus) : 올림포스 12신 중 최고의 주신으로 하늘을 지배하는 벼 락의 신. 헤라를 아내로 맞이하여 올림포스 신족의 제2세대 신들을 두고, 여신 및 인간 여성과 연애하여 그 사이에 많은 아들딸을 두는데 그 소생은 신족 혹 은 영웅이 된다. 도리스인은 제우스의 아들 헤라클레스의 후손들이라고 한다.

헤라(″Ηρα, Hera) : 올림포스 신 중 최고의 여신으로 신성결혼의 수호신. 제우 스의 아내로서 남편의 외도에 격분, 질투로 남편의 연애상대와 거기에서 태어 난 자식들을 가혹하게 학대한다. 결혼생활은 행복하지 않고 아이들에게도 애 정이 없다.

포세이돈(Ποσειδῶν, Poseidon) : 제우스의 형제로 바다의 신, 대지를 흔드는 자. 아테네를 자신의 영역으로 원했으나 아테나 여신에게 밀려난다. 암피트리테를 아내로 맞았으나 외도가 심하여 부부갈등이 심하다. 많은 자식을 두는데 한결 같이 포악하고 일부 소생은 괴물과 말이다. 오듀세우스를 미워한다.

하데스(″Αιδης, Hades) : 제우스와 포세이돈의 형제다. 명계의 왕으로 데메테 르의 딸 페르세포네를 납치해서 왕비로 삼는다. 지하계에 보물이 있으므로 로 마에서는 부를 제공하는 신으로 존숭한다.

데메테르(Δημήτηρ, Demeter) : 대지의 제2세대 여신으로 올림포스 신족이며 곡물의 여신이다. 딸 페르세포네가 하데스에 납치되자 곡물신의 역할을 포기 하여 땅은 황무지로 변하게 된다. 제우스의 중개로 페르세포네가 지하계에 있 는 동안(겨울철) 황무지가 되고 지상에 올 때는 봄철이 되어 대지에 곡물의 싹 이 솟아나게 된다.

헤스티아('Εστια, Hestia) : 가정의 난로, 화롯불의 보호 여신으로 크로노스의 맏딸. 내향적인 성격에 고독을 즐기는 처녀여신이다. 옛날 도시국가와 식민도 시에서는 난로를 설치하고는 이 여신을 불씨를 보호하는 여신으로 모셨으며 특히 로마에서는 신전에 각별히 모셔 난로에는 끊임없이 성화가 타올랐다.

헤파이스토스(″Ηφαιστος, Hephaestus) : 불의 신으로 특히 대장간 및 화산의 신이고 기계공예품의 장인신이다. 올림포스 신들 중에서 단 한 명의 일하는 남신이다. 불구의 몸에 성격은 내성적이며 정숙치 못한 아내 아프로디테 때문에 자존심을 다치게 된다.

아프로디테(Ἀφροδίτη, Aphrodite) : 사랑과 미의 여신으로 남편 헤파이토스에게는 애정이 없고 소생도 없다. 아레스, 헤르메스, 안키세스 등과 연애하여 소생이 여럿 있다. 외향적·관능적·정열적인 여신으로 열정과 용기가 넘치며 거기에서 창조성이 점화되기도 한다.

아레스(Ἄρης, Ares) : 사리 없이 피흘림을 좋아하는 전쟁의 신으로 광폭하지만 악의 신은 아니다. 전쟁으로 영일 없는 로마에서는 군신으로 존숭한다. 호전적 무사, 춤꾼이며 연인 아프로디테와의 사이에서 하르모니아라는 딸과 데이모스 및 포보스라는 아들을 두고 후기에는 큐피드도 그의 아이(들)라고 전해지게 된다.

아폴론(Ἀπόλλων, Apollon) : 레토와 제우스의 아들로 아르테미스와는 남매간. 아폴로 포이보스(광명의 신)로 추앙되며 그를 모시는 델로스와 델포이 신탁소는 특히 유명하다. 민족을 넘어서까지 퍼진 그의 영향력은 절대적이다. 아폴론은 질병을 없애는 의신이지만 동시에 질병을 돌게도 하며 음악과 궁술에 능한 목축의 신이기도 하다. 그의 아들 중 아스클레피오스는 유명한 의술의 신이며, 이오니아인은 그의 아들 이온의 후예라는 견해도 있다.

아스클레피오스(Ἀσκληπιός, Asclepius) : 아폴론과 코로니스 사이에서 태어난 아들. 아폴론은 코로니스가 자신 이외의 연인과 사랑을 하였다고 사살하는데, 뱃속에 그의 아이를 잉태하고 있음을 발견하고 불 속에서 아이를 구해내어 케이론에 맡겨 키운다. 그렇게 해서 성장한 것이 아스클레피오스로, 양부로부터 의술과 약초, 궁술 그 밖의 교양을 전수받는데 그 의술이 신묘하여 죽은 자도 살려냈다. 이로 인하여 명계에 불평이 일고 자연의 법칙에 어긋난다고 하여 제우스가 벼락을 쳐서 그를 죽게 한다. 에피오네를 아내로 맞아 그 아들딸도 이름난 의료인이 된다.

아르테미스(Ἄρτεμις, Artemis) : 레토가 낳은 제우스의 딸로 아폴론의 쌍둥이 남매. 수렵의 처녀여신, 야생동물의 공주, 달의 여신, 산욕기에 고통 없는 죽음을 주는 여신이기도 하다. 아마존 여인족의 수호신이기도 하며 고장에 따라 인신공양을 요구하기도 한다. 어미를 멸시한다고 하여 아폴론과 같이 니오베의 자식을 아들딸 남매만 남기고 모두 사살한다.

아테나(Αθηνα, Athena) : 지혜·진실·평화·공예·전략의 처녀신으로 제우스의 첫 배우자인 메티스의 딸. 앞으로 태어나는 아이에게 왕권을 찬탈당할 것이라는 예언을 들은 제우스가 메티스를 삼켜 버리는데 달이 차자 제우스의 머리에서 완전무장한 낭자가 출현한다. 그가 바로 제우스에게 가장 총애를 받게 되는 아테나 여신이며 도시국가 아테네의 수호신이 된다. 제우스, 아킬레스, 오듀세우스 등을 좋아한다.

헤르메스('Ερμης, Hermes) : 아틀라스의 딸인 마이아가 제우스와의 사이에서 낳은 아들로, 전령·안내의 신. 카두케오스를 지니고 날개 달린 샌들과 모자를 착용하여 빠른 속도로 달리며 천상에서 지하계를 왕래한다. 길 떠나는 나그네, 상거래, 외교, 체육, 의술, 평화의 수호신이며 또한 도둑, 거짓, 도박의 신이다. 풍요와 다산의 신이기도 하여 남근을 상징하는 헤르마라 부르는 입석이 집의 마당과 길거리 도처에 세워지기도 하였다. 희대의 도둑, 시인이 된 자식을 두고 아프로디테와의 사이에서 낳은 헤르마프로디토스는 반음양체로 다산과 풍요의 신으로 존중된다. 본능적 욕구의 신인 목신(牧神) 판도 그의 아들이며 인간에 우호적이며 친밀한 관계를 갖는다.

디오뉴소스(Διόνυσος, Dionysus) : 헤라는 남편 제우스가 카드모스의 딸 세멜레를 사랑하는 데 앙심을 품고 세멜레를 화염에 싸여 죽게 만든다. 제우스는 죽어가는 연인의 태에서 아이를 꺼내 자신의 사타구니에 넣어 양육하였는데, 그가 바로 디오뉴소스이다. 포도·식물·포도주의 신으로 황홀경을 유도하는 주신이다. 추종자인 실레니, 사튜로스 등 호색적 반신과 마이나데스(광란하는 여인들)가 모여서 마시고 노래하고 춤추며 관능적으로 도취하는 주신제를 열었다. 테세우스가 낙소스 섬에 버린 아리아드네와 결혼하여 여러 자녀를 둔다. 프리아푸스는 아프로디테의 아들로 디오뉴소스 혹은 헤르메스와 연애하여 낳았다 하며 거대한 성기를 지녀 일부 지방에서는 생산력을 상징하는 신으로 모신다.

2. 카오스

　그리스인은 우주는 질서와 조화를 갖춘 형상으로 구현되었다가 다시 파멸하여 공허로 변하는 카오스(Chaos : 혼돈)를 반복한다고 보았다. 카오스는 일단 세상을 태어나게 하는 생명의 '불가사의한 본질'이라고 정의할 수 있다. 헤시오도스의 『신통기』에 의하면, 원초에 카오스가 나타나고 여기에 거대한 틈이 열려 가슴 폭이 넓은 가이아(대지의 여신)와 깊고 후미진 타르타로스(나락)가 탄생한다. 또한 온갖 신 중에서 더할 수 없이 멋진 에로스가 출생하는데 그는 독자적으로 탄생된, 신족에 선행하는 초창기의 신이다. 에로스는 신과 인간들의 팔과 다리의 힘을 빼 놓고 온 누리의 살아 있는 자들의 가슴 속의 사려깊고 분별있는 마음을 풀어 느슨하게 한다. 후기 시인들은 에로스를 익살맞은 행동으로 야릇한 쾌감을 주는 장난기 넘친 동자로 표현하고 큐피드라 불렀다.

　카오스에서 에레보스(암흑)와 어두운 뉵스(밤)가 생기고, 뉵스에서 아이테르(청공의 대기)와 헤메라(낮)가 출생하는데 뉵스와 에레보스가 정애로 품어 잉태한 소산이다.

가이아

　가이아(Gaia, Gaea, Terra, Tellus)는 대지라는 의미이며 신격화하여 대지의 여신으로 숭배한다. 신화에 의하면 카오스에서 태어난 태초의 여신이며, 우라노스와 폰토스를 탄생시킨다. 우라노스 또는 폰토스를 배우자로 하여 오케아노스, 티탄족, 큐클로프스, 기간테스, 테이아, 레아, 테미스, 포이베, 테튜스 및 므네모슈네를 낳는다.

　가이아는 우라노스와의 사이에서 청공과 대지를 지배하는 신들, 인간의 삶에 영향을 주고 인간의 숭배대상이 되는 신들을 위시하여 수많은 후손을 낳지만, 폰토스와의 사이에서는 오케아노스, 네레우스, 포르큐스, 케토 등 작은 역할을 하는 신들과 바다 괴물들을 낳고 후손의 수도 많지 않다.

　바람신(공기)의 전달로 재난, 슬픔, 망각, 복수심을 감지하는 가이아는 후기에 로마의 대지여신 텔루스와 결부되어 같은 여신으로 간주된다.

아테나에게 에릭토니오스를 건네주는 대지의 여신 가이아. 왼쪽으로 헤르메스와
헤파이스토스, 오른쪽으로 니케와 아프로디테, 제우스가 보인다. 아티카 적색그
림 꽃받침 크라테르(기원전 400년)

우라노스

우라노스(Uranus, Coelus)는 가이아가 독자적으로 낳은 아들로, 가이아 혹은
티테아와 결혼하여 카이오스, 크레이오스, 휴페리온, 므네모슈네, 코토스, 포이
베, 브리아레오스, 테미스, 크로노스, 규게스를 둔다. 그런데 우라노스가 아이들
을 대지의 가슴 속에 감춘 채 가둬 두자 가이아는 아들 크로노스를 설득하여
반기를 들게 하고 낫을 주어 우라노스를 거세하게 하였다. 거세하였을 때 땅에
떨어진 핏방울에서는 기간테스·에리뉴에스·멜리아스가 태어나고 남근은 바
다에 떨어져 거품에 쓸려 흘러가 키프로스 섬 또는 일설에는 큐테라 섬에 표착
하여 그 곳에서 아프로디테 여신으로 화신하였다고 한다.

우라노스는 천계(天界)라는 의미이며 별로 뒤덮인 하늘이다. 천문에서는 태
양을 중심으로 도는 지구 무게의 15배나 되고 5개의 행성과 고리를 가지고 있
는 태양계의 일곱번째 행성을 천왕성(Uranus)이라 한다. 위성은 아리엘, 움베리
엘, 티타니아, 오베론, 미란다라고 한다. 천왕성이 태양의 둘레를 한 바퀴 도는
데는 약 48년이 걸린다.

3. 에로스

에로스(Eros)는 그리스의 성애의 신이며 로마인은 큐피드라 한다. 초기 신화에서는 그리스 세계가 성립될 때 카오스에서 가이아와 함께 탄생하는데, 신과 사람 몸 속에 가득찬 증식의 원천인 생식력이 의인화한 것이다. 다른 설에서는 원초의 알이 깨어져 에로스가 나오고 또한 일부는 하늘과 땅이 되었다고 한다. 따라서 태고 때부터 존재하였고 아프로디테보다 훨씬 먼저 나온 신이다.

그 후 면목을 바꿔 에로스는 젊은 신이며 아프로디테와 아레스의 아들로서 장난기로 가득찬 버릇없는 어린 신으로 등장한다. 또한 동성애의 수호신이기

화관과 채찍을 들고 여성사냥꾼 아틀란테를 뒤쫓고 있는 에로스. 아티카 흰색 바탕의 레큐토스. 두리스 작

도 하다. 아티카의 아크로폴리스에 있는 안테로스(애욕을 반대하는 신 혹은 애욕에 보답하는 신) 제단에는 두 젊은이 멜레스와 티마고라스를 기념하기 위한 에로스상이 봉헌되어 있다. 말인즉 멜레스를 동성연애하는 티마고라스가 냉소하는 멜레스의 말을 좇아 아크로폴리스에서 뛰어내려 죽게 되고, 멜레스도 그 회한으로 뛰어 내려 죽었다고 한다. 작가에 따라서는 에로스를 에일레이튜이아, 이리스의 아들, 혹은 헤르메스와 아르테미스, 또는 헤르메스, 제우스 혹은 아레스와 아프로디테의 아들로 그리고 있다.

미술, 시문 등에서 사랑이 낭만의 요소로 표현되면서 에로스는 화살을 가득 담은 통을 멘 날개 달린 동자, 또는 어린아기(들)로 각색되었다. 특히 에로스의 황금 화살촉에 맞으면 신이든 인간이든 모두 사랑의 격정을 누를 수 없게 되고 납 화살촉에 맞으면 연정이 가셔 버렸다. 아기 에로스상은 로마의 시문에 빈번히 등장하여 일반화되었으며, 사랑이 흔히 맹목적이듯 에로스의 행위 또한 그러한 것으로 그려졌다.

에로스가 아프로디테의 의도를 어겨 프슈케와 사랑에 빠진 이야기는 매우 유명한데, 프슈케는 갖은 고생을 겪은 후 결국 불사의 몸이 되어 에로스와 행복하게 맺어지는 것으로 결말이 난다. 에로스의 형제인 안테로스와 같이 있으면 짝사랑이라도 보복하고 쫓아 버리며 히메로스(그리움)와 휴멘(혼인의 여신)과 같이 있는 착상도 생겨났다. 에로스 신 숭배는 상당히 널리 퍼져 있어, 보이오티아의 테스피아이에서는 단순한 남근석을 모시고 다산과 풍요의 신으로서 에로스를 존경하였다.

프슈케

프슈케는 생명의 원리, 영혼, 마음 또는 정신이라는 뜻으로, 오랜 옛적 그리스 사람들은 이것을 하늘을 나는 새, 그 후는 나비로 상징하고 헬레니즘 시대에는 에로스와 결부시켜 생각하였다. 그 대표적인 것이 서기 2세기 로마의 소설가 아풀레이우스(서기 124~170년경)[1]로 그는 의인화한 프슈케를 에로스(큐피

---

1) 아프리카 알제리 근처 섬나라 누미디아의 마다우로스에서 출생하였다. 카르타고, 아테네 및 로마에 가서 교육을 받은 뒤 로마에서 부자과부 푸덴틸라와 결혼하였다. 부인의

훨씬 관능적이고 자유분
방하게 묘사된 에로스와
프슈케. 프랑스 조각가
미셸(Claude Michel) 작
(18세기)

드, 아모르)와 결부시켜『변신이야기』를 구성해 냈다.

프슈케는 어떤 나라 왕의 셋째딸로 그 용모가 뛰어나게 아름다워 사람들은
미의 여신 아프로디테보다도 그녀를 더 숭배할 정도였다. 이에 질투와 시기로
화가 난 여신은 아들 에로스를 시켜 프슈케를 추한 자와 결합하게 하여 앙갚음
을 하고자 하였다. 그런데 에로스는 막상 프슈케를 보자마자 한눈에 사랑에 빠

친척들이 그가 마술로 그녀의 마음을 사로잡았다고 비난하자『변명』이라는 소책자를
통해 해명하였고 작품집『플로리다』에는 철학산문도 포함되어 있다. 악한소설『황금나
귀』로 알려진 변신담은 그의 불후의 명작으로 꼽히고 있다. 이는 마법에 걸려 당나귀로
변신한 주인공이 겪은 갖은 고생과 전설우화, 이시스 여신의 은혜를 받아 다시 사람으
로 환원된 내용을 담은 전기소설이다. 그 안에는 에로스와 프슈케의 설화도 들어 있는
데 그리스 소피스트의 수사학적 묘사를 절묘하게 이용하여 그려내었다. 19세기 영국의
비평가이자 수필가 페이터(Walter Pater)가 이를 산뜻하게 영역하여 이름을 날렸고, 로
마 신화가 그리스 신화의 흉내에 불과하다며 못마땅해 한 보나르도 예외적으로 에로스
와 프슈케의 설화는 버릴 수 없다며 매력적인 라틴 전설로서 그리스 신화에 첨가시켰
다.

져 어머니의 명을 거역해 버렸다. 그리고는 밤마다 프슈케를 찾아와 사랑을 속삭이는데 에로스는 그녀에게 절대로 불을 켜서는 안 되며 자신의 정체를 알고자 하거나 확인하지 않겠다는 다짐을 받았다. 그러나 자매들의 부추김을 받은 프슈케가 이 약속을 어기자 에로스는 신의를 저버린 그녀를 버리고 떠나버렸다. 프슈케는 회한의 눈물을 흘리며 사라진 에로스를 애달프게 찾아헤매나 아무도 도와주지 않았다. 별수없이 에로스의 어미에 애원하나 가뜩이나 자존심이 상해 미워하던 판이라 아프로디테는 프슈케에게 도저해 해 낼 수 없는 어려운 일을 시켰다.

그 첫번째 노역은 산더미처럼 쌓인 잡곡더미에서 곡식을 종류별로 구분하는 일이었다. 어쩔 줄 모르는 그녀 뒤에서 에로스는 개미들을 동원하여 그 일을 끝내게 해주었다. 다음으로 부과된 임무는 숲 속에 있는 양의 황금털을 모아오는 일이었다. 양들을 놀라게 하지 말라는 개울 신의 충고를 받아들여 양이 잠들어 있을 동안 수풀가지에 엉킨 황금털을 수집하였다. 그럼에도 노여움이 풀리지 않은 여신은 높은 산꼭대기 공룡동굴에서 스튝스의 샘물을 단지에 가득 담아오는 일을 시켰다. 이 일 또한 에로스에게 은혜를 입은 독수리가 해결해 주었다. 그러자 에로스의 어미는 마지막으로 죽음을 면할 수 없는 극히 어려운 일을 지시하였다. 지하에 가서 명계의 여왕 페르세포네의 미약(媚藥) 상자를 받아오게 한 것이다. 명계에의 심부름은 바로 죽음을 의미하였으므로 프슈케는 모든 것을 단념하고 높은 탑에 올라가 투신할 것을 마음먹는데, 탑이 명계로 가는 방법을 일러주었다. 마침내 명계까지 온 프슈케는 미약상자를 받는 데 성공하는데 페르세포네는 그 상자를 절대 열어보지 말라는 주의를 주었다. 그러나 지상에 가까이 오자 호기심이 발동한 프슈케는 금지사항은 잊고 상자 뚜껑을 열어보고 말았다. 이에 상자 속에서 흘러나온 강렬한 향에 프슈케는 혼절한 채 깨어나지 못하였다. 이 때 마침 에로스가 나타나 미약향을 다시 상자에 가두고 갖고 있는 화살촉으로 프슈케를 가볍게 찔러 깨어나게 하였다. 에로스는 제우스에게 어미 아프로디테의 노여움을 풀게 해 달라고 간청하여 마침내 여신과 프슈케는 화해하기에 이른다. 그리고 프슈케는 불사영생의 신주 넥타르를 하사받아 신족의 일원으로서 에로스와 결혼하여 행복한 부부로 맺어지고 이 둘 사이에는 볼룹타스(희열)라눈 딸이 태어났다.

일반적으로 프슈케는 나비날개를 단 아름다운 소녀상으로 표현되며 영혼의 화신을 상징하는데, 나비가 침울한 애벌레 생활을 끝마친 다음 아름다운 날개를 펼쳐 날아다님을 비유한 것이다.

4. 티탄족

우라노스와 가이아의 정당한 소생이 거신족(居神族)인 티탄족(Titans)이다. 헤시오도스는 이 티탄족 중 오케아노스·카이오스·크레이오스·휴페리온·이아페토스·크로노스의 6남신과, 테이아·레아·테미스·므네모슈네·포이베·테튜스의 6여신을 합쳐 12거신으로 규정하였다. 이들이 낳은 자식들 가운데 프로메테우스와 아틀라스 등의 일부도 티탄족으로 간주되었다. 한편 우라노스는 아들 크로노스에게 거세당하고 그 상처에서 흐른 핏방울로 가이아를 잉태시켰는데 거기에서 괴물성 거인족 기간테스가 출현하였다.

이제 신권을 찬탈한 크로노스는 자매 레아를 배우자로 맞아들여 자식을 낳았으나 그 아비와 마찬가지로 출산한 아이를 매번 집어삼켰다. 이에 레아는 몰래 숨겨 키운 막내아들 제우스를 부추겨 크로노스를 거세하고 신권을 찬탈케 하였다. 이 신권쟁탈은 티탄족과 올림포스 신들 간의 격렬한 전쟁을 야기하였다. 10년 동안 우주의 기반을 뒤흔들며 치러진 이 전쟁에서 제우스는 그의 형제자매와 티탄족 중에서 프로메테우스의 지원을 받았다. 그리고 마침내 기간테스인 큐클로페스와 헤카톤케이레스가 가담한 제우스쪽이 마지막 승리를 거두고, 패배자들은 타르타로스에 투옥되어 헤카톤케이레스의 감시를 받게 되었다. 프로메테우스의 형제 아틀라스는 별도로 하늘을 짊어지는 벌을 받았다. 그후 시문에서는 이 거신전쟁과 거인전쟁을 혼동하기도 하였다.

기간테스

거인족 기간테스(Gigantes, Giants)는 우라노스와 가이아의 소산으로 단수형은 기가스이다. 헤시오도스에 의하면 거세된 우라노스의 상처에서 핏방울이 땅에 떨어져 가이아가 잉태를 하고 여기에서 복수의 여신 에리뉴에스, 물푸레

거인전쟁. 시프노스 보고의 북쪽 소벽(기원전 530년경), 델포이 고고학 박물관

나무 요정 멜리아스와 기간테스가 솟아나왔다. 거인족은 힘과 크기가 엄청날 뿐 아니라 생김새도 이상야릇하여, 상반신은 사람이나 하반신은 뱀꼬리로 된 괴물사나이나 머리가 50개에 손이 100개나 달린 거창하고 괴이한 인간 헤카톤케이레스도 있었다.

　제우스는 올림포스 신족에 패배한 티탄족을 타르타로스에 가두었는데, 이에 화가 난 가이아는 거인족을 충동하여 제우스를 치게 하였다. 이것이 바로 거신전쟁이 있은 훨씬 후에 일어난 거인전쟁으로, 그리스 사람들 사이에서 가장 많이 회자되는 신화이며 조각의 소재로 즐겨 표현되었다. 거인족과의 싸움에는 영생하지 못하는 인간 영웅이 가담해야 승산이 있음을 미리 짐작한 제우스는 인간 여자와 정을 통하고 헤라클레스를 얻은 다음에 응전하였다. 한편 가이아는 거인족을 불사신으로 만들기 위하여 영생의 효능을 가진 약초를 싹트게 하였다. 그러나 제우스는 태양신 헬리오스, 달의 여신 셀레네와 새벽의 여신 에오스에게 그 풀을 찾아 뿌리를 뽑을 때까지 모습을 나타내지 말라고 당부하였다.

　전쟁은 거인족이 사는 트라키아의 팔레네에서 시작되었다. 일설에는 화산이 있는 고장이라 한다. 거인족의 왕 에우류메돈은 초인적 힘을 가진 알큐오네오스와 포르퓌리온 형제를 대동하고 참나무 거목에 불을 붙여 밝게 비추고는 신족을 향해 바윗돌과 산을 들어올려 던지며 공격을 하였다. 헤라클레스는 알큐오네오스에 독화살을 날리고 거인족 거주지 경계선 밖으로 끌어내 죽였는데 거인들은 거주지 안에서는 불사신이었기 때문이다. 헤라를 범하려던 포르퓌리온에게 제우스는 벼락을 내리고 헤라클레스는 독화살을 날렸다. 그 밖의 많은 거인들이 제우스의 벼락에 맞아 죽었고 두 명의 에피알테스 중 한 거인은 아폴로와 헤라클레스가 쏜 화살에 두 눈이 관통당하여 죽었다. 아테나 여신은 도망치는 엔켈라도스를 시칠리아까지 추격하여 에트나 산을 떼어 덮쳐 묻어버렸으나, 엔켈라도스는 목숨이 끊어지지 않아 지금까지도 산 아래에서 불붙은 숨을 토해 내고 있다고 한다. 미마스의 운명도 다를 바 없었다. 즉 헤파이스토스가 펄펄 끓는 용광로를 던져 베수비오 산(나폴리 만의 활화산) 아래 깔려 있다.

거인 팔라스는 아테나 여신에게 처치당한 후 가죽이 벗겨졌는데, 그 가죽은 여신의 가슴방패 아이기스에 부착되었다. 폴류보테스는 포세이돈이 코스 섬에서 떼어 내던진 큰 바위에 깔려 그대로 니슈로스 섬이 되었는데, 폴류보테스는 이 섬에서 니슈레오스라는 존칭으로 숭배된다. 히폴류토스는 모습을 감춰주는 하데스 모자를 쓴 헤르메스에게 살해되었다. 그라티온은 아르테미스의 화살에 맞아 죽고 에우류토스는 디오뉴소스의 지팡이에 맞고 쓰러졌다. 클류티오스는 헤카테의 지옥의 횃불에 타죽고 아그리오스와 토아스는 운명의 여신 모이라이(파테스)의 청동봉에 맞아 쓰러졌고 헤라클레스의 독화살에 목숨을 잃었다. 히드라 독이 묻은 화살촉은 어떤 거구에게도 치명적 타격을 주었기 때문에 독화살을 가진 헤라클레스 같은 인간 영웅이야말로 거인족을 멸망시킬 수 있었던 것이다.

그다지 알려져 있지 않은 이야기에 의하면, 거인족은 헤파이스토스와 사튜로스가 탄 나귀의 기묘한 울부짖음과 시끄러운 소리, 또는 트리톤이 부는 소라고동소리의 그 불가사의한 음률에 정신이 어지러워져 놀라 쫓겨 패주하였다고 한다.

헤카톤케이레스 3형제인 코토스, 브리아레오스 및 규게스는 100개의 손에 50개의 머리를 가진 괴물거인이었다. 이들은 우라노스가 가이아의 가슴 속에 유폐시켜 버린 자식들로, 가중되는 고통을 감당할 수 없게 된 가이아가 크로노스를 부추겨 우라노스를 거세함으로써 다시 세상빛을 보게 되었다. 그런데 득세한 크로노스가 이번에는 자신이 신권 찬탈에 겁을 먹고 그 자식들과 헤카톤케이레스, 큐클로페스를 모두 집어삼키고 타르타로스에 가둬 버렸다. 이러한 횡포에 화가 난 가이아는 손자 제우스의 힘을 빌려 크로노스와 그에 가담한 티탄족을 제거하고자 하였다. 그런데 이 전쟁에 승리하려면 불가피하게 큐클로

페스와 헤카톤케이레스의 힘을 빌려야 한다는 것을 깨달은 제우스는 그들을
풀어주고 신의 음료인 넥타르와 신의 음식인 암브로시아를 제공하였다. 마침
내 전쟁을 승리로 이끈 제우스는 헤카톤케이레스를 다시 타르타로스로 보내는
데 이번에는 티탄족의 감시역을 맡겼다. 이들 거인은 제우스의 충직한 친구가
되어 한때 올림포스 신족이 공모하여 제우스를 쇠사슬로 묶어버렸을 때도 테
튜스의 부름을 받고 달려온 브리아레오스는 제우스를 비호해 주었다. 여기에
서 제우스를 도운 브리아레오스나 제우스와 맞서 싸운 튜폰 및 알로아다이(포
세이돈과 이피메데이아 사이에서 태어난 아들들)는 모두 후에 거인족으로 편입된
존재이다. 알로아다이 쌍둥이 형제인 오토스와 에피알테스의 올림포스 산성
공략은 거인족의 마지막 도전으로 오사 산을 쌓아올려 하늘 높이 올라가 신족
을 위협하고 공격을 가하였다. 이 와중에 아레스는 포로가 되어 청동통 속에
갇혔다가 13개월이 지나 아사 직전에 헤르메스에게 구조되어 살아났다. 이들
거인형제는 제우스에 의해 멸망당하였다. 다른 전승에 따르면 거인형제들은
여러 도시를 건설하였으며 트라키아의 알로이온과 헬리콘 산록 아스크라에서
뮤즈 숭배를 부흥시킨 영웅으로 그려져 칭송을 받기도 하였다.

5. 크로노스

크로노스(Cronus, Saturn)는 우라노스와 대지의 여신 가이아의 아들이자, 제
우스의 아버지다. 크로노스의 형제자매를 티탄족이라고 하지만 티탄족에 관한
이야기는 태곳적 일이어서 전해오는 것이 별로 없다. 크로노스에 관한 이야기
는 여러 가지 설이 있다.

우라노스와 가이아 사이에서는 많은 자식들이 태어났으나 우라노스는 자기
의 아이들에게 권좌를 빼앗길 것을 우려하여 대지(가이아) 속에 가둬 버렸다.
가이아는 가중되는 부담을 참을 수 없어 가장 용맹한 아들 크로노스를 부추겨
자신의 고통을 종식시키기로 계획하고, 그에게 작은 낫을 주어 우라노스가 그
녀에게 접근할 때 거세하게 하였다. 이 때 우라노스가 땅에 흘린 핏방울에서
복수의 여신 푸리아이(에리뉴에스)와 거인족인 기간테스가 나타났고, 잘린 성기

자기의 아이들을
먹어치우는 크로노스.
이탈리아 베키아(Pietro
della Vecchia) 작

를 바다에 던지니 거품에 쓸려가 여신 아프로디테가 태어났다. 참패한 우라노
스는 승리자인 아들에게 '너도 앞으로 네 아들에게 찬탈될 것'임을 경고하였다.
이 경고를 들은 크로노스는 자신의 권좌를 보장하기 위해 아내 레아가 낳은 헤
스티아, 데메테르, 헤라, 하데스를 태어나는 대로 모두 삼켜버렸다. 크로노스는
일반적으로 때[時]를 의미하는 Chronos와 혼동되는데 이는 시간이 자신이 생
산한 모든 것을 삼켜버리는 데서 온 것이다. 또한 크로노스의 어머니 또는 배
우자라 하는 레아는 시간과 운명이 화신한 여신이다.

크로노스로 인해 상심한 레아가 가이아와 의논하니, 가이아는 다음 아들을
낳으면 크로노스에게 아들 대신 돌을 주어 삼키게 하도록 일러주었다. 레아는
가이아의 말을 그대로 실천에 옮겨 무사히 아들을 안전한 장소에 숨기니, 그
아들이 바로 제우스였다. 제우스가 성장하여 어른이 되자 레아는 크로노스에
게 이젠 걱정 말고 아이들을 토하도록 설득하였고, 크로노스는 이에 동의하여
우선 제우스 대신 삼킨 돌을 토하고 이어 그 밖의 모든 자식들을 토해 냈다.

이후 크로노스는 제우스를 위시한 아들 세대와 장장 10년에 걸쳐 거신전쟁
을 치렀다. 이 전쟁에서 많은 티탄들은 크로노스 쪽에 가담하였으나 큐클로페
스와 헤카톤케이레스의 도움을 받은 제우스와 그 형제들이 대승을 거두었다.

이후 제우스는 패배한 티탄족을 지하의 타르타로스에 가두고 자신의 왕국으로 돌아와 올림포스에서 통치를 하였다.

제우스에게 권좌를 빼앗긴 크로노스는 로마로 가서 그 곳을 통치하였는데 그의 치세 동안은 평화롭고 행복한 황금기였다고 한다. 크로노스는 태곳적에 곡물의 신이었던 듯하며, 아테네와 테베 및 로도스 섬에서는 그를 기리는 크로니아 추수제가 열렸는데 사람이 희생물로 바쳐졌다. 천문학에서는 태양계에서 목성 다음으로 큰 행성에 그의 이름을 붙여 토성(Saturn)이라 부르고 많은 위성을 신과 관련된 이름으로 부르고 있다.

레아

레아(Rhea, Terra, Ops, Cybele 등)는 우라노스와 가이아 사이에 태어난 여신이다. 본의 아니게 크로노스의 아내가 되어 헤스티아·데메테르·헤라·하데스·포세이돈 및 제우스를 낳았다. 그런데 크로노스는 그녀가 아이를 낳는 즉시 삼켜버렸는데 이는 아들 중 하나가 신권을 찬탈할 것이라는 계시를 받았기 때문이라고도 하고, 혹은 신권을 계승할 때 아들은 키우지 않겠다고 맹세하였기 때문이라고도 한다. 레아는 남편의 이 무자비한 행위에 대해 부모에게 호소를 하였고, 이내 그로부터 방법을 일러 받았다. 즉 아이를 낳자마자 곧 감추고 대신 돌을 포대기에 싸서 넘겨주었던 것이다. 물론 크로노스는 이 돌을 아이로 알고 삼켜버렸다. 그러나 크로노스의 불안은 얼마 안 가 적중하였다. 레아가 숨긴 그 아이는 자라나면서 힘이 장사요 세력이 강해져서 제우스라 불리게 되었고 오래지 않아 아비의 신권을 찬탈했던 것이다.

레아는 학자 간의 견해 차이에 따라 다른 많은 여신과 동일시되고 있으며, 특히 로마신화에서는 보나 데아, 큐벨레, 딘듀메나, 마그나, 마르테르 크레스, 베스타, 티타이아, 테라, 텔루스 및 옵스로 불렸다. 권좌를 찬탈당한 크로노스는 후에 이탈리아로 가서 왕국을 세우는데 레아도 그를 뒤따라가서 크게 인정받게 되었다. 이 시대를 흔히 크로노스의 황금시대 혹은 레아의 시대라고 부른다.

6. 테미스

헤시오도스에 의하면 테미스(Themis)는 우라노스와 가이아의 딸이며 티탄족으로서 제우스의 첫 배우자이다. 소생으로는 호라이, 모이라이, 아스트라이아(낭자 별자리)가 있으며, 에리다노스강 요정의 어미, 때로는 헤스페리데스도 그의 딸들이라 한다. 테미스는 티탄족 중 올림포스 신들과 다를 바 없는 생활을 한 여신이며 우라니아라는 별칭으로 불렸다. 가이아로부터 전수받은 예언술에 능하여 아폴론 이전에 델포이 신탁소를 열고 아폴론에게 예언술을 전수하였다. 한 번은 제우스가 요정 테티스를 연모하여 결혼문제를 의논하였는데, 소생으로 아들이 생기면 힘으로 아비를 축출할 것이라고 예언하였다. 이 예언을 들은 제우스는 테티스를 영생할 수 없는 인간 펠레우스와 맺어주었다. 이들 사이에서 태어난 아들이 바로 트로이 전쟁의 최고 용사 아킬레스이며, 과연 제우스와 연결되었더라면 신의 세계를 뒤흔들 만한 인물이었다.

테미스는 신들의 회의를 소집하고 연회를 주관하며 신들에게 이로운 일을 하였다. 레아가 아들 제우스를 낳자 은신처에 보내 아비 크로노스의 감금에서 모면케 한 것도 그녀이며, 아폴론과 아르테미스의 어미 레토가 난산으로 고생하는 것을 돌보아 순산을 돕기도 하였다. 델포이 신탁소는 아폴론에게 이양해주었다. 지상에서의 그녀의 지배영역은 매우 광대한데 특히 무엇보다 정의의 수호신으로 존숭받았다. 즉 신의 법적 권리를 인준하고 인간에게는 올바른 사람을 지켜 주며 죄를 벌하고 사회질서와 정의를 실현시키는 의인신이었다. 따라서 정의를 지켜준다고 하여 소테이라(보존신)라는 존칭으로 불렸으며 범죄에는 응분의 벌을 내렸으므로 판결을 내릴 때는 이 테미스 여신의 이름으로 내렸다. 신탁은 여신의 은혜로 신의 의지를 어림잡아 풀이하여 인간에 전해졌으며, 미증유의 대홍수를 모면한 데우칼리온에게 사람이 다시 지상으로 모이게 하는 방법도 전해주었다. 여신숭배는 그리스 전역에 보편화되어 아테네의 아크로폴리스에도 여신의 신전을 봉헌하였고, 그 밖에 트로이젠, 타나그라, 올림피아 및 테베에도 성역이 있었으며 제우스와 같이 숭배되었다. 흔히 여신은 준엄한 외모를 지닌 부인상으로 표현되며, 양 손에 들고 있는 저울과 칼은 법질서와 정의수호의 정확성과 엄격성을 상징하는 것이다.

제4장 올림포스 신 시대 및 그 외 신들

1. 올림포스 산봉의 신

그리스의 주신은 올림포스 산봉에 사는 우라노스의 제3대 또는 제4대 신들로, 총수는 12주신으로 고정되어 있으나 일부 신의 이름은 변동되기도 한다. 아테네 파르테논의 동쪽 소벽에 조각되어 있는 올림포스 신은 제우스, 헤라, 포세이돈, 아테나, 아폴로, 아르테미스, 아프로디테, 헤르메스, 데메테르, 디오뉴소스, 헤파이스토스 및 아레스이다. 헤스티아는 원래 12신 중 최연장자의 하나였으나 디오뉴소스와 대체되었다. 지역의 신들도 때로는 중요한 신앙의 대상이 되어 반열에 오르기도 하는데, 그 이름을 들어보면 다음과 같다. 아스클레피오스, 카베이로이(렘노스 및 사모트라케의 대 호주신), 카리테스, 큐벨레, 에일레이튜이아, 에뉴오(벨로나), 에로스, 하데스, 헤카테, 헬리오스, 레토, 레우코테아(디오뉴소스의 이모로 실성하여 바다에 투신하여 해신이 됨), 뮤즈, 판, 테티스, 티탄족 등이 있고 바다의 신으로 글라우코스, 네레우스, 폰토스 및 프로테우스도 있다. 그 외 여러 강신도 신화상 중요하며 일부 빛나는 영웅들(헤라클레스 등)도 신의 서열에 올려 숭배되었다.

2. 제우스

제우스(Zeus, Jupiter, Iupier, Iu, Jove 등)는 산스크리트어의 듀아우스(천공 신)에서 유래하였다. 고대 그리스의 테살리아 지방 올림포스 산정에 진좌한 제신

(후기에는 천공의 신들로 적음) 중 최고의 주신으로, 신권의 표시로 홀을 지니고
있다. 번갯불(벼락)이 주무기이며, 독수리는 이 신의 새이다. 크로노스와 레아
의 아들이며(호메로스는 장자, 헤시오도스는 3남이라고 하였다), 크레타 섬에서 낳
아 아비 몰래 딕테 산 동굴에서 키웠다고 한다. 일설에는 아르카디아에서 낳은
후 크레타로 데려와 이다 산 동굴에 숨겨 키웠다고도 한다. 아말테이아 요정이
산양의 젖으로 양육하고 울음소리가 나지 않도록 쿠레테스가 매우 조심을 했
다. 자라면서 다른 굴로 옮겨진 제우스는 이다 산의 양치기들과 같이 생활하였
으며, 성년이 되어서는 큐벨레의 사제들인 코류반테스로부터 교육을 받았다.

크로노스로부터 우주를 쟁취한 제우스는 형제들과 우주를 나누어 가졌는데
그 자신이 천공을, 포세이돈은 바다와 하천, 하데스는 지하세계를 차지하되 올
림포스와 지상세계는 셋이서 공유하였다. 제우스의 첫 배우자는 메티스로, 아
이를 잉태하였을 때 우라노스와 가이아가 장차 태어날 아이가 아들이면 신권
을 찬탈할 것이라고 하는 말을 들은 제우스가 곧 메티스를 삼켜버리지만 여기
서 한 아이, 즉 여신 아테나가 태어났다. 메티스 다음으로 배우자가 된 테미스
는 운명의 여신 모이라이와 계절의 여신 호라이를 낳았다. 테미스는 그 후 카
리테스의 어미인 에우류노메를 따라가 지냈다. 그 다음 배우자가 바로 곡물의
여신이자 여동생인 데메테르로 페르세포네를 낳았고, 그 다음 배우자가 된 에
우류노메는 카리테스를 낳았다. 다음 레토와의 사이에서는 아폴론과 아르테미
스를 낳았으며, 그 다음으로 배우자가 된 동생 헤라가 정실로 되었다. 호메로
스는 헤시오도스와는 달리 이 헤라를 제우스의 첫부인이라고 하고 있으며 그
전이나 그 후 이루어진 다른 접촉은 사랑관계라고 규정하였다. 예컨대 아프로
디테를 낳은 디오네, 아틀라스의 맏딸로 헤르메스를 낳은 마이아가 모두 여기
에 해당한다고 한다. 또 세멜레와의 사이에서 디오뉴소스를, 알크메네와의 사
이에서 헤라클레스를 낳았으며 그 밖에도 제우스가 여신이나 인간 여자와 관
계하여 낳은 아들딸은 매우 많다.

제우스는 여러 신들 중에서도 가장 강력한 초능력을 가진 주신인데 다른 민
족에도 같은 유형의 신이 있어 제우스와 동일시된다. 예컨대 로마인의 유피테
르, 아리아인의 듀아우스 피타르, 인도인의 듀아우스, 독일인의 티우, 일리리아
인의 데이파튜로스가 모두 제우스에 해당한다. 대략 3만 년 이상의 오랜 세월
동안 제우스는 폭군으로 세상을 지배하였으며, 또 여러 이름으로 인간의 아버

유피테르(제우스)의 로마 조각상. 그리스의 제우스와 신화적 소재(벼락, 수리 등)는 같으나 로마 작품
에서는 근엄한 위풍이 풍긴다.

지와 구세주로 불렸다. 즉 집의 보호신, 환대의 주신, 용감한 대신, 대지와 생식의 신으로 불렸으며, 그 밖에도 초봄에서 여름까지는 우호적인 신, 자유의 보호신, 도시의 최고신, 올림픽 게임의 신, 천공과 천기의 신으로 구름을 모으고 사람들 속에 침투하는 신으로서 숭배되었다. 그러나 제우스는 전능한 창조신은 아니라 파테르 파밀리아스, 즉 가족을 보호하고 지배하는 신이며 신들을 노하게 한다고 간주된 사람에게는 가차없이 죄를 내렸다. 가계상 크로노스의 후손이라는 의미로 크로니온 혹은 크로니데스라고도 하고 여기에 포세이돈과 하데스를 포함시키기도 한다. 한편으로는 산 이름을 따서 에트나에오스(시칠리아), 아타휴리오스(로도스)라고도 하며, 그 밖에 크레타에서는 제우스 딕타이오스, 찬미시에서는 크루로스(젊은 신)라고도 부른다.

제우스 신전 신탁소는 여러 곳에 세워졌는데, 특히 에피로스(테살리아)에 있는 도도나와 리비아의 암몬 신전 등은 이름이 높았다. 제우스상은 금관 혹은 상아관을 쓰고 앉은 모양, 한 손으로 금방이라도 던질 듯한 벼락을 쥔 입상, 삼나무 홀을 들고 있는 상으로 표현되었다. 위엄 있는 용모와 긴 턱수염이 자연스럽게 혹은 파도형으로 가꾸어졌고, 상체 또는 전체가 나신으로 묘사되었다. 제우스와 포세이돈은 그 용모가 똑같이 표현되므로 대개는 몸에 지닌 무기나 상징동물로 구별된다. 예컨대 제우스의 동물은 독수리, 특히 날개를 펼친 큰 독수리이고 포세이돈은 해마와 바다 동물들 및 반인반어(半人半魚)의 아들 트리톤이 고동을 불고 배석한다.

제우스라는 이름은 천문학에서도 이용되고 있는데 태양계의 최대행성인 목성(Jupiter)이 그것이며 그 위성으로 이오, 에우로파, 가뉴메데, 칼리스토, 아말테이아, 히말리아, 엘라라, 파시파에, 시노페, 류시테이아, 카르메, 아난케, 레다 등이 있다.

쿠레테스

쿠레테스(Curetes : 크레타인)는 어린 제우스를 보호한 레아의 아들들이다. 크로노스는 레아와의 사이에 낳은 자신의 아들들을 태어나자마자 매번 삼켜 버렸다. 이에 레아는 제우스를 낳고는 크로노스에게 아기 대신 돌을 싸주어 삼키

크레타 섬 은신처에서 갓 태어난 제우스에게 양젖과 꿀을 먹이고 있는 아말테이아. 에칭화(19세기)

게 하고 어린 제우스를 크레타로 보내 아말테이아로 하여금 산양의 젖과 벌꿀로 키우게 하였다. 이 사실을 감지한 크로노스가 추격하자 제우스는 뱀으로, 양육자들은 곰으로 둔갑하여 화를 모면하였다. 이 이야기에 연유하여 생긴 별자리가 뱀과 곰자리다.

크레타 전설에 따르면 제우스는 딕테 산 동굴에서 태어났다고 한다. 이 때 아이의 울음소리가 들리지 않도록 하기 위하여 반신(半神)인 쿠레테스가 춤추고 노래하며 방패를 두드렸다. 이 신화를 바탕으로 하여 크레타에서는 청춘의 신 쿠로스 제가 열렸으며 팔라이오카스트로 지방에서는 근래 제우스 쿠로스에 대한 찬송가사가 적힌 비문이 발견되었다. 크노소스 근교의 기우타스 산(811m)은 제우스의 묘소가 있는 성지로 산세의 그림자 모양이 사람이 자고 있는 듯한 느낌을 준다.

아말테이아

아말테이아(Amalthea)는 제우스를 산양 젖으로 키운 요정이다. 제우스에게 젖을 먹인 산양 코르누코피아는 풍요의 뿔이라는 의미로서, 이 뿔을 가진 자는 원하는 것은 꽃이건 과일이건 곡물이건 모두 풍성하게 만들어 낼 수가 있다.

암브로시아

암브로시아(Ambrosia)는 원래 불멸이라는 의미를 가진 말로 신찬, 즉 신의 음식물이라는 뜻이며 넥타르는 신주를 의미한다. 암리트(Amrit : mrta는 death)는 불로불사의 음료, 즉 감로이다. 암브로시아나 넥타르에는 아마니타 무스카리아 같은 독버섯을 가미하여 환각, 이유없는 폭동, 예언이나 예견력, 성적 에너지, 근육의 괴력을 발휘하게 하였다. 신화시대(유사 이전)의 암브로시아와 넥타르는 신이나 왕과 왕비에게 올리기 위하여 만들어졌으며, 탄탈로스는 터부를 어기고 이를 인간에 나누어 주었기 때문에 벌을 받았다.

이다 산

이다(Ida) 산은 크레타 섬의 최고봉으로 제우스가 코류반테스로부터 교육을 받은 곳으로 알려져 있다. 이에 연유하여 그 사제들은 이다에이라고도 부른다. 같은 이름을 가진 또 다른 이다 산은 소아시아의 프리지아 트로이 인근에 있는 축복받은 산으로 시모이스 강, 스카만드로스 강,[1] 아이세포스 강, 그라니코스 강 등 여러 하천의 원천을 이룬다. 삼림이 우거지고 능선을 따라 헬레스폰트 해협이 펼쳐져 뛰어난 경관을 자랑하는 이 곳은 트로이의 왕자 파리스가 양치기로 있을 때 아프로디테를 미의 여신으로 판정한 곳이자 트로이 전쟁중에는 신들이 자주 모이는 곳이기도 하였다.

가뉴메데스

가뉴메데스(Ganymedes)는 프리지아 나라의 미소년으로 아비 이름에 관해서

---

1) 호메로스에 따르면 신들은 크산토스 강이라고 불렀다고 한다.

독수리로 변한 제우스를 사랑스럽게 쓰다듬는 가뉘메데스. 로마시대 조각

는 여러 의견이 있으나 대체로 트로이의 왕 트로스 혹은 라오메돈으로 알려져
있다. 사춘기에 들어 트로이 성 근교 산기슭에서 가축을 돌보던 중 제우스 신
에게 유괴되어 올림포스로 갔다. 최고의 주신 제우스는 영생하지 못하는 인간
중에서 가장 아름다운 몸매를 가졌다는 이 가뉘메데스에게 크게 매료당하여
그를 열정적으로 사랑하였다. 그를 자신의 곁에 두고 헤베 대신 술잔에 신주인
넥타르를 따르는 임무를 맡기고 잠자리를 같이하는 미동(美童)으로 삼았다.

　이 미소년의 유괴 또는 납치에 관해서는 여러 가지 설이 있다. 제우스 자신
이 직접 유괴 또는 주신의 새인 독수리를 시켜 납치하여 하늘 높이 나르게 했
다고도 하며, 혹은 제우스가 스스로 독수리로 변신하여 납치했다는 설도 있다.
작가에 따라서는 전혀 다른 견해도 있는데, 예컨대 소년을 유괴한 것은 미노스
혹은 탄탈로스, 또는 에오스(아우로라)라고도 한다. 납치 장소에 대해서도 여러
설이 있다. 보편적으로는 트로아스의 이다 산 기슭으로 되어 있으나 크레타의
이다 산, 심지어는 에우보이아의 산 혹은 뮤시아의 한 마을 하르파기아(유괴라
는 뜻)라고도 한다.

　제우스는 소년을 데려간 보상으로 명마 두 필과 헤파이스토스가 만든 황금

포도덩굴을 보내 주었으며, 가뉴메데스는 영생을 얻어 천상의 물병자리에 오르고 납치를 해 온 독수리도 그 공을 인정받아 별자리가 되었다. 로마 시대에는 소년의 이름을 카타미투스라 하였는데 이는 남색을 상대하는 미동 카타미테에 연유하며 동성애의 원형으로 보고 있다. 그러나 그리스인의 동성애는 현대의 그것과는 좀 달라, 아직 어른이 되기 전의 아이가 관례를 올리기 전에 어른과 함께하는 일종의 통과의례로서 상류사회에서 인정되는 관행이었다. 툭하면 싸우는 연령층의 아이를 납치 형식으로 데려가 침식과 수렵을 같이하고 어른의 태도와 예절, 용기 혹은 포도주를 따르는 기법을 가르쳤는데, 그 기간은 2개월을 넘지 않았다. 그리고 다시 마을에 돌려보내지는데 흔히 무사옷이나 소, 포도주잔과 때로는 값진 선물을 그간의 보수 또는 선물로 받고, 황소는 제우스에게 공양하고 잔치를 벌였다. 이 때 둘이서 지낸 동안 즐거웠는지 혹은 학대받았는지에 대한 평가를 통해 보복을 받는 경우도 있었다. 그러나 대개 둘 사이의 교문은 영예로 자부하였다. 이처럼 성인이 되기 전의 소년(eromenos : 사랑받는 자)과 성인(erastes : 사랑을 베푸는 자)과의 관계는 성인입문의 관행으로, 동성애 관계에 치중한 편향적 보고로 확대한 예도 있으나, 도리어 서구 무사계층에 존재하였던 선임무사와 신출무사 간에 흔히 있었던 동성애 관계와 더 일맥상통하였다.

3. 헤라

매우 오래 된 옛 여신이며 그리스 이름은 존칭인 헤라(Hera, Juno)로만 통하고 원 이름은 모른다. 유사 전부터 있었던 종교를 그리스인이 내도하여 계승한 것으로 생각된다. 크로노스와 레아의 딸로 제우스의 누이이자 배우자이며, 자식으로는 아레스, 헤베, 헤파이스토스 및 에일레이튜이아가 있다. 올림포스 신 중 신성결혼의 수호신으로서 혼인한 여자의 생활을 각별히 보호하였다. 출생지는 아르고스 또는 사모스라고 전한다. 계절의 세 여신 호라이에게 위탁 양육되었다고도 하고 혹은 오케아노스와 테튜스가 키웠다고도 한다. 아르골리스 지방에서 전해 내려오는 이야기에 따르면 강의 신인 아스테리온의 세 딸들이 길렀다고 하며, 아르카디아의 스튬팔로스 사람들은 바다의 신인 펠라스고스의

그리스 신들의 여왕 헤라. 그리스에서 제작된 조상의 로마복 제품

아들 테메노스가 보살피며 교육시켰다고 주장한다. 신화적인 이야기에 따르면 헤라는 아버지인 크로노스가 삼켜 버렸는데 메티스가 마력을 가진 약을 주어, 제우스인 줄 알고 돌을 삼킨 크로노스를 토하게 할 때 다시 세상에 나왔다고 한다.

　헤라 여신은 새 중에서 매와 거위, 특히 공작을 좋아하였고 꽃으로는 박하, 앵속 및 백합을 좋아하였다. 특히 백합은 원래 사프란색이었으나 제우스가 자고 있는 헤라의 젖꼭지를 어린 헤라클레스에게 물려 빨게 하다 지상으로 떨어진 젖방울로 인해 지금처럼 순백색으로 변하게 되었다고 한다. 청공으로 흐른

젖은 유백색의 은하(Milky Way)로 되었다는 것은 익히 알려진 이야기다. 한편 신화상에 등장하는 헤라의 결혼생활은 행복하지 않으며 아이들에게도 애정이 없는 것으로 보인다. 배우자도 자기가 선택하지 않은데다가 부부싸움이 끊임없고 특히 외도가 심한 남편 제우스에 대한 격분과 질투가 심하여 상대 여자는 물론 거기서 낳은 자식도 미워하고 원한을 품어 가혹하게 대하였다.

유사시대에도 사모스 섬과 아르고스 지방에서는 헤라 숭배가 성행하였다. 그녀의 출생지 중 하나로 꼽히는 사모스는 크로노스가 지배할 당시 헤라와 제우스가 비밀리에 처음 사랑을 나눈 곳이기도 해서 헤라 여신과는 관계가 깊다. 이는 아르고스의 경우도 마찬가지이다. 즉 이 지역에서 전해 내려오는 얘기에 따르면, 아르고스 시에서 10km 북쪽에 위치한 옛 신전 헤라이움에서 제우스가 헤라를 유혹하였다 한다. 즉 어느 날 제우스는 눈부시게 화려한 헤라가 늘 산책하는 아르고스 뒷산에 가서 뻐꾹새로 변신하여 기다리다가 소나기에 흠뻑 젖었다. 소나기가 지나가자 때맞추어 헤라가 나타났고(후에 여기에 헤라 신전이 섰다) 비에 젖은 초라한 모습의 뻐꾹새는 헤라의 무릎으로 살금살금 다가가 몸을 녹였다. 헤라는 원래의 모습으로 돌아온 제우스와 엉키게 된 사실을 곧 알게 되었다. 이는 제우스가 상습적으로 쓰는 유혹 방법으로, 헤라를 자신의 아내로 맞이하겠다고 설득하였다.

『일리아드』속에서 헤라와 제우스는 항상 말다툼을 하고 서로 반대 입장에서 있다. 헤라는 확고하게 아카이아(그리스) 편을 들었는데, 파리스와 헬레나가 신성한 결혼의 율법을 위배하여 자신을 성나게 하였기 때문이다. 제우스는 중립을 지키느라 애를 쓰면서도 과거 올림포스의 신들이 모두 자기에게 등을 돌릴 때 도와주었던 테티스에 대한 의리를 생각하지 않을 수 없었고, 이것을 헤라는 제우스가 자신을 반대하는 것으로 생각하였다. 헤라는 때로 여신 아프로디테로부터 빌린 허리띠를 무기로 남편을 매혹시켜 세력을 약화시키고 고집을 꺾기도 하였다.

아르고스에서 열리는 헤라 축제의 경우는 운동경기도 겸하였다. 일반적으로 헤라는 여러 나라의 여신과도 동일시되는데 특히 로마의 유노는 같은 여신으로 간주된다. 원래 유노는 에트루리아의 여신 우니에 기원하는데 로마인은 그녀를 충고하는 자라는 뜻의 모네타라는 별칭으로 불렀다. 오늘날 돈을 뜻하는 money는 이 모네타에서 기원하는 것으로, 옛날 카피톨리움 언덕의 유노 모네타 신전에 로마의 조폐소가 들어서 있었기 때문이다. 헤라는 옛 조각상에서 홀을 쥐고 왕관을 쓴 여왕으로서 혼자 혹은 남편 제우스와 같이 있는 모습으로 표현되었다.

4. 포세이돈

크로노스와 레아의 아들로 해신인 포세이돈(Poseidon, Neptune)은 형제간인 제우스 다음 가는 올림포스의 주신이다. 로마인은 물의 신 넵투누스에 포세이돈의 신성을 결부시켜 마찬가지로 해신으로 하였다. 신화에 따르면, 크로노스가 제우스보다 먼저 태어난 그를 삼켜 버렸으나 후에 제우스가 성장하여 세력을 잡았을 때 크로노스가 다시 토해 내어 세상에 나왔다고 한다. 다른 설에는 크로노스가 포세이돈 대신 새끼 말을 삼켰다고도 하며 혹은 크로노스가 아들을 바다에 던졌다는 이야기도 있다. 또한 포세이돈은 텔키네스와 오케아노스의 딸이 키웠다고 한다. 성장한 후에는 텔키네스의 여동생 할리아와 사랑하게 되어 7남 1녀를 두었는데 딸 이름은 로도스라 하며 여기에서 섬 이름 로도스가 연유하였다.

일리아드 시대부터 포세이돈은 바다를 지배하였고, 그 형제인 하데스는 지하계, 제우스는 천공과 지상을 차지하였다. 해신인 포세이돈은 파도를 조절할 뿐만 아니라 폭풍우를 유발시키고 삼지창을 마음 내키는 대로 휘둘러 지진을 일으켰으며, 해안에 사태를 나게 하고 샘물을 솟게도 하였다. 세력이 바다뿐 아니라 샘, 호수까지 뻗쳤던 것이다. 그러나 하천만은 자체의 신들이 지배하였다.

형제이자 최고의 신 제우스와의 관계는 항상 우호적인 것은 아니었다. 한 번은 헤라, 아테나 여신과 함께 신들의 공모에 가담하여 제우스를 쇠사슬로 묶고 쿠데타를 감행하였으나 브리아레오스의 위협으로 실패하였다. 포세이돈은 트로이 전쟁에서도 중요한 위치를 점하고 있다. 일찍이 그는 아폴론 및 인간 아이아코스(제우스와 아이기나의 아들)와 더불어 1년간 귀양가서 트로이 성을 구축한 적이 있었다. 그런데 트로이의 왕 라오메돈이 보수의 지불을 거부하자 포세

위풍당당한 포세이돈. 바다에서 발견된 고대 그리스의 청동상

이돈은 그 앙갚음으로 트로이를 황폐화시키는 바다 괴물을 불렀다. 이것이 트로이 사람에 대한 그의 첫 분노이며 트로이 전쟁중에 포세이돈이 아카이아(그리스) 쪽에 서서 중재한 이유였다. 그러나 일리아드 전쟁 초에 아카이아 군이 네스토르의 진언을 좇아 원정선 주위에 성을 쌓아 군막을 견고히 하자 신들의 회의에서 그 결정에 항의하였는데, 트로이 성의 건설로 쌓아올린 자신의 명성을 깎는 일이 되기 때문이었다. 당시 포세이돈은 제우스의 위무적 발언으로 일단 물러나기는 하였으나 아카이아 군이 구축한 성을 무너지게 할 것을 다짐하였다. 그리고 얼마간 트로이 전쟁에는 관여하지 않았으나 트로이 군이 우세를 보이자, 아카이아 군을 도우러 와서 칼카스 모양으로 분장하고 아엑스 등을 부추겨 테우케르와 이도메네우스를 몰아내게 하였다. 제우스는 포세이돈에게 곧 전쟁에서 손을 뗄 것을 지시하였다. 그러나 아킬레스가 막 트로이의 아이네아스를 죽이려 하는 참에 아킬레스의 눈 앞을 안개로 덮어 그 위치를 뒤쪽 멀리 이동케 함으로써 아이네아스를 구하였다. 포세이돈이 트로이인을 살려준 동기는 첫째, 운명이 아이네아스의 죽음을 원치 않았고, 둘째 아이네아스가 라오메돈의 직계 후손이 아니고 안키세스, 카퓨스 및 아사라코스를 거친 트로이 가계와 연결되었기 때문이다. 포세이돈은 특히 프리아모스의 후손을 가장 싫어하여 멸망시키고 안키세스의 후손은 보호하여 살아 남게 해주었다.

영생하지 못하는 인간들이 무리를 형성하고 도시를 구성하면 신들은 각기 한 마을 혹은 수개의 마을을 선택하여 수호신으로 취임하였다. 그런데 때로 한 도시를 두세 신이 서로 선택하는 일이 생기면서 신들 상호간에 갈등이 일어나고 동료신이나 인간들에게 중재를 요청하였다. 이 경우에 한해 포세이돈은 대체로 운이 없었다. 예컨대 코린트 지방에서는 그 관할권을 둘러싸고 아폴론과 갈등을 일으켰다. 이 때 심판을 맡은 거인 브리아레오스는 아폴론에게 호의적인 결정을 내렸다. 또한 포세이돈은 아이기나 섬을 지배하기 원하였으나 제우스에게 빼앗기고 말았다. 낙소스 섬에서는 디오뉘소스가, 델포이에서는 아폴론이, 트로이젠에서는 아테나가 포세이돈보다도 우월하였다. 특히 아테네와 아르고스를 원하여 포세이돈은 큰 문제를 일으켰다. 포세이돈은 아티카에 말을 가져와 인간에게 말타는 기술을 알려주었으며 경마의 수호신이기도 하였다. 그래서 진심으로 아테네를 자기 영역으로 삼고자 하여 급기야는 삼지창으로 땅을 찔러 아크로폴리스에 바닷물이 솟아나게 하려 하였다. 파우사니아스[2]에 의하면 이 바닷물은 에렉테움 경내의 소금물 샘이라 한다. 어쨌든 이 소식을 듣고 급히 뒤쫓아온 아테나 여신은 케크로프스를 증인으로 불러 자신이 처음으로 이 고장에 올리브 나무를 심었음을 입증케 하고 소유권을 주장하였다. 이 사건의 조정을 맡은 제우스는 아테나가 아크로폴리스 언덕에 최초로 올리브 나무를 심었다고 한 케크로프스의 증언을 인정하여 아테나에게 유리한 판정을 내렸다. 화가 머리 끝까지 치민 포세이돈은 엘레우시스 들판에 홍수를 일으켜 물바다로 만들어 버렸다. 또한 아르고스를 놓고는 헤라와 다투었는데, 이번에도 사건을 맡은 조정관 포로네오스가 포세이돈에게 패배를 안겨주었다. 이 결과에 화가 난 포세이돈은 아르고스 주민을 저주하며 그 나라의 모든 개울물을 말려 버렸다. 얼마 후 다나오스와 50명의 딸들이 아르골리드로 왔는데 마실 물조차 없었다. 다행히 포세이돈이 다나이데스(다나오스의 딸들)의 한 명인 아뮈모네와 사랑에 빠지는 바람에 저주가 풀려 개울물이 다시 흐르게 되었다. 다른 설에 의하면 포세이돈이 포로네오스와 이나코스를 괴롭히기 위해 아르골리드를 짠물로 넘치게 하였는데 헤라가 포세이돈에게 재난을 거둘 것을 종용하여 바다를 다시 해안으로 복귀시키게 했고 그 대신 포세이돈은 아틀란티스라는 훌륭한 섬을 완전히 소유하게 되어 만족하였다 한다.

포세이돈의 연애 건수는 대단히 많고 그 소생 또한 많았다. 그러나 제우스에

---

2) 142~176년에 활동한 그리스의 지리학자 · 여행가.

게서 난 많은 아이들이 인정 많은 영웅이 된 것에 비하면 포세이돈의 아이들은 아레스와 마찬가지로 대개는 포악하였으며 일부는 괴물이나 말 모습을 하고 있었다. 예컨대 토오사와 교합하여 낳은 괴물 폴류페모스, 신화에서 흥미로 가득찬 고르곤족 메두사와 관계하여 낳은 거인 크류사오르와 날개달린 천마 페가소스 등이 그들이다. 또한 아뮤모네와의 사이에서 낳은 나우플리오스는 그리스인, 특히 오듀세우스의 술책으로 자기 아들이 억울하게 희생된 것에 보복하기 위하여 트로이에서 귀환중인 아카이아 군 오듀세우스 일행을 잔인하게 해쳤다. 이피메데이아와의 사이에서는 거인 알로아다이를 두었다. 그 밖에 테세우스에게 죽임을 당한 악당 케르큐온과 스키론, 라모스 및 오리온 등이 있다. 또한 할리아와의 사이에서 낳은 아이들도 갖은 악독한 짓을 저지른 뒤 희생자 모두를 땅 속에 매장하여 범죄를 음폐하고 법망을 피한 악인들이었다.

이처럼 수많은 자식을 가졌던 만큼 포세이돈은 엄청나게 많은 가계의 선조이기도 하다. 포세이돈과 데메테르의 연애사건은 가히 특종감이라 할 만한데, 그녀와의 사이에서 태어난 딸의 이름을 언급하는 것은 특히 금기였다. 그 딸이 바로 공포의 여신 데스포이나이며, 그 밖에 신마 아레이온도 그 소생이었다. 후에 7명의 명장을 거느리고 테베를 공격하였다가 크게 패하여 몇 명의 생존자와 함께 아테네로 도망친 아드라스토스 왕이 탄 말이 바로 이 아레이온이며, 후에 아드라스토스는 테세우스의 도움을 받아 다시 승리를 거두었다. 한편 포세이돈의 본부인은 요정 암피트리테인데, 그녀에게는 아이가 없었다고도 하고 트리톤과 로도스 형제를 낳았다고도 한다.

포세이돈의 초기 상은 나신, 후기에는 옷을 입은 상에 턱수염을 가진 모습으로 나타나는데 얼굴만으로는 제우스와 구분이 되지 않는다. 그를 제우스와 구분해 주는 가장 특징적인 것은 바로 손에 든 삼지창인데 이는 참치잡이 어부들이 사용하는 무기였다. 또한 그는 황금 이륜마차를 타고 다녔는데 마차는 상반신은 말이고 하반신은 뱀으로 된 괴물이 끌고, 주위에는 트리톤이 배석하였다. 그 밖에 어류와 돌고래 및 바다동물이 주변을 에워싸고 있으며 네레이데스, 프로테우스, 글라우코스 같은 잡신들도 동반하였다.

바다를 끼고 있는 도시국가나 에게해의 많은 섬나라에서는 이 포세이돈의 역할이 막중하였다. 따라서 항해, 바다의 폭력과 음모, 유괴와 해적행위의 견제, 때로는 지진의 신으로 외경 숭배되었으며, 만물, 식물성장에도 관여하고 테살리아에서는 말을 다루는 신으로 존숭을 받기도 하였다.

암피트리테

암피트리테(Amphitrite)는 원래 그리스가 국가를 형성하기 이전에 모시던 삼상일체(三相一體)의 여신이다. 그리스 시대 작가는 바다의 요정으로 기술하고 있으며 신화상에서 암피트리테는 포세이돈의 정실로 되어 있다. 원래 포세이돈은 그녀의 동생인 테티스를 사랑하였으나 테티스와의 사이에서 아들이 생길 경우 그 아들에게 쫓겨날 것이라는 신탁을 받고 암피트리테에게 눈을 돌렸다. 그러나 암피트리테는 포세이돈의 평소 품행을 마음에 들어하지 않아 숨어 버렸다. 이에 포세이돈은 돌핀을 파견하여 그녀에게 자초지종을 설명하고 결국은 아내로 맞이하는 데 성공하였다. 돌핀은 이 공으로 별자리에 올랐다. 그러나 이내 암피트리테는 포세이돈이 그의 형제 제우스와 마찬가지로 결혼생활에 성실성이 없자 늘 분노를 터뜨리며 노호를 그치지 않았다. 암피트리테의 의미가 '아우성치다'임은 여기에 기인한다.

트리톤

트리톤(Triton)은 포세이돈과 암피트리테의 아들이다. 소라고동을 불고 파도를 조절하며 파도를 치게 하는 능력을 가진 반인반어의 바다 소신(小神)으로 후기에는 포세이돈의 시중을 들었다. 팔라스와 트리테이아가 그의 딸이라고 전한다. 천문학에서는 해왕성의 2개 위성 중 하나를 트리톤이라 한다.

5. 아이아코스

아이아코스(Aeacus)는 제우스와 아소포스의 딸 아이기나 사이에 난 아들이다. 오이노피아 섬의 왕으로 섬 이름을 어머니 이름을 따서 아이기나로 바꾸었다. 그런데 섬에 질병이 돌아 섬 사람이 모두 멸망하게 되자 제우스 신에게 자

반인반어 트리톤이 바다의 요정
과 장난치고 있다. 잘츠부르크의
파라켈소스 정원 분수의 조각

기 영토에 다시 사람이 늘게 해주기를 탄원하였다. 이 요청이 받아들여져 소원
대로 참나무 고목에 있는 수많은 개미가 모두 사람으로 변하였다. 이들 족속을
개미족이라는 뜻의 뮤르미돈족이라 부르게 된 것은 이 때문이다. 아내 엔데이
스와의 사이에서 텔라몬(살라미스의 왕으로 테우케르와 아엑스의 아버지)과 펠레
우스(아킬레스의 아버지)를 두었으며 그 외 네레이데스의 처녀 프사마테로부터
아들 포코스를 얻었다. 아이아코스는 성실한 성품을 지녀 옛 그리스 세계에서
는 미노스, 라다만토스와 더불어 지하계의 재판관으로 추앙받았다.

6. 튜폰

튜폰(Typhon, Typheus)은 대지의 여신 가이아와 타르타로스의 교합으로 실

튜폰에게 돌진하며 벼락을 던지는 제우스. 칼키디케 휴드라(기원전 540년). 불치 출토

리시아의 동굴에서 태어난 전무후무한 거대한 괴물이다. 그는 거인족을 멸망
시켜 신권 장악에 성공한 제우스의 세력을 꺾기 위하여 도전하는데, 이는 가이
아가 자신의 아이들인 거인족이 패망한 데 분개하여 제우스에게 보복을 하도
록 보낸 것이었다. 헤시오도스에 따르면 튜폰은 뇌성과 흰 머리를 지닌 괴물이
었지만 제우스가 벼락으로 공격을 퍼부어 타르타로스로 몰아넣었다고 한다.
다른 주장에 의하면 제우스와의 싸움은 쉽게 끝나지 않아 처음에는 제우스에
게 패하여 동방으로 도망쳤으나 시리아 경계에서 반격을 가하여 도리어 제우
스를 사로잡았다고 한다. 그리고는 제우스의 칼(우라노스를 거세한 반달형 낫)을
빼앗아 제우스 손발의 건(腱)을 잘라 힘을 못쓰게 만들고는 절망적인 제우스를
실리시아 산속 동굴로 떠밀어 넣었다. 참혹하게 패배한 제우스는 마침내 소식
을 듣고 찾아온 헤르메스와 판의 도움으로 잘린 건을 다시 훔쳐와 복원시키고
올림포스로 돌아왔다. 그리고 튜폰과의 싸움을 계속하였다. 이 때 튜폰은 뉴사
산에 있었는데, 운명의 여신 파테스는 하루살이 곤충이 먹는 물기 많은 열매가
힘을 기르는데 효과가 있다고 속여 튜폰에게 권하였다. 이 열매는 죽음을 면치
못하는 인간의 음식으로 먹으면 허약해지는 것이었다. 튜폰은 트라키아의 하
이모스 산에서 제우스와 최후의 격전을 벌였으나 큰 상처를 입어 그의 피가 온

산의 계곡을 넘쳐흐르니 이에 연유하여 이 산을 피의 산으로 부르게 되었다. 승자가 된 제우스는 시칠리아로 패주한 튜폰을 마지막으로 에트나 산으로 덮어 눌러 처치하였다. 지금도 산이 들먹거리고 연기를 뿜으며 화산이 터지고 있는 것은 튜폰이 몸부림치고 있기 때문이라 한다.

튜폰의 형상은 날개달린 거대한 괴물로 허리 위는 사람 모양, 그 아래는 두 개의 용 꼬리로 되어 있다. 아테네 아크로폴리스에 있는 튜폰은 상체 세 개가 하나의 허리에 붙어 있는 괴물로 묘사되어 있으며, 날개와 용 혹은 뱀꼬리가 달려 있다. 상징적으로 물과 이삭 및 새를 들고 있으며 청색 머리(중간은 회색 머리)와 청색 수염(콧수염과 구레나룻)이 특이하다.

7. 프로메테우스

독수리에게 간을 뜯겨 먹히는 프로메테우스. 판화(18세기)

프로메테우스(Prometheus)란 선견자라는 뜻이다. 이아페토스와 오케아노스의 딸 사이에서 태어난 아들이며, 에피메테오스와 아틀라스 및 거만하고 잔인하여 제우스에 의해 타르타로스로 내던져진 메노이티오스는 모두 친동기간이다. 프로메테우스는 크로노스와 제우스 부자 간에 벌어진 대격전에서 현명한 제우스에 가담하여 승리를 이끌어내게 함으로써 제우스에게 가장 신임받는 측근이 되었다. 또한 그는 보이오티아 지방 파노페아에서 흙으로 빚은 물

땅에서 떠오르는 판도라를 맞이하는 에피메테오스. 그 위로 에로스가 날고 있고, 왼쪽으로 제우스와 헤르메스가 보인다. 아티카 적색그림나선 크라테르(기원전 450년경)

건에 아테나로 하여금 생기를 불어넣게 하여 인간을 창조하였다. 그러나 더 널리 알려진 신화에 따르면 인간은 이미 그전부터 존재하고 있었다고 한다. 프로메테우스는 천상에서 불을 훔쳐와 이 인간에게 주었으며, 신에게는 항상 좋은 고기를 바쳐야 하는데도 황소를 잡아 비계덩어리를 제우스에게 보내고 살코기를 넣은 위 뭉치는 사람에게 보내었다. 이것이 결국 제우스의 노여움을 사서 카우카소스 산꼭대기 바위에 묶여 독수리에게 간을 쪼이게 되었다. 후에 그는 테티스의 아이가 앞으로 천상을 황폐화시키고 대신의 자리를 찬탈할 것이라는 예언을 해준 대가로 제우스로부터 풀려나게 되었다.

이처럼 프로메테우스는 항상 인간을 보호하고 짐승보다 나은 생활을 하도록 여러 가지를 가르쳐 주었으며 특히 도공을 도와주어 아테네 사람들에게 크게 존경을 받았다. 천문에서 이아페토스는 토성의 제2위성이다.

에피메테오스

프로메테우스의 동생으로 에피메테오스(Epimetheus)는 후각자라는 의미를 갖고 있으며, 판도라와 결혼하여 딸 퓨라를 두었다. 퓨라는 프로메테우스의 아들 데우칼리온과 결혼하였고 제우스가 내린 대홍수에서 살아남았다.

천공을 메고 있는 거인 아틀라스.
로마시대. 나폴리 국립고고미술관

아틀라스

짊어지는 자라는 뜻을 가진 아틀라스(Atlas)는 이아페토스와 테미스의 아들로 프로메테우스, 에피메테오스와는 형제간이다. 원래는 천공의 기둥을 보호하는 감시자인데 티탄족의 내란 때 제우스에 항거한 죄로 천공을 양 어깨에 짊어지게 되었다. 헤라클레스가 헤스페리데스의 사과를 찾아다닐 때 아틀라스 대신 천공을 짊어지고 이 사과를 얻었는데, 천공을 그대로 떠맡기려 한 아틀라스에게 천공을 고쳐 짊어지게 도와달라고 꾀어 다시 떠넘겼다. 후기에는 페르세우스가 고르곤의 머리를 보여 아틀라스를 돌로 변화시켰다고 한다. 대서양은 아프리카 북단의 아틀라스 산맥이 하늘을 떠받쳐 푸른 바다가 되었다고 하여

판도라의 상자.
크레인(Walter Crane : 1845~1915) 작

아틀란틱 해라 부르게 되었다. 해부학에서는 머리를 받치고 있는 제1경추를 아틀라스라고 하는데 이는 천공을 메고 있는 아틀라스에서 연상하여 붙여진 이름이다.

판도라

판도라(Pandora)는 인간세계의 첫 여인으로, 천상의 제우스 신이 헤파이스토스를 시켜 흙으로 여신처럼 빚어내어 매우 아름답고 우아한 용모를 갖추었다. 제우스는 당시 신들에게 불경하고 술수를 쓰는 프로메테우스를 벌주기 위하여 그녀를 배우자로 주고자 하였다. 모든 신은 판도라가 교양을 지니도록 기여하고 선물을 주었는데, 특히 아프로디테는 여성미와 상대를 기쁘게 하는 기교를, 카리테스는 매혹적인 능력을, 아폴론은 노래부르는 법을, 헤르메스는 애교의 기량을, 아테나는 최고로 값나가는 찬란한 장신구를 주었다. 판도라라는 이름은 이처럼 모든 신에게서 귀한 선물을 받았다고 하여 붙여진 것으로, 제우스는 후에 그녀에게 아름다운 상자를 주며 결혼 상대자에 주라고 지시하였다. 프로메테우스는 흙을 빚어 만든 인간에게 생활할 능력을 주기 위하여 천공에서 태양의 불을 훔쳐다 준 일이 있어 신들의 노여움을 사고 있었다. 그러던 참에 헤르메스가 판도라를 이 프로메테우스에게 데려왔다. 그러나 속임수에 민감하고 제우스를 비롯한 모든 신을 믿지 않았던 프로메테우스는 그녀에게 매혹당해 고민하게 되리라는 것을 눈치채고 거절하였다. 반면 그의 동생 에피메테오스는 형과는 달리 영특한 데가 없고 신중하지도 않아 형의 충고에도 불구하고 판도라와 결혼하였다. 과연 제우스가 준 선물상자를 궁금하게 여긴 판도라가 급기야 선물상자를 열어보니 거기에서 모든 병과 재앙의 불씨가 튀어나와 온 인간 세상으로 퍼져 나가게 되었다. 이 순간부터 인간세상은 끊임없이 치명적인 재앙과 고난에 시달리게 된다. 판도라는 황급히 뚜껑을 닫았지만 안에 든 것은 다 빠져 나가 버리고, 단 하나 희망만이 상자 밑바닥에 남아 인간이 고난에 빠질 때마다 힘이 되어 고통을 줄이고 갈등과 슬픔을 덜어주었다. 일설에는 역설적으로 희망도 악한 것으로 보는데 그것은 절망상태에서도 요행에 매혹되는 도박심리를 가져오기 때문이다.

8. 하데스

하데스(Hades, Pluto)의 원 뜻은 영계(靈界)이며, 별칭인 부를 뜻하는 플루토는 지하계 땅 속에 금은보화가 간직되어 있다는 데서 연유한다.

올림포스 12주신의 한 신으로 명계를 지배하고 페르세포네를 납치하여 왕비로 삼았다. 매우 냉혹한 신이지만 지하계의 법을 모두에게 평등하게 적용하였으므로 결코 사악하거나 악마적인 신은 아니다. 지하계는 크게 두 곳으로 나뉘는데, 죽자마자 가는 곳이 에레보스이고 밑이 없는 깊은 연못인 지옥이 타르타

페르세포네를 전차에 태워 납치하는 하데스. 마케도니아 베르기나의 왕족무덤 벽화(기원전 340년경)

로스이다. 명계에는 비통의 강으로 불리는 아케론 강과 통곡의 강이라는 코큐토스 강이 흐르고, 카론이라는 매우 고집센 늙은 사공이 있어 죽은 자의 혼을 피안으로 건네주었다. 카론은 죽을 때 통행료를 내놓고 제대로 장례를 치른 영혼만 배에 태웠다. 강을 건너면 견고한 문이 서 있고 문에는 머리 셋 달린 케르베로스가 지키고 서서 영혼을 들여보내기는 하되 아무도 나가지는 못하게 하였다. 영혼이 도착하면 각자 세 심판관인 라다만토스, 미노스, 아이아코스의 앞에서 선고를 받는데 악인은 지옥에서 끝없는 고문을 받고 착한 사람은 낙원으로 보내졌다. 또한 이 곳에는 지상에서 지하계로 흐르는 플레게톤(불의 강), 스튁스(증오의 강으로 저승을 굽이굽이 돌고 흐르며 이 강에 걸고 하는 맹세는 제우스도 어기지 못하였다), 레테(망각의 강)라는 세 강이 있었다. 넓은 지하계 어딘가에는

플루토 궁전이 있었으며, 복수의 여신 에리뉴에스(푸리아이)도 나타나 악한을
가차없이 냉혹하게 처벌하였다.

명계에서 살아나온 자로는 프슈케, 시슈포스, 헤라클레스, 테세우스, 오르페
우스, 아이네아스, 시뷸레가 있다.

9. 데메테르

데메테르(Demeter, Ceres)는 크로노스와 레아의 둘째딸로 헤스티아와 헤라의
가운데다. 종교상으로나 신화상으로 성격은 가이아(우주의 관점에서 대지여신)와
는 판이하여 농사 특히 곡물의 지모신으로 되어 있으며 따라서 그리스 세계 도
처, 특히 밀이 자라는 고장이면 이 여신의 전설이 많다. 로마인은 이탈리아의
풍요의 여신 케레스와 동일시하였다. 데메테르 여신 숭배와 전설의 중심지는
엘레우시스와 시칠리아이며 그 밖에 크레타, 트라키아 및 펠로폰네소스에서도
성행하였다. 여신 숭배와 전설은 데메테르와 그녀의 딸로 후에 코레라고만 불
린 페르세포네가 긴밀히 연계되어 각지에서는 단순히 이주여신(二柱女神)으로
존경하는 경우가 많고, 대중신화는 전승된 두 모녀의 특이한 사건이 중심을 차
지하고 있다. 엘레우시스 비의의 시작은 여신 속에 내포된 깊은 의미를 발현시
킨 것으로 볼 수 있다.

제우스와 데메테르 사이에서 태어난 페르세포네는 이복자매인 아테나 및
아르테미스와 함께 행복하게 성장하였고 결혼할 생각을 갖고 있지 않았다. 그
런데 페르세포네에게 눈독을 들인 숙부 하데스가 제우스의 동의를 받아 그녀
를 유괴해 버렸다. 시칠리아의 엔나 초원에서 유괴하였다 하나 막연히 뉴사 초
원이라고도 한다. 다른 설에는 엘레우시스 혹은 아르카디아의 큐레네 산록 케
피소스 강변에 하데스의 나라로 통하는 동굴이 있는 들 혹은 크레타 섬의 크노
소스 근처 동굴이 있는 초원이라고도 한다. 그 곳이 어디였든간에 땅이 열리고
동굴에서 나타난 하데스는 꽃을 따고 있던 페르세포네를 불문곡직한 채 끌고
지하계로 내려가 버렸다. 딸의 실종을 알게 된 데메테르는 자신이 알고 있는
온 세상을 수소문하여 딸을 찾아나섰다. 구렁으로 끌려가면서 계속 절규하는

대지의 생산력의 수호신 데메
테르(기원전 330년경). 그리스
크니도스 출토

페르세포네의 울부짖음을 얼핏 듣고 데메테르는 깜짝 놀라 소리나는 곳으로
달려갔으나 딸의 흔적은 찾을 길이 없었다. 밤낮을 가리지 않으며 9일간 먹지
도 마시지도 않고 목욕도 하지 않고 의복도 갈아입지 않은 채 양 손에 횃불을
들고 실성한 채로 딸의 행방을 찾아 세상을 헤맸다. 열흘째 되던 날, 헤카테를
만나 물었으나 역시 딸의 울음소리는 들었지만 행방은 모른다고 하였다. 결국
납치 정황을 모두 지켜본 바 있는 헬리오스가 데메테르의 딱한 모습을 보고 사
건 전모를 알려주었다. 그러나 전승된 이야기로는 아르골리드의 주민인 헤르
미오네가 하데스가 범인이라고 일러 주었다고 한다. 화가 치민 데메테르는 천
계로 돌아가지 않기로 작정하고 지상에 남아 딸이 돌아올 때까지 곡물 여신의
역할을 포기하였다. 그리고는 노파로 변장하여 엘레우시스로 가서 바위에 앉

아 쉬었는데 그 후 이 바위는 '즐거움없는 바위'로 불리게 되었다. 이어서 그 나라 왕 켈레오스를 만나러 가던 길에 한 아낙네와 어울리게 되는데 이암베라는 이 여자는 익살스런 농으로 오랜만에 데메테르에게 웃음을 찾아주었다.

데메테르는 왕궁에 가서 왕비가 막 출산한 아들 데모폰(혹은 트립톨레모스라고도 한다)의 유모가 되었다. 왕과 왕비가 그녀에게 친절하게 대해 주었으므로 여신은 그 대가로 아기를 불사신으로 만들어 주기로 결심하였다. 이에 인간 부분을 불에 태우는데 마침 왕비가 나타나 이것을 보고는 기겁을 하며 아기를 빼앗았다. 그제서야 여신은 신분을 밝힌 후 자신의 본뜻을 알리고 왕자 데모폰에게는 이 세상 어디에 가든 밀을 뿌리라고 지시하였다. 다른 설에는 시큐온 왕 플렘나이오스의 유모역을 하였다고도 한다.

여신이 이렇듯 자진하여 천공에서 지상으로 망명하여 귀양살이를 하자 땅이 메말라 황폐해지고 온 세상은 황무지가 되어 인간에게 끼치는 피해가 막심하였다. 이에 제우스는 하데스에게 페르세포네를 돌려보낼 것을 지시하였다. 그러나 페르세포네는 이미 지하세계에서 단식을 지키지 않고 석류씨를 먹었기 때문에 하데스에게 몸을 의지한 상태가 되어 있었다. 때문에 제우스는 지상과 지하 사정을 절충하여 1년의 반은 어머니가 있는 올림포스 산에서, 나머지 반은 지하계에서 살게 하니 데메테르는 딸을 다시 볼 수 있게 되었다. 이렇게 해서 매년 봄 밭고랑에서 첫 싹이 솟아나면 페르세포네는 지하계에서 탈출하여 천상에 올랐고, 결실기에는 다시 지하로 들어갔다. 그리고 페르세포네가 데메테르와 헤어져 있는 동안 땅은 말라붙고 음산한 겨울철이 되어 지상은 괴로움을 받게 되었다.

한편 데메테르가 딸의 행방을 찾아 헤매는 이야기에는 지역에 따른 여러 가지 에피소드가 곁들여졌다. 예컨대 시큐온에서는 여신이 물레방아를 발명하여 주민에게 사용법을 알려주고 딴 곳에서는 야채 기르는 법을 일러주었으며 특히 콩과 무화과 재배법을 가르쳤다. 데메테르 여신의 신전 성역은 그리스 전역에 퍼져 있는데 옛적에 여신이 체재한 곳이거나 은신처라고 전해져 온다. 또한 이 이야기 안에는 데메테르가 페르세포네를 찾고 있을 때 그녀를 사랑하여 열을 올린 포세이돈의 이야기도 가미되었다. 당시 데메테르는 포세이돈의 눈을 피해 암말로 변하였는데 포세이돈 또한 수말로 변신하여 교합하였다. 그리고 이 둘 사이에서 아레이온이라는 명마와 그 이름의 언급이 금기된, 그저 여사

(mistress)라고만 불리는 딸이 태어났다. 그 밖에 데메테르는 이아시온과 밭에서 연애하여 아들 플루토스를 두었는데 커서 부(富)의 신이 되었다.

데메테르는 숭배지역의 지배권을 두고 시칠리아에서는 헤파이스토스와, 캄파니아에서는 디오뉴소스와 다투었다. 데메테르 여신의 상징 식물은 밀이삭과 수선화 및 앵속이고, 좋아하는 새는 두루미이며 암퇘지를 공양으로 바친다. 조각상은 횃불과 뱀을 갖고 있거나 밀이삭을 가진 상으로 표현한다.

테스모포리아는 테스모포라라는 별칭으로 불리는 데메테르와 딸 페르세포네를 위한 비의 축제로 가을철에 그리스 전역에서 개최되었다. 아테네에서는 퓨아넵시온(10·11월)에 데메테르 축제 퓨아넵시아가 개최되었는데, 제11~13일에는 여성만이 제를 지내며 그 첫날에는 나뭇가지로 천막을 치고 모여 앉는다. 축제는 둘째날에 시작되고 3일째 되는 날에는 땅에 뿌릴 씨앗에 성장과 다산 또한 풍요를 기원하는 제의를 올렸다.

10. 브리아레오스

브리아레오스(Briareus)는 우라노스와 가이아의 아들로 100개의 손과 50개의 머리를 가진 유명한 기가스이다. 인간들은 그를 아이가이온이라 부르고 신들만이 브리아레오스라 불렀다. 헤라, 제우스 및 아테나가 크로노스를 신권에서 몰아내기로 공모했을 때 브리아레오스가 청공으로 올라와 크로노스 쪽에 대좌하였는데 그의 사납고 위협적인 외모에 기가 질려 공모를 단념하였다. 후에 신권 전쟁에서 거인족측에 가담하였다가 에트나 산으로 추방당하였다.

같은 이름을 가진 또 다른 브리아레오스는 큐클로페스로 올림포스 신족이 공모하여 제우스에 대해 반란을 일으켰을 때 테튜스의 부름을 받고 달려와 반란 진압에 공을 세워 제우스의 신임을 얻었다. 그는 또 아폴론과 포세이돈이 코린토스의 지배권을 둘러싸고 분쟁을 일으키자 중재에 나서서 아크로코린토스는 아폴론에게, 나머지는 포세이돈에게 나누어 주었다.

11. 코토스

코토스(Cottus)는 우라노스와 가이아의 아들로 50개의 머리와 100개의 손을 가지고 있다. 헤카톤케이레스(백수거인족)의 한 명으로 규게스, 브리아레오스와 형제간이다.

카이오스

카이오스(Caeus, Coeus)는 우라노스와 가이아의 아들로 포이베와 결혼하여 레토와 아스테리아를 낳았으며, 호메로스에 따르면 그는 트로이젠의 아버지라고도 한다.

휴페리온

휴페리온(Hyperion)은 우라노스와 가이아 사이에서 태어난 아들로 테이아와 결혼하여 아우로라(새벽의 여신 에오스)를 낳았다. 그를 태양신 헬리오스로 표현하기도 한다.

므네모슈네

므네모슈네(Mnemosyne)는 우라노스와 가이아의 딸로, 목동으로 변장한 제우스와 피에리아에서 아홉 밤을 지내고 1년 후에 아홉 명의 뮤즈를 두었다. 므네모슈네는 기억(memory)이라는 뜻이며, 시에서는 뮤즈의 어머니를 메모류(Memory)라고 부른다. 또한 트로포니오스의 신탁을 받아 마시는 보이오티아의 샘물을 므네모슈네라고도 하였다.

호라이

호라이(Horae)는 봄, 여름 및 겨울의 계절을 관장하는 세 여신이다. 제우스와 테미스 사이에서 태어난 에우모니아(질서), 디케(정의) 및 이레네(평화) 3자매가 그들로, 올림포스 신들과 같이 배석하여 모든 것을 성장하게 하고 꽃을 피우게 하는 능력을 갖고 있어 언제나 환영받고 향연에 초대되었다.

또한 아프로디테의 딸들 혹은 시녀라고 부르는 성(聖) 창녀도 호라이라 하는데, 황도 12궁을 도는 시간의 춤을 추며 신들의 산파역을 하고 지상의 호라이(사원 창녀)를 이끌고 성적 비밀 의식에서 남자를 가르쳤다. 고대의 창부들은 높은 지위와 학식으로 존경받았으며 여왕처럼 떠받들어졌다.

아테네 사람들은 이들 세 여신을 탈로(싹틈), 아우코(성장) 및 카르포(수확)라는 별칭으로 부르며 사물의 성장을 관장하는 자연의 3여신으로 추앙하였다. 호라이는 모이라이와 자매간이나 성격이 다르고 우아한 여신으로 꽃과 식물이 있는 들판에 나타났다. 그러나 카리테스나 마찬가지로 신화상 어떤 특이한 역할을 맡고 있지는 않다. 후기 우화에서 꽃과 풍요를 상징하는 플로라는 서풍신 제퓨로스의 아내가 되어 카르포스라는 아들을 두었다.

12. 오케아노스

오케아노스(Oceanus)는 강력한 권세를 가진 바다의 신으로 지상과 지하계의 주류를 이루는 강(알페오스, 페네이오스, 스트류몬 등)을 지배하였다. 우라노스와 폰토스 혹은 가이아의 아들이며, 동생 테튜스를 아내로 맞아들여 오케아니데스라 부르는 많은 딸을 두었다.

그 중 하나인 에우류노메는 그녀의 남편 오피온과 함께 크로노스 이전에 티탄족을 지배하였는데 크로노스와 레아에게 밀려나 바다로 도피하였고 천공에서 떨어진 헤파이스토스를 테티스와 함께 구조하여 환대해 주었다. 또한 그녀는 제우스의 사랑을 받아 카리테스와 아소포스를 낳았다 한다. 또 다른 딸 칼리로에는 크류사오르와 결혼하였으며 에키드나, 오르토스 및 케르베로스가 그 소산이라는 설도 있다.

호메로스에 의하면 모든 신의 아버지가 이 오케아노스이며, 자주 신들의 예방을 받는다고 한다. 그는 긴 수염을 가진 노인으로 파도에 앉아 있는 모습으로 등장하며, 먼 곳으로 항해할 때는 존엄하게 모셔지는 신이다. 거신전쟁이

날개 달린 푸류. 그리스 청동상(기원전 6세기경)

일어났을 때는 어느 쪽에도 관여하지 않아 승리한 신족에게서 원한을 사지 않았고 타르타로스로 밀려나지도 않았다. 주로 육지 주변 바다의 파도치는 것을 다스렸다.

네레우스

네레우스(Nereus)는 오케아노스와 테튜스의 아들로, 에게해에 사는 바다의 신이다. 여동생 도리스를 아내로 삼고 아름다운 인어(요정) 50명을 두었는데, 이 요정들을 네레이데스라고 부른다. 그는 빨간 머리카락에 긴 수염을 가진 노인의 모습을 하고 있으며 대개 그의 딸들이 그를 에워싸고 노래하며 춤을 추고 있다. 매우 지혜가 뛰어나며 앞일도 잘 예측하는 재능을 가진 그는 에게해 세계의 가장 옛 신으로 모셔졌으며 바다의 이름이 되었다.

13. 푸리아이

푸리아이(Furiae, Furies : 에리뉴에스)는 지하계에 있는 정의와 복수의 3여신으로 단수형은 푸류이다. 폰토스의 철학자 헤라클레이데스의 말에 따르면 이들 여신은 말수는 적으나 잔혹하기 이를 데 없고 더구나 부모를 살해한 패륜아와 형제나 혈족을 살해한 자는 절대로 용서하지 않았으며 해의 신도 감히 계도

를 어기지 못하였다. 아들 크
로노스에게 거세된 우라노스
의 피에서 태어났다고도 하
고 뉴스와 아케론의 딸, 혹은
하데스와 페르세포네의 딸이
라고도 한다. 세 딸 중 알렉
토는 머리카락 올이 가는 뱀
으로 되어 있고 횃불을 지니
고 있다. 티시포네는 머리에
뱀을 걸고 곤장을 들고 있으
며 인간에게 역병·질병을
가지고 찾아간다. 메가이라는
신들의 심부름으로 인간의
죄를 처벌하는데 질병 중에
서도 마음의 병이나 죽음을
가지고 방문한다. 일설에는
지하 명계에서는 푸리아이,
지상에서는 하르피아이, 천상

운명의 세 여신 파테스. 페트라르카의 작품을 표현한 플랑
드르의 벽걸이 융단(16세기)

에서는 디라이라고 하며, 주신 제우스 가까이 배위하여 지상의 죄지은 인간에
게 가장 혹독한 벌을 주었다. 그리스인은 에리뉴에스라는 이름을 꺼려 부드럽
게 에우메니데스라고 불렀다.

파테스

파테스(Fates : 모이라이)는 뉴스와 에레보스의 세 딸로 운명의 여신이며, 제
우스와 테미스의 딸 혹은 바다 신의 딸들로도 표현되며 로마에서는 파르카이
라 하였다. 인간은 태어난 순간부터 이 운명의 여신들에 의하여 전 생애가 결
정된다. 세 딸 중 가장 어린 클로토는 아기가 태어나자마자 아기의 운명의 실
가닥을 찾아 뽑아내는 여신이다. 둘째인 라케시스는 운명의 행방을 짜는 여신

이며, 아트로포스는 검은 복장을 하고 증오의 가위로 가차없이 운명의 실을 잘라 생명을 끊어버리는 여신이다. 헤시오도스 이후에는 노파로 표현되었으며, 그들이 가진 권력은 대단히 막중하고 넓어 최고의 신 제우스조차 그 명령에 따라야 했다.

이들에 대한 신화는 별로 없으며 엄밀한 의미에서 보면 철학과 종교적 의미가 함축된 상징 신이라 할 수 있다. 그리스 이름인 모이라가 원래 분배나 추첨(제비)의 뜻인 것에서도 알 수 있듯이 수확물이나 토지의 분배는 이 여신의 입회하에서 이루어졌다. 운명의 여신 위어드(Weird)라고도 한다.

스튝스

스튝스(Styx)는 오케아노스의 딸이자 그녀가 지배하는 지하계의 강 이름이기도 하다. 제우스와 티탄족 간에 벌어진 큰싸움에서 제우스를 도왔고, 이에 따라 스튝스 강물에 맹세하면 그 누구든 감히 어기지 못하며, 제우스도 어길 수 없었다. 유사시대에도 이 강에 맹세하는 행사는 계속되었다. 고대 신앙에서는 스튝스 강을 건너 죽음—재생의 나라에 도착한다고 믿었다. 실존하는 강은 그리 크지 않은 크라티스 강의 지류로 코린토스 만으로 흐르고 있다. 스튝스는 명계의 호화스러운 궁전에서 살며 티탄 신족인 팔라스와 결혼하여 크라토스(지배), 비아(폭력), 젤로스(경쟁), 니케(승리)를 낳았다.

14. 헤스티아

헤스티아(Hestia, Vesta)는 난로 혹은 화덕의 불을 지배하는 여신으로 로마에서는 베스타라 하여 각별히 모셨다. 크로노스와 레아의 맏딸로 제우스, 헤라와는 남매간이다. 부엌의 화덕 또는 벽난로의 불을 보호하는 여신인데 시대가 지나면서 가족, 씨족 더 나아가 나라의 안녕을 수호하는 신이 되었다. 태고에는 불 붙이기가 매우 어려웠고 불을 꺼뜨리지 않는 일이 참으로 중요한 생활의 근원이었다. 또한 불은 마력을 지닌 것으로 간주되었으며 신앙적인 모티프와 더

불어 생명으로 경외되었다. 따라서 도시국가에서는 물론 신흥 식민도시가 건설될 때는 난로를 설치하여 모국의 난로에서 불씨를 가져다가 붙였다. 로마에서는 광장 아래의 비아 사크라에 신전이 있어 끊임없이 성화가 타올랐다. 이 성화는 여신을 모시는 베스타 처녀 6명이 보살폈고, 로마인들은 베스타 여신을 어머니로 모시며 존경하였다. 여신의 축제 베스탈리아는 6월 9일에 열렸는데 이 때는 여신의 동물인 나귀를 쉬게 하며 나귀에 제비꽃 화환과 빵을 달아맨 줄로 치장하였다. 또한 6월 7일부터 15일까지는 베스타 신전을 개방하여 로마의 부인들이 여신에게 공양할 수 있게 하고 그 기간에는 모든 공무도 중지하였다. 로마력으로 새해 초하루인 3월 1일에는 성화를 다시 태양광선에 의하여 새로 붙였다. 난로가 있는 곳에서 여신에게 공양을 하는 신전은 많지 않으나 모든 신에 대한 축제에서는 이 여신이 제일 첫번째로 공양을 받는 영예를 안았다.

헤스티아는 포세이돈과 아폴론으로부터 구혼을 받은 바 있으나 자신의 역할을 지키기 위하여 거절하였고, 제우스 신은 그녀의 의지를 존중하여 영원히 처녀신으로 머물게 하고 갖가지 영예를 받게 하였다. 또한 헤스티아는 올림포스 12신에 속하지만 언제나 내부에 조용히 자리하고 난롯불을 보호하므로 세계 각처를 돌아다니는 다른 신들과는 달리 전승되는 이야기가 별로 없다. 그러나 난로, 가정 및 씨족의 안녕을 지켜주는 의인신으로서 계속 존중되었다. 베스타 신전은 원형이며, 여신 조각상은 길게 늘어진 옷과 베일을 쓰고 있으며 한 손에는 등불이나 두 귀 달린 단지를, 또 한 손에는 투창이나 성상(聖像)을 지니고 있다. 천문에서는 화성과 목성 사이에 있는 작은 행성 하나를 베스타라 한다.

15. 이아페토스

이아페토스(Iapetus)는 우라노스와 가이아의 아들로 티탄족의 한 명이다. 그러므로 제1세대 신족에 속하며 크로노스의 형이 된다. 헤시오도스에 의하면 티탄족은 티타니스를 처로 삼는 것이 관례인데 이아페토스는 이 관례를 깨고 오케아노스와 테튀스의 딸인 클뤼메네를 아내로 맞이하였다. 그녀와의 사이에 아틀라스, 메노이티오스, 프로메테우스 및 에피메테오스의 네 아들을 두었는데 신족과 인간의 중계자가 되었다. 프로메테우스의 아들 데우칼리온은 대홍수를 치른 후 인류의 아버지가 되었고 장손인 헬렌에게서는 많은 후손이 생겨나 그리스인이 되었다. 이에 연유하여 그리스인은 스스로를 헬레네라고 부르고 있다. 다른 전설에 의하면 이아페토스의 아내는 오케아노스의 다른 딸인 아시아라 하고 또 다른 설에서는 아소피스, 심지어 리비아라고도 한다.

그리스인들은 이아페토스를 인류의 선조라 하고 고대인을 이아페티, 이아페토스의 아들을 이아페티오니데스라 하였다.

헤스페리아

그리스 시문에서는 이탈리아와 스페인을 합쳐서 헤스페리아(Hesperia)라고 불렀다. 이 용어는 헤스페르(Hesper : 서쪽 저녁별 특히 금성) 혹은 베스페르(Vesper : 저녁)에서 유래하며 그리스인이 이탈리아 헤스페리아라 칭한 것은 해가 지는 쪽 또는 서쪽에 위치하였기 때문이다. 마찬가지 이유로 같은 이름을 로마에서는 스페인에다 적용시키고 있다.

또한 신화에서는 아프리카쪽 큰 섬을 헤스페리아라 하는데 아마존 여인족의 정착지였다. 호메로스가 말하는 헤스페리아는 큐클로페스에게 쫓겨나기 전 파이시아인이 살던 고장이었으며 이탈리아를 의미하였다.

일설에는 아틀라스의 형제인 이아페토스의 아들 헤스페로스가 이탈리아로 가서 정착하였기 때문에 그 곳을 헤스페리아라고 칭하게 되었다고 한다. 이아페토스에게서 난 헤스페리스라는 딸은 아틀라스와 결혼하여 7명의 딸을 두었는데 이들을 아틀란티데스 혹은 헤스페리데스라 하며 그 각각의 이름은 다음과 같다. 마이아, 엘렉트라, 타유게테, 아스테로페, 메로페, 알큐오네, 켈라이노. 또한 신화에서 황금사과 밭을 지키는 4자매를 헤스페리데스라 하며 아폴로도로스에 따르면 이들의 이름은 아이글레, 에류티아, 베스타 및 아레투사라 하였다. 황금사과는 헤라와 제우스의 혼인을 기념하여 그 어미인 가이아가 준 것으로 라돈이라는 괴물용을 주어 4자매에게 지키게끔 하였다. 이들 자매는 신성을 가진 요정으로 시문에 따라 뉵스, 에레보스, 포르큐스와 케토, 아틀라스와 헤스페리스 또는 제우스와 테미스의 딸들이라고도 한다.

16. 큐클로페스

　단수는 큐클로프스라 하며, 그리스 신화에서는 서로 다른 3종의 큐클로페스 (Cyclopes)가 등장한다. 첫째는 크로노스에게 거세당한 우라노스가 흘린 핏방울이 땅(가이아)에 떨어져 태어난 큐클로페스, 둘째는 오듀세우스가 활약하던 때 폴류페모스를 왕으로 하는 시칠리아의 큐클로페스, 셋째는 숙련공(석공 혹은 야금공)인 큐클로페스이다. 첫번째 큐클로페스는 브론테스(천둥, 우뢰), 스테로페스(번개) 및 아르게스(벼락)의 3형제로 초기의 거인족이다. 이마에 한 개의 눈을 가진 외눈박이로 힘이 엄청나게 세고 솜씨가 매우 뛰어났다. 이들은 자신들에게 공포를 느낀 우라노스에 의해 모두 타르타로스에 유폐되었고, 크로노스가 우라노스의 신권을 쟁취할 때 풀려나 승리에 도움을 주었으나 그 후 다시 유폐되었다. 그리고 다음 세대의 제우스가 거신족과의 전쟁 때 큐클로페스의 도움을 받아야 승리를 할 수 있다는 신탁에 따라 석방됨으로써 비로소 자유의 몸이 되었다. 지상에 나온 큐클로페스는 제우스에게 천둥과 번개 및 벼락을, 포세이돈에게는 삼지창 무기를, 하데스에게는 남의 눈으로부터 모습을 감춰주는 요술모자를 주었다. 이 무기로 올림포스의 신족은 티탄족과의 싸움에서 승리를 거두고 패배한 티탄족을 타르타로스에 몰아넣었다.

　그 후 가미된 전설에서는 큐클로페스가 계속 제우스에게 벼락을 대주었기 때문에 아폴론의 분노를 샀다. 즉 죽은자를 살려내는 능력을 가진 아스클레피오스가 제우스의 벼락에 맞아 죽자 그 아비 아폴론은 제우스에게는 복수할 수 없어 대신 벼락을 공급한 큐클로페스를 모두 살해해 버렸다. 아폴론은 이 죄의 대가로 아드메토스의 양치기가 되어 속죄를 하게 되었다. 이 때의 큐클로페스는 불사신이 아닌 존재로 각색되어 있다.

　알렉산더 시대의 시인은 큐클로페스를 단지 신들을 위하여 무기를 만드는 대장공 혹은 장인으로 상상하였다. 예컨대 헤파이스토스의 지도를 받아 아폴론과 아르테미스의 활과 화살, 아테나의 갑옷을 만들었다고 한다. 그들은 아이

오듀세우스 등의 공격을 받고
눈이 머는 큐클로페스의 왕
폴류페모스. 초기 아티카의
암포라 목 부분(기원전 650년
경). 엘레우시스 출토

올리아 섬 또는 시칠리아 섬에서 살았는데, 이 곳 지하에 대장간을 차려 늘 시
끄러운 소리를 냈으며 또한 그 대장간의 불로 에트나 산정을 붉게 물들였다고
묘사하고 있다. 그러나 다른 전설에 따르면, 제우스와 아테나가 에트나 산을
떼어 덮쳐 묻어버린 튜폰과 엔켈라도스가 죽지 않고 그 아래에서 몸부림치고
있기 때문이라고 한다.

　다음으로 오듀세우스 일행이 만난 큐클로페스는 난폭하고 야만적인 기간테
스로 포도를 재배하고 목축을 하는 부족인데 나폴리 근처에 사는 무서운 힘을
지닌 외눈박이 거인이다. 오듀세우스의 일행 12명은 그들의 왕 폴류페모스를
찾아갔다가 매일 하나씩 잡아먹히고 6명만 남게 되었다. 오듀세우스는 배에 있
던 포도주로 폴류페모스를 만취시키고 불에 달군 통나무가지로 눈을 찔러 앞
을 못 보는 사이 탈출에 성공하였다. 폴류페모스가 살던 이 땅은 트라키아 남

쪽에 위치한 이스마로스로, 키콘족 나라의 수도라고 하며 양질의 포도주로 이름이 높고 디오뉴소스를 주신으로 섬겼다. 그들 부족은 동굴에서 살며 도시를 건설할 줄 모르는 집단이었다. 일부 전설에 의하면 이들은 사튜로스 같은 호색적 성향을 갖고 있으며 요정 갈라테이아를 열렬히 사랑하여 그녀가 좋아하는 목동 아키스를 박살내었다. 아키스는 에트나 산에 흐르는 개울로 화신한다.

또 한 부족은 리시아에서 내도한 큐클로페스인데 그리스 유사 전 모든 기념 구조물은 이들이 구축하였다고 한다. 시칠리아나 그 외 지방의 인간의 힘으로는 엄두도 못 낼 거석 구조물도 이들이 축조한 것이라 하며 티륜스의 성벽은 '큐클로페스 성벽'이라 하였다. 아르고스 성 또한 이들의 축조물이라고 전한다. 이 큐클로페스의 별칭은 가스테로케이레스로 '위에서 손이 자란 자'라는 의미를 지니고 있는데, 같은 형제간인 헤카톤케이레스(백수거인)를 상기시킨다.

17. 아이올로스

폭풍과 바람의 왕 아이올로스(Aeolus)는 히포타스의 아들로 히포타데스라고도 부른다. 그는 바람을 자루에 담아 두기도 한다. 후기에는 더 구체적으로 풍신(風神, 風伯)을 의인화하고 보레아스(북풍신)와 제퓨로스(서풍신)를 특히 경외하며 숭배하였다.

보레아스는 북방정토 산악에서 불어오는 거친 폭력성 바람인데 로마에서는 이것을 거대한 새로 상상하여 아퀼로라고 불렀다. 시문에서는 보레아스를 아스트라이오스(별신)와 에오스(새벽의 여신)의 아들이라고 하며 제퓨로스와 노토스(남풍신)는 보레아스의 형제들이다. 어떤 때는 보레아스를 스트류몬(마케도니아와 트라키아 사이의 강의 신)의 아들로 표현하기도 한다.

보레아스는 휴아킨토스를 매우 좋아했는데 그가 아폴론을 더 따르고 자신에게는 냉냉한 태도를 취하는 데 몹시 성이 나서, 아폴론과 같이 쇠고리 던지기를 하고 있을 때 실수로 그의 머리를 맞게 해서 죽게 하였다. 또한 아테네 왕 에렉테우스의 딸 오레이튜이아를 매우 사랑했지만 거절당하자 일리소스 강가에서 구름으로 덮어 트라키아로 납치하였다. 둘 사이에는 아들 제테스와 칼라이스, 딸 클레오파트라와 키오네를 두었다. 아테네에서는 이 오레이튜이아 납

아테네 공주 오레이튜이아를 납치하는 북풍신 보레아스. 아이올로스는 이 보레아
스를 특별히 경외하였다. 아테네 꽃병(기원전 475년경)

치사건을 수행원 없이 외출하는 처녀에게 경고하는 데 사용하였다.

제퓨로스는 로마에서 파로니우스라고 한다. 그는 요정 클로리스(혹은 플로아)
를 납치해서 아들 카르포스를 두었다. 일설에는 비바람과 무지개의 요정 이리
스의 남편으로 되어 있다. 제퓨로스는 감미로운 살랑바람을 불게 하여 꽃과 과
일을 맺게 하였는데 옛적에는 바람신이 알을 나른다고 하여 수정란을 제퓨로
스의 알이라 하였다.

노토스는 아우스테르라고도 하는데 남쪽에서 불어오는 바람으로 많은 꽃들
을 병들게 하고 건강에 해를 가져다 주었다.

에우로스(동풍)는 아르게스테스라 하고 로마에서는 불투르누스라 하였다.

아이올로스 중에서 특히 보레아스는 경외하는 신으로 추앙되고 날개달린 백
발 신상으로 표현되었다. 일반적으로 바람신은 계절풍으로 영농하는 사람에게
농경시기를 알리고 항해하는 사람에게는 항로를 지시하며 땅을 기름지게 하고
수태시키는 증험을 보였으나 때에 따라서는 매우 파괴적이었다.

풍신에 대한 희생 공양에는 어린양을 사용하였다. 폭풍을 잠재우기 위해서

는 마법제의도 행하였는데 땅에 구멍을 파고 밤중에 희생양의 피를 흘려 메데이아를 화신(化身)시키면 효험이 있다고 여겼다. 또한 바람신은 말과 관련이 깊어 말모양으로 묘사되기도 하며, 말로 변신한 풍신이 에렉테우스의 암말과 관계하여 12필의 말을 낳게 하였다는 이야기도 있다. 아테네 사람들은 이 풍신을 수호신으로 숭배하였는데 페르시아 크세르크세스 왕의 침공을 물리친 후에는 더욱 풍신을 존중히 모시며 제단을 봉헌하였다. 아테네의 바람신 탑에는 8위의 풍신이 조각되어 있으며, 아테네 신전에 있는 제퓨로스 조상은 어깨에 날개가 나 있고 온갖 꽃으로 덮인 우아한 젊은 신의 모습을 하고 있다.

아이올로스는 풍신 이외에 다른 인물의 이름이기도 한다. 즉 에트루리아 왕으로 마카레오스와 카나케의 아비 이름 및 데우칼리온과 퓨라의 장손인 헬렌의 아들 이름도 아이올로스라 풍신과 자주 헷갈린다. 데우칼리온의 손자인 이 아이올로스 왕은 에나레테와 혼인하여 일곱 명의 아들과 다섯 명의 딸을 두었으며 아들들 중 살모네우스는 테살리아에서 태어나 후에 동족을 이끌고 엘리스로 이주, 살모네라는 도시를 세우고 왕이 되었다. 오만하기 짝이 없던 살모네우스는 스스로 제우스를 닮기로 작정하여 도로에 청동을 덮고 동·철로 만든 이륜마차 뒤에 쇠사슬(쇠솥)을 달고 질주하였다. 이렇게 해서 천둥소리와 흡사한 굉음을 내고 동시에 불붙은 횃불을 번갯불처럼 좌우로 던지면서 제우스를 자처하였다. 이 모독행위에 격노한 제우스는 그를 벼락으로 쳐서 쓰러뜨렸을 뿐만 아니라 그 주민과 도시까지 멸망시켜 버렸다. 전하는 바에는 살모네우스 자신이 동족에게 횃불을 던지는 만행을 저질러 극도로 민심이 악화되고 신망을 잃었다고 한다.

18. 티튜오스

티튜오스(Tityos)는 가이아의 아들, 혹은 제우스와 엘라라(오르코메누스 또는 미뉴아스의 딸)의 아들이다. 제우스는 사랑하는 엘라라가 정실 헤라에게 앙갚음 당할 것을 우려하여 은밀히 지하 깊은 곳에다 숨겨 놓았다. 여기에서 엘라라는 비범한 아들 티튜오스를 낳았는데 그는 거대한 괴물로 성장하였으며 별로 알려지지 않은 딸 에우로파를 두었다. 이 딸과 포세이돈 사이에서 아들 에우페모

레토를 들어올려 강탈하려 하는 티튜오스와 이를 저지하려는 아폴론과 아르테미스. 아티카
적색그림 암포라. 불치 출토

스가 태어났다.

한편 레토가 제우스와의 사이에서 아르테미스와 아폴론을 낳자 질투에 찬
헤라는 라다만토스가 페니키아 선박으로 에우보이아의 티튜오스를 방문할 때
티튜오스를 부추겨 레토를 범하게 하였다. 그러나 티튜오스는 제우스의 벼락
에 맞아 지하계로 쓰러졌고 이후 두 마리의 독수리 혹은 뱀에게 간(야망과 성욕
의 본거지!)을 뜯겨 먹히고 매번 달이 차면 다시 원상으로 자라난 간을 반복해
서 뜯겨 먹히는 고통스러운 형벌을 받았다.

다른 설에 의하면 레토의 두 아이들이 어미를 보호하며 함께 쏜 화살이 티
튜오스를 꿰뚫었고 이에 티튜오스는 다시 지하계에 돌아와 영원히 누웠는데
그 몸체는 2(혹은 9)에이커 이상 흙으로 덮였다 한다. 에우보이아의 한 동굴에
는 티튜오스를 모시는 제단이 있다.

제5장 포르큐스-괴물의 출생

1. 포르큐스

강한 자라는 의미를 지닌 포르큐스(Phorcys)는 폰토스와 가이아 사이에서 태어난 아들이다. 원래 당당한 해신으로서 해안을 지배하였으며 그 이름은 펠로폰네소스 북부 해안 아카이아의 아룹니온, 이타카 혹은 케팔레니아에 남아 있다. 로마 신화에서는 코르시카와 사르디니아 섬의 왕으로 나타나는데, 아틀라스 해전에서 패배하여 익사하였으므로 해신으로 추앙하였다 한다.

포르큐스는 자매인 케토(바다괴물)와 결합해서 괴물들을 낳았는데, 고르곤, 에키드나, 그라이아이, 라돈의 아비라 하며 또한 스퀼라와 포오사의 아비라고도 한다. 그의 아들들은 포르키데스라 부른다.

벨로나

벨로나(Bellona)는 포르큐스와 케토의 딸로 혈전과 참사를 좋아하는 전쟁의 여신이다. 아테나와 혼동하는 수가 있으나 벨로나는 전투의 공포와 불안을 조성하고 퍼뜨리며 사납고 싸움에 맹위를 떨치는 속성을 갖고 있어 아테나 여신과는 차이가 있다. 그리스에서는 에뉴오와 동일시하고 별로 신화가 없다. 옛이름은 두엘로나라 하며 로마에서는 군신(軍神) 마르스(아레스)와 오누이 또는 마르스의 딸 혹은 부인으로 보았는데, 출전하는 마르스의 이륜전차를 몰고 그녀 자신도 흩어진 머리에 무서운 형상을 한 채 채찍과 횃불을 들고 전투장에서 독전을 하였다. 로마 사람들은 이 여신을 매우 예찬하여 신전을 카피톨 기슭 포르타 카르멘탈리스에 봉헌하였다. 당시 원로들은 이 신전 앞에서 적성국의 사신을 접견하기도 하고 승전한 장군을 신전으로 맞아들였다. 신전 앞에 세운 작은 원주 기둥은 '전쟁기둥'이라 부르며 선전포고를 할 때 기둥 너머를 적진으로 가정하여 창을 던져 적을 멸망시키는 굳은 결의를 표명하였다.

소아시아 카파도키아는 할류스 강, 에우프라테스 강과 에우크시네해(흑해) 사이에 있는 나라인데, 로마의 벨로나와는 다른 속성을 지닌 벨로나 여신을 각별히 모셨다. 특히 코마나 도시에서는 그 숭배가 유별나 남녀 3000쌍의 사제들이 예배를 올렸으며 가장 우두머리 사제의 권력은 강력하여 서열상 왕 다음이었으며 대부분 왕실 가족이 그 자리를 이어받았다. 여신에 대하여 공양은 없었으나 사제들인 벨로나리 중 일부가 쌍날 도끼로 자신의 팔 또는 궁둥이에 상처를 내어 그 피를 공양하였다. 그리고 이에 맞추어 요란하게 북을 치고 트럼펫을 불어 야성적 열광을 고조시킴으로써 전쟁의 혈전을 상징하였다.

에키드나

에키드나(Echidna)는 상반신은 여체요 하반신은 용꼬리를 한 괴상한 영물로 그 기원은 전승에 따라 차이가 있다. 헤시오도스는 포르큐스와 케토의 딸이라 하였고, 다른 설에 의하면 타르타로스와 가이아 또는 스튝스 혹은 크류사오르에게서 출생하였다고 한다. 그녀는 시칠리아 또는 펠로폰네소스의 동굴에 살면서 근방을 지나는 행인을 잡아먹었으나 결국 100개의 눈을 가진 아르고스에게 죽임을 당하였다. 에키드나에게는 많은 괴물소산이 있는데 튜폰과 교합하여 오르트로스(게류온의 개), 케르베로스(지하계를 지키는 개), 레르나의 히드라(50개의 머리가 달린 물뱀), 및 키마이라(사자머리, 양의 몸뚱이, 뱀꼬리를 가진 괴물이며 입에서 불을 토한다)를 두었다. 또한 전승에는 오르트로스가 어미인 에키드나와 관계해서 스핑크스(상체는 여자상이고 날개를 가진 새의 하체를 지닌 괴물)와 네메아의 사자가 생겨났다고 한다. 황금색 양모를 지키는 용과 헤스페리데스 정원을 지키는 라돈도 에키드나의 소생이며, 카우카소스 바위에 묶인 프로메테우스의 간을 쪼아 괴롭히는 독수리 불투레도 그녀의 소산이라 한다.

에우크시네 바다 근처에 있는 그리스인 정착 도시에서는 다른 곳과는 전혀 다른 에키드나 전승이 존재한다. 즉 그 곳 이야기로는 헤라클레스가 스키타이를 방문하였을 때 말들에게 풀을 뜯게 한 후 한잠 잔 후 깨어보니 말들이 없어졌다. 이에 사라진 말을 찾던 중 에키드나의 동굴을 지나는데 그녀가 나타나 자기와 한 쌍이 되어준다면 말을 돌려주겠다고 하였다. 헤라클레스가 이 요청을 받아들여 정을 통하니 에키드나는 아가튜르소스, 겔로노스 및 스큐테스를 낳았다고 한다.

라돈

아르카디아의 하신(河神)인 라돈(Ladon)은 오케아노스와 테튜스의 아들이다. 스튐팔로스와 결혼하여 다프네와 메토페라는 두 딸을 두었으며 메토페는 하신 아소포스의 부인이 되었다. 다른 설에서는 다프네가 스튐팔로스의 딸이 아니라 가이아의 딸이라고도 한다.

같은 이름을 가진 것으로 괴물용도 있다. 포르큐스와 케토의 소산이라 하며 헤스페리데스의 과수원 특히 황금사과나무를 지키는 일을 맡았다. 다른 설에서는 라돈은 튜폰과 에키드나의 아들이라 하며 때로는 가이아의 아들이라고도 한다. 100개의 머리를 가진 라돈은 헤라클레스가 헤스페리데스 과수원의 사과를 딸 때 죽임을 당하였고 헤라에 의해 별자리에 올랐다.

에키온

에키온(Echion)은 뱀사람이라는 뜻을 갖고 있다. 카드모스가 뿌린 용의 이빨에서 솟아나와 싸움을 벌인 전사들을 스파르토이(뿌려진 자라는 의미)라 하고 이 때 살아남은 5명이 카드모스에 협조하여 테베 성을 구축하였다. 그 중 한 명이 바로 에키온이며 카드모스의 딸 아가베와 결혼하여 아들 펜테우스를 두었다. 펜테우스는 테베의 왕이 되었으나, 초기 디오뉴소스 숭배의 전파를 반대하다 참변을 당하였다.

에키온은 장인의 왕권을 인계받아 테베를 통치하였고 당시의 테베를 에키오니아이, 그 주민들을 에키오니다이라 불렀다.

헤르메스와 안티아니라의 아들도 에키온인데 에우류토스와 쌍둥이 형제이며 칼류돈의 멧돼지 사냥과 아르고 호 원정대에 참가하였다.

키마이라를 공격하는 벨레로폰. 그 위로 날개 달린 말 페가소스가 키마이라에게 달려들고 있다. 스파르타의 흑색그림 컵(기원전 550년경)

또 다른 에키온은 포르테우스의 아들로, 트로이 전쟁에서 목마작전에 가담한 용사 중 한 명으로 목마에서 제일 먼저 뛰어내리다가 떨어져 죽었다.

키마이라

키마이라(Chimaera)는 전설상의 괴수로 산양과 사자상을 하고 있다. 꼬리는 뱀모양, 사자머리에 산양 몸체를 하고 있다고도 하고, 다른 설에는 사자와 산양 머리 두 개가 달린 괴수로 입으로 불을 뿜는다고도 한다.

튜폰과 에키드나의 소생이며 카리아의 왕 아미소다레스가 파테라로 끌고 왔다. 리시아의 왕 이오바테스로부터 빈번히 나라를 습격해 오는 이 괴수를 퇴치할 것을 명령받은 벨레로폰은 날개달린 천마 페가소스를 타고 처치하는 데 성공하였다. 즉 벨레로폰은 납덩이를 꽂은 창으로 키마이라의 아가리를 찌른 후 키마이라 자신이 내뿜는 불에 납이 녹게 하여 죽도록 하였다 한다. 생물학에서는 혼합염색체를 가진 생물체를 키메라 또는 모자이크라 부른다.

새끼와 함께 있는 그리핀. 대형 나무방패의 문장으로 쓰인 청동장식판(기원전 7세기). 올림피아 출토

그리핀

그리핀(Griffins, Grypes)는 독수리 부리에 강인한 날개 및 사자의 몸통을 지닌 전설상의 괴수로 상상의 영조(靈鳥)이다. 그리핀은 아폴론에게 바쳐져 북방 정토 주민의 영토, 스키타이 강 황금모래를 빈번하게 약탈하는 외눈박이 아리마스피아인의 습격을 감시하는 임무를 맡았다. 이 사금은 아폴론의 보물이었다. 작가에 따라서는 원래 에티오피아인 또는 인도인의 괴수라고 한다.

그리핀은 디오뉴소스와 관련하여, 끊임없이 흘러나오는 포도주의 술통을 수호하는 동물이라고 하며 후기에는 인도 사막에서 황금 탐사를 못하도록 막았다고도 한다. 어떻든 귀금속을 감시하는 역을 맡아 보았으며 또한 금광이 있는 산 속에 집을 지어 금광을 보호하였다. 흑해 판티카페움(현 케르치)의 그리스 금화에는 그리핀상이 있는데 매우 다부지고 위협적인 모습을 띠고 있다. 이에 비해 기원전 1500년경에 창건된 크레타의 크노소스 궁 알현실 왕좌 뒷벽에 묘사된 그리핀의 프레스코화는 우아하고 품위를 느끼게 한다. 그 옛날 왕궁의 보물을 지키는 상징적 괴수임을 강하게 시사하고 있다.

명계를 지키는 머리 셋 달린
개 케르베로스. 라코니아 컵(기
원전 560년경)

케르베로스

케르베로스(Cerberus)는 하데스의 명계를 지키는 개로 에키드나와 튜폰 사이
에서 태어났다. 헤시오도스에 따르면 50개의 머리를 가진 개라고 하지만 다른
신화학자는 대부분 머리 셋 달린 개라고 한다.

명계 입구를 지키며 살아있는 사람의 출입을 막고, 일단 지하세계에 들어온
영혼은 빠져 나가지 못하도록 감시하는 역할을 하였다. 따라서 영웅들이 살아
있는 채로 하데스의 나라를 찾아갈 때는 통상적으로 이 케르베로스의 입에 떡
을 물려 짖지 못하도록 진정시키고 있다. 단 오르페우스의 경우는 수금으로 그
의 혼을 빼앗았고, 헤라클레스가 알케스티스를 찾기 위하여 명계에 갔을 때는
완력을 사용하여 반쯤 목을 졸라 놓고 알케스티스를 지상으로 데려왔다고 한
다.

레르나의 히드라

레르나의 히드라(Hydra of Lerna)는 에키드나와 튜폰의 소산으로 케르베로스

곤봉을 든 헤라클레스가 히드라를 공격하자 게가 그를 물고 있다. 왼쪽에는 헤라클레스의 조카가 그를 돕고 있다. 휴드리아(기원전 530년경)

와는 형제간이다. 머리가 50개나 되는 큰 물뱀 모양의 이 괴물은 헤라클레스에게 퇴치당하였고, 헤라클레스는 그 담낭에 화살을 꽂아 피를 묻힌 후 독화살로 사용하였다. 후에 이 화살은 뜻하지 않게 케이론을 맞혀 죽게 했고 다른 켄타우로스들을 죽이는 데 사용되었다. 당시 화살을 맞은 켄타우로스는 엘리스의 아니그로스 강에서 몸을 씻어 이 화살독을 제거했는데 그 바람에 개울물이 오염되어 모든 물고기에 지독한 냄새가 나서 먹을 수 없게 되었다고 한다. 또한 헤라클레스에게 히드라 독화살을 맞은 켄타우로스족의 네소스는 헤라클레스의 아내 데이아네이라에게 그의 피를 사랑의 미약이라 하여 건네줌으로써 헤라클레스의 최후를 가져오게 하였다.

게류온

게류온(Geryon)은 크류사오르(포세이돈과 메두사의 아들)와 칼리로에의 아들로 허리가 유착된 3두 3신의 괴물 인간이다. 에류티아 섬 가우데스에 사는 왕으로 목장에서 많은 소를 키우며 목동 에우류티온과 머리 둘 달린 개 오르트로스를 두어 지키게 하였다. 헤라클레스는 소떼를 탈취하러 와서 돌진해 오는 오르트로스를 먼저 몽둥이로 타살하고, 다음에는 에우류티온이 덤벼들자 마찬가지로 죽였다. 근처에서 하데스의 소들을 돌보던 메노이테스가 이 사실을 게류온에

헤라클레스와 게류온의 싸움. 헤라클레스의 열번째 노역으로 세 몸체의 괴물인간 게류온과 격투를 벌이고 마지막으로 상체에 타격을 가하고 있다. 올림피아 제우스 신전 메토프 부조

게 알렸고, 게류온은 안템스 강변으로 소떼를 몰고 가는 헤라클레스를 추적하여 싸움을 벌였으나 죽임을 당하고 말았다(헤라클레스의 열번째 노역).

2. 세이렌

세이렌(Sirens)은 미녀의 얼굴과 새의 몸체를 가진 괴물 요정이다. 호메로스 이후 여러 작가가 기술한 세이렌은 뮤즈 멜포메네와 강의 신 아켈루스, 혹은 아켈루스와 스테로페(플레이아데스의 한 명) 사이에서 낳은 딸들이라 한다. 또 다른 설에 의하면 아켈루스와 뮤즈 테르프시코레, 혹은 포르큐스와 케토가 낳았다고도 한다. 리바니우스[1])에 따르면 헤라클레스에게 부상을 당한 아켈루스의 핏방울에서 출생하였다고 한다.

호메로스의 『오듀세이아』에는 두 세이렌이 처음 등장하나, 그 후 전승에서는 3자매 세이렌(리게이아·레우코시아·파르테노페 혹은 아글라오페메·몰페·텔크시에페이아)이나 4자매 세이렌이 등장하였다. 신학자의 견해에 따르면 그들은

---

1) 314~494년 사람으로 그리스의 소피스트이자 수사학자.

날개 달린 두 세이렌.
장식용 항아리
(기원전 6세기)

뛰어난 음악가로서 삼중주 또는 사중주를 연주하였다. 아폴로도로스에 의하면 한 명은 수금, 한 명은 노래, 또 한 명은 플루트를 불었다.

　옛적 전승에는 세이렌은 지중해의 한 섬에 살았는데, 아름다운 노래로 근처를 지나는 배의 선원들의 혼을 빼앗아 조난시킨 후 물에 빠져 정신이 나간 선원들을 먹어치웠다고 한다. 아르고 호 선원들이 이 세이렌의 유혹을 물리치고 무사히 항해할 수 있었던 것은 오르페우스의 노래가 월등 뛰어났기 때문이었다. 오듀세우스의 경우는 키르케의 말을 받아들여 선원들의 귀를 밀랍으로 막아 아무것도 듣지 못하게 하고 자신은 돛대에 묶어 놓도록 한 후 혼자서만 세이렌의 노래를 들었다. 참으로 효과적인 예방책이 아닐 수 없었다. 오듀세우스가 그 감미로운 노래에 참을 수 없어 선원들에게 배를 정지시킬 것을 명령하였으나 아무도 듣지 못하므로 응하지 않아 무사히 죽음의 해안을 벗어날 수 있었다. 이 오듀세우스의 책략에 세이렌은 극도로 낙담한 나머지 몸을 바다에 던져 자멸하고 말았다 한다. 시칠리아에는 세이렌이 투신했다고 하는 시레니스 해안이 있다. 베르길리우스[2]는 카프레아이 섬 근처의 시레눔 스코풀리가 그 곳이라고 주장하였다. 어떤 사람은 세이렌은 시칠리아의 음탕한 여인들인데 매

────────────

2) 기원전 70~19년 사람으로 이름난 로마의 시인.

음을 일삼고 외래인들을 주색에 빠뜨린 한 무리의 여자들의 이야기라고도 보았다. 현재 경보를 울리는 호적을 사이렌(siren)이라 한다.

하르피아이

약탈·납치라는 뜻을 가진 하르피아이(Harpyiae, Harpies)는 신화상 날개 달린 낭자로 하반신은 독수리 모습이다. 헤시오도스에 따르면 타우마스(폰토스의 아들)와 엘렉트라 사이에서 태어난 딸들이며 아엘로(폭풍, 질풍), 오큐페테(날랜 비상), 포두르게(발 빠름) 및 켈라이노(암흑)가 그 자매들이다.

하르피아이는 여자 얼굴을 하고 날카로운 발톱을 가진 새로 표현되는데, 이리스도 그들의 자매라고 하며 항상 헤라 여신 뒤에 대령하고 폭풍우가 지나갔음을 알리기 위해 아름다운 무지개로 표출되기도 한다. 아르고 호 선원이 스트로파데스에서 만난 노인 피네우스의 이야기 속에서 하르피아이는 매번 음식을 약탈하며 행패를 부리는 맹금으로 묘사되고 있다. 로마 시인 베르길리우스의『아이네이스』에서는 일행이 스트로파데스 섬에 정착하려다 괴물여인 하르피아이와 맞닥뜨리자 정착을 포기하고 떠나는 것으로 되어 있다. 호메로스의『오듀세이아』에도 하르피아이는 폭풍을 일으키는 괴물로 등장한다. 이 괴물은 크레타에서 제우스의 개를 훔친 죄로 아내와 함께 죽임을 당한 판다레오스의 두 딸 클레오테라와 메로페를 납치하여 복수의 여신인 에리뉴에스의 하녀로 삼게 하였다고 한다. 당시 고아가 되었던 두 딸은 헤라와 아테나, 아르테미스 및 아프로디테 등이 잘 돌봐주고 있었는데 아프로디테가 두 아이의 결혼문제로 제우스를 찾아간 사이 납치를 당한 것이다.

하르피아이의 원천은 바람에서 연유한 것 같고 유령의 성격을 지니는데 바람과 망령은 어원적으로 같거나 밀접한 관련을 갖는다. 판다레오스 전승에서는 서풍신 제퓨로스와 하르피아이가 교합하여 질풍처럼 달리는 아킬레스의 신마 크산토스와 발리오스를 생산하고, 디오스쿠리의 말 플로게오스와 하르파고스도 낳았다고 한다.

고르곤. 코르푸 아르테미스 신전의 서쪽 벽공 중앙부(기원전 600~580년경)

고르곤

고르곤(Gorgons)은 포르큐스와 케토 사이에서 태어난 소문난 3자매로, 각각 스테노, 에우류알레, 메두사라 하는데 메두사만 빼고 모두 불사신이다. 자매들은 뱀이 엉킨 머리, 청동으로 된 손, 황금색의 날개, 튀어나온 혀를 지니고 몸은 뚫리지 않는 용의 비늘로 덮여 있었으며 이빨은 멧돼지 어금니 같고, 눈빛이 닿은 동물이나 인간을 돌로 만들어 버리는 괴력을 지니고 있었다. 오비디우스(기원전 43~서기 17)에 의하면 메두사만이 괴력을 발휘하는 안광(眼光)과 뱀으로 엉킨 머리를 가졌는데 머리칼은 아테나 여신의 분개 때문에 그렇게 된 것이라 한다. 즉 메두사를 사랑하게 된 포세이돈과 장소를 가리지 않고 아테나 신전에서 정사를 하는 모독행위를 저질렀기 때문이다. 원래 메두사는 미모가 출중하였고 특히 그녀의 빛나는 타래머리에 포세이돈이 반하였으므로 여신은 그녀의 머리칼을 뱀으로 바꾸어 놓은 것이다. 그래서 인간들은 물론 불사신인 신들까지도, 포세이돈만 제외하고 모두 메두사를 두려워하였다.

단수형으로 고르곤을 말할 때는 메두사만을 지칭한다. 그리스의 극작가 아이스큘로스에 의하면, 두 자매는 단 하나의 치아와 한 개의 눈을 서로 돌려가며 이용하였기 때문에 페르세우스는 메두사가 다른 자매에 눈을 돌려주고 있을 때 메두사의 목을 잘랐다고 한다. 또 다른 작가는 페르세우스가 고르곤을 정복할 수 있었던 것은 헤르메스가 제공한 작은 낫을 들고 아테나가 빌려준 거울로 메두사의 안광을 피하며 접근할 수 있었기 때문이라고도 한다. 또한 페르세우스는 날개 달린 샌들과 상대방의 눈에 띄지 않게 하는 하데스의 마술모자를 갖추고 있었기 때문에 메두사로부터 승리를 거둘 수 있었다고도 한다.

어쨌든 페르세우스는 힘든 탐험 끝에 메두사의 머리를 아테나 여신에게 상납하였고 여신은 그 메두사의 안광을 자신의 방패 아이기스에 고정시켜 무기로 사용하였다. 아폴로도로스에 의하면 메두사의 상처에서 흐르는 피 중 좌측 정맥에서 받은 것은 맹독성으로 생명을 잃게 하는데 이것을 아테나가 갖고, 우측 정맥에서 받은 피는 생명을 소생케 하는 마력을 지니고 있는데 이것은 의신 아스클레피오스가 사용하였다고 한다.

다른 이야기로는 페르세우스가 고르곤을 정복한 다음 에티오피아로 날아 가는데 메두사의 머리에서 떨어진 핏방울이 뱀으로 화신하여 그 후에는 리비아 사막에도 뱀이 살게 되었다고 한다. 또한 메두사는 최후를 맞을 당시 이미 포세이돈의 아이를 회임하고 있었는데, 상처의 피에서 날개 달린 천마 페가소스가 태어났고, 황금검을 든 크류사오르가 나타나 이 페가소스를 타고 천상을 달렸다 한다.

페르세우스의 메두사 정벌에 수식하여 고르곤 자매와는 별도로 그라이아이 (회색 노파) 3자매가 등장하는 이야기도 있다. 여기서는 페르세우스가 처음으로 만난 것은 그라이아이 3자매로 에뉴오, 페프레도 및 디노라고 하였다. 이 세 자매는 눈 하나와 이빨 한 개를 서로 돌려가며 이용하였는데 한 명이 이것들을 사용하고 있을 때는 나머지 두 명은 잠을 잤다. 이들 그라이아이는 고르곤을 지키고 있었기 때문에 고르곤을 만나려면 먼저 그라이아이의 관문을 통과해야 했다. 이에 페르세우스는 그라이아이의 눈을 빼앗아 고르곤의 거처를 알아내고 마침내 고르곤을 처치하였다. 다른 설에는 고르곤을 처치하기 위해서는 헤르메스의 날개 달린 샌들과 하데스의 모자 및 그 외 장비들이 든 자루가 필요하였는데, 그라이아이의 눈을 빼앗은 후 이 자루를 보관하고 있는 요정들이 있는 곳으로 가는 길을 알아냈다고 한다. 헤시오도스는 고르곤이 사는 고장을 바다 너머 서쪽이라 하였으며 아이스큘로스는 스키타이의 동쪽편 산악지대라 하였다. 가장 인정을 받는 의견은 오비디우스의 설인데, 이에 의하면 리비아 대륙의 트리톤 호수 근처, 혹은 헤스페리데스 낙원 근처에 있는 산이라고 한다. 디오도로스[3]와 또 다른 사람들은 고르곤을 아마존족 나라 근처에 사는 호전적인 여인족이라고 보고, 페르세우스는 많은 병사들의 지원을 받아 이 여인족을 전멸시켰다고 추측하였다.

라미아

라미아(Lamia)는 아프리카 리비아의 여성괴물로 상반신은 인간이고 하반신은 뱀이며 낯선 사람을 꾀어서 먹어치우는 공포의 대상이다. 언변 능력은 없었으나 목청에서 내는 '쉿' 소리는 듣는 사람을 즐겁게 해주었다. 어떤 사람들은 그녀를 마녀 또는 악령이라 하였고, 미녀로 둔갑하여 어린이를 꾀어서 잡아먹는 괴물이라고도 하였다. 고대 그리스의 엄마와 유모들은 말 안 듣는 어린이를 겁주는 데 이용하였다.

다른 전설에서는 그녀는 벨로스와 리비아 사이에서 태어난 딸로 되어 있다. 벨로스는 바빌로니아의 가장 오래 된 이름난 옛 왕으로 사후에 신으로 존숭되었고, 리비아는 이오의 아들 에파포스와 나일 강신의 딸 멤피스 사이에서 태어난 공주로 아프리카 북부해안 일대의 리비아라는 지역 이름은 그녀의 이름을 딴 것이다. 아름다운 미모를 타고난 라미아는 곧 제우스의 사랑을 받게 되고 이를 질투한 헤라는 그녀의 하반신을 뱀꼬리로 변형시켜 버렸다. 이로 인해 자포자기한 그녀는 실성하여 자신의 아이를 죽이고 또한 길에 있는 어린아이를 모두 잡아먹었다 한다. 어린이 피를 빨아먹는 요괴 뱀파이어도 라미아이라고 한다. 겔로도 유사한 속성을 지니고 있는데 레스보스 섬에서 학대를 받고 죽은 묘령의 여성 귀신 오그레스로 지상에 나와 어린아이들을 훔쳐 간다고 전해진다.

---

3) 기원전 44년 로마에서 이름을 떨친 역사가로 시칠리아 출신이라 시쿨로스(Siculus)라는 별칭으로도 불린다. 여러 나라의 역사를 40권(『Bibliotheca』)으로 나누어 기록하였는데 현재 15권과 일부 단편만이 전한다.

레무리아

옛날 사람들은 죽은 남성 혼령이 지상에 나타나 헤매고 다니면서 주민의 평화를 어지럽힌다고 믿었다. 이들을 도깨비, 귀신 혹은 유령이라고 하였는데 호의적인 도깨비는 라레스 파밀리아레스라 하였다. 반면 불길한 도깨비는 라르바이 혹은 레무레스라 하였는데 선민들에게 겁을 주고 빈번하게 출몰하여 사악하고 짓궂게 굴었다. 로마 사람들은 이 귀신들을 달래기 위해 매년 영예의 제를 지냈는데 바로 5월 홀수날인 9, 11 및 13일에 지내는 레무리아(Lemuria)[4] 혹은 레무랄리아제가 그것이다. 오비디우스에 의하면 레무리아제의 시초는 로마의 태조인 로물루스가 형제 레무스의 혼을 달래기 위해 베푼 살풀이 제전이라고 한다. 사람들은 이 레무리아제를 지내며 죽음의 유령을 쫓아 버렸는데, 3일 밤은 엄숙히 지내며 이 기간에는 모든 신전을 닫고 결혼도 금하였다. 일반시민들도 가부장이 밤에 맨발로 집을 나와 샘터에서 손을 씻고 조상의 묘에 가서 큰 팥콩을 던지거나 태워 공양하였다. 이 때 가부장은 무덤을 향해 머리를 돌려 "이 팥콩을 보상으로 바치고 이제 본인이 내 자신과 나의 가족을 되찾아 구제하나이다"라고 말하고는 뒤를 돌아보지 않고 같은 말을 아홉 번 더 외쳤다. 그리고는 주전자와 들통을 두들겨 죽음의 유령을 쫓아내는데 "조상의 혼령이여, 떠나소서!"라고 선언하여 다시는 귀신이 나타나 지상의 가족들을 겁주지 못하도록 하였다.

---

4) 본래 Remuria라 불렸던 것이 와전되었다고 한다.

제6장 제우스의 아들과 딸

1. 아폴론

아폴론(Apollon, Apollo)은 예언·의술·음악·궁술의 신이자, 소떼와 양떼를 보호하는 가축신, 이리를 다스리는 신, 농산물 증산에 피해를 주는 들쥐를 다루는 신이자 또한 집 앞뜰에 돌기둥을 세워 가정을 수호하는 신으로 숭배하였다. 서기 6세기에 와서는 광명의 신으로 추앙받게 되지만 태양신과는 다르다. 그 외에 아폴론은 속죄 또는 보상의 신이기도 하며 화살은 질병과 죽음을 가져왔다.

아폴론은 항상 젊고 현명하며 늠름하고 우아한 그리스 으뜸의 신이었다. 이집트 신 호루스나 인도 신 라마에 대응하는 신이면서 동시에 매우 그리스적인 신이지만 올림포스 신족에는 늦게 참여하였다. 전원적 성품으로 보아 아폴론의 원천은 인도 유럽인의 이동시기에 그리스로 유입된 종교에서 나온 것이 아닌가 추측된다. 신탁을 내리는 신으로서 존경받는다는 점도 이를 뒷받침한다. 아폴론은 거짓과 어둠은 아예 없는 진실과 밝음만 풍기는 신이자 델포이 신전의 신탁을 통해 막강한 영향력을 행사하며 신앙상으로나 통치상으로 그리스 세계에서 절대적인 권위를 갖고 있었다. 그리스에서는 신분이나 지위의 고하를 불문하고 혈족 간의 불화나 복수는 반드시 신탁에 따라야 하며 범죄는 반드시 속죄하여야 한다는 인식이 강하였다. 이에 따라 신전이나 신탁소가 여러 곳에 생겨났는데 델포이와 델로스 신전을 위시하여 클라로스, 테네도스, 큐라 및 파타라에도 이름난 아폴론의 신탁소가 있었다.

아폴론의 예능은 신의 경지에 달하고 특히 수금(하프) 연주는 절묘하였다. 한 번은 피리연주라면 자신에 필적할 상대가 없다고 자랑하는 마르슈아스의

아폴론의 헌주. 수금을 갖고 의자에 앉은 아폴론은 지모신에 헌주하고 그의 새 까마귀가 망을 보고 있다. 피알레(기원전 480년경)

도전을 받아 수금연주로 경연을 벌인 적이 있었다. 도저히 우열을 가릴 수 없게 되자 아폴론은 악기를 거꾸로 연주하여 실력을 겨룰 것을 제안하여 결국 마르슈아스를 물리쳤다. 그리고 연주에 진 마르슈아스를 소나무에 묶고 피부를 벗겨 참혹하게 죽였다. 이에 사람들은 마르슈아스의 넋을 기리기 위해 옆에 흐르는 개울에 그의 이름을 붙여 주었다고 한다. 아폴론은 신들의 음악 경연에서도 판을 물리쳐 음악의 신으로 인정받았는데, 이 때 이 곳에 온 미다스 왕이 공정한 판정이 아니라고 참견하자 화가 나 미다스의 두 귀를 당나귀 귀로 만들어 버렸다.

   헤시오도스에 의하면 아폴론은 제우스와 레토(티탄족 포이베와 카이오스의 딸)

의 아들이라 한다. 레토는 헤라의 눈을 피해 제우스와 메추라기(Quail)로 화신하여 어울려 쌍동이를 임신하게 되는데 이를 알게 된 헤라는 질투로 퓨톤이라는 용을 시켜 레토를 괴롭히고 온 세계는 후환이 두려워 레토에게 아기 낳을 은신처를 제공하지 않았다. 결국 레토는 방황 끝에 아르튜기아 섬으로 찾아갔다. 다행히 이 곳은 레토의 자매 아스테리아가 살고 있어서 그 도움으로 아르테미스를 낳았다. 레토는 다시 바다에 떠 있는 옆 섬으로 건너가 아폴론을 낳기 위해 아홉 밤낮을 진통하였지만 아기를 낳지 못하였다. 헤라가 출산의 여신 에일레이튜이아를 올림포스에 붙들고 놔주지 않았기 때문이다. 올림포스의 여신들, 특히 레토와 친분이 두터웠던 아테나는 헤라로부터 출산 승인을 얻고자 의논 끝에 이리스를 헤라에게 보내 환심용으로 황금에 호박을 박은 9큐빗짜리 목걸이를 진상케 하였다. 과연 이 큰 선물을 받은 헤라는 노여움을 가라앉혔고 에일레이튜이아를 레토가 있는 곳으로 가게 하였다. 출산의 여신이 나타나자 드디어 레토는 아폴론을 낳았고 아기가 태어나는 동안 성스러운 백조가 섬 주위를 일곱 바퀴나 돌며 날았다. 아기가 태어난 후 이 섬은 고정되고 그 이름을 델로스(찬란하게 빛나는 섬)라 하게 되었다. 아기 아폴론은 테미스 여신이 암브로시아와 넥타르로 양육하여 4일 만에 성인으로 성장하였다.

성장 후 아폴론은 먼저 방황하던 레토를 괴롭힌 퓨톤(배우자는 델프네)을 처치하기 위해 그녀를 찾아나섰다. 마침내 행패를 심하게 부리는 퓨톤을 파르나소스 산 마루에서 찾아낸 아폴론은 활 시위를 당겼고, 큰 부상을 입은 퓨톤은 대지의 여신을 모신 델포이 성역으로 도망하였다. 이를 추격한 아폴론은 신탁의 영감을 얻는 갈라진 지층 틈에서 퓨톤을 죽였는데 너무 서두르는 바람에 신전을 더럽혔기 때문에 여신으로부터 그 죄값을 요구받았다.

제우스는 아들 아폴론을 테살리아의 사원으로 보내 제사를 올리고 속죄를 시켰다. 그 후 퓨톤의 넋을 진정시키고 아폴론의 승리를 기념하는 퓨티아 경기를 델포이에서 열도록 하였다. 아폴론은 델포이로 돌아와 자신의 상징으로 삼각대를 신전에 바치고 신전과 신탁에 종사하는 여사제를 자신에게 속하도록 하였다. 온 주민은 행패가 심하던 괴물을 퇴치한 아폴론을 퓨티오스라는 존칭으로 부르고 매년 아폴론의 왕림을 찬송하는 찬가(Paean)를 부르며 축제를 열었다.

예언의 신으로서의 아폴론의 내력은 아주 오랜 옛날로 거슬러 올라가 그리스 세계보다 훨씬 먼 북방민족에게서 시작하며 그리스로 와서도 신탁은 아폴론의 특권으로 된 듯하다. 류카이오스라는 별칭도 북방의 정토 주민과 연관성을 가진 '이리'를 의미하는데 이리떼를 다스리는 신은 목축하는 사람이 항상 두려워하고 숭배하는 존재였다. 어쩌다 신의 기분을 상하게 하면 이리떼를 막아 주기는커녕 도리어 화를 입히는 일까지 있다. 북방유민은 이 아폴론 신에게 제를 올리고 매년 보리이삭을 델로스 신전에 바쳤다. 아테네의 파르테논 신전 맞은 편에는 페이디아스가 만든 「아폴로 파르노피오스상」이라는 청동조상이 있었는데, 메뚜기라는 뜻을 가진 파르노피오스라는 이름을 붙인 것은 아테네의 농토를 망치는 메뚜기떼를 없애는 영험이 있다고 믿었기 때문이다. 아폴론이 어떠한 방법으로 이 메뚜기떼를 퇴치하였는지에 대해서는 나타나 있지 않다. 단 파우사니아스는 세 번이나 시퓰로스 산에서 몰려온 메뚜기떼가 전멸하는 것을 보았는데, 첫번째는 강풍, 두번째는 비 온 다음에 나타난 맹렬한 더위, 세번째는 때아닌 추위 때문이었다고 하여 매번 양상이 다름을 회상하였다.

아폴론은 결혼에 묶여 지내는 것을 싫어하였으나 연애상대는 많아 레우코토에, 다프네, 이세, 카스탈리아, 코로니스, 클류메네, 큐레네, 키오네, 아카칼리스, 칼리오페 등의 요정이나 인간 여인과 사랑을 하였다. 코로니스 공주와의 사이에서 낳은 아들 아스클레피오스는 의료의 신이 되었는데 그가 제우스의 벼락에 맞아 죽자 벼락을 제공한 큐클로페스를 죽여 버렸다. 이로 인해 신격을 박탈당한 아폴론은 아드메토스 왕의 양치기가 되어 9년간을 속죄하였으며 그 동안 양치기의 신으로 이름이 났다. 하신 페네이오스의 딸 다프네가 자신을 사랑하여 뒤쫓는 아폴론을 거부한 이야기는 유명하다. 다프네의 비명과 애원을 들은 그 아비가 딸을 월계수로 화신시킨 것이 그것이다. 아폴론은 이 다프네를 못 잊어 후에 월계수 가지를 승리자의 영예의 상징으로 쓰게 하였는데 이것이 월계관의 유래가 되었다. 요정 카스탈리아는 아폴론의 사랑에 쫓겨 연못에 몸을 던지고 델포이의 성스러운 연못이 되었다.

휴아킨토스는 아폴론이 매우 아꼈던 미소년으로 잘못 던진 원반에 맞아 죽자 그 핏방울에서 히아신스 꽃이 피어나게 하였다. 또한 큐파리소스가 길들인 신성한 사슴을 실수로 죽게 한 데 대해 너무 비통해한 나머지 자살하려 하자 슬픔의 나무인 삼나무(Cypress)로 화신시켰다.

달리기 경주에서 아비를 제친 이다 청년과 결혼한 마르페사는 딸 클레오파트라를 두고 행복한 결혼생활을 영위하였다. 그런데 아폴론이 이 마르페사에게 연정을 품어 납치하자 격분한 남편이 활 시위를 당긴 채 뒤쫓아갔다. 제우스는 아폴론과 이다를 떼어 놓고 마르페사에게 두 연인 중 신뢰하는 쪽을 택하라고 하자 그녀는 남편 쪽을 택하였다.

아폴론은 에트루리아인이 그리스에서 이탈리아로 모셔와 로마에 정착시켰는데, 처음에는 의료의 신으로 받들어지다가 두 나라의 교류로 예언의 신이 되었고 쿠마이의 시불레는 아폴론 신전의 여사제가 되었다. 기원전 433년 역병이 돈 다음 로마에 아폴론 사원이 세워졌고 아우구스투스(기원전 63~서기 14) 황제는 악티움 해전(안토니우스·클레오파트라 군과의 싸움)에서 승리를 거두자 로마 시내의 팔라티네 언덕에 장엄한 아폴론 사원을 세워 자신의 수호신으로 모셨다. 로마에서는 아폴론만큼 매력 있고 영감을 느끼게 하는 신이 없었기 때문에 아폴론은 그리스 세계와 로마에서 보편성을 가진 신으로 되었으며 또한 로마에는 비슷한 신이 없어 아폴론이라는 이름도 그대로 보전하였다.

아폴론 신에게는 공양물로 월계수, 올리브, 야자(종려), 그리핀, 닭, 메뚜기, 이리, 까마귀, 백조, 매 등이 바쳐졌다. 또한 노래와 음악을 전수한 신으로서 수금을 가진 상과, 궁신(弓神)으로 활을 지닌 조각상이 많다. 로도스에 세워진 거대한 콜로소스는 헬리오스의 동상인데 아폴론상으로 와전되어 세계 7대 불가사의의 하나로 간주되고 있다. 또한 악티움 산에 서 있는 아폴론 상은 바다 멀리에서도 볼 수 있어 위험한 해변의 암초를 피해 항해하는 뱃사람들의 지표로 유명하다.

2. 아스클레피오스

플레규아스의 딸 코로니스는 아폴론과의 신의를 저버리고 이스큐스와 관계하였다. 이것을 전해들은 아폴론은 백조 크로우(Crow)에게 그녀를 감시하라고 지시하였으나 허사로 돌아가자 감시를 소홀히 한 이유를 물어 백설 같은 크로우를 까만색의 까마귀로 만들어 버렸다. 그리고 이스큐스는 아폴론이, 코로니스는 아르테미스가 사살하였는데, 화장할 때 코로니스가 자신의 아이를 임신

의료의 신 아스클레피오스와
성스러운 뱀. 기원전 380~60
년경에 제작된 것의 복제상

하고 있음을 안 아폴론은 태에서 아들을 구해 아스클레피오스(Asclepius, Aes-
culapius)라는 이름을 지어주고 켄타우로스족의 케이론에 맡겨 길렀다. 아스클
레피오스는 커 가면서 약초와 치료하는 기술을 전수받았다.

또 다른 탄생설도 있다. 즉 에피다우로스 사람들에 따르면, 코로니스의 아비
플레규아스는 그리스의 용맹한 무사들을 모아 자신의 이름을 붙인 도시를 건
설하고 다시 에피다우로스를 넘보기 위하여 딸을 데리고 신분을 감춘 채 지세
와 군력을 염탐하였다. 그런데 딸 코로니스가 아폴론의 아이를 가진 뒤 아비
몰래 아기를 낳고 티티온 산에 내버렸다. 그러나 버려진 아기는 암산양의 젖을

먹고 살아났으며 이것을 목격한 목동 아레스타나스가 아기를 끌어안으려 했으나 광채가 사방으로 비치니 놀라 손을 대지 못하였다. 목동은 신비한 일에 참견하는 것을 삼가고 겸손히 물러났다. 아기는 아폴론의 가호 아래 성장하여 아폴론과 케이론으로부터 질병의 치료법을 전수받았다고 한다. 메세네 사람은 아스클레피오스가 트리카 출신이라 하고, 아르카디아 사람은 텔푸사 출신이라고도 한다.

아스클레피오스는 외과처치와 약처방이 신묘하여 의술의 창시자로 존경받고 있다. 병치료에 능했을 뿐만 아니라 그는 아테나가 준 고르곤 자매 메두사의 피가 들어 있는 두 개의 약병도 지니고 있었다. 우측 정맥에서 받은 피는 죽음에서 생명을 소생시키는 효력이 있었으며 좌측에서 받은 피는 사람을 즉사시키는 효력을 갖고 있었다. 다른 설에 의하면 아테나와 함께 메두사의 피를 나누어 가졌는데 아스클레피오스는 생명을 살리는 데 사용하고 아테나는 죽이는 데 사용하여 싸움을 부추겼다고 한다. 아테나는 이미 피 두 방울을 에릭토니움[1]에게 주어 한 번은 죽이고 또 한 번은 살렸다고 한다. 이 약병은 데리고 있는 뱀의 몸에 황금끈으로 매어져 있었다. 아스클레피오스가 죽은 사람을 소생시킨 예로는 류쿠르고스, 오아파네오스, 튠다레오스, 글라우코스, 히폴류토스 등이 있다. 이 때문에 명계의 하데스는 제우스에게 아스클레피오스가 자신의 영역을 침범한다고 불평을 늘어놓았고, 결국 죽은 사람을 소생시키는 일은 자연의 법칙에 어긋난다고 생각하였기 때문에 제우스는 그를 벼락으로 쳐서 죽게 하였다. 아들의 죽음을 안 아폴론은 격분하여 제우스에게 벼락을 만들어 준 큐클로페스를 참살하여 복수하였다. 그러나 아폴론은 이 일에 대한 속죄로서 아드메토스 왕의 양치기로 9년간을 일하였다. 제우스는 그 후 아스클레피오스를 다시 살려내었고 일찍이 케이론의 딸 에우이페가 예언한 바와 같이 신으로 숭배되었다.

아스클레피오스는 에피오네와 결혼하여 마카온과 포달레이리오스의 두 아들을 두었는데, 둘 다 의술을 익혀 트로이 공략 때 그리스측에 참가하여 부상병을 치료하였다. 후기에는 그의 소생으로 휴기에이아, 파나케이아, 이아소 및 아케소도 첨가되었다. 휴기에이아와 파나케이아는 원래 만물에 젖을 주는 모

<hr>

1) 제4대 아테네 왕으로 50년간 통치하고 기원전 1437년에 죽었다.

신 레아의 두 쪽 유방을 지칭하는 명칭인데 아스클레피오스의 숭배자가 이를 화신시켜 의신의 딸로 추앙하였다. 아스클레피오스의 신전은 그리스 세계에 널리 세워졌고 에피다우로스에는 기원전 8세기부터 신전과 극장 및 경기장이 건립되어 병치료와 건강을 위한 축제 및 행사가 대를 이어 거행되었다. 뱀을 성스러운 동물로 믿어 아스클레피오스의 단장에는 뱀이 감겨 있고 현재도 의학의 상징으로 사용되고 있다. 기원전 3세기 아스클레피오스 숭배가 에피다우로스에서 로마로 건너갔을 때 뱀을 아스클레피오스 신의 화신이라고 생각하여 뱀의 모습으로 정착하게 되었다. 아스클레피오스의 원래 의미는 끊임없이 자비롭다는 말이다. 소아시아 페르가몬에서는 나라 최고의 주신으로 모셨다.

마카온과 포달레이리오스

마카온과 포달레이리오스(Machaon & Podaleirius)는 의신 아스클레피오스의 아들 형제이다. 어머니는 일반적으로 메로페의 딸 에피오네라고 하지만 다른 설에는 아르시노에, 크산테, 람페티아(헬리오스의 딸) 혹은 심지어 코로노스라고도 한다. 테살리아의 세 도시, 즉 트리카·이토네·오이칼리아를 통치하고 있던 이들 형제는 모두 헬레나의 구혼자였으므로 트로이 원정에 동조하여 30척의 병선을 이끌고 전쟁에 참가하였다. 아비로부터 치료술을 전수받은 형제는 전쟁중에 의료 활동으로 더 많은 기여를 하여 부상병과 많은 환자를 치료하고 텔레포스의 상처, 판다로스의 화살에 맞아 부상을 당한 메넬라오스[2]도 치료해 주었다.

마카온도 파리스가 쏜 화살에 어깨를 맞아 부상을 당하여 곧 네스토르[3] 진영으로 부축되어 헤카메데의 간호를 받았다. 헤카메데는 아킬레스가 테네도스에서 포로로 끌고 와 후에 네스토르에게 배당한 낭자로 간호술에 뛰어난 소양을 지니고 있었다. 마카온은 필록테테스의 상처(헤라클레스의 유언을 어긴 벌로

2) 메넬라오스와 파리스의 대결로 양군은 전쟁 종결의 실마리를 찾고자 하였는데, 아테나 여신이 트로이인 라오도카스로 변장하여 판다로스에게 다가가 하늘에 활을 쏘라고 권유함으로써 휴전 약속을 어기게 하였고 이때 메넬라오스는 부상을 입었다.
3) 퓰로스의 왕으로 노구에도 불구하고 두 아들을 대동, 90척의 병선을 끌고 트로이 전쟁에 참가하였다.

발에 큰 부상을 입었다)도 포달레이리오스와 함께 치료하였다고 알려져 있다. 그는 전투에서도 용감성을 발휘하여 목마용사 명단에 끼여 있었는데 트로이 전쟁 막바지에 아마존의 여왕 펜테실레이아 혹은 텔레포스의 아들 에우류퓔로스에게 죽임을 당했다고도 한다. 후에 네스토르가 그 유골을 메세니아 마을 게레니아로 가져가 매장해 주었다. 트리카에는 포달레이리오스와 합동으로 추모하는 사당이 세워졌다. 마카온은 디오클레스의 딸 안티클레이아와의 사이에 니코마코스와 고르가소스의 두 아들을 두었는데 모두 의업을 계승하였다. 그 밖의 아들로는 알렉사노르, 폴레모크라테스, 스퓌로스 및 알콘 등이 알려져 있다.

외과 의술에 능한 마카온에 비해 포달레이리오스는 유능한 내과의사로 전해지며 특히 10년 전쟁 중에 매우 많은 환자를 치료하였다고 추측된다. 아킬레스 장례식의 추모경기에서 벌어진 권투시합으로 심한 상처를 받은 아카마스와 에페이오스(목마를 조립한 파노페오스의 아들로 월등한 역사였으나 전사로는 시원찮았다)의 응급처치를 해준 것도 바로 그였다. 형보다 더 오래 살았던 그는 후에 형의 죽음에 대해서도 복수하였다. 트로이 함락 후에는 원정군 최대의 예언자 칼카스와 암필로코스, 라피테스족의 용사 레온테오스(목마에 들어간 용사)와 폴류포이테스(피리투스의 아들로 수백 명의 적을 쓰러뜨리고 목마에도 참가한 용사)와 함께 육로를 택하여 이오니아의 콜로폰에 와서 머물렀다. 그 곳에서 칼카스는 죽음을 맞이하는데, 원래 칼카스에게는 자신보다 현명한 예언자를 만나게 되면 죽게 될 것이라는 계시가 있었다. 칼카스는 그 고장에서 테이레시아스의 딸 만토의 아들인 몹소스의 초대를 받았다가 알아맞추기에서 뒤지고 다시 예언에서도 패배하여 자살하였다고 한다. 포달레이리오스가 그리스에 와서 델포이에 정착할 고장을 물었더니 신탁이 내려준 답은 "하늘이 그대의 주위를 둘러싼 지역이면 아무 어려움이 없는 곳"이라 하였다. 그러한 고장이 바로 산 언덕이 둘러앉아 하늘과 땅의 지평선이 주위를 둥글게 에워싼 카리아의 케르소네소스 반도였고 그는 여기에 정착하였다고 한다.

다른 전승에 따르면 카리아 해안에서 만난 폭풍에 날려 해안으로 떨어진 포달레이리오스를 양치기가 구하여 그 지역의 왕 다마이토스에게 데려갔다고 한다. 그런데 그때 마침 지붕에서 떨어져 부상을 입고 신음하는 왕의 딸 슈르나 공주를 포달레이리오스가 치료해 주어 왕은 기쁘게 그를 왕실에 받아들였다. 공주의 상처가 완치되자 왕은 그를 딸과 결혼시켰고, 포달레이리오스는 카리아 반도를 할애받아 부인의 이름을 붙인 도시 슈르노스를 건설하였다 한다. 포달레이리오스는 소아시아와 테살리아에서 명의로 이름을 떨치며 크게 존경을 받았다. 이탈리아 드리온 산록에는 이 포달레이리오스의 사원이, 산마루에는 칼카스 사원이 있는데, 이 두 성소에서는 검은 숫양을 공양하고 양피를 덮고 자면 꿈에 예언을 받는다고 전해진다.

3. 크로이소스

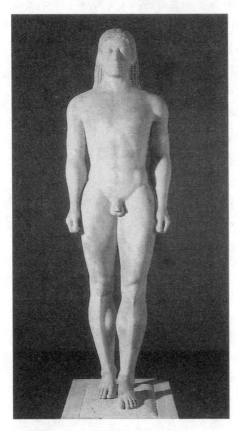

크로이소스. 대리석상(기원전 525년경).
아테네 국립고고학박물관

크로이소스(Croesus)는 메름나다이 민족(가계)의 5대로 마지막 왕이며, 리디아를 통치한 알류아테스 2세의 아들이다. 인류가 나타난 이래 최고의 부자로 이름 높으며 그리스의 동방에서 리디아까지 지배한 최초의 왕이다. 궁성은 배움의 전당이 되고, 저명한 철학자나 우화작가인 아이소포스(이솝)를 위시하여 많은 인재를 환대하였다.

그는 철학가 솔론과의 대화에서 자신을 인류의 가장 행복한 인물로 추앙해 주기를 원한다고 하였는데 솔론은 이는 잘못된 생각이며 "죽음이 올 때까지 아무도 행복하다고 할 수 없다"며 검소와 미덕을 중시해야 한다고 충고하였다. 후에 그는 페르시아의 왕 큐로스에 도전하여 42만의 군대와 6만 필의 군마를 이끌고 페르시아를 침입하였다. 그러나 기원전 548년 대패를 당하여 수도는 함락되고 스스로는 포로가 되어 생화장에 처해지게 되었다. 장작더미에 불이 타오르자 승리한 군주 큐로스는 불 속에서 크로이소스가 슬픈 목소리로 세 번이나 "솔론!" 하고 부르짖는 것을 듣고 그 이유를 물어보았다. 이 때 크로이소스는 과거 그가 철학자 솔론과 나누었던 인간의 행복에 관한 대화를 이야기하였고 그 말에 감동한 큐로스는 모든 인간사가 순간적임을 깨닫고 크로이소스를 살려주고 절친한 친구로 대하였다. 어쨌든 리디아 제국은 멸망하여 페르시아에 종속되고 크로이소스도 큐로스의 나라에서 살았으나 어떻게 죽었는지는 전하지 않는다. 크로이소스는 인간으로서 최대의 부를 누린 인물로 선망되었으나, 할류스 강을 넘어가면 위대한 제국이 파멸할 것이라는 델포이의 신탁대로 결국 멸망하고 말았던 것이다.

오라클

오라클(Oracle, Oraculum)이란 신탁, 탁선 혹은 신탁이나 계시를 받는 곳을 의미한다. 인간의 물음에 대한 신의 답변인데, 신탁은 대개 애매하여 어떤 방향으로도 해석이 가능하다. 당시 사람들은 나라의 중요한 일에서부터 개인의 사소한 생활까지 일일이 신탁을 받았다. 따라서 델포이, 델로스, 도도나, 암몬 등에 이름난 신탁소가 있었고 전성기에는 그리스 세계 도처에 신탁소가 생겨 보이오티아에는 25개소나 되었으며 이는 펠로폰네소스에 있는 신탁소 수와 맞먹었다. 신탁은 6보격 시문이나 여러 형태의 암시, 예컨대 참나무잎의 소리나 조각상 머리의 끄떡임, 또는 호수에 있는 물고기의 헤엄으로도 지시되었다. 그러나 신탁은 신의 의지를 전달해 주는 매개체였을 뿐이고, 원래 신은 무슨 일이 닥칠 것인가를 명확히 진술하지도 않았으며 그렇다고 해서 완전히 숨기지도 않았다. 따라서 경우에 따라 사제나 여사제를 매수하여 원하는 신탁을 받는 타락행위까지 있었다. 신탁을 잘못 판단한 예로는 크로이소스의 일화가 유명하다. 즉 만약 할류스 강을 건너게 되면 위대한 제국이 멸망하리라는 델포이의 신탁을 받고 그 제국을 적국으로 해석하였으나 불행히도 멸망한 것은 자신의 제국이었던 것이다. 어쨌든 신탁을 전한 사제들이 그리스 사회의 생활양식을 지속시키는 데 크게 이바지했다는 점에는 의문의 여지가 없으나 적어도 페리클레스 시대에 오면 식자층 그리스인은 신탁을 다만 공식 종교의 일부로만 시인할 뿐 믿지는 않았다.

4. 아르테미스

아르테미스(Artemis, Diana)는 그리스 세계에서 널리 모시던 여신이며 유사전 미노아에서 숭배하기 시작한 것으로 추측된다. 아르테미스라는 말은 어원상 도살자라는 뜻이고 선문자 B서판에 노예의 주인 이름으로 나와 있다. 때로 헤카테 여신이나 셀레네 여신과 혼동되기도 한다. 짐승이 많은 미개간 들판이나 산림, 고원지대에서 활동하며, 항상 젊음을 유지하는 처녀성과 야생미를 풍기는 사냥의 수호신이지만 후에는 우아한 초상화로 그려져 부녀자의 수호신이 되었다. 초기에는 연약하고 엉뚱한 역할을 하여 여신의 위치를 확보하지 못했으나 제우스의 딸, 아폴론의 자매, 수렵과 야생의 공주, 산욕기 여자에게 갑자기 동통 없는 죽음을 주는 여신으로 인식되었다.

또한 복수심이 강한 여신이기도 하여 그녀를 화나게 했다가 고통을 당한 예가 많이 나온다. 먼저 어머니인 레토를 모욕한 니오베에 복수를 하기 위해 그녀는 아폴론과 함께 니오베의 아이들을 죽였는데 아폴론이 키타이론 산에서 사냥하는 아들 여섯을 죽이고 아르테미스는 집에 있던 딸 여섯을 죽였다. 레토를 괴롭힌 거인족 티튜오스도 죽였다고 한다. 또한 트로이 원정에 나선 아가멤논이 아울리스에서 해풍을 기다리는 동안 무료함을 이기기 위해 사슴사냥을 하다 말 한 마디 잘못하여 아르테미스의 분노를 샀다. 즉 그는 "아르테미스 여신일지라도 사슴을 이처럼 잡을 수는 없을 것이다"라고 큰소리를 쳐 여신을 멸시한 것이다. 이에 아르테미스는 출범에 꼭 필요한 바람을 잠재워 원정대를 초조하게 만들었다. 아가멤논이 점쟁이 티레시아스에 문의하니 문제를 해결할 수 있는 유일한 방법은 왕의 미혼 공주인 이피게네이아를 여신에게 희생 공양하는 길밖에 없다고 대답하였다. 결국 그는 비통 속에서 자신의 딸을 바쳤고 아르테미스는 최후의 순간에 생희생을 암사슴과 바꾸어 공주를 데리고 멀리 타우리스(현 크리미아)로 가서 자신의 신앙을 받드는 여사제로 삼았다.

목욕하는 자신의 나신을 훔쳐본 악타이온을 성난 아르테미스가 사냥개를 부추겨 물어뜯게 하고 있다. 크라테르(기원전 5세기)

한편 아르테미스 숭배는 아시아의 태고 여신과 통합되어 출산의 여신 또는 남자와 동물에게 다산과 출생한 소산의 건강을 가져오는 여신으로 여겨졌다. 신화상 아폴론과 쌍둥이로 태어나지만 그녀의 출생에 관한 이야기는 별로 없다. 태어나자마자 곧 동생의 출산을 도왔다 하여 산욕의 여신(Locheia)이라는 호칭이 있고 에일레이튜이아와 동일시하기도 한다. 일반적으로 아르테미스의 신화는 독자적인 것이 적고 아폴론과 같이 등장하는 경우가 많다. 그녀와 관련된 신화로 유명한 것으로는 여신에게 매료당한 오리온이라는 거인족 미남 사냥인의 이야기가 있다. 아르테미스는 자신을 덮치려 한 오리온을 전갈을 보내 찔려 죽게 만들고, 그 공으로 전갈은 별자리인 전갈자리가 되었다고 한다. 별자리 오리온이 전갈자리에게 계속 쫓기는 연유가 여기에 기인한다. 다른 설에 따르면 오리온은 지상에서 플레이아데스 모녀들을 5년간 뒤쫓아 다녀 하늘의 별자리에서도 계속 뒤쫓고 있는 것처럼 보인다고 한다.

아르테미스 여신 숭배에서 큰 동물의 공양은 매우 드물고 흔히 양을 희생물로 바친다. 매년 파트라이에서 열리는 아르테미스 라프리아 축제에는 야생동물을 통째로 구워(홀로코스트) 공양을 하였다. 이 때 여사제는 아르테미스로 분장하고 수사슴이 끄는 이륜마차를 타고 축제를 집행하였다. 포카이아에서는 사람을 희생공양하였다고도 하나 확실치 않다. 타우리스에서는 야만적인 숭배 의식을 수용하여 이방인을 희생물로 바쳤다고 하며, 아르테미스를 모시던 이피게네이아와 그 남동생 오레스테스가 아르테미스의 여신상을 스파르타 할라이로 가져와 브라우론에 모셔 놓았다고 한다. 한편 아르테미스 여신은 그 성격으로 보아 아마존족의 수호신이 되기도 하였다.

아르테미스는 곰과 관계가 깊다. 칼리스토는 여신의 시녀인데 제우스와 관계한 것이 발각되어 여신의 대노를 사고 헤라는 질투로 그녀를 암곰으로 화신시켜 버렸다. 아티카의 브라우론에서 열리는 여신축제에는 어린 처녀를 암컷 곰으로 분장하여 춤을 추게 하였다.

아르테미스는 그리스 세계에서 빈번히 비슷한 여신과 동일시되었다. 특히 에베소 항구에 찬란한 사원을 가진 위대한 대지 여신과도 동일시되어 다수의 유방을 가진 다산의 아르테미스상이 세워졌다. 에베소의 아르테미스 숭배는 포카이아인에 의해 마실리아이로 전파되었고 여기에서 로마로 들어가 아벤티네에 있는 디아나 사원에 에베소 형식의 조각상이 세워졌다.

초기 아르테미스 조각상은 긴 의상이나 동물 털가죽을 두르고 후기에는 튜닉을 걸치고 있다. 단독 혹은 아폴론이나 레토와 같이 있는 모습이 조각되고 거인족의 격전과 비밀회의 조각상에는 여러 신과 자리를 같이하고 있다.

크레타의 여신 브리토마르티스(매력있는 낭자!)도 아르테미스와 동일시하는데 큐도니아(현 카니아)에 신전이 있다. 브리토마르티스는 그녀를 사랑하는 미노스 왕에게 쫓겨 9개월간이나 도망다니던 끝에 발각되자 해안절벽으로 피했다가 마지막으로 절벽에서 바다로 뛰어내렸다. 그런데 어부의 그물에 걸려 구사일생으로 살아나(이에 연유하여 그물이라는 뜻을 가진 별칭 딕튠나로도 부른다) 아이기나로 떠나 다시 아르테미스 숲으로 도피하였다. 그 곳에서 그녀는 아파이아(은둔한 여신)로 숭상되고 신전도 세워졌다. 현재는 폐허화되고 다만 신전

지붕 아래 삼각벽 박공의 부조가 남아 있으며 아르테미스와 동일신(성)으로 되어 있다.

칼리스토

아티카의 브라우론에서는 아르테미스 의식에 두 처녀를 암곰으로 분장케 하였는데 여기에 연유하여 칼리스토(Callisto) 신화가 생겼다고 한다. 칼리스토는 세상에서 가장 아름답다는 의미를 갖고 있으며 신화에서는 아르테미스의 시녀로 되어 있다. 제우스의 사랑을 받아 아들 아르카스를 낳았으나 순결을 지키지 않았다고 하여 아르테미스의 분노를 샀으며 헤라의 질투로 말미암아 암곰으로 화신되었다. 아들 아르카스는 커서 사냥을 즐겼으며 아르카디아인의 선조가 되었다고 한다. 하루는 아르카스가 암곰과 마주쳐 곰을 잡으려는 순간 제우스가 나타나 화신한 어미를 죽이지 못하도록 둘을 별자리로 변화시켜 칼리스토는 큰곰자리, 아르카스는 작은곰자리가 되었다. 헤라는 칼리스토에게 영예를 주었다고 화가 나서 오케아노스에게 부탁하여 큰곰자리가 바다 저쪽으로 지지 못하도록 하였다. 이에 따라 칼리스토는 잠시도 쉴새없이 영원히 북극성 주위를 돌게 되었다. 더 오랜 신화에 따르면, 제우스가 아르테미스를 유혹하자 아르테미스 자신이 곰으로 화신하고 얼굴을 흙으로 더럽혀 유혹으로부터 벗어났으나 원래 그녀가 다스리던 별의 영주권을 제우스에 빼앗겼다고도 한다. 천문학에서는 목성의 제4위성을 칼리스토라 부른다.

니오베

니오베(Niobe)는 탄탈로스의 딸이며 펠롭스의 여동생이다. 왕 암피온과 결혼하여 7남 7녀를 두었는데 어느 날 두 아이밖에 없는 레토를 멸시하며 자식복이 많은 것을 자랑하였다가 후에 레토의 쌍둥이 자식인 아폴론과 아르테미스에게 아들딸 둘만 제외하고 모두 사살당하였다. 비통에 빠진 니오베는 시퓰로스산에 있는 아버지 탄탈로스 곁으로 피신한 후에도 계속 슬퍼하였으므로 제우스는 그녀를 바위로 화신시켰다. 그러나 여전히 울음을 그치지 않았다 하며 현재도

죽어가는 니오베의 딸.
대리석상
(기원전 450~440년경).
로마 국립박물관

이 바위에서는 샘물이 흐르고 있다.

시퓰로스 산에 가서 니오베상을 본 파우사니아스에 따르면, 가까이에서는 바위절벽일 뿐 전혀 여인의 모습으로는 보이지 않으나 멀리 떨어져서 보면 눈물에 젖어 비탄하는 여인상으로 느껴진다고 한다.

5. 디오뉴소스

디오뉴소스(Dionysus)는 포도신 혹은 식물신으로 숭배되었으나 점차 주신 혹은 음주자의 신으로 전칭되었다. 그의 별칭은 매우 많은데 친근한 이름(주로 장소명)으로는 리베르, 브로미오스, 류아이오스, 디튜람보스, 프실라스, 바쿠스 등을 들 수 있다. 디오뉴소스 숭배는 옛적 동방에서 시작되어 트라키아와 프리지아로 퍼졌다가 이어서 그리스, 이탈리아로 들어왔다.

신화에서는 디오뉴소스를 제우스와 세멜레의 아들이라 한다. 즉 제우스는 테베 왕 카드모스의 공주 세멜레를 사랑하기 위하여 인간의 모습을 하고 그녀를 유혹하였다. 세멜레가 임신 7개월이 되었을 때 제우스의 본부인 헤라는 이 사실을 알고 테베의 노파 또는 늙은 유모인 베로이로 변장하여 그녀를 찾아갔다. 세멜레와 친숙해지자 베로이는 사랑의 상대자가 누구인가를 묻고 그가 정말 제우스 신이라면 위엄 있고 휘황찬란한 차림이어야 할 것이라고 이야기해 주었다. 그리고는 세멜레가 분명 상대를 확인하게 될 것을 짐작하고 만족하며 떠났다. 과연 세멜레는 그녀를 찾아온 제우스에게 청을 하나 꼭 들어준다는 약속을 얻어내었다. 그런데 막상 그녀의 청을 듣고보니 제우스는 그녀가 죽음을 자청한 것을 알게 되었다. 헤라 여신 이외에는 아무도 제우스의 휘황한 전광에 싸인 모습을 쳐다보고 살아남을 수 없기 때문이다. 세멜레와의 약속을 어길 수 없어 제우스는 주신의 의상을 입고 찾아갔고 제우스를 맞이한 그녀는 불에 타기 전에 잠깐 광채로 싸인 제우스를 쳐다보았다. 그러나 곧 그녀는 불에 타죽고 불사신인 태아도 죽음을 면치 못하게 되었다. 이에 제우스는 불 속에서 아기를 꺼내 사타구니에 넣고 있다가 달이 찬 다음 출생시켰다. 일설에는 카드모스 왕이 미혼모가 된 딸을 아기와 함께 궤에 넣어 바다로 띄워 보냈고, 그 궤는 브라시아이 해안에 표착하였으나 세멜레는 그 안에서 죽어 있었고 아기만 살아남아 그 곳에서 정중히 세멜레의 장례를 치러 주었다고 한다. 제우스는 탄생한 아기를 세멜레의 동생 이노와 그 남편 아타모스에게 맡겨 기르게 하였으나 아기를 파멸시키려는 헤라의 앙심을 피하지 못하고 양부모는 실성해 버렸다. 이에 다시 헤르메스를 시켜 아이를 헬리콘 산 두메의 요정 뉴사에게 데려가 키우게 하였다. 당시 헤르메스는 복수심 강한 헤라의 눈을 피하고자 아기를 어린 양 혹은 어린 송아지로 변장시켰다 한다. 그 곳에서 성장한 디오뉴소스는 포도의 성질을 알게 되고 포도즙을 만들어 인간에 나누어 주고, 유익함을 알게 하였으리라 추측된다.

젊을 때 디오뉴소스는 신으로 존경받지 못하고 자신의 신성(神性)을 인정하지 않는 사람을 처형하였다. 그래서 그리스를 떠나 아는 사람이 없는 동양쪽으로 가서 신통력을 체득하였다고 한다. 미모를 지녔던 디오뉴소스는 어느 곳에

디오뉴소스의 해상 귀로. 해족에 납치되어 배에 억류된 디오뉴소스는 배 위에 포도넝쿨을 가득 뻗게 하였다. 이에 기겁한 해족들은 바다로 뛰어들고 모두 돌고래로 화신하였다. 호메로스 찬가에 나오는 디오뉴소스의 행적을 소재로 삼아 일곱 개의 포도송이와 일곱 마리의 돌고래를 대동하고 무사히 돌아오는 모습을 그린 이 그림은 음주자의 행운과 즐거운 환상을 자아낸다. 퀼릭스(기원전 6세기). 엑세키아스 작

서나 젊은 남녀들에게 열광적인 숭배를 받고 신도들에게 충절을 지키라고 하였다. 충분한 수양을 거쳐 신격을 획득한 디오뉴소스는 제우스의 아들로서 그리스로 돌아와 델포이의 아폴론 신전 경내에 신전을 갖게 됨으로써 원시신앙에서 벗어나 이성화하고 올림포스 신족의 일원이 되었다.

초기의 디오뉴소스 숭배자는 자체적으로 정신이 앙양되어 흥분이 일어나고 무아지경에 들어갔다. 그 후 음주난무하면서 상기된 여성의 무리는 기(氣)를

띠게 되어 눈에 띈 동물이나 때로는 아이들까지 발기발기 찢어 먹어치웠으므로 이들과 우연히 맞부닥치게 되면 매우 위험하였다. 그들은 생육을 성찬(聖餐)으로 믿고 게걸스럽게 먹었는데 동물 중에서도 소를 디오뉴소스의 화신으로 보고 생으로 먹음으로써 자신의 내부와 신이 결부하여 그 정기를 얻게 된다고 확신하였다.

디오뉴소스의 예찬자는 부녀자가 주이며 가정이건 일이건 모두 팽개치고 산중의 예배장소에 몰려와 지팡이와 횃불을 들고 원을 그리며 난무하고 황홀경에 빠졌다. 이는 거의 광적인 상황을 연출하였기 때문에 이들을 마이나데스(단수형은 마이나드), 또는 이 신앙에 합류하는 야성적 숲의 정(精)의 이름을 따서 실레니, 사튜로스, 바사리데스 혹은 가장 흔히 바코이라 하였다. 이렇게 볼 때 디오뉴소스 신앙은 여러 그리스 신앙 중에서도 가장 감정적이고 흥미로운 신앙이며 인간의 원천적 본능과 욕구의 발현을 용인하여 구제를 약속하는 신앙으로서 걷잡을 수 없이 빠른 속도로 보급되었는데, 본능과 욕구의 거부나 반대로 과잉상태가 모두 위험하다는 것을 깨닫게 해준다. 아테네의 2대 연극제는 비극을 주로 하는 바카이제와 희극을 주로 하는 레나이아(디오뉴소소의 별명)제로, 신선미가 넘치고 가장 성대히 거행되는 그리스 세계 최대의 연극축제였다.

옛날로 거슬러 올라갈수록 야수적 오르기에스(마시고 노래와 춤으로 도취하는 주신제)에서는 가면을 쓰고 모피를 깐 높은 대에 구세주를 모시고 희생공양을 하는 비밀의식이 거행되었는데, 점차 의식을 갖추어 예술적으로 극화되고 자리를 잡아나가면서 그리스 문화의 발전에 중요한 역할을 하였다.

디오뉴소스의 사랑 행각은 많지 않다. 테세우스가 낙소스 섬에 버린 아리아드네와 만나 결혼하여 여러 자녀를 두었는데 알려진 아들로는 케라노스, 토아스, 오이노피온, 타투로폴리스 등이 있다. 혹 디오뉴소스를 휴메나이오스(혼인의 신, 처녀막)의 아비라고도 하며 아테네 사람들은 결혼의 신으로 모셨다. 디오뉴소스에 바치는 나무로는 전나무, 주목(朱木), 무화과나무, 머루, 포도나무 등이며, 동물로는 퓨마, 산양(포도를 망친다), 돌고래(낙소스 섬으로 갈 때 튜레니아의 해적들을 화신시킨 것) 등을 희생 공양하였다. 좋아하는 새는 까치인데 환희에 찬 여성 신도들이 까치와 같이 마음껏 지저귀므로 택한 것이었다. 디오뉴소스는 명계에 내려가 어머니를 데리고 나왔고 제우스는 그녀를 여신으로 신격화시켜 튜오네라고 명명하였다. 디오뉴소스의 조각상은 일반적으로 포도잎이나

마이나데스에 의해 죽음을 맞은 펜테우스. 아티카 적색그림 컵. 두리스 작

머루잎 관을 쓰고 지팡이(Thyrsus)를 가진 청춘신으로 표현되며 때로는 동안(童顏)의 노인으로 분장하고 나신으로도 표출된다.

펜테우스

펜테우스(Pentheus)는 아가베의 아들로 보이오티아 지방 테베의 왕이며 디오뉴소스의 신격을 거부하였다가 엄청난 화를 당하였다. 그는 온 나라 사람들에게 새로운 신을 섬기는 일을 금하였으나 테베의 여성들이 성문을 나가 디오뉴소스의 예배와 축제에 가담하자 이를 뒤쫓아가 엄숙한 의식을 치르고 있던 예배자들을 체포하라고 법석을 떨었다. 이 명령은 마지못해 실행되었다. 그러나 디오뉴소스를 감금한 감옥의 문이 저절로 열리는 일이 벌어지고 이에 더욱 화가 치민 펜테우스는 병사들을 시켜 디오뉴소스를 숭배하는 모든 무리를 잡아 없애라는 명령을 내렸다. 이 명령은 실행되지 않는다. 그것은 왕 자신도 주신(酒神) 숭배의 축제(제를 올리고 진탕 마시며 노래하고 춤추는 오르기에스)를 보고 싶은 마음이 강렬하게 일어났기 때문이다. 그리하여 왕은 그 자리를 떠나 여장을 한 채 키타이론 산 숲속에 숨어 그 곳에서 모든 행사를 몰래 숨어서 보게

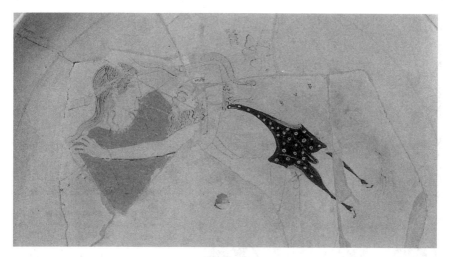

사튜로스와 마이나드. 아테네의 흰색바탕 컵. 타란토 국립박물관

된다. 그러나 그 호기심은 참변을 불렀다. 주신 숭배자들에게 발각된 것이다. 어미 아가베가 맨 처음으로 쫓아와 그를 공격하고, 이것이 도화선이 되어 두 자매인 이노와 아우토노에가 뒤이어 공격을 가하였으며 다시 뒤쫓아 온 여성들에 의해 펜테우스는 박살이 났다. 그 후 디오뉴소스 추종자들은 펜테우스가 숨었던 나무를 신탁에 의해 베어 쓰러뜨리고 코린트 사람들은 이 나무로 주신상을 쌍으로 만들어 예배장소에 모셔 놓았다.

사튜로스

　사튜로스(Satyrs)는 숲에 사는 반인반수의 남자신으로 요정들의 형제이며, 말귀와 말꼬리 혹은 산양의 다리와 머리에 짧은 뿔이 달린 형상을 하고 숲과 젊은 여자를 좋아한다. 음란하고 짐승같은 욕망에 차 있으며 남자의 성행위를 상징한다고 전한다. 그러나 일부 신화에서는 실레노스의 친척으로서 모범적이고 현세의 지자로 그려져 있으며 디오뉴소스를 위탁받아 교육시켰다고도 한다.
　로마인들 사이에서는 파우니, 파네스 또는 실바니라 표현되며 호색가를 의미하였다.

실레노스

실레노스(Silenus)는 목신 판혹은 헤르메스의 아들이라 하며 또한 크로노스에게 거세당한 우라노스의 피가 대지에 떨어져 생겼다는 설도 있다. 매우 영리한 반인반수로, 켄타우로스 폴로스 혹은 아폴로 노미오스의 아비로 존중되며 특히 아르카디아 사람들의 목축을 보호하는 존재로서 사후에는 신으로 추서되었다. 외모는 사자 코에 두꺼운 입술, 황소 눈을 방불케 하는 매우 못생긴 얼굴을 가진 것으로 되어 있으나 한편으로는 유쾌한 배불뚝이 노인으로 꽃관을 쓰고 나귀를 타고 다니거나 술에 취한 몸을 가까스로 가누는 모습으로 표현된다.

어린 디오뉴소스를 안고 있는 실레노스. 기원전 4세기에 제작된 작품의 헬레니즘기 복제상. 루브르 박물관

6. 셀레네

셀레네(Selene)는 달을 화신하여 숭상한 여신으로, 로마인은 루나라 하였다. 헤시오도스에 따르면 티탄족인 휴페리온과 테아의 딸이며 헬리오스와 에오스

의 자매라 하나, 이와 달리
거인족인 팔라스 혹은 헬리
오스와 에우류파이사의 딸
이라는 주장도 있다.

한 쌍의 말 혹은 황소가
끄는 달수레를 타고 달리는
셀레네에 관한 신화는 별로
없고 제우스와 관계하여 판
디아를 두었다고 한다. 그녀
는 엔듀미온과 사랑을 나누
었는데 이를 알게 된 제우
스가 그를 라트모스 산 동
굴 속에 던져 영원히 잠들
게 하자 셀레네는 밤마다
천상에서 내려와 그 곳으로
찾아갔다. 다른 전설에는 판
이 아름다운 백색 양모를
진상하여 셀레네를 산 속에

영원한 잠속에 빠져든 엔듀미온과 밤마다 그를 찾아 천상에
서 내려오는 셀레네

서 유혹하였다고 한다. 그 외에 셀레네는 제우스와의 사이에 헤르세(이슬)를 낳
았다고도 하고 또한 헬리오스의 사이에 후르스(시간)를 낳았다고 전하기도 한
다. 한편 셀레네는 헤카테 혹은 아르테미스와 동일시되기도 한다. 그리스 세계
에는 원래 달 여신 숭배가 없었으며, 라코니아 탈라마이에 있는 셀레네 파시파
에 신전은 신탁을 내리는 장소이다. 프리지아에는 달의 남신이 있어 여러 그리
스 도시로 퍼져 숭배되었다. 전체적으로 보아 셀레네는 여신으로서의 역할보
다는 달의 광채를 미술, 노래, 시문에서 표현할 때 더 중요시되었다.

헤카테

헤카테(Hecate)는 옛적 보이오티아에서 예찬된 여신으로, 인간에게 부와 승리, 육아와 동물사육의 성공 등 여러 면에서 행운을 가져다 준다고 알려졌다. 카이오스와 포이베의 손녀 혹은 페르세스와 아스테리아의 딸이라고도 한다. 올림포스 신족이 아닌 독자성을 가진 여신이지만 제우스는 헤카테에게 각별한 명예를 주고 지상, 바다 및 천상에서 명성을 갖게 하였다. 때로 셀레네나 아르테미스와 혼동되고 후기에는 천상에서는 루나, 지상에서는 디아나, 지하계에서는 헤카테로 불러 디바 트리포미스, 테르게미나, 트리켑스라고도 한다.

헤카테에 관한 신화는 별로 없고, 콜키스의 으뜸가는 마술사 가계와 연관되어 여자 마술사 키르케 혹은 메데이아의 어미라는 주장도 있다. 그리스 세계에서도 마술과 마법을 주관하고 말·개·멧돼지로 분장한 세 개의 머리를 가진 여인으로 등장하는데 세 개의 몸으로 또는 한 몸에서 세 개의 다른 얼굴을 지닌 형상을 하고 있다. 헤카테의 성찬은 특이하여 매월 개의 날고기, 어린 양고기, 꿀 등을 바쳤다. 교차로, 특히 세 교차로와 대로상에서 마술활동을 하여 트리비아라는 이름이 붙여졌다. 여신은 그 세력이 천상과 지상 및 지하 세계에까지 미쳤으므로 왕이나 사람들은 자신들의 부강이 여신의 은혜 때문이라고 믿고 존경하였다. 매년 여신의 축제 헤카테시아가 개최되었으며 이 축제 때는 빈곤한 사람들에게 특히 많은 음식이 제공되었다.

7. 나르키소스

나르키소스(Narcissus)는 하신 케피소스와 요정 리리오페의 아들로, 보이오티아의 테스피아이에서 태어난 뛰어난 미모의 젊은이다. 그는 애정의 기쁨 같은 것은 아예 거들떠보지도 않고 경멸하였다. 그에게 애끓는 연정을 가졌던 요정 에코는 사랑을 거절당하자 죽어 바위로 화신하였다. 아메이니아스라는 젊은이도 그를 열렬히 사랑하였으나 그가 대꾸도 않고 단검을 선물하니 나르키소스 집 대문 앞에서 그 단도로 자살하며 무정한 친구라고 신에게 저주하였다. 그 저주로 인해 어느 날 나르키소스는 샘물에 비친 자기의 모습을 아름다운 샘물의 요정으로 알고 짝사랑에 빠져 연모하다가 그만 죽고 말았다. 이 때 흘린 피에서 수선화가 피어났다. 이러한 전설은 테스파이아 사람들의 사랑에 대한 숭배사상에서 연유했으며 여기서 나르시시즘(自愛症)이라는 낱말과 꽃이름 수선화(narcissus)가 생겨났다.

반면 파우사니아스는 다른 설을 주장하는데, 즉 나르키소스에게는 아름다운 여동생이 있어 같이 수렵하는 것을 낙으로 삼고 있었는데 여동생이 죽자 사는 재미를 잃고 숲의 샘물에 비친 자신의 모습으로 생생한 동생의 영상을 누리며 감상에 빠졌다고 한다.

에코

에코(Echo)는 보이오티아 헬리콘 산의 요정으로 케피소스 강에서 살았으며 한때는 헤라의 시중을 들며 제우스의 사랑을 받았다. 그러나 말이 많아 제우스의 기분을 상하게 한데다 제우스와의 관계를 의심한 헤라의 미움을 받아 말하는 기능을 제거당하여 누군가 부르면 끝음절만을 반복하여 대답할 수 있게 되었다. 판이 그녀를 찬미하며 연정을 품었으나 호의가 받아들여지지 않았을 뿐만 아니라 자기 아닌 사튜로스를 사랑한 데 앙심을 품고 실성한 양치기를 보내 그녀를 박살내었다. 그러나 메아리만은 계속 남았다고 전한다.

다른 전설에 따르면 에코는 나르키소스를 애타게 사랑하였다가 거절당하자 절망에 빠져 초췌해져 돌로 화신하였고 아직도 울림의 힘이 남아 메아리(echo)가 난다고 한다.

8. 미다스

미다스(Midas)는 고르디오스의 아들로 프리지아의 왕이다. 어릴 때 보리알을 운반하는 개미 행렬이 요람 옆을 지나면서 아기 입술 사이에 곡물을 쌓아 놓자 이상히 여겨 점을 쳐 보니 거부가 될 징조라는 답이 나왔다. 과연 커서 매우 부유한 나라를 지배하는 패왕이 되었다.

하루는 먼 곳에서 현인(賢人) 실레노스(혹은 사튜로스)를 우연히 만났는데 헌주(獻酒)를 마셔 혼수상태에 빠진 실레노스의 정체를 알아낸 후 그가 깨어나기

미다스의 흉상. 전설을 낳은
당나귀 귀를 가진 미다스의
테라코타 흉상

를 기다려 후히 대접하고 교훈과 지혜를 내려줄 것을 희망하였다. 일설에는 실
레노스가 왕궁의 이름난 장미 뜰의 샘을 자주 찾아온다는 것을 알고 미다스 왕
이 샘에 포도주를 채워 취하게 했다고도 한다. 하여간 실레노스는 미다스에게
그리스 세계에서 매우 먼 경건한 나라 에우에베스와 전쟁으로 지새우는 나라
마키모스의 이야기를 들려주었다. 첫째 나라의 주민은 행복하게 살며 웃음으
로 생을 마쳤고, 둘째 나라의 주민은 태어나자마자 무장을 하고 생애를 전투로
영일없이 지냈는데, 두 나라의 공통점은 모두 매우 부자고 금은이 어찌 많은지
마치 우리네의 쇠붙이 만큼이나 흔하다는 것이었다. 어떤 때 두 나라 사람들이
딴 세상을 방문하고자 대거 길을 떠나 넓은 바다를 건너 그리스 세계에 와서
가장 행복한 사람들이 산다는 휴페르보레안스(북방 정토주민)의 영토를 찾아왔
다. 그런데 휴페르보레안스의 비참한 생활 상태를 보고서는 더 이상 다니기를
원치 않아 다시 돌아가 버렸다고 말해주었다. 또한 신기한 이야기도 해주었다.
즉 그 곳에는 가본 사람이 아무도 없는데 왜냐하면 그 곳에는 격류와 공포의
소용돌이를 오랫동안 지나야 갈 수 있어 다시 돌아온 사람이 없기 때문이다.
그 고장에는 두 줄기의 강이 흐르고 있었는데 첫째 강기슭에 있는 나무의 과일

을 먹으면 비참한 마음이 되어 슬피 울며 괴로워하고 몸이 점점 수척해지나 다른 강기슭에 있는 나무 열매를 먹게 되면 나이 먹은 사람도 다시 젊어져 중년에서 사춘기를 지나 아동이 되고 다시 어린이가 되어 마지막에는 사라진다고 하였다. 모두 다 미다스의 자만심을 깨우치고자 하는 함축성 우화였다.

오비디우스의 『변신이야기』에는 미다스가 실레노스와 조우하는 또 다른 장면이 나온다. 즉 디오뉴소스 일행에서 뒤처진 실레노스는 딴 길로 가다가 프리지아 산 속에서 잠이 들었다. 얼마 후 이 모습이 지나가는 농부들의 눈에 띄어, 수상히 여긴 농부는 그를 묶어 미다스에게 끌고 갔다. 왕은 일찍이 디오뉴소스 비밀의식에 참석한 일이 있어 단번에 그를 알아보고 결박을 풀어 예의를 갖춰 영예로운 대접을 하며 궁에서 편안히 지내게 한 다음 디오뉴소스 일행이 있는 곳까지 데려다 주었다. 디오뉴소스는 스승을 무사히 돌아오게 해준 은혜에 정중히 치사를 하고 그 답례로 미다스에게 소원하는 것이 있으면 무엇이든 들어주겠다고 약속하였다. 이에 미다스는 곧 자기 손에 닿는 것은 무엇이나 황금으로 변하게 해주기를 소원하였다. 이 소원을 들어주기로 하자 미다스는 신기한 약속의 선물을 가지고 기쁨에 넘쳐 왕궁에 와서 실험을 해 보았다. 과연 손이 닿기만 하면 돌이고 꽃이고 모두 빛나는 황금으로 변하였다. 참으로 신기하고 황홀한 일이었다. 그런데 식사 때가 되어 음식을 집었더니 황금으로 변하고 심지어 포도주마저 금으로 둔갑해 버렸다. 이에 허기와 굶주림으로 죽음의 공포에 사로잡히게 된 미다스는 디오뉴소스에게 이 곤욕의 선물을 걷어 줄 것을 애원하였다. 이에 디오뉴소스는 그에게 팍톨로스 개울의 원천을 찾아가 그 샘물에 머리와 손을 씻으라고 일러주었다. 미다스가 지시한 대로 하니 곧 곤욕의 능력에서 벗어났고 그 후 팍톨로스 냇물의 모래는 황금입자로 가득차게 되었다.

플루타르코스가 전하는 우화도 있다. 즉 미다스가 나라 변두리에 있는 오지를 방문하였는데 그만 길을 잃고 사막에서 헤매게 되었다. 심한 갈증이 났으나 목을 축일 물이 없는 참에 마침 대지에서 샘이 솟아났다. 그런데 알고 보니 이는 샘물이 아니고 황금이었다. 그래서 미다스는 디오뉴소스에게 도움을 청하였고 이 소원이 받아들여져 황금 대신 물이 솟아나게 되었다. 이것이 미다스 샘의 유래라 한다.

그 외 마르슈아스(혹은 판)와 아폴론의 전설에도 미다스가 등장한다. 어쩌다 미다스는 트몰로스 산에서 열린 신들의 음악회에 들르게 되었는데 경연 후 벌어진 우열 판정에 참견을 하게 되었다. 즉 트몰로스가 미다스의 의견은 묻지도 않고 아폴론을 승자로 선언하자 미다스가 심사가 뒤틀려 판정이 공평하지 않다고 시비를 한 것이다. 이에 분노한 아폴론은 심술을 부리는 미다스의 귀를 당나귀 귀로 변형시켜 버렸다. 미다스는 이 귀를 창피하게 여겨 특별히 만든 프리지아 모자로 귀를 가리고 다니며 유일하게 이 비밀을 알고 있는 이발사에게 목숨을 걸고 비밀을 지킬 것을 명령하였다. 따라서 이발사는 말하고 싶어도 왕이 두려워 누설할 수 없으니 답답하고 참을 수 없어 바닷가에 가서 구멍을 판 후 거기에 대고 "미다스 왕의 귀는 당나귀 귀!"라고 외치고는 흙으로 다시 구멍을 덮어 버렸다. 이듬해 여기에서 자라난 갈대가 바람에 나부끼면서 왕의 비밀을 속삭이니 소문이 나라 안팎으로 쫙 퍼졌다. 이발사는 결국 화가 난 미다스에 의해 황소피를 마시고 비참한 최후를 마쳤다.

아드메토스

아드메토스(Admetus)는 페레스와 클류메네의 아들로 테살리아 지방 페라이(아버지 이름을 딴 것이다) 나라의 왕이 되었다. 테스토르의 딸 테오네와 결혼하였으나 부인이 죽자 펠리아스의 딸 알케스티스를 아내로 맞이하였다. 그 즈음하여 올림포스에서 쫓겨난 아폴론은 아드메토스의 양치기가 되어 그의 가축을 돌보고 있었는데 그에게 후히 대해준 대가로 모든 가축으로 하여금 쌍으로 새끼를 낳게 하여 수를 늘려 주고 아드메토스의 혼인이 성사되도록 도와주었다. 또한 잔치석상에서 포도주에 취한 모이라이로부터 아드메토스 왕의 운명에 관한 이야기 즉, 아드메토스의 죽음을 대신해 줄 사람이 있으면 죽지 않아도 된다는 정보를 얻어내 전해주었다. 과연 아직 젊은 나이의 아드메토스가 죽게 되었는데 부인 알케스티스가 사랑으로 기꺼이 대신 죽어 아드메토스의 생명을 구하였다. 여기에 첨가된 이야기에 의하면 마침 이 곳을 방문한 헤라클레스가 이 아름다운 미담을 듣게 되자 명계에서 알케스티스를 다시 데려와 아드메토스에게 보냈다고 한다. 아드메토스는 아르고 호 원정대에 가담하고 칼류돈의 멧돼지 사냥에도 참가하였다.

헌신적인 아내 알케스티스가 죽음의 침대에 앉아 아이들을 안고 있다. 적색그림 크라
테르(기원전 438년경)

알케스티스

알케스티스(Alcestis)는 펠리아스와 아낙시비아의 딸로, 페라이의 왕 아드메
토스의 왕비가 되었다. 결혼 전에 알케스티스 자매는 아비의 젊음과 활력을 되
찾게 할 수 있다는 여자 마술사 메데이아의 꾐에 넘어가 아비를 살해하였다.
엄청난 범행의 두려움 때문에 자매는 아드메토스 왕실로 도피하고 거기서 아
드메토스와 결혼을 하였다. 그런데 형제인 아카스토스가 죄인을 잡는다고 군
대를 이끌고 들어와 공격을 가하여 아드메토스를 포로로 삼았다. 알케스티스
는 푸짐한 보상을 베풀어 남편을 살려 낸 후 자신은 아비의 넋을 진정시키기
위하여 자진 희생되었다.

다른 이야기에 의하면, 펠리아스는 혼기가 찬 공주 알케스티스의 신랑이 될
수 있는 조건으로 사자와 멧돼지가 끄는 전차를 몰 수 있어야 한다는 참으로
어렵고 기상천외한 숙제를 내걸었다. 아드메토스는 아폴론 신의 도움을 받아
이 일에 성공하여 그녀를 아내로 삼았다. 당시 아폴론은 아들인 아스클레피오

스가 제우스의 벼락으로 죽자 벼락을 만든 큐클로페스를 멸망시킨 벌을 받아 아드메토스의 노예로서 9년간 귀양살이를 했는데 아드메토스가 호의를 베풀어 준 보상으로 사자와 멧돼지가 끄는 전차를 달릴 수 있게 해준 것이다. 결혼잔 치에서도 아폴론은 운명의 여신 모이라이를 취하게 하여 아드메토스가 타계하는 순번이 될 때 만약 다른 사람을 설득하여 대신 보내면 생명을 더 연장할 수 있다는 것도 알아내었다. 그리고 아드메토스가 죽게 되자 대신 죽어 줄 사람을 물색하여 먼저 그의 노친에게 간청해 보았으나 거절당하였다. 그런데 마침 옆에서 듣고 있던 정절의 부인 알케스티스가 기꺼이 대신 죽는 희생심을 발휘하였다. 그야말로 미담의 극치이다.

에우리피데스의 극작이 공연되면서 이야기는 계속 덧붙여졌다. 즉 알케스티스가 임종하던 참에 마침 헤라클레스가 찾아왔다가 사정을 듣고 감동하여 죽음의 정령 타나토스에게서 그녀를 빼앗아 되살려 냈던 것이다. 또 다른 설에서는 명계의 왕비 페르세포네가 그녀의 자진 희생에 동정해서 다시 이승으로 보냈다고도 한다. 남편을 위해 용감히 자신을 희생하는 이 아내의 이야기는 더 윤색되면서 남편은 자기의 이기주의는 제쳐놓고 노부에게 대신 명계로 가지 않는다고 비난을 가하는 뻔뻔스러운 인간성의 일면을 우스꽝스럽게 전개시키기도 하였다.

9. 아테나

그리스의 아테나(Athena, Minerva) 여신을 로마인은 이탈리아의 수공예 여신 미네르바와 동일시한다. 아테나는 제우스와 메티스의 딸인데 메티스가 임신하여 분만일이 다가오자 제우스는 그녀를 삼켜 버렸다. 우라노스와 가이아의 말이 아들을 낳으면 신권을 찬탈할 것이고, 딸을 낳으면 외손자가 생겨 제우스를 천상에서 추방할 것이라 하였기 때문이다.

그러나 얼마 안 되어 제우스는 심한 두통을 느끼고 헤파이스토스에게 도끼를 가져와 머리에 일격을 가하라고 하였다. 그랬더니 거기서 창과 방패 등으로 완전 무장한 낭자가 튀어나왔다. 그리고 나오자마자 그녀는 함성을 질러 천지

무장한 아테나 여신과 올빼미. 판아테나이아 축제 시상에 쓰인 항아리 그림으로, 항아리에 신성한 올리브 기름을 채워 경기에 우승한 젊은이에게 영예상으로 주어졌다. 아티카 흑색그림 암포라(기원전 530년경). 불치 출토

를 뒤흔들었다. 이 낭자가 바로 아테나로, 리비아의 트리토니스 호반에서 태어났다고 하여 트리토게네이아라는 별칭이 붙여졌다. 어린 아테나는 트리톤이 길렀으며 트리톤의 딸 팔라스와 사이좋게 지냈으나 전쟁놀이를 하다 팔라스를 죽게 하였다. 이에 아테나는 팔라스를 신상(神像)으로 조각하여 신통력을 지니게 하였는데 이 신상이 트로이 시의 방어신인 팔라디움이다. 또한 그녀의 이름을 자신의 이름에 계승하여 팔라스 아테나라고 하였다.

거인족과 신족 간의 격전에서 팔라스 아테나는 거인족의 괴물 팔라스(트리톤의 딸과 동명이인)와 엔켈라도스를 처치하였다. 처치한 팔라스의 가죽을 벗겨자신의 가슴받이로 하고 엔켈라도스는 멀리 시칠리아까지 추격하여 에트나 화산으로 덮쳐 묻어 버렸다. 『일리아드』에서는 아카이아(그리스) 쪽에 서서 싸우고 있는데, 이다 산의 미의 경연에서 트로이 왕자 파리스가 내린 판가름에 한을 품고 트로이에 적개심을 갖고 있었기 때문일 것이다. 전쟁중에 여신은 디오메데스, 오듀세우스, 아킬레스 및 메넬라오스를 비호하였다. 마찬가지로 헤라클레스도 비호하였는데 특히 어려운 노역을 하게 되자 그를 무장시켰고 또 놋쇠징을 주어 스튐팔로스 호수의 새떼인 스튐팔리데스를 놀라게 해 활로 쏘아 떨어뜨리기 쉽게 해주었다. 이 때문에 헤라클레스는 노역을 마친 후 에우류스테우스에게서 헤스페리데스의 황금사과를 돌려받아 아테나에게 주었으며 거인족과의 싸움에서는 아테나를 도왔다.

아테나는 인간 중에서는 오듀세우스를 가장 아꼈다. 오듀세우스의 이타카 귀향을 도와주기 위해 표류중에 여러 모양의 인간으로 변장하여 적극적으로 개입하였으며, 파이아키아 왕의 딸 나우시카에게는 꿈을 통해 왕궁의 빨래를 나귀에 싣고 궁녀들과 바닷가로 향하게 하였다. 그리고 그녀로 하여금 여기에서 난파당한 오듀세우스를 만나 구조케 하고 자비심을 발휘케 하여 귀중한 배 한 척을 내 주어 고향으로 떠날 수 있게 하였다. 오듀세우스가 오규기아 섬에서 난파당하였을 때는 요정 칼륍소로부터 후대를 받고 함께 산다면 불사신으로 화신하게 해주겠다는 제의를 받아 7년간이나 체류하였으나 아테나가 제우스에게 오듀세우스를 고향으로 보내는 것이 본인의 의사이며 도리라고 하여 결국 놓아주게 만들었다. 당시 오듀세우스는 칼륍소와의 사이에 나우시투스와 나우시누스라는 아들을 두었다고도 전한다.

아테나는 그리스 세계에서 자신에 대한 숭배가 지배적이었던 도시 아테네를 매우 아꼈다. 이성, 입법, 예술, 문예를 꽃피게 한 아테나 여신은 음악의 신으로도 추앙받았으나 실질적으로 시문과 음악보다는 철학에 더 긴밀한 연계성을 갖고 있었다. 또한 기능공의 여신으로 직물, 자수, 수공예를 발달시켰으며 그에 대한 자부심 또한 컸다. 그래서 직물자수에 능한 아라크네라는 한 낭자가 우쭐하여 아테나도 자신을 따를 수 없다고 한 말에 그녀와 경연을 벌인 끝에 억지로 이기고 그녀를 거미로 화신시켜 버린 일도 있었다. 아테나의 천성을 전투정신에 연결시켜 4필의 말이 이끄는 전차, 2륜 전차를 발명하였다고 하기도 하며 거대한 아르고 호의 건립도 지휘한 것으로도 추앙하였다.

한편 아테나의 천성을 평화의 기량으로 추앙하여 아티카에 올리브 나무 재배와 올리브유를 발견한 여신으로도 숭배하였다. 즉 아티카의 지배권을 둘러싸고 포세이돈과 갈등이 생겼을 때 두 신 중 아티카에 최고의 선물을 한 신에게 그 권한을 부여한다는 결정이 내려졌다. 이에 포세이돈은 삼지창으로 땅을 찔러 아크로폴리스에 소금물 샘이 솟아오르게 하고 아테나는 이 언덕에 올리브 나무를 자라게 하였다. 올림포스 주신은 올리브 나무가 더 귀중하다고 판정을 내렸고 이후 아티카는 아테나의 관할권으로 넘어가게 되었다고 한다. 아테네의 아크로폴리스 언덕에 서 있는 장엄하고 우아한 파르테논은 바로 이 아테나 여신에 봉헌된 신전이다.

이 밖에도 여러 지역에서 아테나 여신은 마을의 수호신으로 떠받들어졌다. 아테네에서 멀리 떨어진 스파르타, 메가라, 아르고스 및 그 외 나라 성채에서 여신의 신전을 봉헌하였다. 트로이에서도 옛 팔라디움 성상(聖像)을 모시고 숭배하였으며 팔라디움이 있는 한 트로이 시는 함락되지 않을 것이라고 믿어졌다. 그래서 디오메데스와 오듀세우스가 야밤에 트로이 시에 잠입하여 이 성상을 몰래 들고나와 도시 수호의 상징을 없앴던 것이다. 역사시대에 와서는 로마의 베스타 사원에 모신 팔라디움이 바로 그 성체이며 로마시 수호의 상징이 되었다.

한편 아테나는 처녀성을 자부하고 순결을 지키는 신으로 되어 있는데 일설에는 아들이 있다고 한다. 즉 어느 날 아테나가 갑옷을 부탁하기 위하여 헤파이스토스 대장간에 들렀는데 때마침 아프로디테에게 배신당한 헤파이스토스가 아테나를 보고 첫눈에 반하여 그녀에게 사랑을 고백하였다. 이에 기겁한 아테나는 그를 피해 도망쳤으나 결국 헤파이스토스에게 붙잡혀 포옹을 당하게 되었다. 그녀는 그 이상을 허용하지 않았으나 헤파이스토스의 열정의 흔적인 정액이 아테나의 다리에 묻게 되었다. 불쾌히 여긴 그녀는 털헝겊으로 이를 닦아 땅에 내던졌다. 이것이 대지의 여신 가이아에게 수정되는 바람에 에릭토니오스가 태어났는데 이는 털(erion)과 땅(chthon)의 합성어다. 아이를 받은 아테나는 그를 자기 아들로 삼기로 마음먹고 다른 신들에게 알리지 않은 채 길렀다. 아이를 불사신으로 만들고자 바구니에 넣어 뱀에게 감시하게 하고, 아테네 왕의 공주 아글라우로스에게 극비로 양육할 것을 위탁하였다. 그런데 공주의 자매들이 호기심이 발동하여 바구니를 열어보았다가 아기와 뱀이 도사리고 있는 것을 보고 놀라 실성, 아크로폴리스에서 몸을 던졌다고 한다. 에릭토니오스는 신성한 경내로 옮겨져 후에 아테네의 왕이 되었다.

아테나의 상징은 창, 헬멧 및 양가죽 방패이며 방패는 제우스와 같이 사용하였다. 그리고 페르세우스가 여신에게 선사한 고르곤족 메두사의 머리를 방패에 달았다. 비록 잘린 머리지만 메두사의 눈은 이를 쳐다보는 모든 인간을 돌

로 화신시키는 괴력을 지니고 있었기 때문이다. 좋아하는 식물은 올리브 나무
고 새는 부엉이다. 아테나가 '부엉이 눈을 한'이라는 뜻의 별칭 글란코피스로
불리는 것이나, '쓸데없는 짓을 하다'나 '사족을 붙이다'는 뜻의 영어속담
'Bring owls to Athens'가 생긴 것은 모두 이 부엉이와 연관되어 있다. 일반적
으로 아테나는 크지만 조용한 자세로 부드럽고 기품을 풍기는 여신으로 전해
진다. 시문에서는 맑고 아름다운 눈의 여신이라 하고 심리학에서는 지혜와 진
실의 여신으로서 정신적 투쟁을 상징한다.

니케

니케(Nike)는 승리의 뜻을 의인화한 여신으로 로마인은 빅토리아라 하며 날
개가 있고 빠른 속도로 난다. 헤시오도스에 의하면 티탄족인 팔라스와 스튝스
의 딸이며 그녀에게는 젤로스, 크라토스 및 비아라는 자매가 있다고 한다. 올
림포스 신들 편에 서서 티탄족과 싸워 승리함으로써 제우스의 찬양을 받은 니
케는 경기에서는 승리의 여신이며, 그리스가 페르시아 전쟁에서 승리를 거두
면서 급격히 각광을 받아 군대의 여신으로 아테나 여신과 대응하는 여신이 되
었다. 아테네의 아크로폴리스에는 니케 신전(아테나 니케 신전이라고도 한다)이
있으며 그 외 그리스 각지에 신전이 있다. 로마에는 팔라티네 언덕에 여신의
신전이 있다. 올림피아 출토 여신상과 사모트라케 출토의 여신상이 유명하다.

팔라스

팔라스(Pallas)는 티탄족의 한 명으로 크레이오스와 에우류비아(폰토스의 딸)
의 아들이며 아스트라이오스와 페르세스와 형제간이다. 스튝스를 아내로 맞이
하여 니케, 젤로스, 크라토스 및 비아라는 네 딸을 두었다.

같은 이름을 가진 다른 팔라스는 기간테스와 올림포스 신족 간의 전쟁에서
아테나에게 살해당한 거인이다. 아테나는 이 거인의 껍질을 벗겨 갑옷으로 만
들고 그 날개를 발에 부착하였다. 일설에는 아테나 여신의 아비였는데 딸을 범
하려다 죽임을 당하였다 한다.

니케상. 사모트라케 출토(기원전 190년경). 루브르 박물관

또 같은 이름을 가진 것으로 어려서 아테나 여신과 함께 자란 트리톤의 딸이 있는데, 아테나와 전쟁놀이를 하다 잘못하여 죽게 되었다. 그녀의 죽음을 비통해한 아테나는 그녀의 목상(木像)을 파서 갑옷을 입히고 신상(神像)으로 하였다. 이 신상을 팔라디움이라 하며 이것을 소유하는 도시를 수호해 주는 영험을 지니고 있었다. 그 후 아테나는 자신의 이름을 팔라스 아테나라고 부르게 되었다.

10. 헤파이스토스

헤파이스토스(Hephaestus, Vulcanus)는 원래 소아시아(동방)의 화산신인데 그리스에 와서 불을 다루는 신으로서 대장간의 신, 부엌의 신이 되었고 로마로 전파된 후에는 화산신 불카누스로 존중되었다. 그는 쇠붙이나 각종 금속을 불에 달구어 무기, 기계, 공예품을 만드는 장인의 신이기도 하였다.

전하는 얘기로는 헤파이스토스는 헤라가 낳아 데려 왔다고 한다. 호메로스에 따르면, 그는 제우스와 헤라의 아들인데 추한 외모에 절름발이의 기형이라 헤라가 기겁을 한 나머지 낳자마자 바다에 내던졌다고 한다. 바다에 떨어진 그를 구해 낸 것은 테튜스와 에우류노메로 9년간 바다동굴에서 키웠다. 헤파이스토스는 이 곳에서 야금(冶金)의 명수 케달리온의 지도를 받아 교묘한 기구를 제작하고 보석을 조탁하는 기술을 익혔다. 다른 설에 의하면 헤파이스토스는 천상에서 다른 신이 키웠는데 제우스와 헤라 간에 벌어진 싸움에서 헤라를 편든 데 대해 화가 난 제우스가 올림포스에서 차냈다고 한다. 아흐레가 걸려 지상에 닿은 그는 마침내 렘노스 섬에 떨어졌는데 그 곳의 주민 신티에스가 공중에서 떨어지는 그를 보고 팔을 벌려 잡았다. 그러나 땅에 닿으면서 한쪽 다리를 다쳐 그 후로 절름발이가 되었다 한다. 렘노스에 자리를 잡은 헤파이스토스는 자신의 신전을 세우고 대장간도 차려 쇠붙이와 공예품, 생활용품을 만들어 냈다. 주민들은 그로부터 근면함과 교묘하고 유용한 기술을 배우고 깨달음으로써 비로소 야만적인 생활에서 벗어나 문명사회를 위하여 봉사하게 되었다.

헤파이스토스의 첫 걸작품은 마법의 황금옥좌로, 쇠사슬과 비밀 용수철 고랑이 달려 있어서 그 의자에 앉는 자는 누구든 그대로 묶어 버리는 의자였다. 그는 자신을 버리고 멸시한 어미에게 앙갚음을 하고자 이 옥좌를 헤라에게 보냈다. 황금옥좌를 선물받은 헤라는 아무 의심 없이 기쁜 마음으로 의자에 앉았으나 곧 손발이 쇠고랑에 묶여 움직일 수 없다는 것을 알게 되었다. 신들이 몰려와 헤라를 옥좌에서 떼어내기 위해 모든 방법을 다 써 보았으나 실패하였다. 결국 헤파이스토스만이 풀 수 있다는 것을 알게 되어 당장 와 줄 것을 요청하였으나 응하지 않았다. 아레스는 우격다짐으로 헤파이스토스를 연행하려 하였다가 용광로의 불똥세례만 받고 돌아왔다. 결국 디오뉴소스가 나서서 헤파이

헤파이스토스를 달래서 올림포스로 데려오는 광경. 거나하게 취한 헤파이스토스가 나귀등에 모로 앉아 헤르메스의 안내를 받으며 올림포스로 오는 장면으로 뒤에서 판이 피리를 불어 흥을 돋우고 있다.

스토스를 포도주로 만취하게 한 후 나귀에 태워 올림포스로 데려와 크게 환대해 주었다. 그래서 모자가 다시 한자리에 만나 화해하게 되었다.

시문에서는 헤파이스토스가 천재적인 솜씨로 여러 가지 걸작을 만들었으며 그 중에서도 살아 움직이고 있는 인간처럼 그를 옆에서 도와주는 로보트도 만들었다고 찬사를 보내고 있다. 또한 제우스의 지시로 인간이 사랑에 매혹되어 헤어나지 못하는 덫이 될 아름다운 낭자를 만들었는데 그 낭자가 바로 지상의 첫 여성이 된 판도라이다. 시칠리아의 큐클로페스는 전속 직공 혹은 대행자로서 헤파이스토스와 함께 제우스의 벼락을 만들고 신이나 혹은 유명한 영웅들의 무기와 갑옷을 제작하였다. 화산이 있는 곳에는 어디나 대장간이 있다고 상상하였는데 특히 시칠리아의 에트나 산 동굴 속 대장간은 유명하다. 헤파이스토스가 인간에게 제공한 제작품 중에서 아킬레스의 무기, 아이네아스 및 헤라클레스의 방패는 가장 잘 알려져 있다. 카드모스의 아내 하르모니아에게 준 목걸이와 아르고스 및 미케네의 왕 아가멤논의 소유가 된 홀도 이름난 물건이다. 후에 하르모니아 목걸이의 소유자는 모두 저주를 받는 운명을 지게 되었으나 홀은 아가멤논 사후 카이로네아에 잘 보전되어 신성한 유물로 존중되었다.

헤파이스토스의 사랑 이야기는 많지 않다. 제우스가 헤파이스토스에게 그가 원하는 여신이면 어떤 여신이건 결혼시키겠다 하여 아테나를 원했으나 그녀로부터 거절당하였다. 이에 그는 아테나를 우격다짐으로라도 차지하고자 하였으나 그녀의 다리에 열정의 흔적만을 남긴 채 놓치고 말았다. 당시 아테나는 그 불쾌한 흔적을 털헝겊 조각으로 닦아 낸 후 땅에 내던졌는데 여기에서 에릭토니오스가 태어났다. 제우스는 실의에 빠진 헤파이스토스를 위해 미의 세 자매 중 한 여신인 아프로디테와 맺어주었다. 그러나 정실이 된 이 아프로디테의 부정 행각은 유명하며, 특히 아레스와의 정사 사건이 헬리오스에게 발각되는 바람에 남편인 헤파이스토스는 두 사람의 밀회 현장을 망으로 덮쳐 신들에게 폭로하였다.

헤파이스토스 숭배는 이집트, 아테네 및 로마에서 성행하였으며, 공양하는 희생물은 통째로 구워 바치되 다른 신에서와 같이 희생물을 남겨 놓지 않았다. 그의 상징은 대개 땀에 범벅이 되어 억센 팔로 대장간에서 달군 쇠붙이를 치는 상이며 가슴에 털이 많이 나 있고 검정색 앞이마를 갖고 있다. 또한 절름발이에 기형이며 공중에 올린 망치를 금방 내리치려는 상, 또 한 손으로 족집게를 잡고 벼락을 모루(받침쇠)에서 돌리고 있는 상, 그 옆에 한 마리의 독수리가 제우스에게 벼락을 가져갈 차비를 하고 있는 상도 있다. 수염이 길고 헝클어진 머리에다 반나상을 하고, 작은 모자를 쓰고 있기도 한다. 물키베르, 팜파네스, 클룹토테크네스, 판다마토르, 큘로포데스, 칼라유소다 등의 별칭이 있는데 절름발이나 전문직을 의미한다. 다른 신에 비해 엉뚱한 방식으로 천상에 합류한 헤파이스토스는 바람기 심한 아내를 가진 올림포스의 대표적인 오쟁이 남편이며, 아내는 절름발이 흉내를 내면서 밀통한 연인들의 웃음을 자아내게 하였다.

다이달로스

다이달로스(Daedalus)는 아테네의 헤파이스토스의 후손 에우팔라모스의 아들로 그리스 전설상 가장 천재적인 장인이자 발명가로 알려져 있다. 건축에 쓰이는 쐐기, 도끼, 송곳, 수평기, 톱, 다림줄(먹통), 아교 등을 발명하였으며 배의 돛과 돛대의 역할을 인식한 최초의 인간이었고, 그가 만들어 놓은 조각상은 어찌나 신묘한지 마치 살아 있는 사람 같았다 한다.

여동생의 아이 탈로스를 수습공으로 삼았는데 뛰어난 학식과 비상한 재주를 갖고 있어 생선 등뼈에서 아이디어를 얻어 쇠톱을 만들고 컴퍼스를 발명하였다. 이에 소년의 재능을 시기한 다이달로스는 그를 아크로폴리스 언덕에서 밀어뜨려 죽게 하였다. 아테나 여신이 이 소년을 수습하여 낮은 곳만 나는 자고새로 화신시키니 소년은 그 후 페르딕스로 불리게 되었다. 한편 탈로스를 죽인 후 그 보복을 두려워한 다이달로스는 크레타로 도피하여 크레타의 왕 미노스와 왕비 파시파에를 섬겼다. 그런데 해신 포세이돈이 미노스에게 기증한 우아한 황소에 욕정을 느낀 왕비는 다이달로스가 만든 살아 있는 듯한 암소모형 속으로 들어갔다. 그리고 소떼와 함께 섞여 암소로 착각한 황소와 교접을 하게 되었다. 이렇게 해서 왕비가 낳은 소산이 바로 우두인신(牛頭人身)의 괴물 미노타우로스이다. 미노스는 다이달로스에게 미궁을 짓게 하여 미노타우로스를 여기에 유폐시키고 다이달로스와 그 아들 이카로스도 마찬가지로 미궁에 가둬 버렸다. 미노스 왕은 왕비의 비행을 방조한 그의 행위를 용서할 수 없었던 것이다. 다이달로스 부자는 육지와 바다가 엄히 감시당하고 있었으므로 공중을 통해 탈출하기로 하고 깃털로 두 쌍의 날개를 만들어 반복연습을 한 후 공중으로 날아올랐다. 그러나 아들 이카로스는 아비의 주의를 잊고 사모스 섬 근방에서 너무 태양에 가까이 다가갔기 때문에 깃털을 붙인 왁스가 녹는 바람에 떨어져 추락해 버렸다. 이카로스는 미노스의 여자노예 나우크라테와의 사이에서 태어난 아들 혹은 아테네에서 같이 도피해 왔다고도 하는데, 그를 깊이 사랑했던 다이달로스는 아들의 장례를 치르고 그 곳을 아들의 이름을 따 이카리아 섬, 이카리아 해라고 명명하였다.

그 후 다이달로스는 시칠리아로 가서 그 곳의 왕 코칼로스의 환대를 받았다. 크레타의 왕 미노스는 그를 잡기로 마음먹고 시칠리아로 가서, 고동껍질에 실을 꿰는 사람에게는 후한 상을 준다고 선언하였다. 시칠리아 왕은 그 일을 해낼 수 있는 딱 한 사람이 왕궁에 있다고 말하였고, 미노스의 생각으로는 이를 해낼 수 있는 그 영리한 자가 바로 자신이 찾는 죄수일 것이라 짐작하였다.

다이달로스의 깃털 비행틀. 아들 이카로스와 같이 크레타의 크노소스를 탈출하기 위해서 다이달로스
는 하늘을 나는 비행틀(행글라이더)을 만들고 있다. 탈출은 성공하나 이카로스가 신바람이 나 너무 태
양 가까이까지 날다가 날개를 붙인 왁스가 녹아내려 바다로 추락하고 만다. 인간이 하늘을 난 최초의
시도이다. 로마시대 돌을새김

코칼로스는 과연 이 고동을 망명해 온 다이달로스에게 가져갔다. 다이달로스는 궁리 끝에 고동 끝 부위에 아주 작은 구멍을 낸 후 거미줄을 매단 개미를 구멍으로 집어넣고 고동의 입구에는 꿀을 발라 놓았다. 아니나다를까 개미는 단맛이 나는 곳을 향하여 나선통로를 바삐 달려갔다. 다음에는 같은 방식으로 실을 매단 개미를 통과시켜 어려움은 있었지만 실을 고동에 넣는 데 성공하였다. 기쁨에 넘친 코칼로스는 이를 급히 미노스에게 가져다 보였다. 그러자 미노스는 그 일을 해낸 자는 틀림없이 자신의 죄수인 다이달로스일 것이니 그를 내놓을 것을 요구하였다. 이 요구를 받은 시칠리아 왕은 매우 화가 났으며 또한 그간 여러 가지 기술을 배우고 친근한 사이가 된 왕의 딸도 큰 충격을 받았다. 이에 다이달로스에게 크레타의 왕이 왔음을 알리고 괴롭히는 미노스를 함께 없애 버리기로 모의하였다. 이에 궁의 목욕탕 천장에다 수로를 새로 설치하고 미노스가 사치스러운 욕탕에 몸을 담그고 있을 때 보이지 않게 가려 놓은 수로를 열어 끓는 물을 분출시켰다. 결국 미노스는 질식하여 열탕에서 숨을 거두었다. 이어 계획대로 비통한 사고사처럼 가장하고 엄숙한 장례를 치른 후 왕릉을 만들어 안치하였다. 일설에는 크레타로 운구하였다고도 한다.

다이달로스는 천재적 재능을 발휘하여 시칠리아에 여러 작품과 기념물을 남기고 그 후 사르디니아 섬으로 가서 정착하였다고 전한다. 위대하고 천재적 장인으로 그 이름을 길이 남겼으며, 다이달로스라는 이름 자체도 '교묘하고 정교하다'는 의미를 갖고 있다.

11. 아프로디테

아프로디테(Aphrodite, Venus)는 그리스의 사랑과 미의 여신으로, 후기 로마인이 이탈리아의 여신 비너스와 동일신으로 융화하여 숭배하였다. 아프로디테의 출생을 둘러싸고는 두 가지 설이 있다. 그 하나가 우라노스의 딸이라는 설로, 크로노스에게 참패하여 거세된 우라노스의 남근이 바다에 던져지자 거품에 싸인 우라노스의 씨들에서 탄생하였다 한다. 또 하나는 제우스와 디오네의 딸이라는 설이다. 아프로디테가 바다에서 나오자 곧 바람의 신 제퓨로스가 큐테라를 거쳐 동쪽 키프로스 섬 해안으로 데려갔고, 이 곳에서 계절의 여신 호라이가 환대하여 옷을 입히고 치장시켜 영생하는 신족의 거처로 인도하였다. 루키아노스의 기록에 따르면 그녀를 처음 데려온 것은 네레우스였다고 한다. 후에 플라톤은 아프로디테를 두 가지 성격을 지닌 여신으로 규정하였는데, 즉 우라노스의 딸인 아프로디테는 천상의 사랑의 여신, 디오네의 딸 아프로디테 판데미아는 일반 서민의 여신으로 구분하였다. 신화에서는 알려져 있지 않은 철학적 견해다.

아프로디테에 관한 일화는 상당히 많은데, 서로 관련된 이야기는 아니고 여신의 성격상 개별적으로 색다른 역할들이 추가된 것이다. 아프로디테는 렘노스 섬의 절름발이 신 헤파이스토스와 결혼하였지만 전쟁의 신 아레스와 정을 통하였다. 호메로스에 따르면 태양신 헬리오스가 어느 날 아침 두 연인의 뜨거운 관계를 목격하고 이를 헤파이스토스에게 일러 바쳤다고 한다. 이에 헤파이스토스는 마법의 망을 쳐 둔 후 출타할 일이 있다며 집을 떠났다. 아프로디테는 기회를 놓치지 않고 아레스를 불러들여 동침하는데 이를 숨어서 지켜보고 있던 헤파이스토스가 부정을 저지른 두 신을 망으로 씌워 놓고 올림포스의 신들을 불러들이니 모두 이 흥미진진한 모습에 야유를 보내고 재미있어 하였다. 헤파이스토스는 포세이돈의 간절한 요청을 받고서야 망을 걷었고 아프로디테는 창피하여 키프로스로 도망갔다. 아프로디테는 아레스와의 사이에 에로스, 안테로스, 데이모스(공포), 포보스(두려움) 및 하르모니아를 낳았다.

아프로디테의 연애행각은 아레스에 한하지 않았다. 디오뉴소스와 관계하여 프리아푸스를 낳았으며, 헤르메스의 사랑 고백을 듣고 하룻밤을 지낸 후 헤르마프로디토스를 낳았다. 또한 색다른 일화도 있다. 파포스 왕 키뉴라에게는 뮤라라는 딸이 있었는데, 그 딸이 자신의 아비를 사랑한 나머지 아비가 만취한 틈을 타 동침을 하고 대단히 귀여운 아도니스라는 아들을 낳았다. 그런데 뒤늦게 이 사실을 알게 된 아비가 딸을 죽이려 하자 아라비아로 달아나 뮤르나무가 되었다. 그러자 아프로디테는 아도니스를 페르세포네에게 돌보게 하였는데 페르세포네가 아이를 돌려주려 하지 않았다. 이에 아프로디테는 제우스에게 호소를 하니, 1년을 3계절로 나누어 한 계절은 페르세포네, 또 한 계절은 아프로디테와 지내고 나머지 계절은 자신이 원하는 대로 지내도록 해주었다. 아도니스는 이 결정에 따라 페르세포네와 한 계절을 지내고는 나머지 두 계절은 아프

비너스의 탄생. 보티첼리(S. Botticelli) 작

로디테와 지냈다. 그런데 사냥을 좋아했던 아도니스는 결국 멧돼지에 받혀 죽고 말았고, 비통함을 이기지 못한 아프로디테는 아도니스를 아네모네 꽃으로 화신시켰다. 일설에 아프로디테가 아도니스를 너무 사랑하는 데 질투를 느낀 아레스가 죽였다고도 한다. 또 다른 일설에는 페르세포네가 상처입은 아도니스를 다시 살려내어 반년 간은 자기와, 나머지 반년은 아프로디테와 지내도록 하였다고 한다. 아프로디테는 이 밖에 트로아스(수도는 트로이)의 이다 산에서 안키세스와 사랑을 나누고 두 아들 아이네아스와 류르노스를 두었다.

　아프로디테는 분노를 폭발시켜 저주를 내리기도 하였다. 그 중 자신의 연인 아레스와 사랑에 빠진 새벽의 여신 에오스를 벌주기 위해 에오스의 연인 오리온에게 격정을 갖도록 사랑의 열기를 불어넣은 것은 유명한 이야기이다. 또한 렘노스 섬 여인들이 사랑의 신인 자신을 숭배하지 않는 데 분노하여 이들에게서 고약한 악취가 나게 함으로써 남편들이 이 여성들을 버리고 트라키아의 노예 여인과 사랑에 빠지게 만들었다. 그러자 맹랑한 렘노스 여인들은 섬에 있는 남성을 모조리 죽이고 여인천하를 만들었고 후에 아르고 호 대원들이 들어오고 나서야 아들을 갖게 되었다. 따라서 아름답고 친절함의 대명사로 널리 알려진 아프로디테에게는 잘 어울릴 성싶지 않은 다른 이름들도 있다. 예컨대 그녀를 '삶 속의 죽음'의 여신이라고도 하며, 아테네에서는 운명의 여신 모이라이의 가장 맏언니 또는 복수의 여신 에리뉘에스의 자매라고도 한다. 다른 곳에서는 검은 여신이라는 뜻의 멜라이니스 혹은 암흑 속의 여신이라는 뜻의 스코티아라고도 불렀는데, 파우사니아스의 풀이에 따르면 대부분의 사랑의 교제가 밤에 이루어지기 때문이라고 한다. 플루타르크는 심지어 무덤의 여신이라는 뜻의 에피튐브리아라고 불렀는데 사랑의 종말이 죽음이기도 하기 때문이다.

한편 아프로디테 여신의 친절도 여신의 분노나 다를 바 없이 위험하였다. 불화의 여신 에리스는 황금사과를 내놓고 헤라, 아테나 및 아프로디테의 세 여신 중 가장 아름다운 여신에게 주겠다고 충동질하여 갈등의 씨를 뿌렸다. 제우스는 헤르메스를 시켜 세 여신을 트로아스의 이다 산에 모이게 한 후 양치기로 있는 트로이 왕자 파리스에게 판가름을 내게 하였다. 세 여신은 각기 어마어마한 선물을 약속하며 파리스의 환심을 사고자 했는데, 천하의 아름다운 처녀 헬레나를 주겠다고 약속한 아프로디테가 사과를 넘겨받았다. 이것이 트로이 전쟁의 씨앗이 될 줄이야! 전쟁중 아프로디테는 트로이를 지원하고 특히 파리스를 도와주었다. 메넬라오스와 단둘이 붙어 싸우다 패하게 될 찰나 위기에서 파리스를 구원해 준 것이 바로 아프로디테이며 그 결과 전쟁은 전면전으로 치달았다. 마찬가지로 트로이 쪽의 아이네아스도 돕는데, 디오메데스에게 죽음을 당하는 순간 아이네아스를 구하고 자기 스스로 상처를 입기까지 하였다. 그러나 이러한 수호에도 불구하고 트로이 시의 함락과 파리스의 죽음을 막을 수는 없었다. 다만 트로이 민족의 명맥을 유지시키는 데는 성공하여 아이네아스와 그 부친 및 아들이 불타는 트로이를 탈출하여 신천지에 가서 나라를 세우게 된 것은 모두 아프로디테의 은혜였다. 그러므로 로마인은 아프로디테 · 비너스를 보호신으로서 각별히 모시게 되었다.

원초적으로 아프로디테는 생식과 풍요의 여신인데 시문(詩文)에서 성(性)의 본능과 사랑의 위력으로 화신시켜 표현하였다. 결혼 예식도 주관하였는데 이때 키프로스의 아프로디테는 수염을 가진 남성형으로 표현되었다. 그러나 결혼은 헤라 여신의 영역이다. 코린트에서는 매음의 보호 여신으로도 숭배하였고, 키프로스의 도시 파포스에 있는 여신의 신전은 찬란하기 이를 데 없었으며 예배날에는 수천 군중이 모여 축제를 벌였다. 또한 우라노스 혹은 아레스와 합

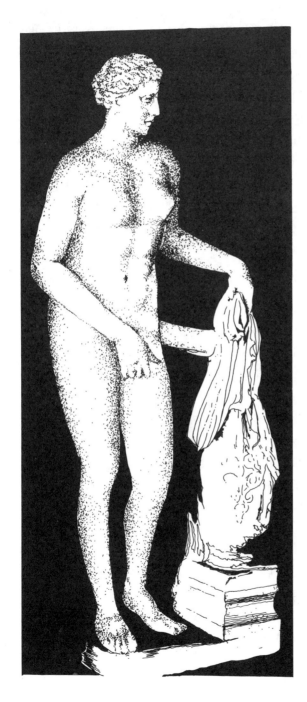

크니도스의 아프로디테.
프락시텔레스가 제작한 것
(기원전 350~330년경)의 로
마 복제품

동으로 숭배하는 곳도 있고 항해 또는 전쟁의 여신으로 모시는 스파르타, 아르
고 및 코린트의 신전 경내에는 무장한 여신상이 서 있다. 로마의 카이사르는
자신의 가문 율리우스(Julius)의 선조신으로 비너스 여신을 모시기 위하여 장대
한 신전을 봉헌하였다. 비너스는 원래 전원 혹은 뜰의 여신인데 아프로디테도
같은 성질의 여신으로 모신다. 신화에서 아프로디테는 아주 드물게 자신의 마
법 허리띠를 딴 여신에게 빌려주는데 이 허리띠를 차고 있으면 상대가 마력에
걸려 사랑에 빠지게 된다. 아프로디테 여신이 좋아하는 새로는 비둘기, 백조,
제비 등이 있고 여신이 탄 이륜차는 비둘기 무리가 끌었다. 꽃 중에서는 장미
와 도금양(桃金孃, Myrtaceae) 꽃을 좋아했고 여신에게는 비둘기를 공양하고 향
을 피웠다.

12. 헤르메스

　헤르메스(Hermes, Mercurius)는 제우스와 마이아(아틀라스의 딸)의 아들로 아
르카디아의 퀼레네 산 동굴에서 태어났다. 아기 헤르메스는 얼마나 성장이 빠
르던지 태어나자마자 기저귀를 채워 뉘어 둔 요람에서 기어나와 걷기 시작하
였다. 대개의 신족이 조숙하다고 하지만 헤르메스는 그 중 단연 최고에 속하였
다. 동굴 입구로 걸어나온 아기 헤르메스는 이 고장에 흔한 거북을 보자 집어
가지고 들어와 죽여서 악기를 만들 생각으로 등딱지를 떼어냈다. 악기를 만들
생각이라든지 거북등이 수금의 음판이 되기는 처음 있는 일이었다. 잠시 후 헤
르메스는 호기심이 발동하여 피에리아의 아폴론 목장으로 향했다. 한 무리의
우아한 소들이 유유히 풀을 뜯는데 목동이 보이지 않았다. 헤르메스는 소를 훔
치기로 하되 흔적없이 끌어 갈 궁리를 하여 우선 쓰러진 참나무 껍질을 벗겨
소의 발바닥에 대고 풀로 엮어매었다. 자신도 짚신의 앞을 뒤꿈치 모양이 되게
만들어 신 자국이 반대로 나게 하였다. 일설에는 소들을 뒷걸음질치게 하여 몰
고 갔다고도 한다. 밤이 깊어지자 조용히 소떼를 몰았다.
　다음 날 자신의 소가 감쪽같이 사라진 것을 안 아폴론이 소의 행방을 찾아
나섰다. 감시를 하였던 까마귀는 어린아이가 끌고 갔다고 말했으나 아폴론으

헤르메스와 실레노스. 수금을 멘 헤르메스는 한 손에 카두케오스와 술잔 칸타로스를, 또 한 손에는 술병 오이노코이를 잡고 활보하고 있다. 그 뒤로는 꼬리달린 들창코 실레노스가 유쾌하게 따라 붙고 우아한 어린 시슴이 따르고 있다. 기원전 5세기경 크게 발달한 아테네의 암포라 그림으로 필치가 뛰어나고 즐거움이 넘치며 자연과 포도주, 풍악이 어우러져 있다.

로서는 믿을 수 없는 일이라 그저 동서로 소의 행방을 찾아 헤매었다. 실레노스와 사튜로스 일행에게 후한 보상을 주기로 하고 자신과는 딴 방향을 수소문하게도 했으나 모두 허사였다. 여러 날 수색하여도 행방이 묘연하던 차에 한 노인이 밤중에 소떼를 몰고가는 어린아이를 보았다고 하였다. 이에 아폴론은 어린이가 있는 굴을 찾아나섰고 마침내 동굴에 도착해서는 참고 있던 화를 폭발하였다. 아기의 어미 마이아는 아기가 깨겠다고 야단을 하였으나 아폴론은 요람 속에서 천진한 얼굴로 잠들어 있는 헤르메스를 깨워 소를 돌려보내라고 다그쳤다. 어린 헤르메스는 눈을 깜박이며 "소라니, 무슨 말이에요?"하며 딴전을 피웠다. 수금의 줄을 만들기 위하여 이미 헤르메스가 자신의 소 두 마리를 잡은 것을 알게 된 아폴론은 화가 머리끝까지 치밀어 헤르메스를 올림포스로 끌고 가 제우스에게 하소연하였다.

　제우스는 사연을 알았으나 자기의 어린 아들이 저지른 이 깜찍하고 뻔뻔스런 언행에 기도 차고 재미도 나서 도리어 헤르메스를 부추겼다. 그러나 계속 핑계를 대는 일에 싫증이 난 헤르메스는 사실을 있는 그대로 실토하였다. 그리고는 자신이 만든 수금을 조용히 켜서 음률을 내는데 그 음률이 너무나도 매혹적이어서 아폴론은 소와 수금을 맞바꾸자고 제의하였다. 제우스는 자신의 두 아들 간의 대화와 거래 모양을 바라보며 이 어린아이의 눈치 빠르고 민첩한 재치와 깜찍하게 둘러대는 외교술에 스릴까지 느꼈다. 헤르메스의 비범한 재질을 확인한 제우스는 이를 대견해 하며 그를 자신의 길잡이와 전령사자나 대사(大使)로 쓰기로 하고 또한 길 떠난 나그네의 수호신 자격을 인정하였다. 아폴론도 또한 자신이 항상 지니고 있던 황금단장 카두케오스를 동생 헤르메스에게 주었다. 카두케오스는 신의 사자(使者)라는 증표로, 단장에는 뱀 두 마리가 감긴 상이 있고 위쪽에는 한 쌍의 날개 장식이 달려 있다(현재 의무대의 기장으로 사용한다). 이렇게 하여 헤르메스는 신의 전령사자로서 올림포스의 신족이 되었는데, 특히 명계의 신인 숙부 하데스는 헤르메스를 불러, 죽어가는 인간의 눈 위에 황금접시를 얹어 깊은 잠 속에서 편히 이승에서 저승으로 인도하라 하였으므로 그 후 자주 지하세계를 출입하게 되었다.

　젊은 신 헤르메스는 나이든 올림포스 신들의 귀여움을 듬뿍 받아 아폴론은 그에게 자갈돌로 점을 치는 법과 피리부는 기량을 알려주었으며 아르테미스는 수렵에 가담시키기도 하였다.

　성장한 후 헤르메스는 자신의 아이들을 두었는데 모두 그리스 세계에서 한 몫을 하는 이름난 인물이 되었다. 예컨대 키오네와의 사이에서 낳은 아들 아우톨류코스는 희대의 도둑이 되고, 시칠리아 월계숲 요정에게서 낳은 다프니스는 그리스 세계 최고의 시인이요 목가(牧歌)의 창시자가 되었다. 또한 아프로디테와의 사이에서 낳은 헤르마프로디토스는 카리아 샘의 요정 살마키스에게 붙잡혀 양성인 반음양체(半陰陽體)로 화신하였다. 인간 낭자와 사이에서 낳은 아들 뮤르틸로스는 커서 피사 왕 오이노마오스의 기병대장으로 이름난 기사가 되어 공주 히포다메이아를 탐내었다. 이륜마차 경주에서 자기와 견줄 자가 없다고 믿었던 피사 왕은 자신을 이기는 젊은이에게 딸을 주되 경기에 패한 자에게는 죽음을 내린다고 공포한 후 여러 젊은이를 죽음으로 내몰았다. 마침 펠롭스가 여기에 도전을 하였는데 뮤르틸로스를 꼬여 공주는 양보할 테니 왕의 수레에서 바퀴의 빗장을 빼놓으라고 하였다. 결국 경기중 왕의 수레가 전복되어 왕은 죽었으나 약속은 이행되지 않았고, 뮤르틸로스 자신마저 매수자의 손으로 수장당하여 죽음을 맞았다. 시신은 어느 해안으로 흘러 들어가 그 곳에서 영예로운 장례가 치러졌으며 사후 헤르메스의 아들로서 별자리에 올랐다. 그 밖의 헤르메스의 아들로는 안티아니라와의 사이에서 태어난 아르고 원정대의 보도담당 에키온, 드류오페 혹은 페넬로페와의 사이에서 낳은 아들로 신이 된 판이 있다.

  헤르메스는 아르카디아 태생으로 그 지역의 원초적 신이며 아폴론보다도 더 오래 된 목신으로서 나라가 형성되기 전부터 정착한 신이다. 옛적 그리스 나라에 풍요를 가져오게 하고 인간의 생식이나 다산만이 아니라 조류나 가축의 증가에도 효험이 큰 수호신으로서 매우 숭배되었다. 처음에는 단순한 형태의 남근 입석으로 숭배되었으나 점차 헤르메스로 발전하면서 두상(입석두상)이 조각되고 아랫부분은 가는 입석으로 바뀌었다. 이후 입석 중앙 부위에 힘찬 남근이 돌출된 조상이 곁들여져 에너지와 풍요를 상징함과 동시에 안정과 행운을 가져다주는 신으로 믿어졌다. 이러한 남근체제(Phallocracy)는 그리스뿐만 아니라 유사 이전에는 세계 어느 곳에서나 존중되었을 것이다. 또한 다산이란 당연히 땅과 관련이 깊으므로 헤르메스는 지하 및 죽음과도 연관성을 가져 죽은 인간의 영혼 안내자(Psychopompos)로 신화에 등장하기도 한다.

  한편 헤르메스는 다재다능한 젊은 신으로 숭배되고 청춘남녀에게 가장 친밀감을 주는 신이기도 하였다. 경기장에는 헤름(헤르메스 입상)이 세워져 있는데 특히 유명한 올림피아 경기장의 초상은 젊고 늠름한 승리자의 상으로 헤르메스가 상징적으로 표현된 것이었다. 헤르메스는 또한 도둑, 도박, 거짓, 상거래, 웅변, 외교, 체육, 의술 혹은 평화의 수호신이자 길 떠나는 나그네의 보호신이기도 하다. 그 외에도 시, 음률 및 천문에 능하고 항상 날개 달린 짚신을 신고 있으며 때로는 날개 달린 모자를 쓰고서 하늘의 새보다 빠른 속도로 천상에서 지하세계까지 날아다녔다.

  로마에서는 신의 속성을 메르쿠류 신에 결부시켰으며 천문에서는 태양에서 가장 가까운 행성인 수성(Mercury)을 가리키는 용어로 사용하고 있다. 헤르메

스의 동물은 독수리와 개이며, 제의에는 양젖과 꿀을 공양하였는데 웅변의 신
으로 감미롭고 설득력 있는 재능을 가진 데 연유한다. 그리스인과 로마인이 동
물혀를 불에 던져서 공양을 하는 이유는 구변(말)의 보호신에게는 혀가 장기이
기 때문이다. 헤르메스의 조각상에는 팔다리가 없는 표현도 있는데, 말의 효력
은 어디서나 우세하여 팔의 도움 없어도 널리 보급되기 때문이라 한다. 상인이
나 도둑이 매우 재수가 좋아 횡재하게 되면 헤르마이온(헤르메스의 선물)이라
하는데 이 또한 헤르메스의 속성에 기인한 것이다.

판

판(Pan)은 펠로폰네소스 중앙부 아르카디아 산악지의 오랜 목신(牧神)이다.
이 지역에는 소가 거의 없고 주 목축은 양떼이므로 양을 보호하는 신은 필연적
으로 양과 같이 뿔과 턱수염이 나 있고 다리는 산양과 같은 반신반수(半神半
獸)의 형상이라고 생각하였다. 야산, 고원지대, 동굴 등 조용한 자연을 좋아하
고 또한 낮잠을 즐기는데, 방해를 받으면 크게 화를 내면서도 자신은 시끄럽고
유쾌하게 지냈다. 이름난 악사이기도 한 판이 부는 피리는 7개의 갈대로 만든
것이고 이 피리는 오늘날에도 아르카디아 목동이 즐겨부는 악기다.

판은 모든 것을 상징하는 신으로 그리스 종교의 배경이 되는 사회적 혹은
도덕적 가치관의 저변과 속속들이 연결되어 있다. 따라서 판은 그리스의 어떤
신보다도 생활 속에서 친밀한 신이며 본능적 욕구의 인성화(人性化)로 상상 속
에도 존재하였다. 또한 새나 짐승을 기르는 옛 인간들 자신의 심성의 영혼과도
동일시되었으며 인간에게 우호적인 도깨비신이기도 하였다.

판은 헤르메스의 아들이라 하지만 어머니는 확실하지 않다. 가장 유명한 이
야기로는 다음과 같은 것이 있다. 마라톤 전투(기원전 490) 직전에 아테네에서
는 발이 빠른 필리피데스를 급히 스파르타로 보내 공동의 적 페르시아 침입군
을 칠 원군을 요청하였다. 급히 달리고 있던 필리피데스는 파르테니온 산을 지
날 때에야 비로소 같이 달리는 주자가 있음을 알게 되는데 즉 판이 같이 뛰고
있었던 것이다. 필리피데스는 신의 이름을 대고 아테네 사람들의 메시지를 전
해주었다. 이처럼 판은 아테네와 친숙하였으며 전에도 그러하였듯이 다시 도

목신 판과 아프로디테, 가운데는
에로스. 델로스 출토(기원전 100년)

움을 주었으므로 아테네에서는 하나같이 판의 영예를 높이 올렸다. 이에 따라
승리를 거둔 아테네에서는 판을 숭배하고 아크로폴리스 동굴 신전에다 모셨다.
이 때부터 판 숭배는 아르카디아 이외의 나라로 보급되어 나갔다.

  판은 한적하고 쓸쓸한 곳에서 이겨낼 수 없는 돌발적이고 이유없는 공포발
작을 일으키게도 하고, 동물들에게도 이유없이 놀라 짖거나 도망치게 하기도
하였다. 또한 판은 기운좋고 장난이 심한 신이자 목축에 다산을 가져오게 하는
신이므로 당연히 성행위와 관계가 깊어 사람들은 다산을 기원하는 예배를 올
렸다. 올림포스 신들도 판을 존중하고 일설에는 아폴론의 예언술도 이 신이 전

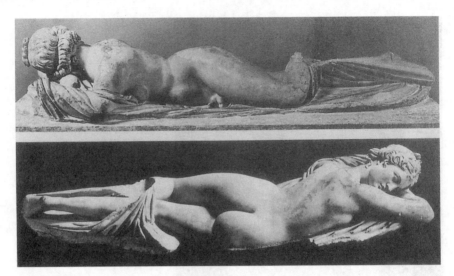

잠자는 헤르마프로디토스. 복제품. 로마 국립박물관

수하였다고 한다. 판의 사랑신화는 후기에 첨가된 것이고, 이 신과 관련해서는 에코, 슈링크스(갈대로 화신), 프튜스(소나무로 화신) 등의 요정들이 있으나 모두 판을 피하여 물체로 전환하였다 한다.

헤르마프로디토스

헤르마프로디토스(Hermaphroditus)는 헤르메스와 아프로디테의 아들로, 태어난 후 프리지아의 이다 산 샘의 요정 나이아데스에게 위탁 양육되었다. 열다섯 살 되던 해에 호기심이 나서 세상구경에 나섰는데 소아시아의 카리아에서 경관이 뛰어난 한 호숫가를 발견하고 목욕을 하였다. 이 때 호수의 요정 살마키스가 그에게 연정을 느끼고 먼저 유혹을 하였으나 마음이 내키지 않은 헤르마프로디토스는 요정의 애원에 냉담한 태도를 보였다. 그럼에도 끝내 사랑을 포기하지 못한 살마키스는 물 속을 헤엄쳐 가서 그를 끌어안고 신들에게 서로 떨어지지 않도록 한 몸이 되게 해주기를 간청하였다. 신이 마침내 그녀의 기원을 들어주니 둘은 서로 붙어 한몸이 되었다. 그러나 각자의 성 기능은 그대로 남아 있었기 때문에 양성체가 되었다. 헤르마프로디토스는 신에 감사를 올리며 살마키스 호에서 목욕하는 사람은 누구든 남성다움이 없어지고 아름다운 여성의 몸이 되도록 탄원하였다. 스트라보[4] 시대에도 이 호수는 여성화의 징험이 나타났다고 한다. 고대에는 남녀 양성을 가진 신을 생식·번식·다산의 상징으로 숭배하였으며, 특히 사랑의 여신 숭배지 키프로스 아마토스 도시에서는 턱수염이 난 남성 아프로디토스 신을 모시며 이성의 옷을 입고 예배하는 복장도착의 습성이 있었으며 배우자 없이도 생산이 가능한 여자의 자율적 생식(자가생식)이 있었다. 헤르마프로디토스는 아비와 어미 이름을 합친 합성명칭이며 미술에서는 유방을 가진 아름다운 젊은이, 또는 남근을 가진 미녀상으로 묘사되고 디오뉴소스를 수행하는 모습을 부조한 비각이 많다.

현재 헤르마프로디즘은 반음양, 자웅동체, 남녀추니라는 뜻으로 쓰인다.

프리아푸스

프리아푸스(Priapus)는 성욕을 유발하는 옛 신으로 로마인은 정원을 보호하는 신으로 존경하였다. 그는 아프로디테의 아들로, 아비는 헤르메스, 아도니스, 디오뉴소스 등 설이 다양한데 맨 나중 설이 보다 설득력있게 받아들여지고 있다. 즉 인도 순례에서 돌아온 디오뉴소스와 아프로디테가 사랑을 나눈 후 헬레스폰트의 람프사코스에서 낳았다는 것이다. 아이의 팔다리가 기형이고 성기가 특히 거대한 괴물로 태어났는데, 질투가 심한 헤라가 출생을 도왔기 때문이라고 하며 창피해서 산에다 버렸으나 양치기가 구해 내었다. 후기에 Propter deformidatem et membri virilis magnitudinem이라는 긴 이름이 붙여졌다. 그의 출생지로 알려진 람프사코스에서 특히 존중받았으며 생산력을 상징하는 힘찬 남근으로 표현되고 그리스에는 알렉산더 대왕 때 전파되어 숭배되었다. 희생공양으로는 성욕이 유달리 강한 나귀가 선택되었다. 병적으로 일어나는 음경의 지속적 발기증을 뜻하는 프리아피즘이라는 용어는 그의 이름에서 기원한 것이다.

북유럽에서는 메이퀸 축제 전야에 제단 앞에 성스러운 옛 프리아푸스 남근상을 배치하고 화환을 걸어 거리로 운반하는 성대한 성(性)의식 광연(狂宴)이

---

[4] 기원전 64~서기 24년. 폰토스의 아마시아의 그리스 지리학자.

개최되었다. 후기에는 메이폴(오월의 기둥)로 대치되어 대지의 자궁에 삽입시켜 뿌린 씨의 결실을 축원하는 봄 축제로 발전했으며 남근숭배 양상의 변화와 더불어 계속 전승되었다. 미혼남녀의 성적 유희를 해금하는 전승도 성행하였다.

13. 아레스

아레스(Ares, Mars)는 그리스 세계의 옛 전쟁신 혹은 군신으로, 로마인은 이탈리아의 전쟁신 마르스와 동일시하였다. 트라키아에서 마르스는 전쟁을 매우 좋아하는 신으로 등장하며 그 자매인 에리스는 전쟁이 나도록 선동하고 유언비어를 퍼뜨리며 질투심을 부추겼다. 제우스와 헤라의 아들이라고 하나 헤라가 데리고 온 아들이라는 설이 더 설득력 있는 것으로 받아들여지고 있다. 마치 제우스가 아테나를 출생케 한 것처럼, 시문에서는 올레노스 근처 들에서 꽃의 여신 클로리스(로마에서는 플로라)의 도움을 받은 헤라가 이성 없이 꽃을 만진 것만으로 임신하였다고 읊고 있다. 헤라는 아레스를 프리아푸스에게 교육받게 하고 무용과 남성적인 모든 행동을 배우게 하였다.

아레스는 아글라우로스와의 사이에서 낳은 딸 알키페가 포세이돈의 아들 할리로티오스에게 겁탈당하려는 것을 구하기 위하여 그를 죽였다 한다. 그러나 증인이 없어 아레오파고스 언덕에서 열린 재판에서 무죄 판결을 받았다. 이에 연유하여 이 언덕은 최고재판소로서 역사적 신기원을 이룩하게 되었다.

아레스의 연애 중 가장 유명한 것은 아프로디테와의 관계였다. 둘의 부정한 소문을 들은 아프로디테의 남편 헤파이스토스는 증거를 확보하기 위해 마법의 망으로 현장을 덮치고 올림포스 신들을 모두 불러모아 부정현장을 공개하였다. 아레스는 포세이돈이 개입한 후에야 겨우 풀려날 수 있었다. 크게 망신을 당한 아레스는 망을 보라고 한 알렉트류온이 졸았기 때문이라고 하여 벌로 그를 수탉으로 변신시켰고, 아프로디테는 자신의 정사를 남편에게 알린 헬리오스에게 복수하기 위하여 헬리오스의 아이들을 집요하게 학대하였다.

아레스는 티탄족과의 전쟁에서 오토스와 에피알테스에게 붙잡혀 15개월 동안 유폐되었는데 굶어 죽기 직전에 헤르메스에게 발견되어 자유의 몸이 되었

아레스. 기원전 320년경 작품의 복
제품. 로마 국립박물관

다. 트로이 전쟁에서는 트로이쪽에 호의를 가진데다 특히 사랑하는 아프로디
테가 이례적으로 트로이를 비호하였기 때문에 자신도 트로이쪽에 가세하였으
나 용맹한 디오메데스에게 부상을 당해 곧 천상으로 철수하였다. 그는 디오메
데스에게 당한 분통을 억지로 감추면서도 제우스와 아테나가 자기의 적수에게
예리하고 실수 없는 무기를 주었다고 불평하였다.

　일반적으로 거의 모든 신은 아레스를 싫어하였으나 자매인 에리스와 연인
아프로디테, 무엇이든 지하에 넣어 두는 욕심쟁이 하데스만은 그를 좋아하였
다. 올림포스의 신들은 자주 인간의 전쟁에 개입하여 비호를 하거나 방해를 놓
았는데 이는 자신들을 숭배하는 인간이나 용사를 구하려는 목적이 있었기 때
문이다. 그런데 아레스만은 전쟁에서 적이건 우군이건 또는 정의의 싸움이건
아니건, 용맹하건 겁장이건 관계 없이 마음 내키는 대로 공격하고 유혈을 좋아

하였다. 그래서 아레스를 수호신으로 받드는 도시는 거의 없고 옛적 그리스 세계에 아레스 숭배가 보편화되지 않았다. 이는 에리스도 마찬가지다.

그러나 아레스는 폭력을 좋아하고 광포하였지만 악의 신은 아니었다. 로마로 들어오자 호전적인 성격의 로마인은 이 아레스를 무한히 영광의 신으로 숭배하고 도시의 보호신, 군주의 선조신으로 앙모하였다. 아우구스투스 황제는 필리피 전을 끝내고 로마에 가장 훌륭한 신전을 건립하여 마르스(아레스) 신에 봉헌하였다. 당시 마르스를 모시는 사제들의 학교를 살리라 하였고 사제들은 누마라는 곳에서 하늘에서 내린 신성한 방패 안킬라를 지켰다.

아레스는 일반적으로 벌거벗은 노인의 모습이거나 혹은 헬멧과 창 및 방패를 지닌 상으로 표현된다. 때로 무장하고 긴 수염을 가진 상으로 그려지기도 하고, 두 필의 준마(Flight · Terror)가 끄는 이륜전차를 타고 있는 경우도 있다.

아레스 제단은 말의 피 또는 이리의 피를 묻혀 호전성을 나타냈다. 까치와 솔개를 공양했는데 탐욕성과 탐식성이 있기 때문이며, 스키타이인은 나귀, 카리아인은 개를 바쳤다. 식물로는 개밀이라는 풀을 바치는데 전쟁터나 혹은 사람 피로 물든 땅에서 잘 자라기 때문이다. 아레스는 각 지역마다 다른 이름으로 불렸는데 예컨대 사비니족은 에뉴알리오스,[5] 가울 사람은 카말로스, 카르타고에서는 마메르스라 하였다. 로마인은 그라디부스, 마보르스, 퀴리누스, 살리숩숩루스라고도 하였다. 아레스는 아프로디테에게서 에로스(큐피드), 안테로스 및 하르모니아를, 아스튜오케에게서 아스칼라포스와 이알메노스를, 아글라우로스에게서 알키페를, 아게노르의 딸 데모니케와의 사이에서 몰로스, 퓰로스, 에우에노스 및 테스티오스를 두었다. 또한 로물루스, 오이노마오스, 뷰티스, 트락스, 트라키아의 디오메데스 등의 아비이기도 하다. 검사(劍士)의 신이며 남성답고 호전적인 활동 오락에 관여되는 신으로 로마인은 원정에 나설 때 마르스 신전을 찾아 기원을 올렸다. 그러면 신상의 손에 지닌 창이 엄숙히 흔들려 응답을 하고 이와 동시에 사람들은 '전쟁의 신이 로마의 안전을 지키니(Mars vigila!)'라고 외쳤다.

---

5) 호메로스는 전쟁의 신을 에뉴알리오스라 하였는데 단순히 아레스의 별칭일 것이라 추측되지만 아레스 외의 존재 혹은 전쟁의 의인화인지 알 수 없다. 스파르타의 젊은이들은 에뉴알리오스 제의 때 강아지를 희생공양하였다. 에뉴알리오스에 대한 신화는 없다.

제7장 아르고 호 선원

1. 아폴로니오스 로디우스

아폴로니오스 로디우스(Apollonius Rhodius : 기원전 295~215년경)는 헬레니즘기 알렉산드리아의 그리스 시인이며 후에는 로도스에 가서 살았기 때문에 아폴로니오스 로디우스라 하였다. 젊을 때 칼리마코스와 파나이티우스에 사사하였고 장년이 되어서는 왕자 프톨레마이오스 8세의 가정교사가 되었다. 왕자가 왕위에 오른 후에는 이름난 알렉산드리아 도서관의 세번째 높은 사서관 직위에, 에라토스테네스(당대의 으뜸가는 학자) 후임으로 올랐다. 그를 달갑지 않게 여긴 스승 칼리마코스가 감정적인 시문을 써서 그를 따오기 같다고 비꼬았는데, 따오기는 딴 사람이 먹다 남긴 썩은 고기를 먹는 날짐승을 말한다. 또한 아폴로니오스가 대표적인 서사시 『아르고나우티카』를 발표하자 칼리마코스는 크게 힐난하며 분량만 많은 엉터리 시문이라고 비난하였다. 두 사람의 이 격렬한 갈등은 칼리마코스의 승리로 끝난 것 같고, 자존심에 상처를 입은 아폴로니오스는 로도스로 은퇴하였다. 그러나 이 서사시는 옛적에는 물론이고 베르길리우스의 『아이네이스』 이전 단 하나의 서사시로 찬양받고 있으며 서구 중세의 문집에도 드물게 남아 있는 헬레니즘 작품이다. 『아르고나우티카』는 네 권으로 엮은 긴 서사시로 황금양모를 찾아 탐험에 나선 해적 성향의 원정대 아르고 호 선원에 관한 이야기이다. 프로폰티스해와 흑해를 넘어 콜키스 나라에 가서 공주 메데이아의 도움을 받아 황금양모를 약탈하고 다누베, 포 및 로네 강과 지중해, 북아프리카를 거쳐 테살리아의 이올코스로 귀환한다는 것이 대략의 줄거리다. 청중들도 토막 토막의 이야기는 이야기꾼으로부터 자주 들었기 때문에 이야기의 시작과 끝맺음은 이미 알고 있었다. 메데이아와 이아손의 사랑

장면도 아폴로니오스 이전에 아이스큘로스, 소포클레스 및 에우리피데스의 비극시에 주요 소재로 빈번히 상연되었다. 이 중에서 대본으로는 에우리피데스 시만 현존한다. 아폴로니오스의 시문 및 오비디우스의 『헤로이데스』나 『변신 이야기』에서는 일층 낭만적으로 각색되었다. 로마의 베르길리우스의 서사시 『아이네이스』에 나오는 아이네아스와 디도의 연애담은 아폴로니오스의 메데이아에 큰 폭으로 의존한 소재이다. 아폴로니오스보다 훨씬 오랜 옛날부터 『아르고나우티카』의 이야기는 여러 가지 다른 구전으로 전해져 오고 있었으며 특히 끝맺음 이야기는 자주 등장하는 시문의 좋은 소재였다. 호메로스의 『오듀세이아』에도 이아손과 아르고 호에 관한 이야기가 나온다. 아마 아폴로니오스의 『아르고나우티카』가 낭독회에서 관중의 폭풍적 갈채를 받고 왕립도서관의 고위직에 제수된 것이 칼리마코스의 감정을 상하게 한 것 같고, 이는 결국 아폴로니오스로 하여금 로도스로 추방 혹은 자의망명을 하지 않을 수 없게 만들었다. 은거지에서 작품의 퇴고를 거듭하며 생애를 보냈으나 이것저것 이야기의 군더더기만 보태져 더 좋아지지 않았다고 평가된다.

2. 아르고나우테스

아르고 호의 선원이라는 의미의 아르고나우테스(Argonauts)의 이야기는 트로이가 함락되기 대략 80년 전에 있었던 일로, 모험을 좋아하고 패기에 넘친 젊은이들의 해적 성향을 띤 원정대의 이야기이다.

테살리아 왕 아타마스는 왕비에게 싫증이 나자, 후처 이노를 얻었다. 이노는 테베의 이름난 왕 카드모스의 딸로 그녀를 제외한 자매 세 사람은 흠잡을 데 없는 삶을 보냈다. 그런데 이노가 후처로 들어왔을 때는 이미 본부인 네펠레에게 아들과 딸이 있었기 때문에 계모 이노의 학대를 염려하였는데 과연 그 걱정이 맞아떨어졌다. 이노는 네펠레에게서 태어난 왕자 프릭소스를 없애기로 마음먹고 농부에게 나누어 줄 씨앗을 살짝 볶아 놓았다. 이듬해 파종을 하니 싹이 나지 않고 수확도 없었다. 이에 왕이 사람을 보내 이 참사에 대한 신탁을 받아오게 하였는데 이노에게 매수된 사신은 왕자를 희생시켜야 한다는 허위신탁

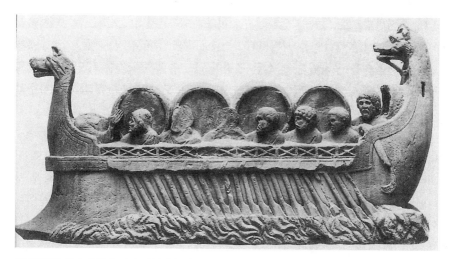

황금양모를 찾아 모험에 나선 원정대를 태운 아르고 선. 로마시대의 배를 본뜬 것인 듯하다.

을 받아왔다. 기아의 위협에 마주친 군중은 왕자를 희생공양하라고 아우성쳤다. 마침내 왕자가 제단에 섰는데 이 때 갑자기 황금털을 가진 큰 양이 나타나 왕자 프릭소스와 여동생 헬라를 태우고 달아나 버렸다. 이 양은 어미 네펠레의 간절한 기원으로 헤르메스가 보낸 것이었다. 그런데 헬라는 양을 타고 유럽 - 아시아 간의 해협을 지나다가 그만 바다로 떨어지고 말았고, 이후 이 바다를 헬라의 해협, 즉 헬레스폰트라 부르게 되었다. 결국 왕자 프릭소스 혼자만 흑해를 넘어 콜키스 나라에 도착하였다.

콜키스 나라 사람들은 성깔이 매우 사나웠으나, 왕 아이에테스는 프릭소스를 후대하고 성인이 되자 자기 딸 칼키오페와 결혼시켰다. 그를 태우고 온 양은 잡아 제우스에게 바치고 황금양모는 왕 아이에테스에게 주니 왕은 이것을 아레스 신전의 나무에 걸어 두고 뱀으로 하여금 지키게 하였다. 그런데 프릭소스에게는 이올코스의 왕인 아이손이라는 삼촌이 하나 있었는데, 그만 이복동생인 펠리아스에게 나라를 빼앗기고 말았다. 펠리아스는 살모네우스의 딸 튜로가 낳은 쌍둥이 아들 중 한 명이다. 튜로는 한밤중에 변장을 하고 나타난 포세이돈을 연인 에니페오스로 잘못 알고 관계하여 넬레우스와 펠리아스라는 쌍둥이 아들을 낳았다. 불륜을 감추기 위해 튜로는 갓난 아이를 산에 내다 버렸는데, 마침 지나가던 망아지에게 펠리아스가 발로 차이는 바람에 얼굴에 멍이

들어 회색반점으로 남게 되었다. '회색'이라는 뜻의 펠리아스라는 이름은 여기에서 연유한다. 어쨌든 산에 버려진 이 쌍둥이는 얼마 후 말을 몰던 목동에게 발견되어 목숨을 구하였다. 장성한 펠리아스는 수많은 왕족을 죽인 후 스스로 왕권을 장악하고 아이손까지 없애고자 하였으나 모친의 만류로 감옥에 가두었다.

당시 아이손에게는 왕국의 정통을 이어받을 어린 왕자 이아손이 있었다. 왕비 알키메데는 어린 아들 이아손을 멀리 켄타우로스 나라의 케이론에게로 도피시켜 키우게 하였다. 세월이 흘러 늠름한 젊은이가 된 이아손은 용감하게 펠리아스를 찾아 떠났는데 마침 에우에노스(혹은 에니페오스) 강의 범람으로 여행이 지체되었다. 이아손은 여기에서 한 노파가 강을 건너는 것을 도와주다가 급류 때문에 한쪽 신을 잃게 되는데 노파는 바로 헤라 여신이었다. 찬주자 펠리아스는 일찍이 친척의 손에 죽을 것이며 특히 한쪽 발에만 신발을 신은 사람을 각별히 주의하라는 신탁을 받은 바 있었다. 마침 한 나그네가 나타났는데 한쪽만 신을 신고, 다른 쪽은 맨발인 채였다. 그러나 그 밖에는 나무랄 데가 없는 젊은이였다. 거침없이 시내로 들어선 이아손을 알아보는 사람이 아무도 없었으나 소문을 듣고 그를 불러들인 펠리아스만은 한쪽만 신을 신고 있는 것을 보고 겁을 내었다. 두근거리는 가슴을 누르고 나그네에게 고향이 어디이며, 왜 왔느냐고 물었다. 이아손은 집안의 영예를 되찾고 제우스 신이 부친에게 맡긴 이 나라의 통치를 바로잡기 위하여 고향으로 돌아온 당신의 조카이며, 무력이 아닌 정의의 법으로 통치할 것이라고 말하였다. 또한 그는 펠리아스에게 재산과 가축은 모두 소유해도 상관없고 그저 통치권과 왕관만 내 놓으면 아귀다툼은 일어나지 않을 것이라고 하였다. 펠리아스는 꾀를 내어 고인이 된 프릭소스가 황금양모를 찾아와 나라의 상징으로 삼으라 하였으며 또한 신탁도 있고 하니 한참 젊은 그대가 이 일을 완수하면 왕국을 곧 넘기겠다는 조건을 내놓았다. 그 탐색길에 오른 사람은 아무도 살아온 예가 없음을 알고 한 약속이었다. 그러나 모험을 마다하지 않는 이아손은 곧 승낙하고 차비를 서둘렀다. 이 소식을 듣고 그리스의 명문 집안의 젊은이들이 모여드니 장사 헤라클레스, 악장 오르페우스, 예언자 몹소스, 에키온, 텔라몬과 펠레우스, 휠라스, 나우플리오스, 폴룩스와 카스토르, 의사 아스클레피오스, 그 외 남장 처녀 아탈란테 등을 합쳐 50여 명이나 되었다. 헤라 여신은 이아손을 충동질하고 후원하였다. 이아손

은 황금잔에 포도주를 따라 제우스 신의 이름으로 원정을 맹서하고, 바다에 헌
주하고 죽음도 불사한 모험을 다짐하며 아르고 호로 대망의 모험길에 올랐다.

출항 후 처음으로 닻을 내린 곳은 렘노스 섬으로 여자만 사는 기이한 나라
인데 사유인즉 아프로디테 숭배를 태만히 한 죄로 몸에서 악취가 나기 시작하
자 남자들이 그 곳 여자들을 기피하고 트라키아 노예여인들과 사랑에 빠지니
이에 격분한 여자들이 남자를 모조리 죽여 버렸기 때문이다. 그러나 단 한 명
늙은 왕만은 우두머리로서 이 곳의 통치자인 공주 흅시퓔레의 도움으로 큰 궤
에 들어가 바다에 띄워 보내져 생명을 구할 수 있었다. 어쨌든 이 여성들은 남
성이 아쉬웠던 터라 아르고 호 대원들을 환대하였으며 출범할 때는 식량, 포도
주와 의복까지 공급해 주었다.

다시 출범한 아르고 호는 사모트라케에서 오르페우스 비의를 지내고 헬레스
폰트를 지나 한 섬에 닿아 그 곳 왕 큐지코스에게 환대를 받았다. 그런데 이 섬
을 떠난 후 바람이 강해지고 방향이 바뀌어 다시 그 나라의 돌리오네스 지역으
로 돌아와 잠시 대피하였다. 바로 그 날 밤 큐지코스 왕은 괴선 침입의 급보를
받고 대피해 있던 아르고 호 대원을 공격하였다가 원정대원에게 전멸당하고
왕 또한 살해되었다. 참으로 어이없는 살육으로 은혜를 피로 갚은 셈이 되었
다. 이아손 일행은 크게 슬퍼하며 장례를 치르느라고 12일을 보냈다. 당시 큐
지코스의 젊은 왕비 클레테는 남편의 죽음을 너무나 비통해한 나머지 목을 매
었다. 이에 요정들이 애통해하고 슬퍼하며 한없이 눈물을 흘리니 마침내 이것
이 샘으로 솟구쳤다. 사람들은 이 샘을 클레테 샘이라고 불렀다.

한편 몹소스는 물총새의 징조를 보고 제우스의 모친 레아 신에게 공양할 것
을 권하고 일행은 큐벨레 혹은 레아 신의 영산인 딘듀모스에 제사를 지냈다.
이 때 산의 유일한 샘에서 맑은 물이 뿜어나오는 징험이 나타났고 사람들은 이
를 이아손의 샘이라고 불렀다. 이후 순풍이 불자 출범을 하였는데, 얼마 후 일
행 중에서 헤라클레스가 없어졌음을 알게 되었다. 사정은 이러하였다. 같은 일
행 중에 휠라스라는 젊은이가 샘에 물을 뜨러갔다가 샘물이 흐르는 못에서 그
에게 반한 샘의 요정에 목이 감겨 물 속으로 끌려가 버렸다. 마침 부러진 노를
새로 만들기 위하여 참나무를 고르러 숲으로 들어간 헤라클레스는 영문도 모
른 채 이 젊은이의 이름을 부르며 숲속 깊이까지 들어가는 바람에 출범을 까맣
게 잊어버렸던 것이다.

결국 일행은 헤라클레스가 빠진 채 다음 섬으로 갔다. 이 섬에는 괴력을 갖고 악취를 남겨 놓는 하르피아이라는 날짐승과 한 노인이 외롭게 살고 있었다. 이 노인은 아폴론에게서 예언술을 전수받은 노인인데, 신들의 비밀을 함부로 누설한다고 소경으로 만들어 이 곳으로 유배당한 것이었다. 하르피아이는 바로 '제우스의 사냥개'라 불리며, 음식물마다 와락 덤벼들어 먹어 치우고는 악취만을 남겼으므로 이 곳에는 먹을 것이 남아 있지 않았다. 노인을 발견한 일행은 가죽만 남은 가엾은 노인을 위하여 하르피아이를 퇴치하려 하였으나 이리스가 내려와 신의 사냥개를 죽이지 말라 하므로 하르피아이를 혼만 내주고 멀리 쫓아버렸다. 노인은 젊은 장사들과 같이 만찬을 들면서 원정대에게 앞으로 다가올 위험을 피하는 지혜를 알려주었다. 즉 슘플레그라데스(충돌하는 섬)는 물에 떠 있어 서로 부딪치게 되어 있으니 비둘기가 바위 사이로 날아가는 시각을 측정해서 그 시간 안에 재빨리 빠져 나가야 한다고 가르쳐 주었다. 노인과 헤어져 떠 있는 바위에 다다랐을 때 일행은 비둘기를 바위 사이로 날아가게 하였다. 섬이 무서운 힘으로 움직여서 부딪쳤으나 비둘기는 꼬리 깃털만 걸렸을 뿐 무사히 빠져 나갔다. 이 요령으로 힘껏 노를 저어 빠져 나오니 배의 뒷장식만 떨어져 나갔을 뿐 무사히 통과할 수 있었다. 그 후 이 섬은 아테나 여신의 힘으로 뿌리를 내려 고정되고 다시는 뱃사람을 괴롭히지 않았다.

항해는 계속되었다. 약자를 못살게 구는 아뮤코스라는 왕을 죽이고, 마리안듀니 섬에 가니 그간 아뮤코스에게 괴롭힘을 당한 왕 류코스가 크게 환대를 해주었다. 그러나 그 곳에서 한 대원이 수퇘지에게 죽임을 당하고, 또한 가장 우수한 키잡이 티퓨스가 병사하였다. 다시 길을 떠난 일행은 아레스 섬에 닿아 전쟁의 신인 아레스의 새를 쫓고 상륙하였다. 이 때 막 지나간 태풍에 난파당한 4명을 구해 식량과 의복을 주고 배에 동승시켰다. 이 일행은 바로 프릭소스의 아들이자 콜키스 왕의 외손자들이었다. 근처에는 여전사의 나라 아마존족이 살고 있었는데 아레스신을 닮아 매우 호전적이라 일전을 피할 수 없게 되어 있었으나 풍향이 좋아 충돌없이 지나갈 수 있었다. 또한 프로메테우스가 독수리에게 간을 찍히며 매여 있는 카우카소스 산정이 멀리 바라다보였으나 별 도리가 없어 그냥 지나치고 마침내 황금양모의 나라 콜키스에 도착하였다. 이제 그들은 자신들의 용기 이외에는 아무것도 도움이 되지 못할 것이라고 여겼다.

그러나 올림포스의 헤라 여신이 아프로디테에게 이들 일행을 도와줄 것을 부탁하였다. 사랑의 여신은 자기와 사이가 좋지 않은 헤라의 청에 놀랐지만 응낙하여 에로스를 시켜 콜키스의 공주 메데이아가 사랑에 빠지게 하였다. 마술사라는 뜻을 가진 메데이아는 기막힌 요술을 부릴 줄 알아 선원들을 살릴 수 있을 것이기 때문이었다.

일행은 왕궁으로 들어가 환대를 받았다. 호기심으로 문에서 엿보던 메데이아가 대장 이아손을 쳐다보는 순간 에로스는 그녀의 가슴 깊이 사랑의 금화살을 쏘았고 이에 메데이아는 달콤한 사랑의 고통으로 안절부절못하였다. 만찬이 끝날 때, 왕 아이에테스는 그들 일행이 누구이며 이 곳에 온 목적이 무엇이냐고 물었다. 이아손은 자기들은 신의 아들 또는 손자로 그리스에서 출범하였으며 어떤 대가를 치르더라도 황금양모를 찾아가려고 한다고 대답하였다. 이 말을 듣고 분노에 찬 왕은 이들을 국외로 내쫓아 버릴까 하다가 혼내주기로 작정하고 젊은이들에게, 적의는 없으니 용감성이 입증되면 황금양모를 양도할 수 있다고 말하였다. 왕은 그들에게 불을 뿜는 2마리의 놋쇠발 황소에 쟁기를 매어 밭을 갈고 카드모스 왕이 퇴치한 용의 이빨을 뿌려 주는 일을 하도록 제의하였다. 이 이빨은 뿌리면 거기에서 무사들이 솟아나와 뿌린 자에게 무기를 들고 돌진하는 신기한 이빨이었다. 잠시 말이 없던 이아손은 그 조건을 승낙하였다.

온밤을 늠름하고 우아한 이아손에게 마음을 빼앗겨 마음을 조이던 메데이아는 아비의 의도와 궁지에 몰린 이아손을 도울 방도를 곰곰이 생각하였다. 배로 돌아간 일행이 오랫동안 회의를 계속하는데, 이 때 전에 폭풍우에서 구해준 왕의 외손자가 나타나 메데이아의 마술을 귀띔해 주고 메데이아가 마음만 먹으면 이아손을 승리하도록 해 줄 것이라고 일러주었다. 결국 다른 도리가 없던 차라 그 방법에 의지할 수밖에 없었다. 메데이아는 사련(邪戀)으로 부친을 배반하고 이방인을 도와야 하는가 하는 고민에 휩싸여 죽음까지 생각하였다. 그러나 전에 없이 생의 환희에 매혹을 느낀 메데이아는 자신의 능력을 사랑하는 사람에게 쓰기로 하였다. 마침내 메데이아는 조카를 통하여 이아손을 숲 속에서 만나 서로 사랑에 빠져 아무말도 나누지 못했다. 한참 있다가 메데이아는 몸에 바르면 하룻동안은 절대 패하지 않는 신통력을 가진 고약을 이아손에게 건네주고 이아손은 그녀와 결혼을 굳게 약속하였다.

날이 밝자 숲을 낀 산허리는 왕과 구경차 모여든 군중들로 가득하였다. 놋쇠발의 황소가 콧구멍으로 불을 뿜으며 달려오자 일행은 경악하였다. 그러나 이 아손은 두려움 없이 두 마리의 황소 앞을 가로막고 목을 어루만지다 멍에를 매어 쟁기를 끌도록 하니 모여든 군중은 하나같이 그 담력에 놀라움을 금치 못하였다. 다음으로 용의 이빨을 밭고랑에 뿌리고 흙을 덮자 거기에서 무기를 든 무사들이 솟아나와 이아손에게 덤벼들었다. 이 때 메데이아가 일러준 대로 큰 돌을 무리 속에 던지자 무사들은 자기들끼리 창을 휘두르며 싸우니 밭고랑을 피바다로 만들며 모두 죽어 버렸다. 마침내 이아손은 승리를 거두었으나 왕 아이에테스는 약속한 황금양모를 건네주지 않았다. 이 양모는 아레스 신전이 있는 숲에 걸어 놓고, 거대한 뱀이 지키고 있었다. 이아손은 메데이아와 함께 숲으로 가서 마법의 약으로 공룡 같은 이 뱀을 잠재우고 황금양모를 걸어 일행이 기다리고 있는 배로 돌아왔다. 그리고는 전력으로 노를 저어 바다로 빠져 나갔다. 뒤늦게 이를 안 왕이 왕자 압슈르토스(메데이아의 이복동생)에게 추격을 명하니 일행은 큰 위기에 처하게 되나 다시 메데이아의 계략으로 양모를 돌려준다고 속인 후 왕자를 죽여버렸다. 왕자가 죽자 추격군은 흩어지고 일행은 무사히 바다로 나아갈 수 있었다.

괴물 세이렌의 유혹을 물리치고, 험악한 스퀼라족과 무서운 카륍브디스 소용돌이도 무사히 통과한 일행은 이오니아해를 지나 드레파네(코르푸) 섬에 닿았다. 이 섬에서 왕 알키누스의 환대를 받고 있는데, 콜키스 군이 밀려와서 메데이아를 내놓지 않으면 섬을 파멸시키겠다고 위협하였다. 이 섬의 왕은 평화를 바랐고 왕비 아레테 또한 메데이아가 이아손의 배우자가 아니면 돌려보낼 수밖에 없다고 하였다. 그리고는 왕비는 몰래 이아손을 만나 빨리 결혼을 하도록 일러주어 서둘러 결혼식을 올리고 잔치는 이올코스에서 하기로 하였다. 콜키스인은 메데이아가 이아손의 처임을 인정하고 이해를 하였으나 이제는 자기네도 이 나라에 남겠다고 말하였다. 메데이아 없이 귀국하면 처형될 것이 틀림없기 때문이다. 일이 원만히 해결된 후 알키누스 왕과 작별을 고하고 방향을 크레타로 잡아 항해를 하는데 갑자기 폭풍이 불어닥쳐 일행은 리비아 해변의 거대한 모래구릉 슈르테스1)까지 떠밀려 오게 되었다. 대원들은 혼신의 힘을

---

1) 신화상 대 슈르테스(현 시드라 만)와 소 슈르테스(현 가베스만)의 두 군데다. 때에 따라 그 위치도 바뀌고 높낮이도 달라져 매우 높아졌다가도 해면 이하로까지 낮아지기도 하였으므로 항해자에게는 다시없이 위험한 고장이라고 전해졌다. 그러나 페니키아인들이

다하여 무거운 배를 어깨에 메고 트리토니스 호로 가서 배를 호수에 띄우고 바다로 향하였다. 그러나 너무나 묘연하여 수로를 찾지 못해 난감해 하던 차에 마침 호수의 신 트리톤의 은총으로 수로를 찾아 바다로 나오는 데 성공하였다.

일행은 다시 항해를 계속하여 크레타에 상륙할 차비를 하였다. 그러나 메데이아는 이 곳에 옛 청동족으로 유일하게 남아 있는 탈로스가 살고 있으며 이 괴물은 한 쪽 발목 이외에는 완전히 청동으로 되어 있다고 일러주었다. 아니나 다를까 괴물이 나타나 배를 부수려 하니 메데이아는 하데스의 사냥개를 불러 청동인을 파멸시켜 주기를 기원하였다. 이 기원은 영험을 발휘하여 청동인이 큰 바위를 아르고 호로 던질 찰나 괴물은 발목에서 피를 쏟으면서 가라앉아 죽고 말았다. 드디어 그리스로 돌아온 젊은이들은 각자 자기 고향으로 돌아가고 이아손은 황금양모를 펠리아스에게 넘겨주었다. 그런데 그 동안 경악할 일이 일어나 있었으니, 펠리아스가 이아손의 부친을 자살하게 만들고 모친 또한 그 비통함으로 인해 세상을 뜨고 말았던 것이다. 이아손은 이 사악한 펠리아스의 행위에 복수를 하기로 마음먹고 메데이아에게 도움을 요청하였다. 이에 메데이아가 펠리아스의 딸들을 불러 아버지의 젊음을 되찾게 할 방법을 알려 주겠다고 하였다. 그리고는 늙은 양을 토막내어 약초를 담은 끓는 솥에 넣고 주문을 외워 그 물 속에서 어린 양이 튀어나와 껑충껑충 뛰어가는 것을 보여 줌으로써 이를 확인시켜 주었다. 마침내 펠리아스에게 독한 수면제를 주어 재우고, 딸들을 불러 아버지를 토막내라고 하니 오랜 주저 끝에 딸들은 아버지를 토막내어 솥에 넣고 메데이아의 기적적인 주문을 기다렸다. 그 사이 메데이아는 궁을 빠져 나와 그 도시를 떠나버렸다. 결국 이아손은 펠리아스의 딸들을 통해 원수를 갚은 것이다. 일설에는 이아손의 부친을 소생시켜 젊음을 다시 찾게 하였다고도 한다. 어떻든 메데이아는 이아손을 위하여 악마 같은 일과 선량한 일을 성심껏 하였으나 끝내 이아손은 그녀를 배반해 버렸다. 즉 펠리아스가 죽은 후 메데이아와 함께 코린트로 가서 두 아들까지 낳고 잘 살던 이아손은 신의를 저버리고 코린트의 공주와 결혼하기로 한 것이다.

코린트의 왕은 메데이아가 불원간 자기의 딸을 해칠 것으로 짐작, 메데이아와 그 두 아들을 곧 국외로 추방시키려 하였다. 이아손이 주는 황금도 마다하

교역의 독점을 꾀하여 만들어 낸 과장된 소문일 것이라는 설도 있다.

고 비통한 심정에 죽음까지 생각한 메데이아는 마침내 신부를 죽이기로 마음 먹고 옷장에서 가장 아름다운 옷을 꺼내 죽음의 독을 바른 뒤 상자에 넣어 아들을 시켜 신부에게 보냈다. 신부는 회색 만면하여 이 옷을 받아들고 걸쳐 보았는데, 과연 바로 전신에 극도의 열기가 뻗치면서 쓰러지더니 시신까지 녹아 없어져 버렸다. 메데이아는 자신이 저지른 행위가 얼마나 무서운 것인가를 알고 있었기 때문에 자신의 귀여운 아이들을 보호할 수 없을 것임을 직감하였다. 과연 새 신부의 죽음을 안 이아손은 메데이아를 죽이기로 마음먹고 먼저 두 아이들을 죽였다. 그러자 메데이아는 용이 끄는 2륜차를 타고 지붕을 넘어 날아서 그 곳을 떠나 버렸다.

이아손의 생애 마지막은 다음과 같이 전한다. 자기의 과오를 깨닫고 자책감으로 우울증에 빠져 세상을 헤매다 지친 나머지 스스로 목숨을 끊었다고 하기도 하고, 아르고 호의 그늘 아래서 쉬고 있을 때 그를 영웅적인 삶으로 인도했던 바로 그 배의 들보가 떨어져 이에 맞아 죽었다고도 한다.

메데이아

메데이아(Medea)는 콜키스의 왕 아이에테스(헬리오스의 아들)와 이듀이아(오케아노스의 딸로 아이에테스의 둘째부인) 사이의 딸이다. 메데이아나 이듀이아라는 말은 모두 '간교한' 또는 '빈틈없는'이라는 뜻을 갖고 있다. 메데이아는 숙모 키르케(오듀세이아 서사시에서 오듀세우스와 1년간 같이 산 요정)와 마찬가지로 마술에 능하고 헤카테를 숭배하였다. 아르고 호 선원의 대장 이아손과 사랑에 빠져 황금양모의 탈취에 협조하고 같이 콜키스를 탈출하였다. 아비 아이에테스는 아르고 호 선원을 토벌하기 위해 메데이아의 이복복생 압슈르토스를 지휘자로 추격함선을 보냈으나 메데이아가 황금모피를 돌려주겠다고 꾀어 동생을 죽이고 추격을 모면하였다. 그 후 아르고 호와 그 일행은 그녀의 비상한 꾀에 도움을 받아 수많은 난관을 극복하고 무사히 그리스로 돌아왔다. 아르고 호 대원들과 같이 이올코스에 귀착한 다음 메데이아는 빈사상태에 빠진 이아손의 아비 아이손을 마술로 살려내고, 솥에 약초를 다려 아이손에게 주입하여 혹은 그 솥에 넣어 젊음을 되찾아 주었다.

메데이아의 회춘요술. 요술
사 메데이아가 늙은 양을 토
막내어 끓는 가마솥에 넣고
묘약을 쳐 싱싱한 양이 되어
나오는 회춘요술을 선보이고
있다. 암포라(기원전 470년
경)

　메데이아는 왕위를 찬탈한 이아손의 숙부 펠리아스에게도 같은 효과를 낼
수 있다고 제의하였는데, 우선 늙은 양으로 시범을 보인 후 펠리아스의 딸들에
게 아비를 솥에 넣기 위해 마취시켜 토막을 내라고 하였다. 주저하던 딸들이
마침내 그녀의 말에 속아 아비를 죽였다. 이 범죄로 이아손과 메데이아는 헤라
여신의 버림을 받아 이올코스를 떠나 코린트로 향하였다. 그런데 메데이아와
의 사이에 이미 많은 아들까지 둔 이아손은 코린트의 왕 크레온에게 잘 보여
공주 글라우케와 혼인을 하게 되어 메데이아에게 이혼을 요구하였다. 이에 앙
심을 품은 메데이아는 독을 바른 값진 의상을 신부에게 보냈고, 이것을 입은
신부는 그대로 타 죽고 말았다. 복수를 감행한 것이다. 왕 크레온이 급히 공주
를 구하러 와서 딸의 옷을 잡았지만 오히려 같이 불에 휘말려 죽게 되고, 메데
이아는 조부 헬리오스의 날개달린 용이 끄는 이륜마차로 도망쳐 코린트를 빠
져 나왔다.
　메데이아는 아테네로 와서 후사가 없는 왕 아이게우스에게 아들을 낳을 것
을 장담하여 혼인을 하고 그 왕비가 되어 메도스라는 아들을 낳았다. 그런데
수년이 지나 아테네에 나타난 테세우스를 보고 단번에 아이게우스의 아들임을

눈치챘다. 메데이아는 왕을 설득하여 테세우스를 마라톤 평야를 황폐케 하는 사나운 미노스의 수소와 겨루도록 하였다. 테세우스가 무난히 이 황소를 퇴치하자 이번에는 왕위를 찬탈할 위험인물이라고 왕에게 귀띔하여 연회석상에서 독배를 주어 죽이려고 하였다. 이 때 테세우스의 대검을 본 아이게우스가 자기 아들임을 알아차리고 술잔을 쳐서 떨어뜨렸다.

자신의 음모가 들통나자 메데이아는 도망 혹은 추방되어 아들 메도스와 함께 콜키스로 귀향하기로 하고 먼저 아들을 콜키스로 보냈다. 그런데 메데이아의 아비 아이에테스를 죽이고 왕위를 찬탈한 페르세이스(아이에테스의 이복형제)가 메도스를 감옥에 감금하고, 메도스가 자신을 코린트 크레온의 아들 히포테스라고 이름을 댔는데도 없애려 하였다. 그러자 이미 선왕의 시살로 민심이 뒤숭숭했던 콜키스에는 한발이 닥쳐 농작물의 불황이 겹쳤다. 아르테미스의 여사제로 변장하고 콜키스로 온 메데이아는 페르세이스에게 희생공양 의례를 자신에게 맡기면 한발을 끝내게 할 수 있다고 진언하였다. 메데이아는 소년을 보기 전까지는 희생제물이 크레온의 아들이라 한 페르세이스의 말만 믿고 소년을 제물로 바치려 하였다. 크레온의 가족에 대한 원한이 가슴에 사무쳤기 때문이다. 그런데 정성을 다하여 엄숙한 희생제의를 계획하고 의식을 진행하려던 차에 메데이아는 희생제물이 다름 아닌 자신의 아들 메도스라는 것을 알게 되자 곧 아들에게 칼을 넘겨주었다. 메도스는 뒤돌아서 지체 없이 페르세이스를 찔러 죽여 조부 아이에테스의 복수를 하였다. 그리고 스스로 왕위에 오른 메도스는 주변나라를 정복하여 콜키스를 대국으로 만들고 어미와 자신의 이름을 따서 나라 이름을 메디아라 하였다. 메데이아의 마지막 생애에 대한 이야기는 전해지지 않는다.

에우페모스

에우페모스(Euphemus)는 티튜오스의 딸 에우로파와 포세이돈 사이에서 태어난 아들로 아르고 호 대원으로 모험에 참가하였다. 뛰어난 준족으로 발을 적시지 않고도 물 위를 걸었다고 한다. 고향은 펠로폰네소스 최남단 타이나룸 곶으로, 거기에는 지하세계로 들어가는 입구가 있었다. 전설로 남아 있는 것은 없으나 에우페모스는 아르고 호 탐험에서 민첩한 발로 중요한 역할을 하였다고 한다. 아르고 호가 충돌하는 바위섬에 접근했을 때는 그 곳을 빠져 나갈 때를 알기 위해 비둘기를 날렸고 자신도 가보고 돌아와 동료들에게 더 빨리 노를 젓도록 재촉하였다. 아마 배를 앞질러 뛰어갔거나 또는 바위와 배 사이를 왕래하며 배를 끌었을 가능성도 있다. 마치 네레이데스와 테티스가 남편 펠레우스를 태운 아르고 호가 떠 있는 바위에 도달했을 때 그랬듯이!

에우페모스는 북아프리카 큐레네 항구도시를 건설한 그리스인들의 선조신으로 존숭되는데 내려오는 전승은 다음과 같다. 리비아 해안에서 큰 폭풍을 만난 아르고 호는 내륙 멀리까지 밀려 올라갔고 대원들은 12일 동안이나 배를 메고 끌며 겨우 트리토니스 호수에 도달하였다. 그러나 바다로 나가는 수로를 찾지 못해 방황하고 있는데 그때 해신 트리톤이 큐레네의 젊은 왕 에우류퓔로스로 변신해서 나타나 바다로 나가는 수로를 알려주고 환영의 뜻으로 흙덩이를 주었다. 이것을 에우페모스가 받아서 보관하였는데 꿈에 흙덩이가 여아로 변하여 자기 젖을 빨게 하였더니 아름다운 여인이 되어 데리고 동침하였다. 자신의 행위에 가책을 느끼는 에우페모스에게 그녀는 자신이 해신 트리톤의 딸이며 아나페 섬(크레타 바다 풍랑 속에서 갑자기 솟아난 초승달 섬을 발견한 대원의 이름을 딴 것이다) 근방의 바다에 집을 지어 주면 후에 바다에서 다시 나와 자신을 돌보아 준 것과 마찬가지로 에우페모스의 후손을 돌보아 주겠다고 약속하였다. 잠에서 깨어난 에우페모스가 이아손에게 이 꿈이야기를 해주니 이아손은 그 흙덩이를 바다에 던지면 섬이 생겨날 것이라고 해몽하였다. 몇 해가 지나자 이아손이 해몽한 바와 같이 그 흙덩이가 가라앉은 곳에서 칼리스테 섬이 생겨났다. 핀다로스[2])에 의하면 아르고 호에서 바다에 던진 흙덩이는 칼리스테 해변으로 쓸려 갔으며, 만일 에우페모스가 타이나룸의 하데스 나라 입구인 고향바다로 가져갔다면 그리스인은 아프리카 전역을 지배하였을 것이라고 윤식(潤飾)하였다. 이 전설의 원천에 관한 언급은 없으나 이야기를 전한 큐레네(칼리스테)인들의 구미에 맞추어 생겨난 것으로 추측된다.

섬은 커졌으며 에우페모스 자손들은 아르고 호가 기항하였던 렘노스 섬(에

---

2) 기원전 518/522~438년경. 테베에서 태어난 고대 그리스의 위대한 서정시인으로 제전의 승리를 축하하는 합창용 송가인 에피니키온의 대가.

우페모스 처의 출생지)에서 번성하였다. 그 후 튜레니아인들에게 쫓겨나자 그들은 스파르타로 갔다. 에우페모스 사후 여러 대가 지나 후손 테라스는 칼리스테 섬으로 가서 자신의 이름을 따서 테라(현 산토리니)라고 이름붙였다. 더 후대에 와서 테라 섬의 그리스인은 에우페모스 후손인 바토스를 따라 리비아로 가서 새로운 도시 큐레네를 건설하였는데 이 곳은 바로 에우페모스가 흙덩이를 받은 고장이었다.

제8장 인간의 탄생 및 기타

1. 인간의 탄생

오래 전부터 인간의 탄생을 둘러싸고는 예컨대 프로메테우스가 인간을 만들어 냈다든가 혹은 용의 이빨에서 사람이 튀어 나왔다는 등의 여러 설이 있는가 하면 이러한 신화 내지 전설을 아예 전혀 부정하기도 한다. 여기에서는 그레이브스의 인간시대를 참조하여 인간의 탄생에 대하여 살펴보기로 하자.

첫 인간은 아티카의 흙에서 대지여신의 최고 결실로 자연 발생한 알랄코메네우스로, 달의 여신보다도 먼저 아티카 보이오티아에 있는 코파이스(현 림니) 호반에서 태어났다. 그는 제우스를 보좌하고 아테나의 교육을 맡았으며, 제우스의 여성행각에 마음이 상한 헤라 여신의 하소연을 듣고 해결책을 제시해 주기도 하였다. 즉 헤라에게 그녀 자신의 조각상을 만들어 혼인예식을 올리라고 권하였던 것이다. 이에 헤라가 다이달로스에게 떡갈나무로 여신조각상을 만들게 하고 꽃다운 신부의상을 입혀 수레에 안치한 후 수행원을 딸려 엄숙히 거리를 행진하니 과연 제우스는 그 미모에 매료되어 다시 애정을 찾게 되었다. 그 후 매년 이에 연유한 신성 결혼의 상징으로 다이달로스 축제가 개최되었다.

알랄코메네우스는 신도시 알랄코메네스(아테네 시의 옛 이름)를 창건한 상징적 인물로서 보이오티아의 수호신으로 숭배되었다. 이 시대는 전적으로 부계사회였으므로 여자는 여신일지라도 남자의 지시에 따라야 했고 남성 없이는 여신은 분별력을 발휘하지 못하였다. 따라서 달의 여신은 더 시대가 내려온 제우스 후기에 생겨났다. 이 시대를 인간의 황금기라 하며 크로노스 치하에 노역이나 근심 없이 상수리 열매, 야생과일, 나무에서 흘러 떨어지는 꿀을 먹고 산양의 젖을 마시며 살았다. 노쇠하지 않고 춤추고 노래부르며 늘 웃고 살았던 이 사람들에게 죽음이란 잠자는 것과 다름없었다. 이 인간들은 사라지게 되지만 그들의 영혼과 심성은 음악을 통해 천부적 예능으로 전승되고 정의와 행운의 수호자들의 성품으로 계승되었다. 이 황금기는 농경시대 이전의 미개한 인간시대지만 양봉여신을 모시고 마치 꿀벌과 같이 협조하며 살아간 이상적인 심성을 지닌 사람들의 시대였다.

다음은 은시대(銀時代) 인간인데 이전의 인간과 같이 거룩하게 발생하였다. 빵을 주식으로 하고 전적으로 어미에 존속되어 100년 이상 살았지만 어미의 의사에 감히 거역하는 일이 없었다. 무지하고 말다툼을 벌이며 신을 공양할 줄 몰랐지만 전쟁을 일으키지는 않았다. 이 시대 사람들을 모두 멸망시킨 것은 제우스였다. 은시대에는 모계사회를 형성하였으며, 이 습관은 고대에 무서운 문신을 한 픽트족, 흑해 연안의 모이슈노이키안스, 또는 발레아레스, 그 외에 갈리키아와 시르테(현 시드라) 만에 정착한 부족에게 전래되었고, 성행위를 경멸하였다. 농경을 시작한 족속이다.

세번째는 청동기시대 인간이다. 이들은 물푸레나무에서 마치 익은 과일이 떨어지는 것처럼 탄생하여 청동으로 무장하였다. 빵과 생고기를 먹고 호전적이면서 거만하고 무자비한 인종으로, 흑사병이 돌아 모두 멸망하였다. 초기 그리스에 침입한 부족이며 물푸레나무 여신과 그 아들 포세이돈을 숭배한 청동기의 유목민이다.

네번째 인간족도 청동으로 무장한 부족이지만 더 고상하고 원만하며 신과 인간의 어미 사이에서 탄생한 굳세고 위엄 있는 신의 아들과 손자들이다. 테베가 포위 공격을 당했을 때 이를 물리쳤고, 아르고나우테스로서 콜키스 나라로 원정을 갔으며, 또한 트로이 전쟁에 참전하여 활약하고 빛나는 성과를 올렸다. 이들 족속은 미케네 시대의 무사들이며 패왕(覇王)으로 이름을 날린 영웅들이고, 지하세계에서는 축복받은 낙원에서 살았다.

다섯번째는 철기시대 인종으로 위의 부족 중 가장 하잘 것 없는 후예들이다. 타락하고 잔인하며 불의를 저지르고 악의에 찬 호색한들로 효도를 모르는 믿을 수 없는 족속이었다. 기원전 12세기에 그리스에 침입한 도리스족이 그들로 철제무기로 미케네 문명을 덮쳐 파괴하였다.

그 후 유사시대로 들어와 인간들은 사욕을 채우기 위하여 더욱 잔혹해지고 살육을 자행하였으며 도시왕국이라는 미명하에 수많은 전쟁을 벌였다.

이 외에도 인간의 시대에 대해서는 여러 가지 설이 있다.

예컨대 청동기시대에 인간들이 사악해지자 제우스는 큰 홍수로 인간을 멸망시킨 일이 있다. 이 때 오직 의로운 한 부부만이 살아남았는데 바로 프로메테우스의 아들 데우칼리온과 그 아내 퓨라(에피메데우스와 판도라의 딸)였다. 대홍수 때 프로메테우스는 데우칼리온에게 방주를 만들어 물 위에 띄우라고 일러주었다. 9일 밤낮으로 홍수가 계속되는 동안 이들 부부는 배에서 지내다가 테살리아의 산악지대에 닿았는데 물이 빠진 후 지상으로 나가니 황량하기 짝이 없었다. 제우스의 사자 헤르메스를 만난 데우칼리온은 제우스에게 같이 살 사람들이 있기를 청원하였다. 제우스는 이 소원을 들어주기로 하고 어깨 너머로 모친의 뼈를 던지라고 지시하였다. 이는 불경한 행동이라 두려워하였으나, 모친의 뼈가 바로 만물의 어머니인 대지의 뼈 즉 돌임을 깨닫고 돌을 집어던졌다. 이에 남편이 던진 곳에서는 남자가, 아내가 던진 곳에서는 여자가 나타났고 둘 사이에서 아들이 생기니 큰아들을 헬렌이라 이름지었다. 이 헬렌의 후손이 번성하여 그리스인의 조상이 되었고, 현재 그리스는 이 헬렌이라는 이름에 연유하여 헬레네스라 칭하게 되었다. 그 외의 아들로 도로스, 크수토스, 및 아이올로스를 두었는데, 도로스는 도리스인, 아이올로스는 아이올리아인의 조상이 되고, 크수토스의 아들들은 아카이오스 및 이온 부족의 선조가 되었다.

그리스의 인류 탄생에 관한 신화는 지역의 인종 또는 부족의 창조신화로 전해진다. 그 이전의 다른 인간 혹은 다른 종족의 존재도 상정하고는 있으나 그에 관해서는 아무 설명이 없다.

아르고스인의 선조는 이나코스 강의 신과 물푸레나무의 요정 멜리아스의 아들 포로네오스이고, 메세니아인의 조상은 메세네오스, 테살리아의 피티오티스 나라 조상은 피티오스이다. 특기할 부족은 기원전 대략 1883년경에 하이모니아를 넘어와서 펠로폰네소스의 아르골리스에 처음 정주한 사람들로, 이들은 펠라스기아(왕은 펠라스고스)라 하며 점차 에피로스, 크레타, 이탈리아, 레스보스 등지로 이동하여 정착하였다. 그리스 선주민족을 총칭 펠라스기안스, 그리스 나라를 펠라스기아라고 부르기도 하나 주로 테살리아와 에피로스, 펠로폰네소스를 말한다.

2. 네메시스

네메시스(Nemesis)는 그리스에서 가장 수수께끼의 여신이다. 원래는 따뜻하고 인정 많은 전원의 여신으로 숭배되어, 예배자들에게 행운과 선물을 내리는 징험이 있었으나 점차로 여러 영험을 기원하게 되고 초기의 행운과 기회를 주는 기능은 의인신 튜케(로마에서는 포르투나)에게 물려주고 주로 염원의 한을 풀어 주기 위하여 응징하는 여신으로 존경받았다. 그리스인 내면의 깊숙한 심리에 내재하는 한이 오만에 대한 보복으로 표현된 것이라 할 것이다.

신화에서는 뉵스의 딸이고 아비는 에레보스 혹은 오케아노스라 한다. 그녀의 미모에 매료된 제우스가 포옹하려고 가까이 왔을 때는 여러 동물 형태로 모양을 바꾸어 지상과 바다로 도피하였다. 그러나 결국 거위로 변신한 네메시스에게 제우스는 백조로 변신하여 접근, 관계를 하였다. 이 장면은 좀더 수식되어, 아프로디테가 독수리로 변하여 백조를 뒤쫓는 시늉을 하므로 백조는 거위의 살으로 피신하였다 한다. 그리고 거위가 잠들자 백조는 교합을 하고 그 결과 회임한 거위는 호숫가에 알을 낳았다. 이 알을 목동이 주워 스파르타 튠다레오스의 왕비 레다에게 바쳤고 여기에서 헬레나와 디오스쿠리(제우스의 아들들로 폴륙스와 카스토르를 말함)가 태어났다. 이 전설에서는 레다가 디오스쿠리의 양육을 맡았으며, 헬레나는 잘 알려져 있다시피 많은 영웅들이 전사한 트로이 전쟁의 불씨가 되었다.

네메시스는 인간과 신들의 분수 넘친 행동에 끊임없이 화를 내고 지나친 행운이나 성공으로 오만해지면 제동을 걸고 틀림없이 처벌을 내렸다. 현세에서는 물론 사후세계에까지 위력을 발휘하였으므로 종교적으로 가장 영향력을 가지고 있었다 하겠다. 실제로 불의로 졸부가 된 거만한 왕이나 폭력을 일삼는 영웅은 반드시 응보천벌(應報天罰)되는 것으로 묘사되고 있는데, 이는 좋은 일이건 나쁜 일이건 분수를 넘어 지나칠 때는 세계질서를 무너뜨릴 위험이 있으므로 신에게 틀림없이 벌을 받게 된다는 그리스인의 믿음을 반영한 것이다. 예컨대 크로이소스 왕은 지나치게 부자이고 힘이 강하며 탐욕스러웠으므로, 네메시스는 페르시아의 큐로스 왕국을 원정하도록 부추겨 결과적으로 그를 멸망의 길로 이끌었다.

오만, 맹목적인 어리석음 및 보복이 의인신화된 것이 휴브리스, 아테 및 네메시스 여신들이며 여기에서 휴브리스→아테→네메시스라는 원리가 정립되었다. 스토아 학파는 시간이 되면 모든 것이 원래의 구성요소로 환원되어 버리는 자연세계의 지배원칙으로 네메시스를 숭배하였다. 제우스조차 두려워한 이 네메시스 여신은 모든 신에게 생명과 죽음을 내리는 여신이라 하여 '피할 수 없는'의 뜻을 가진 아드라스테이아라는 별칭을 갖고 있기도 하다.

휴브리스는 코로스의 딸, 아테는 제우스와 에리스의 딸이라 하며 리타이도 등장시켜 아테의 터무니없는 충동을 경감시키는 마음씨 좋은 여신으로 조화를 이루게 하였다. 네메시스의 응징은 디케(정의), 포이나(형벌) 및 에리뉴에스(복수)의 3여신의 참여하에 내려졌다.

로마에서는 행운과 기회를 내리는 네메시스의 영험을 제우스의 딸 튜케에 양도케 하여 튜케를 받들고

네메시스상. 페이디아스 작품의 복제품

도시의 수호신으로 존경하였다. 또한 이집트의 이시스 여신과 융화시켜 이시튜케라고도 불렀다.

가장 이름난 네메시스의 성지는 아티카의 마라톤 근교 렘노스인데 조각가 페이디아스의 여신 조상이 있다. 파우사니아스에 의하면 그 입석은 페르시아가 아테네를 점거했을 때 사령관이 전승비로 하고자 파리아 섬에서 가져온 백색 대리석인데, 살라미스 해전에서 페르시아 군이 패하였다는 소식이 전해지

자 계획을 중단하고 방치한 돌이라 한다. 페르시아가 승리를 과신하고 터무니 없는 위세를 표출하고자 하였으나 실패하고 만 것이다. 10년 전 마라톤에서 아 테네 군이 승리하여 페르시아의 침범을 격퇴한 것도 네메시스의 징험이라 한 다.

네메시스 여신상은 아프로디테의 아름다운 모습에 한 손에는 사과나무 가 지, 또 한 손에는 수레바퀴를 들고 있으며, 머리에는 수사슴(악타이온의 변신)이 장식된 은관(銀冠)을 쓰고 허리에는 응징의 채찍을 차고 있다. 수레바퀴는 계 절을 돌리는 상징이었는데, 로마 시대에 와서 포르투나 여신과 관련시켜 반바 퀴를 돌리면 거룩한 제왕은 번영의 극치에 달하여 생을 마치게 되며 이는 관 (冠)의 사슴의 입을 통해서 전달되었다. 그러나 온 바퀴가 돌 때는 전에 쫓아낸 경쟁자에게 보복을 당한다는 징조로 보았다. 채찍은 원래 여신이 나무와 곡식 을 채찍질하여 열매를 맺게 하는 것을 표현한 것이고 사과나무 가지는 제왕이 사후에 낙원으로 입국할 수 있는 여권이었다.

3. 뮤즈

뮤즈(Muses)는 므네모슈네와 제우스 사이에서 태어난 딸들로 아흐레 밤을 정애로 동침하여 낳은 소산이다. 다른 전승에서는 뮤즈를 하르모니아의 딸, 또 는 우라노스와 가이아의 딸이라고도 한다. 이러한 가계나 족보로 보아 명백히 상징적 음악의 관념에 연유한 인격신일 것이다. 뮤즈는 시문을 읊고 노래와 무 용의 재능을 가진 여신(요정)들로, 합창과 반주 및 음송으로 제우스 및 여러 신 들을 기쁘게 하고 그 외 인문, 예술 및 과학 등 문화적인 모든 일을 관장한다고 보았다. 헤시오도스는 인류를 위한 뮤즈의 은혜를 찬양하였는데 특히 왕들과 같이 행동하여 싸움을 진정시키며 설득력에 영감을 주어 갈등을 해소하고 다 시 평화를 유지하게 하며 왕들에게 온화한 마음을 갖게 하여 주민에게 사랑을 베풀게 한다고 찬양하였다. 뮤즈의 한 여사제는 지난날의 위대한 인물의 행적 을 세상에 알리는 시를 읊게 하고 혹은 신과 인간의 고난과 슬픔을 금방 잊도 록 하였다. 가장 오랜 노래로는 올림포스 신족이 티탄족에 승리하고 새로운 질서를 창출시키는 시를 들 수 있는데, 음송과 합창으로 축하하였다.

뮤즈에는 크게 두 가계가 있어 하나는 피에리아 산 마을에 사는 트라키아 여인들이고 또 하나는 헬리콘 산록에 있는 보이오티아 여인들이다. 전자는 올림포스 근방에 거주하며 흔히 시문(詩文)에서 회자되는 피에리데스인데, 오르페우스 신화와 연줄이 닿고 디오뉴소스 예찬에 관여하며 트라키아에서 강세를 이루었다. 다음 헬리콘 산의 뮤즈는 직접 아폴론의 관할하에 있었으며 천마 페가소스의 발굽이 닿아 솟아났다는 히포크레네(말의 샘)에서

뮤즈. 흰색 바탕의 레큐토스(기원전 440년경). 아킬레스 화공 작

노래를 하였다. 그 외 다른 고장의 뮤즈도 있다. 이들은 요정 카리테스의 구성과 같이 세 명이 한 조로 되어 델포이와 시큐온에서 활동하였는데, 레스보스에서는 일곱 명이 한 조로 되어 있다. 그러나 옛적 뮤즈는 아홉 명을 정원으로 하며 보편적으로 인정하는 명단은 다음과 같다. 최고의 존대 대상은 칼리오페이고, 이어 클리오, 폴류흄니아, 에우테르페, 테르프시코레, 에라토, 멜포메네, 탈리아 및 우라니아이다. 이들 뮤즈에게는 작가들에 의해 점진적으로 특기가 부여되었다. 예컨대 칼리오페는 서사시, 클리오는 사실적인 시, 폴류흄니아는 몸짓, 에우테르페는 플루트, 테르프시코레는 경쾌한 시와 무용, 에라토는 서사시 합창, 멜포메네는 비극시, 탈리아는 희극시, 우라니아는 천문(天文)의 시를 담

당하였다. 이들 뮤즈는 자신들의 전승 고리를 갖고 있지는 않았으나 시인에게
영감을 부여하였다. 신들이 개최하는 큰 축제와 향연에서는 노래와 반주, 무용
을 담당하였는데, 예를 들면 펠레우스와 테티스의 혼인잔치나 하르모니아와
카드모스의 결혼연을 들 수 있다.

칼리오페

칼리오페(Calliope)는 제우스와 므네모슈네의 딸이며 9명의 자매 뮤즈 중 한
명으로, 다른 자매들과 달리 특별한 노래 재능은 없었다. 그러나 알렉산드리아
시대에는 수금에 맞추어 서정시를 읊는 여신 뮤즈로 등장하고 있다. 페르세포
네와 아프로디테가 미소년 아도니스를 사이에 놓고 갈등을 일으켰을 때는 제
우스의 지시로 중재역을 맡았다. 바른손에는 트럼펫, 또 한 손에는 책을 들고
있는 모습으로 표현되는 칼리오페는 때에 따라 세이렌, 리노스와 레소스의 어
미라고도 한다. 트라키아의 왕 오이아그로스(혹은 아폴론)와 관계하여 오르페우
스, 리노스를 낳았다.

제9장 도래종교

1. 오르페우스

오르페우스(Orpheus)는 그리스에서 독자적인 신앙 오르페우스교를 정립하고 교리교본을 낸 최초의 교주이다. 또한 그리스 신화에 등장하는 최고의 음악가이자 시인이기도 하다. 오르페우스에 관한 신화는 매우 모호하고 윤색이 심하여 상징화되어 있으며, 먼 옛적부터 내려오던 전승이 큰 규모의 신화로 확대되고 문학적으로 대중화되었다. 오르페우스교는 그리스도교 신앙의 초기에 적지 않은 영향을 미치고 그리스도교의 초상화에도 그 양식이 도입되었다.

오르페우스는 오이아그로스와 칼리오페의 아들이다. 그러나 모친에 대해서는 다른 견해도 있어 폴류흄니아 혹은 드물게는 타뮤리스의 딸 메니페라는 설도 있다. 오르페우스 자신도 아폴론의 아들 또는 제자라는 설이 있는데, 수금을 아폴론이 주었다고 한다. 오르페우스는 원래 트라키아인으로, 뮤즈와 마찬가지로 올림포스 접경에 살며 트라키아인 옷차림을 하고 노래를 부르는 모습이 그림과 조상에 나타난다. 신화작가는 오르페우스를 비스토니아, 오아류세스, 마케도니아의 왕이라고 하고 있다.

오르페우스는 노래와 음악의 거장이자 시인이다. 수금 류레과 옛 하프인 키타라를 잘 켰는데 특히 키타라는 오르페우스의 창작품이라고 전한다. 혹 창작품은 아니라 하더라도 악기의 현(絃)을 7본에서 9본으로 확장하였으며 이는 9명의 뮤즈에 현 수를 맞추었다고도 한다. 진부야 어떻든 간에 오르페우스의 노래 솜씨는 신묘하고 매우 부드러우면서 향기를 느끼게 하여 야생의 금수들이 모여들고 산천초목이 그 소리에 귀를 기울이며 격류는 흐름을 멈추었다. 포악한 인간조차도 온순해졌다.

오르페우스는 아르고 호의 원정대원으로 가담하여 타 대원보다는 힘이 약해 노를 젓는 대신 키잡이 역할을 하며 폭풍을 만나면 노래로 선원을 안정시키고 파도를 잠재웠다. 신앙심이 두터워 독자적으로 사모트라케 섬에서 비의를 시작하고 대원들을 위하여 카바리(곡물의 여신으로 데메테르의 별칭)에게 제사를 올렸다. 후에는 먼 항해에 황망하고 거칠어진 동료들도 비의에 참여하게 되었고, 이 신앙이 발전하여 오르페우스교의 효시가 되었다. 콜키스로 항해하는 도중 죽음을 부르는 세이렌의 달콤한 노래를 능가하는 감동적인 노래로 위험한 유혹을 차단하고 선원의 동요를 진정시키는 데 큰 역할을 하였다.

트라키아에 돌아온 오르페우스는 에우류디케와 결혼하여 뜨거운 사랑을 나누었으나 얼마 후 아내를 잃고 말았다. 그래서 지하세계까지 내려가 다시 아내를 데려오게 되는데 이 부분이 오르페우스 신화의 절정을 이루는 대목이다. 알렉산드리아 시대에 문학적으로 윤색되어 전재된 것 같다. 특히 베르길리우스가 지은 『농경가』 속에 가장 풍부히 수식되어 완전한 이야기로 실렸다.

에우류디케는 물의 요정 나이아스 또는 숲의 요정 드류아스라 하고 때로는 아폴론의 딸이라고도 한다. 하루는 트라키아의 개울 근처를 거닐던 중 그녀에게 반한 아리스타이오스(아폴론과 요정 큐레네의 아들)의 추적을 받았다. 그를 피해 도망치던 에우류디케는 풀밭에 도사린 뱀을 밟아, 발 뒤꿈치를 물리고 결국 그 독으로 생명을 잃었다. 아내를 잃은 슬픔으로 어찌할 바 몰라하던 오르페우스는 아내를 다시 찾을 일념으로 모든 위험을 무릅쓰고 지하세계로 내려갔다. 수금과 노래로 하데스 나라의 사공 카론과 지하세계의 문을 지키는 괴물 개 케르베로스는 물론 명계의 모든 신들까지 매혹시켰다. 그뿐 아니라 이 황홀한 음악과 노랫소리에 모든 사물이 그만 시적 환상의 절정에 잠겨 버렸다. 익시온의 수레바퀴(헤라를 범하려다 영구히 회전하는 불의 수레바퀴에 묶임)가 회전을 멈추었으며 시슈포스의 바윗돌도 굴러 내리다 멈추었다. 탄탈로스는 갈증과 허기를 잊었으며, 다나이데스(신랑을 죽인 죄로 지옥에서 밑 빠진 독에 물을 채우는 노역을 함)는 물긷기를 잊어버렸다.

복수의 여신조차 마음이 누그러지니 명계의 왕 하데스와 왕비 페르세포네는 오르페우스의 애절한 아내 사랑에 감동되어 에우류디케를 남편에게 보내기로 승인하는 호의를 베풀었다. 단 대신 하나의 조건이 있었는데, 지하세계를 다 지날 때까지 오르페우스는 뒤를 좇아오는 처를 돌아보지 말아야 한다는 것이

독특한 외투에 여우가죽 모자를 쓴 트라키아인들에게 수금 연주를 들려주는 오르페우스. 아티카 적색 그림 기둥모양 크라테르(기원전 440년경). 겔라 출토. 오르페우스 화공 작

었다. 오르페우스는 여기에 순종하기로 약속하고 출발하였다. 그러나 거의 해가 있는 지상에 다가왔을 때 오르페우스는 하데스와 한 약속을 잊고, 또는 의심이 들기 시작하였다. 혹 페르세포네가 속임수를 쓴 것이 아닐까? 정말로 에우류디케가 쫓아오고 있는 것일까? 그래서 그만 돌아보고 말았고, 이에 뒤따라오던 에우류디케는 기절하여 쓰러지고 영혼은 안개같이 명계로 사라져 결국 다시 죽고 말았다. 오르페우스는 그녀를 다시 살리려고 애쓰나 사공 카론은 막무가내로 명계의 강을 건네주지 않았다. 비통에 빠진 오르페우스는 홀로 인간 세계에 돌아올 수밖에 없었다.

오르페우스 자신의 죽음에 관해서도 전하는 이야기가 많다. 가장 보편적인 설은 트라키아의 여인들에게 살해당하였다는 이야기이다. 이유는 많고 복잡하나 사랑하는 아내를 잃은 후 세상을 등진 채 오직 죽은 에우류디케의 추억에만 골몰하며 트라키아 여인들을 멀리하자 이에 여자들이 모욕당한 것으로 느끼고 분개하였다. 게다가 오르페우스는 여자에는 도통 관심이 없고 젊은 남자와 같이 다녔는데, 심지어 동성연애에 **빠져** 남색의 효시가 되었다고도 하며 상대는 미소년인 칼라이스(보레아스의 아들)였다고 한다. 더 믿을 만한 설은 오르페우스가 지하세계를 다녀와 그 곳의 경험을 토대로 비의를 올리는데 여자의 참여를 금하였다 한다. 젊은이들은 무기를 밖에 풀어놓고 안으로 들어가 문을 건 다음 의식에 참여하였는데, 어느 날 밤 여자들이 몰려와 그 무기를 집어들고 남자들이 나타나자 오르페우스와 함께 죽였다고 한다.

일설에는 디오뉴소스를 신봉하는 젊은 여자들과 마주쳐 박살당했다고도 한다. 또 다른 설에는 아프로디테의 저주에 연유한다고 한다. 즉 아프로디테가 아도니스 때문에 페르세포네와 다툴 때 제우스의 지시로 칼리오페(오르페우스의 모친)의 중재를 받아야 했다. 이 때 칼리오페는 두 여신에게 아도니스를 계절에 따라 교대로 데리고 있으라는 결정을 내렸다. 아도니스를 독차지하고 싶어했던 아프로디테는 이 결정에 화가 났으나 칼리오페에게는 직접 복수할 수 없어 그 아들 오르페우스를 괴롭혔다. 즉 트라키아 여인들로 하여금 오르페우스와 사랑에 빠지도록 한 것이다. 그러나 아무에게도 연정을 갖지 않고 또 가까이 하지도 않자 자존심이 상한 여인들은 무시당한 원한으로 오르페우스를 박살내었는데 이 때 떨어진 머리에서는 계속 에우류디케를 부르고 있었다 한다. 이와는 전혀 다르게 오르페우스가 제우스의 벼락으로 살해되었다는 설도 있는데, 즉 오르페우스가 새로운 신앙을 갖게 되자 이에 화가 나서 그랬다고 한다. 때로는 디오뉴소스와 같이 엘레우시스의 비교(秘敎)를 창설하였다고도 한다.

오르페우스 죽음에 대한 정설에 따르면, 트라키아 여인들에게 박살을 당한 후 그 시체는 개울에 던져져 바다로 떠내려 갔다고 한다. 머리와 수금이 레스보스에 와 닿자 주민들은 정중히 장례를 치르고 묘소를 만들어 주었다. 이로 인하여 레스보스 사람들은 그 보상으로 음악과 시적 재능을 갖게 되었다고 한다. 다른 지역, 예를 들면 중동지방의 멜레스 강구에도 오르페우스의 묘를 모셨다는 이야기가 있다. 또한 오르페우스의 신체 조각은 뮤즈가 모아 피에리아에 매장하였다.

오르페우스 살해 후 트라키아 전역에는 역병이 번져 나갔다. 신탁을 받아보니 음악의 장인을 죽인 벌이니 역병에서 벗어나려면 오르페우스의 머리를 찾아 응분의 제사를 올려 영예롭게 추앙해야 한다는 것이었다. 이에 먼 곳까지 널리 찾은 바 멜레스 강구의 모래 밑에 매장된 머리를 어부들이 발견하였다. 피가 묻어 있는 머리에서는 그 때까지도 노래가 흘러나오고 있었다. 테살리아에는 그 무덤에 대해 또 다른 괴이한 전설이 전해져 오고 있다. 즉 레이베트라 지방에 있었던 일인데 트라키아의 디오뉴소스의 신탁에 의하면, 오르페우스의 재(유골)에 햇빛이 닿으면 그 도시는 한 마리의 돼지 때문에 패망한다는 것이었다. 주민들은 돼지 때문에 도시가 파괴된다는 것은 있을 수 없다고 하며 그 예언을 비웃었다. 그런데 여름철 어느 날 한 목동이 오르페우스 무덤 위에서 잠이 들었는데 그 사이에 오르페우스의 혼이 깊이 스며들어 아름다운 음성으로 오르페우스를 찬미하는 노래를 부르기 시작하였다. 밭에서 일하던 농부들이 이 노래를 듣자 일을 멈추고 소리 나는 무덤 주위에 모여들어 무리를 이루게 되었다. 그 때문에 묘소와 기념비가 무너지고 위인(偉人)의 석관(石棺)을 덮쳐 유골이 햇빛에 노출되었다. 다음 날 밤 격렬한 폭풍우가 일어 슈스(그리스어로 돼지라는 의미) 강물이 넘치고 다시 둑을 넘어 도시를 덮쳐 버렸다. 설명할 수 없던 기이한 신탁이 맞아떨어진 것이다.

오르페우스의 음악은 죽은 다음 천상에서도 인정되어 수금은 별자리에 올랐다. 오르페우스의 영혼은 지하세계의 낙원에서 지내며 원삼을 두르고 축복받는 영혼들을 위하여 계속 노래를 불렀다.

오르페우스 신학의 형성과 정립의 배경에는, 오르페우스가 지하세계에 다녀왔기 때문에 축복받은 영혼이 지내는 낙원에 갈 수 있는 방법과 죽은 다음에 영혼을 위협하는 어려운 과정을 피할 수 있는 방법을 안다고 믿는 데 있다. 사람들이 죽은 사람과 같이 여러 시문 특히 송사, 신통기나 아르고 원정 서정시의 구절을 색인한 명지(銘誌)를 묻는 습관은 오르페우스의 그러한 속성 때문이다. 초기 오르페우스 시문은 유실되고 후기에 가서 오르페우스 종파의 재료를 토대로 아리스토텔레스는 '오르페우스 서사시'에 관한 이야기를 하였고, 또한 피시스트라토스 왕실에서 지낸 오노마크리토스는 '오르페우스 시'를 썼는데 그 일부가 전해지고 있다. 많은 후기 작가들은 오르페우스가 호메로스와 헤시오도스의 선조라는 설을 전하고 있다.

2. 큐벨레

큐벨레(Cybele)는 동방의 여신이며 우라노스와 가이아의 딸이라고 한다. 디오도로스에 의하면 메노스라는 리디아의 왕자와 딘듀메네의 딸이라고도 한다. 그리스 신화의 레아와도 동일시된다. 태어나자마자 산에 버려졌는데 산짐승의 젖으로 살아났고 그 산 이름을 따서 큐벨레로 불리게 되었다. 커서 아버지 궁전으로 돌아와 미모의 청년 아티스와 밀통하게 되자 아버지는 청년을 불구자로 만들어 버렸다. 여신의 아티스에 대한 사랑은 프리지아에서의 큐벨레 숭배에 잘 나타난다. 즉 큐벨레는 아티스에게 종신토록 자신을 섬기며 독신을 지킬 것과 이를 어길 경우 속죄를 요구하였다. 결국 약속을 지키지 못한 아티스는 거세되고 소나무 십자가에 처형되어 지상의 죄를 속죄하게 된다. 프리지아에서 큐벨레 축제는 극도로 장엄하게 치러지는데, 그 사제들은 코류반테스 혹은 칼리스로 불리며 미리 신체의 일부를 제거한 선택된 자가 아니면 참여하지 못하였다. 의식은 아티스를 잃은 큐벨레의 슬픔을 표현하는 행사로, 마치 실성한 자의 모임처럼 무시무시하고 예리한 음과 절규, 드럼과 작은 장고소리, 방패와 창 부딪치는 소리가 모두 같이 섞여서 온천지를 진동하였다. 또한 새로 참가하는 자에게 수소를 잡아 그 피로 세례를 주었다(타우로볼리즘).

큐벨레는 건강한 여성을 상징하고 그녀의 임신은 땅의 생식을, 여러 개의 유방은 지상에서 모든 산짐승에 식량을 주는 것을 상징한다. 탑 장식관이나 면사포를 쓰고, 곁에는 두 마리의 사자를 대동한 채 옥좌에 앉아 있거나 사자가 끄는 이륜마차를 타고 있을 때도 있다. 아티스는 잔을 들고 그 옆에 배석하였다. 두 마리 암수 사자는 아탈란테와 히포메네스 두 남녀가 신전을 혼인의 신방으로 삼았기 때문에 모독죄로 변신시킨 것이다.

큐벨레 숭배는 그리스에 들어가 엘레우시스의 비의로 절충되어 데메테르 엘레우시스 비의로 자리잡았다. 로마인들도 이를 정중히 받아들여 로마의 최고 모신으로 모시고 바티칸에 신전을 세웠는데 그리스도교가 점거하는 서기 4세기까지 엄존하였다. 로마에서는 시뷸레의 신탁에 따라 프리지아의 페시노스에서 여신상을 모셔와 축제를 벌였는데 그 배가 티베르 강가로 다가오면 클라우디아의 미덕과 순결을 입증하기 위해 허리띠를 끄르는 행사를 거행하였다. 여

납작한 북을 들고 앉아 있는 큐벨
레에게 공물을 바치는 부조상(기원
전 370년경)

신 숭배의 핵심이 되는 성석(聖石)을 실은 배가 티베르 강에서 좌초하였을 때 귀부인 클라우디아가 자신의 허리띠를 풀어 그 배를 끌었던 것에서 유래되었다 한다. 이 무속신앙은 매우 강하여 매년 4월 6일에는 여신의 성체를 알몬 강물에 목욕을 시켰다. 축제 때는 음란한 외설이 만발하고 사제들은 외설발언에 열을 올렸는데 이는 음탕하고 부도덕한 행위에서 벗어남을 나타내었다.

아티스

아티스(Attis, Atys)는 프리지아 신화에서 큐벨레 숭배와 동반하여 기원전 4세기에 그리스로, 기원전 204년에는 로마로 들어왔다. 원래 양치기이지만 뛰어난 미모로 큐벨레의 사랑을 받았다. 이 젊은이에 매료당한 큐벨레는 자신의 사원을 맡기며, 평생 동정을 지켜 독신으로 살 것을 약속케 하였다. 그러나 아티스는 한 요정에게 연정을 품어 약속을 저버렸기 때문에 여신의 극심한 역정을 사서 실성하게 되고, 마침내 예리한 돌로 스스로 거세하여 성불구가 되었다. 그 후 큐벨레 숭배를 맡은 승려들은 종신토록 순결을 지키기 위하여 자진해서 거세하였다.

큐벨레와 아티스 관계에 대해서는 여러 가지 설이 있다. 디오도로스에 의하면 큐벨레와 아티스가 사랑에 빠지자 큐벨레의 아비가 젊은이를 성불구로 만들었다고도 한다. 또한 파우사니아스에 따르면, 아티스는 강의 신 상가리오스의 딸 나나의 아들로, 나나가 편도(扁桃) 가지를 품었다가 잉태하여 태어났다고 한다. 얘기인즉 아그디스티스라는 신은 양성을 지닌 괴물이었는데 신들이 그의 남성성기를 제거하여 땅에 던지자 거기에서 편도나무가 솟아났다. 상가리오스의 딸 하나가 그 가지를 모아 가슴에 품었더니 잉태가 되었고 거기에서 아티스가 태어났다. 아티스는 태어나자마자 산에 버려져 산양의 젖을 먹고 자랐는데, 산간에서 남성성기를 제거당하여 여성이 된 아그디스티스(큐벨레)가 아티스의 미모에 넋이 빠지게 되었다. 그런데 아티스가 페시노스 왕의 딸과 축복된 혼례를 올리게 되자 질투에 휩싸인 아그디스티스는 마법의 능력을 발휘하여 왕과 사위 간에 싸움을 붙이니 격분한 나머지 둘다 성불구가 되었다. 큐벨레는 자해하려는 아티스를 소나무로 바꾸었고 그 후 소나무는 모든 신의 모신(母神)에게 바치는 나무가 되었다.

또한 아티스는 큐벨레의 화신인 처녀신 나나의 아들이라고도 한다. 아티스는 성인이 되자 어느 해 속죄 제삿날에 희생되어 인류 구제를 위하여 거세하고 소나무 십자가에서 처형되는데 아티스의 성혈(聖血)이 흘러 지상의 죄를 모두 속죄하였다고도 한다. 이 날이 바로 춘분으로 블랙 프라이데이라고 한다. 아티스의 육신은 빵에 넣어져 숭배자들에게 먹은 바 되고, 아티스는 죽은 지 3일 만에 다시 부활하였다. 이 부활의 날을 카니발 또는 힐라리스라 부르는데 사람들은 부활의 환희에 들떠 거리에서 변장을 한 채 춤추고 돌아다니며 한때의 정사에 빠졌다. 이 날이 일요일이다. 그리스도교도들도 아티스의 부활에서 유래한 부활제를 경축하고 카니발 행사를 겸하였는데 이는 후세에까지 계속 이어졌다. 이 축제주일의 최종일은 행사의 절정에 달하며 그 날 즉 4월 1일을 만우절이라 하였다.

아티스 숭배는 초기 그리스도교에 강한 영향을 주었다. 아티스 수난에 대해서는 3월 25일에 추모를 하였는데 그것은 아티스가 탄생한 동짓날인 12월 25일에서 꼭 9개월째 되는 날이다. 수난의 시각은 또한 그가 잉태된 시각도 된다. 그리스도교도들은 자신들의 구세주의 잉태와 탄생일이 아티스의 그 날과 같은 날이라 하고, 이것이 논쟁거리로 떠오르자 즐겨하는 지론으로 그리스도교가 생기기 전에 악마가 그리스도교 정신을 본떠 이교의 비의를 만든 것이라고 하였다. 아티스 신봉자는 결국 아티스의 희생의 날을 그리스도교도에 빼앗기고 말았다. 그리고 마침내 유스티니아누스 황제(483~565)는 3월 25일을 예수 잉태의 날로 고지하고 축일로 공포하였다. 따라서 예수도 아티스와 마찬가지로 9개월 후인 동짓날에 태어난 것으로 되었다.

3. 미트라

미트라(Mithras)는 페르시아의 아베스타 경전에 연유된 신으로 그리스에서는 빛의 신, 로마에서는 광명과 진실의 신, 죽음의 구세주, 최고의 행복을 내리는 주, 승리와 역전의 용사라는 존칭으로 예찬되어 널리 숭배되었다. 미트라교는 원래 아후라마즈다를 최고신으로 모셨는데, 기원전 7~6세기에 예언자 조로아스터가 종교개혁을 통해 오르마즈다(아후라마즈다)를 선과 빛의 지고신, 아흐리만은 악마의 신으로 대칭시키고 인류역사는 선과 악 두 원리의 대립과 항쟁의 역사라고 가르쳤다. 그 내용을 담은 경전을 젠드 아베스타라 한다. 3세기 사산 왕조는 이를 페르시아의 국교로 삼았다. 이슬람교 이전에는 페르시아의 지배적 종교였으며 마즈다미즘이라고도 한다.

로마에서는 그리스도교로 개종하기 전 4세기 동안 월등한 교세를 자랑하며 크게 성행하였고, 미트라를 황제의 보호신으로 모셨다. 미트라는 정복 불가능한, 페르시아 모자를 쓴 젊은 신으로 표현되고, 쓰러뜨린 황소 위에 무릎을 대고 한 손으로는 뿔을 잡고 또 한 손으로는 단도로 목을 찌르는 상으로 묘사되었다. 이 숭배는 서기 2세기에 콘스탄티누스 황제의 후원으로 막강해져 로마 병사들 사이에 급속히 퍼져 나갔다. 미트라 숭배에서는 독신 남자만이 사제가 될 수 있으며 심지어 여자는 신전 출입도 금지당하였다. 대신 여성은 데메테르, 이시스, 헤라 또는 디오뉘소스 신전에 모여 의식과 축제에 참여하였다.

그리스도교는 세부에 이르기까지 대부분을 미트라 비교를 모방하였다. 이 유사성에 대해 그리스도교도는 예의 득의 논법으로 그리스도 탄생 이전에 악마가 진실된 신앙을 선취해서 흉내낸 것이라고 주장한다. 두 교는 여러 점에서 매우 흡사하여 성 아우구스티누스(354~430)도 미트라 사제는 자신과 같은 신

로마제국 시대 동안 크게 숭배받은 젊은 전쟁신 미트라. 황소를 제물로 바치고 있다.

을 숭배한다고 말하고 있다. '정복할 수 없는 태양 미트라'의 탄생일로 정한 12월 25일은 서기 4세기에 그리스도교도에 의하여 그리스도 탄생일로 계승되었다. 일설에 미트라는 태양신과 그 어머니의 근친상간으로 태어났다고 하는데 이 또한 그리스도와 흡사하다. 다른 설에서는 미트라의 어미는 인간 처녀라 하고, 또 다른 설에서는 미트라에게는 모친이 없고 '천계에 있는 아비'의 남근 벼락으로 수정된 여성바위 페트라 게네트릭스(탄생바위)에서 기적적으로 태어났다고 한다. 그 탄생을 양치기와 예물을 가져온 현왕이 목격하였으며 미트라는 죽은 자를 살리고, 병든 자를 고치며, 눈먼 자를 보이게 하고, 다리 못 쓰는 자를 걷게 하며 또한 악마를 쫓는 등 성왕 전설에 나오는 여러 기적을 행하였다. 미트라의 승리, 승천 및 부활에의 축하는 태양이 가장 높은 지점에 오르는 춘분날 행해졌다.

    승천하기 전에 미트라는 황도 12궁을 상징하는 12제자와 '최후의 만찬'을 가졌는데, 숭배자들은 이 전통적 의식에 모여 십자가를 색인한 빵을 성찬으로 들었다. 그 의식은 미트라의 7비적(秘蹟) 중 하나로, 그리스도교의 7비적의 모델이 되었다. 미트라의 조각상을 어미의 자궁을 상징하는 성스러운 동혈묘에 묻으면 미트라가 묘에서 나와 재생한다고 믿었다.

창조신화에는 여성적 원리를 제외시키기 위하여 태초에 독자적으로 창조된 수소를 원초의 낙원에 놓고 이 수소가 여성을 모방해서 남성의 상대가 되었다고 한다. 모든 생물은 수소의 피에서 생겨났는데, 거세되어 희생공양된 수소의 피가 달까지 흘러서 마적인 결실을 가져왔다. 달은 여성의 매달 출현하는 마적 '생명의 피'의 근원이며 이 피로 인해서 지상에는 어린이가 탄생하게 되었다.

미트라의 종말론에 의하면 물에서 시작된 것은 불로 끝나는데 최후의 날에 일어나는 빛과 어둠의 격전으로 지상은 대변동이 일어나 파괴 소각된다고 한다. 조로아스터교에서는 지고신과 인간 사이에 조정자로 미트라 사제를 개재시켜, 사제의 교시에 따르는 덕망 있는 사람들은 빛의 정령에게 구원되나, 다른 교리에 따르는 죄 많은 자는 악의 신인 아흐리만 및 타락한 천사와 같이 지옥에 떨어진다고 한다. 그리스도교의 구제개념도 페르시아의 이 종말론에서 연유한다. 미트라교의 엄한 규율과 활기찬 전투정신은 병사들에게 합당한 것으로 인정되어 로마 군인들에게 널리 받아들여졌고 이에 따라 미트라는 콤모두스(161~192), 율리아누스(331~363) 황제 통치하에서 로마군의 최고 수호신이 되었다. 그리고 미트라교는 그리스도교 교리에 대폭적으로 유입되었다. 바티칸의 미트라 동혈신전은 376년에 그리스도 교도에 의하여 점거되고 미트라교 최고사제의 직명인 파테르 파토룸은 교황의 명칭인 파파(Papa) 혹은 포프(Pope)로 계승되었다.

제10장 영웅의 등장

1. 벨레로폰

　벨레로폰(Bellerophon)은 에퓨라(후의 코린트)의 왕 글라우코스와 에우류메데의 아들로, 아명은 히포누스라 하며 공적을 쌓은 후에는 벨레로폰(괴물을 죽인자)이라 칭하게 되었다. 그러나 어떤 작가에 의하면 벨레로스라는 친형을 죽였기 때문에 붙여진 이름이라고도 한다. 그는 친형이 죽은 후 아르고스 왕 프로이토스에게로 도피하였다. 그런데 뛰어나게 잘 생긴 벨레로폰을 본 왕비 스테노보이아가 반해 유혹하였는데, 연정을 멸시당하자 남편한테는 도리어 유혹을 당했다고 벨레로폰을 비난하였다. 프로이토스는 찾아온 손님을 죽인다는 것은 예의에 어긋난다고 생각하여 그를 장인 리시아의 왕인 이오바테스에게 보내면서 따님에게 매우 불명예한 짓을 한 자이니 죽음의 벌을 내려 달라는 내용의 서한을 전하게 하였다. 이 경우 서한의 내용은 서한을 가져가는 당사자에게 바람직하지 못한 소식인 것이고, 그 후부터 이 같은 서한을 '벨레로폰 서신'이라 부르게 되었다. 이오바테스는 사위의 의향에 따라 벨레로폰을 키마이라라는 사자머리에 산양의 몸체, 뱀꼬리를 가지고 불을 뿜고 있는 공포의 괴물을 퇴치하라고 명령하였다. 이 원정에서 비명에 죽기를 바라고 또한 그렇게 될 것이라고 확신하였기 때문이다. 그러나 아테나 여신의 뜻으로 벨레로폰은 말의 재갈을 받고 코린트의 페이레네 샘터에서 물을 먹고 있는 천마 페가소스를 타고 하늘 높이 날아서 괴물을 퇴치하는 데 성공하였다. 그러자 이번에는 야만족 솔류미를 토벌하라고 하며 속으로 패배해 죽기를 바랐다. 그러나 이 토벌에서도 또다시 승리를 거두었으며, 아마존족과의 싸움에서도 승리하였다. 세번째 원정에서 돌아올 때는 이오바테스가 보낸 한 무리의 공격을 받는데 도리어 암살자들

벨레로폰과 페가소스. 크레인
(Walter Crane : 1845~1915) 작

이 모두 죽임을 당하였다. 그러자 결백한 사람은 항상 신이 돕는다는 것을 확신한 왕은 더 이상의 죽음의 책략을 버리고 도리어 서한을 벨레로폰에 보여주었다. 그리고 해명을 듣고 결백하다는 것을 알게 되자 자기 딸을 주어 결혼시키고 아들이 없던 왕은 사위에게 왕위를 계승시켰다.

　작가에 따라서는 벨레로폰이 천마를 타고 천상으로 날아올라 올림포스 산에 오르려 하였는데 신들이 못마땅하게 여기자 제우스 신이 곤충을 보내 말을 쏘도록 만들었다 한다. 이에 말이 요동을 치자 그 바람에 낙마한 벨레로폰은 땅에 떨어져 심한 우울증에 빠지고 그 후 죽는 날(트로이 전쟁 한 세대 전)까지 지상을 홀로 방황하였다. 그 외에도 히포다메이아라는 그의 딸은 제우스와의 사이에서 사르페돈을 낳았다.

2. 아크리시오스 및 프로이토스

아크리시오스 및 프로이토스(Acrisius & Proetus)는 아르고스 왕 아바스와 왕비 아글라이아(만티네우스의 딸) 사이에서 태어난 쌍둥이 형제다. 이들은 어미 태속을 떠나기 전부터 티격태격하였다고 한다. 왕이 죽자 아르골리스는 양분되어, 아크리시오스는 아르고스 위쪽을, 프로이토스는 티륜스를 통치하였는데 경계가 분명치 않아 걸핏하면 분쟁을 일으켰다. 일설에는 조카 다나에를 겁탈한—그녀 자신은 제우스라고 하지만—프로이토스는 쫓겨났다고 한다.

아크리시오스는 라케다이몬(스파르타)의 공주 에우류디케와 결혼해서 다나에라는 딸을 얻었다. 아들을 갖고자 신탁에 문의하니, 딸이 회임하여 거기에서 태어날 손자가 아크리시오스의 죽음을 가져올 것이라는 답이 나왔다. 몹시 당황한 아크리시오스는 청동탑 지하에 다나에를 연금시켜 철저히 감시하고 회임을 방지하였다. 그런데 보람 없이 황금 소나기로 변신한 제우스가 천장 틈으로 침입, 다나에를 포옹하고 임신을 시켰다. 일설에는 프로이토스가 범인이라고도 하나 일반적으로 제우스와 사랑을 나눈 것이라고 되어 있다. 어쨌든 다나에는 아들을 낳았고 아기 울음소리를 듣고 손자가 생긴 것을 안 아크리시오스는 대경실색, 그녀와 어린 손자 페르세우스를 나무 궤에 넣어 바다에 띄워 보냈다. 그러나 모자(母子)가 들어 있는 궤는 다행히 세리포스[1] 해안에서 어부 딕튜스의 구조로 살아났다.

---

1) 에게해의 한 섬 세리포스는 둘레가 50~60km 정도 되는 작고 메마른 섬으로, 로마인에 의해 죄수 유배지로 사용되었다. 웅변가이자 신랄한 논설로 유명한 세베루스(Cassius Severus)는 이 섬으로 추방되어 25세에 죽었다. 전하는 이야기로는 이 섬의 개구리는 개골개골 울지 않으나 일단 다른 곳으로만 옮겨 놓으면 유난히 시끄럽게 울어댄다고 한다. 그래서 말이 없고 노래를 하지 않는 사람을 세리피아 라나(Seriphia rana)라 하는데, 일부러 확인을 위해 찾아간 한 여행자의 말에 의하면 과장된 이야기라고 한다. 세리포스라는 이름은 원래 '벌거벗은 섬'이라는 뜻으로, 후에 페르세우스가 메두사의 안광으로 석화시킨 악독한 왕과 왕실 일당들이 마치 바위처럼 되어 즐비하게 늘어서 있었다고 한다.

페르세우스는 커서 매우 두드러진 활약을 벌이며 명성을 크게 날리게 되고 (페르세우스 항목 참조), 아크리시오스는 이 유명한 손자와의 만남을 꺼려 먼 테살리아 지방 라리사로 갔다. 마침 페르세우스도 이 지방을 지나가게 되었는데 한참 운동경기가 열리고 있어 그도 자기 솜씨를 보이고자 원반경기에 참가하였다. 그런데 그가 경기 도중에 던진 원반이 세차게 불어닥친 돌풍에 그만 관중석의 한 노인의 머리를 맞혀 버렸다. 이 노인이 바로 페르세우스의 외조부인 아크리시오스로, 불행한 신탁이 결국 맞아떨어진 것이다. 페르세우스는 도시 교외에서 외조부를 장사지내고 아르고스로 떠났다.

한편 프로이토스는 펠로폰네소스를 떠나 소아시아 리시아의 왕 이오바테스 왕실로 피신하고 이 곳에서 공주 안테이아—시인들은 스테노보이아라 부른다—와 결혼하였다. 장인의 지원을 받아 다시 아르골리스에 와서 티륜스의 왕으로 복귀하였다. 이 곳에는 프로이토스를 위해 큐클로페스가 쌓았다는 거석 석벽이 남아 있다. 남편을 따라 티륜스에 온 왕비 스테노보이아는 왕실을 방문한 벨레로폰에게 연정을 품었다가 거절당하자 남편에게 반대로 참소, 풍파를 일으키기도 하였다(벨레로폰 항목 참조). 그녀는 슬하에 세 딸 프로스티데스와 아들 메가펜테스를 두었고 아들은 아비가 죽자 왕권을 계승하여 티륜스를 통치하였다. 세 딸은 과년하였을 때 헤라 여신을 경시 혹은 디오뉴소스제를 반대했다가 실성하여 자신들이 암송아지라는 망상에 빠져 온 펠로폰네소스를 헤매며 광란을 피웠는데 이를 멜람포스가 고쳐주었다.

3. 페르세우스

페르세우스(Perseus)는 제우스와 아르고스 왕 아크리시오스의 무남독녀 다나에 사이에서 태어난 아들이다. 어느 때 아크리시오스는 신전에서 기원을 올리는데, 앞으로 태어날 외손자에게 살해될 운명이라는 신탁을 받았다. 대경실색한 그는 딸을 지하 청동탑에 가두어 버렸다. 그런데 아름다운 다나에에게 마음이 끌린 제우스가 황금비로 변신하여 천장의 들창을 통해 들어가 관계를 하였다. 다나에는 아들 페르세우스를 낳고 비밀리에 키우던 중 아기 우는 소리로

페가소스 위에 올라타 고르곤의 머리를 가져가 는 페르세우스. 시대 미 상 석판화

발각당하고 말았다. 아크리시오스는 이들 모자를 나무 궤에 넣어 바다에 내버 렸으나 다행히 외딴 섬 세리포스의 어부 딕튜스에게 발견되어 구조되었다.

그런데 이 섬을 지배하고 있던 딕튜스의 형 폴류덱테스가 다나에의 소문을 듣고 탐을 내었다. 이에 일단 그는 다나에를 보호하는 아들 페르세우스를 제거 하고자, 만찬 때 선물을 바치게 하는 풍습을 들어 페르세우스에게 괴물 여자 메두사의 목을 가져다 줄 것을 요구하였다. 이 천만 위험한 원정에 나서게 된 페르세우스는 헤르메스와 아테나가 마련해 준 갑옷과 장비를 걸치고 그들의 조언에 따라 우선 그라이아이 세 자매를 찾아갔다. 이들 자매는 에뉴오, 페프 레도, 디노라고 하는 노파들로 눈 하나를 셋이서 돌려가며 사용하고 치아도 공동으로 사용하였다. 페르세우스는 눈과 치아를 가로채서 고르곤이 있는 곳을 자백받았다. 고르곤은 스테노, 에우류알레, 메두사라 하는 세 괴물 자매이다. 목은 용의 비늘로 덮여 있고 힘은 수퇘지처럼 셌으며 손은 청동으로 되었고 황금날개가 있어 날 수 있었다. 특히 메두사는 두 자매와는 달리 불사신이 아니었지만 대신 그 안광(眼光)에 닿는 인간은 모두 돌로 변화시키는 괴력을 지닌 눈을 갖고 있었다. 페르세우스는 헤르메스가 빌려준 하데스의 헬멧을 쓰고 몸을 감춘 후 아테나가 준 방패로 메두사의 안광을 가리면서 다가가 메두사의 목을 잘라 등에 멘 포대에 넣었다. 이 때 메두사의 피에서 천마 페가소스가 솟아나왔다. 다른 두 괴물 자매가 공격해 왔으나 헬멧 때문에 보이지 않는데다 헤르메스의 날개달린 신을 신었기 때문에 재빨리 그 곳에서 빠져 나올 수 있었다. 귀로에 오른 페르세우스는 도중에 이집트 땅2)에서 바다 괴물에게 희생공양되려는 공주 안드로메다를 구하여 그녀의 부모인 케페우스 왕과 카시오페이아 왕비로부터 결혼 허락을 받고 데리고 돌아왔다. 섬에 도착하니 딕튜스 부인은 세상을 떠났고 자신의 어머니는 폭군 폴류덱테스의 재혼 강요를 거부하느라 신전에 피신중이었다.

　페르세우스는 폭군을 찾아가 메두사의 안광으로 그 일당을 석화(石化)시키고 딕튜스를 왕으로 앉힌 후 이 섬을 떠났다. 딕튜스와 석별하고 난 후 아르고스로 향하던 페르세우스 일행은 도중에 라리사 왕국에서 벌어진 선왕의 장례 기념 운동경기에 참석하였다. 경기에 참가한 페르세우스는 원반경기에서 원반을 잘못 던져 관중석에 있던 한 사람을 맞혀 죽게 하였다. 이 사람이 바로 외조부인 아크리시오스였으니 옛 신탁이 현실화된 것이다.

　메두사의 머리는 아테나에게 선사되고 그 후 제우스의 방패에 부착되었다. 페르세우스는 안드로메다와 행복한 삶을 보냈으며 그 사이에 태어난 아들 엘렉트류온은 헤라클레스의 조부이기도 하다. 아름다운 여생을 마친 페르세우스는 아내와 장인·장모와 더불어 별자리에 오르는 영광을 누렸다. 맏아들 페르세스는 케페우스와 카시오페이아에게 맡겨 키웠는데 성장하여 큰 부족국가를 통치하였다. 페르시아는 그 이름을 붙인 나라이다.

---

2) 나일 강구 펠루시움(Pelusium)으로 호수와 늪지대이다. 이 곳을 통과하지 못하면 이집트 땅으로 들어갈 수 없으며, 이 곳 요새는 Peruseui watchtower to the Pelusian Salt-Pans로 알려져 있다.

4. 페가소스

페가소스(Pegasus)는 날개 돋친 신마 혹은 천마로 여러 전승에 등장한다. 솟아오른다는 뜻의 그리스어 페게(Pege)에 연유한 명칭이다. 페르세우스가 공포의 괴물자매 고르곤의 목을 자르자 서쪽 끝 대양에서 또는 고르곤의 목에서 치솟았다고 하며, 고르곤이 포세이돈의 아이를 잉태하고 있었는데 그 아들 크류사오르와 함께 태어났다고도 한다. 다른 설에는 고르곤의 피가 땅에 떨어져 대지에서 솟아나왔다고 한다. 솟아나온 천마 페가소스는 하늘을 날아올라 올림포스로 가서 제우스의 보호를 받으며 제우스의 무기 벼락을 나르는 임무를 맡았다.

벨레로폰의 전승에서는 영웅이 난관에 부딪쳤을 때 뛰어들어 그를 등에 태우고 하늘을 날았다고도 하고 혹은 포세이돈이 그 말을 주었다고도 한다. 다른 설에는 벨레로폰이 피레네 샘물을 마시는 천마를 발견하고 아테나 여신에게서 받은 재갈을 단 굴레를 걸었다고 한다. 벨레로폰은 페가소스의 도움으로 공포의 괴물 키마이라를 퇴치하고 또한 아마존 여인족과의 전투에서도 승리를 거두었다. 벨레로폰이 생을 마친 후 페가소스는 천상으로 다시 돌아왔다.

피에로스 딸들인 피에리데스와 뮤즈가 음악 경연대회를 벌일 때 헬리콘 산

페가소스. 말 아래에 고대글자 코파(ϙ)가 보인다. 은주화. 코린트 출토

이 기쁨에 부풀어 올라 커지는 바람에 천상 가까이까지 높아지자 페가소스는
포세이돈의 명을 받고 발굽으로 산을 쳐서 원래 높이로 되돌려 놓고 다시는 그
런 일이 없도록 산을 순복시켰다. 당시 페가소스가 발굽으로 친 장소에서는 샘
물이 분출되었는데 이 샘을 히포크레네(말의 샘)라 부르게 되었다. 또한 아홉
명의 뮤즈가 타고 다녀 생긴 말의 발굽자리에서는 시의 영감이 솟아올랐기 때
문에 페가소스는 시흥(詩興) 자체를 의미하게도 되었다. 트로이젠의 한 샘도
페가소스의 발굽자리에서 솟아난 샘이라 한다. 마지막에 천계로 올라가 별자
리가 된 페가소스는 날아가면서 날개 깃털 하나를 떨어뜨렸는데, 그 장소에 도
시가 세워져 그 이름을 타르소스(날개라는 뜻)라고 불렀다.

5. 펠롭스

펠롭스(Pelops)는 프리지아 왕 탄탈로스의 아들로, 어미는 클류티아, 에우류
아나사, 에우류테미스테 또는 디오네라 한다. 펠롭스는 어릴 때 아비에게 살해
되었는데, 그의 아비가 프리지아에 찾아온 신들의 신성 능력을 시험하고자 그
를 토막내어 국을 끓여 만찬에 내놓은 것이다. 탄탈로스의 속셈을 알아차린 신
들은 찬에 손을 대지 않았으나 데메테르는 최근 딸을 잃고 비탄에 빠져 9일간
이나 침식을 거른 채 찾아다녔으므로 허기가 져 부주의하게 그만 한쪽 어깨부
분을 먹어 버렸다. 찬을 먹은 신은 데메테르가 아니라 아레스 혹은 테티스라는
설도 있고, 또한 당시 기근이 심해서 신에게 공양할 가축이 없어 경건한 마음
에서 탄탈로스가 그랬다는 설도 있으나 일반적으로는 위와 같이 신들을 시험
하기 위해서였다고 한다. 제우스는 펠롭스의 희생을 불쌍히 여겨 그를 다시 살
려내고 어깨뼈는 클로토(모이라의 한 여신)가 만든 상아로 대치하였는데 이 때
문에 펠롭스의 후예는 상아와 같은 흰 어깨를 지니게 되었다 한다. 상아 어깨
는 비상한 효험을 갖고 있어 대기만 해도 통증이 없어지고 몸의 불편한 증상이
모두 가셨다고 한다.

프리지아 왕국은 트로이 왕 트로스의 침공을 받았다. 탄탈로스가 트로스의

왕자 가뉴메데스를 납치하였기 때문이라 하나 납치는 제우스 자신이 관여한 것이었다. 계속된 전투 끝에 패한 탄탈로스는 아들 펠롭스와 도피하고 그리스로 가서 은신할 장소를 찾게 되었다. 다른 전설에서는 탄탈로스가 그리스로 가지 않았다고 논박하는데 이유는 그 이전에 벌써 그의 잔인한 행동 때문에 제우스가 그를 지옥에 감금하였고 따라서 펠롭스만 트로스에게 박해당하다 그리스로 도피하였다 한다. 펠롭스는 피사 나라로 가서 왕 오이노마오스의 외동딸 히포다메이아에 구혼하였는데 왕은 그에게 이륜전차 경기에서 자신을 이길 것을 결혼조건으로 내세웠다. 당시 왕은 히포다메이아의 구혼자들에게 이륜전차에 공주를 태워 코린토스로 먼저 달리게 하고 그 뒤를 뒤쫓았는데 아레스가 물려준 명마를 가진 그는 뒤에서 추격하여 구혼자를 창으로 살해하였다. 펠롭스는 지면 죽음, 승리하면 공주를 차지하는 이 시합에 응하였다. 그는 포세이돈의 총애를 받아 그리스로 떠날 때 날개 달린 한 쌍의 말을 받았기 때문에 두려움 없이 신청한 것이다. 그러나 막상 살해된 구혼자 12명의 해골이 왕궁 대문 벽에 즐비하게 내걸려 있는 것을 보자 으스스하고 기가 꺾이지 않을 수 없었다.

왜 왕은 딸의 구혼자를 매번 살해했을까? 신탁에서 사위의 손에 죽임을 당할 것이라고 하였기 때문이라고도 하고, 공주를 지나치게 사랑했기 때문에 빼앗기기 싫어서 그랬다고도 한다. 그런데 펠롭스와 공주는 서로 만나자마자 가슴깊이 사랑을 느꼈던 차라 무슨 수를 써서라도 승리해야겠다고 마음을 먹고 왕의 마부를 매수하기로 하였다. 마부 뮤르틸로스는 헤르메스의 아들로 공주를 연모하고 있었으나 감히 나설 엄두를 못 내고 있었다. 펠롭스는 그에게 만약 승리하게 해준다면 신혼 첫날밤을 신부와 같이 지내게 하고 나라도 함께 통치하겠다고 하여 매수하였다. 이에 뮤르틸로스는 경기 전 날 밤 왕의 이륜차 바퀴 비녀장을 뽑고 구멍은 밀랍으로 봉해 놓았다. 이 때문에 시합에 나온 왕은 오래지 않아 차륜이 빠지는 바람에 전복되어 죽음을 맞이하였다. 펠롭스는 그 날 저녁 혹은 결혼하는 날 새벽에 승리의 대가를 요구하는 뮤르틸로스를 게라이스토스 곳까지 데리고 가서 바다로 밀어 버렸다. 이후 그 바다를 뮤르톤해라 부르게 되었다고 한다. 뮤르틸로스는 숨을 거두기 전에 펠롭스 후손에게 저주의 절규를 던졌는데 이를 헤르메스 신이 듣게 되었다. 과연 그 저주는 후손에게 내려졌다. 뮤르틸로스는 헤르메스 신의, 오이노마오스는 아레스 신의 아들이 아니었던가.

펠롭스는 신부의 요망으로 그간 아비에게 죽임을 당한 구혼자들을 위해 기념비를 세웠다. 파우사니아스에 따르면 후대의 이름난 많은 젊은이들에게 승리를 알릴 의도에서 그랬다고도 한다. 또한 뮤르틸로스를 무참히 죽인 것을 후회하여 원령을 달래는 기념비를 올림피아 경기장에 세웠는데 어떤 사람 이야기로는 이륜차 경기 중 망령이 나타나 말들을 놀라게 하였기 때문이라 한다. 한편 헤르메스의 노여움을 위무하기 위해 자신의 영토 전역에 헤르메스 신 숭배를 창시하였다. 그리고 히포다메이아의 남편으로서 피사 왕에 오르자 인근 나라를 정복하여 영토를 확장하고 점차 반도 전체를 석권해서 막강한 왕으로서 이름을 날리니, 반도의 명칭도 펠로폰네소스라 하였다. 그런데 유독 아르카디아만은 정복할 수 없었기 때문에 왕 스튬팔로스에게 선린외교, 즉 우호와 친선을 빙자하여 초빙한 후 그를 살해하고 사지는 각처에다 흩어 내버렸다. 이로 인해서 나라에 기근이 일어나 온 영토가 피폐해져 고통을 당하였으나 경건한 왕 아이아코스의 기원으로 가까스로 그 피폐에서 벗어났다.

펠롭스의 죽음에 관해서는 아무것도 알려진 바 없으나 신격으로 존숭되며 신 중에서는 주신 제우스처럼, 그리고 그리스의 어느 영웅보다도 존경을 받았다. 후손 헤라클레스는 올림피아의 제우스 신전 경내 일부에 사당을 지어 그를 숭배하고 제의에는 흑염소를 공양하였다. 일반 제전에서는 예언자가 다 같이 희생물을 나누는 것이 상례이지만 펠롭스를 위한 제의에서는 제의에 쓰는 모든 나무와 희생양을 항상 정해진 사제가 대고 제공한 값어치만큼만 차지하게 하였다. 백양나무는 일반적으로 제우스 신과 펠롭스의 제의에 사용된다.

학자마다 조금씩 차이는 있지만 펠롭스와 히포다메이아 사이에는 많은 아들(6명)이 태어났는데 피테우스, 아트레우스 및 튜에스테스는 공통적으로 인정하는 아들이다. 또한 시큐온, 에피다우로스, 플리스테네스, 트로이젠, 클로네, 코린토스, 혹은 엘리스의 레트리니 등의 도시에 이름을 남긴 소생도 있다. 그 외에도 이스트모스의 악당 스키론, 메가라 왕 알카투스, 에우류스테우스의 오만한 후견자인 코프레우스도 펠롭스의 아들이라 한다. 또한 펠롭스에게는 여러 딸이 있었는데 극히 빈틈없는 정략혼으로 명문 페르세우스 가계와 통혼하여 크게 번창하였다. 아스튜데미아는 알카이오스와 결혼하여 암피트류온과 아낙소(알크메네의 어미)의 어미가 되었고 류시디케는 메스토르와 결혼하여 타피오스(타포스라는 도시 이름을 남김)를 낳았고, 니키페는 스테넬루스와 결혼하여 에우류스테우스(미케네의 왕)를 두었다. 이들 후손들은 모두 펠로피다이인 동시에 페르세이다이이다. 히포다메이아에서 태어난 펠롭스 아들 중 트로이젠 왕이 된 피테우스(딸 아이트라는 테세우스의 어미), 서로 상극인 아트레우스와 튜에스테스 형제가 가장 세력이 강한 2세들이다. 그 외 펠롭스는 요정 악시오케에게서 아들 크류시파스를 두었는데 본부인에게 미움을 받았다. 그 후 테베에서 추방되어 망명온 라이오스(오이디푸스의 친아버지)가 그 아들을 편애하여 변태성 성욕으로 유괴한 후 죽였다. 일설에는 펠롭스의 상속자가 될 것이라는 어미의 말을 듣고 두 형제가 살해하였다고 한다.

미케네 사람들은 신탁에 따라 펠롭스의 아들 아트레우스와 튜에스테스 형제 중에서 왕을 영립하기로 하였다. 두 형제는 어릴 때부터 으르렁대는 상극 사이로 미케네에 가서 원로들이 왕의 옹립을 의논하는 동안 서로 질시하며 기다렸다. 이 때부터 펠롭스 후손의 운명에 뮤르틸로스의 저주가 실제로 나타나기 시작하였다. 즉 아트레우스가 자신의 가축에서 가장 좋은 양을 아르테미스 여신에게 바치겠다고 맹세한 사실을 헤르메스는 알고 있었다. 그런데 아트레우스와 튜에스테스 형제는 펠롭스의 가축 한 무리를 공동으로 물려받았고 헤르메스는 그 무리에 황금모의 어린양 한 마리를 넣어 놓아 형제 간에 곧 그 양을 차지하려는 흉측한 쟁탈전이 일어날 것을 알고 있었다. 더구나 아트레우스는 여신에게 맹세하였지만 한 마리밖에 없는 아름다운 양을 희생시키고 싶어하지 않았다. 그는 자신이 연장자이므로 황금모의 양이 나타난 것도 자신을 왕으로 점지한 징조라고 주장하였다. 그러나 아우 튜에스테스도 방관만 하고 있지는 않았다. 형수 아에로페를 유혹하였고 그녀 또한 시동생에게 연정을 품게 되었던 것이다. 아트레우스는 황금모의 양을 희생시켜 아르테미스 여신에게 고기만 공양하고 양모는 왕권의 표증(表證)으로 간직하였고, 튜에스테스는 아에로페에게 자신을 위해 양모를 훔쳐오게 하였다.

미케네의 원로들이 왕을 선택하여 발표하는 날이 닥쳤다. 황금양모를 가진 쪽이 확연히 중요한 조건을 갖추었다고 할 수 있었는데 튜에스테스가 그 증거물을 제시하니 그에게 왕관이 수여되었다. 그러자 분명히 양모를 간직한 것으로 믿었던 아트레우스는 혼비백산, 신에게 자신을 도와주기를 애원하였다. 제우스 신은 이에 소응하여 배신행위를 폭로하고 또한 불가분 형수와 동침한 튜에스테스의 불륜도 밝혔다. 결국 왕관은 아트레우스에게 다시 넘어가고 튜에스테스는 목숨을 보전하기 위해 가정과 자식을 남겨둔 채 도망쳤다. 왕권이 안정되자 아트레우스는 튜에스테스가 저지른 범죄를 곰곰이 되씹으며 보복할 방도를 생각하였다. 우선 배신한 처 아에로페를 죽이고 튜에스테스의 아이들은 감금한 후, 형제에게 사신을 보내 죄의 사면 선언과 돌아와서 왕국을 같이 통치하자는 내용의 전갈을 전하였다. 튜에스테스는 기쁨으로 망명지를 떠나와 아트레우스의 따뜻한 영접을 받았다. 축하연이 벌어지고 만찬을 들자 튜에스테스는 자기 아이들의 소식을 물었고 아트레우스는 아이들의 머리를 가져오게 하여 만찬에 제공하고 남은 것이라고 말하였다. 튜에스테스는 극도의 분노와 슬픔으로 발광하고 아트레우스 후손에게 온갖 저주를 퍼붓고 떠났다.

펠롭스 가계에 얽히고 설킨 음영은 더욱 더 깊어져 가고 있었다. 그리고 이제 아트레우스 2세인 아가멤논과 메넬라오스가 그 부담을 지게 되었다. 일설에는 두 형제와 여동생 아낙시비아는 플레이스테네스의 아이들이고 아비가 젊어서 죽어 아트레우스의 아이들이 되었다 한다. 어떤 비극작가는 플레이스테네스는 아트레우스의 아들인데 튜에스테스가 데려다 길렀으며 자신의 아이로 믿고 있었다. 후에 튜에스테스가 아트레우스에게 복수하기 위해서 그를 보냈는데, 도리어 아트레우스가 그를 죽였으며 그가 자신의 아들인 것을 알았을 때는 이미 늦었다 한다.

또한 튜에스테스는 후사를 원하여 델포이에 호소를 하였는데 살아 있는 딸에게서 아들을 낳게 된다는 신탁을 받았다. 이에 튜에스테스는 시큐온으로 여정을 잡는데, 딸 펠로피아가 그 곳의 왕 테스프로토스 영내 아테나 신전의 여사제로 있었기 때문이다. 어느 날 저녁 튜에스테스는 복면으로 자신의 정체를 가리고 신전 숲에서 펠로피아를 기다렸다. 그녀는 복면한 이 이방인에게 요격을 당하자 용케도 그의 칼을 잡아 빼내는 데는 성공했으나 결국 그의 품을 벗어나지는 못하였다. 얼마 후 튜에스테스는 칼집이 비어 있는 사실을 알고 칼로 인해 자신의 정체가 알려질 것임을 직감, 황급히 그 곳을 떴다. 이후 펠로피아는 임신을 하여 아들을 낳은 후 산에다 내버렸다. 그러나 버려진 아기는 암염소의 젖을 먹고 살아나 후에 아트레우스 왕실에서 성장하게 되며, 산양의 젖을 먹고 자랐다 하여 아이기스토스라 불리게 되었다.

아트레우스는 어린 조카들을 잔인하게 죽였다는 죄책감이 머리 속에서 떠나지 않아 델포이로 가서 신탁을 받아보니 형제를 망명 장소에서 다시 부르라고 하였다. 그래서 시큐온으로 찾아갔더니 튜에스테스는 떠나고 없었으므로 잠시 테스프로토스 왕실에 머물게 되었다. 바로 그 곳에서 펠로피아에게 매료당한 그는 테스프로테스에게 결혼 허락을 요청하였다. 그의 공주쯤으로 여겼던 것이다. 이에 왕은 펠로피아의 정체를 밝히지 않은 채 아트레우스에게 결혼을 허락하였다. 결혼 후 아트레우스는 펠로피아가 낳은 첫 아이이자 산에 내버렸던 아이기스토스를 왕실로 데려와 자신의 아들로 키웠다. 이 때부터 미케네에 악운이 내려 기근과 흉작이 겹치고 가축이 죽어갔다. 절망에 빠진 아트레우스는 델포이의 신탁을 이행하고자 아들 아가멤논과 메넬라오스를 보내 자신의 동생을 찾아오게 하였다. 온갖 고난을 무릅쓴 끝에 이들은 완력으로 튜에스테스를 델포이에서 미케네로 끌고 왔다. 아트레우스는 신탁의 예고에도 불구하고 다시 그의 형제를 눈 앞에서 보게 되자 과거의 증오감에 휘말려 지하감방에 넣어 죽이기로 마음을 먹었다. 어느 날 밤, 감옥에 갇힌 튜에스테스가 눈을 떠보니 일곱 살짜리 어린아이가 시퍼런 칼을 들고 앞에 서 있었다. 그 아이는 바로 아이기스토스로, 자신의 아비로 알고 있는 아트레우스의 허락으로 삼촌을 죽이려 했던 것이다. 튜에스테스는 간단하게 어린이의 칼을 떨구고 칼을 집어들어 살펴보니, 그 칼은 바로 펠로피아에게 빼앗긴 자기의 칼이었다. 이제 두 형제의 형세가 역전되는 때가 다가왔다. 이 사건으로 아이의 친아비가 누구인지를 알게 된 펠로피아는 부끄러움으로 자살을 하고, 자신의 내력을 분명히 알게 된 아이기스토스는 마침내 아트레우스를 죽였다. 이에 튜에스테스가 미케네의 왕에 오르고 아이기스토스는 왕자가 되어 한동안 평화를 지속하였다.

그러나 펠롭스 왕실에 씌워진 저주는 계속되어, 얼마 안 가서 아트레우스의 아들 아가멤논이 삼촌에게 반기를 들고 반란을 일으켰다. 튜에스테스를 미케네에서 내쫓은 아가멤논은 스스로 왕위에 앉아 사촌 아이기스토스의 재산을 몰수하였다. 아가멤논은 클류템네스트라와 결혼하여 아르고스의 으뜸 가는 왕이 되고 동생 메넬라오스는 헬레나와 결혼하여 스파르타의 왕이 되었다. 스파르타를 친선 방문한 트로이의 왕자 파리스는 이 헬레나에게 한눈에 반해 납치하게 되니 여기에서 유명한 트로이 전쟁이 시작되었다.

트로이 전쟁은 아르고스의 패왕이자 친형인 아가멤논이 총사령관으로서 헬라스의 군사력을 총동원하여 10년간 계속되었다. 그럼에도 펠롭스 후손에 대한 저주는 여전히 계속되어 아이기스토스는 때가 오기만을 기다리고 있었다.

트로이 전쟁 중 아이기스토스와 아르고스의 왕비 클류템네스트라는 사련에 빠져 아가멤논이 원정에서 귀환하자 아가멤논과 포로로 데려온 트로이의 예언자 카산드라 공주를 살해했다. 이후 왕위에 오른 아이기스토스는 7년간 미케네를 통치하며 딸 에리코네와 아들 알레테스를 두었다. 아가멤논의 아들 오레스테스는 자매 엘렉트라의 도움으로 포키스로 망명했다가 다시 돌아와 엘렉트라와 퓰라데스(포키스의 왕자로 엘렉트라와 혼인한다)의 도움으로 복수를 감행, 아이기스토스와 친어미 클류템네스트라를 살해하였다. 미케네는 얼마 안 가 혈연이 먼 도리스족의 침입(헤라클레스 후예의 내도!)으로 멸망하고 그 후 500년간의 암흑시대로 접어들었다.

6. 케크로프스

케크로프스(Cecrops)는 이집트 사이스의 영주로, 기원전 1556년경에 아티카를 지배하고, 그 고장 아크테 나라는 케크로피아라고 불렀다. 그는 50년 동안 이 나라를 지배하며 신생국의 기반을 잡고, 거칠고 미개한 풍습을 지닌 토착 원주민의 성질을 교화시켜 양순하고 품위 있는 문화인으로 개화시켰다. 12촌락에 거주하는 원주민을 주축으로 통합 형태를 갖추어 나라를 창건한 것이다. 그는 먼저 법과 규칙을 제정하고 이집트의 신들을 받아들여 그 제의를 보급시켰다. 그는 일반적으로 아테네 나라의 기초를 잡은 초대 왕으로서 존숭받고 있다. 예컨대 주민들에게 올리브 재배법을 가르치고 아테나 여신을 도시의 수호신으로 모셔 예배하도록 하였으며, 제우스 신을 그리스 세계의 최고신으로 숭상하여 제단을 봉헌하고 희생제의를 올려 제우스 신앙을 창립한 최초의 영주이기도 하였다. 또한 아테나와 포세이돈이 아테네의 지배권을 둘러싸고 갈등을 일으켰을 때는 아테나에게 유리하게 판정을 내린 것으로도 알려져 있다.

영주 악타이오스의 딸 아글라우로스를 아내로 맞이한 그에게는 아내와 같은 이름의 아글라우로스, 헤르세 및 판드로소스의 세 딸이 있었다. 이 중 첫 딸은 아레스와 결합하여 딸 알키페를 얻었으며 다른 자매는 뱀과 같이 있는 어린이 에릭토니오스를 보고 놀란 끝에 실성하여 아크로폴리스에서 몸을 던졌다. 아

아테네의 전설상의 영주들. 아티카 술잔(기원전 5세기).
위 : 케크로프스를 대동한 가이아가 어린 에릭토니오스를 아테나에게 넘겨주고 있는데 이 자리에 헤
    파이스토스와 케크로프스 딸이 배석해 있다.
아래 : 케크로프스의 한 딸은 에렉테우스와, 또 한 딸은 아이게우스 및 팔라스와 대화를 하고 있다.

들 에류시크톤은 아이를 남기지 않고 일찍 죽어 주민 중 한 명인 크라나오스가
그 뒤를 이었다.

세월이 지나 테세우스가 왕위에 올라 12부족을 한 도시 내에 모여 살게 하
고 나라 이름을 아테네라 하였다. 아크로폴리스의 에렉테이온 신전 서남쪽에
케크로프스의 묘소가 있다. 학자에 따라서는 케크로프스를 대지에서 출생한,
뱀 꼬리 하반신을 가진 괴물 인간으로 보고 있다. 이 전설은 케크로프스가 그

리스와 이집트 두 나라 말에 능숙하고 혹은 이집트와 그리스 두 나라를 통치하
였기 때문이라고도 한다. 다른 설에는 케크로프스가 주민들 남녀의 성적 결합
을 일부일처로 정하고 미개한 잡혼에서 탈피하는 규율을 제정하여 한 쌍이 뱀
같이 엉켜 지내게 하였기 때문이라 한다. 같은 이름을 가진 인물로 아테네의
제7대왕이 있다. 그는 에렉테우스의 뒤를 이어 왕위에 오른 아들로, 다이달로
스의 자매 메티아두사와 결혼하여 아들 판디온을 두었으며 40년을 통치하고
기원전 1307년에 생을 마쳤다 한다.

7. 테세우스

테세우스(Theseus)는 아테네 왕 아이게우스의 아들이다. 테세우스가 태어나
기 전 아이게우스는 델포이 신전에서 아들을 낳을 것이라는 신탁을 받고 아테
네로 돌아오던 길에 트로이젠을 지나치게 되는데 이 곳 왕 피테우스의 환대를
받았다. 피테우스는 만취한 아이게우스의 침실로 공주 아이트라를 들여보내
아기를 갖게 하였다. 일설에는 포세이돈의 아이를 가진 것이라고도 한다. 즉
같은 날 밤, 먼저 아이트라는 꿈에 아테나 여신의 계시를 받아 공양을 올리고
자 스페리아 섬으로 갔다가 포세이돈에게 겁탈당하였다 한다.

아이게우스는 아이가 태어나기 전에 떠나는데 아이트라에게 아들을 낳거든
잘 키워서 성인이 되면 그 아이 스스로의 힘으로 댓돌을 들어 묻어 놓은 자신
의 칼과 샌들을 꺼내 아테네로 보내라고 일러주었다. 당시 아이게우스는 동생
팔라스의 50명이나 되는 아들들인 팔란티데스가 앞으로 왕권을 넘볼 것이고,
혹 자신이 아들을 얻더라도 정실이 아닌 아이트라에게서 낳은 소생임이 알려
질 경우 문제가 생길 것을 짐작하여 태어날 아이를 트로이젠에 그대로 남겨 두
기로 한 것이다. 과연 후에 테세우스의 왕위계승 문제가 제기되자 팔라스의 아
들들은 정통성을 내세워 반기를 들었고 결국 모두 테세우스에게 살해되었다.

트로이젠에서 성장한 테세우스는 손쉽게 대검을 꺼내 아테네로 향하였는데
굳이 안전한 뱃길을 마다하고 사촌 헤라클레스와 마찬가지로 돌아가야 하는
험한 육로를 택하였다. 도중에 도적떼를 많이 만났으나 이들을 남김없이 소탕

하여 다른 여행자의 수난을 없애 버렸다. 도둑떼 중 스키론(석회암이라는 의미)이라는 악당은 행인을 잡아 석회암 절벽에서 자기의 발을 씻기게 한 뒤 벼랑 아래로 차서 바다에 떨어뜨리는 짓을 일삼았는데, 테세우스는 이 악당을 무찔러 그를 절벽 아래로 집어던졌다. 또한 시니스라는 악인은 두 그루의 소나무를 구부려 나그네의 발목을 하나씩 양쪽 나무에 묶었다가 나무를 휘어 놓은 줄을 잘라 가랑이를 찢어 죽이는 악랄한 짓을 일삼았다. 테세우스는 이 시니스도 이제까지 다른 나그네들에게 한 것과 같은 방법으로 처치하였다. 또한 프로크루스테스(두들겨 펴는 자)는 나그네를 쇠침대에 묶어 놓고 다리가 침대 길이보다 짧으면 두들겨 패서 늘이고, 길면 잘라서 죽이는 악질이었다. 본명은 다마스테스 또는 폴류페몬인데 이 악독한 행위 때문에 별명으로 더 많이 알려져 있다. 이 악당을 테세우스가 어떤 방법으로 처치하였는지는 알 수 없으나 그 후 다시는 나타나지 않는다. 이 외에도 테세우스는 여러 유명한 악당들을 쳐부셨다. 페리파테스라는 본명보다 약한 다리를 지탱코자 짚고 다니던 막대기로 나그네를 쳐죽이고 약탈을 일삼아 몽둥이 사내라는 뜻의 별명으로 더 잘 알려진 코류네테스(몽둥이 사내)도 그 중 하나다. 아티카의 크롬뮈온 근방을 황폐화시킨 거대한 암퇘지 파이아도 테세우스에 의해 최후를 맞았는데 파이아는 에키드나와 튜폰의 자식으로 노파 파이아가 길러서 붙여진 이름이다. 그 유명한 칼류돈의 수퇘지는 이 암컷의 새끼라고 하는 설이 있다. 어떤 작가에 따르면 파이아는 암퇘지가 아니라 낯선 여행자를 상대하는 매춘부로 추잡하고 잔인하게 나그네를 죽인 후 소지품을 약탈한 악녀였으므로 암퇘지에 비유한 것이라고 한다.

이처럼 테세우스가 여행자에게 악독한 짓을 일삼는 악당들을 일소하고 아테네에 도착하니, 그의 영웅적인 소문을 들은 시민들이 환호하고 왕은 그를 초청하여 큰 잔치를 베풀었다. 그런데 왕은 테세우스가 자기 아들인 것도 모르고 그의 과대한 인기에 오히려 두려움을 갖고 있었다. 왕의 부인 메데이아는 단번에 이 젊은이가 왕의 아들임을 알아차리고 간교를 써서 독주를 건네주었으나, 왕이 그 순간 테세우스가 가지고 있던 신표(信標) 대검을 보고 자기의 아들임을 알아차려 재빨리 술잔을 내리쳐서 땅에 떨어뜨렸다. 왕비 메데이아는 바로 황금양모 원정대의 여주인공인 여자 마술사로 코린트에서 아테네로 도망와 권세를 자행하고 있었기에 찾아온 왕의 아들을 원치 않았다. 메데이아는 자신이 저지른 독주 암살음모가 알려지기 전에 급히 동방으로 도주하여 생명을 보전

1. 크롬뮤온 근방을 황폐시키는 암퇘지 퇴치.

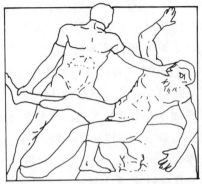

2. 이름난 악당 스키론을 절벽으로 집어던지는 광경.

5. 악당 프로크루스테스의 처치.

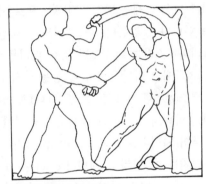

6. 악당 시니스의 처치.

테세우스의 혈기 넘친 모험. 아테네의 헤파이스테이온 메토프 부조 북쪽과 남쪽 8폭

하였다. 아이게우스는 곧 테세우스가 자신의 아들이며 후계자임을 선포하였다.

그런데 이 나라에는 몇 해 전부터 아주 불행한 일이 일어나고 있었다. 즉 강력한 크레타의 지배자 미노스 왕의 아들 안드로게오스가 아테네를 방문했다가 들소사냥에 참가하여 불행히도 매우 사나운 들소에 받혀 죽은 사건이 있었다. 그리고 이 소식을 접한 미노스 왕은 아테네로 쳐들어와 점령하고 매해 젊은 남녀 7명씩을 미노타우로스라는 우두인신의 제물로 바치게 하였다. 젊은이를 바쳐야 할 시기가 다가올 때마다 이 나라는 고민이 이만저만이 아니었다. 미노타우로스라는 이 괴물은, 포세이돈이 자기를 위한 제물로 삼으라고 보낸 아름다운 황소와 미노스의 왕비 파시파에 사이에서 태어난 반인반수였다. 미노스는

3. 여행자에게 레슬링 시합을 걸어 잔인하게 죽이는 케르큐온이 곤두박질하고 있다.

4. 약한 다리를 지탱해 주는 청동봉으로 행인을 타살하는 산적 코류네테스를 처치하고 있다.

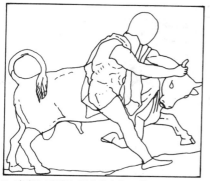

7. 마라톤 평원을 황폐화시키는 황소를 산 채로 잡아 아테나 여신에 공희하고 있다.

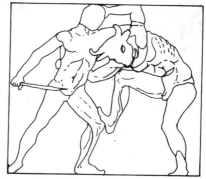

8. 크레타 미궁의 미노타우로스를 처치하고 있다.

다이달로스라는 명건축가로 하여금 궁을 짓게 하여 괴물을 이 속에서 지내게 하였는데 이 곳은 한 번 들어가면 탈출이 불가능한 미궁이었다. 테세우스는 희생공물이 될 한 사람을 대신하여 크레타로 갔고, 테세우스를 보고 사랑에 빠진 미노스 왕의 딸 아리아드네는 그에게 미궁에서 나올 수 있도록 실타래를 건네주고 살아 나오면 아테네로 같이 갈 것을 약속하였다. 일행은 실타래 한 가닥을 미궁 입구 돌에 매어놓고 실을 풀면서 미궁 속으로 깊숙이 들어가 미노타우로스를 퇴치한 후 다시 실을 감으며 무사히 탈출하였다. 그리고 아리아드네를 데리고 귀향을 서둘렀다. 그런데 항해중 심한 멀미를 하는 그녀를 낙소스 섬에서 쉬게 하다가 배가 풍랑으로 멀리 밀려가 버리는 바람에 그녀를 영영 잃어버

테세우스가 미노타우로스
를 처치하는 장면.
그리스 잔

리고 말았다. 일설에는 아리아드네의 동생에게 딴 마음을 품고 있던 테세우스
가 그녀를 버리고 갔다고도 하며, 또는 디오뉴소스 혹은 아테나 여신의 명령을
거역할 수 없는 운명이었다고도 한다.

　한편 아테네 언덕에서는 부왕 아이게우스가 아들 테세우스를 기다리고 있었
는데 약속한 생환의 표시인 백기가 아니라 검은 조기가 보이자 실망하여 자살
하고 말았다. 테세우스는 생환의 기쁨에 그만 백기로 바꾸어 다는 것을 잊어
버렸던 것이다. 아이게우스의 뒤를 이어 왕이 된 테세우스는 자유를 존중하며
민의에 의한 획기적 민주정치를 실시하여 아테네는 공전의 번영을 구가하며
세계적 도시로 발전하였다. 기사도를 발휘하여 전쟁에 승리하고도 적병의 장
례를 지내게 하며 약탈을 못하게 하여 적에게서도 그 덕망이 자자했다. 또한
아무도 받아주지 않는 늙은 오이디푸스를 돌봐주고 그가 죽은 후에는 남은 딸
을 고향으로 안전하게 귀향할 수 있도록 주선해 주기도 하였다. 정신이상으로
가족을 죽게 하고 친우들로부터조차 모두 기피당하던 헤라클레스가 자살하려

아마존 여왕 안티오페를 유괴하는 테세우스.
대리석상
(기원전 500년경)

는 것을 말리고 용기를 북돋아주며 아테네로 데려온 것도 그였다. 이처럼 그릇
된 짓을 한 자, 절망 상태에 있는 자를 잘 도와주던 테세우스는 또한 모험을 좋
아하여 아마존 여인족이 사는 곳에 가서 여왕 안티오페(일설에는 히폴류타라고
하기도 한다)를 끌고 와 아들 히폴류토스를 낳았는데 그녀를 되찾아 가기 위하
여 근처 아티카까지 침입한 아마존 여전사의 무리를 물리쳤다. 그는 황금양모
를 찾는 아르고 원정에도 참가하고, 칼류돈 왕국을 황폐화시키고 있던 가공할
수퇘지 사냥을 하는 등 많은 모험을 하였다. 그 친구 피리투스도 모험을 매우
좋아했는데 조난을 당하는 일이 많아 테세우스에게 매번 구출을 받았다. 한 번
은 피리투스가 테세우스의 우정을 확인하고자 아티카에 가서 테세우스의 소들
을 훔쳐냈다. 테세우스는 멀리 돌아서 추적하여 그를 만나자 관용을 베풀어 용
서하고 우정을 맹세하였다. 피리투스는 원래 라피테스족 왕으로 그의 결혼 피
로연에 신부의 친척이 되는 켄타우로스라는 인두마신의 족속도 초대하였는데
이들이 술에 취해 신부 탈취 소동을 벌이는 바람에 큰 싸움이 벌어졌다. 이 때

테세우스가 협조하여 이 족속들을 국외로 추방하는 대승을 거둔 일이 있었다. 그 후 피리투스가 상처를 하여 둘째부인을 찾는데, 세상에서 가장 철저히 보호되고 있는 명계의 왕비를 택하기로 하였다. 생사를 건 이 모험에 협조를 구하자 테세우스도 기꺼이 동조하였다. 그 전에 우선 자신의 아내감으로 후에 트로이 전쟁의 불씨가 되는 헬레나를 납치하였으나 어리기 때문에 나중에 결혼하기로 하였다(헬레나는 테세우스가 명계로 모험을 떠난 사이 스파르타에 구원되어 스파르타의 왕비가 된다). 이윽고 생명을 건 명계의 왕비 납치 모험에 나섰다. 명계의 왕 하데스는 그들의 의도를 알아차리고 어이가 없었으나 죽이지는 않고 점잖게 대접하며 의자에 앉아 기다릴 것을 권하였다. 그 의자는 망각의 의자로서 그들은 그 후 모든 것을 잊고 다시는 일어설 줄을 몰랐다. 그런데 마침 사촌 헤라클레스가 명계에 와서 이를 보고 테세우스를 구출하여 지상으로 돌아올 수 있게 하였다. 친구 피리투스도 데려가려고 하였으나 하데스가 주범임을 알아차리고 단단히 묶어 두는 바람에 실패하고 말았다. 테세우스는 후기에 항해중에 실종된 아리아드네의 동생 파이드라와 결혼하였으나 이는 불행의 씨앗을 잉태하게 된다. 즉 아마존의 여왕에게서 난 아들 히폴류토스는 왕이 어릴 때 자란 남쪽나라로 보내져 성장하였는데, 늠름한 젊은이가 된 그는 운동과 수렵만 좋아할 뿐, 호사나 안이, 사랑 따위는 안중에도 없고 도리어 혐오하였다. 그는 여자는 물론 계모 파이드라에게도 전혀 무관심하였는데 그의 계모는 이러한 의붓아들에게 오히려 극도의 연정을 느꼈다.

아프로디테는 사랑을 혐오하는 이 젊은이의 성품을 못마땅하게 여겨 심한 벌을 내리기로 하였다. 파이드라가 연정에 대한 좌절과 분노, 수치심으로 인해 마침내 죽음을 택하게 한 것이다. 이 때 테세우스는 마침 외출중이었다. 늙은 시녀가 히폴류토스에게 사정을 알리고, 그녀의 사랑을 받아 주어 생명을 끊지 않도록 도와주기를 애원했으나 그는 아비를 배반하는 불륜의 사랑을 할 수 있냐며 크게 꾸짖었다. 이후 테세우스가 돌아왔을 때 파이드라는 이미 죽어 있었고 아들 때문이라는 유서를 보자 분노와 저주로 아들을 쫓아냈다. 아들은 해안으로 달리다가 아비의 저주로 출현한 괴물을 보고 놀란 말이 날뛰는 바람에 마차가 엎어져 치명적인 부상을 입게 되었다. 테세우스는 아르테미스 여신을 통해 아들에게 아무런 잘못이 없음을 알게 되었으나 아들을 구하기에는 이미 때가 늦었다.

테세우스의 종말은 비참하였다. 헬레나를 구출하려고 디오스쿠리 군이 아테네의 선왕 에렉테우스의 후손 메네스테우스를 받들고 입성하자 테세우스는 아테네에서 쫓겨나게 되고 친구 류코메데스 왕에게로 갔으나 오히려 그에게 살해당하고 말았다. 테세우스는 비록 아테네에서 추방되긴 하였으나 죽은 후 다시 시민들로부터 누구보다도 명예로운 인물로 추대되었다. 그를 모신 큰 묘지는 모든 빈민 노예를 위한 성역으로 가꾸어져 소중히 추모되었다.

미노타우로스

미노타우로스(Minotaurs)는 미노스의 수소라는 의미이며 전설적인 우두인신(牛頭人身)의 괴물을 말한다. 본명은 아스토리오스 혹은 아스토리온이고, 미노스의 왕비 파시파에와 포세이돈이 보낸 황소 사이에서 태어난 아들이다.

미노스 왕은 왕실에 와 있던 아테네의 건축가 다이달로스에게 궁궐 내에 방대한 미궁을 짓도록 하였는데 이는 방과 복도가 미로로 되어 설계자만이 복도의 출구를 알 수 있었다. 미노스 왕은 미노타우로스를 이 미궁 속에 유폐시켜놓고 매년 아테네에서 미노스에게 바치는 젊은 남녀 각 7명을 먹이로 넣어주었다. 그러나 자진해서 이 희생공양에 끼여 들어온 아테네의 테세우스가 미노스 왕의 공주 아리아드네의 도움을 받아 이 괴물을 퇴치하고 미궁을 빠져 나가는 데 성공하였다. 원래 미궁을 의미하는 라뷰린트(Labyrinth)에는 양날도끼라는 뜻이 있

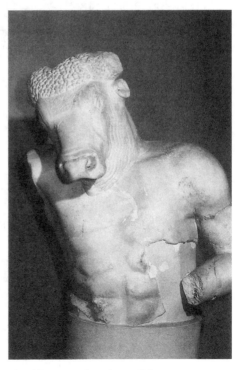

미노타우로스. 고대 그리스 조각상

으며 따라서 미노스 궁 유적에는 양날도끼의 상징 조각이 남아 있다.

아테네의 역사가 필로코로스3)는 그 시대부터 적어도 천 년 전의 미노타우로스 신화를 역사적으로 풀이하였다. 즉 아테네의 청소년들은 미노타우로스에게 잡아먹힌 것이 아니라 운동경기 우승자들에게 상으로 제공되고, 특히 경기를 석권한 자는 잔인하고 기운센 자로 타우로스라는 이름으로 불렸다. 바로 이 타우로스가 미노스 왕의 군 지휘관이었으므로 미노타우로스라 하였다는 것이다.

스키론

스키론(Sciron)은 아티카의 이름난 도둑으로 행인과 주민을 약탈하고 높은 바위에 끌고 가서 자기 발을 닦게 하고는 바다로 내쳐버리는 악당이었다. 종말에는 자신이 여행자들에게 했던 방식으로 테세우스에게 처치되었다.

오비디우스에 의하면 대지신은 물론 바다신도 악당 스키론의 뼈를 받아 주지 않아 한참 동안 공중에 매달려 있다가 큰 바윗돌로 변형되어 스키로니아 삭사라 불리게 되었으며 이는 메가라와 코린토스 사이에 있다고 한다. 근처에는 스키론이라는 이름의 좁은 길도 있었는데 하드리아누스 대왕(기원 117~138) 시대 때 넓혀졌다. 어떤 설에는 이노가 이 바위에서 바다에 투신하였다고도 한다. 스키론은 살라미스 왕 큐크레오스 딸과 결혼하였고 아이아코스(제우스와 아이기나의 아들)의 아들 텔라몬과는 외사촌 형제이다.

8. 오이디푸스

오이디푸스(Oedipus)는 테베 왕 라이오스와 왕비 이오카스타의 아들이다. 부계쪽이 아프로디테 가문이라 헤라 신은 오이디푸스에게 비운과 고난을 주었다. 라이오스 왕은 오이디푸스가 태어나기 전 델포이 신전에서 이오카스타와 결혼하여 아들을 낳으면 그 아들이 아비를 살해할 것이라는 신탁을 받았다. 라이오

---

3) 기원전 306~260년의 그리스 역사가로 역사 시리즈물 『아티스(Atthis)』 17권 등을 집필하였다. 이 책은 현재 단편만이 전해진다.

어린 오이디푸스를 안고 가
는 에우포르보스. 왕의 엄명
으로 시종 에우포르보스는
갓난아기 오이디푸스를 키
타이론 산에 버리러 간다.
암포라

스는 과거 잠시 펠롭스 왕실로 망명하였다가 그 왕의 아들 크류시포스를 변태
적인 색욕으로 유괴하고 살해한 적이 있었는데 그 앙갚음을 받게 된 것이다.
공포에 질린 라이오스는 이오카스타에게 접근하지 않기로 마음을 먹었으나 그
만 취중에 동침을 하고 말았다. 이에 왕비가 아이를 갖게 되고 라이오스는 후
환이 두려워 아기를 낳자마자 없애라고 명령을 내렸다. 어미는 할 수 없이 아
들을 내주었고, 시종도 가엾기는 하지만 왕의 명령이 워낙 엄하였으므로 키타
이론 산으로 가서 아이의 뒤꿈치를 묶고 발바닥을 꿰어 나뭇가지에 매달아 놓
았다. 얼마 지나지 않아 아기는 이 고장의 왕 폴류보스의 양치기 눈에 띄었다.
  양치기는 아이를 집으로 안고 가서 애가 없는 코린트의 왕비 페리보이아에
게 건네주어 왕실의 아이로 자라게 하였다. 발견 당시 다리가 부어 있었기 때
문에 그에게는 부은 다리(swelled foot)라는 뜻의 오이디푸스라는 이름이 붙여
졌다. 페리보이아의 친아들과 마찬가지로 자란 오이디푸스는 뛰어난 소양을
갖추고 힘은 장사에 구변이 출중한 젊은이로 성장하였다. 한 번은 그를 시기한

오이디푸스와 스핑크스.
그리스 석관 부조상
(기원전 3세기경)

한 친구가 그에게 얻어다 기른 아이라고 하자 이 말에 의기소침해져 키워준 어미 페리보이아에게 물었다가 잘못된 의심이라고 야단을 맞았다. 그럼에도 의심이 풀리지 않아 델포이의 신탁을 받아보니 놀랍게도 집으로 돌아가지 말라고 하였다. 몹시 당황스러웠지만 이제 자기 집이 없다는 것을 알고 코린트로 돌아가지 않기로 마음을 먹었다. 비운이 다가오고 있었다.

오이디푸스는 노정을 포키아로 잡았다. 푹 패이고 좁은 다울리아 길목에 다다랐을 때, 마침 무기를 지닌 수행원을 데리고 이륜마차에 앉아 있던 라이오스와 마주치게 되었다. 라이오스는 오만불손한 어조로 오이디푸스에게 길을 비키라 하였다. 오이디푸스는 이를 거절하였고 급기야 싸움이 붙어 라이오스와 그 수행원을 살해해 버렸다. 그리고 그들이 누군인지 가문이나 지위는 어느 정도인지에 전혀 관심을 갖지 않고 다시 길을 떠났다. 플라타이아 사람 다마시스트라토스가 이 곳을 지나다가 쓰러진 사람을 발견하고 불쌍히 여겨 묻어주었다.

한편 길을 떠난 오이디푸스는 마침내 테베에 도착하였는데 당시 테베는 공포스런 괴물 스핑크스의 소문이 자자하였다. 스핑크스는 헤라 여신이 그 나라를 황폐하게 만들기 위해 보낸 괴물로, 테베를 지나는 사람에게 수수께끼를 내어 못 풀면 잡아먹었기 때문에 나라의 큰 화근이 되어 있었다.

라이오스가 죽자 테베의 왕위에 오른 크레온은 이 스핑크스를 퇴치하는 영웅에게 왕관과 선왕의 왕비 이오카스타를 주겠다고 공표하였다. 그런데 괴물의 수수께끼란 "아침에 네 발, 낮에는 두 발, 저녁에는 세 발로 걷는 동물이 무엇이냐?" 하는 것이었다. 마침 이 괴물과 맞닥뜨린 오이디푸스는 "그것은 사람이다"라고 답하고 그 까닭은 태어나서는 손과 발을 써서 걷고, 성인이 되면 두 다리로 걸으며, 황혼기에는 지팡이에 의지하기 때문이라고 설명하였다. 정확한 이 답에 괴물은 패배의 굴욕감으로 머리를 바위에 부딪혀 자살하고 말았다.

이 소식이 전해지자 오이디푸스는 환호를 받으며 테베의 왕위에 오르고, 이오카스타와 결혼하여 두 아들 에테오클레스와 폴뤼니케스, 두 딸 이스메네와 안티고네를 두었다. 그런데 그가 왕위에 오르고 15년이 지난 후부터 테베에는 악역이 번져 온 나라가 공포에 휩싸이게 되었다.

신탁을 받아보니 선왕 라이오스를 죽인 자를 보이오티아에서 추방하면 악역이 끝날 것이라고 하였다. 그러나 라이오스가 죽은 것은 이미 아주 오래 된 일인데다 또한 누가 살해했는지도 몰랐으므로 이 신탁은 테베 사람들의 최대 관심사가 되었다. 오이디푸스는 온갖 노력을 기울여 이 사건을 추적하고 마침내 범인 색출에 성공하여 진상이 드러났다. 그러나 어쩌랴! 바로 자신이 아비를 죽인 자로 판명되었으니. 더 엄청난 비극은 아비를 죽였을 뿐 아니라 어미를 아내로 삼는 패륜을 저질렀다는 점이었다. 극심한 비통에 빠진 오이디푸스는 슬픔과 죄책감으로 세상을 볼 자격이 없다며 스스로 자신의 눈을 찌르고 테베를 떠나 버렸다. 그리고 딸 안티고네에 이끌려 아티카 땅의 아테네 근처 콜로노스에 은거하였는데 이 나라 왕 테세우스가 이 비운의 일행을 잘 돌봐주었다.

이 곳에는 복수의 여신을 모시는 숲이 있었는데, 생의 마지막 날이 다가오자 오이디푸스는 숙명적으로 자기의 뼈를 묻는 나라가 번영할 것이라는 신탁을 회상하고 테세우스에게 이 땅에서 생을 마치겠다는 뜻을 전하였다. 테세우스가 그를 찾아오자 오이디푸스는 증거를 보이기 위하여 도움 없이 홀로 걸어 한 지점에 가서 숨을 거두었다. 그러자 땅이 갈라지고 오이디푸스는 지상에서 사라졌다. 일설에는 오이디푸스와 이오카스타 사이에는 자식이 없었고 패륜이 자명해지자 이오카스타는 스스로 목숨을 끊었다 한다. 오이디푸스의 무덤은 파우사니아스 시대에 아레오파고스 언덕 근방에 있었다고 한다.

오이디푸스 콤플렉스는 어릴 때 아들이 동성인 부친에 반발을 나타내고 모친에 대해 사모의 정을 품는 무의식적 경향으로 심리학자 프로이트가 정신분석학에서 사용한 술어다. 여기에 대조되는 낱말이 엘렉트라 콤플렉스이다.

엘렉트라는 아가멤논과 클류템네스트라의 딸로, 남동생 크레스테스를 부추겨 아비를 살해한 친어미와 그 정부를 죽여 아비의 원수를 갚았다. 이에 연유하여 엘렉트라 콤플렉스는 딸이 부친에게 무의식적으로 품는 성적인 사모를 의미하게 되었다.

소포클레스는 75세 되던 해인 기원전 420년, 오이디푸스의 전설을 기반으로 하여 비극시 『오이디푸스 왕』을 썼고, 15년 후 두번째로 『콜로노스 오이디푸스』를 완성하였다. 콜로노스에는 오이디푸스를 수호신으로 모시는 사당이 있고 작가는 이 곳에서 태어나 성장하였다.

안티고네

안티고네(Antigone)는 테베 왕 오이디푸스와 왕비 이오카스타의 딸이다. 오이디푸스는 자신의 비극이 백일하에 드러나자 왕위를 버리고 테베를 떠나버렸고 왕위는 그 아들들이 계승하였다. 그런데 왕위를 놓고 형제 간에 싸움이 일어나 결국 둘은 결투를 벌여 서로를 죽이게 되었다. 이에 이오카스타의 오빠인 크레온[4]이 공석인 왕권을 인계하여 형 에테오클레스의 장례는 지내주되 싸움에 불씨를 던진 동생 폴류니케스는 장례를 치르지 못하도록 엄명을 내리고 명령을 어긴 자는 생매장을 하겠다고 공고하였다. 그러나 안티고네는 이 명을 어기고 오라비의 장례를 치른 후 자신도 죽음을 맞이하였다. 그녀를 열렬히 사랑했던 크레온의 아들 하이몬은 끝내 그녀를 구하지 못한 슬픔을 이기지 못해 그녀의 무덤에서 자결하였다. 소포클레스의 대표적인 비극작품에 나오는 이야기다.

---

4) 호메로스에 따르면 에피카스테(Epicaste)라고 한다.

제11장 테베 전쟁

1. 테베

테베(Thebae, Thebes)는 보이오티아 지역 이스메노스 강 근처에 있는 도시이다. 카드모스가 최초로 건설하였고 이어서 암피온과 제토스가 완성시킨 성채라 하여 카드메아라 불렀다 한다. 그러나 로마의 저술가 바로에 의하면, 이 도시를 처음 건설한 것은 오규게스였으며 그는 제우스의 딸 테베와 결혼하여 이 도시에 그녀의 이름을 붙였다고 한다. 오규게스는 보이오티아, 아티카를 지배한 고대 그리스의 가장 오랜 통치자로 나라 전체를 오규기아라고 불렀다고 전한다. 그 후 많은 군주들이 이 지역을 통치하였으나 액운이 계속되어 불운의 도시로 이름이 났다. 이 도시와는 별도로 트로아스 남쪽에 헤라클레스가 건설한 도시 테베도 있다.

2. 테베를 공격한 7용장과 에피고노이의 보복

비운의 왕 오이디푸스는 스스로를 자학하며 테베의 왕위에서 물러나고 아들들이 그 뒤를 계승하였다. 아들 형제는 서로 교대로 통치하기로 약속하였으나 때가 되었는데도 지켜지지 않았다. 이에 소외된 동생은 아르고스 왕실로 가서 왕 아드라스토스가 규합한 7명의 용장과 함께 기병하여 테베 성을 포위하였다. 이들을 소위 테베를 공격한 7용장이라 부른다. 그러나 이들의 시도는 실패하고 아드라스토스만 겨우 죽음을 면하였다. 10년의 세월이 흐른 뒤 성인이 된 7용

테베를 공격한 7용장. 아티카 적색그림 휴드리아(기원전 460년경)

장의 아들들인 에피고노이(2세들)는 다시 테베를 침공하여 마침내 보복에 성공하였다. 이는 트로이 원정 이전의 테베 성에 얽힌 서사시에 등장하는 이야기로 좀더 자세한 사정은 다음과 같다.

오이디푸스가 테베를 떠난 뒤 아들 에테오클레스는 형제인 폴류니케스와 왕국을 교대로 다스리기로 약속하였으나 막상 양위할 시기가 닥치자 약속을 깨고 거부하였다. 이후 폴류니케스는 테베에서 쫓겨나 아르고스 왕실로 떠났다. 그런데 왕궁 입구에서 공교롭게도 평상 때문에 튜데오스와 시비가 붙게 되었다. 튜데오스는 사람을 죽여 칼류돈에서 추방된 도피자였다. 싸움이 붙은 두 사람을 떼어 놓은 아르고스의 왕 아드라스토스는 폴류니케스와 튜데오스가 각각 사자 가죽과 멧돼지 가죽을 몸에 두르고 있으며 방패에도 각각 사자와 멧돼지 상이 장식된 것을 발견하였다. 그는 전에 딸들을 사자, 멧돼지와 결혼시키라는 신탁을 받은 적이 있었다.

이에 아드라스토스는 두 사람에게 딸을 주고 또한 추방된 나라의 왕으로 복귀시켜 주겠노라고 약속하였다. 먼저 폴류니케스의 복귀를 돕기로 결정하고 군사를 모집하였는데 모집된 주력의 7인 용사는 아드라스토스와 폴류니케스를 위시로 튜데오스, 파르테노파이오스(아르카디아 영주), 카파네오스(아르고스의 영주로 왕의 조카), 히포메돈(아르고스인으로 왕의 사촌), 암피아라오스(아르고스인 예언자로 왕의 처남)이었다.

암피아라오스는 이번 출진이 실패할 것임을 예측하였으나, 부부간에 어떠한 불화가 생기면 부인 에리퓔레쪽의 결정에 따른다는 서약을 한 바 있어 부인 때문에 동참하게 되었다. 그래서 출발 직전에 암피아라오스는 두 아들 알크마이온과 암필로코스를 불러 아비가 죽어 돌아오면 우선 어미를 죽이고 후에 아비의 원한을 복수하는 테베 침공에 나서라고 엄명하였다. 일설에는 아드라스토스 대신 이피스의 아들 에테오클로스(카파네오스의 처남), 폴류니케스 대신 아드라스토스의 형제 메키스테오스가 참가한 것으로 되어 있다. 원정군은 승리를 확신하고 진군하였다. 튜데오스는 화해할 특사로 먼저 출발하였는데 도중에 테베의 복병 50명을 만나 싸움이 벌어진 끝에 마이온(크레온의 손자)을 제외한 49명을 모조리 죽였다. 그러나 테베인들은, 이미 예언자 티레시아스가 테베 귀족의 직계 자손으로 동정인 남자가 희생공양으로 자해하면 테베가 승리한다는 점괘를 낸 적이 있었고, 마침 크레온의 아들 메노이케오스가 자진하여 희생하였으므로 승리를 확신하고 있었다.

출진 도중 불상사가 일어나니, 어린 왕자 아르케모로스 혹은 오펠테스의 유모 흅시퓔레(렘노스에서 해적에게 납치된 후 류쿠르고스 왕실로 팔려와 유모로 있을 때다)가 7용사를 샘으로 안내하는 동안 큰 뱀이 아기를 휘감아 죽여 버린 것이다. 그래서 아르케모로스를 위한 네메아 경기를 창설시킨 다음 이 곳을 떠났다. 테베에 도달한 7용장은 각기 테베 성의 7개 성문을 맡아 공격에 들어갔다. 튜데오스는 멜라니포스가 방비하는 크레니다이 성문을, 카파네오스는 폴류폰테스가 방어하는 오규기아이 성문을, 아드라스토스(혹은 에테오클로스)는 크로온의 아들 메가레우스가 지키는 호말로이데 성문을, 히포메돈은 휴페르비오스가 지키는 온카이다이 성문을, 암피아라오스는 라스테네스가 방어하는 프로이티다이 성문을 공격하였다. 폴류니케스는 에테오클레스가 지키는 흅시스타이 성문을 공격하였다.

카파네오스는 성벽을 타고 올라가 큰 소리로 "테베 시 입성은 설사 제우스라 할지라도 방해할 수 없다"고 외쳤는데, 이 지나친 기승에 분노한 제우스의 벼락을 맞아 죽고 말았다. 파르테노파이오스는 엘렉트라이 성문을 공격하다가 페리클류메노스가 성벽 위에서 떨어뜨린 큰 돌에 머리를 맞아 죽었다. 메키스테오스는 에테오클레스와 단기 격돌하다 패해 죽었다. 튜데오스는 중상을 입고 죽어가면서도 적 멜라니포스를 죽였는데 튜데오스의 수호신 아테나는 이 장수를 불사의 몸으로 만들어 달라고 제우스에게 부탁하였다. 그런데 암피아라오스가 우군 모두에 반감을 샀던 멜라니포스의 목을 잘라 튜데오스에게 던져 주었더니 튜데오스가 그 골수를 게걸스럽게 먹어 치우는 바람에 아테나의 동정심이 가셔버려 결국 죽음을 면치 못하였다. 암피아라오스는 페리클류메노스에 쫓겨 전차로 도망을 쳤으나 제우스가 던진 벼락 때문에 열린 대지에 빠졌다. 한편 오이디푸스가 지지하는 쪽이 승리를 거머쥐게 될 것임을 알고 있던 차라 폴류니케스는 그 지지를 얻으려 하였고 크레온도 에테오클레스를 위해 오이디푸스가 테베로 돌아오도록 애를 썼다. 그러나 오이디푸스는 어느 쪽도 돕지 않은 채 계속 저주심을 품어 결국 두 아들은 서로 단기 대적하여 양쪽 모두 죽음을 맞이하였으니 아비의 저주가 실제로 일어난 것이다.

7용장 중에서 아드라스토스만이, 포세이돈과 데메테르의 소산인 준마 아레이온의 질풍같은 준족 덕으로 살육을 면하고 도망칠 수 있었다. 이후 크레온은 공석이 된 테베의 왕위에 올라 폴류니케스를 위시한 침입자들의 매장을 엄금하였다. 일설에는 폴류니케스의 처 아르기아(아드라스토스의 딸)와 오이디푸스의 딸 안티고네가 한밤중에 폴류니케스의 시신을 거두어 에테오클레스를 화장할 장작더미에 갖다 놓았다 한다. 다른 설에는 안티고네가 부패하는 시신에 흙을 손으로 모아 뿌렸다고도 한다.

아테네 왕 테세우스는 아드라스토스의 딸들과 아르고스의 여인들이 엘레우시스의 데메테르 신전에 와서 전사한 남편들의 시신을 거두어 장례를 치를 수 있도록 탄원하자 이에 응하여 테베를 치고 크레온에게 전사한 시신을 매장하게 하였다. 10년이 지난 후 이 7용장의 아들들인 에피고노이는 성인이 되어 복수전에 나섰다.

에피고노이의 복수전은 고대사에서 유명한 전쟁이다. 총지휘자는 폴류니케스의 아들 테르산드로스라 하는데, 다른 설에서는 암피아라우스의 아들 알크마이온이라고도 한다.

코린트 사람, 메시나 사람, 아르카디아 사람 및 메가라 사람들이 아르고스 군을 도우니, 결국 테베는 주변의 모든 사람들과 대적해야 하는 형국이 되었다. 적개심에 불탄 양쪽 무사들은 글리사스 마을 개울 둑에서 대치하며 전투를 벌였다. 격렬한 혈전 끝에 에피고노이 군이 승리를 거두고 일부 테베 병사는 왕자 라오다마스와 함께 예언자 티레시아스의 충고에 따라 테베를 포기하고 서부 해안 일류리쿰의 마을 엔켈레아이아(그 전에 카드모스와 하르모니아가 이주한 곳)로 피난하였으며, 일부는 테베로 퇴각하였으나 곧 항복하였다. 이 전쟁에서는 에피고노이 중 아드라스토스의 아들 아이기알레오스만 죽임을 당하였는데 그 아비가 10년 전의 싸움에서 유일하게 살아남은 사람이었음을 생각하면 역설적이라 하지 않을 수 없다. 폴류니케스와 아르기아의 소산 테르산드로스는 테베의 왕위에 올라 도망간 주민들의 귀환을 권고하고 대파된 성채를 재건하였으나 매우 빈약한 왕국이 되었다. 테베에서 포로가 된 예언자 티레시아스와 딸 만토는 델포이로 보내져 아폴론 신전에서 봉사하였다. 아드라스토스는 에피고노이와 함께 아르고스로 귀환하던 중 내내 아들의 전사를 비통해하다가 사망하고 손자 큐아니포스를 후계자로 남겼고, 디오메데스가 섭정 혹은 왕위를 맡았다.

제12장 지하계에서 벌받는 자들

1. 시큐온

시큐온(Sicyon)은 코린트 만에 면한 펠로폰네소스 시큐오니아 주의 수도로 현재는 바실리코라 한다. 그리스 세계에서 가장 오래 되고 이름난 고장이며 첫 군주는 아이갈레오스로 이름 외에는 알려진 것이 없다. 시큐온을 중흥시킨 인물은 그 후손 시큐온으로, 아테네 왕 에렉테우스의 손자라 하며 따라서 다이달로스와는 형제간이 된다. 다른 설에는 마라톤의 아들이며 코린토스와 형제간이라고도 한다. 시큐온이 통치할 때 이 곳은 크게 번영하여 전 펠로폰네소스를 시큐오니아라고도 하였다. 한참 후에는 아가멤논이 영주가 되고 그 후 헤라클리다이의 수중으로 넘어갔다. 기원전 251년에는 아라토스의 영도로 아카이아 동맹에 가담하여 강대국이 되었다. 밀, 포도주와 올리브의 집산지이며 철광으로도 유명하였고 뛰어난 인물들을 배출하였는데 조각가 폴류클레이토스도 이 고장 출신이다. 후에 이 곳 주민들은 점차 방탕해지고 사치에 흘러 '시큐오니아의 신발'이라는 것이 매우 인기품으로 알려졌는데 이는 나약해진 시민의 일면을 엿보게 해준다.

2. 코린토스

코린토스(Corinthus : 코린트)는 그리스의 북부지역 테살리아와 남부지역 펠로폰네소스 반도를 잇는 좁은 지대(코린토스 협부)에 위치한 도시국가이다. 남북을 이은 육로와 동서의 해양(에게해와 이오니아해)에서 배를 육로로 연계하는 연수육로(Portage) 지점에 위치하여 교역의 중심지로서 한때 큰 번영을 누렸다. 원래 지명은 에퓨라, 그 후 비마리스(Bimaris : bi+mare 즉 둘+바다의 의미)라 불렸다. 시큐온의 통치 시대에 크게 번영하여 반도 전체를 시큐오니아라고도 하였다. 이 나라의 왕 에포페오스의 왕자 마라톤은 에포페오스의 학정이 심하므로 아티카로 가서 도시를 건설하고 그 이름을 마라톤이라 하였다. 후에 에포페오스가 사망하자 고향으로 돌아와 왕권을 계승하고 두 아들 시큐온과 코린토스에게 나라를 나누어 주었다. 두 아들은 각각 도시를 건설하고 자신들의 이름을 붙여 시큐온과 코린토스라 하였다. 일설에는 코린토스가 후사를 남기지 못하고 죽자 그 나라 사람들은 메데이아를 불러들였다고 한다. 그러나 다른 설에 따르면, 코린토스는 메가레오스의 딸 고르게와 결혼하여 아들을 두었지만 반란이 일어나 부자 모두 살해당하고 고르게는 절망에 빠져 호수에 투신 자살하였다고 한다. 그 후 이 호수는 고르고피스라는 이름으로 불렸다. 반란은 시슈포스가 나서서 진압하여 원수를 갚고 코린토스를 지배하였다고 전한다. 코린토스 사람들은 코린토스를 제우스의 아들이라 하지만, 다른 그리스 사람들은 과장된 주장이라고 코웃음치며 '코린토스는 제우스의 아이'라는 캐치프레이즈를 웃음거리로 삼았다. 테세우스가 퇴치한 악당 시니스는 코린토스의 딸 슐레아가 낳은 아들이다.

역사시대에 와서도 강력한 부국으로 팽창을 계속한 코린토스는 기원전 733년 시칠리아의 슈라쿠세에 식민도시를 건설하고, 티몰레오네[1] 같은 폭군참주는 반강제로 신도시로 파천시켰다. 기원전 779년까지는 영주가 지배하였고 그 후 프류타네스라는 고위 행정관료가 통치를 맡았다. 기원전 394년, 코린토스 지역에서 아테네·테베·코린토스·아르기베스가 연합하여 라케다이몬(스파르타)에 대항하는 전투가 벌어졌다(코린토스 전쟁). 이 전투에서 스파르타 왕 아게실라오스는 아테네와 보이오티아 연합군을 격파하여 큰 성과를 올렸으면서도 코린토스의 공략에 반대하고 "그리스인들은 서로 싸워 파멸할 것이 아니라 팽창하는 페르시아 세력에 대처해야 하는데 이에 대비하는 병력 투입은 하려 하지 않는다"며 개탄하였다. 그의 정적들은 '절름발이가 스파르타를 통치한다'는

---

1) 기원전 365년경 정치가이자 장군으로 형이 살해되자 폭행을 자행하여 식민도시로 파천되었다.

옛 예언을 상기하고 절름발이 왕 아게실라오스에게 지대한 관심을 가졌다. 아게실라오스는 대페르시아전에서 만 명 이상의 페르시아군을 섬멸시키는 성과를 올린 뛰어난 전략가였다.

코린토스는 기원전 146년 로마의 뭄미우스 공략으로 파괴되어 완전히 불타버렸다. 이 때의 화제로 녹아내린 모든 금속이 서로 섞이면서 값나가는 합금으로 변하였는데 이를 코린티움 아이스라 하였다. 장인들은 그 후 동에 소량의 금을 섞어 제품을 만드는 야금기술을 발전시켰는데 광택이 찬란한 코린토스 황동으로 소문이 나 매우 비싼 값에 팔렸다.

유명한 아프로디테 신전이 있는 이 도시에는 음탕한 여인들이 돌아다니며 웃음을 팔았는데 대가가 어찌나 비쌌던지 애인 한량들이 대부분 빈털터리가 되었다고 전한다. 이 점에서는 레스보스 사람들과 상통하는 데가 있다. 기원전 1세기 카이사르가 코린토스의 재건을 지원하여 도시는 종전의 영화를 되찾고 인구 60만의 도시로 발전하였다. 네로 황제는 코린토스 협부에 운하를 개착하고자 손수 금도끼로 기공식까지 하고 공사를 진행하였으나 중단되었고, 2천년이 지난 현대에 와서야 비로소 완공되었다. 건축학상 코린트식 신전 기둥장식은 매우 화려하여 도리스식이나 이오니아식과는 다른 특징을 가지고 있다.

3. 시슈포스

시슈포스(Sisyphus)는 극히 현명하고 가장 신중한 인간으로 알려져 있다. 아이올로스와 에나레테의 아들로서 아타마스 및 살모네우스와는 동기간이며, 아틀라스의 딸 메로페와 결혼하여 여러 아이들을 두었다. 에퓨라(코린트 시의 옛 이름)를 건설하였는데 이 때 멜리케르테스(이노의 아들)의 시체를 발견하자 영예로운 장례를 치르고 매장해 주었다. 이노는 멜리케르테스를 안고 이스트모스의 바다에 투신하였으며 아들은 바다의 신이 되었다고 전해진다. 시슈포스는 그 영혼을 기리는 행사로 이스트미아 경기를 시작하였다(기원전 1326). 시슈포스는 동기인 살모네우스를 증오하여 그를 처치하기로 마음먹고 아폴론의 신탁을 받아보니 조카딸과 동침하라는 것이었다. 결국 시슈포스는 살모네우스의

가파른 경사에서 바위를 밀어올리고 있는 시슈포스. 그의 등에 나체의 날개 달린 악마가 매달려 있다. 메토프 사암 부조

딸이자 그의 친조카딸인 튜로와 사랑을 하고 그로부터 쌍둥이 아들을 갖게 되었다. 그러나 신탁의 내용을 알게 된 튜로는 두 아이를 어릴 때 살해하고 말았다. 시슈포스는 코린토스의 왕권을 쟁취하였는데 마술에 능한 메데이아가 갑자기 이 지역을 떠나면서 정권을 장악한 것으로 보인다.

시슈포스에 관해서는 여러 가지 일화가 전하는데 하나같이 현명하고 온갖 계략으로 가득찬 이야기들이다. 예컨대 인근의 소를 도둑질하는 것쯤 식은 죽먹기로 알던 희대의 도둑 아우톨류코스가 시슈포스의 소를 감쪽같이 훔친 적이 있었다. 당시 시슈포스는 자신이 소유하는 소의 발굽에 '아우톨류코스가 훔쳤다'라고 적은 작은 서판을 달아 놓아, 잃은 소를 다시 되찾고 소도둑도 종식시켰다. 또한 아우톨류코스의 딸인 안티클레이아의 혼인날이 다가왔을 때는 이 처녀의 침실에 침입하여 겁탈하고 소도둑질에 대한 보복을 하였다. 안티클레이아는 이로 인해 라이르테스가 아닌 시슈포스의 아이를 임신하게 되었고 거기에서 태어난 아이가 바로 오듀세우스였다. 다른 전설작가에 따르면 아우톨류코스 자신이 스스로 딸을 시집보내기 전에 시슈포스와 자유롭게 연애하도록 하였는데, 자신보다 더 영악한 손자를 갖기 위해서 그랬다고 한다.

한 번은 시슈포스가 코린토스 성채의 망루에서 제우스가 개울의 요정 아이기나를 납치해 가는 것을 보았다. 아이기나는 강신 아소포스와 요정 메토페의 딸로 제우스가 그녀를 데리고 필리온토스에서 아이노이 섬으로 가던 길에 코린토스를 거치게 된 것이다. 얼마 후 아소포스가 뒤쫓아와 시슈포스에게 딸을 납치한 자를 알려 달라고 하였다. 시슈포스는 코린토스 언덕에 있는 샘에서 물이 나오게 해주면 알려 주겠다는 조건을 내걸었고, 이에 아소포스가 샘물을 솟아나게 하니 이 샘이 바로 피레네 샘이다. 시슈포스가 일러바친 것을 알게 된 제우스는 화가 나서 죽음의 정령 타나토스를 보내 그를 하데스의 나라로 보냈다. 그러나 지극히 교활한 시슈포스는 타나토스를 교묘히 속여 꽁꽁 묶은 뒤 토굴 속에 가두어 버렸다. 이 때문에 인간이 죽지 않는 변고가 일어나게 되고 이에 걱정이 된 신들은 아레스를 파견하여 타나토스를 찾아 풀어놓게 하였다. 풀려난 타나토스는 시슈포스를 다시 명계로 끌고 갔으나 시슈포스는 미리 처 메로페에게 자신의 장례를 지내지 말도록 지시해 두었다. 이에 따라 메로페는 남편이 죽었는데도 매장도 하지 않고 공양도 올리지 않았다. 이렇게 되자 하데스는 화를 냈지만 별 도리 없이 시슈포스가 다시 지상에 가는 것을 허용하지 않을 수 없었다. 담담히 지상으로 나와 코린토스로 돌아온 시슈포스는 하데스의 명령을 무시하며 예전과 마찬가지로 삶을 지속, 장수하다가 생을 마쳤다. 그는 오랫동안 이스트모스에서 패왕으로 군림한 후 그 고장에 매장되었고, 글라우코스(벨레로폰의 아비), 아르뉴티온(포코스의 아비), 테르산드로스 및 할모스라는 네 아들을 두었다.

신들조차 어찌할 수 없게 만들어 체면을 손상시킨 시슈포스는 사후 타르타로스에서 가혹한 벌을 받게 되는데 그 죄목은 여러 가지였다. 우선 지상에서 인근 나라를 악랄하게 파괴·약탈하고는 주민을 돌로 눌러 잔인하게 죽이고 그 밖에도 혹독한 고문을 가한 죄, 제우스의 아이기나 납치를 딸의 아비에게 폭로한 죄, 하데스의 명령을 거역한 불경죄 등이었다. 그래서 그는 지옥 타르타로스에서 언덕 위로 큰 바윗돌을 영원히 밀어 올려야 하는 형벌을 받았다. 바윗돌은 겨우 꼭대기까지 밀어올리면 번번히 다시 굴러 떨어졌기 때문에 이 작업을 되풀이해야 했던 것이다.

익시온

익시온(Ixion)은 테살리아의 왕이며 라피테스족까지 지배하였다. 플레규아스와 페리멜레의 아들이라 하며 코로니스의 오라비가 된다. 그러나 작가에 따라서는 아레스, 아이틴, 안티온, 레온테오스, 혹은 피시온의 아들이라고도 한다. 데이오네오스의 딸 디아와 결혼하고 장인에게 값진 예물을 올리겠다고 철석같이 약속을 하였다. 그러나 약속을 이행할 의사가 없음을 알아차린 데이오네오스는 익시온의 말을 대신 끌고 가버렸다. 이에 익시온은 말을 빼앗긴 분을 감추고 우호를 가장하여 장인을 자신의 나라 수도 라리사의 축제에 초청하였다. 그리고는 데이오네오스가 도착하자 미리 땅을 파고 장작과 타오르는 목탄을 채워놓은 깊은 굴 속으로 밀어 넣어 태워 죽였다. 게다가 종교적 모임에 참석한 그 밖의 가족까지도 몽땅 죽여 버렸다. 이러한 살인 후에는 반드시 속죄가 행해져야 했으나 모두 극도의 공포와 경악에 휩싸여 익시온을 위한 속죄의 제의를 거부하고 그와의 접촉도 피하며 멸시하였다.

불타는 바퀴에 묶인 익시온. 판화(17세기)

제우스 신은 난처한 처지에 빠진 익시온을 불쌍히 여겨 올림포스의 만찬에 초대하고 신들에게 그를 소개하였다. 이러한 제우스의 처사에 응당 보은의 마음을 갖고 근신해야 함에도 불구하고 익시온은 도리어 오만하고 욕정에 사로잡혀 헤라를 유혹,

겁탈하려 하였다. 일설에는 헤라가 익시온의 연정을 원했다고도 하나 대부분은 이를 부정한다. 익시온이 정조를 범하려 한 것을 헤라는 제우스에게 알렸고, 제우스는 사실 여부를 확인하기 위하여 구름을 헤라와 닮게 만들어 익시온이 헤라와 만나자고 한 곳에 이끌어다 놓았다. 이 덫에 걸려든 익시온은 구름의 영상을 헤라로 알고 포옹 교합하였다. 이에 구름의 여신 네펠레(아타마스의 첫 왕비가 구름으로 변신하였다고 한다)가 수태하여 켄타우로스가 태어나고 이 켄타우로스가 펠리온 산의 암컷 야생마와 교합하여 켄타우로스족이 생겼다 하며, 혹 켄타우로스족은 네펠레의 아이라는 설도 있다. 어쨌든 신성 모독죄를 확인한 제우스는 익시온을 천공에서 내쫓고 헤라를 유혹한 죄로 벼락을 쳐서 타르타로스에 내던져 버렸다. 그리고 헤르메스를 시켜 익시온을 지옥에서 최고의 흉악범을 처벌하는 곳으로 끌고 가 화염에 싸인 수레바퀴에 묶어 영구히 돌게 하는 고통을 받게 하였다.

탄탈로스

탄탈로스(Tantalus)는 제우스와 플루토(크로노스 혹은 아틀라스의 딸) 사이에서 태어난 아들이며 시퓰로스 산에서 프리지아 혹은 리디아를 지배하였다. 탄탈로스는 엄청난 부자로 신들도 그를 좋아하여 신들의 잔치에 늘 초대되었다. 그는 아틀라스의 딸(7명의 딸을 플레이아데스라 함) 디오네와 결혼하였는데, 하신 파크톨로스의 딸인 에우류아나사도 아내라 한다. 다른 설에는 암피다마스와 스테로페의 딸 클류티아(다른 플레이아데스의 한 처녀)라고도 한다.

탄탈로스는 니오베와 펠롭스라는 두 아이를 두었는데, 브로테아스, 다슐로스를 비롯한 다른 아이들이 있다는 설도 있다. 후손으로 탄탈리데스, 튜에스테스, 아트레우스가 있고 아가멤논과 메넬라오스 가계도 그 후손이라 한다. 시문에서는 탄탈로스가 지옥에 유폐되어 갈증과 배고픔을 면치 못하는 영겁의 벌을 받는 것으로 묘사되고 있다. 즉 물이 턱에 차는 못에 갇혀 있으나 목이 말라 마시려 하면 물이 빠져 버리고, 머리 위에 잘 익은 과일이 잔뜩 달린 가지가 늘어져 있으나 손만 뻗치면 바람이 가지를 멀리 이동시켜 먹을 수 없게 만들어 버리는 것이다. 또 다른 신화에서는 머리 위에 거대한 돌이 금방이라도 떨어질

맨 오른쪽은 떨어질 것 같은 바윗돌에서 시시각각 압사의 공포를 느끼는 탄탈로스. 가운데는 케르베로스를 붙잡은 헤라클레스와 그를 인도하는 헤르메스, 왼쪽은 바윗돌을 밀어올리는 시슈포스. 아풀리아 적색그림 나선 크라테르(기원전 450년경). 카노사 출토

것처럼 달려 있어 시시각각으로 압사의 공포에 시달리며 한시도 그 공포로부터 벗어나지 못하고 있는 것으로 되어 있다. 무슨 죄일까? 여기에 대해서는 여러 가지 설이 있다. 하나는 크레타에 있는 제우스 신전에서 기르고 있는 제우스가 매우 아끼는 개를 훔쳤기 때문이라 한다. 또 한 설에서는 천상의 잔치에 참석할 때 식탁에서 넥타르와 암브로시아를 훔쳐 지상의 인간에게 나누어 주었기 때문이라고도 한다. 더 끔찍스런 원인은 신들이 프리지아에 가는 길에 탄탈로스 집에 들렀는데 신의 신통력을 시험한다고 하여 자신의 아들 펠롭스를 죽여 신의 음식으로 제공하는 잔인성과 불경죄를 저질렀기 때문이라 한다. 또 다른 설에서는 가뉴메데스를 납치하여 극히 비정상적인 음탕한 행동을 하였기 때문이라 한다. 그러나 탄탈로스에 대해서는 사후에 받은 벌로 유명하고 생전에 대한 이야기는 별로 없다.

다나오스의 딸들

아르고스 왕 다나오스(Danaus)의 딸 50명을 다나이데스라 한다. 아라비아를 통치하던 숙부 아이귑토스(다나오스와 쌍둥이 형제)는 이집트를 정복한 후 다나오스가 통치하는 리비아에 아들 50명을 보낼 터이니 조카딸과 혼인을 시키자고 제의하였다. 다나오스는 이 제의를 자신의 왕국을 빼앗으려는 책략으로 보고 또한 신탁에서도 사위의 손에 죽임을 당할 것이라 하였으므로 딸들을 데리고 아테나 여신의 도움을 받아 건조한 큰 배로 아르고스로 향하였다. 아르고스는 선조 이오의 출신지였다. 도중에 로도스의 섬 린도스에 기항하여 아테나 여신에게 감사의 뜻으로 신전을 봉헌하였다. 이어 아르고스에 도착한 그는 이오의 후손임을 내세워 왕권의 양위를 요구하였다. 그런데 이 곳에서는 수호신 자리를 놓고 헤라에게 패한 포세이돈이 화가 나서 아르고스 주민을 저주하고 모든 개울을 말려 버려 고통이 계속되고 있었다. 한데 마침 아르골리드(수도는 아르고스)에 와서 머물던 다나오스의 딸 50명 중 아뮤모네가 포세이돈과 사랑을 하게 되었고, 포세이돈은 저주를 풀어 개울물을 다시 흐르게 하였다. 아르고스인은 집회를 열어 결국 다나오스에게 왕권을 넘겼다.

그런데 아이귑토스의 아들 50명이 신부를 찾아 다시 아르고스까지 와서 청혼을 하니 별수 없이 각자 신부를 정하게 하였다. 그러나 낭자들은 미리 아비로부터 단검을 건네받고 신혼 첫날밤 동침하는 신랑을 찔러 죽이라는 엄한 밀지를 받았다. 명령은 어김없이 이행되어 딸들은 신랑을 살해하고 피문은 머리를 내보였다. 그러나 장녀인 휴페름네스트라만은 자신의 처녀성을 존중하는 신랑 륜케오스를 사랑하여 아비의 비밀지령을 털어놓고 신랑을 도피시켰다. 명령을 거역한 장녀는 아비의 엄한 신문을 받았으나 시민들이 그녀에게 죄가 없다고 주장하는 바람에 결국 영예의 무죄판결을 받았다. 석방된 그녀는 신념의 여신에게 감사하여 사당을 봉납하였다. 다나오스는 륜케오스를 사위로 받아들이고 자신의 왕위를 계승케 하였다. 그리고 나머지 49명의 자매는 제우스명에 따라 헤르메스와 아테나에 의해 속죄하고 아르고스 젊은이들에게 시집을 보내기로 하였다. 그러나 아비가 많은 지참금과 선물을 내걸었음에도 살인 경력을 가진 처녀들에게 선뜻 장가들겠다고 나서는 남자가 없었다. 궁리 끝에 도보 경기를 열어 우승한 젊은이에게 딸의 선택권을 주었고 마침내 모든 딸이 출가하여 그로부터 많은 후손이 생기니 다나오스족이라 일컫게 되었다.

다른 전설에 의하면 다나오스의 딸들은 사후 하데스 나라 타르타로스에 가서 살인죄에 대한 벌로 영원히 채워지지 않는 구멍난 물독을 채우는 형벌을 받게 되었다 한다. 다만 아뮤모네만은 처벌 대상에서 제외되었는데, 가뭄에 허덕이는 아르고스 시로 물을 길어 나르고 이것을 본 포세이돈이 사랑을 느껴 데려갔기 때문이다. 또한 다나이데스가 신혼 초야에 신랑의 머리를 베어 레르나 늪에 던졌는데 그 곳에는 헤라클레스가 퇴치한 50두 괴물인 물뱀(헤라클레스의 두 번째 노역 참조)이 서식하였으며 히드라 독소는 그 후에도 계속 인간에게 고통 을 주었다.

제13장 요정 및 기타

1. 님프

님프(Nymphs)는 '어여쁜 처녀', '새아씨'라는 뜻이며 신성(神性) 또는 반(半)신성을 가진 요정으로 신화에서는 흔히 제우스의 딸들로 알려져 있다. 그리스 사람은 특정한 자연 속 또는 자연현상 안에 이 님프가 산다고 믿었는데, 원래 토착화한 자연의 여신이며 불사신이거나 혹은 매우 장수하는 존재이다. 님프는 사랑에 잘 빠지고 신이나 인간과 빈번히 사랑하고 맺어져서 수많은 아이를 낳았다. 고대에는 님프가 발랄하고 아름다운 낭자로 묘사되었는데, 자주 신들 특히 판·헤르메스·아폴론·디오뉴소스·아르테미스 옆에 모여 있었고 또는 사튜로스나 실레노스와 같이 무리를 짓고 있다고 생각하였다. 남성 상대에 한 무리로 동반하고 다산을 상징하기도 하였다.

일반적으로 님프는 신화의 부수적 존재이며 후기의 요정은 친절하지만 때로는 잔혹하였다. 님프는 크게 나누어 나무 요정인 드류아데스, 나무에 살며 생을 같이하는 하마드류아데스, 우라노스의 거세된 남근 핏방울에서 태어난 물푸레나무 요정 멜리아스, 산의 요정 오레아데스, 물의 요정 나이아데스, 바다노인 네레우스의 딸들인 네레이데스, 오케아노스와 테튜스의 딸들인 오케아니데스, 그 외 모래, 목장, 샘 및 내의 요정 아니그리아데스 등 지리적 특징에 연유한 님프도 있다. 장소와 관련한 님프도 있는데 아케로이는 에피로스에서 영혼이 명계로 갈 때 건너가는 아케론 내의 님프다.

님프에서 유래된 단어로는 소음순(nympha), 여성의 색광(nymphmania) 같은 것이 있다.

단지 목에는 날개 달린 여인(이시스 혹은 니케), 어깨부분에는 심판 사이에서 권투경기를 하는 선수들, 몸통 부분에는 춤추는 사튜로스와 님프가 그려져 있다. 아티카 흑색그림 목달린 암포라(기원전 530년경).

플레이아데스

플레이아데스(Pleiades, Vergiliae)는 아틀라스와 플레이오네 사이에서 태어난 7자매로, 사후 별자리에 올라 황도 12궁의 황소자리 뿔 뒤에 위치하였다. 자매의 이름은 알큐오네, 메로페, 마이아, 엘렉트라, 타유게테, 스테로페, 켈라이노라 하였다. 이들은 모두 불사신인 신들과 결혼하였으나 단지 메로페만 시슈포스에게 출가하였다. 따라서 영생하지 못하는 배우자를 가진 메로페의 별빛은 희미하고 다른 자매들의 별보다 몽롱하다.

플레이아데스는 그리스어로 항해라는 뜻을 갖고 있는데 봄철 항해에 가장 쾌적할 때 이 별자리가 나타나기 때문이며, 플레이아데스의 또 다른 이름인 베

춤추는 플레이아데스. 미국의 베더(Elihu Vedder : 1836~1923) 작

르길리아이의 베르(ver)도 봄이라는 의미를 갖고 있다. 7자매는 아비의 이름을 따서 달리 아틀란티데스라고도 불리며 아틀라스 소유의 정원에 유래하여 헤스페리데스라고도 한다.

그 외 이집트 왕 프톨레마이오스 2세(클레오파트라가 낳은 안토니우스의 아들) 시대에 알렉산드리아에서 활약한 7명의 시인을 플레이아데스라고 별칭하였는데 이들의 이름은 테오크리토스, 아라토스, 니칸드로스, 호메로스(기원전 263년 히에라폴리스 태생 시인), 아폴로니오스, 필리코스, 류코프론이라 한다. 일반적으로 화려한 물품 7개 한 벌도 플레이아데스라고 한다.

2. 이오

이오(Io)는 하신 이나코스 왕과 요정 멜리아의 딸이며 남자 동기(同氣)로는 지상의 첫 인간으로서 펠라스기아의 시조가 된 포로네오스가 있다. 또 다른 설

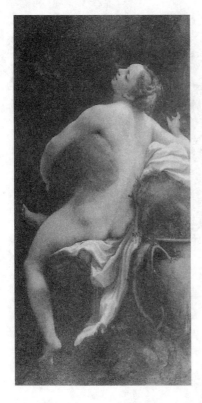

구름으로 변신하여 이오와 사랑을 나누는 제우스.
이탈리아 코레조(Correggio : 16세기) 작

에 따르면 이아소스 혹은 피레네스의 딸이라고도 한다. 이오는 아르고스의 헤라 여신을 존숭하는 낭자였는데 제우스 신이 그녀의 미모에 매료되어 사랑에 빠졌다. 남편의 잦은 정사(情事)로 마음을 졸이던 헤라는 이번에는 상대가 자신의 여사제라는 것을 알고 깜짝 놀랐다. 제우스는 이 헤라의 눈을 피하기 위해서 구름과 짙은 안개로 둘러싸인 컴컴한 속에서 사랑을 나누고 이오를 어린 암소로 변신시켜 놓았다. 평소 남편의 속임수를 훤히 알고 있던 헤라는 남편에게 다가가 겸손하게 어린 암소를 선물로 달라고 청하여, 빼어나게 귀여운 송아지를 얻은 후 백안 괴물 아르구스에게 그 감시를 명하였다. 그러나 사랑하는 이오의 처지를 걱정한 제우스는 헤르메스를 보내 아르구스를 박살내고 그녀를 풀어주었다. 헤라는 아르구스의 눈을 걷어 공작새 깃털에 박아 놓고, 다시 자유의 몸이 된 이오에게 복수의 여신 푸리아이를 보내고, 혹은 더 알려진 설로는 지긋지긋한 벌레를 보내 계속 학대하였다. 이 때문에 등에(쇠파리)의 괴롭힘으로 미쳐 날뛰던 이오는 지상의 여러 곳을 헤매다니다 바다를 건너 마침내 나일 강 둑에 정착하였다. 이 때 이오가 건넌 바다를 이오니아해라 하며, 해협은 암소가 건넜다 하여 암소의 여울이라는 뜻을 가진 보스포로스로 부르게 되었다. 헤라가 보낸 등에의 등살에 계속 괴로움을 당하던 이오는 제우스에 의해 이 곳에서 다시 여인으로 원상 복구되어 사랑을 받고 아들 에파포스(신과 맞닿는다는 뜻)를 낳았다. 헤라는 쿠레테스를 보내 아이를 납치, 시리아로 데려갔으나 제우스는 벼락으로 그들을 처치하고 뷰블로스 여왕이 보살펴 준 아들을 다시 되찾았다. 아들은 커서 이집트에 도시를 건설하고 도시 이름에 자신의 부인 이름을 붙여 멤피스(나일의 딸)라 하였다. 에파포스와 멤피스의 딸 리비아는 포세이돈과 맺어져 아이귑토스 및 다나오스의 어미가 되었고, 에파포스는 멤피스에서 존숭되었다.

이오는 그 후 이집트 왕 텔레고노스 혹은 일설에는 오시리스와 결혼하였고, 그 나라 사람들을 부드럽고 인간미 넘치는 온정으로 대하여 사후 이시스 여신으로 존숭되었다.

역사가 헤로도투스에 의하면 이오는 페니키아인이 납치해서 이집트 왕에게 팔았는데, 그 보복으로 그리스인은 페니키아의 왕녀 에우로파를 납치하였다 한다. 일설에는 이오는 이집트에 간 적이 전혀 없다고도 하고, 일명 이오를 포로니스라 부르는데 이는 펠로폰네소스를 지배한 포로네오스 왕의 자매이기 때문이라 한다.

3. 에우로파

에우로파(Europa, Europe)는 튜레 혹은 시돈의 페니키아 왕 아게노르와 텔레파사 또는 아르기오페 사이에서 태어난 딸로, 남자 동기로는 카드모스, 포이닉스 및 킬릭스 삼형제가 있다. 제우스는 아름다운 에우로파에 마음을 빼앗겨 스스로 흰소로 변신하고 아게노르 목장의 소떼 속에 같이 섞여 있다가 들판에서 꽃을 따던 공주와 시녀들에게 조용히 다가갔다. 에우로파는 이 아름다운 흰소에 매혹당하여 애무를 하다가 용기를 내어 등에 타 보았다. 의도한 대로 그녀

에우로파의 납치.
메토프 벽면의 석회암 부조
(기원전 6세기 중반).
그리스 셀리누스 출토

를 등에 태운 흰소는 해안 쪽으로 걸어가다 그대로 바다를 건너 크레타로 갔다. 여기서 제우스는 신으로 환원하여 고르친 샘터 근방에서 사랑을 나누고 그 사이에서 아들 미노스, 사르페돈 및 라다만토스를 낳았다. 그리고 그녀가 소를 타고 순행한 지역은 이후 에우로파로 불리게 되었다. 제우스는 그녀를 위하여 해안을 수비하는 청동거인 탈로스와 동물을 추격하면 어김없이 사냥하는 개, 틀림없이 맞히는 투창을 주었다. 그 후 에우로파는 크레타 왕 아스테리오스와 결혼하였으나 소생이 없었으므로 왕은 제우스와의 사이에서 태어난 세 아이를 입양하고 친자식처럼 키웠다. 세 형제는 마음씨가 곧아 사후에는 하데스 나라 재판관이 되었다. 학자에 따라서는 에우로파가 산 연대를 기원전 1552년경으로 추측한다. 천문에서 에우로파는 목성의 제2위성이다.

한편 왕 아게노르는 아들 카드모스에게 자매 에우로파를 추적해서 데려오라고 명하고 만약 찾아오지 못하면 아예 돌아올 생각을 말라고 명하였다. 어미와 같이 트라키아 해안으로 해서 그리스의 섬에 갔을 때 어미가 별세하자 장례를 치른 후 자매를 수색하였으나 허사로 끝나 델포이로 가서 아폴론의 신탁을 받은바, 수색을 중지하고 암소를 따라가서 정착하라고 하였다. 이에 소의 뒤를 따라가 소가 앉아 쉬는 고장인 테베에서 갖은 어려움을 겪은 끝에 도시를 건설하고 정착하였다. 이후 그는 이 그리스 땅에 페니키아 무역인이 사용하던 알파벳을 들여와 널리 보급시켜 그리스 세계에서 무한한 찬양을 받았다.

4. 파이논

파이논(Phaenon)은 프로메테우스가 만든 젊은이로 뛰어난 용모를 갖고 있었다. 원래 흙으로 빚어 만든 사람은 제우스 신에게 제시하여 인준을 받아야 했으나 미소년에 대한 제우스의 변태성 기호를 알고 있던 프로메테우스는 그 동안 만든 어느 작품보다도 월등히 우아한 파이논을 그대로 두었다. 에로스는 이 사실을 제우스에게 알렸고 제우스는 헤르메스를 급히 보내어 소년을 데려오라고 분부하였다. 교섭의 어려움을 안 헤르메스는 프로메테우스에게 영생의 혜택이 부여될 것을 전해 설득하고 소년을 천상으로 데려가는 데 성공하였다. 천문에서는 파이논 행성이 되고 그 후 유피테르라 부르게 되는데 일부 설에서는 토성이 되었다 하고, 딴 사람은 이 별을 파에톤이라고 한다. 파이논의 이야기는 서기 1세기 초 휴기누스의 『포이티카 아스트로노미카』에서 나온 것이다.

5. 아마존

아마존(Amazon)은 군신 아레스와 요정 하르모니아를 조상으로 하는 여전사로 구성된 여인족이며 현재는 그 왕국(카우카소스, 스큐디아 혹은 트라키아 북방 등)이 어디에 있었는지 분명하지 않다. 여자들만으로 구성된 나라라 다른 나라 남자와 교합하여 아이를 낳지만 남아는 내버리든가 노예로 삼고 여자만 키웠다. 아마존이란 '유방이 없다'는 뜻을 갖고 있는데 이는 여전사족이 활쏘기에 방해가 된다고 하여 오른쪽 유방은 제거하였기 때문이다. 신화 속에서 전투와 수렵을 좋아하는 부족으로 나오는 이들은 탁월한 궁술과 기마술을 지녔으며 반월형 방패와 창과 도끼를 잘 쓰는 것으로도 이름을 떨쳤다. 『일리아드』에서

도망치려는 여전사의 손을 움켜잡고 칼을 휘두르는 헤라클레스. 아티카 흑색그림 암포라(기원전 569년경)

는 벨레로폰과 프리아모스가 이 나라를 공격하였고, 아마존족은 그 후 아레스와 오트레레의 딸인 여왕 펜테실레이아의 통솔하에 트로이를 지원하나 여왕은 아킬레스에게 우측 유방부를 찔려 죽고 말았다. 아킬레스는 죽은 그녀의 미모에 마음이 혹해 사랑에 빠졌다고도 전한다. 헤라클레스는 에우류스테우스의 지시로 아마존 여왕의 허리띠를 가지러 갔는데, 테세우스가 여기에 동행하였다고도 하고 후에 테세우스 자신이 여인의 나라를 침공하여 여왕 히폴류타를 포로로 끌고 왔다고도 한다. 아마존족은 그 보복으로 아티카에 내습하여 아레오파고스 언덕에 진을 치고 격전을 벌였으나 패하였다. 그 후 이 패한 날이 보이드로미아 축제일이 되었다. 아마존의 수호신은 수렵의 여신 아르테미스이다.

헬레니즘 시대의 전설에는 디오뉴소스도 아마존 원정의 주인공으로 등장한다. 그레이브스의 주장에 따르면 아마존은 달의 여신을 모시는 여사제에게서 유래되었다고 한다. 실제로 이들은 무기를 지니고 그리스 나라로 들어오는 새로운 신과 도래인들에게 대항하였다.

헤로도토스는 아마존족과 스키타이족이 결혼하여 사우로마티아인이 되고 흑해 북쪽 연안에 정착하였다고 주장하였다. 이 사람들은 타민족 사이에서도 가장 교류가 없던 고립된 사람들이었으나 말의 발굽으로 만든 갑옷가슴받이는 일품으로 신전의 봉납품 중에서 최상품의 하나로 손꼽혔다.

제14장 헤라클레스

1. 알크메네

알크메네(Alcmene)는 아르고스 왕 엘렉트류온의 딸이다. 엘렉트류온은 아이톨리아인에게 살해된 아들들의 원수를 갚아주면 딸 알크메네와 왕권을 내주겠다고 암피트류온에게 약속하였다. 이에 암피트류온이 아이톨리아 전쟁터에 나간 사이 제우스가 암피트류온으로 변신하여 알크메네와 하룻밤을, 그것도 보통보다 세 배나 긴 밤을 지냈다. 한편 승리한 암피트류온이 다음 날 전쟁터에서 돌아왔으나 알크메네가 별로 반기는 기색이 없고 새삼스럽게 군다는 태도를 취하자 의아하게 생각되어 예언자 티레시아스를 찾아갔다.

사랑의 경쟁자가 존엄한 제우스 신임을 알게 된 암피트류온은 자랑스러운 아내에게로 돌아왔고 얼마 후 알크메네는 쌍둥이를 낳았다. 그 중 한 아이가 제우스의 아들 헤라클레스이고, 나머지 하나는 암피트류온의 아들인 이피클레스였다. 제우스가 신과 인간을 위하여 영웅을 낳고자 알크메네를 택했던 것이다. 알크메네는 생을 마친 후 제우스의 올림포스 신전에 묻혔다.

2. 헤라클레스

헤라클레스(Heracles, Hercules)는 '헤라의 영광'이라는 말로 헤라 여신을 숭배하는 부족에서 유래하였다. 그리스 신화에서 가장 명성이 높고 괴력을 가진 영웅으로 보통 키를 가진 사람으로 전하는데, 로마인은 그를 탐스러운 근육을 가

곤봉, 활과 화살통을 맨 채 사자가죽
을 덮어쓴 헤라클레스. 암포라 부분
(기원전 480년경). 베를린 화공 작

진 중량급으로 표현하였다. 사후에는 신으로 모셔져 숭배되었다. 신화에는 같
은 이름이 많아 예컨대 디오도로스는 3명, 키케로는 6명, 어떤 작가는 43명이
나 등장시키고 있다. 모두 제우스와 알크메네의 아들이며 테베 사람으로 적고
있다. 제우스 신은 온 누리가 우러러보는 위대한 영웅을 얻기 위하여 알크메네
의 침실에서 긴 밤을 지냈고 이 사실을 알게 된 헤라 여신은 매우 화를 내며
앞으로 태어날 아이를 학대하기로 마음먹었다. 이 아이가 필연코 힘이 장사에
세력이 강성해져 나라를 지배할 것이라고 짐작한 헤라는 서둘러 아르고스 나
라로 가서 왕 스테넬루스에게 빨리 아이를 낳으라고 지시하였다. 이렇게 해서
서둘러 낳은 아이가 헤라클레스보다 두 달 먼저 출생한 허약한 칠삭동이 에우
류스테우스였다.

알크메네는 쌍둥이 헤라클레스와 이피클레스를 티륜토스(디오도로스는 테베

라 함)에서 키웠다. 생후 8개월이 되었을 때 헤라는 두 마리의 뱀을 보내 어린 아이를 물게 하였으나 조숙한 헤라클레스는 두려움 없이 양 손에 뱀 한 마리씩을 잡고 목을 조여 죽여 버렸다. 동생 이피클레스는 놀라 집안이 떠나갈듯 비명을 질렀다.

일찍부터 공부를 시켰는데 튠다레오스의 아들 카스토르는 싸움하는 법을, 에우류토스는 활쏘는 기술을, 아우톨류코스는 이륜수레 모는 법을, 리노스는 수금 켜는 법을, 에우몰포스는 노래하는 창법을 가르쳐 주었다. 그리고 당대에 이름난 켄타우로스족 케이론에 사사하여 씩씩하고 나무랄 데 없는 젊은이로 성장하였다. 18세 되던 해 암피트류온의 가축과 농토에 심한 피해를 주는 키타이론 산의 어마어마하게 큰 사자를 잡기로 마음 먹었다. 그리고는 역시 사자의 재앙을 받고 있던 테스피오스 나라의 왕을 찾아가 50일간 후한 대접을 받았다. 왕에게는 50명의 공주가 있었는데 왕의 깊은 뜻으로 헤라클레스는 궁에 묵는 동안 모든 공주를 잉태시켰다.

키타이론 산의 사자를 사냥하는 데 성공한 헤라클레스는 테베 나라로 가서 매년 에르기노스 왕에게 100마리의 황소를 바치는 부담을 해소시켰다. 황소 100마리는 에르기노스의 부친이 테베인에게 살해당한 대가였는데 이를 헤라클레스가 거절하고 싸움을 일으켜 에르기노스를 죽인 것이다. 이러한 공헌이 알려지자 헤라클레스는 온 나라의 우상이 되고 테베의 왕 크레온은 큰딸 메가라를 헤라클레스와, 작은딸을 동생인 이피클레스와 결혼시켰고 그 사이에서 많은 자식이 태어났다. 8명의 자녀를 둔 헤라클레스는 특히 동생의 맏아들 이올라오스를 각별히 귀여워하였다. 그 후 헤라클레스는 제우스 신의 지시로 미케네의 왕 에우류스테우스에게 종속되었다.

에우류스테우스는 자신의 막강한 권세를 과시하고자 헤라클레스를 미케네로 오라고 지시하고 또 모든 일에 복종할 것을 요구하였다. 헤라클레스보다 2개월 먼저 출생하여 선배 행세를 톡톡히 부리는 에우류스테우스는 헤라클레스에게 노역을 시켰다. 비위가 상한 헤라클레스가 이 요구를 거절하자 헤라 여신은 복종하지 않는 헤라클레스에게 벌을 내려 정신발작을 일으키게 하였다. 그 결과 헤라클레스는 자신의 아이들을 에우류스테우스의 아이들로 착각하여 모두 활로 쏘아 죽여 버렸다. 정신이 돌아온 후 자신이 저지른 끔찍한 참사에 극심한 충격을 받은 헤라클레스는 비통한 나머지 어두운 지하 골방에 들어가 모

헤라클레스의 노역, 아테네의 헤파이스테이온 메토프 부조 동쪽 6폭과 남쪽 4폭
1. 네메아의 사자 퇴치. 2. 레르나 숲의 히드라 퇴치. 조카인 이올라오스가 돕고 있다. 3. 수사슴 생포.
4. 에류만토스 인근을 황폐화시키는 수퇘지를 잡아 가져가고 있다. 에우류스테우스는 거대한 수퇘지
를 보고 대경실색, 놋쇠통에 숨는다. 5. 디오메데스의 말을 끌고 오는 장면. 6. 하데스의 괴물 케르베
로스를 끌어오는 광경. 7. 아마존의 여왕을 굴복시키는 장면. 8. 게류온의 목장 소몰이 에우류티온을
처치한다. 9. 목장주 게류온과의 전투. 10. 헤스페리데스의 황금사과를 가져와 아테나 여신에 바치다.

든 사람과 접촉을 끊었다. 그 후 친구들의 권유에 따라 아폴론의 신탁을 받은 바 에우류스테우스의 지시에 따라 12년간 노역에 종사하는 것이 제우스의 명을 준수하는 것이고 어려운 노역을 마치면 신의 일원으로 소명을 받는다고 하였다. 명백한 회답을 받자 헤라클레스는 미케네로 가기로 하고 어떤 일을 시키더라도 인내로써 완수하기로 마음먹었다.

에우류스테우스는 헤라클레스를 완전히 복종시켜 적에게 자기의 권위를 깨우치게 하기 위해 일찍이 없었던, 달성 가능성이 없는 극히 어려운 노역을 골라 강요하니 이것이 바로 헤라클레스의 12노역이다. 이제 난사(難事)의 수행에 들어가게 되자 헤라클레스는 신들의 호의를 받아 완전무장을 하였다. 아테나 여신은 철모와 장신구를, 헤르메스는 칼을, 포세이돈은 말을, 제우스는 방패를, 아폴론은 활과 화살을 제공하였다. 그 외 헤파이스토스에게서는 황금갑옷과 놋쇠로 만든 장화를 받고 또한 이름난 놋쇠 곤봉(일설에는 자신이 네메아의 나무로 만들었다고 한다)도 받았다.

첫 노역은 미케네 근방을 황폐시키는 네메아의 사자를 퇴치하는 일이었다. 활로 잡을 수 없자 굴까지 추격하여 곤봉으로 질식시킨 후 사자를 어깨에 메고 미케네로 돌아온 헤라클레스는 이 사자의 껍질을 벗겨 옷을 해 입었다. 에우류스테우스는 그 짐승과 헤라클레스의 용맹성에 너무 놀라 앞으로 사냥에서 돌아오면 성문에 들어오지 말고 성밖에 대기하라고 명령하였다. 그래도 놀란 가슴이 진정되지 않아 놋쇠통을 만들게 하여 헤라클레스가 돌아오면 그 속으로 피신하였다. 사자는 천공에 올라 사자자리가 된다.

두번째 노역은 레르나 숲의 히드라라는 7두 괴물(일설에는 50두 혹은 100두 물뱀이라 함)을 퇴치하는 일이었다. 그는 이 거대한 괴물을 활로 쏘고 다가서서 곤봉으로 머리를 내쳤으나 성과는 없었다. 곤봉으로 머리를 부수면 곧 두 개의 머리가 다시 솟아나왔기 때문이다. 이올라오스가 불에 달군 쇠로 지져서 뿌리를 없애야 한다고 알려주지 않았던들 퇴치에 실패하였을 것이다. 괴물을 퇴치한 헤라클레스는 배를 가른 후 담낭에 화살을 꽂아 상처가 아물지 못하도록 하고 독이 묻은 화살은 무기로 사용하였다. 바로 그 유명한 히드라 독화살이다. 히드라에 가세하여 헤라클레스의 발을 문 거대한 게는 헤라 여신이 게자리로 올려놓았다.

세번째 과제는 황금뿔과 놋쇠다리를 지녔으며 믿기 어려울 만큼 날쌔다는

헤라클레스와 네메아의 사자. 헤라클레스는 네메아 근방을 황폐화시키는 사자를 추적하여 맨손으로 잡아 교살하고 아테나 여신과 이올라오스가 이를 지켜보고 있다. 크라테르(기원전 6세기). 프시악스 작

케류니티아의 수사슴을 상처없이 잡아오는 일이었다. 소문난 이 짐승은 오이노이 지방에 자주 나타났는데 만 1년간의 추적 끝에 붙잡을 수 있었다. 덫으로 혹은 기진한 상태에서 또는 경상을 입혀 재빨리 움직일 수 없게 만든 후 생포하였다 한다. 그런데 헤라클레스가 승리감에 싸여 돌아오는 길에 아르테미스 여신이 사슴을 빼앗으며 심히 견책하였다. 그 사슴은 여신에게 바쳐진 동물이었기 때문이다. 헤라클레스는 에우류스테우스에게 사슴을 제시하여야 한다고 설득한 후 다시 찾아서 주겠다고 여신을 달래었다.

네번째 과제는 에류만토스 인근을 황폐화시키고 있는 거대한 수퇘지를 생포하는 일이었다. 사냥길에 하찮은 일로 켄타우로스족과 싸움이 붙은 헤라클레스는 그들을 결국 멸망시키고 수퇘지는 깊은 눈 속에서 뒤쫓아 잡았다. 에우류스테우스는 이번에도 수퇘지를 보고 너무 놀라 수일 간 놋쇠통 속에 숨어 지냈다고 한다.

다섯번째는 아우게아스 마구간을 청소하는 일이었다. 아우게아스는 엘리스의 왕으로 황소와 양을 엄청나게 많이 기르면서도 외양간을 청소한 적이 없었다. 헤라클레스는 가축의 1/10을 받는다는 조건으로 이 청소를 맡았는데 단시

일 내에 도저히 해낼 수 없는 축사 청소를 알페오스 강과 페네오스 강 줄기를 돌려 하루 만에 해치웠다. 그러나 아우게아스는 힘 하나 안 들인 술책이라며 약속한 보상을 거부하였을 뿐만 아니라 헤라클레스편을 들며 약속을 지킬 것을 주장한 왕자 퓰레오스까지 나라에서 추방시켜 버렸다. 결국 헤라클레스는 아우게아스와 싸워 그를 죽이고 퓰레오스에게 왕관을 씌워 주었다. 파우사니아스의 말에 따르면, 그 아들을 보아 아우게아스를 살려주고 왕자 퓰레오스는 이미 둘리키움에 정착하였으므로 왕관은 다른 왕자에게 넘겨 주었다고 한다. 이후 아우게아스는 장수하였고 죽은 후에 주민들이 신으로 존중하였다. 이 노력 후 알페오스 강과 그 지류 클라데오스 강 사이에 위치한 크로니온 산록에서는 헤라클레스의 승리를 기념하는 경기가 개최되었다(올림피아드의 시초!).

여섯번째는 아르카디아 지방 스튐팔로스 호수 근방에서 극성을 부리는 육식성 새를 잡는 일이었다.

일곱번째는 크레타 섬을 황폐화시키고 있는 거대한 야생 황소를 펠로폰네소스로 잡아오는 일이었다. 이 또한 무사히 해냈으며 이래로 크레타의 수도는 헤라클리온으로도 불리고 있다.

여덟번째는 디오메데스가 기르는, 사람고기를 먹는 암나귀를 잡아오는 일이었다. 헤라클레스는 디오메데스를 죽여 이 나귀에게 먹게 한 후 끌고 왔다. 일설에는 제우스 신에 바쳐졌으며 알렉산더 대왕 때까지 종축으로 남아 있었다고 한다.

아홉번째 노역은 아마존족의 여왕 히폴류타의 허리띠를 가져오는 일이었다.

열번째는 가우데스의 괴물 게류온을 퇴치하는 일이었는데 이 괴물인간은 3두 3신으로 사람고기를 쌓아 놓고 가축을 사육하고 있었다. 괴물을 처치하고 가축을 아르고스로 끌고 왔다.

열한번째는 요정 헤스페리데스의 정원에서 황금사과를 따오는 일이었다. 트로이 전쟁의 불씨로 유명한 이 황금사과 나무는 머나먼 서쪽 끝 아틀라스 산록의 정원에 있었다. 원래 가이아 여신이 헤라와 제우스의 결혼선물로 준 것인데 정원에 심어 아틀라스의 딸들인 헤스페리데스가 가꾸고 헤라 여신이 보낸 무서운 용 라돈이 지키고 있어 아무도 얼씬거릴 수 없었다. 헤라클레스는 에리다노스 강 요정에게 물어 바다의 노인신 네레우스로부터 그 방도를 알아 낼 수 있을 것이라는 말을 들었다. 이에 둔갑을 하며 피하는 네레우스를 꽉 붙들고

헤라클레스와 히폴류타. 아마존의 여왕 히폴류타의 허리띠를 가져오는 일(아홉번째 노역)을 마치고 여왕을 끌고 와 테세우스에게 넘기고 있다.

도움을 요청하니 프로메테우스에게 의논하라는 답을 들었다. 헤라클레스는 다시 머나먼 카우카소스 산 바위에 묶여 있는 프로메테우스를 찾아가 그의 간을 찍고 있는 독수리를 활로 쏘아 떨어뜨리고 풀어주니 자신의 형제인 아틀라스를 찾아가 부탁하라고 하였다. 창공을 양 어깨에 메고 있던 아틀라스는 헤라클레스에게 사과를 따올테니 그 동안 대신해서 창공을 지고 있을 것을 부탁하였다. 그러나 사과를 따온 아틀라스가 자신이 직접 에우류스테우스에게 가져다 주겠노라고 하니, 난처해진 헤라클레스는 일단 응하면서 다만 오랜 기간 지고 있으려면 어깨받이를 덧대어야 하겠으니 잠시 하늘을 받치고 있으라고 사정하였다. 그 말대로 아틀라스가 다시 하늘을 짊어지자 헤라클레스는 사과를 쥐고 얼른 그 곳을 빠져나왔다. 에우리피데스에 의하면 헤라클레스가 직접 가서 라돈을 죽이고 사과를 따 왔다고 한다. 당시 아틀라스는 이미 페르세우스가 갖고 있던 메두사의 안광 때문에 돌로 변해 있었기 때문이라고 하는데 이 설이 앞뒤가 맞는다. 에우류스테우스는 신성한 황금사과를 다시 헤라클레스에 되돌려 주고 헤라클레스는 이를 아테나 여신에게 바쳤다.

명계를 지키는 개 케르베로스를 반환하다. 헤르메스의 안내로 명계의 케르베로스를 끌고 왔다가 다시 돌려주러 가는 헤라클레스. 정경이 삼삼하다. 헤라클레스의 열두번째 노역. 아티카 접시 그림(기원전 510년경)

　열두번째 최종 노역은 가장 어렵고도 위험한 일로, 지하계의 호랑이 꼬리에 머리가 세 개 달린 개 케르베로스를 지상으로 끌고 오는 일이었다. 타이네로스 산 동굴로 해서 지하세계로 내려간 헤라클레스는 마침 지하세계 왕 하데스의 명으로 명계에 잡혀 있던 테세우스와 피리투스를 구출하고 약속대로 무기를 사용하지 않고 케르베로스를 지상으로 끌고 왔다. 케르베로스는 후에 다시 명계에 반환하였다.

　헤라클레스는 이상과 같은 노역들을 모두 완수해 냈을 뿐 아니라 자신을 위하여 여러 가지 위대하고 빛나는 일을 이룩하였다. 우선 그는 미케네 왕에게로 돌아가기 전에 콜키스로 출범하는 아르고 원정대에 동행하였으며, 신족과 거인족 간의 전쟁에서는 신족을 도와 제우스 신에게 승리를 가져오게 하였다.

　한편 오이칼리아 왕 에우류토스의 딸 이올레를 깊이 사랑하여 청혼하였다가 거절당하자 다시 실성, 두번째 발작을 일으킨 헤라클레스는 그간 그에게 호감을 가지고 중계역을 하던 에우류토스의 외아들 이피토스를 죽이게 되었다. 살인한 죄를 속죄하고 실성에서 회복하지만 여러 신을 너무 괴롭혀 고뇌하던 끝에 델포이 신전에 가서 신탁을 받기로 하였다. 그런데 신전으로 가는 길에 여사제 퓨티아에게 냉대를 받자 화가 치밀어 아폴론 신전의 보물을 약탈하리라 앙심을 품고 신성한 삼각대를 들고 나왔다. 아폴론이 이에 대항하여 심한 싸움이 벌어지자 제우스 신은 할 수 없이 직접 개입하여 벼락을 쳐서 싸움을 중지시켰다. 그리고 이로 인해 헤라클레스는 노예로 팔려가 3년간 극도로 비참한 노예생활을 해야 이 난동을 보상할 수 있다는 신탁을 받았다.

헤라클레스가 복종하자 제우스 신의 명으로 헤르메스는 그를 리디아의 옴팔레 여왕에게 노예로 팔았다. 이 나라에서 헤라클레스는 모든 도둑 무리를 소탕하였고 그 위대한 공적에 감탄한 여왕은 그를 자유의 몸으로 복귀시킨 후 결혼을 하였다. 헤라클레스는 이 여왕과의 사이에서 아겔라오스 및 라몬을 두고 그 후예인 크로이소스가 리디아의 왕위를 계승하였다. 또한 여왕 옴팔레의 시녀를 사랑하여 알케오스를 두기도 하였다.

3년의 기간을 다 채운 헤라클레스는 다시 펠로폰네소스로 돌아와 히포콘에게 빼앗긴 스파르타 튠다레오스 왕의 왕권을 복귀하는 데 힘썼다. 또한 쉼없이 경쟁자들과의 싸움에서도 승리를 거두었다. 아켈루스는 헤라클레스의 가장 힘든 경쟁상대였는데 그는 뱀과 황소로 연신 변신하며 헤라클레스와 대적하였다. 그러나 결국 헤라클레스가 그의 뿔 하나를 꺾어 패배시키자 창피해서 물 속으로 후퇴하였다. 뿔은 요정이 집어 꽃과 과일을 담아 승리자의 손에 넘겨지고 풍요의 여신에게 바쳐졌다. 어떤 설에 따르면 이후 아켈루스는 강으로 변하고 이 강은 에피로스를 흘렀다고 한다. 핀도스 산에서 시작하는 이 강은 아이톨리아에서 아카르나니아 지류가 생기고 이오니아해로 흘러갔다.

승리를 거머쥔 헤라클레스는 아이톨리아의 왕 오이네우스의 아름답고 절찬을 받는 공주 데이아네이라와 결혼하였다. 결혼 후 일시 장인의 영토 칼류돈에서 머물렀으나 주먹을 휘둘러 본의 아니게 사람을 죽이는 바람에 이 곳을 떠나지 않으면 안 되게 되었다. 이에 좋아하던 멧돼지 수렵도 포기하고 칼류돈을 떠나 트라키아의 케윅스 왕궁으로 떠나게 되었다. 그런데 도중에 에우에노스 땅이 수해로 범람하여 개울을 건너는데 마침 켄타우로스족 네소스가 친절하게도 데이아네이라를 돕겠다 하여 맡겼다. 그러나 개울을 건넌 네소스는 강제로 데이아네이라를 납치해서 강탈하였고, 아내의 비명을 들은 헤라클레스는 급히 활을 당겨 독화살로 네소스를 쏘아 죽였다. 숨이 끊어지기 직전 네소스는 헤라클레스에게 앙심을 품고 데이아네이라에게 남편의 외도를 막는 비법을 가르쳐 주겠다고 하였다. 즉 자신의 상처에서 흐르는 피와 급히 덮치느라고 흘린 체액을 받아 기름에 섞어 남편의 내의에 바르면 남편이 다른 상대와는 절대로 사랑을 나누지 못한다는 것이었다. 데이아네이라는 얼떨결에 갖고 다니던 기름병에 이 피와 체액을 재빨리 받아 놓았다. 화급하게 개울을 건너온 헤라클레스는 아내를 부축하여 길을 떠났다. 트라키아의 왕 케윅스는 헤라클레스 부부를 정에 넘치게 환대하고 칼류돈에서 본의 아니게 저지른 죄를 씻어 깨끗하게 해주었다.

그런데 헤라클레스는 전에 이올레 쪽에서 자기의 청혼을 거절한 데 대한 불쾌한 심정을 못내 씻어내지 못하고 결국은 이올레의 아비 에우류토스와 전쟁을 벌여 왕과 세 아들을 죽게 하였다. 이올레는 아비의 살인자 손에 넘어갔는데 헤라클레스가 전과 다름없이 자신을 사랑하고 있음을 알게 되자 그를 따라 오이타 산으로 갔다. 헤라클레스는 그 곳에 제단을 짓고 제우스 신에 엄숙히 제물을 바칠 차비를 차렸다. 그리고 우선 의식용 의복을 갖추기 위하여 리카스를 데이아네이라에 보냈다. 데이아네이라는 남편이 이올레와 사랑에 빠졌음을 알게 되고 네소스의 말이 생각나 피와 체액이 섞인 기름을 속옷에 발라 의복과 함께 보냈다. 결국 이 의복으로 갈아입은 헤라클레스는 극도의 혼란상태에 빠지고 레르나 숲의 히드라 독소가 뼛속으로 스며들었음을 알아차렸다. 죽음의 옷을 벗으려 애쓰지만 이미 늦어 고통과 고뇌 속에서 네소스의 속임수를 경솔히 믿은 데이아네이라, 잔인한 에우류스테우스, 질투심과 증오심이 심한 헤라 여신 등에게 격렬히 저주와 통렬한 비난을 퍼부었다. 혼란이 계속되는 상태에서 그는 제우스의 가호를 탄원하며 활과 화살을 필록테테스(파이안 혹은 횰로스라고도 함)에게 주고 오이타 산 정상에 장작더미를 쌓게 하였다. 그리고 그 더미 위에 네메아의 사자털 가죽을 펴고 누운 후 곤봉에 머리를 기대었다. 필록테테스에게 나무더미에 불을 지르도록 지시한 헤라클레스는 아무 공포감이나 두려움 없이 불붙는 자신의 주위를 쳐다보았다. 천공에서 이를 내려다보던 제우스는 주위의 신들에게 헤라클레스는 지상에서 많은 괴물과 역적들을 퇴치한 공적이 있으니 불사의 신체를 천상으로 끌어오겠다고 주장하였다. 여러 신들은 제우스 신의 결정에 찬동하고, 불타는 장작더미는 곧 검은 연기에 휩싸였다. 이윽고 인간부분이 다 타고 없어졌을 때 헤라클레스는 네 필이 끄는 수레에 실려 새벽녘 천상으로 운반되었다. 승천할 때 벼락과 굉음이 천지를 진동하였고, 모여 있던 많은 친구들은 헤라클레스의 뼈나 재도 보지 못하였다. 그 후 나무더미가 있던 곳에 제단을 쌓아 헤라클레스의 공적을 기념하였다. 악토르의 아들 메노이테오스는 황소, 야생 수퇘지, 산양을 제단에 공양하였고 오포스 사람들은 매년 의식을 갖추어 제를 올렸다. 곧 헤라클레스 숭배는 널리 퍼져 나가고 그간 완강하게 그를 학대한 헤라 여신도 노여움과 원한을 잊고 자기 딸 헤베를 배우자로 주었다.

헤라클레스를 숭배하는 지방과 노역을 완수한 고장에서는 그를 여러 별칭으로 부르고 있으며, 각지에 그의 신전을 세워 힘의 신으로 숭배하였다. 로마의 헤라클레스 신전에는 개와 날짐승은 얼씬도 못하게 하였다. 가우데스의 헤라클레스 신전에는 여자와 돼지는 전혀 출입을 할 수 없게 되어 있었다. 또한 페니키아인은 제단에 맛있는 메추리를 바치는데, 헤라클레스 신이 꿈을 관장하여 병자나 허약자를 신전에서 자게 하면 꿈에 영감을 받아 활력을 찾는다고 믿었다. 신전에는 백양나무를 바쳤다.

헤라클레스는 일반적으로 팔다리가 균형 잡히고 힘이 있는 나신이나, 네메아 산에서 잡은 사자의 털가죽을 걸치고 손에 마디가 굵은 곤봉을 잡고 기대서 있는 자세로 표현된다. 또한 백양나무 잎으로 된 관을 쓰고 풍요의 뿔을 가지고 있다. 경우에 따라서 귀염둥이 에로스와 같이 서서 화살과 곤봉을 부러뜨리는 상으로도 표현되는데 이것은 영웅의 사랑에 빠진 심경을 암시하는 것이다. 무장한 옴팔레가 질책하고 헤라클레스는 비웃음을 받으며 여자시녀와 같이 실을 뽑고 있는 상도 있다.

헤라클레스의 아들들은 각처에서 치른 수많은 사건만큼이나 많고 그 후손들은 헤라클레스가 죽은 후 강력한 세력으로 성장하여 펠로폰네소스 전역을 석권하였다. 특히 메가라와의 소생 데이콘과 테리마코스, 아스튜다미아의 크테시포스, 아우토노에의 팔레몬, 파르테노페의 에우에레스, 데이아네이라의 글류키소네테스와 규네오스 및 오디테스, 칼키오페의 테살로스, 에피카스테의 테스탈로스, 아스튜오케의 틀레폴레모스, 에키드나의 아가튜르소스, 겔로노스 및 스큐테스 등은 유명한 아들들이다. 전 생애를 통해 인류의 복지를 위하여 노력한 헤라클레스를 사람들이 진실된 미덕과 경건성의 모범을 보여준 영웅이자 불사신으로 추앙한 것은 당연한 일일 것이다.

3. 테스피오스

테스피오스(Thespius)는 아티카의 왕 에렉테우스의 아들로 보이오티아 지방에 와서 테스피아이 나라의 시조가 되었다. 패기에 넘친 18세의 헤라클레스가 찾아왔을 때는 같이 키타이론의 사자 사냥에 나서서 이를 퇴치하였고, 사냥하는 동안 그를 왕실에 묵게 한 후 자신의 딸 50명이 헤라클레스의 아이를 갖기를 원하자 젊은이의 침실로 보내 기쁘게 지내도록 허락하였다. 그러나 헤라클레스는 매일 바깥 일로 매우 피곤해서 밤마다 다른 공주와 자는 줄을 몰랐다고 한다. 일부 과장된 이야기에 따르면 이는 일곱 밤, 혹은 하루 저녁에 완수한 헤라클레스의 가장 힘든 열세번째 노역이라고 한다.

테스피오스의 모든 딸은 남아를 출산하였는데 다른 이야기에는 테스피아데스(테스피오스의 딸들) 중에서 한 딸만은 헤라클레스와의 동침을 거부하였고, 이에 화가난 헤라클레스가 그녀에게 평생 독신으로 지내라고 질타하였다고 한다. 그리고 이 공주는 테스피아이 신전의 여사제가 되었다. 테스피아데스의 아들들은 테스피아다이라 부르며 사르디니아로 가서 아비의 조카인 이올라오스의 도움을 받아 정착하였는데 그 후 두 명은 테베로, 일곱 명은 테스피아이에 정주하였다. 테스피오스를 플레우론 왕 테스티오스(아게노르의 손자)와 혼동하는 작가도 있으며, 후자인 테스티오스의 아들들은 시문에서 빈번히 등장하는 이름난 칼류돈의 멧돼지 사냥에 참가하였다.

4. 케이론

케이론(Chiron)은 켄타우로스족 중 가장 고명한 예지와 분별력, 자비심을 갖춘 켄타우로스족의 왕으로 사람과 신족 모두에 우호적인 것으로 알려져 있다. 아스클레피오스와 이아손 및 아킬레스 등을 위탁받아 양육과 교육을 담당하기도 하였다. 후기 전설에는 크로노스가 배우자 레아의 눈을 속이기 위해서 말로 변장하고 외출하여 오케아노스의 딸 필류라와 연애하여 얻은 아들이라 한다. 그러므로 제우스의 이복형제가 된다. 옛 전설에 신족이라는 이야기는 없지만

라피테스족과 켄타우로스
간의 싸움.
파르테논 조각 장식 일부

케이론은 불사신이었으며 머리가 총명하여 위험한 야생마를 길들이고 인간에게 말 다루는 법을 가르치는 등 큰 은혜를 베풀었다. 또한 음악, 무술, 수렵, 윤리 및 의술에 조예가 깊어 아폴론도 케이론에게서 가르침을 받았다고 한다. 따라서 모든 켄타우로스족을 야만적이고 비협조적인 존재라고 보는 것은 옳지 않다.

그는 일찍이 펠레우스를 다른 켄타우로스족들로부터 보호해 주고, 요정 테티스와의 결합을 조언해 주었다. 이는 요정이 인간에게 시집간 처음이자 마지막 예인데 여기에서 태어난 아들이 바로 트로이 전쟁에서 활약한 최고의 영웅 아킬레스이다. 케이론은 결혼선물로 물푸레나무를 주었다.

신화에서 켄타우로스족은 헤라클레스의 영웅적 활약과 죽음에 깊이 관여하는데, 호메로스의 경우 헤라클레스와 켄타우로스족을 등장시키지만 확실한 이야기는 없다. 불사신인 케이론의 죽음은 헤라클레스와 직접적으로 관련되어 있다. 즉 세번째 노역으로 배당된 에류만토스 산의 수퇘지 사냥에 나선 헤라클레스는 포이베에서 켄타우로스 폴로스의 호의로 그 집에 묵게 되었다. 헤라클레스가 포도주를 원하자 주인 폴로스는 자기 집 포도주가 없어 망설이다 부족 공동의 포도주를 일부 제공한 것이 문제가 되었다. 포도주 향기를 맡은 다른 켄타우로스 사람이 부족 소유의 포도주를 주었다고 분노하여 헤라클레스와 폴로스를 공격하였던 것이다. 공격을 받은 헤라클레스는 켄타우로스인들 중 일부를 죽였고, 나머지 켄타우로스인들은 케이론의 거처로 달아났다. 헤라클레스는 다시 켄타우로스인의 우두머리인 엘라토스에게 화살을 날렸다. 이것이 엘라토스의 팔을 관통하고, 마침 무슨 일인지 보러 나온 케이론이 이 화살에 무릎을 다치는 불상사가 일어났다. 케이론은 극심한 아픔으로 거처로 들어갔고 헤라클레스는 급히 달려가 자신의 은인인 케이론을 도왔다. 그러나 헤라클레스가 쏜 화살은 치명적인 히드라의 독이 묻은 것이었으므로 케이론이 가지고 있는 모든 의술을 동원해도 치유할 수가 없었다. 그런데 케이론은 영생하는 불사신의 몸이었기 때문에 평생 동안 상처의 고통에 신음하지 않을 수 없게 되었다. 결국 이 무자비한 곤경을 제우스가 해결하는데, 케이론의 영생권을 프로메테우스에게 양도하고 평온한 죽음을 택하게 하였던 것이다.

5. 휼로스

휼로스(Hyllus)는 헤라클레스와 데이아네이라의 맏아들로, 헤라클레스가 죽은 다음 유언에 따라 이올레와 결혼하였다. 그는 아비와 마찬가지로 에우류스테우스의 박해를 받았기 때문이 부득이 펠로폰네소스에서 도피하여 트라키아 왕 케윅스를 찾아갔다. 그러나 케윅스도 에우류스테우스를 두려워하며 안전을 보장하기는 어렵다고 하였다. 할 수 없이 휼로스는 다시 아테네의 테세우스 혹은 그 아들이 있는 곳으로 찾아갔고 거기에서 친절한 대접을 받았다. 그러자 에우류스테우스는 아테네에 선전포고를 하고, 이에 휼로스는 헤라클레스 일족을 규합하여 에우류스테우스에 대항, 공격을 하였다. 이 전투에서 에우류스테우스의 다섯 아들이 죽고, 휼로스는 도망하는 에우류스테우스를 추격한 끝에 자신의 손으로 그를 죽이고 그 수급을 친할머니인 알크메네에게 보냈다.

세월이 지난 다음 북에서 내도한 동족 헤라클리다이(도리스인)와 함께 펠로폰네소스를 회복하고자 공격하였다. 그러나 휼로스는 아르카디아 왕 에케모스와의 한판 승부에서 죽임을 당하였다. 이 이야기는 새로 침입한 도리스인이 자

신들의 신화가 거의 없었기 때문에 헤라클레스에게 연줄을 대고자 헤라클레스의 큰 아들 휠로스를 입양시키고 전설을 계승하여 펠레폰네소스의 승리를 정당화시킨 것으로 보인다.

안타이오스와 격투를 벌이는 헤라클레스. 아티카 적색그림 꽃받침 크라테르 (기원전 510년경). 에우푸로니오스 작

6. 안타이오스

안타이오스(Antaeus)는 리비아(많은 작가들은 현재의 모로코라고 한다)의 거인으로 가이아와 포세이돈의 아들이다. 리비아를 지나는 행인은 누구든 그와 한 판 레슬링을 벌이고 지면 영낙없이 죽임을 당해야 했다. 그런데 그는 힘이 워낙 세서 한 번도 시합에서 진 적이 없었고 죽인 적수의 해골을 아비의 신전에 전시하여 자랑하였다. 마침 헤라클레스가 황금사과를 찾아 이 리비아를 지나던 중 그의 도전을 받고 승부를 가리는데, 이 자가 땅에 닿으면 번번히 새로운 힘을 대지에서 보충받는 것을 알고 그 자를 공중으로 잡아올려 팔로 목을 졸라 죽였다.

헤라클레스는 안타이오스의 처 팅게와 동침하여 아들 소팍스를 낳았다. 소팍스는 마우레타니아를 지배하고 도시를 건설하여 어미의 영예를 위해 도시 이름을 팅기에(현 탕헤르)라 하였다. 소팍스의 아들 디오도로스는 아비의 왕국을 일층 확대하고 마우레타니아 왕조를 창건하였다.

제15장 점술사와 예언자

1. 멜람포스

멜람포스(Melampus)는 '검은 발'이라는 의미로, 어미가 아들을 낳아 그늘에 누여 놓았는데 발에 햇볕이 닿아 다리만 검게 되었다 해서 붙여진 이름이다. 그는 아뮤타온과 에이도메네의 아들로, 크레테우스와 튜로의 손자이다.

어릴 때 펠로폰네소스 퓰로스의 집 마당에 한 그루의 떡갈나무 고목이 있었는데 그 밑둥 동굴은 뱀의 보금자리였다. 하루는 하인들이 늙은 뱀들을 죽여 새끼 뱀만 남게 되었다. 멜람포스는 어린 마음에도 가엾게 여겨 나뭇가지로 대를 만들어 죽은 뱀을 화장시키고 새끼들은 우유를 먹여 양육하였다. 어느 날 떡갈나무 아래에서 잠을 자고 있는데 몸 위로 뱀들이 올라와 마치 자기들의 은인을 알아보는 양 멜람포스의 두 귀를 서로 부드럽게 핥았다. 잠에서 깨자 멜람포스는 자신의 청력이 바뀐 것에 깜짝 놀랐다. 새들이 짹짹거리는 소리를 알아들을 수 있게 되었으며 야생 동물, 심지어는 벌레들의 단편적인 언어까지 이해할 수 있게 된 것이다. 또한 앞일을 정확히 예견하는 초자연적 능력까지 지니게 된다. 거기에다 알페오스 강에서 만난 아폴론으로부터는 의술과 약초의 지식도 전수받았다.

멜람포스의 형제인 비아스는 숙부인 퓰로스 왕의 매력적인 딸 페로를 사랑하였는데 경쟁자가 많았다. 왕은 딸과의 혼인조건으로 퓰라코스의 소문난 우량 소떼를 내걸었는데, 결혼예물로서는 어마어마한 요구라 모든 경쟁자들이 실망하고 물러섰다. 단지 비아스만 미련을 못 버리고 멜람포스에게 협조를 구하니, 둘이서 소를 훔치러 나섰다. 멜람포스는 1년간의 옥살이를 한 다음에야 소를 얻을 수 있음을 예견하였다. 과연 소떼를 훔치는 현장을 목장의 사나운 맹견에 의해 발각당하는 바람에 잡혀서 옥에 갇혔다. 그리고 옥살이를 한 지 거의 1년이 되었을 무렵 천장 대들보 속에 사는 벌레들이 밤중에 속삭이는 말이, 이제 거의 다 파먹어 껍데기만 남고 곧 지붕이 내려앉겠다는 것이었다. 새벽이 되자 방을 당장 옮겨 주기를 간청하고 자기를 감금한 자들에게도 주의하라고 전해주었다. 과연 방을 옮기자 잠시 후 천장이 무너졌다. 이 일을 전해들은 퓔라코스는 멜람포스가 예사롭지 않은 예언자임을 알게 되어 자유의 몸으로 풀어주었다.

당시 퓔라코스는 이피클로스에게서 소산이 없어 걱정이었다. 멜람포스에게 손자를 갖게 되는 방법을 알려 달라 하니 멜람포스는 소떼를 받는 조건으로 응낙하였다. 우선 멜람포스는 수소 두 마리를 희생시킨 후 고기를 잘게 저며 새들이 모여들게 하였다. 그리고는 고기를 찾아 날아든 독수리에게 물어 보니, 오래 전 퓔라코스가 숫양을 거세한 후 피묻은 칼을 아무 생각 없이 어린 이피클로스 옆에 놓았다가 아들을 기겁하게 만들었는데 그 직후 이 칼을 성스러운 떡갈나무에 꽂아 놓고는 까맣게 잊고 그대로 방치해 두었다는 것이다. 그러니 지금 나무껍질에 둘러 싸여 감추어진 이 칼을 찾아 녹을 긁어서 10일간 이피클로스에게 마시게 하면 아이가 생길 것이라 하였다. 칼을 찾아 그대로 하니 과연 이피클로스는 아들 포다르케스를 얻게 되었고, 그 대가로 멜람포스는 소떼를 받았다. 멜람포스는 소떼를 비아스에게 주어 그토록 간절히 원하던 페로를 아내로 맞이하게 하였다. 다른 설에는 소떼를 훔치려다 발각된 멜람포스는 큰 자물쇠가 달린 감옥에 갇혀 굶어죽도록 방치되었다 한다. 그런데 그 해가 지나 감옥을 열어 보니 멀쩡하게 살아 있었다. 멜람포스는 그간 꿀벌을 불러들여 이 벌들이 자물쇠 구멍으로 날라온 꿀로 생명을 유지하였다고 한다.

한편 아르고스 여인들이 디오뉴소스 숭배에 광신적인 상태가 되어 실성하였는데 그 중에는 아르고스의 왕 프로이토스의 딸들도 끼여 있었다. 멜람포스가 왕의 요청으로 여인들을 박새풀(나리과 독초)로 완치시켜 주자 왕은 그 대가로 맏딸과 결혼시키고 영토도 나누어 주어 자리를 잡게 하였다. 그 후손들은 6대에 걸쳐 이 지역을 통치하였다. 멜람포스는 그리스 세계의 최초의 예언자라 하며 사후에는 신으로 추앙되어 신전이 건립되고 숭배되었다.

2. 글라우코스

글라우코스(Glaucus)는 트로이의 안테노르와 테아노의 아들로, 파리스가 헬레나를 납치하는 것을 도왔다. 이로 인해서 그는 아비로부터 집에서 쫓겨났으며, 전쟁이 일어나자 트로이의 한 용사로 그리스군과 싸우던 중 아가멤논에게 죽임을 당했다 한다. 그러나 보다 보편적 설에 따르면 오듀세우스와 메넬라오스가 구하여 서로 굳은 우정을 맺었다 한다.

같은 이름을 가진 또 다른 글라우코스는 히폴로코스의 아들로 리시아 왕국의 태조가 되었다. 용감하고 천재적인 자질을 지녔으며 사촌인 사르페돈이 이끄는 트로이의 동맹군 리시아 장병과 함께 출전하였다. 한 번은 트로이 성 밖에서 전투를 벌이다가 그리스의 아킬레스 다음으로 젊고 용맹한 디오메데스와 마주치게 되었다. 그러나 그들은 곧 자신들의 집안이 조상 때부터 친밀한 관계에 있음을 알게 되었다. 내력을 보면, 히폴로코스의 아들 글라우코스는 벨레로폰의 손자가 되며 디오메데스의 조부 오이네우스는 벨레로폰을 왕실에 초대하여 환대를 해주었다. 겸하여 우정의 증표로 오이네우스는 왕의 휘장을 단 쪽색 어깨띠를, 벨레로폰은 황금잔을 선물로 교환하고 그 후 후손도 계속해서 선물을 주고받으며 우의를 돈독히 하였다. 이에 디오메데스는 글라우코스에게 청동투구를, 글라우코스는 자신의 황금투구를 주고받은 후 자기 진영으로 되돌아갔다.

글라우코스는 그 후 용전하였고 사르페돈이 쓰러지자 달려가서 구하던 중 테우케르의 저지 공격에 부상을 당하여 전투에서 물러서지 않을 수 없게 되었다. 간절한 그의 기원으로 아폴론이 그를 곧 낫게 해주니 다시 달려가 사르페돈의 몸체를 구출하였으나 그리스 병사가 갑주를 벗겨 가는 것을 막지는 못하였다.

그 후 헥토르가 방금 쓰러뜨린 아트로클로스의 시체를 놓고 양측에서 싸움이 벌어졌는데 헥토르에 가세한 글라우코스는 텔라몬의 아들 아엑스의 칼에 살해되었다. 시신은 아폴론의 명령으로 바람신이 리시아로 이송하고 그의 묘역에는 같은 이름의 개울이 흐르게 되었다.

또 다른 글라우코스는 시슈포스와 메로페의 아들로 에퓨라(후에는 코린트로

바다의 신 글라우코스.
판화(17세기)

개칭)라는 도시를 창건하여 왕이 되었다. 니소스의 딸 에우류메데와 결혼하여
아들 벨레로폰을 두었다. 그는 죽음 때문에 특히 유명한데, 즉 펠리아스 장례
기념 경기에 참가하였다가 이피클레스의 아들 이올라오스가 이끄는 4필 기마
경기에서 진 후 자기의 포트니아이 목장 암말에게 산 채로 잡아먹혀 버린 것이
다. 이는 그가 망아지에게 사람고기를 주어 키웠기 때문에 죽은 자의 망령이
말에 붙은데다 말을 용맹하게 할 의도로 발정기의 망아지가 교합하는 것을 허
락하지 않아 아프로디테의 노여움을 샀기 때문이라 한다. 일설에는 망아지에
게 무심코 흥분 성분을 가진 독초 양귀비 또는 동물을 실성시키는 포트니아이
의 샘물을 부주의하게 마시게 하여 일어난 참사라고도 한다.

　딴 전승에 의하면, 어느 날 글라우코스가 한 샘물을 마셨는데 그 샘은 불사
의 삶을 주는 샘물이었다. 그러나 아무도 믿어 주지 않자 이를 입증하기 위해

스스로 몸을 바다에 던져 해신이 되었고, 그 후부터 글라우코스를 바다에서 본 뱃사람은 틀림없이 죽게 되었다고 한다.

같은 이름을 가진 네번째 글라우코스는 보이오티아 안테돈 마을의 어부로, 도시를 창건한 안테돈과 알큐온스의 아들, 혹은 포세이돈과 개울의 요정 사이에서 난 아들인데 태어났을 때는 인간이었으나 우연히 영초를 먹고 난 후 불사의 몸이 되어 해신이 되었다. 불사의 몸이 될 때 바다의 요정이 몰려와 그에게서 인간의 죽음의 잔재를 말끔히 씻어냈고, 어깨는 넓어지고 하체는 힘찬 고기의 꼬리로 변하였으며 윤기 있는 옅은 동록색을 띤 턱수염이 무성하게 자라났다.

겸해서 예언술을 부여받았는데 마음 내키는 대로 변덕이 심한 예언을 내렸다. 베르길리우스에 따르면, 그는 쿠마이의 여성 예언자 시뷸레의 아비이기도 하다. 메넬라오스는 귀환하던 길에 들른 말레아 곶에서 글라우코스를 만나 그로부터 형제 아가멤논의 참사를 알게 되었다. 딴 전승에는 그는 아르고 호의 건립에 관여하고 항해에도 동반하여 아르고 호´선원이 파도와 싸울 때 도움을 주었다고도 한다.

그가 일방적으로 열애한 대상으로는 요정 스퀼라(포르큐스의 딸)가 있다. 그는 스퀼라의 사랑을 얻고자 마술사 키르케에게 도움을 청하였는데, 오히려 키르케가 글라우코스에게 반하게 되었다. 그러나 글라우코스가 자신을 외면하자 요정 스퀼라를 징그러운 괴물로 변신시켜 버렸다. 그럼에도 여전히 그의 연정이 사그러들지 않자 심사가 난 키르케는 스퀼라가 자주 유영하는 물에 독을 타서 여신으로 변신케 하였다고 한다. 글라우코스는 또한 테세우스가 낙소스 해변에 버린 미노스 왕의 공주 아리아드네의 환심을 사고자 애썼으나 실패하고 디오뉴소스가 공주를 차지하였다.

마지막 글라우코스는 미노스 왕과 파시파에의 아들로, 어릴 때 쥐를 쫓아다니다 큰 꿀독에 빠져 실신하여 생명을 잃었다. 미노스는 행방이 묘연한 아들을 찾아 대대적인 수색을 펼쳤으나 소용이 없자 점술사 혹은 직접 아폴론의 신탁에 의뢰하였다. 그랬더니 미노스가 소유하고 있는 소들 중에 흰색, 빨간색, 검은색의 세 가지 색으로 변하는 암소 한 마리가 있는데 이 색의 변화를 가장 잘 해명하는 사람이 어린이를 찾아 되살릴 수 있다고 하였다. 이에 많은 점술사를 모아 물어보니 코이라노스의 아들 폴류에이도스의 해설이 가장 적절하였다.

코이라노스는 멜람포스의 증손이고 그 아비 클레이토스는 여신 에오스의 지극한 사랑을 받아 불사의 몸으로 변신한 인물이었다. 이러한 탁월한 가계에서 태어난 폴류에이도스는 암소를 변색하면서 익어가는 뽕나무 열매 오디에 비유하여 처음에는 희고 다음에는 빨개지며 마지막에는 까매진다고 설명하였다. 이는 정곡에 가까운 설명임이 인정되어 왕은 그에게 글라우코스를 꼭 찾아 데려올 것을 명령하였다. 이에 홀로 포도주 광에 들어가 궁리하던 폴류에이도스는 꿀벌을 쫓아 나타난 올빼미의 뒤를 밟아 꿀 항아리가 있는 데로 가게 되고 거기에서 꿀항아리에 빠진 어린아이를 찾아내었다. 그러나 미노스는 아이를 살려내야 한다고 우기며 그를 어린이와 같이 가두어 버렸다. 난감한 처지에 빠져 있는데 뱀 한 마리가 나타나 어린아이에게로 다가왔다. 그나마 아이가 해를 받게 되면 영영 자신이 살아날 길이 막힐지 모른다는 생각이 든 폴류에이도스는 돌을 들어 뱀을 죽여 버렸다. 그런데 또 한 마리의 뱀이 나타나 풀잎을 가져다가 죽은 뱀 위를 덮자 다시 살아나서 두 마리가 같이 사라지는 것이었다. 이것을 지켜본 폴류에이도스가 같은 풀잎을 따다가 어린아이에게 덮어 놓자 어린아이는 거짓말처럼 다시 살아났다. 그러나 미노스 왕은 이번에는 자기 아들에게 점술을 가르쳐 주기 전에는 아르고스 귀향을 허락할 수 없다고 하였다. 별수 없이 소년에게 점술을 가르쳐 놓고 고향으로 출범하는데, 전송 나온 소년에게 폴류에이도스는 자신의 입 속에 침을 뱉으라고 지시하였다. 그대로 하였더니 글라우코스는 그간 배운 것을 모두 잊고 말았다. 일설에는 글라우코스를 살린 사람은 아스클레피오스라고 한다.

3. 티레시아스

티레시아스(Tiresias)는 테베의 고명한 예언자로, 스파르토이족 우데오스(카드모스가 용의 이빨을 땅에 뿌렸을 때 솟아나와 대항한 병사의 한 명)의 후손인 에베레스와 요정 카리클로의 아들이다. 카리클로는 여신 아테나와 수레를 빈번히 같이 타는 친숙한 사이였다. 하루는 둘이서 헬리콘 산의 히포크레네(말의 샘)로 목욕을 갔는데 근처에서 사냥하던 카리클로의 아들 티레시아스가 우연히 벌거벗은 아테나 여신의 나체를 보게 되었다. 그러자 아테나는 그의 눈을 손으로 덮어 맹인으로 만들어 버렸고, 카리클로는 이를 잔인한 짓이라고 비난하였다. 아테나는 불사신이 아닌 인간이 신을 본 죄로 시력을 잃게 된 것이라 하며 그 대신 티레시아스에게 층층나무 지팡이와 새의 소리까지 알아들을 수 있는 기막힌 청력과 예언 능력까지 주었다.

그러나 보다 더 유명한 이야기는 다음과 같다. 하루는 티레시아스가 퀼레네(혹은 키타이론) 산에서 두 마리의 뱀이 교미하고 있는 것을 보고 막대기로 떼어 놓고 암놈에 상처를 입혔다(혹은 죽였다). 그러자 그는 갑자기 여성으로 변해 버렸다. 세월이 흘러 7년 후 다시 같은 장소를 지나는데 공교롭게 또 교미하고 있는 뱀을 만났다. 과거에 자신이 했던 것과 똑같이 개입하니 이번에는 남성으로 전환되어 원상태로 복구되었다. 당시 그는 여성으로 지내면서 이미 결혼생활까지 한 상태였기 때문에 양성을 경험한 셈이 되었다.

하루는 제우스와 헤라 사이에 남녀간의 사랑의 교합으로 느끼는 쾌락이 어느 쪽이 더 강하느냐를 둘러싸고 논쟁이 벌어졌다. 해결이 나지 않자 양성에 모두 경험이 있는 티레시아스에게 묻기로 하였다. 티레시아스를 불러 물으니 그는 거침없이 교합의 기쁨을 10이라 하면 여자가 9를, 남자는 1을 차지할 뿐이라 대답하였다. 헤라는 자신의 사랑의 비밀을 폭로한 것에 격분하여 티레시아스의 시력을 없애 버렸다. 이에 제우스는 티레시아스의 봉변을 보상하기 위하여 예언술과 장생의 혜택을 주어 인간의 명(命)으로 보면 7대에 해당하는 기간 동안 살 수 있게 하였다.

티레시아스는 테베에서 많은 예언을 행하였다. 예컨대 암피트리온에게는 알크메네의 사랑의 경쟁자를 밝혀 주고, 오이디푸스에게는 본의 아니게 죄지은 것을 밝혔으며, 크레온에게는 오이디푸스를 왕위에서 쫓아내야 병마에 신음하는 테베 사람들의 재난을 구할 수 있다고 하였다. 또한 7인의 맹장이 테베를 침범했을 때는 크레온의 아들 메노이케오스를 희생으로 바쳐야 아레스 신의 노여움을 풀고 멸망을 면할 수 있다고 하였으며, 테베를 침공한 에피고노이의 대학살을 모면하려면 그들과 휴전하고 야밤에 도시를 극비로 빠져 나가야 한다고 예언하였다.

그리스 및 로마 시문에서는 티레시아스를 테베의 유명한 예언자로서 어디에서나 등장시키고 있다. 왕 펜테우스에게는 보이오티아에서의 디오뉴소스 숭배

를 반대하지 말도록 충언하고, 요정 에코는 변형되고 운명적인 울림만 남을 것
이며 나르키소스의 죽음을 예언하기도 하였다. 고향으로 귀환하던 도중 1년간
이나 키르케의 품 안에 있던 오듀세우스는 키르케의 충고를 받아들여 하데스
나라로 티레시아스를 찾아와 상의를 하기도 하였다.

제우스는 티레시아스에게 사후에도 예언 능력을 가질 수 있는 선물을 주었
다. 즉 그에게 예언능력을 가진 딸 만토를 낳게 하였는데 이 딸이 바로 예언자
몹소스의 어머니다. 티레시아스의 죽음은 에피고노이의 테베 점령과 관련되어
있다. 즉 테베 피난민에 섞여 탈출한 티레시아스는 어느 날 아침 텔푸사 샘 근
처에서 쉬게 되었는데 목이 말라 마신 샘물이 어찌나 찬지 결국은 죽게 되었
다. 다른 설에서는 티레시아스는 피난을 가지 않고 딸과 함께 도시에 남아 침
략자의 포로가 되었으며 에피고노이가 신으로 모시는 아폴론의 성직자로서 델
포이로 보내져 봉사하다 여기에서 생을 마쳤다 한다.

4. 칼카스

테스토르의 아들인 칼카스(Calchas)는 고명한 예언자로 주로 새가 날아가는
것을 보고 예언을 하였다. 트로이 원정에는 그리스군의 총사령관 아가멤논이
직접 찾아와서 동반을 종용하였다. 그는 트로이 전쟁 10년 전에 이미 아킬레스
와 필록테테스 없이는 트로이 시를 함락할 수 없을 것이라고 예언을 하였다.
또한 아울리스에 원정군이 집합하여 아폴론 신에게 공양을 올릴 때 제단에서
큰 뱀이 나오더니 나무 위의 새둥지로 올라가 둥지에 있는 8마리의 새끼새와
어미새를 삼키고는 돌로 변하는 이변을 보고 9년이 지나야 트로이 전쟁이 끝
날 것이라고 점쳤다.

트로이 전쟁 막바지에는 크류세이스를 그 아비에게 돌려주지 않는 한 그리
스군에 퍼지는 병을 막을 수 없다고 하였으며 그 밖에 행한 여러 예언이 모두
들어맞았다. 칼카스는 아폴론에게서 그 신통력을 전수받았으며 자신의 신통력
을 능가하는 사람을 만나게 되면 자신이 멸망한다는 신탁도 받았다. 트로이 전
쟁 후 콜로폰 근처에서 이 신탁이 실현되었다. 즉 칼카스는 한 무화과 나무에

열린 열매의 수를 맞추지 못한 데 반해 몹소스(만토와 아폴론의 아들)가 이를 정확히 맞추자 깊은 시름에 빠져 죽었다 한다. 그러나 후대의 이야기로는 리시아 왕의 원정을 둘러싸고 몹소스와 칼카스가 정반대되는 예언을 한 적이 있었는데 몹소스의 말대로 되자 비관하여 죽었다고 한다.

5. 라오콘

라오콘(Laocoon)은 트로이 튬브라의 아폴론 신전 신관으로 프리아모스의 둘째부인 헤쿠바의 아들, 혹은 안테노르의 아들이라 하는데 후자의 이야기가 더 유력하다. 안티오페와 결혼하여 두 아들 에트론과 멜란토스를 두었다. 두 아들은 안티파스 및 튬브라이오스라고도 부른다.

트로이 전쟁 막판에 그리스군은 위장 철수하고 해변에 거대한 목마를 남겨놓았다. 목마는 그리스인이 아테나 여신에게 봉헌한 것이지만, 라오콘은 이 목마가 트로이에게는 재난이 될 수 있다며 성 안으로 들이는 데 반대했을 뿐만 아니라 목마의 옆구리에 창을 던져 불경한 행위를 저질렀다.

한편 트로이에서는 라오콘에게 해신 포세이돈에 희생공양을 올려 적군의 귀향에 폭풍과 격랑을 일으켜 주도록 기원하였다. 막 황소를 희생공양할 때 아폴론 신이 보낸 두 마리의 큰 바다뱀이 나타나더니 신관 라오콘과 두 아들을 휘감고 서로 엉기고 조여 세 부자를 박살내고 성채 사원에 있는 아테나 여신상 앞에 또아리를 틀고 앉았다. 전설에 따르면 두 뱀의 이름은 포르케 및 카리보이아라 한다. 어쨌든 트로이 사람들은 라오콘의 목마에 대한 행위가 아폴론 신을 화내게 했음을 알아차리고 화급히 목마를 아폴론에 바쳤다. 그러나 신의 노여움은 풀리지 않아 마침내 트로이 시는 파멸하였다. 라오콘의 죽음을 둘러싼 다른 설에 따르면 트로이 전쟁이 일어나기 전, 라오콘이 결혼 첫날밤 신성한 신전에서 동침하는 모독을 저질러 아폴론 신의 노여움을 샀기 때문이라고도 한다. 대리석상 라오콘(바티칸 소장)은 로도스의 유명한 세 조각가(하게산드로스·폴류도로스·아테나도로스)의 작품이라 하나 복제 전문가의 작품이라는 견해도 있다.

아폴론이 보낸 두 마리의 뱀과 싸우고 있는 라오콘과 두 아들. 로도스의 세 화가의 작품으로 알려진 작품(기원전 3~2세기)을 복제한 것(기원전 1세기)

6. 프로테실라오스

프로테실라오스(Protesilaus)는 테살리아 파가사이 만 서쪽 도시의 영주 퓔라케 왕의 아들로 라오다메이아를 신부로 맞이하였으나 제대로 혼인 축하연도 못 열고 서둘러 트로이 원정에 가담하기 위하여 자신의 나라와 인근 도시의 군선 40척을 이끌고 출정하였다. 그런데 그리스인에게는 트로이 땅을 첫번째로 밟는 자가 제일 먼저 죽는다는 신탁이 있었기 때문에 트로아스 해안에 닿은 그리스군은 트로이 왕자 헥토르와 인근 도시 콜로나이 왕 퀴크노스가 이끄는 무사와 마주쳐서도 상륙을 머뭇거렸다. 이에 프로테실라오스가 솔선하여 해안으로 뛰어내려 공격을 가해 트로이 병사 여럿을 죽였다. 그러나 결국 헥토르와 트로이군의 칼에 쓰러지고 말았고 그 후 형제인 포다르케스가 파견함대의 지휘를 맡게 되었다. 프로테실라오스의 시신은 헬레스폰트 건너 트라키아 케르소네소스에 매장되었으며 영웅으로 칭송하여 세스토스 근처 엘라이오스에 훌륭한 사당을 봉헌하였다. 신부 라오다메이아는 남편의 죽음을 너무나 애타게 슬퍼하였기 때문에 프로테실라오스가 잠시 명계에서 나와 신부를 위무하였으나 끊임없이 슬퍼하고 신랑을 그리워한 나머지 자진 목숨을 끊고 명계로 따라갔다.

그 외 이야기로는 첫 원정 때 트로이로 잘못 알고 뮈시아를 공격할 때 프로테실라오스는 뛰어난 역할을 하여 왕 텔레포스의 방패를 탈취하였고, 이 때문에 아킬레스는 텔레포스에게 부상을 입힐 수 있었다 한다. 또한 플리니우스[1]에 의하면 프로테실라오스의 무덤 주위에는 매우 높이 빨리 자라는 나무가 있었는데, 트로이 쪽에서 보일 정도로 자라면 갑자기 시들어 썩어버리고, 다시 자라서 먼저와 같이 거목이 된 후 또 같은 변천을 반복하였다고 한다.

그 후 몇 대가 지나 페르시아 왕 크세르크세스 때 케르소네소스가 페르시아인 치하에 들어가게 되고, 세스토스는 욕심 많은 총독 아르타육테스의 지배를 받게 되었다. 총독은 프로테실라오스 사당의 보물을 탐내어 노략질을 하고자 하였으나 크세르크세스의 재가 없이는 불가능하였다. 이에 총독은 꾀를 내어 거짓 증언으로 반항한 그리스인을 처치하고 본보기로 이들 그리스인의 가옥을 군영으로 쓸 수 있도록 허락해 줄 것을 청원하였다. 왕의 재가가 떨어지자 총

---

1) 서기 23~79년의 로마의 자연사가.

독은 기다렸다는 듯이 사당을 덮쳐 보물을 노략질하고는 전에 그리스인이 소아시아에서 약탈한 물건을 다시 찾았다고 하였다. 더 나아가 이것에 만족하지 않고 사당 성역을 개간하여 곡식을 심게 하였으며 사당에는 창녀를 두었다.

　이러한 신성모독에 격분한 아테네군은 응징에 나서서 세스토스를 다시 점령하고 총독과 그 아들을 포로로 삼았다. 전하는 이야기에는 포로를 지키는 그리스인 감시원이 말린 어물을 요리하고 있는데 마른고기가 강판에서 뛰어 올랐다고 한다. 이에 총독 아르타육테스는 프로테실라오스의 몸이 비록 건어나 다를 바 없이 쪼그리고 있어도 복수의 힘은 아직 남아 있음을 깨닫고, 두려움에 떨며 훔친 사당의 보물을 모두 되돌려 주고 또한 자신과 아들의 몸값으로 그만큼의 대가를 치르겠다고 서약하였다. 그러나 아테네의 장군 크산티포스(페리클레스의 아버지)는 이 감언에 동하지 않고 총독을 십자가에 못박고 그의 아들은 눈앞에서 돌로 쳐 죽였다.

제16장 트로이 전쟁

1. 호메로스

호메로스(Homerus, Homer)는 기원전 900년경의 그리스 시인으로 그리스 구비문학을 집대성하여 만고불후의 서사시 『일리아드』와 『오듀세이아』를 완성하였다.

『일리아드』: 트로이의 별칭이기도 한 일리아드는 아카이아인의 트로이 성공략 마지막 51일간의 클라이맥스를 자세히 서사시로 엮은 전쟁문학이다. 내용의 개요는 다음과 같다. 그리스의 으뜸 가는 전사 아킬레스는 총사령관 아가멤논과 다툰 후 불쾌해 하며 막사로 철수해 버린다. 그 뒤 그리스군의 형세가 불리해지고 트로이 왕의 아들 헥토르가 성 밖으로 나와 아킬레스의 절친한 친구 파트로클로스와 맞붙어 싸워서 그를 죽인다. 비탄에 잠긴 아킬레스는 다시 출전, 헥토르를 죽여 친구의 원수를 갚지만 헬레나를 유괴한 트로이의 왕자 파리스의 화살에 그의 가장 취약한 발뒤꿈치(아킬레스건)를 맞아 이 상처로 인해 죽게 된다.

『오듀세이아』: 주인공 오듀세우스는 그리스 이타카 섬의 왕으로 로마인은 율리시스라 부른다. 이 작품은 목마작전으로 트로이를 함락시키고 귀국 길에 오른 오듀세우스가 10년간을 유랑하며 갖은 모험을 한 끝에 마침내 사랑하는 아내 페넬로페에게 돌아간다는 공상 이야기이다.

그리스인의 성서로까지 표현되는 이들 서사시에서 보이는 호메로스의 궁극적 관심은 종교와 윤리라는 두 측면에 있다. 서사시는 학교와 법정, 거리에서

낭송되었으며 교사, 웅변가, 예술가만이 아니라 모든 사람들이 이 호메로스의 시에서 신의 관념을 끌어 냈다. 현 구미 각국의 학교에서 교양과목의 한 강좌를 차지하는 이유도 같은 맥락일 것이다.

호메로스 찬가 : 신들을 찬양하는 서사시체의 찬송집으로 기원전 7~4세기 간에 작사된 시문집. 영웅 서사시와 같은 가락과 음률을 띠고 있어 아름답고 부드러우면서도 명쾌하다. 대부분 짧은 시문이지만 데메테르, 아폴론, 헤르메스, 아프로디테에 바치는 창가는 상당히 길고 연대도 오래 된 것이다.

호메로스의 두상. 기원전 300년경 작품을 로마시대에 복제한 것. 로마 카피톨리니 박물관

2. 트로이

　신화에서 보이는 고대 트로이(Troy, Troia) 시는 호메로스의 『일리아드』를 곧이곧대로 믿었던 독일의 상인이자 고고학자인 슐리만에 의하여 1870년 처음 그 지점이 추정 발굴되어 세상에 알려졌다. 3년이 지난 1873년에는 황금보물을 발견하고 이를 호메로스가 말하는 왕 프리아모스와 관련된 것으로 믿었다. 실지로 슐리만은 같은 장소에서 적어도 9개 시(市 : 유적의 최하층부터 제1시, 제2시 등으로 지칭한다)의 흔적이 남아 있음을 알게 되었다. 물론 보물은 슐리만이 말한 도시보다 선행하는 시대의 것에 속하고 일리아드의 트로이는 제6시에 해당하였지만 어쨌든 슐리만의 이 발견은 경이적인 것이었다. 즉 이를 통해 그리스 고전인 호메로스의 작품이 실제 있었던 사건을 소재로 한 것임이 분명해졌고, 트로이(현 터키의 히사를리크)[1]를 직접 밝혀냄으로써 그 시대에 대해 여러 가설

을 주장한 고고학자들을 놀라게 한 것이다. 프리아모스의 트로이 시는 사방 약 200m에 달하는 매우 작은 성채로, 중앙고지에 대지를 높인 집터와 궁궐, 세 개의 성문이 있어 트로이라는 도시의 이름 뜻을 이해하게 되었다. 이 트로이의 성채는 왕 일로스[2]가 축성하였기 때문에 일리움, 혹은 일리온이라 불렸다.

고고학자의 추정에 의하면 트로이 시는 기원전 약 1240년에 아카이아인의 침입으로 함락되었다고 한다. 신화상으로는 제우스의 아들 다르다노스에 의해 트로이 시가 건설되었고 아카이아인의 10년 공략으로 멸망하였다.

3. 라오메돈

라오메돈(Laomedon)은 트로이 왕 일로스의 아들이며, 스트류몬과 결혼하여 프리아모스(원 이름은 포다르케스)와 헤시오네를 두었다.

트로이 성을 쌓을 때 제우스 신이 1년간 귀향살이 보낸 아폴론과 포세이돈의 도움을 받았으나 성이 완성되자 그들에게 노역의 대가를 지불하지 않았다. 원래 약속한 대가는 첫 출생한 어린 동물을 제단에 바치는 것이었다. 그러자 얼마 안 가 포세이돈은 그 영토를 황폐화시키고 아폴론은 질병을 내려 사람들을 병으로 신음하게 하였다. 이에 신의 분노를 진정시키고자 희생동물을 바쳤으나 트로이 사람들의 희생은 늘어만 가고 신의 노여움은 가라앉지 않았다. 신탁을 받아보니 매해 바다괴물에게 트로이 처녀를 공양하라는 답이 나왔다. 별 수없이 바다괴물이 나타날 때마다 혼기가 찬 처녀를 모은 후 나라를 위하여 목

---

1) 트로이 유적지 : 『일리아드』의 트로이 전쟁 유적지는 헬레스폰트 남쪽 약 5km 지점인 트로아스의 히사를리크 언덕으로 추정된다. 데메트리오스(기원전 3세기) 및 스트라보 (기원전 1세기)는 일리움이 히사를리크에서 동쪽으로 5km 떨어진 시모에이스 계곡이라 한 바 있다. 19세기 말 프랑스의 한 여행가(Le Chevalier)는 트로아스를 탐방하고 부나르바쉬(Bunarbasch) 마을 뒤쪽 불류크(Bullyk) 언덕이 일리움 유적지라 단호히 주장하였는데 현재도 일부 학자는 여기에 동조한다. 1864년에는 키클라데스의 한 섬인 시라 (Syra)의 오스트리아 영사 할른(Von Haln)이 불류크 언덕에 삽을 대어 수개월에 걸쳐 발굴작업까지 하였으나 무위로 끝났다. 그러다가 1870년 슐리만의 발굴로 유사전 일리움이 실존하였으며 트로이 전쟁도 소설이 아님이 명확히 밝혀지게 되었다.
2) 플라키아(Placia) 또는 레우키페라고도 한다.

숨을 바칠 여성을 제비뽑기로 선택하였다. 이런 참사가 5~6년 계속되다가 그
만 라오메돈이 각별히 사랑하는 공주 헤시오네가 희생자로 뽑혔다. 왕은 딸을
내놓을 수 없어 거부하였고 이에 신의 노여움은 커졌다. 바로 이 때 마침 영웅
헤라클레스가 당도하여 좋은 말 여러 필을 제공한다면 트로이인의 참사를 없
애 주겠다고 제안하였다. 이에 왕이 응락을 하고 헤라클레스는 약속대로 괴물
을 처치하였다. 그러나 왕이 약속을 지키지 않자 헤라클레스는 트로이를 벽력
으로 함락시키고 라오메돈을 죽였다. 공주 헤시오네는 승리자의 장군 텔라몬
에게 출가시키고 포로 속에서 프리아모스를 찾아내어 아비의 자리에 앉혔다.
후에 프리아모스는 40명 이상의 여인과 관계하여 17명 이상의 아들을 두었고,
왕비 헤쿠바에게서 낳은 아들 헥토르와 파리스 등은 트로이 전쟁에서 활약하
였으나 트로이의 멸망을 막지는 못하였다.

4. 트로이 전쟁

트로이 전쟁(Trojan War)의 불씨는 펠레우스 왕과 요정 테티스의 결혼연에
나타난 불청객 불화의 여신 에리스가 던진 황금사과 하나였다. 에리스는 이 사
과를 세상에서 가장 아름다운 여신에게 주겠다고 하였다. 사과 한 알이야 대수
로운 것이 아니었으나 가장 아름다운 여신이라는 말에 마음이 쏠린 아프로디
테와 헤라, 아테나가 경합을 벌였다. 그리고 그 판결은 제우스의 제의에 따라
이다 산의 양치기로 있던 트로이 왕자 파리스가 맡게 되었다.

세 여신은 파리스의 환심을 사기 위해 열심히 공작을 펼쳤다. 헤라는 그에게
유럽과 아시아의 왕 자리를, 아테나는 아카이아에 대한 트로이의 승리를, 아프
로디테는 천하에서 가장 아름다운 여자를 제의하였다. 파리스는 끝내 마지막
제언을 받아들여 황금의 사과는 아프로디테의 차지가 되었다. 그런데 당시 천
하 제일의 미인 헬레나는 이미 스파르타 왕 메넬라오스의 왕비가 되어 있었다.
이에 파리스는 아프로디테의 힘을 빌어 스파르타로 출항하여 메넬라오스의 후
대를 받고는 헬레나를 유혹, 트로이로 납치해 가버렸다. 그런데 미혼이었을 당
시 헬레나에게는 수많은 구혼자가 몰려들었기 때문에, 만일에 있을지도 모를

일명 아가멤논의 마스크로 알려진 미케네 왕의 황금마스크. 미케네 아크로폴리스 출토

불상사를 막기 위해 구혼자들은 헬레나의 남편으로 선택된 사람의 생명과 권리를 반드시 존중하며 그 남편으로부터 헬레나를 빼앗는 자를 치겠다는 맹서를 한 적이 있었다. 이러한 사유로 메넬라오스의 호소에 의해 친형인 아르고스의 패왕 아가멤논이 총사령관이 되어 주변 영주의 병사를 규합, 트로이를 쳐서 복수하고 헬레나를 되찾아오기 위한 대원정이 시작되었다. 양군의 전세는 막상막하여서 장기전의 양상을 띠게 되고 양측 모두 수많은 영웅이 희생되었다. 아홉 해가 지났을 때 오듀세우스의 유명한 목마작전이 들어맞아 난공불락의 트로이 성은 마침내 함락되었다. 당시 아카이아군이 출동시킨 병선은 총 1000척이 넘고 병력은 10만 이상으로 추정되고 있다.

5. 아킬레스

아킬레스(Achilles, Achilleus)는 뮤르미돈의 왕 펠레우스와 테티스의 아들이다. 아이아코스의 후예라는 의미로 아이아키데스라 부르기도 한다. 테티스는

정작 『일리아드』에서는 등장하지 않은 트로이의 목마. 테라코타 피토스의 돋을새김(기원전 670년경). 그리스 미코노스 출토

해양신 오케아노스의 아름다운 딸로, 원래 제우스와 포세이돈이 모두 아내로 삼고 싶어하였으나 테티스를 아내로 맞이하면 그 아이가 아비보다 위대해질 것이라고 한 테미스(또는 프로메테우스)의 말을 듣고 포기하였다. 그리고 영생하지 못하는 인간의 왕 펠레우스와 결혼시키기로 합의하고 대신 성대한 결혼식을 올려주었다. 불멸의 여신이 영생하지 못하는 인간과 결혼한 유일한 예다. 이 결혼식은 불화의 여신 에리스가 와서 황금사과를 내걸고 헤라, 아테나 및 아프로디테 세 여신의 불화를 조성함으로써 트로이 전쟁의 씨를 뿌린 것으로도 유명하다.

인간과 결혼한 테티스는 어린 아킬레스를 불사의 몸으로 만들기 위하여 스튝스 강물에 담갔는데 손으로 잡은 뒤꿈치는 물에 닿지 않아 그 부분만 불사신이 되지 않았다. 다른 설에 따르면, 테티스는 매번 태어난 아이를 불사신으로 만든다며 불에 달구었으나 모두 죽어 버렸고 마지막으로 7번째 아이인 아킬레스를 불에 넣을 때 남편 펠레우스가 보고 구출하였다 한다. 아킬레스의 교육을 위탁받은 켄타우로스족 케이론은 그에게 전술과 음악을 가르치고 야생동물의 골수를 먹여 강인한 체력을 길러주었다. 포이닉스는 웅변술을 가르쳤는데 아킬레스는 이후 그를 존경하고 사모하였다.

아킬레스는 트로이 전쟁에서 그리스 측의 핵심적 최고 맹장으로서 호메로스의 『일리아드』에 주인공으로 등장하는데, 마음씨는 온화하지만 화가 나면 잔인하고 광폭한 인물이었다. 테티스는 아들이 트로이 원정에 참가하면 비명에 갈 것임을 알고 있었기 때문에, 이를 막고자 아무도 모르게 아들을 스큐로스[3]의 왕 류코메데스의 궁전으로 보내 여장을 시키고 공주들과 함께 지내게 하였다. 아킬레스는 여기에서 공주 데이다미아와 사랑하여 아들 네옵톨레모스를 두었으며, 연상의 젊은이 파트로클로스와도 친한 친구가 되었다. 한편 오듀세우스는 이미 트로이 원정이 있기 10년 전 아킬레스 없이는 트로이를 함락시킬 수 없다고 한 예언자 칼카스의 말에 따라 아킬레스를 찾아나섰다. 당시 그는 상인으로 변장하여 류코메데스 왕에게 귀중한 선물을 바치고 왕실로 들어가 공주들 앞에 장신구와 의상 및 무기를 진열해 보였다. 이 때 한 공주만이 서슴지 않고 칼에 손을 대는 것을 보고, 단번에 아킬레스임을 간파하였다. 앞일을 예견하고 있던 테티스는 아킬레스에게 짧고 영광된 생애와 무명이지만 긴 생애 중 하나를 선택하도록 하였다. 아들의 결의가 무엇인지를 안 테티스는 헤파이스토스에게 간청하여 어떠한 무기에도 끄덕 않을 견고한 갑옷과 무기를 만들어 아킬레스에게 주었다.

작품 『일리아드』에서는 그리스군이 아울리스에서 트로이로 직행하였다고 되어 있으나 후의 전설은 이것과 차이가 난다. 즉 첫 원정에서 아울리스를 떠난 함선은 트로이로 갔으나 항해를 잘못하여 트로아스(프리아모스의 나라)가 아

---

3) 에우보이아 동북 45km 해상에 위치한 둘레 96km의 헐벗은 바위섬으로, 원래 기원전 1883년까지는 선주민인 펠라스기아인과 카리아인의 땅이었다.

파트로클로스의 부상당한 팔을 치료하는 아킬레스. 파트로클로스는 고통 때문에 이를 악물고 있다. 아티카 적색그림 컵(기원전 500년경). 불치 출토

닌 그보다 훨씬 남쪽의 뮤시아 해안에 상륙하였다. 이 나라 왕인 헤라클레스의 아들 텔레포스는 먼저 공격을 가하여 침입자인 그리스군을 배로 쫓아내는 데는 성공했으나 아킬레스의 창에 찔려 대퇴부에 큰 상처를 입었다. 그리스 원정대는 공격할 나라가 잘못 되었다는 것을 알자 다시 출항하여 트로이로 향하였다. 그런데 폭풍이 불어 선단은 흩어지고 각 함선은 각기 출발지로 되돌아갔다. 아킬레스의 함선과 그 외 일부 배는 스큐로스 해안으로 돌아갔는데 그 곳은 처와 아들이 있는 곳의 근처였다. 그리스군은 아르고스에 모였다가 새로 출정하였다.

한편 당시 부상으로 고생하던 텔레포스는 상처는 아킬레스의 창만이 치유할 수 있다는 델포이의 신탁을 받았다. 이에 변장을 한 채 아킬레스를 찾아가 그 창의 녹을 발라 치유하였다.

2차 출정 때도 아울리스에 집합하였는데 출범에 꼭 필요한 바람이 불지 않아 선단은 발이 묶이고 말았다. 이에 티레시아스(혹은 칼카스)에 문의하니 아르테미스 여신이 아가멤논의 딸 이피게네이아의 희생공양을 요구한다는 점괘가 나왔다. 원정군의 아우성으로 아가멤논은 할 수 없이 요구에 응하기로 하고 공주와 그 어미 클류템네스트라에게 의심을 사지 않도록 딸을 아킬레스에게 출가시키겠다고 하여 아울리스로 불러들였다.

이 내막을 알게 된 아킬레스는 대책을 세우기에는 너무 늦었다는 것을 알면서도 희생만은 극구 반대하였다. 그러나 원정대원들이 들고 일어나 아킬레스에게 돌을 던져 죽이려 하였으므로 포기할 수밖에 없었다. 후세의 비극 시문에서는 계속하여 이 장면을 최고로 수식하여 묘사하고 있다. 순풍이 불자 텔레포스가 상처 치유의 보답으로 항해의 안내역을 맡았다. 그리스 선단은 트로아스 해안 스카만드로스 강구의 시가이움에서 20km 떨어져 있는 작지만 풍요로운 섬 테네도스에 상륙하였다. 이 섬은 이후 10년 전쟁의 기지이자 트로이 함락의 전략으로 일시 그리스군이 후퇴하게 될 섬이기도 하였다. 그런데 섬에 상륙한 아킬레스는 왕인 아폴론의 아들 테네스와 그 여동생을 그만 유괴하여 죽이고 말았다. 곧 후회하였지만 이미 늦었으므로 아킬레스는 테네스를 위하여 장엄한 장례를 치러 주고 살인방지 임무를 소홀히 한 노예를 죽였다.

트로아스에 상륙한 그리스군은 트로이 성을 9년에 걸쳐 끈질기게 포위 공격하였으나 트로이 성은 난공불락이었다. 그간 그리스군은 소아시아의 해안도시와 내륙도시를 습격하여 해적성 약탈을 일삼았는데 특히 뮤시아의 테베가 입은 피해는 격심하였다. 당시 아킬레스는 테베의 도시를 점령하고 안드로마케의 부친 에에티온 왕과 7명의 왕자를 한꺼번에 살해하고 왕비는 납치하였다. 또한 그는 류르네소스를 침공하여 아이네아스를 패주시키고 아리따운 브리세이스를 잡다 사랑하는 첩으로 삼았다. 아가멤논은 테반을 습격할 때 아폴론 신전의 사제 크류세스의 딸 크류세이스를 납치하여 애첩으로 삼았다.

원정 9년 초, 트로아스에 상륙하여 승리를 거둔 아킬레스는 포세이돈의 아들 쿡노스 및 프리아모스와 헤쿠바의 아들 트로일로스를 죽였다. 그러자 트로이는 곧 아마존의 여왕 펜테실레이아와 에티오피아의 왕 멤논의 지원을 받아 군세를 증강시켰다. 트로이 성 공략 10년째에 접어들자 전쟁은 더욱 격렬해지고 올림포스 신들도 바삐 돌아가며 양측으로 나뉘어 전투를 지원하였다. 불멸의 신이지만 필멸의 인간 없이는 그 존재의 의의를 잃는 법! 자신들의 관할 지역과 아끼는 인간들이 적어지면 신도 그 위력을 발휘할 기회가 줄고 받는 공양도 빈약해져 신전 유지에 문제가 생길 터이니, 서둘러 전쟁을 마무리하려 한 것이다.

호메로스의 『일리아드』는 주인공 아킬레스의 격노로부터 종말의 막을 열었다. 이는 아가멤논의 첩 크류세이스를 놓고 일어난 언쟁에서 시작되었다. 당시 그리스 진영은 병이 널리 퍼져 많은 인명피해를 내고 있었다. 예언자 칼카스는 이 재난은 아폴론 신의 분노 때문이라고 풀이하고 사제인 크류세스의 요청을 받아들여 아가멤논이 테반에서 차지한 사제의 딸 크류세이스를 돌려보낼 것을 요청하였고, 아킬레스는 무장회의에서 아가멤논에게 칼카스의 말에 따를 것을 강력히 주장하였다. 결국 사랑하는 여인을 내놓지 않을 수 없었던 아가멤논은 그 보복으로 아킬레스가 어느 여성보다도 사랑하던 브리세이스를 내놓으라고 요구하였다. 이에 아킬레스는 자기 진영으로 물러가서 여자에 대한 자신의 권리에 이의를 제기하는 한 전투에는 가담하지 않을 것임을 선언하였다. 그러나 왕의 사절단이 와서 기어이 여자를 데려가 버리자 격분한 아킬레스는 해안으로 나가 어머니 테티스에게 억울함을 호소하였다. 그리고 트로이군의 공격을 원정 선단이 정박한 보루까지 미치게 하여 그리스군의 승리가 자기 없이는 불가능함을 입증시켜 달라고 부탁하였다. 아들 아킬레스만이 적을 공포에 휩싸이게 하여 트로이군의 맹렬한 공격을 막을 수 있을 것임을 알고 있었던 테티스는 천공으로 올라가 제우스 신에게 아킬레스가 물러나 있는 동안 트로이군이 승리하게 해 달라고 청원하였다. 제우스는 이 청을 수락하였다.

한편 아가멤논은 자기의 행동이 지나쳤음을 후회하고 아킬레스 진영으로 사절단을 보내 보상으로 브리세이스는 물론 더 아리따운 여자와 트로이 함락 후에는 최고 미인 20명을 택하게 할 것이며 또한 자기 딸 가운데 한 명과 좋은 영토도 주겠노라고 언약하였으나 아킬레스의 마음은 요지부동이었다. 트로이군에 밀려 그리스군 진영의 보루에서 전투가 벌어지는데도 아킬레스는 자기 배의 갑판에서 바라보고만 있었다. 마침내 우군의 군선이 적군에게 소각당할 위기에 놓이자 절박한 상황을 참을 수 없게 된 아킬레스의 친우 파트로클로스는 아킬레스에게 우군을 돕도록 자신을 보내달라고 하였다. 아킬레스는 친우의 요청에 따라 자기의 무장을 빌려주었다. 공격중이던 트로이군은 파트로클로스가 나타나자 아킬레스인 줄로 착각, 일순간 겁을 먹었으나 맹장 헥토르의 타격으로 파트로클로스는 그만 쓰러지고 말았다. 친우의 전사 소식에 아킬레스는 형용할 수 없는 슬픔에 휩싸이고 그 통곡을 들은 테티스는 방금 헥토르가 파트로클로스로부터 벗기고 있는 것과 똑같은 새 갑옷을 만들어 줄 것을 약속하였다. 마침내 분을 참지 못한 아킬레스는 무장도 하지 않은 채 접전중인 보루에 나타났고, 파트로클로스의 시신을 서로 차지하고자 덤비던 트로이군은 아킬레스의 노성에 경악하여 도주하였다.

다음 날 아침, 아킬레스는 아가멤논에게 반목을 종식하고 화해하여 싸울 준비를 갖추겠다고 말하였다. 아가멤논도 아킬레스에게 용서를 바라며 그간 아무일 없이 있던 브리세이스를 돌려보내겠다고 대답하였다. 아킬레스는 곧 전투에 참가하고, 순간적인 예언의 소리를 내는 기적적인 능력을 갖춘 아킬레스의 말 크산토스는 주인의 죽음이 임박했음을 예언하였다. 그러나 아킬레스는 이 경고를 무시하고 앞장서서 공격하니 트로이군이 앞다투어 도망쳤다. 다만 아이네아스만이 아폴론의 영감을 받아 대항하였다. 아킬레스의 창이 아이네아스의 조그마한 방패를 뚫고 아이네아스는 큰 돌을 휘둘러 여기에 대항하는데, 포세이돈이 안개를 풀어 둘 모두를 구하였다. 이어 헥토르도 아킬레스를 공격하려는데 신이 이것을 막아 무위로 그치게 하니, 두 영웅이 단 둘이서 대결할 운명의 시점이 아니었던 것이다.

아킬레스는 계속 트로이쪽으로 공격해 나갔다. 그는 트로이의 젊은 포로 20명을 스카만드로스 강 건너 파트로클로스 무덤으로 끌고 가 희생시키고자 하였으나 강의 신이 길을 차단하여 희생의 피흘림을 막고 아킬레스의 죽음을 막고자 하였다. 이에 개울물을 불어나게 하여 강둑을 넘쳐 흐르게 하니 아킬레스는 뒤에 처지는 바람에 되돌아올 수밖에 없었다. 그리고는 다시 트로이 성으로 돌진하였다. 마침 이 때 트로이 성의 스카이안 게이트 앞에 헥토르가 홀로 서 있었다. 마침내 두 장수에게 마지막 결전의 시기가 다가온 것이다. 아킬레스는 그를 보고 경악하는 헥토르를 추격하며 성벽을 돌았다. 제우스가 급기야 운명의 저울로 두 장수를 달아보니 아킬레스의 몫이 무겁고 헥토르는 명계의 신 하데스 쪽으로 기울었다. 아폴론이 헥토르를 포기하는 순간이었다. 이 때 아테나가 나타나자 헥토르는 자신의 가장 사랑하는 동생 데이포보스로 착각하고, 이것이 착각임을 알자 이제 자신은 적수에게 죽임을 당할 것이라는 순간적 인상을 갖게 되었다. 마침내 헥토르는 공격하는 아킬레스에게 그대도 앞으로 오래 살지 못할 것이라고 경고하고 죽음을 맞이하였다.

헥토르는 임종 직전에 아킬레스에게 자신의 시신을 프리아모스에게 보내 주기를 요청하였으나 아킬레스는 이를 거절하고 시신의 뒤꿈치를 묶어서 자기의 전차 뒤에 매달고 그리스 진영으로 끌고 돌아왔다. 그리고는 매일 눈물을 흘리며 친우 파트로클로스를 죽인 적의 시체를 끌고 진영을 돌아다녔다. 12일이 지나자 테티스는 죽음의 존엄을 모르는 아킬레스에 대해 신들이 화를 내고 있음을 알게 해 달라고 제우스에 청원하였다. 이에 아킬레스의 태도가 누그러져 마침 아들의 시신을 인도해 주기를 원하는 헥토르의 부친 프리아모스를 친절히 맞이하고 엄청난 몸값을 받은 후 시체를 넘겨주었다. 이상이 『일리아드』에 나오는 아킬레스 이야기이다.

호메로스 시의 후담으로 전해진 아킬레스의 이야기에는, 헥토르의 장례를 치르고 있던 중 트로이를 돕기 위해 도착한 아마존의 여왕 펜테실레이아에 대한 아킬레스의 연모와 고뇌 이야기가 들어 있다. 즉 아마존의 여왕은 그리스군을 공격하여 일단 그리스 진영으로 후퇴시켰으나 결국 아킬레스에게 치명적인 상처를 입고 죽게 되었다. 그런데 죽어가던 여왕의 절세의 미모를 보게 된 아킬레스는 사모의 감정과 슬픔으로 마음의 충격을 받게 되었다. 이를 옆에서 보고 있던 테르시테스가 시체와 사랑을 한다고 조롱하자 아킬레스는 주먹으로 일격을 가하여 그를 죽여 버렸다.

아킬레스와 에티오피아 왕 멤논 간의 전투는 둘의 어미인 테티스와 에오스가 보는 앞에서 치러졌다. 결국 아킬레스에게 쓰러진 멤논을 바라보면서 에오스는 제우스에게 눈물로 호소하여 영생 못하는 인간과는 다르게 멤논에게 영예를 내려 줄 것을 기원하였다. 이 기원은 받아들여져, 멤논을 화장하는 불꽃 위로 새떼가 날아와 세 번을 돌더니 두 패로 갈라져 격렬한 싸움을 벌인 끝에 새떼의 반이 불 위로 떨어져 멤논의 넋을 기리는 희생공양으로 죽었다. 이 새떼를 멤노니데스라 하는데 해마다 어김없이 트로아스의 멤논 무덤으로 찾아와 혈투를 벌이고는 생희생의 의식으로 무덤 위에 떨어졌다고 전한다. 에티오피아인은 멤논의 영예스런 통치를 오래도록 기리기 위하여 조각상을 세웠고 이 조상에서는 매일 해뜰녘에 상쾌한 음률이 울려나왔다.

아킬레스의 폴룩세나에 대한 사랑 이야기도 전해진다. 트로이 전쟁 때 겨울철에 양쪽은 상호 휴전을 하였다. 어느 날 아킬레스는 중립지대인 튜모브리오스의 아폴론 신전에 공양하러 갔다가 마찬가지로 공양을 하러 온 폴룩세나에게 한눈에 반해 버렸다. 이에 휘하의 아우토메돈을 헥토르에게 보내 그녀와 결혼하고 싶다는 뜻을 전하였다. 헥토르는 그리스 진영에서 프리아모스에게 귀순한다면 청을 들어줄 수 있다고 답하였다. 매혹적인 이 처녀는 프리아모스의

일리아드의 최고 영웅 아킬레스의 죽음. 아킬레스가 파리스의 화살에 뒤꿈치와 옆구리를 맞고 쓰러지자 아킬레스의 발목을 묶고 갑옷을 벗기기 위해서 글라우코스가 끌어가고 용사 아엑스가 달려와 공격한다(많은 전승에서는 아킬레스가 아닌 파트로클로스 이야기로 전한다). 활을 쏜 파리스는 꽁무니를 빼어 달아나고, 뱀이 엉켜 있는 방패와 창을 가진 아테나가 이를 지켜보고 있다. 트로이측 용사의 이름은 거꾸로 적어 구별하고 있다. 칼키디케 암포라(기원전 6세기)

딸이었던 것이다. 전쟁 막판에 왕 프리아모스가 헥토르의 시신을 반환해 달라며 찾아왔을 때 아킬레스는 폴륙세나와의 결혼을 요청하였고 프리아모스는 트로이 쪽에 가담한다는 조건하에 허락을 하였다. 이들 상호 간의 언약은 트로이 성에서 멀지 않는 아폴론의 튐브리오스 신전에서 하기로 하였다. 아킬레스는 무장을 풀어 놓은 채 지정한 장소로 나갔고, 파리스는 바로 이 신전의 아폴론 조상 뒤에 숨어 있다가 아킬레스를 살해하였다. 그리고 트로이인은 아킬레스의 시신을 압류해 놓고 헥토르의 시신을 찾아오면서 지불했던 만큼의 몸값을 요구하였다. 아킬레스의 로맨틱한 마지막 장면은 후기에 첨가된 것으로 보인다. 어떤 작가는 아킬레스가 트로이 성 뒤에서 다시 적군을 무찌를 때 최후를 맞았다고 한다. 즉 아폴론이 나타나 아킬레스에게 후퇴하라고 전언했음에도 복종하지 않자 화살을 맞아 죽게 하였다는 것이다. 또 다른 이야기에 따르면, 사수는 파리스였으며 아폴론은 화살이 아킬레스의 딱 하나의 취약점인 뒤꿈치를 맞게 하였다고 한다.

어쨌든 아킬레스의 시체를 놓고 양편에서 격전이 벌어졌는데 이는 파트로클로스의 죽음으로 일어났던 잔인한 살육전에 못지 않았다. 아엑스와 오듀세우스는 마침내 적들을 위협하여 시체를 자기 진영으로 운반하였다. 아킬레스의 장례식은 테티스와 뮤즈, 요정들이 모인 가운데 성대히 치러졌으며 아테나 여신은 그의 몸에 암브로시아 기름을 발라 부식을 막고 보존케 하였다. 그리스인은 아킬레스의 영예를 기리기 위하여 해변에 묘석을 세웠다. 그 후 테티스는 아들의 시신을 다누베 강구의 '흰 섬'으로 옮겼는데 신기한 일이 나타났다. 섬 가까이 지나는 배의 선원들은 낮에는 끊임없이 부딪치는 무기의 소리를, 밤에는 술잔을 부딪치는 쨍그랑 소리와 노랫소리를 듣게 된 것이다. 지하 낙원에서 아킬레스는 메데이아, 이피게네이아, 헬레나, 혹은 폴륵세나와 영적 결혼을 하였다 한다. 또한 전하는 이야기로는 트로이 성 함락 후 그리스군이 고향으로 떠나기 전에 아킬레스의 무덤에서 소리가 나고 폴륵세나를 못 잊어 생희생을 요구하는 소리를 들었다고 한다.

작품 『오듀세이아』에서 명계의 아킬레스는 항시 꽃이 피어 있는 낙원의 꽃밭(수선화밭)을 큰 걸음으로 소요하는 것으로 묘사되고 있다. 그리고 그 곁에는 영웅들, 특히 전쟁중의 전우였던 텔라몬의 아들 아옉스를 위시하여 안틸로코스, 파트로클로스 및 아가멤논이 둘러서 있다. 아킬레스의 죽음에 대해서 언급은 되어 있으나 죽인 자의 이름은 밝혀져 있지 않다.

아킬레스에 대한 추억은 일반 그리스 대중의 뇌리에 생생히 살아 남았고 그 숭배는 아킬레스의 영웅적 활약상과 더불어 트로이쪽 아시아 본토는 물론 많은 섬으로 퍼져 나갔다. 호메로스가 기술한 아킬레스는 매우 풍채가 좋고 아름다운 머리, 빛나는 눈매, 힘찬 목소리를 가진 두려움을 모르는 늠름한 젊은이다. 전투에 최대의 열정을 갖고 무엇보다도 영광에 극도의 애착을 느끼면서도, 아들의 시체를 거두러 온 프리아모스와 만나 같이 슬퍼하며 친절을 베푸는 친절하고 온화한 인품을 지닌 것으로 되어 있다. 또한 음악에도 재능이 있어 수금과 노래로 괴로움을 잊게 하였으며 파트로클로스를 각별히 좋아하고 브리세이스와는 뜨거운 사랑을 나누는 풍부한 감성도 가지고 있었다. 그러나 한편으로는 매우 잔인하기도 하여 트로이 포로를 처형하라고 명령하고 무덤에서 폴륵세나를 요구하여 묘석 앞에서 희생케 하기도 하였다. 명계의 낙원에서는 자신의 아들 네옵톨레모스가 용기 있는 젊은이임을 알고 매우 기뻐하며, 부모를 존경하고 어머니를 신임하며 신의 의지임을 알 때는 지체없이 일을 진행하기도 하였다. 이와 같이 분별 있는 성품인데도 불구하고 그리스의 철학자 특히 스토아 학파에서는 그를 인간의 가장 원형적 감정의 노예로 보고, 사리판단이

아킬레스와 아엑스의 망중유한. 아카이아의 최고 용사 아킬레스와 아엑스가 진중의 짬에 장기를 두는 장면. 암포라(기원전 6세기). 엑세키아스 작

분명한 인간형으로서의 오듀세우스와 대조시켰다.

   그러나 고대인들에게 아킬레스가 대단한 존경과 사랑의 대상이 되었음은 분명하다. 알렉산더는 일찍이 아킬레스를 자신의 이상적인 영웅상으로 보고 신으로 숭배하였으며, 호메로스의 『일리아드』로부터 스타티오스의 『아킬레스』(서기 45)에 이르기까지 수많은 시문에 아킬레스를 주역으로 등장시키고 있다. 에우리피데스의 비극시 『아울리스의 이피게네이아』에도 아킬레스가 등장한다.

   예술면에서도 아킬레스는 매우 인기가 높았다. 아티카의 항아리 그림에 등장하는 아킬레스는 초기에는 주로 수염을 기르고 있으나 후기에는 일률적으로 수염이 없다. 자주 등장하는 장면은 복병, 죽음, 파트로클로스 장례의식, 펜테실레이아 및 멤논 등과의 전투, 전우 아엑스와의 장기, 아킬레스 시체 탈환 등으로 그 소재는 매우 다양하다. 후기에는 류코메데스의 공주들 속의 아킬레스, 어린 아킬레스를 펠레우스가 케이론에게 데려가는 그림도 있다. 스큐로스의 류코메데스 공주들과 지낸 이야기나 어미가 스튝스 강물에 몸을 담가 약한 데를 없앴다는 이야기는 호메로스 시대보다 훨씬 후인 로마의 시인 스타티오스에 의해 첨가된 것으로 보인다.

6. 오듀세우스

오듀세우스(Odysseus)를 로마에서는 율리시스라 한다. 오듀세우스는 이타카와 둘리키움 섬의 왕이며 안티클레이아와 라이르테스의 아들이다. 일설에는 시슈포스의 아들이라 하는데, 즉 안티클레이아는 라이르테스와 결혼할 당시이미 시슈포스의 아이를 가지고 있었으며 오듀세우스의 성격 중 계략에 능한점은 시슈포스 가계에 연유한다고 한다. 오듀세우스는 처 페넬로페와의 사이에서 아들 텔레마코스를 두었다. 호메로스의 서정시 『일리아드』에서 오듀세우스는 그리스측 장군으로 활약하며 작품 『오듀세이아』에서는 항해 모험담의 주인공으로 등장한다.

오듀세우스는 지모와 용기에 넘치는 위풍당당한 영웅일 뿐 아니라 설득에능하고 궤변을 구사하여 협상에도 뛰어난 재주를 보이는 등 노련한 정치가적역량도 갖춘 인물이었다. 트로이 전쟁에서는 그리스측 장군으로 양측의 화해를 도모하여 헬레나의 반환을 트로이에 제의하였다. 크류세이스(아폴론의 사제크류세스의 딸)를 아비에 돌려 주어 그리스군에 질병을 퍼뜨린 아폴론의 노여움을 진정시켰으며 웅변으로 그리스군을 고무하고 디오메데스와 함께 위험하기짝이 없는 적진 트로이 성에 잠입하여 정찰 활동을 펼쳤다. 당시 헬레나는 그를 알아보았으나 고발하지 않았다. 또한 양군 간에 일시 휴전을 성립시켜 파리스와 메넬라오스(스파르타의 왕으로 헬레나의 본 남편) 단 둘이서만 한판 승부를내게 하였으며 전쟁 최후기에는 목마작전으로 트로이 성을 함락시키는 데 결정적인 역할을 하였다.

『오듀세이아』에서는 오듀세우스의 대담하고 교묘하며 또한 침착한 모험 이

괴조 세이렌의 유혹을 물리치는 오듀세우스. 아티카 적색그림 스탐노스. 세이렌 화공 작

야기가 펼쳐진다. 다음 장면은 그의 용기와 교지(狡智)의 일면을 역력히 보여
준다. 오듀세우스의 부하들이 외눈박이 거인족 큐클로페스에게 한 명씩 잡아
먹히고 있을 때 오듀세우스는 가죽부대에 넣어온 포도주를 동굴의 왕 폴류페
모스에게 마시게 하고 그가 만취하자 불에 달군 큰 올리브 나뭇가지로 눈을 지
졌다. 그 전에 오듀세우스는 술에 취한 거인이 자신에게 이름이 무엇이냐고 물
었을 때 부모나 동료들이 모두 자기를 '아무도 아님'이라는 뜻을 가진 우데이
스라 부른다고 대답하였다. 이 대답은 오듀세우스로 하여금 위기를 모면케 해
주었다. 즉 눈이 찔려 앞이 보이지 않을 뿐만 아니라 심한 통증으로 고통을 느
낀 거인이 자신의 동족에게 도와달라고 소리를 쳤고, 이 소리를 듣고 달려온
동료와 부하들이 가해자가 누구냐고 묻자 "아무도 아니다(우데이스)"라고 대답
했던 것이다. 부하들은 당연히 잠꼬대를 한다며 웃으며 가 버렸다. 날이 밝자
오듀세우스는 동굴에 있는 양을 세 마리씩 연결시킨 후 양에 부하를 한 명씩
매달리게 하고 자신은 마지막 양의 배에 매달려 거인의 점검을 피해 동굴을 무
사히 탈출하였다.
　마녀 키르케가 사는 아이아이에(콜키스의 섬)에서는 마녀의 독초 때문에 부

페넬로페와 아들 텔레마코스. 남편 오듀세우스는 트로이 함락 후 10년이 되도록 돌아오지 않고 생사 여부조차 모르는데 구혼자들은 궁전에 들어앉아 법석을 떨어 부인과 그 아들은 베틀 옆에서 수심에 잠겨 있다. 아티카 적색그림 스큐포스(기원전 440년경).

하늘이 돼지로 변하였는데 오듀세우스는 헤르메스에게서 받은 해독초 몰류[4] 의 도움으로 수난을 면하고, 부하를 원상 복구시켜 주는 조건으로 키르케의 사랑을 받아들여 1년간 함께 지낸 후 부하의 충고로 다시 출범하였다. 일설에 키르케는 오듀세우스와의 사이에서 텔레고노스를 낳았다고 한다. 후에 성년이 되어 아비를 찾아 떠난 텔레고노스는 난파를 당해 해안에 도착하였다가 섬주 민들을 보호하고자 출동한 오듀세우스와 싸움을 벌인 끝에 자신의 아버지인지 도 모른 채 그를 살해하였다. 후에 아비의 시신을 아이아이에로 이장하고 동행한 페넬로페는 아테나 여신의 명으로 텔레고노스와 결혼해서 축복을 받았다. 이윽고 그들 사이에 이탈로스라는 아들이 태어났는데 여기에서 이탈리아라는 국명이 연원하였다고 한다.

아이아이에를 떠난 오듀세우스는 시종 포세이돈에게 박해를 받으면서도 아테나의 비호를 받으며 항해를 계속하였다. 항해중에 그는 감미로운 노랫소리로 유혹하는 괴조 세이렌과 맞닥뜨리기도 하였다. 그는 부하들의 귀를 밀초로

---

4) 그리스 신화에 나오는 유백색 꽃에 검은 뿌리가 있다는 마법의 풀로 노랑꽃산마늘.

봉하고 자신의 몸은 돛대에 매어 놓게 하여 참기 어려운 멜로디의 매력에 빠지지 않고 그 곳을 벗어났다. 그러나 태양신 헬리오스의 섬에 도착하여 그의 부하들은 헬리오스의 소를 잡아먹었다가 모두 목숨을 잃고 끝내 고기를 먹지 않은 오듀세우스만 살아 남아 표류 끝에 칼륩소가 사는 섬에 도달하였다. 이 곳에서 오듀세우스는 자신에게 반하여 깊이 사랑에 빠진 요정 칼륩소의 상대가 되어 7년간이나 세월을 보낸 후 귀향길에 나섰다.

수많은 고난 끝에 고향인 이타카에 돌아와 보니 아내 페넬로페는 그간 100명 이상의 구혼자들의 등쌀에 큰 곤욕을 치르고 있었다. 이에 거지로 변장한 오듀세우스는 페넬로페에게 접근하고, 구혼자들과 12개의 도끼 머리 구멍을 화살로 쏘아 통과시키는 경합을 벌여 모두 물리쳤다. 그리고는 처와 자신만이 아는 침실의 비밀을 밝혀 자신이 20년 전에 헤어진 남편임을 확인시킨 후, 아들 텔레마코스의 협력을 받아 구혼자 무리를 사살하고 왕위를 되찾았다.

오듀세우스는 백절불굴의 용감한 영웅, 교묘한 전술가로 찬양되는 반면 외교술에 능한 간교한 철면피 정치가로도 평가되고 있다. 승리를 위해서는 기만행위도 정당화하였으며 선동으로 희생을 요구하기도 하였다. 총사령관 아가멤논의 공주 이피게네이아를 희생공양으로 바치게 했고, 트로이 왕비 헤쿠바와 딸 폴륙세나를 끌고 와 급기야는 아킬레스가 애절하게 사랑한 폴륙세나를 아킬레스의 묘 앞에서 잔인하게 희생시켰다. 헥토르의 아내 안드로마케에게도 어린 아들 아스튜아낙스를 내놓게 하여 희생시켰다. 그야말로 그리스의 승리를 위해서라면 무슨 일이든 사양하지 않았던 교활한 정략가였던 것이다.

7. 헬레나

헬레나(Helena, Helene)는 제우스와 레다의 딸로, 그리스 신화에서 가장 아름다운 여성으로 등장한다. 그녀는 스파르타의 왕 메넬라오스의 왕비가 되었고, 친선사절로 스파르타 왕실에 찾아온 트로이의 왕자 파리스에게 납치 혹은 같이 도망하여 그의 처가 되었다. 이 사건을 계기로 그 유명한 트로이 전쟁이 일어났다. 호메로스에 의하면 헬레나는 아프로디테 여신으로부터 원하는 상대가 누구든 마음을 사로잡을 수 있는 능력을 부여받은 절세의 미녀였다고 한다.

다른 전승에는 헬레나가 제우스와 여신 네메시스의 딸이라 한다. 즉 제우스는 네메시스를 사랑하여 열렬히 구애를 하였으나 네메시스는 계속 모습을 변신하며 그로부터 도망을 쳤다. 마침 네메시스가 거위로 둔갑한 것을 본 제우스는 스스로 백조로 변신하여 접근, 교합에 성공하였다. 이에 거위는 스파르타 삼림에 알을 낳았는데 그 알을 양치기가 발견하여 스파르타의 튠다레오스 왕의 왕비인 레다에게 바쳤다. 얼마 후 알에서 헬레나가 나왔고 레다는 자신의 딸로 양육하였다.

일반적인 이야기는 백조로 모습을 바꾼 제우스가 관계한 것은 왕비 레다이며, 레다는 두 개의 알을 낳았는데 한 개에서는 튠다레오스를 아비로 하는 클류템네스트라와 카스토르가, 또 하나에서는 제우스를 아비로 한 헬레나와 폴룩스가 나왔다 한다. 하지만 폴룩스와 카스토르를 모두 제우스의 아들들인 디오스쿠리로 보기도 한다. 헬레나의 자매 클류템네스트라는 후에 아가멤논의 왕비가 된다.

헬레나가 12살 되던 해, 아테네의 왕 테세우스는 스파르타 신전에서 아르테미스 오르티아(Orthia)의 합창에 맞추어 춤을 추던 헬레나를 납치하여 아티카의 아피드나이에 은밀히 연금하고 자신의 어미 아이트라에게 양육을 맡겼다. 테세우스는 모험을 매우 좋아하는 젊은이로 친구 피리투스와 함께 세상에서 가장 아름답고 가장 철저히 보호되고 있는 여성을 신부로 삼자고 합의하여 먼저 헬레나를 납치한 것이다. 이 때 테세우스는 제비뽑기로 그녀를 차지하였다고 한다. 그 다음으로는 친구가 원하는 페르세포네를 구하러 같이 명계로 떠났다. 그런데 그 사이 헬레나를 수소문하고 있던 그녀의 형제 카스토르와 폴룩스가 데켈로스 혹은 아카데모스로부터 정보를 제공받아 헬레나를 찾아낸 후 테세우스의 어미와 함께 스파르타로 끌고 가버렸다.

테세우스는 그녀의 처녀성을 존중하였다고 하나 딴 전승에서는 둘 사이에는 이피게네이아라는 딸이 있었다고 한다. 헬레나가 스파르타로 돌아오자 튠다레오스는 그녀를 출가시키기로 마음먹고 신랑감을 수소문하니 각처에서 많은 젊은이가 모여들어 왕궁을 채웠다. 작가에 따라 그 수효는 29명에서 99명까지로 추정하였다. 이들 명단에 아킬레스는 들어 있지 않았는데, 아직 적령이 아니었기 때문일 것이다. 그런데 정작 튠다레오스는 너무 많은 구혼자 무리에 당혹해

하며 혹 선택되지 않은 젊은이들이 모반할까 봐 걱정이 태산 같았다. 마침내 구혼자 중에서 지모가 출중한 오듀세우스의 충고에 따르기로 하였다. 즉 모든 구혼자를 집합시켜 일단 헬레나의 남편으로 선택된 자의 생명과 권한은 어떠한 일이 있더라도 지킨다는 점을 미리 서약케 하자는 것이었다. 운집한 구혼자들은 그 조건에 찬성하고, 약속을 어길 수 없도록 말을 희생시켜 그 위에서 서약하였다. 그렇게 해서 선택된 남편이 메넬라오스였다. 메넬라오스의 재산이 행운을 차지하게 했다고도 하고, 헬레나의 자매인 클류템네스트라가 미케네의 왕 아가멤논에 출가하였으므로 그 시동생인 메넬라오스와 인연이 쉽게 닿았다고도 한다. 어쨌든 무사히 결혼이 성사되자 튠다레오스는 그 보답으로 오듀세우스에게 형제 이카리오스의 딸 페넬로페와의 혼인을 주선해 주었다.

이후 헬레나는 메넬라오스와의 사이에 딸 헤르미오네를 두었고, 니코스트라토스도 그녀가 낳은 아들이라고 하나 일설에는 노예 여인이 낳은 아이라고 한다. 이피게네이아도 헬레나의 딸이라 하는데 일반적으로는 클류템네스트라가 어미라 한다. 스테시코로스에 의하면, 헬레나의 딸인데 양육을 언니에게 위탁한 것이라 한다.

헤르미오네를 낳고 여러 해가 지났을 때 트로이 왕자 파리스가 왕실을 방문하고 메넬라오스의 환대를 받았다. 파리스는 이다 산에서 양치기로 있을 때 세 여신 중 아프로디테를 최고의 아름다운 여신으로 판정하고 그 보답으로 절세의 미녀를 약속받은 바 있었다. 헬레나를 본 순간 파리스는 아프로디테가 약속한 여자가 누구인가를 바로 알아차렸고, 헬레나 또한 아프로디테의 부추김으로 미모의 왕자 파리스에게 마음을 빼앗겼다. 마침 메넬라오스는 조부 카트레우스의 장례식에 참석차 크레타로 떠나 성채를 잠시 비웠고, 그 사이 둘은 서로 손을 잡고 도망하였다. 물론 메넬라오스의 재물 중 가장 값나가는 보물을 챙기는 것도 잊지 않았다. 순풍에 밀려 둘은 3일째 되던 날 트로이에 도착하였다. 일설에는 풍랑에 떠밀려 키프로스, 시돈을 거쳐 갔다고도 하고 이집트까지 갔다는 설도 있다. 헥토르를 위시한 트로이 장로들의 모든 반대를 무릅쓰고 둘은 트로이에서 정식으로 결혼식을 올렸다. 그리고 트로이 전쟁에서 필록테테스가 시위를 놓은 독화살에 파리스가 쓰러질 때까지 19년간 결혼생활을 지속하였다. 파리스가 죽은 후에는 시동생 데이포보스와 다시 결혼하였다.

크레타에서 스파르타로 돌아와 헬레나의 납치 사실을 알게 된 메넬라오스는

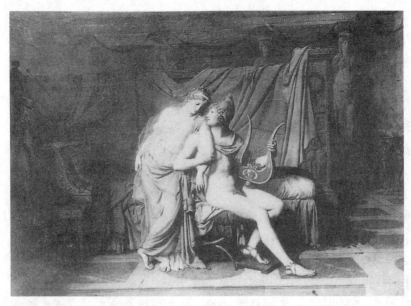

파리스와 헬레나. 프랑스 다비드(J. L. David : 1748~1825) 작

친형인 미케네 왕 아가멤논에게 호소하여, 전에 헬레나의 구혼자였던 모든 나라의 왕들에게 옛날에 한 서약을 환기시켜 헬레나 탈환에 협조를 구하게 하였다. 그리고 우선 메넬라오스와 오듀세우스는 헬레나와 더불어 재물 반환을 위한 교섭 사절로 트로이로 건너갔으나 트로이측은 이에 응하지 않았을 뿐 아니라 도리어 죽이려고까지 하였다. 당시 둘은 안테노르의 도움으로 겨우 목숨을 구하였다. 이렇게 되자 그리스측은 크게 분노하고 트로이 원정대를 소집하니 드디어 전쟁이 발발하였다.

장기간 계속되는 포위 공략중에 헬레나의 심정은 흔들려 어찌할 바를 몰랐다. 오랜 농성 생활에 지쳐 파리스와 도망해 온 것을 후회하기도 하였다. 오듀세우스가 정찰을 위해 트로이 성내로 잠입하였을 때도 단번에 그를 알아보았을 뿐만 아니라 그가 트로이의 영웅을 몇 명이나 살해하였음을 알면서도 밀고하지 않았다. 오듀세우스가 팔라디움 신상을 탈취하러 잠입했을 때도 그를 도왔다는 설까지 있다. 그렇다고 해서 헬레나가 완전히 그리스쪽으로 돌아선 것으로는 보이지 않는다. 그리스군이 목마를 전쟁터에 놓고 근처 섬에 숨어서 대기할 때, 헬레나는 남편 데이포보스와 함께 목마를 보러 들판에 나와 목마 속

헬레나를 죽이려다 변함없이 아름다운 그녀의 모습에 칼을 떨어뜨리고 마는 메넬라오스.
아티카 적색그림 종모양 크라테르(기원전 440년경)

에 숨은 그리스 용장들의 이름을, 그것도 그들의 부인 음성을 교묘히 흉내내면
서 불러보기도 했던 것이다.

그러나 막판에 메넬라오스와 데이포보스가 대결을 벌였을 때 헬레나는 메넬
라오스를 도와 데이포보스를 죽게 하였다. 이 때 메넬라오스는 헬레나도 함께
죽이려고 칼을 들었으나 반나신으로 나타난 그녀의 눈부신 모습에 그만 칼을
떨어뜨리고 말았다. 트로이 함락 후 메넬라오스와 헬레나의 관계는 호메로스
의 『오듀세이아』와 에우리피데스의 『트로이 여인들』 속에 자세히 언급되어 있
다. 『오듀세이아』에 따르면, 메넬라오스와 헬레나는 스파르타로 귀항하던 중
풍랑을 만나 이집트까지 흘러가 그 곳에서 7년의 세월을 보내고 헬레나와의
사이도 원상 복구되었다고 한다. 그러나 『트로이 여인들』에 따르면, 헬레나의
진실된 심정을 알지 못한 메넬라오스는 트로이의 왕비 헤카베가 모든 것을 배
신한 그녀를 당연히 죽여야 한다는 말에 설득당하여 스파르타에 가서 반드시
죽이겠다는 약속을 하고 있다.

그러나 스테시코로스는 전혀 다른 새로운 이야기를 전한다. 이 이야기가 나

오게 된 경위는 다음과 같다. 즉 스테시코로스는 먼저 헬레나의 부정한 행위를 비난하는 시를 썼는데 그만 눈이 멀어 버렸다. 그런데 그 즈음 남쪽 이탈리아의 크로토니아의 용사 아우토레온은 로크리스인과의 전쟁에서 아엑스의 그림자를 공격하였기 때문에 중상을 입었다. 이에 델포이의 신탁을 받아보니 흑해에 떠 있는 레우케 섬에 가면 오일레우스의 아들 아엑스가 상처를 낫게 해 줄 것이라고 하였다. 아우토레온은 이 신탁에 따라 레우케 섬을 찾아가 상처를 고쳤으며 아울러 이야기 선물을 가져왔다. 즉 트로이 전쟁의 영웅들은 아직도 레우케 섬에 생존해 있으며 아킬레스와 결혼한 헬레나가 자신에 대한 진실을 밝혀준다면 스테시코로스의 시력도 회복될 것이라고 했다는 것이다. 시인은 곧바로 '취소의 시'를 썼는데 이 시문에는 헬레나가 트로이에 가지 않은 것으로 되어 있다.

이 이야기는 에우리피데스의 『헬레나』로 발전되었다. 그 내용을 보면, 먼저 파리스와 함께 트로이로 도망을 한 것은 헤라 여신이 만든 헬레나의 환상이고, 진짜 헬레나는 제우스의 명을 받은 헤르메스가 이집트로 데려갔으며 트로이 전쟁 중에는 그녀의 신변을 이집트 왕 프로테우스에게 위탁하였다고 한다.

한편 헤로도토스에 따르면 이집트 전승에는 다음과 같은 이야기가 있다고 한다. 헬레나를 탈취해서 도주하던 파리스가 이집트 항구에 닿았을 때 노젓는 파리스의 뱃사람들이 이집트 왕 프로테우스에게 두 사람 사이를 이야기하였다. 이에 왕은 화를 내며 헬레나만 이집트에 있게 하고 파리스는 쫓아 버렸다. 전쟁 기간중 메넬라오스를 위시하여 모든 그리스 군사는 헬레나가 트로이에 있다고 믿었으나 트로이가 함락된 후에야 그녀는 거기에 없다는 것을 알게 되었다. 이에 메넬라오스는 이집트로 가서 비로소 처 헬레나를 다시 스파르타로 데려왔다. 호메로스에 의하면, 메넬라오스와 헬레나는 제우스 신에게 경건한 희생공양을 하지 않은 죄로 트로이에서 개선하여 귀환하던 중 이집트까지 밀려가게 되었다. 메넬라오스가 파로스 섬에 표착하였을 때 해신 프로테우스의 딸 에이도테아의 말이, 아비가 잠들어 있을 때 붙들어 혹 빠져 나가고자 여러 모양으로 변하더라도 놓치지 않고 있으면 체념해서 스파르타로 가는 길을 가르쳐 줄 것이라고 하였다. 메넬라오스가 그 말대로 프로테우스를 붙잡고 놓아 주지 않았더니 과연 이집트로 가서 곧바로 정중히 희생공양을 올리라고 하였다.

두 사람이 그리스에 돌아왔을 때 마침 오레스테스가 아이기스토스와 클류템네스트라를 죽인 죄로 아르고스 민중들로부터 재판을 받고 있었다. 에우리피데스의『오레스테스』에는 자신의 숙부인 메넬라오스가 그의 변호를 거절하자 절망에 빠진 오레스테스와 친구 퓔라데스는 모든 재앙의 원인이 된 헬레나와 메넬라오스의 딸 헤르미오네를 붙잡아 죽이려 하였다. 바로 그 찰나 헬레나의 모습은 사라지고, 카스토르와 폴룩스와 마찬가지로 전광(St Elmo's fire)이 되어 뱃사람들의 수호신이 되었다 한다.

그러나 일반적으로는 헬레나는 스파르타에서 오랫동안 행복하게 살았다고 전한다. 돌아오지 않는 아비를 찾아다니던 오듀세우스의 아들 텔레마코스가 스파르타 왕실을 찾았을 때도 헬레나는 그 아들을 환대하고 있다. 헬레나는 남편보다 오래 살았으나 남편이 죽자 아들(혹은 노예 여인의 아이) 니코스트라토스에게 쫓겨 로도스 섬의 폴룩소에게로 피신하였다. 폴룩소는 우선 따뜻이 맞아 주었으나 그녀의 남편 틀레폴레모스가 트로이 전쟁에서 사망한 데 앙심을 품고 있던 차라 시녀들을 복수의 여신 에리뉴에스처럼 꾸며 헬레나를 나무에 매어 죽게 만들었다. 로도스 섬에서는 헬레나를 헬레나의 나무라는 이름으로 숭배하였다.

그런데 헬레나는 그녀의 신성(神性)에 관한 근거가 많으며 이름 자체로 보아도 그리스어에서 온 것이 아니다. 아마 그리스 세계 이전의 선주민 부족의 풍요의 여신이었을 것으로 추측된다. 즉 알에서 태어났다는 기이한 출생설, 헬레나의 나무로 신성시되었던 점, 달의 여신 또는 헤카테의 딸이라 하고 헬레 혹은 셀레네로 불린 것 등은 모두 그녀의 신격을 말한다. 라코니아(스파르타)의 플라타너스 광장(Platamistas)에서 열리는 헬레니아 축제는 사춘기에 든 남녀가 모여 헬레나 여신을 숭배하는 것으로, 노새가 끄는 갈대풀과 큰 고랭이풀로 장식된 전차에 처녀를 태워 축제행진을 벌였다. 이와는 대조적으로 테라프네 고원의 메넬라오스와 헬레나의 사당에서는 기혼 부인들이 여신을 숭배하고 특히 여자아이를 아름답게 하는 영험이 있다 하여 매우 존중하였다. 못생긴 여자아이가 혼기에 아름답게 화신하므로 이는 결혼에 매우 중요하다고 할 수 있다. 스파르타의 도리스인은 선주민의 여신 헬레나를 천공의 주신 제우스의 딸로 다시 태어나게 하여 올림포스 신들과 인연을 맺게 하고 자신들의 선조 왕비로 맞아들임으로써 그럴듯하게 기존의 신성을 소멸시킨 것으로 보인다. 신이 신화에서 환속하여 불사신이 아닌 인간으로 이행한 대표적 예인 셈이다.

고금을 통해 헬레나를 보는 견해는 다양하다. 에우리피데스는 헬레나를 경박하고 계산에 능하며, 허영심이 강한 부정한 여자라 하고 그녀에게 비참한 트로이 전쟁의 전 책임이 있다고 하였다. 그러나 한편으로는 다른 전승에 의거하여 헬레나의 명예를 회복시키고 있다. 즉 파리스가 트로이로 데리고 간 것은 헬레나의 환영이며 메넬라오스가 트로이 함락 후 헬레나의 이 환영을 데리고 이집트로 가서 실물과 합체시킨다는 이야기를 전개하였다.

근대 문예에서는 헬레나의 책임 문제에는 별 관심이 없고, 주로 그녀의 완벽한 아름다움에 집중하여 미의 화신으로 열을 올렸다. 헬레나를 영원한 미의 모습으로 존중하고 트로이인이 모든 희생을 치르더라도 미의 화신을 계속 지켜야 한다는 견해인 것이다.

절세의 미녀로서의 헬레나의 이미지는 고대로부터 현대까지 시인과 예술 작가는 물론 여성에 대한 남성 전체의 최대의 탐구 문제로 생생히 이어지고 있다. 어떠한 모순에 싸여 있든 간에 인간은 그것 없이 살 수 없는 것처럼.

8. 파리스

파리스(Paris)는 트로이 왕 프리아모스와 그 왕비 헤쿠바의 아들이다. 형제인 헥토르는 그의 형이라는 설과 동생이라는 두 가지 견해가 있다. 호메로스의 『일리아드』에서는 파리스는 헥토르가 죽기 19년 전에 사절로 스파르타에 파견되었으므로 헥토르의 손위 형으로 보았다. 동생이라는 설은 파리스가 보통 이상으로 고운 용모를 지녔던 것과 관련이 있는 듯하다. 파리스의 탄생과 양육에 관한 이야기는 호메로스 이후의 작가들에 의해 첨부되었을 것이다.

헤쿠바는 파리스를 출산할 즈음 온 도시를 태우는 불에 싸인 나무, 혹은 전 도시를 박살내는 백 개의 팔이 달린 괴물을 낳는 꿈을 꾸었다. 이 꿈 이야기를 들은 프리아모스가 예언자 아이사코스(프리아모스와 요정 알렉시로에의 아들) 또는 아폴론의 여사제 시뷸레에게 해몽을 문의하였더니, 나라의 파멸을 예고하는 징조이니 태어나는 아이는 없애야 한다는 대답이 나왔다. 이에 파리스가 태어나자마자 프리아모스는 곧 양치기 아겔라오스를 시켜 이다 산에 내버렸다.

그러나 5일 후 양치기는 아기가 암곰의 젖을 빨며 아직 살아 있음을 발견하고는 파리스를 자신의 아이로 키웠다. 다른 설에는 프리아모스가 아이사코스의 해몽을 오인해서 킬라와 프리아모스의 형제인 튜모이테스의 아들 무니포스를 그 어미와 같이 죽였다고 한다.

파리스는 놀랄 만큼 미모의 청년으로 성장하였고 용기도 출중하여 가축을 도둑들에게서 잘 보호하였으므로 알렉산드로스(보호자라는 의미)라고 불렸다. 프리아모스는 때마침 요절한 아들의 장례 경기를 개최하기로 하고, 승리자에게 상으로 내릴 수소를 구해 오라고 이다 산으로 시종을 파견하였다. 그런데 파리스가 제일 귀여워하던 소가 지목되자 파리스는 소를 끌고 시종을 따라 트로이 성내로 들어왔다. 경기에 이겨서 그 소를 다시 받아가려는 속셈이었다. 경기에 참가한 파리스는 자신의 형제들을 제치고 승리하였고 이로 인해 그들로부터 질투를 샀다. 프리아모스의 아들 데이포보스가 그를 죽이겠다고 검을 휘두르자 파리스는 궁전 안마당에 있는 제우스 제단으로 도망을 쳤다. 한편 파리스를 지켜보던 자매 카산드라는 그가 그 동안 행방을 모르던 프리아모스의 아들임을 알아보았다. 일설에는 그가 산에 버려졌을 때 입었던 의복으로 신분이 입증되었으며, 이 때는 헤쿠바의 꿈도 잊혀졌던 터라 다시 왕의 가족으로 받아들여졌다고 한다. 당시 파리스는 이미 케브렌 하신의 딸인 이다 산의 요정 오이노네와 결혼한 상태였다.

그런데 파리스가 이다 산에서 양치기로 있을 때 제우스 신의 명으로 헤르메스는 헤라, 아테나 및 아프로디테의 세 여신을 인도하여 이다 산을 방문하였다. 불화의 여신 에리스가 최고의 미인에게 준다는 황금사과를 차지하겠다고 경합이 붙은 것이다. 미인 선발의 판정이 파리스에게 위촉되었고, 세 여신은 각각 선물을 제의하며 파리스를 매수하고자 하였다. 헤라는 세계의 패권을, 아테나는 전쟁에서의 승리를, 아프로디테는 천하의 가장 아름다운 여성을 보장하며 각기 파리스의 환심을 사는 데 열중하였다. 파리스는 뇌물 중에서 마지막 제의를 선택하였고, 사과는 아프로디테에게 넘어갔다. 이후 아프로디테는 파리스를 보호하고 헬레나와의 성혼을 추진한다.

프리아모스가 스파르타의 메넬라오스 왕실에 우호사절로 파리스를 보낸 것도 아프로디테의 힘이 작용한 것이었다. 다른 전승에 의하면 페레클로스가 건조한 배로 아이네아스를 파견하는데 파리스가 수행하였다 한다. 떠나면서 파

파리스의 판결. 헬멧과 방패를 든 가운데가 아테나, 나머지 헤라와 아프로디테는 명확히 구분되지 않는다. 오른쪽으로부터 파리스와 헤르메스. 아티카 흑색그림 휴드리아(기원전 540년경). 불치 출토

리스는 스파르타의 왕자들이 구혼한 세계 최고의 미인으로 소문난 아리따운 헬레나를 어떻게 해서라도 데려오겠다고 공언한 것 같다. 예언력을 가진 쌍둥이 동생 헬레노스와 카산드라는 파리스가 스파르타에 가면 엉뚱한 짓을 해서 트로이에 불행을 가져올 것이라고 하였으나 아무도 귀를 기울이지 않았고, 또한 치유력을 가진 파리스의 아내 오이노네는 남편이 자신을 버릴 것이라고 예언하고 만일 부상을 입으면 이다 산으로 돌아와 치료하라고 전했다 한다.

파리스가 스파르타에 도착하자 메넬라오스는 일행을 성심껏 환대하였다. 아프로디테의 충동을 받은 헬레나는 이 젊고 아름다운 방문객에게 강렬하게 끌렸다. 방문 9일째 되던 날 마침 메넬라오스는 조부 카트레우스의 장례식에 참여하기 위해 크레타로 떠났고, 이 틈을 타 파리스는 동방의 호화스러움과 자신의 미모를 무기로 헬레나의 사랑을 얻는 데 성공하였다. 그 날 밤 헬레나는 보석함에서 값비싼 재물들을 챙긴 후 9살 난 딸 헤르미오네를 뒤로 하고 파리스를 따라 도망하였다. 그들은 트로이로 향해 출범하였는데 도중에 헤라 여신이 보낸 폭풍우를 만나 페니키아의 시돈으로 밀려갔고, 시돈에 있는 동안 파리스 일행은 그 도시를 공략하였다 한다.

다른 설에 따르면 일행은 3일 만에 트로이에 도착하였으며 프리아모스와 모든 왕실은 카산드라의 불길한 예언에도 불구하고 환영하였다 한다. 또한 헬레나의 명성을 지키려는 작가가 파리스가 데려간 헬레나는 진짜가 아니라 헤라 여신이 구름으로 만든 헬레나의 환상이고, 진짜 헬레나는 헤르메스가 이집트로 빼돌렸다 한다.

여러 해가 지나서야 외교적 교섭으로는 헬레나의 반환이 불가능하다는 것을 알게 된 메넬라오스는 이제 무력으로 대응하고자 하였다. 스파르타를 위시한 많은 왕국과 공국에서 모여든 병사들은 거대한 군단을 이루고, 메넬라오스의 형 아가멤논을 총 사령관으로 하여 트로이 공략에 나섰다.

호메로스의 『일리아드』는 트로이 성 포위 10년째에 일어난 사건을 이야기하고 있다. 여기에 등장하는 발군의 용모를 지닌 파리스는 어느 면에서 명예스럽지 못한 인물로 그려지고 있다. 파리스에 주어진 이름 알렉산드로스는 '인류의 수호자'라는 뜻으로 출중한 용기를 암시하나, 아프로디테의 선물을 택하면서 심판 후 헤라와 아테나에 의한 영험인 남자다운 기백을 모두 잃어버렸던 듯하다. 트로이 전쟁에서 파리스가 나선 유일한 전투는 메넬라오스와의 단기 격투로, 전쟁의 운명을 결정짓는 중요한 싸움이었으나 파리스는 패기 없고 나약한 인물로 등장한다. 왜냐하면 메넬라오스는 쓰러뜨린 파리스의 갑주를 붙잡고 끌어가는데, 아프로디테가 갑주의 턱 밑 죔쇠를 부러지게 하고 짙은 안개로 파리스를 싸서 헬레나의 침실까지 운반해 갔기 때문이다. 파리스는 헥토르의 질책을 받고 다시 전장에 나가 일부 적장을 쓰러뜨리며 상처를 입혔다. 그러나 파리스를 칭찬하는 사람은 거의 없었고, 헥토르는 기백 없고 사내답지 못한 파리스의 나약함을 시종 불쾌하게 여겼다. 그러나 뛰어난 궁술로 불사신인 아킬레스를 쓰러뜨린 것은 파리스였다. 그 화살은 아폴론 신의 유도로 아킬레스의 단 하나의 치명적인 약점인 뒤꿈치를 맞혔던 것이다. 이어 파리스 자신도 곧 화살로 종말을 맞이하였다. 그 화살은 필록테테스가 갖고 있던 헤라클레스의 활에서 시위를 놓은 것이었다. 부상을 입은 파리스는 시종들에게 치료법을 아는 옛 아내 오이노네가 있는 이다 산으로 운송할 것을 명하였다. 그러나 오이노네는 19년간이나 버림받은 한 때문에 아무 처치도 해주지 않았으며 파리스는 할 수 없이 되돌아서야 했다. 그 직후 오이노네는 후회하며 약을 챙겨 뒤쫓아갔으나, 이미 때는 늦어 파리스는 숨을 거두었고 슬픔에 잠긴 그녀는 목을 매어 죽었다.

9. 팔라메데스

맵시라는 뜻을 가진 팔라메데스(Palamedes)는 나우플리오스와 클류메네의 맏아들이며 동생으로 오이악스와 나우시메돈이 있다. 호메로스 서사시와는 별도로 전해지는 이야기에 따르면 다음과 같다. 켄타우로스족 케이론을 스승으로 하여 아킬레스와 아엑스 및 헤라클레스와 함께 수업을 하였으며 메넬라오스의 처 헬레나가 파리스에게 납치당하자, 외가쪽으로 인척이 되는 메넬라오스를 위로하며 트로이 원정의 서곡에 관여하였다. 작가에 따라서는 전쟁을 피하고 문제를 평화리에 해결하고자 팔라메데스는 트로이에 사절로 파견되었는데 이 때 헬레나에게 다시 남편에게 되돌아오도록 간곡히 권유하는 클류템네스트라의 편지도 가져갔다고 한다.

트로이에 2차 사절로 다시 파견된 것은 원정군의 기지 테네도스에서였다. 팔라메데스는 메넬라오스, 오듀세우스, 디오메데스 및 아카마스(테세우스와 파이드라의 아들)와 같이 등장하여 활약하였다. 그 전에 그는 오듀세우스를 트로이 원정에 참가하도록 하였으며, 스큐로스의 류쿠르고스 왕실에 숨어 있던 아킬레스를 수소문할 때도 오듀세우스와 동행하였다. 뿐만 아니라 키오스 왕 오이모피온과 키프로스 왕 키뉴라스에게 트로이 원정에 참여하도록 권유한 것도 그였다. 또한 병사 중 카류스토스에서 온 에피폴레가 남장한 여인임을 간파하여 돌로 쳐죽이도록 하기도 하였다.

그는 초기 원정 군단을 위해서도 큰 공헌을 하였다. 천체 황도대에 일식과 월식이 출현하므로 흉조라고 불안에 떠는 병사들을 진정시키며 사기를 올려주었고, 군영에 도는 역병을 예방하고 이다 산에서 이리떼(아폴론의 동물)가 올 것이라고 예측하여 이를 방비케 하였다. 또한 데노피온(디오뉴소스의 아들)의 세 딸들을 포도농장에 보내 가뭄 피해를 받지 않도록 대비시키기도 하였다.

그런데 팔라메데스는 메넬라오스를 도와주던 중에 오듀세우스로부터 원한을 사게 되었는데 대략적인 내용은 이러하였다. 과거 헬레나가 미혼일 때 구혼자가 워낙 많아 고민에 빠진 튠다레오스 왕에게 해결책을 제시한 것은 오듀세우스였다. 즉 그는 구혼자들에게 미리 헬레나의 배우자가 결정되면 이후 그녀를 남편에게서 빼앗는 자가 있을 경우 함께 처벌하자는 맹세를 하게 하자고 한 것이다. 수년 후 파리스가 그 헬레나를 데리고 도망을 치는 사건이 벌어졌기 때문에 약속대로 그녀를 다시 되찾아오기 위한 트로이 원정이 계획되었다. 그런데 정작 전에 튠다레오스 왕궁에 모여 그것도 자신의 제의로 서약한 바 있던 오듀세우스가 약속을 지킬 생각이 없어져 원정에서 빠지려 하였다. 이에 메넬라오스와 팔라메데스가 그에게 동참을 권유하고자 찾아오자 오듀세우스는 나귀와 암소에 쟁기를 매고 멍에를 씌워 해변 소금판을 갈며 실성한 척하였다. 그러나 팔라메데스는 그것이 위장된 것임을 꿰뚫어 보고 일부러 오듀세우스의 어린 아들 텔레마코스를 쟁기 앞에 갖다 놓았다. 결국 오듀세우스는 이 시험에 견디지 못하여 아이가 죽음에 이르기 전에 경작을 중지하였다. 혹은 팔라메데스가 칼로 어린 텔레마코스를 위협하였다고도 한다.

어쨌든 팔라메데스 때문에 술책을 간파당한 오듀세우스는 트로이 원정에 가담할 수밖에 없었고 이에 앙심을 품은 그는 팔라메데스에게 앙갚음할 기회를 노리게 되었다. 오듀세우스가 팔라메데스에게 복수를 하고자 꾸민 음모는 여러 가지가 전해지는데 그를 반역행위로 몰아 희생시켰다는 점에서는 이야기의 줄기를 같이한다. 한 시나리오는 오듀세우스가 트로이의 포로를 잡아 서찰을 쓰게 하는데, 그리스를 배반하고 귀순하겠다는 팔라메데스를 프리아모스가 받아주겠다는 내용이었다. 더구나 오듀세우스는 팔라메데스의 한 노복을 매수해서 황금을 주인 침상에 감추어 놓게 하였다. 결국 일부러 진영 내에 떨어뜨려 둔 서찰을 아가멤논이 보게 되고, 급기야 팔라메데스는 체포되어 취조관에 넘겨졌다. 자신의 결백을 엄숙히 주장하였으나 숨겨진 황금이 나타나자 전 그리스군에 대한 모반죄로 몰려 결국 돌로 쳐서 죽임을 당하였다. 다른 이야기에서는 오듀세우스와 디오메데스가 언덕 위에서 낚시하는 팔라메데스를 밀어 떨어뜨려 익사시켰다고 하며, 또한 팔라메데스를 깊은 골짜기로 내려가게 한 후 위에서 바위를 굴려 박살냈다고도 한다. 팔라메데스의 최후는 유능한 사람을 악의에 찬 음모로 부당하게 죽음으로 내모는 원형적 실례가 되었다. 아킬레스와 아엑스는 팔라메데스의 시신을 해변에 매장하고 장엄하게 장례를 치러 주었으며 작은 사당을 지어 지방 주민의 정기적 공양을 받게 하였다. 억울한 죽음은 결국 아비이자 에우보이아의 왕 나우플리오스에 의해서 보복된다.

전승에 의하면 팔라메데스는 많은 것을 발명하여 인간의 생활을 편리하게 해주었다고 하며 그 점에서 일약 프로메테우스에 비견되기도 한다. 특히 트로이 원정중에 카드모스의 알파벳에 θ(theta), Ξ(xi), X(chi), Φ(phi) 및 Ψ(psi)자를 고안하여 완전한 24자로 하고 순서를 정해서 그리스 글자에 기여한 인물로 찬양되고 있다. Ψ자는 나르는 두루미 떼를 보다가 아이디어를 얻었다 한다. 산수(numbers)도 그의 발명품으로 전해지며 상거래에는 돈을 사용하도록 권장하였다. 또한 별의 움직임으로 한 달의 길이를 계산하였으며 주사위(dice) 및 서양식 주사위(backgammon)를 만들어 한발로 기근이 닥쳤을 때는 게임으로 허기를 잊게 만들기도 하였다. 군사상으로도, 전선에서 병사들을 일정 간격으로 배치시키고 진영 주위에 보초를 세워 암호를 사용하게 함으로써 감시와 주의력을 환기시킨 최초의 장군으로 알려져 있다.

10. 나우플리오스

나우플리오스(Nauplius)란 이름을 가진 유명한 인물로는 두 사람을 들 수 있는데, 첫번째 나우플리오스는 포세이돈과 다나오스의 딸 아뮤모네의 아들로 아르골리스 만 건너에 새 도시를 건설하고 자신의 이름을 따서 나우플리아라 하였다. 두번째 나우플리오스는 그 5대손으로 프로이토스-레르노스-나우볼로스-클류타네오스-나우플리오스로 이어진다. 위의 두 나우플리오스는 모두 이름난 선장으로 전승에는 여러 일화를 첫 나우플리오스의 행적에 혼입시키고 있다. 후손 나우플리오스도 매우 능숙한 항해사로 아르고 원정에 참여하여 키잡이 티퓨스가 병사하자 대신 키를 잡기도 하였다. 따라서 트로이 전쟁 때 등장하는 나우플리오스는 후자인 5대손으로 생각되나 선조 나우플리오스의 특성으로 취급한 전승도 있으며 모두 해상교역을 통해 치부하고 노예매매에도 한몫하였다. 예컨대 아르카디아의 테게아 왕 알레오스의 공주 아우게가 그 곳을 지나가던 헤라클레스에게 강탈당하여 텔레포스를 낳았는데 이를 알게 된 왕이

나우플리오스에게 그녀를 바다에 버리거나 외지로 가서 팔아버리라고 내주었
다. 이에 나우플리오스는 그녀를 뮤시아의 테우트라니아 왕 테우트라스에게
팔아넘겼다. 또한 크레타 왕 카트레우스는 두 딸 아에로페와 클류메네를 딴 나
라에 팔고 나우플리오스에게 주었는데, 두 딸 중 한 명에게 자신이 죽임을
당할 것이라는 신탁이 있었기 때문이다. 나우플리오스는 아에로페를 플레이스
테네스(혹은 아트레우스)에게 팔고 클류메네는 자신의 아내로 삼았다. 그리고
클류메네와의 사이에서 팔라메데스, 오이악스 및 나우시메돈을 두었다.

큰아들 팔라메데스는 트로이 원정에 가담하였는데 오듀세우스의 계략으로
적과 내통했다는 무고를 받고 타살되었다. 나우플리오스는 곧 달려가 보상을
요구하였으나 아무도 대꾸하지 않자 앙심을 품고 교묘히 복수하기로 마음먹었
다. 우선 그리스의 여러 나라를 찾아다니면서 집을 지키는 영주들의 부인을 부
추겨 성적 타락에 빠지게 하고 특히 아가멤논, 이도메네우스 및 디오메데스의
처들로 하여금 부정 행위를 저지르도록 하여 영주들을 오쟁이 남편으로 만들
었다. 오듀세우스 부인에게도 손을 썼으나 성공하지는 못하였다.

그래도 분이 안 풀린 나우플리오스는 그리스 원정군의 귀로를 지켜 카파레
오스의 에우보이아 곶이 보이는 먼 해상에서 귀항선이 폭풍에 밀려오자 언덕
여러 곳에 불을 켜 놓고 항구로 착각케 함으로써 병선을 그 곳으로 대다가 난
파하도록 만들었다. 혹 난파선에서 살아남아 해안에 닿은 조난자들도 모조리
처치하였다. 후에 나우플리오스 자신도 결국 같은 꼴로 죽었다고 하나 확실치
않다. 다른 설에서는 오듀세우스의 처 페넬로페를 구혼자들에게 빠지게 부추
기자 그녀의 어미 안티클레이아가 나우플리오스의 아이가 죽었다는 허위정보
를 전하여 슬픔을 못 이겨 자살하도록 하였다고도 한다.

11. 헬레노스

프리아모스와 헤쿠바 사이의 아들 헬레노스(Helenus)는 이름난 예언자로 트
로이 사람들에게 존경을 받았다. 파리스가 죽은 후 헬레나를 자신이 아닌 동생
데이포보스와 결혼시키자 이다 산으로 들어가 은둔하였다. 오듀세우스는 예언

자 칼카스의 조언에 따라 헬레노스를 포로로 삼은 후 장차 일어날 일에 매우 정통한 그를 그리스 측의 조언자로 활용하고 트로이 성의 비밀을 밝히도록 협박, 서약시켰다. 헬레노스는 협박 때문이었는지 혹은 자신의 한 때문이었는지는 분명하지 않으나 어쨌든 결국 적에게 자신의 나라 내막을 밝히고 트로이가 팔라디움을 차지하고 있는 한, 또는 필록테테스를 렘노스의 은둔생활에서 나오게 하기 전에는 트로이 성을 함락시킬 수 없다는 예언을 하여 공략을 도왔다. 트로이 멸망 후 아킬레스의 아들 퓨로스에게 넘겨진 헬레노스는 위험한 태풍을 미리 예언하여 이를 피하도록 일러주었다. 과연 귀국을 서둘러 출범한 군선이 치명적 조난을 당함으로써 예언은 들어맞았다. 이로 인해 헬레노스를 신임하게 된 퓨로스는 그를 과부가 된 헬레노스의 형수(헥토르의 아내) 안드로마케와 맺어주고 이들 사이에서 케스트리노스라는 아들이 태어났다. 다른 이야기에는 그 혼인은 안드로마케와 같이 살던 퓨로스가 죽은 다음에 이루어졌다고도 한다. 어쨌든 안드로마케를 아내로 맞이한 헬레노스는 프리아모스의 아들 중에서는 나라가 멸망한 후까지 살아남은 단 한 명의 직계 왕자였다. 퓨로스 사후 에피로스의 일부를 통치하였고 자신의 형제 카온을 기념하는 뜻으로 나라 이름을 카오니아라 하였다. 헬레노스는 이탈리아를 향해 항해하는 아이네아스 일행을 맞아 대접하고 그 선단이 조우할 재난을 예언하여 주었다 한다. 예언 능력을 어떻게 얻었는지는 미지이다.

데이포보스

데이포보스(Deiphobus)는 프리아모스와 헤쿠바의 아들로 형제인 파리스가 죽자 헬레나와 혼인하였다. 그러나 보람도 없이 헬레나가 옛 남편 메넬라오스를 자신의 거처로 인도하여 결국 메넬라오스에게 거세된 후 모욕적으로 살해당하였다. 헬레나가 데이포보스를 죽음으로 내몬 이유는 무엇일까. 파리스가 죽은 다음 그 형제 헬레노스와 데이포보스는 아름다운 헬레나를 차지하겠다고 심하게 언쟁을 벌였으나 헬레나는 두 시동생을 모두 못마땅하게 생각하여 결혼을 원치 않았다. 결국 헬레나가 데이포보스와 결혼한 것은 거의 강제에 의한 것이었다고 할 수 있다. 그래서인지 메넬라오스가 트로이 성에 돌입한 직후 바로 데이포보스 집에 들이닥쳐 대결을 벌였을 때 헬레나가 등 뒤에서 단검으로 데이포보스를 찔렀다고 전하기도 한다. 데이포보스는 트로이 성 공방전 때 비교적 큰 공을 세웠고 특히 메리온과의 두 차례 전투에서도 부상을 입기는 했지만 큰 전과를 올려 아레스의 아들 아크칼라포스(아르고 호 선원의 한 용사)를 쓰러뜨리기도 하였다.

12. 에페이오스

에페이오스(Epeius, Epeus)는 파노페오스의 아들로 트로이 원정에 30척의 군선을 이끌고 참가했다. 파트로클로스 장례 기념 경기에서 원반던지기에는 실패하였으나 권투시합에서는 에우류알로스에게 이겼다. 이름난 용사는 아니었으나 트로이의 목마를 건립하는 데 중요한 역할을 하였으며 그 스스로도 그리스 용사와 함께 목마 속에 들어갔다고 한다.

트로이에서 귀향할 때 에페이오스는 네스토르와 헤어져 자신의 병사를 이끌고 남부 이탈리아에 상륙, 이 곳에서 메타폰툼 도시 혹은 그 근처에 라가리아 도시를 건설하였다. 트로이 목마를 만들었던 목공구는 아테나 여신에게 바쳤다. 딴 전설에서는 중부 이탈리아의 피사 도시를 건설하였다 한다. 이 전설에 따르면, 에페이오스는 폭풍으로 이탈리아 해안으로 밀려 올라갔다가 폭풍이 조용해지자 다시 출범하려는데 군선에 남겨둔 트로이 포로들이 배를 불사르는 바람에 고향으로 돌아갈 희망이 없어지게 되었다. 할 수 없이 여기에 정착하여 도시를 건설하고 그 이름을 엘리스 나라의 수도와 같은 피사라고 불렀다.

에페이오스는 트라키아의 아이노스에서 숭배하는 기적의 헤르메스 주상(柱像)을 가져왔다 한다. 이 주상은 트로이에서 조각한 것인데 아킬레스의 공격을 스카만드로스 강의 홍수로 저지할 때 그 조각상이 아이노스로 밀려와 어부의 어망에 걸렸다. 통나무 조각상이라 땔감 정도로 생각한 어부는 장작으로 쓰고자 쪼개려 하였으나 어깨 부위만 조금 떨어져 나갔을 뿐이었다. 이에 통나무 전체를 불에 넣었는데도 타지 않아 할 수 없이 바다에 던져 버렸다. 그랬더니 다시 어망에 걸려 나왔다. 그제서야 통나무가 신상 조각임을 알고 신전을 건립

하여 봉안하였다 한다. 이것은 칼리마코스5)의 시문에 단편적으로 전해지는 이
야기다.

13. 디오메데스

디오메데스(Diomedes)는 튜데오스와 데이퓔레의 아들로 아이톨리아의 왕이
다. 에피고노이(제2세대)의 테베 공격에 가담하여 10년 전 쓰러진 아비의 보복
전에서 활약하였다. 트로이 전쟁에서는 아킬레스 다음으로 젊은 최고 용장 중
한 사람으로 적장 헥토르 및 아이네아스와 격돌하였고 거듭 용맹성을 발휘하
여 영예의 찬사를 받았다. 심지어 아프로디테, 아폴론, 아레스까지도 추격하여
대항하는 무모할 정도의 용기와 청명한 열정을 지닌 열혈한이었다. 오듀세우
스에 가담하여 팔라디움을 몰래 가져왔으며, 간첩 돌론과 트라키아의 왕 레소
스를 처치하고 그의 말들을 끌고 왔다. 트로이에 팔라디움이 존재하고 또한 레
소스의 말들이 크산토스의 강물을 마시고 트로이 들판의 풀을 먹고 있는 한 트
로이 성을 함락시킬 수 없다는 옛 신탁을 알고 있었기 때문이다. 같은 이유로
오듀세우스와 같이 렘노스 섬으로 가서 필록테테스를 데려왔다.

트로이 성 함락 후 귀향길에 올랐으나 한밤중에 아티카 땅에 상륙하여 길을
잃고 헤매던 중 부인의 흉계로 복병의 함정에 걸려들어 신상은 물론 모든 전리
품을 잃고 가까스로 몸만 빠져 나와 헤라 신전에 피신하였다. 그의 아내 아이
기알레는 오랫동안 남편이 집을 비운 사이 혼인서약을 저버리고 시종인 코메
테스와 불륜의 관계에 빠져 있었던 것이다. 이 같은 왕비의 음탕한 행위는 디
오메데스가 전투중 트로이 성 앞에서 아프로디테 여신의 팔에 심한 상처를 내
어 여신의 분노를 샀기 때문이라고도 하고, 나우플리오스가 억울한 죽음을 당
한 아들 팔라메데스의 복수를 하고자 그리스측 장군 부인들을 성적으로 타락
시킨 결과라고도 한다. 어쨌든 자기의 처 아이기알레의 불륜과 모반에 디오메
데스는 자존심에 큰 상처를 입어 곧 나라를 뒤로 하고 떠나버렸다.

이후 이탈리아의 마그나 그라이키아에 가서 왕 다우노스의 환대를 받고 공

---

5) 기원전 250년경 알렉산드리아에서 이름을 떨친 큐레네의 사학자이자 시인.

트로이군의 공격 장면과 디오메데스의 상처. 트로이측 장수 아이네아스 등이 맹공을 가하고 레오도 코스는 쓰러져 있다. 오른쪽은 방패와 투구를 내려놓고 디오메데스의 손가락 상처에 붕대를 감아주는 스테넬루스. 트라키아 칼키디케 반도 출토 도기(기원전 6세기)

주와 결혼하였으며, 아르규리파 시를 건설하고 남부 이탈리아의 모든 도시를 건설하였다고 한다. 여기에서 그는 장수를 누린 후 영면하였다. 그러나 일부 전승되는 이야기에서는 디오메데스가 왕권을 찬탈하게 되자 전왕 다우노스가 새로운 용사를 부추겨 디오메데스를 쓰러뜨렸다 한다. 이에 그의 동료들이 디오메데스의 죽음을 매우 슬퍼하던 끝에 백조로 변신하여 아드리아해의 섬으로 날아갔으며, 이들 새는 그리스인에게는 매우 잘 순화하나 다른 나라 사람들은 경계하고 기겁하며 피하였으므로 디오메데스 새라 불렀다고 한다.

디오메데스는 신으로 받들어져 제단이 세워졌고, 스트라보의 지리서에 따르면 이탈리아의 티마보스 강가에 한 제단이 있었다고 한다.

14. 시논

시논(Sinon)은 오듀세우스의 모친인 안티클레이아의 동생 아들로, 그 조부는 협잡과 도둑질에 능한 아우톨류코스이다. 트로이 원정에 참가하여 사촌 오듀세우스와 적을 기만하는 기밀작전을 수행하였다. 트로이전 말기에는 목마작전이 세워지자 첩보의 사명을 띠고 손을 뒤로 묶인 채 헤매다 트로이의 양치기에 붙들려 트로이 성내로 끌려갔다. 그리고는 심문을 받으면서 자신이 탈출한 거짓 이유와 정보를 흘렸다. 즉 그리스군의 귀로를 무사하게 하려면 한 병사를 희생하여 그리스인에 진노하는 신에게 공양하여야 한다는 예언자 칼카스의 진언에 따라 오듀세우스가 제비뽑기를 실시했는데, 하필 자신이 걸려드는 바람에 억울한 희생을 모면하고자 도망쳐 나왔다고 하였다. 그리고 그리스의 함선들이 떠날 때 그 표지로 아킬레스 묘소에 횃불을 켜 놓기로 하였다는 정보를 발설하였다. 또한 왕 프리아모스에게는 그리스군이 남겨 놓은 거대한 목마를 끌고 와서 아테나 여신에게 봉헌할 것을 진언하였다. 목마를 놓고 간 이유를 묻자 오듀세우스가 트로이 성의 성스러운 팔라디움을 훔친 속죄의 대가로 말의 조각상을 원하는 아테나 여신에게 봉헌하기 위하여 만들었다고 대답하였다. 거기에 예언자 칼카스에 의하면 목마를 소유하는 쪽이 우월할 것이라고 풀이하였다고도 일러주었다. 그러나 거대한 목마를 들여놓자면 성의 일각을 허물어야 했기 때문에 많은 사람들이 증언을 곧이 듣고 성에 구멍을 낼 수 없다며 그의 말을 믿으려 하지 않았다. 그러던 참에 마침 기이한 징조가 나타났다. 목마의 입성을 반대하고 창을 목마 옆구리에 던져 모독한 라오콘과 그 아들이 죽음을 맞은 것이다. 이를 눈 앞에서 지켜본 트로이 사람들은 지체없이 거대한 목마를 성내로 정중히 모셔 놓았다. 석방된 시논은 밤이 깊어지자 목마의 옆문을 열었고, 안에 숨어서 기다리던 병사들이 쏟아져 나와 무방비인 채 깊이 잠든 트로이 사람들을 베어 몰살시켰다. 그리고 트로이 성의 가장 높은 지점에서 봉화를 올려 그리스군에게 신호를 보냈는데, 다른 설에는 아킬레스 묘에 횃불을 켜 놓았으며 이는 트로이 성으로 끌고 간 목마의 옆문을 열었다는 신호라고도 한다.

시논에 대해서는 작가에 따라 여러 갈래의 이야기가 전해진다. 예컨대 퀸토스에 따르면 왕 프리아모스 앞으로 끌려간 시논이 오랜 시간 대답을 거부하다가 코와 양 귀를 잘리고 나서야 비로소 비밀을 토로하였다고 말하고 있는데, 이는 베르길리우스의 이야기와 달리 시논을 영웅적 순교자의 전형적인 예로 묘사한 것이다.

15. 네스토르

　바다의 신 넬레우스와 클로리스(암피온의 딸) 사이에는 딸 하나와 12명의 아들이 있었으나 헤라클레스의 내습을 방어하다 11명의 아들은 모두 살해되고 마침 게레니아인 지역에 있던 네스토르(Nestor)만이 유일하게 살아남았다. 승자는 그의 생명을 살리고 퓰로스의 왕위에 앉혔다. 네스토르는 클류메네스의 딸 에우류디케와 결혼하였는데 다른 설에는 아트레우스의 딸 아낙시비아와 결혼하였다고 한다. 피리투스의 혼인잔치에 참석하였다가 라피테스족과 켄타우로스족 간에 싸움이 일어나자 분전하여 용맹성을 발휘하였으며, 퓰로스와 아르카디아 간의 싸움에서는 아르카디아의 거인 에레우탈리온과 단기 결투하여 상대를 쓰러뜨리고 이름을 날렸다. 노령에 접어들어서는 퓰로스와 메세니아의 왕으로 90척의 병선을 이끌고 트로이 전쟁에 참여하였으며 성품이 온화하고 능변에다 설득력, 지혜, 정의와 분별력을 갖추어 모든 그리스 영주에게서 존경을 받았다. 호메로스에 따르면, 그는 어떤 영웅보다도 앞을 내다보는 능력과 완벽한 성품을 가졌으며 아킬레스와 아가멤논 간의 갈등을 중재하였다고 한다. 따라서 아가멤논은 네스토르 같은 장군이 열 명만 있었다면 트로이 성은 벌써 재로 화하였을 것이라고 말하기도 하였다.

　트로이 전쟁을 마치고 네스토르는 무사히 그리스로 돌아와 왕실에서 온화하고 지혜로운 생활로 말년까지 즐겁게 지냈다. 언제 어떻게 타계하였는지 알 수 없으나 매우 장수하여 현명하고 건강하게 적어도 일반 사람보다 3배의 기간을 살았다고 전하며, 따라서 그리스 사람들과 로마 사람들은 친구의 행복한 생활과 장수를 축원할 때 "네스토르의 연세를 보기 바란다"라는 말을 인사말로 건네었다. 네스토르는 두 딸과 일곱 명의 아들을 두었고 젊었을 때 아르고 호의 대원으로 참가하였다고도 한다. 또한 아비 소식을 알고자 왕실에 들른 오듀세우스의 아들 텔레마코스를 극진히 위로하였는데, 이는 특히 트로이 전쟁에서 멤논에 대항하여 아비를 방어하다 전사한 아들 안틸로코스를 생각해서였다. 아테네 고고학 박물관에는 네스토르가 퓰로스에서 가지고 다녔다는 대형 금박 포도주 잔(황금 비둘기 장식이 쌍으로 붙은 네 귀가 달린 두드려 만든 잔) 유품이 있다.

헤스페리아와 아이사코스

16. 아이사코스

아이사코스(Aesacus)는 프리아모스와 알렉시로에 또는 아리스바의 아들이다. 조부 메롭스에게서 해몽술을 전수받고 예언력을 가져 자매 카산드라와 마찬가지로 파리스로 인해 트로이가 멸망할 것이라고 예측하였다. 요정 헤스페리아를 사랑하여 삼림 속으로 그녀를 뒤쫓던 중 헤스페리아가 뱀에 물려 죽자 양심의 가책을 받아 바다로 뛰어들었다. 이를 불쌍히 여긴 테튜스가 그를 물에 뛰어드는 새 가마우지로 화신시켰다고 한다. 트로아스의 한 하천도 아이사코스 강이라 하는데 이다 산 근처를 흐르는 내이다.

17. 아이네아스

아이네아스(Aeneas)는 로마의 시인 베르길리우스가 호메로스의 영웅 서사시를 본떠서 전승하는 이야기를 로마건국의 서사시로 엮은 것이다. 주인공 아이네아스는 안키세스와 아프로디테 사이에서 태어난 아들로, 트로이의 왕자요 장군이었다. 트로이가 멸망하자 부왕을 비롯한 가족과 난민을 이끌어 신천지로 떠나 먼저 근처의 트라키아 해안에 정박하여 도시를 건설하고자 하였다. 그러나 이 곳은 전쟁중 보물을 들고 피신한 트로이 왕자 폴류도레가 수많은 화살을 맞고 죽은 범죄의 땅으로 왕자의 원한 소리를 듣고서는 이 땅을 떠났다. 다음에는 델로스 섬에 상륙하였다. 이 섬은 원래 바다 한 가운데 떠 있었으나 제우스가 쇠사슬로 바다 밑에 묶어 고정시켰고 아폴론과 아르테미스가 태어난 곳으로 전해졌는데 아폴론의 신탁에 따라 조상의 나라로 생각되는 크레타로 배를 돌렸다. 그는 크레타에서 도시를 건설하기 시작하였지만 질병과 재앙이 일어나고 서쪽나라 헤르스페리아(이탈리아)로 찾아가라는 꿈을 꾸었다. 그 곳이 트로이 민족의 진정한 조상의 땅이라는 것이었다.

아이네아스는 다시 출범하고 이후 수많은 모험을 겪었다. 처음 상륙한 곳은 혐오스러운 새 하르피아이가 사는 섬이었는데 새의 행패로 그 곳을 포기하였다. 이어 에피로스 해안에 상륙하였는데 일행은 이 곳이 포로가 된 트로이 유랑민이 지배하는 땅으로 되어 있는 데 깜짝 놀라고 환대와 선물을 받은 후 다시 길을 떠났다. 시칠리아 해안을 따라 큐클로페스의 나라로 가다가 우연히 율리시스 일행 중 한 명을 만나 모험담을 듣던 중 폴류페모스의 고함소리 때문에 딴 큐클로페가 달려들자 배에 올라 열심히 노를 저어 위험을 벗어났다. 그리고 괴물 스큘라와 카류브디스가 지키는 해협(율리시스가 일행 중 6명을 잃은 곳)을 피하여 목적지까지 무사히 항해하였다. 그런데 이 항해를 내려다보고 있던 헤라 여신이 그 전에 트로이 왕자 파리스가 미의 여신으로 자기를 외면한 데 대한 원한이 상기되어 바람의 지배자 아이올로스에게 풍랑을 일으키게 하여 배를 아프리카 해안까지 밀어내 버렸다. 포세이돈은 자신의 영역을 침범당하자 노여움이 나 바람들을 불러 꾸짖어 해산시켰다. 바람이 자자지자 근방에 있는 카르타고 해안에 상륙하였다. 이 곳은 튜레인 디도 여왕이 지배하는 땅이었다. 여왕은 아이네아스 일행을 환대하고 그를 사랑하니 아이네아스는 이탈리아 해안에 건설할 예정이던 왕국도 까맣게 잊어버린 채 열 달을 훌쩍 보내 버렸다. 이에 제우스는 헤르메스를 보내 그의 고고한 사명감을 환기시켜 항해를 계속할 것을 명하였다. 디도는 이별의 슬픔을 못 이겨 분신하였으나 아이네아스는

제물을 바칠 준비를 하는 아이네아스. 로마 평화의 제단 세부(기원전 13년)

그녀의 죽음도 모르는 채 멀리 떠났다. 아프로디테는 포세이돈에게 아들 아이
네아스가 무사히 항해하여 목적지에 도달하도록 부탁하고, 포세이돈은 키잡이
팔리누로스의 생명만 희생하면 모두 무사할 것이라는 답을 주었다. 결국 키잡
이는 포세이돈이 보낸 흅노스의 계략에 걸려 단단히 잡은 키자루와 함께 바다
에 빠지고 말았다. 얼마 후 충직한 키잡이와 키자루가 없어진 것을 알고 아이
네아스는 슬퍼하며 자신이 키를 잡고 항해하여 마침내 이탈리아 해안에 도착
하였다.

   아이네아스는 예언자 시뷸레를 찾아가, 명계에 있는 부친 안키세스가 꿈에
나타나 자신의 일행과 그 운명에 관한 시사를 받으라고 했다며 도움을 요청하
였다. 시뷸레는 명계에서 다시 살아나오기는 매우 어려우니 우선 숲 속의 황금
가지를 뜯어 하데스의 왕비 페르세포네에게 선물로 가져다 주라고 하였다. 그
리고 시뷸레의 안내로 명계로 들어가 배의 키잡이 팔리누로스, 사랑하던 디도
와 그 밖에 많은 영웅들의 영혼을 만났다. 후에 팔리누로스의 시신은 해안사람
에게 발견되어 정중히 매장되었으며 그 곳은 현재도 팔리누로스 갑으로 불리

고 있다. 아이네아스는 다시 참혹한 형벌을 받는 지옥을 벗어나 축복된 사람의 나라로 가서 부친 안키세스를 만났다. 거기에서 부친으로부터 장래에 탄생할 그 민족의 인물과 달성될 공적에 관한 이야기를 듣고 또한 일행이 이탈리아에 완전히 정착할 때까지의 여러 가지 일, 예컨대 치러야 할 전쟁, 신부를 맞이할 일, 그 결과 트로이인의 나라가 재건되어 장차 세계의 패자가 될 로마국으로 일어날 것 등에 대해 듣게 되었다. 아이네아스와 시뷸레는 안키세스와 작별하고 곧 지상계로 나왔고 이후 로마국의 건설이 시작되었다.

로마의 첫 황제 아우구스투스가 신국가에 신화적 기반을 주고자 하여 만들어 낸 이 서사시는 정치적 맥락에서 중요한 역할을 하였으나 실제로는 사이비 신화이다. 작가 베르길리우스는 시문을 최종적으로 다듬지 못한 채 죽음을 맞게 되자 임종 때 태우라고 지시하였다. 그러나 다행히 이 유언은 지켜지지 않아 보존되었으며 현재 문학작품으로는 높은 평가를 받고 있다.

18. 안테노르

안테노르(Antenor)는 트로이 왕국의 보수세력을 대표하는 장로로서 트로이 전쟁 중에는 자주 그리스측과 비밀 연락을 취하였는데 주로 메넬라오스와 오듀세우스와 정보교환을 하였다. 전쟁 전에 두 사람이 사절로 왔을 때 일부 트로이인이 그들을 죽이려 하자 자신의 집에 묵게 하여 생명을 지켜주었다. 프리아모스 왕실회의에서도 헬레나를 다시 돌려보내 싸움을 피해야 한다고 주장하였다. 후세에 첨가된 이야기에서는, 트로이 함락 전 오듀세우스에게 트로이의 비호신상 팔라디움을 가져가라고 내주고 목마를 만들 것을 권하였으며, 트로이 사람들을 설득하여 성벽을 허물고 목마를 성내로 들여 놓게 만든 배신자로 묘사되고 있다. 이 배신자 속에는 아이네아스도 포함되었는데, 트로이 성이 함락되던 날 오듀세우스 등은 이들에게 집 대문 앞에 표범가죽을 걸어 놓게 하여 위해에서 보호해 주었다고 한다. 나라가 멸망한 다음 안테노르는 가족을 이끌고 트라키아를 거쳐 아드리아해쪽 북부 이탈리아로 건너가 파두아 도시를 건설하고 베네티의 선조가 되었다 한다.

 안테노르는 트라키아의 공주 테아노를 신부로 맞아 여러 아들을 두었는데, 이피다마스, 아르켈로코스, 아카마스, 글라우코스, 에우류마코스, 폴류다마스와 헬리아콘이 그들이다. 이들 중 아카마스 등은 전쟁에 참가하여 그리스군에 용감하게 대항, 분전하였다. 아테나 신전의 여사제였던 안테노르의 부인은 오듀세우스와 메넬라오스가 트로이에 사절로서 방문하였을 때 트로이인들이 노골적으로 적의를 나타내는 속에서도 남편의 빈객으로 친절히 대우하였다. 이로인해서 성이 함락된 후에도 아이들을 살릴 수 있었으며 그 곳을 떠나 자유로이 일리리아로 여정을 잡을 수 있었다고 한다.

제17장 시인, 정치인, 예술인

1. 밈네르모스

밈네르모스(Mimnermus)는 기원전 7세기 후반에 이오니아의 콜로폰 마을[1]에서 태어난 그리스의 시인이자 음악가이다. 주로 애가(哀歌)에 능하였으나 내용은 애도와 통곡조가 아닌 연가 시문이다. 프로페르티우스[2]는 그의 사랑의 표현은 호메로스보다 우수하였다고 평한다.

특히 노경에 들어서 난나라는 처녀를 사랑하여 남긴 작품은 유명하며, 후에 스토바이오스[3]가 남아 있던 단편들을 수집하였다. 5보격(五步格, Pentameter) 시풍을 처음 시도하였다고도 하는데, 일설에는 칼리노스 혹은 아르킬로코스가 먼저 시도한 것이라고도 한다.

아르킬로코스

아르킬로코스(Archilochus)는 키클라데스 군도의 이름난 섬 파로스에서 태어난 서정시인으로 애가, 풍자시, 송시 및 단시(短詩)를 썼으며 특히 단장삼보격(短長三步格, iambic trimeter)과 장단사보격(長短四步格, trochaicte trameter) 시풍을 처음으로 시도하였다. 그는 류캄베스의 딸 네오불레에게 구혼하여 결혼승락을 받았으나 류캄베스는 시문의 등급도 우위이고 재산도 더 많은 다른 사람에게 시집보내 버렸다. 이에 한이 맺힌 아르킬로코스는 신랄한 풍자시를 지었

---

1) 니칸드로스와 음유시인 크세노파네스(Xenophanes)의 고향이기도 하다.
2) 기원전 1세기의 로마 시인.
3) 5세기 초 전성기를 구가한 그리스 작가.

"텔레시클레스의 아들, 파로스의 아르킬로코스 여기 잠들다." 이오니아식 돌기둥(기원전 550년경). 파로스 출토

고 이로 인하여 아비와 딸은 크게 가책을 받아 모두 목매어 죽었다. 젊었을 때는 용병으로 타소스 섬에 있었으나 전쟁에 싫증이 나 방패를 내던지고 떠났다.

스파르타인은 아르킬로코스가 건방지고 위험하며 그의 시는 야비하다며 도시에서 쫓아냈다. 이에 트라키아 본토로 건너가 서기 650년에 시문으로 크게 명성을 날렸으며, 그 곳에서 전사하였다고도 하고 암살당했다고도 한다.

단편적으로 남아 있는 시문은 그 표현이 정력과 생기에 차고 가식이 없이 극도로 대담한 열정에 차 있음을 알 수 있는데, 이 때문에 키케로도 그의 시에 대해서는 엄한 금령을 내리게 되었다고 한다.

2. 사포

사포(Sappho, Psappho)는 자타가 공인하는 뛰어난 미모를 갖춘 그리스의 천부적인 여류 서정시인으로 기원전 612년경 유명해졌다. 레스보스 섬에서 스카만드로뉴모스와 클레이스 사이에서 태어났으며 케르큘라스와 결혼하여 클레이

사포와 수금을 연주하는 알카이오스. 꽃병그림(기원전 480~470년경). 브류고스 화공 작

스라는 아이를 두었다. 형제인 카락세스는 상류사회의 창녀 로도페를 열애한 나머지 가산을 탕진하고 빈곤해지자 해족성 원정에 나서기도 하였다. 카락세스는 사포가 자신에게 비난과 욕설을 퍼부었다고 분통을 터뜨렸다 한다. 한때 정치적 이유로 시칠리아로 유배당하였으나 다시 레스보스로 돌아와 아프로디테와 뮤즈의 영예를 기리는 뮤틸레네의 예원에서 처녀들에게 노래와 시문을 가르쳤다.

사랑에 대한 정열이 유별나 아낙토리아, 아티스 및 메가라의 세 여인과 비정

상적인 동성연애를 하였기 때문에 트리바스(tribas : 동성연애자)라는 별칭이 붙
여졌다. 또한 동향의 서정시인이자 알카이오스 시가라는 시풍을 만들어낸 알
카이오스와 사랑을 하였다고도 하며, 젊은 선원 파손을 열애하였다가 거절당
하자 레우카 산 벼랑에서 바다로 투신하였다고 전하나 후에 수식된 이야기로
보인다.

사포의 시문으로는 단시, 애가 등 이외에 9권의 서정시가 있으며 온전한 것
은 없고 단편적으로 산재하지만 그 시상(詩想)은 감지할 수 있다. 대부분의 시
문은 레스보스 방언으로 되어 있으며, 주제는 일부 서사시에서 유래한 것도 있
으나 대개는 일상적이고 개인적인 애정,4) 환락, 정서를 다루었으며 설화체로
된 것은 거의 없다. 민요에 연유된 흔적도 있으나 자신과 친우를 위한 송시가
주류를 이루며 표현과 느낌이 담백하다.

자연을 통찰하는 혜안이 매우 뛰어나 그녀에 견줄 만한 작가를 찾을 수 없
을 정도이고, 가락의 특이한 이행 과정과 어구의 구사 표현은 특히 강한 감명
을 주어 극찬을 받았다. 이처럼 사포는 뮤즈 및 큐리스(아프로디테)의 예능과
미모를 겸비하여 플라톤은 그녀를 열번째 뮤즈라고까지 찬양하였다. 아낙토리
아 송시는 디오뉴시오스5)의 시집에 들어 있고, 또한 일부 시문은 로마 시대의
서정시인 카툴레우스의 시문에 들어 있다. 아프로디테 여신에 대한 송시는 롱
기노스(아테네의 이름난 철학자)에 의하여 인용되었다. 그 밖에 이집트에서 발견
된 파피루스 뭉치나 피지(皮紙) 사본(2~7세기 사본)에도 사포의 시문 단편이 발
견되었다.

사포에 대한 찬양은 특히 레스보스 사람들에게서 두드러져 그녀를 신격화하
여 존경하였으며 사망 후에는 사당과 제단을 세우고 경화(硬貨)에 사포의 초상
을 넣어 주조하였다. 그녀의 시풍은 사포 시가라 부른다. 아래는 연인을 사모
하는 마음을 담아낸 사포의 시로 적극성이 두드러진다. 두번째 시는 우리 나라
의 대표적인 여류시인의 사랑의 애가인데 비교해 보는 것도 좋을 듯하다.

---

4) 사포는 남녀의 사랑과 정욕을 숨김없이 묘사한 것으로 유명하다. 다음 시는 이를 잘 보
   여준다. "욕정이 한 차례 다시 나를 흔들어 놓는다/ 나의 사지는 녹신녹신해진다/ 기며
   꿈틀대는 일과 달콤한 고통/ 나는 물리칠 도리가 없도다."
5) 헤르모크라테스의 아들로 특이한 패왕이며 시문에도 열중하였다.

당신이 바라고 계시는 것이
도리에 맞아서 귀한 것이라면 또는
올바르지 못한 말이 없다 한다면
어이해 부끄러움이 당신 눈을 가리랴
분명한 말투로 어서 말하라(김희보, 『세계의 명시』에서)

청산리 벽계수야
수이감을 자랑마라
일도창해하면
다시 오기 어려오니
명월이 만공산하니
쉬여간들 엇더리(황진이의 시조)

3. 솔론

가난한 귀족집안 출신으로 아테네 최고의 통치자에 오른 솔론(Solon : 기원전 640?~560?)은 아테네의 집정관이자 법 제정자, 시인으로 이름 높다. 살라미스의 소속 문제로 메가라와 전쟁이 일어났을 때 싸움을 거의 포기하려던 아테네인을 설득하여 승전을 거둠으로써 유명해졌다. 당시 그는 시문을 발표하여 자신의 주장을 고무, 설득하였는데, 아테네를 통치할 때도 같은 방법으로 목적을 성취하였다.

기원전 594년 아테네의 내분을 종식시키는 집정관 수반으로 선출된 솔론은 역사상 유명한 정치개혁에 나섰다. 먼저 극빈자의 부채를 과감히 탕감하고 개인의 안전을 담보로 차용하는 비인도적 폐습을 금하고 사람을 토지와 함께 붙여서 매매하는 농노제를 종식시켰으며 민회의 준칙을 명시하고 평의회를 구성하였다. 또한 솔론은 당시 악명높은 드라콘 법을 폐지한 것으로도 유명하다.

드라콘은 기원전 621년 처음으로 아테네의 법전을 성문화한 인물로 전해지는데, 그 벌칙이 얼마나 엄했던지 가혹하다는 뜻의 형용사 'Draconian'이 생겼을 정도이나 현재 법전이 남아 있지 않아 내용은 알 수 없다. 그는 모든 반칙,

솔론으로 추측되는 흉상. 나폴리 국립박물관

심지어 게으름에조차 사형을 내리기까지 하였다. 한 번은 어째서 그처럼 사소한 반칙까지 죄로 다스리냐는 질문을 받자 아무리 작은 범법행위일지라도 사형을 받아 마땅하며 보다 흉악한 죄인에게는 더한 중벌을 내려야 하나 더 이상 가혹한 벌을 찾지 못하였다고 대답하였다 한다. 당시 드라콘의 인기는 대단하였는데 결국 찬미자들의 이 지나친 찬사가 그를 죽음으로 내몰았다. 즉 어느 날 극장에 그가 나타나자 관객들은 열광하며 아테네 사람의 관습대로 각자 외투를 벗어 찬미의 표시로 그 위에 던졌다. 그런데 외투가 너무나 많아 드라콘은 거기에 묻혀 질식사하고 그의 신음소리는 시민들의 열광적인 환호 속에 묻혀 버렸다. 드라콘 법은 처음에는 실제로 시행되었다고 하나 너무 과격해서 많은 경우 적용되지 않게 되었다. 솔론은 집권 후 이 법을 전적으로 폐지하였고, 살인자에게만 드라콘 법을 적용하였다. 단 살인자는 아레오파고스 재판에 회부하여 처벌하게 하였다.

솔론은 역사상 아테네인으로서는 최초의 시인으로 알려져 있는데 시의 주제는 주로 정치적인 것이었다고 하나 남아 있는 것은 단편뿐이다. 집정관을 내놓고 10년간 그리스의 여러 곳과 이집트, 소아시아 등을 편력하고 돌아왔다. 리디아에 갔을 때는 왕 크로이소스를 만나 "죽음이 올 때까지는 아무도 행복하다고 할 수 없다"는 의미심장한 말을 남겼다. 페르시아 정복에 나섰다가 패배하고 생화형에 처해지게 된 크로이소스는 죽음의 문턱에서 솔론의 이 말이 떠올라 반복해서 "솔론!"을 외쳤고 페르시아 왕 큐로스는 그 사연을 듣고 감동하여 그를 살려주었다고 전한다. 솔론은 말년에 페이시스트라토스의 야망을 간파하고 그의 세력증강에 반대하였으나 성공하지 못하였다. 후세에 그리스 세계의 7현인의 한 사람으로 칭송되었다.

4. 아나카르시스

그리스와 다른 여러 나라를 방문하면서 견문을 쌓은 스키타이의 왕자 아나카르시스(Anacharsis)는 기원전 592년경 박식하고 탁월한 재능에 절제하는 성품을 가진 학자로 크게 명성을 날렸다. 그리스인 어머니에게서 태어나 두 나라 말에 능하였던 그는 스키타이의 풍습에 따라 이륜마차를 몰고 마차에서 기거하면서 법망을 거미줄에 비유하고 이 거미줄은 크고 힘 센 벌레는 감당할 수 없다고 이야기하였다고 한다. 아테네에서는 솔론의 환대를 받으며 돈독한 우의를 쌓았으며 후에 그리스 7현인의 한 명으로 산정되었다. 그와 만난 헤로도토스는 그를 열렬한 친아테네파로, 그리스인은 스파르타인이 남겨 놓은 가난한 존재라고 전하고 있다.

고국 스키타이로 귀국한 후 아나카르시스는 무엇이나 그리스풍에 따르고 열중하였다. 아테네법을 도입하고 큐지코스에서 행해지던 마그나 마테르(큐벨레) 숭배를 맞아들이는 등 여러 가지 활동을 하였으나, 결국 조국의 풍습을 파괴하는 자로 소문이 나 왕위에 있던 형의 분노를 사서 수렵중에 왕의 화살을 맞고 죽었다.

아나카르시스는 저서와 전투시문(800행) 및 법전으로 유명하지만 현재 남아 있는 것은 없다. 크로이소스와 한노(카르타고인)에게 보낸 두 통의 서신이 현존하지만 신빙성을 의심받고 있다. 후기 작가에 의하면 생활에 필요한 풀무, 부싯깃, 도공이 사용하는 녹로를 발명하고 닻도 발명하였다고 한다. 그는 프랑스의 정치철학자 몽테스키외(1689~1755)의 『페르시아인의 편지』와 아일랜드 작가 골드스미스(1730~1774)의 『세계의 시민』에 등장하고, 프랑스 신부작가 바르텔르미(1716~1795)에 의해 『아나카르시스의 그리스여행』(1788)에서 주인공으로 소설화됨으로써 현대인에게도 친숙한 인물이 되었다.

5. 클레이스테네스

클레이스테네스(Cleisthenes, Clisthenes : 기원전 565?~500)는 아테네 알크마이

아테네 집정관의 명단 조각(기원전 520년경). 히피아스, 클레이스테네스, 밀티아데스의 이름이 보인다. 아테네 아고라 박물관

니드 가문 출신으로 부친 메가클레스에 이어 문중의 지도자가 되었다. 당시 아테네 및 아티카 지방은 귀족과 세력 있는 부족에 의해 몇 개의 폴리스로 나뉜 지방체제를 형성하고 있었다. 클레이스테네스는 페이시스트라티데 가문과 타협하여 참주 히피아스(페이시스트라토스의 아들)의 통치하에 기원전 525~524년 집정관에 올랐다. 그러나 파벌간의 갈등이 재연되자 알크마이니드 가문과 함께 추방되었고 클레이스테네스 지지 세력이 우세해지자 다시 아테네로 돌아와 대지주에 반대하는 민중당의 수반이 되어 실권을 잡았다.

이후 그는 아테네 및 아티카의 부족 분포를 과감히 재편성하는 획기적인 개혁안을 추진하였다. 즉 이오니아를 전통적으로 지배해 온 이오니아인 4부족(Phylae)을 해체, 새로이 10부족으로 편성하고 아티카 지역의 영웅 이름을 부족 이름으로 삼아 가문을 신설하였다. 그리고 각 부족을 다시 3분하여 트리튜에스(Trittyes)로 하고 평민도 3분하여 트리튜에스로 하였다. 주거지도 크게 셋으로 구분하여 도시, 내륙과 해안지대에 각 부족의 트리튜에스를 배치하고 일반 주민 또한 같은 비율로 구성케 하였다. 작은 구(Demoe)는 마을 단위 또는 도시의 소구역(district)으로 하고 이를 행정단위로 하였다. 그리고 시민권 보유를 주민(deme)의 자격 요건으로 삼았다. 이로써 그간의 네 가문이 장악하고 있던 세력은 분산되고 과열된 정권쟁탈전도 진정되었으며 민회의 권위가 상승하게 되어 다음 세대에는 귀족 아닌 평민도 집정관으로 선출되는 민주화가 이룩되었다.

그야말로 아테네 민주정치사상 한 획을 긋는 이 중대한 개혁은 솔론이 시작한 민주개혁(기원전 594)을 완성시킨 것이라고 할 수 있다. 이 개혁은 클레이스테네스에 유리하였으나 그의 경쟁자들에게는 기존 세력의 분산을 낳아 불리하게 작용하였다. 또한 이 개혁으로 제정된 500인 평의회는 각 부족에서 50명씩을 선출하여 구성되는 단순하고도 합리적인 제도였다. 그는 또한 통치의 비리에 제제를 가하고자 도편추방제도를 제정하였다. 이는 정치적으로 위험한 인물을 도편이나 패각의 표결로 추방하는 제도로서 재산에는 손을 대지 않고 민회의 권한으로 10년간 국외 추방하여 유배시켰다. 일설에는 이 제도의 불행한 첫 희생자가 역설적이게도 그 당사자였다는 설도 있으나 진실은 아닐 것이다.

6. 아낙사고라스

아낙사고라스(Anaxagoras)는 기원전 500년경 소아시아의 클라조메나이(이오니아 스뮈르나 만 안쪽에 있는 도시)에서 헤게시불로스의 아들로 태어나 밀레토스의 자연주의 철학자 아낙시메네스로부터 가르침을 받았다. 철학이라는 학문을 최초로 아테네에 이식한 인물로 평가받는 아낙사고라스는 아마도 기원전 480년 페르시아 전쟁 때 크세르크세스 군을 따라왔거나 혹은 페리클레스의 초빙으로 아테네로 와서 정착한 후 30년 동안 살았다. 페리클레스와 아스파시아(밀레토스의 이름난 재원으로 페리클레스의 연인) 및 에우리피데스와 친분이 돈독하였으며 소크라테스(기원전 470~399)도 그의 가르침을 받았거나 큰 영향을 받은 것으로 추측된다.

아낙사고라스는 비록 부유한 가문에서 자라났지만 도량이 넓고 걸출한 데가 있어 영예나 부에는 아랑곳없이 묵상과 자연현상에만 몰두하였다. 그리고 모든 신비주의에서 벗어나 이오니아적 자연주의의 합리적 사변의 길을 따라 특히 물질로부터 구별되는 추상적 원리인 '누스'—정신적 지성을 창출하였다. 이 원리는 가장 순수하고 섬세한 정신적 원리로서, 아낙사고라스는 최초의 순수 사변철학자로서 충분한 의식과 확고한 의지를 지녔던 것으로 여겨진다. 다시 말해서 '누스'는 비물질성으로 어떤 다른 것과도 절대 혼합되지 않고 또한 어

아낙사고라스. 왼손에 천체로 생각되는
공을 들고 있다. 동전

떤 것에 의해서도 방해받지 않는, 모든 사물 중 가장 순수한 원리로서 궁극적
으로 모든 것을 다스리는 최상의 정신적 요소이며 동·식물의 생명을 배후에
서 활성화시키는 요소이다. 따라서 사람들은 이 철학자를 '누스'라는 별칭으로
부르기도 하였다.

한편 그는 아름답게 설계된 천체에 매혹되어 그 관찰에 열정을 쏟았다. 일
식, 월식, 운석, 무지개에 관한 과학적 견해를 피력하고 태양에서 어느 날 운석
이 떨어질 것이라고 예측하였는데 실제로 운석은 아이고스 강에 떨어졌다고
한다. 또한 세계는 분리되지 않은 혼합물 덩어리에 지나지 않으며 분리하면 모
든 것이 나오므로 그것들은 동질의 덩어리라고 생각할 수 없는 질적으로 상이
한 무제한의 다원성을 띤 물체이고, 그 속에는 생성·소멸은 물론 변화하지도
않는 무한히 작은 원초적 입자가 무한한 수로 들어 있다고 주장하였다. 그리고
이러한 기본적 실체를 씨앗(spermata) 또는 새싹(chraomata)이라 불렀다. 농작
물을 위해 이집트를 답사하는 등 황금보다도 곡식의 성장과 같은 자연섭리에
더 관심이 많았던 그는 아마도 최초의 순수 생물학 연구자이며, 더 나아가 우
주만물의 기본원리를 이원론으로 사유한 최초의 철학자라고도 할 것이다.

아낙사고라스는 페리클레스에게 극진한 대우를 받으며 자주 정치에 관한 자
문을 해주기도 하였는데, 한때 페리클레스가 실의에 빠져 죽음을 택하려 하자

말리기도 하였다. 그런데 아테네 사람들은 비록 태양이나 달을 숭배 의식까지
는 아니더라도 민간신앙으로 신성시하고 있었기 때문에 아낙사고라스의 천체
에 대한 사상을 불순하고 터무니없는 주장이라고 비난하였다. 천체의 신성을
부인하며 해는 작열하고 있는 쇠붙이 돌덩이고 심지어 그 크기는 펠로폰네소
스보다 조금 크고 달에는 주거지와 산과 계곡이 있다는 아낙사고라스의 주장
이 그들에게는 한없이 불경스럽고 못마땅해 보였던 것이다. 이에 그를 딱하게
여긴 어떤 사람이 "그대는 조국의 일은 조금도 걱정되지 않나?" 했더니, 그는
"말조심 하게. 나는 조국의 일이 크게 걱정이거든" 하고 대답하며 손가락은 하
늘을 가리키고 있었다. 또 어떤 사람이 도대체 당신은 무엇하러 태어난 사람이
냐고 물으니 "태양과 달, 창공을 관찰하기 위해서다"라고 대답하였다. 급기야
아테네 사람들은 그를 독신죄(瀆神罪)로 고발하여 사형을 선고하였다. 그럼에
도 아낙사고라스는 자신의 견해를 굽히지 않고 "선고가 부당하다. 자연은 오래
전부터 자신이 말한 바와 같이 그러하다"라고 하였다. 다시 이 현자에게 처형
당하면 시신을 고향으로 보내주기를 원하는지 의견을 물었다. 그러자 "아니다,
명계로 가는 길은 어느 쪽에서나 다 통한다"라고 대답하였다. 페리클레스의 변
호가 주효하여 간신히 사형에서 국외추방으로 감형된 아낙사고라스는 뮤시아
의 그리스인 도시 람프사코스로 망명하여 학원을 설립하고 과학에 전념하였다.
이 곳에서 그는 원의 면적과 둘레, 면적의 비를 정확히 계산하였다 한다. 자연
과학에 관한 그의 저작은 후에 아리스토텔레스(기원전 384~322)에 의해 매우
높이 평가되었다.

아낙사고라스를 존경한 람프사코스 사람들은 현자의 임종이 다가오자 사후
에 무엇이든 기념으로 남기고 싶은 것이 있는지 의향을 타진하였다. 이에 "좋
은 생각이다. 죽은 달에 어린이들이 쉬는 날을 하루 만들었으면 한다"고 대답
하였고, 이 의도는 쾌히 받아들여졌다. 그리고 매우 신중히 의논한 끝에 그가
타계한 달에 공휴일을 제정하여 그의 넋에 봉헌하고 이를 '아낙사고라스 축일'
로 공포하였다. 디오게네스의 말에 따르면 로마시대까지도 그 날은 지켜져 내
려왔다고 한다.

아낙사고라스는 람프사코스에서 기원전 428년 72세로 별세하였다. 묘비에는
다음과 같은 명이 새겨져 있다. "먼 우주 마지막 끝까지 진실을 추구한 아낙사
고라스 여기에 잠들어 있다." 디오게네스는 그의 저서 그리스철학자 열전에서

아스파시아.
기원전 5세기경의 그리스 작품을
로마시대에 복제한 것.
바티칸 박물관

다음과 같은 풍자시를 헌사하였다.

태양은 작열하는 쇠붙이라고 한 것이 빌미가 되어 사형을 언도받고 죽음에
임박하자 친우 페리클레스의 변호로 아슬아슬하게 목숨을 구한다. 그러나 신
념이 약해짐을 우려한 그는 스스로 명을 끝내기로 한다.

7. 아스파시아

아스파시아(Aspasia)는 악시오코스의 딸로 밀레토스에서 태어났다. 아테네로
와서 학문을 배우고 특히 소크라테스와 사귀어 웅변을 배웠다. 페리클레스는
그녀의 탁월한 미모와 마음씨, 교양에 마음을 빼앗겨 애첩으로 삼았다. 이후
아스파시아는 페리클레스를 부추겨 사모스를 침공하게 하였으며 혹은 펠로폰
네소스 전쟁에도 영향을 미치게 하였을 것으로 추측된다.

그녀는 정치성이 강한 희극에서 풍자적으로 공격을 받고 불경죄로 기소되어 도덕성의 비난을 받게 되는데, 공격의 진짜 목표가 영도자 페리클레스에 있었던 만큼 페리클레스는 아스파시아를 열정적으로 변호하여 성공적으로 옹호하였다. 이 변론은 아스파시아의 도움으로 이루어진 것으로, 그리스 웅변사상 가장 위대하고 훌륭한 변론으로 인정받고 있다. 두 사람 사이에서 태어난 아들은 시민 자격을 얻지 못하였으나 역병으로 본부인과 두 아들이 죽자 비로소 시민으로 인정받고 아비의 이름을 계승하여 장군이 되었다. 그러나 아르기누사이(뮤틸레네와 메튬나 사이에 있는 작은 3섬) 전쟁 후 패배의 책임을 물어 죽임을 당하였다.

페리클레스가 사망한 후 아스파시아는 명목상으로만 영도자였던 류시클레스와 사귀나 그도 살해당하였다. 소크라테스와의 친분 때문에 그녀의 이름과 이야기는 소크라테스 문하 제자들의 대화나 저술에 자주 등장한다. 재색을 겸비한 아스파시아는 후에 조상으로 많이 작품화되었는데 그리스 고대 미술에서는 이를 아스파시아형이라 부르며 코레형과 대조시키고 있다. 코레는 페르세포네 혹은 젊은 여성을 지칭한다.

8. 에피쿠로스

에피쿠로스(Epicurus : 기원전 341~271)는 케레스트라타가 낳은 네오클레스의 아들이다. 가르게토스 부족의 아테네 시민이며 교장으로 재직하다 식민도시 사모스로 이주한 그의 아버지는 아들에게 조기교육을 시켰다. 일찍부터 천재성을 엿보인 그는 12살 되던 해에 벌써 특출한 사고를 하였다. 예컨대 선생이 "태초에는 혼돈이 있었다"는 헤시오도스의 시 구절을 반복 음송하는데 에피쿠로스는 진지하게 누가 혼돈을 만들었느냐고 선생에게 물었다. 이에 선생이 자신은 모르겠고 철학자가 알 것이라 답하자 어린 에피쿠로스는 그러면 이제부터 철학자의 가르침을 받아야겠다고 하였다고 한다.

에피쿠로스는 외지에서 널리 지식을 쌓고 정신적 수양을 경험하며 새로운 윤리도덕관을 폭넓게 수용한 다음 아테네로 왔다. 당시 이 대도시는 플라톤 학

에피쿠로스(복제품).
로마 카피톨리니 박물관

파, 견유학파(안티스테네스 창설), 소요학파(아리스토텔레스 학파), 스토아 학파 등 이름난 철학자들 무리로 북새통을 이루고 있었다. 에피쿠로스는 이 곳에서 그 자신만의 독자적인 철학을 펼쳐 나갔는데, 유쾌하면서 진지한 예절과 사랑 또한 덕망에 대한 해설로 많은 추종자들을 끌어모았다. 기원전 307년에는 아테네에 정원이 딸린 집을 구입하고 학원을 설립하니, 이 정원에서 연유하여 에피쿠로스 학설은 이후 '정원학파'로 불리게 되었다.

그는 인류의 행복은 최고의 선이며, 이는 마음의 만족과 쾌락 및 미덕의 감미로움에서 이룩되고 관능적인 욕구의 추구나 악덕에서 생기지는 않는다고 설득하였다. 이 교리는 각파 철학자들의 맹렬한 비난을 받았다. 특히 주랑(柱廊)에서 '행복이란 금욕에서 이루어진다'고 설교하던 스토아 학파의 비판이 격렬했는데 그들은 에피쿠로스가 신들을 활동하지 않는 존재로 인식하고, 즐거움만 챙겨 인간사에는 관심이 없다고 비판하였다. 에피쿠로스는 반대자가 쏟아내는 모든 비난에 맞서 대중들의 예배소에 자주 나타나 자신의 순수한 도덕성을 강조하였다. 또한 여자 문하생 레온티움이 선생과 제자들을 위해 매음을 한다는 비난에 대해서는 침묵과 모범적 생활로 대응하였다. 특히 그의 지나칠 정도의 근검한 생활은 건강을 크게 해쳐 나중에는 방광에 요체류 증상이 생기는 등 몹시 괴로움을 받았으나 비할 수 없는 강한 인내로 참고 지내다 기원전 270년 72세를 일기로 생을 마쳤다.

에피쿠로스가 죽었을 즈음에는 그의 친구들은 한 동네 단위로 셈해야 할 만큼 수가 많았다고 전해진다. 기원전 3세기의 에피쿠로스 집단은 세계로 파급되어 후에 마치 그리스도 교회와 같은 양상을 보였다. 에피쿠로스가 지내던 시대의 아테네 정세는 46년간(기원전 307~261)의 전쟁, 외국의 간섭과 점령, 3회의 쿠데타, 유혈, 화재, 학살, 약탈, 폭동이 자주 일어나 공동체 의식은 이미 상실된 상태였다. 거기에 경제의 붕괴, 노예노동자의 증가, 생활 불안이 가중되어 튜케(로마에서는 포르투나) 여신 신앙이 퍼져나갔으며 에피쿠로스 철학도 널리 수용되었다.

에피쿠로스의 문하생들은 자기들의 스승을 회상하며 전원 일치로 스승에 대한 존경을 표하였다. 그리고 그 추종자들은 완전한 평온을 즐기고 가장 공고한 우정을 지니며 살아갔다. 그의 생일에는 보편적인 축제를 거행하고 한 달 간 모든 찬미자들은 명랑하게 생활하며 서로 기쁨을 나누었다. 이는 문하생들 간에 의견의 불일치, 논쟁, 불화가 크게 유행하였던 당시의 다른 학파들과는 두드러진 차이점이었다.

또한 에피쿠로스는 옛적의 철학자들 중에서도 직접 수많은 저술을 남긴 것으로 유명하다. 적어도 300권 이상을 저술하였는데, 디오게네스에 의하면 에피쿠로스는 어느 누구보다도 많은 저술을 하였으며, 에피쿠로스의 풍부한 저서와 재능에 질투를 느꼈던 스토아 철학자 크류시포스(기원전 280?~207)도 에피쿠로스는 한 권의 저술을 끝내자마자 즉시 또 한 권을 저술하였기 때문에 그 다작을 이길 도리가 없다고 하였다. 더구나 에피쿠로스의 저서는 그 전에 알려지지 않았던 진보된 진리와 논술로 가득차 있어, 이미 알려져 있던 것만 잔뜩 늘어놓아 독창성이라고는 찾아볼 수 없었던 다른 사람의 저서와는 비교가 되지 않았다고 말하였다.

감각의 희열은 미덕의 실행으로 이루어지고 인위적인 도덕은 불투명하고 퇴색한다는 에피쿠로스설의 추종자는 매 시대마다 엄청나게 늘어나고 그 교리는 전 세계로 급속히 퍼져 나갔다. 이에 대해 로마에서는 꾸밈없는 순수성으로 조성된 미덕을 행복으로 생각하는 것은 인류를 타락시키는 것이라고 공격하였다. 예컨대 원로원에서 키네우스가 에피쿠로스 교리를 풀이할 때, 파브리키우스(기원전 282년 및 278년 집정관)는 공화국의 모든 적들이 그의 추종자가 되어 간다고 한탄하였다. 그러나 연약하나마 사라져 가는 덕망심의 보전에 진력하는 사람들과 루크레티우스[6]가 에피쿠로스의 보편적 교리를 시문으로 소개하자 그 많은 부드럽고 아름다운 시 구절들은 사나운 세계 정복자들의 기를 빼놓는 데 기여하였다.

에피쿠로스는 신의 존재를 믿었으므로 엄밀한 의미에서는 무신론자는 아니나, 인간사에는 신이 무관하다고 보았으므로 한편으로는 무신론자라 할 수 있다. 에피쿠로스는 말한다. 우주공간에서 우주와 세계를 경영하며 지고의 평화 속에 사는 지복(至福)의 신들이 어찌 인간에 간섭하고 거기에 보태서 해를 끼칠 이유가 있단 말인가? 이것을 깨우치고 배우지 않는 것은 현명한 일이 못 된다. 신들은 전혀 인간들을 필요로 하지 않는 것이다. 우리의 선행으로 신들을 잡을 수 없으며, 신들이 죄인에게 벌을 주거나 정직한 사람에 응보를 한다는 생각은 바보스런 일이다. 미래의 벌이나 응보는 어떤 의미에서 공상에 불과하다. 영혼의 불멸이 사실이 아닌 것은 육체가 나기 전의 영혼이 사실이 아닌 것과 같다. 그리스도교에서는 에피쿠로스의 이 '무신론'을 신앙의 최대 적으로 몰아버렸다. 그러나 그리스도교가 이웃사랑을 정점에 두었듯이, 에피쿠로스 사상이 한편으로는 우정에 중점을 두었으며 따라서 우정사상을 최고도로까지 발전시켰음을 염두에 두어야 할 것이다.

9. 류쿠르고스

류쿠르고스(Lycurgus)에 관해서는 헤로도토스[7]의 『역사』에 언급된 것이 가장 오래 된 기록이다. 따라서 기원전 6세기 이전의 내용은 류쿠르고스 법령이 존재하지 않았기 때문에 전적으로 상상의 이야기로서 기원전 650년경의 스파르타 입법자를 부풀려 전한 이야기로 추측된다. 티마이오스[8]의 견해에 의하면,

---

6) 기원전 94?~서기 55년. 로마의 철학자이자 시인.
7) 기원전 445년에 이름을 떨친 그리스의 역사가.
8) 기원전 262년에 활약한 시칠리아의 역사가.

류쿠르고스 흉상.
로마시대 복제품

같은 이름을 지닌 두 사람이 서로 다른 시대에 살았는데 한 사람의 이름이 너무나 유명해지는 바람에 후세 사람들이 두 사람의 업적을 모두 한 사람에게로 합쳐 하나로 만들어 버렸다고 한다. 전하는 일화는 플루타르코스(50~120)의 인물열전에 적혀 있다.

류큐르고스는 스파르타 왕 에우모모스(기원전 986년 등극)의 둘째 왕자로, 법령을 제정하여 독특한 국제(國制)와 군사조직을 창안했다는 전설적 인물이다. 부왕이 폭동을 진압하다 쓰러지자 기원전 907년 장자 폴류덱테스가 왕위에 올랐으나 오래지 않아 세상을 떠났다. 후사를 남기지 않았으므로 뒤를 이어 류쿠르고스(기원전 898)가 왕위에 올랐다. 그러나 과부가 된 형수의 잉태 사실을 알게 되자 유복자로 태어날 조카가 성년이 될 때까지만 왕권을 지키기로 하였다. 그런데 출생한 아들을 없애고 시동생과 결합하고 싶어했던 사악한 성품의 형수는 류쿠르고스가 자신의 청혼을 사양하고 조카 카릴라오스의 후견 섭정직을 수행하겠다고 공표하자 크게 실망하였고, 그 와중에 정적들의 세력다툼이 크게 표출되었다. 반대 세력의 야유와 악의에 찬 비난이 빗발치자 결국 류쿠르고스는 즉위 8개월 만에 왕위를 이양하고 크레타로 은퇴하였다. 그리고 철인(哲人)과 마찬가지로 방랑의 여정에 올라 아시아와 이집트를 방문하고 그 통치방법을 관찰하였으며 방문국에서는 방탕과 사치와 타락을 멀리하며 유유자적한 생활을 보냈다. 한편 스파르타에서는 막상 그가 떠나자 사회혼란이 일어나는 등 그의 필요성이 절실해져 다시 귀국을 간절히 권유하였으므로 모국으로 돌아왔다. 곧 정권을 인수하여 사회의 무질서를 바로잡아 쇄신하기로 뜻을 다진 그는 효과적 개편을 실시하기 위해 우선 델포이의 신탁에 문의를 하였다. 신전의 여사제는 모든 영예로써 그를 환대하고, 왕의 의도를 신의 뜻으로 받들며 또한 왕을 신의 사랑을 받는 사람을 넘어서서 신의 측근, 아니 그 이상 신의 서열로 대우하였다. 이러한 축복된 신탁을 배경으로 류쿠르고스는 이제 스파르타의 폐습과 악습을 근절하는 전면적인 개혁에 나섰고, 그야말로 하늘의 재가를 받은 혁명에 온 시민은 열렬한 기대를 보냈다.

류쿠르고스는 먼저 원로원(Senate)을 신설, 28명의 원로를 선출하고 권위의 취지를 나라의 안녕유지에 두었다. 원로원의 권한은 왕과 시민의 중간에서 균형을 유지하는 것으로, 전자의 횡포나 강요를 감시하고 동시에 후자의 난동과 소요를 점검하였다. 마치 배의 안정을 도모하는 바닥짐과 같은 역할이라 할 것이다. 이러한 원로원의 신설과 더불어 류큐르고스는 스파르타 사회 전체를 대상으로 대대적인 개혁을 실시하였는데 그 내용은 다음과 같다.

우선 시민의 차별대우를 일소하여 동등한 권리를 부여하고, 토지의 공평한 배분, 사치성 추방, 실용적 기술의 장려에 중점을 두었다. 금은화의 사용을 전적으로 금하였으며 대신 무거운 놋쇠와 철제 동전을 주조하여 유통시켰다. 재물에 대한 유혹을 제거하여 사유물의 보유에도 도난이나 폭력의 염려에서 벗어나게 하고, 온 시민에게는 공동으로 취사하며 특전이나 사치 및 방종을 불허하였다. 다른 나라와는 교류를 금하였으며 마찬가지로 외래인의 스파르타 여행 내지 방랑도 극도로 제한하였다. 남자아이는 7세가 되면 부모의 품을 떠나 국가의 관리하에 분별 있는 교육을 받게 하여 일찍부터 생각하고 재치있는 응답을 할 수 있도록 훈련시켰다. 또한 강인한 인내력을 기르도록 옷 한 벌로 한 해를 나게 하고 신발도 없이 걸어다니며 식량준비도 없이 밖으로 나가도록 하였다. 또한 어디에서든지 만나기만 하면 싸우기 시작하되 감독자의 명령으로 싸움을 중지하는 훈련, 기습하여 물품을 약탈하는 훈련을 받으며 약탈을 하다 발각되면 엄한 처벌을 받았다. 시민은 누구나 생산에 관여하지 않고 감시자 지배층으로 군림하며 예속된 주민들의 노동에 의해 생활필수품을 공급받았다.

예속된 주민들에 대해서는 시민과 철저히 구분하여 정치적 권리를 전혀 인정하지 않는 농노로 지배하고, 계속되는 폭동에 직면해서는 암살과 같은 방법을 자행하여 체제를 유지하였다. 지적 교육은 극히 초보적인 읽기와 쓰기에 그치되 도덕적 측면이나 신체적 측면에서는 군사국가의 유능한 성원으로 만드는 데 전력을 기울였다.

그야말로 도시국가 전체를 하나의 병영으로 만들고 가족 생활은 완전히 말살시켜 버리는 것이었다. 여성은 모성의 의무를 건강하게 수행하기 위해 남성처럼 벌거숭이 상태로 육체적 훈련—달리기, 씨름을 하고 또한 공공연히 노래하며 춤추고 남자와 자유롭게 교제하도록 교육받았으며, 건강한 남녀의 자유로운 혼외정사가 승인되고 장려되었다. 예술적인 삶—예컨대 언어와 대리석을 사용하는 예술의 창조 같은 것은 전혀 이뤄지지 않았다. 이에 따라 무조건적인 국가 유지가 바로 개인이 태어나서 살다가 죽는 목적이 되고, 그 목적을 위한 인간이 창조되기에 이르렀다.

류쿠르고스는 자신이 제정한 이 법령에 의해 신중히 개혁을 진행하고 나라의 전모가 바뀌어 가는 데 흡족해하였다. 개혁이 성사되자 그는 델포이 혹은 크레타로 은퇴하는데, 출발에 앞서 온 시민을 모아 놓고 자신이 시민의 요청으로 돌아와서 입법한 헌법을 후손이 변조, 위반 혹은 파기하는 일이 없도록 엄숙히 맹세시켰다. 은퇴 후 얼마 있다가 임종이 다가오자 자신이 죽거든 그 재를 바다에 버리라는 유언을 남겼다. 스파르타로 시신을 운구하면 시민들이 맹세를 저버리고 개혁 추진에서 이탈하게 될까 봐 염려되었기 때문이다.

류쿠르고스가 입법한 헌법의 성과와 지혜는 이후 스파르타에 뿌리를 내려 700년간 견고하게 유지되었다. 그러나 이 법의 수행으로 수반되는 문제는 만만치 않았다. 예컨대 태어난 자식이 허약하고 기형이라 커서 전투 능력을 갖추지 못하고 나라에 부담을 줄 것이라고 판단되면 어미에게는 가차없이 도태시키라는 비인도적 명령이 떨어졌다. 결혼 방식 또한 심각한 문제를 낳았다. 진정한 부부간의 행복이라는 것은 존재하지 않았다. 국가는 결혼적령기에 든 여자들을 지정된 시간에 깜깜한 홀 안에 모아 놓고 전혀 모르는 남자와의 성교접을 주도하였다. 특이한 의상을 걸치면 반칙이었다. 축제 기간중 젊은이들에게 지정한 날 나신으로 출두하라고 명령을 내리고 같은 또래의 소녀와 공식모임에서 난교하게 하는 법이야말로 고금을 통해 유례가 없는 지각 없는 제도가 아닐 수 없었다. 이러한 행사가 라케다이몬(스파르타) 사람들의 윤리도덕관을 타락시키는 데 기여했을 것임은 분명하다.

류쿠르고스를 아테네의 찬양받는 입법자 솔론과 비교해 본다면, 전자가 시민의 윤리와 도의를 그가 제정한 법에 일치하도록 규제한 반면 후자는 시민법을 습관과 예절에 맞도록 제정하였다는 데서 근본적 차이가 있다 할 것이다. 그러다 보니 류쿠르고스의 행정당국은 확고한 결단을 요구하고 움직일 수 없는 냉혹성과 엄격성이 두드러진 반면 솔론의 고안은 필연적이고 관능적이기조차 하였다.

그러나 류쿠르고스 개인을 보았을 때는 풍부한 자애심을 가져 찬양을 받기도 한다. 특히 알칸드로스라는 젊은이가 법석을 떨다 실수로 그의 한쪽 눈을 멀게 하는 엄청난 과실을 저질렀음에도 최고의 관용과 신뢰로 온건하게 대처한 예는 매우 찬양할 만한 인간성의 발로로 평가받고 있다. 류쿠르고스에게는 안티오로스라는 아들이 있었으나 그 후사는 없었다. 라케다이몬 사람들은 이 위대한 입법자에 경의를 표하는 의미에서 매년 그 영예를 기리는 '류쿠르기데스' 축제를 열었다.

세월이 지나 아르키다모스(기원전 469년 등극)의 아들 아기스(기원전 427) 치세에 이르러 금은화폐제도가 도입되자, 이는 라케다이몬 사람들의 질박성을 오염시키고 타락시키는 원인이자 분란을 낳는 씨앗이 되었다. 류쿠르고스 법전은 기원전 188년 스파르타를 공략 점령한 메갈로폴리스의 명장군 필로포이멘에 의해 폐기되었고, 그 후 얼마 안 되어 스파르타는 다른 그리스 도시국가와 마찬가지로 로마제국에 예속되었다(기원전 146).

10. 류산드로스

류산드로스(Lysandros)는 스파르타의 이름난 군 지휘자로, 펠로폰네소스 전쟁(기원전 431~404) 말기에 스파르타 함대를 이끌고 소아시아에 출동하여 이오니아의 남서부 에베소 근처 노티움 해안에서 아테네 해군과 해전을 벌이고 적선 120척을 격파(기원전 407)하는 대승을 거두었다. 당시 아테네쪽은 수병 3천

명이 학살되었고 아테네 함정은 겨우 3척만이 격파를 모면하여 키프로스 왕
에우아고라스에게 도피하였다. 이 해전을 고비로 쇠퇴한 아테네는 결국 스파
르타에 굴복하여 외항 피라이오스까지의 방위벽이 해체되고 스파르타의 강요
로 '30인 과두체제'를 채택하였으며 12척의 함선만 남기고 모든 병선을 내놓음
으로써 라케다이몬에 복종하게 된다.

　류산드로스는 전쟁을 승리로 이끈 후 전례대로 자신의 권세를 지중해 동쪽
에서 과시하였으며 사모스에서는 그를 신과 왕의 중간적인 존재로 받들게 하
였다. 그리고 아시아의 여러 그리스계 도시국가를 참주정으로 교체시켜 막강
한 세력을 확보하고자 하였다. 그러나 이 시도가 거의 성공을 거둘 즈음 스파
르타는 결정적으로 아테네에 민주주의 부활을 허락하는 쪽으로 정책을 바꾸었
고 이는 류산드로스에게는 일종의 패배를 의미하였다.

　이후 아게실라오스가 스파르타 왕으로 선출되는 데 중요한 역할을 하며 세
력 회복을 노렸으나 그 과정에서 신전의 사제를 매수하여 부정한 신탁을 내리
게 하는 등으로 반대파의 비난을 받아 궁지에 몰리게 되었다. 이 비난에서 벗
어나기 위해 그는 테베와의 전쟁을 선언하고 스스로 직접 출전하였다. 그러나
파우사니아스[9]가 지휘하는 지원군이 도착하기 전에 할리아르토스 도시를 공
략하다 계획이 노출되어 도리어 할리아르토스 군의 습격을 받고 혈전 끝에 살
해되고 말았다(기원전 395). 동료 장군들은 그의 시신을 찾아 장엄하고 영예로
운 장례식을 치러주었다.

　류산드로스는 스파르타의 용맹한 장군이자 권력가로 이름을 크게 떨쳤으나
동시에 욕망과 오만으로 가득차고 허영심이 강했으며 잔인하고 표리부동한 성
격을 지닌 인물로 평가된다. 이러한 성격 때문에 살아 생전 가산을 탕진하고
그가 죽은 후 유족에게 남긴 것은 가난뿐이었다. 따라서 아비가 살아 있을 때
스파르타의 부유한 두 시민과 약혼한 그의 두 딸은 약혼자로부터 배척당하는
고통을 받게 된다. 당시 두 약혼자의 그러한 행위는 배반과 모독 행위를 혐오
하는 라케다이몬 사람들에게 격렬한 비난과 벌을 받았다고 한다.

---

9) 기원전 ?~477년경. 스파르타의 지휘관.

11. 피타고라스

피타고라스(Pythagoras)는 기원전 582년경 사모스에서 태어난 그리스의 철학자, 수학자, 종교가이다. 지성사적인 측면에서 이제까지 생존한 가장 탁월한 인물 중 한 사람으로 사모아의 현인으로 불린다. 청소년 교육에 탁월한 식견을 갖고 있었던 부친 므네사르코스는 치밀한 계획을 세워 아들의 재능을 발견하고 발전시키는 데 온 힘을 쏟았다. 특히 심신단련과 체력훈련에 주력하여 피타고라스는 시문·음악·웅변·천문학 등에 탁월한 능력을 발휘하고 품위 있는 인품과 빛나는 예지를 갖추게 되었으며 아울러 소년시절부터 힘겨루기와 기민성을 요하는 경기에서 여러 차례 우승을 할 정도로 뛰어난 체력의 소유자로 성장하였다. 특히 18세 때는 올림피아 경기에 출전하여 레슬링에서 영예의 우승을 차지, 전 그리스 세계에 이름을 크게 떨쳤다. 한편 견문을 넓히고자 동방세계도 두루 방문하여, 이집트와 칼데아(남부 바빌로니아)에서는 신관과 사제의 신임을 받고 이들 나라의 교묘한 통치방법 및 제후들과 주민을 지배하는 상징 규범도 배웠다. 그는 여기에서 여러 해 동안 신과 신성, 특히 영혼의 불멸 원리를 체득하고 고대 전통 사료를 수집하여 고향으로 돌아왔다.

사모스의 참주 폴류크라테스는 자신에 대한 충성보다는 나라의 자립을 강조하는 이 젊은 철학자에게 처음에는 거부감을 갖고 기피하였지만 오래지 않아 호의를 품고 그의 두번째 올림피아 경기 출전을 지원하였다. 피타고라스는 그 명성이 자자해지면서 공중집회에서 석학(sophistes) 혹은 현인(sage)으로 대우받았는데 정작 본인은 그 존칭을 분수에 넘치는 것으로 사양하며 스스로를 지성의 선호자, 즉 '필로소포스(Philosophos)'로 불리는 데 만족한다고 하였다(이때 철학을 의미하는 Philosophy라는 낱말이 처음 등장한다). 그 이유를 그는 다음과 같이 설명하였다. "올림피아 경기장에서 일부 출전자는 승리자의 영예만을 갈망하고 어떤 참가자는 다른 상품을 선전하고자 경기장에 온다. 이처럼 광대한 세계 대축전 무대에서 모두가 이름을 내고 행운을 위해 유리한 상황을 구축하고자 안간힘을 쓰는 판에 소수의 제3의 참석자는 영예에의 야망이나 재물에의 욕망에는 아랑곳하지 않고 그저 경기장 위에서 펼쳐지는 놀랄 만한 기적, 재빠름, 또한 장엄한 장면에 감동되고 거기에서 충분히 만족을 느낀다."

피타고라스.
원주 위에 놓인 둥근 공모양의 천체를
손가락으로 가리키고 있다.
사모스의 동전 뒷면   :

올림피아드가 끝나자 그는 엘리스와 스파르타를 방문하고 남부 이탈리아 마그나 그라이키아의 아카이아인 식민도시 크로톤에 가서 정착하는데, 그때 나이 사십이었다. 현재도 같은 이름으로 불리는 이 곳 주민들은 뛰어난 용사들이었고 운동경기를 좋아하고 레슬러들이 많았다. 피타고라스는 여기에서 교단을 창설하였는데, 얼마 가지 않아 그가 가진 음악적 기량과 수학의 기초, 탁월한 자연과학에의 식견, 능숙한 의술 등에 매료당한 수많은 문하생이 모여들고 동조자와 추종자들이 그의 가르침을 따랐다. 방탕하고 나약한 자들에게는 고결하고 보다 사람다움에 전념하라고 설득하였다. 여자들에게는 정숙을 중시하고 지나치게 요란한 장신구를 달지 않도록 타일렀다. 젊은이들에게는 문란한 향락적 생활을 버리고 폭음과 음탕을 자제하며 부모에 공손하라고 충고하였다. 또한 나이 든 사람들에게는 돈버는 데 시간을 소비하지 말고 사리를 분별하여 평온과 검소, 자비와 박애에 진력함으로써 마음의 흐뭇함을 가질 것을 강조하였다. 그는 이 모든 가르침을 뛰어난 웅변과 우아한 능변, 맑고 경건한 행실을 통해 성취해 냈다. 사람들은 올림피아 경기에서 승리의 영광을 받고 먼 나라까지 두루 여행하여 견문을 넓힌 그의 박식함과 다정한 설득, 웅변과 덕망을 크게 존경하였다.

그는 정기적이고 빈번하게 일찍 신전을 찾아 참배하고 최고의 순결성을 유

지하고자 하였으며 청정한 음식을 섭취하고 이집트 신관 같은 복장으로 정화
의식을 올리는 등, 두드러지게 고결한 정신을 지닌 기품을 풍겼다. 그러나 한
편으로 이와 같은 인위적 기교는 숭배방식에서뿐 아니라 이방인의 모방이라는
측면에서 일반 주민들에게 반감을 사기도 하였다. 결국 교단은 크로톤 도시에
서 격화된 당파싸움의 와중에 방화 공격을 받게 되고, 이에 따라 피타고라스는
남쪽 도시 메타폰툼으로 이주하였다. 그의 사망 시기와 장소에 대해서는 분명
하지는 않으나 일반적으로는 메타폰툼에서 기원전 497년경에 사망한 것으로
알려져 있다.

그는 교단의 제자를 교육시킬 때, 자신과 수련생 간의 거리를 멀리 두는 훈
련계획을 채택하였다. 예컨대 말 많은 수련생의 경우, 스승에게 직접 질문하는
행위를 용납하지 않고 5년간의 청강기간을 지키게 하였다. 천성이 과묵한 수련
생의 경우는 2년간의 관찰기간을 거친 후 질문을 허용하였다. 그는 비밀 교시
를 아랍숫자 및 상형문자로 전수하고 먼 나라의 종교 교리를 알기 위하여 괴이
한 이방인의 기호와 언어를 배우게 하였으며 그 기호와 낱말로 대화를 함으로
써 그들만이 알아들을 수 있게 하였다. 이에 따라 교단에서의 스승의 권위는
그야말로 절대적인 것이 되고, 제자들이 그의 말을 논박하는 일은 죄악으로 간
주되었다. 특히 반대파의 의견이나 논설일 경우는 가장 완강한 반발을 샀다.
논의에 있어서도 "스승이 그렇게 말씀하셨다"로 결말이 맺어지고 이 말은 속
담이 되었다. 교단의 실세는 날로 팽창하여 전 세계로 전파되었으며 문하생은
그 스승을 찬미하고 또한 시민의 갈채를 유도하였다. 당대의 그리스, 시칠리아
및 이탈리아 중요 도시의 통치자나 입법자는 대부분 이 피타고라스 교단에서
가르침을 받은 인물들로 채워지고 이들에 의해 정치·도덕·생활의 개혁이 강
력하게 추진되었다.

피타고라스는 그리스에 처음으로 윤회설, 혹은 '영혼전입설'을 편 선도자이
기도 하다. 이 교리는 영혼재생(metempsychosis)이라 하는데, 슈로스의 철학자
페레큐데스의 사상을 받아들이고 이집트 사제들 혹은 브라만의 교리로부터 영
향을 받은 것으로 보인다. 그는 영혼재생설을 뒷받침하기 위해 말하기를, 자신
의 영혼은 아비 므네사르코스의 아들이 되기 전에 활기찬 다른 신체들에 들어
있었다고 한다. 먼저 그는 헤르메스와 뮤르미돈의 공주 에우폴레메이아 사이
에서 아이탈리데스로 태어나 아르고 호 대원의 전령역으로 활동하였다고 한다.

아비 헤르메스로부터 탁월한 기억 능력을 부여받은 그는 명계로 간 후에도 기억의 능력이 사라지지 않아 명계에서 잠시 머물다가 영혼이 새로운 몸에 들어간 후에도 기억이 되살아났다. 후에 그는 에우포르보스(이름난 트로이의 용사로 파트로클로스에게 상처를 입혀 헥토르로 하여금 처치하게 하였다)의 영혼에 관여하였으며 다시 헤르모티모스(이오니아의 이름난 예언자)였다가 어부에게 들고, 마지막으로 현재의 바로 피타고라스 자신이 되었다고 하였다. 그는 문하생들에게 물고기와 콩을 먹는 행위를 금기로 하였는데 이유는 물고기와 콩이 창세 때 인간을 만들었던 같은 소재에서 부식되어 생겨난 것이기 때문이라 하였다.

　피타고라스의 신화적 체계에서 우주 창조주인 강력한 초인적 존재는 세계의 운반자요 영혼이고, 인간의 영혼도 그 자료의 일부이다. 또한 삼라만상의 원리는 수의 개념으로 풀이되며 우주의 규칙성, 조화, 아름다움, 비례성, 하모니는 창조주가 계획적으로 조성시킨 것이다. 그의 도덕의 교리에 따르면, 원래 인간이 지닌 혼의 성향은 이성이 없는 짐승과 같고 거기에 탐욕스러운 감성과 야망이 깃들어 있고, 인간은 고귀한 미덕과 도덕의 향유 및 지적 환희에서만 가장 완벽한 희열을 느낄 수 있다고 한다. 그리고 여기에 도달하기 이전의 인간은 죄책감과 내세에 대한 공포로 마음이 산란하여 기쁨이란 없다고 한다. 철학자의 이러한 지론은 교육에 특수방법을 도입하게 된다. 즉 한가한 중에도 계속 일하며 배우고 육체적 운동을 게을리하지 않으면서 휴식을 취하되 몸에 조금이라도 군살이 붙어서는 안 된다는 신조가 피타고라스의 계율의 하나가 된 것이다. 또한 그는 나이 지긋한 어른들에게는 항상 그 행동에 조심성과 정신적 애향심을 담아야 한다는 요구를 환기시키고 개인의 향락이 아닌 공익이 최종 목표임을 기억하도록 요구하였다. 한편 전해지는 그의 기본 계율 중 본받을 가치가 큰 교훈으로서 특히 사랑의 교리가 있음도 빠뜨려서는 안 될 것이다.

　그런데 피타고라스 교단이 초기부터 중점적으로 조성한 사업 중 한 가지는 바로 산 속에 호젓한 고장을 개발하여 수양장소로 삼아 사적·공적인 반성 및 단원간의 정신적 교류처로 하고, 다같이 햇볕을 쬐고 소박한 섭생으로 심신을 깨끗이 정화하는 수양생활을 한 일이다. 그들은 여기에서 가장 자연적인 단순성을 토대로 대화를 나누고 정치와 철학을 주제로 교양있는 담론을 전개하였다. 감정에 치우치는 일 없이 저녁에도 아침이나 마찬가지로 종교의식으로 하루를 엄숙히 반성하며 다음 날의 행동규범을 세웠다. 규율을 지키는 수도승과 같은 이러한 생활은 결실을 맺어 피타고라스 문하생들은 사회 어디에서건 존경을 받고 입법자로 환영받았는데, 이러한 대우는 이상한 일이 아니며 그들의 절조와 우의 및 인간애는 모두에게 모범이 되었다.

피타고라스 개인에 대해 전해지는 일화 중에는 매우 특이하고 믿기 어려운 것들도 많다. 피타고라스는 한때 지하동굴에 은거한 적이 있는데 외부에서 일어난 모든 소식은 모친을 통해 전해 들었다. 그리고 여러 달 후 다시 지상에 나왔을 때는 핼쑥하고 험상궂은 용모로 변해 있었는데 군중 앞에서 자신은 지옥에서 돌아온 길이라 말하였다고 한다. 또한 그는 마음만 먹으면 거울에 피색으로 글씨를 적을 수 있고 달에는 역으로 식자를 할 수 있으며 만월 때는 거울의 모든 글자를 달 원반에서 읽을 수 있었다고도 한다. 또한 주술언어로 곰을 길들이고 날고 있는 독수리를 정지시키며 같은 날 같은 시각에 크로톤과 메타폰툼에 나타날 수 있다고까지 하였다.

피타고라스 사후 마그나 그라이키아 사람들은 그를 대단히 존숭하여 불사신의 영예를 부여하고 그의 집을 성스러운 사당으로 하였다. 또한 로마인은 기원전 343년 델포이 신전의 신탁에 따라 가장 현명하고 용감한 그리스 사람을 청동상으로 만들어 세우면서 알키비아데스와 피타고라스에게 각별한 영예를 부여하였다.

피타고라스에게는 다모라는 딸이 있었다고 하며, 부인으로 생각되는 테아노라는 여성에게 보낸 7통의 서한이 현재 남아 있는데 내용은 어린이 교육, 질투, 가사 등에 관한 것이다. 또한 그의 시라고 하는 현존 작품이 있어 '피타고라스의 금언'으로 불리는데 내용은 주로 교리와 도덕에 관한 교훈으로 되어 있다. 그러나 대부분의 시는 류시스의 저작이라고 보고 있다. 류시스는 기원전 388년 전성기의 피타고라스파 철학자로 이름을 날린 에파미논다스[10]의 스승이다.

피타고라스는 천문학, 수학, 음악 등의 분야에서 하나같이 불후의 명성을 안겨 줄 업적을 남겼다. 특히 태양을 중심으로 모든 행성이 타원궤도를 따라 돈다는 천체설은 그야말로 획기적인 주장이었다. 이 견해는 당시 극히 공상적이고 도저히 있을 법하지 않은 설로 받아들여졌다. 그러던 것이 그의 사후 2000년이 지난 서기 16세기, 한 철학자의 조사에 의해 더 이상 논의의 여지 없이 가

---

10) 테베의 위대하고 용감한 영웅으로 기원전 362년에 전사하였다.

장 정확한 계산에 의한 것임이 밝혀졌다. 그리고 그는 천체를 하모니의 법칙에 따라 일정한 도정으로 운행하는 우주의 음악 양상으로 파악하였으며, 음악에 있어서는 처음으로 음계와 음정의 원리 기준을 발견하기도 하였다. 또한 유클리드 기하학 중 피타고라스의 정리─직각삼각형 사변의 제곱은 다른 두 변의 제곱의 합과 같다─는 당시로서는 그야말로 위대한 발견으로, 기쁨에 찬 이 철학자는 신들에게 황소 100마리를 공양하였다. 그러나 그는 어떠한 동물의 피흘림도 금기시하였으므로 틀림없이 밀랍으로 만든 작은 황소였을 것이다.

후에 디오게네스,[11] 포르피리오스,[12] 이암블리코스[13] 및 그 밖의 학자들에 의해 '피타고라스의 생애'가 기술되었는데, 대부분 실상을 전하기보다는 전설적인 박식한 학자로 소개하는 데 초점이 두어졌다.

12. 엠페도클레스

엠페도클레스(Empedocles : 기원전 493?~433?)는 시칠리아 남쪽 해안 아그리겐툼에서 메톤의 아들로 태어났다. 그와 이름이 같은 조부 엠페도클레스는 기원전 496년 올림피아 경마경기에서 우승을 한 아그리겐툼의 명문귀족이었다. 테오프라스토스[14]에 의하면, 엠페도클레스는 스승 파르메니데스[15]로부터 피타고라스 학파의 철학을 배웠다고 한다. 그는 피타고라스의 가르침을 시문으로 표현하였는데 매 구절 구절이 대단히 아름답고 생기를 띠었다. 뛰어난 철학자, 시인으로 명성을 떨쳤을 뿐만 아니라 의사, 과학자, 정치가이자 사제, 예언자로 마법과 기적을 행하고 신비주의와 주지주의(主知主義)에 몰두하며 신성(神性)

---

11) 3세기 초의 저술가로『그리스 철학자 열전(Vitae Philosophorum)』을 저술하여 고대 그리스의 철학자 82명을 소개하였다.
12) 본명은 말코스(Malchus : 234?~305?)로 신플라톤 학파의 그리스 철학자. 플로티노스 (Plotinus) 및 피타고라스 전기, 플로티노스 문집, 아리스토텔레스와 호메로스에 대한 회고록 등이 있고 이교도의 신앙(그리스도교 등)에 대해 결연하게 반대하였다.
13) 250~330년경의 시리아의 신플라톤 학파 철학자. 신플라톤주의를 대체로 어렵고 복잡한 이교도 종교철학과 혼합시킨 인물로 알려져 있다.
14) 기원전 372~287년. 플라톤과 아리스토텔레스에게 사사한 철학자.
15) 엘리스의 철학자로 최초로 지구가 둥글다는 사실을 밝혔다.

의 구현을 확신한 인물이었다. 기원전 444~441년 크게 명성을 얻어 왕으로 추대되나 사양하였고 범 그리스 도시 투리이가 서자 그 곳을 방문하였다. 그 후 이유는 확실치 않으나 추방되어 펠로폰네소스로 망명하였다가 여기서 생을 마쳤다.

그의 시문은 공적으로 인정을 받아 올림피아 제전에서 특히 그의 「청정」이 호메로스 및 헤시오도스의 시문과 함께 낭송되었다. 만물의 근원이 흙·공기·불·물의 4원소로 이루어졌다는 그의 학설은 특히 유명하며 그 후 2천 년 이상 계속 믿어져 왔다. 그의 자연계의 생성 지배설의 핵심은, 4원소는 물론 모든 사물은 통합과 분열을 촉발시키는 충동으로 조절되며 생사의 반복은 사랑과 미움의 이합으로 일어난다고 하는 것인데, 인도의 윤회설이 전해진 듯하다. 나아가 생명체의 발생 진화도 추리하였는데 그 과정에서 창출해 낸 개념은 모든 진화론을 앞지르는 사상이었으며, 물리학설 또한 후에 원자 개념으로 발전하는 모티프로서 매우 중요한 자리를 차지한다. 그 밖에 그는 지형 변경으로 자신의 도시에서 기후환경을 개선시키기도 하였다.

엠페도클레스는 처음에는 소녀였다가 다음은 소년, 그 후 작은나무, 새, 물고기가 되었고 마지막에 엠페도클레스 자신이 되었다 주장하였으며 미구에 신이 될 것을 확신하였다. 전하는 이야기에도 엠페도클레스는 화염이 솟고 있는 에트나 화산 분화구에서 자진하여 신성을 입증하고자 하였고 이는 결국 치명적인 종말을 가져왔다 한다.

어떤 사람은 말하기를, 그 자신이 신적 존재임을 믿고 분화구 속으로 사라져 그에 대한 종말의 전설을 남겼는데 하필 그의 샌들 한 짝이 지상에서 발견되는 바람에 분화구의 화염 때문에 죽었음을 알게 되었다 한다. 다른 이야기에 의하면, 그는 매우 오래 살았으며 또한 바다에서 익사하였다고도 한다. 갈렌(129~199?)은 그를 시칠리아 의학교의 개조(開祖)로서 칭송하였는데, 갈렌의 치료학설은 서구에서 무려 1500년 이상 신봉된 바 있다.

13. 비아스

비아스(Bias)는 이오니아의 독립된 항구도시 프리에네에서 테우타메스의 아

비아스의 흉상.
아래에 '대부분의 사람은 나쁘다'라는
그의 어록이 새겨져 있다.
바티칸 박물관

들로 태어났다. 그는 아테네의 식민도시로 건설된 프리에네의 통치자가 되어 약육강식 시대에 능숙한 외교적 수완을 발휘함으로써 기원전 566년경 도시를 크게 번영시켰다. 후에 그리스 7현 중 한 명으로 추앙받았다.

　비아스가 남긴 어록에는 ① 자기의 주장은 힘 아닌 설득으로 관철시켜야 한다 ② 불운을 참고 견디어 내지 못한 사람이 정말 불행한 사람이다 ③ 이룩할 수 없는 불가능한 일에 매혹되는 것이 사람의 마음(영혼)의 병이다 ④ 대부분의 사람은 나쁘더라 등이 있어 이미 2500년 전에 인간성의 일면을 꿰뚫고 있음을 알 수 있다. 이 때부터 300년 후 중국 전국시대에 등장한 순자(기원전 298~235)도 사람의 본성은 악하다는 성악설을 주장하였다. 선하게 되는 것은 인간의 의지에 의한 노력의 결실이라는 교훈이다. 고대 그리스 7현은 비아스, 킬론, 클레오불로스, 페리안드로스, 피타코스, 솔론 및 탈레스이며 각각 통치자, 법률가, 고문으로 활약하면서 그리스 사회에 봉사하고 많은 격언과 어록을 남겼다.

아이소포스와 여우.
아티카 적색그림 컵
(기원전 470~450년경).
바티칸 박물관

14. 아이소포스

　아이소포스(Aesopus, Aesop)는 이솝이라는 이름으로 널리 알려진 인물. 기원전 6세기경 그리스 사모스 섬의 철학자 크산토스 집안에 로도페(후에 이름난 상류사회의 창녀가 됨)와 함께 노예로 예속되어 있었으나 천재적인 경구(警句)의 구사와 재치 있는 우화에 능하여 교육을 받고 자유의 몸이 되었다. 그리스 세계와 이집트 각처를 탐방한 바 있으나 주로 리디아 왕 크로이소스 궁전에서 지냈으며 기원전 564년경 생을 마친 것으로 추정된다. 후기 전설에는 델포이에 신탁을 받아오기 위하여 파견되었는데 지나치게 근엄하고 오만하게 군데다 "델포이 사람들은 물에 떠 있는 나무토막 같다"고 비유하고 "먼 곳에 있을 때는 크게 보이나 막상 가까이 오면 별 것 아니다"라는 식으로 비꼬아 델포이 사람들의 미움을 샀다고 한다. 이에 자존심을 다친 델포이 사람들이 그에게 누명을 씌워 아폴론 신전의 신성한 대접을 몰래 가져갔다고 비난하고 절벽에서 던져 살해했다고 한다. 그러나 시대적으로 맞지 않고 델포이에는 간 적도 없으므로 후기에 첨가된 이야기로 보인다. 또한 아이소포스를 난쟁이에다 기형이라고 한 전기작가 플라누데스도 있으나 신빙성이 없다. 아이소포스는 크로이소스에게 우화집을 바쳤으며, 현재의 이솝우화집은 그의 저술과 이 시대 전후에 있던 우화 교훈담을 함께 엮은 것으로 보인다.

15. 아나크레온

아나크레온(Anacreon)은 이오니
아의 테오스(사모스 섬에서 마주보
는 항구도시)에서 태어난 이름난
서정시인이다. 기원전 538년 사모
스 영주의 초청으로 왕실에서 지
냈으며 영주의 아들 폴류크라테스
에게 존경을 받고 피시스트라토스
의 아들 히파르코스에게도 높이
평가받아 아테네에 가게 되었다.
현재 남아 있는 송시는 4행 이상
의 운각으로 되어 있는데, 비범한
감미와 우아감을 나타내는 시문으
로 지역과 연령에 상관 없이 찬사
를 받았다. 환락과 주색에 빠져 생
활하였으며 무절제한 성벽을 나타
내며 바튤로스라는 아름다운 젊은
이와 깊은 사랑에 빠지기도 하였
던 그는 85세 때 포도씨가 목에
걸려 질식, 타계하였다. 플라톤에
의하면 아나크레온은 아테네 왕가
의 후손이라 한다. 그의 사후 아테
네 성채에 조상이 세워졌으며 노
래와 주색에 흠뻑 빠진 늙은 주정
뱅이 시인의 대표로 추모하였다.
후기에 남아 있는 단편을 모아
『아나크레온티카』가 발간되었다.

아나크레온 상. 코펜하겐 뉘 카를스베르 글뤼토브테
크

메난드로스 상. 로마 국립박물관

16. 메난드로스

메난드로스(Menandros : 기원전 342~291)는 아테네의 이름난 희극작가로 테오프라스토스에게 사사하였다. 그리스 희극이 정점에 달할 시기에 활동한 가장 주목할 만한 작가이지만, 105편의 저술 중 현재 전해지는 것은 5편뿐이고 그나마 불완전한 것이다.

당시 희극의 황태자로까지 불리며 최고의 명성을 구가한 그의 희극은 신희극으로서 아리스토파네스의 고희극과는 구분되는 판이한 특징을 갖고 있다. 우선 고희극과는 달리 유쾌한 익살의 맛이 있되 천하고 외설적인 면도 갖고 있었으며, 풍자적인 요소를 완전히 배제하여 정치적으로는 무해하였다. 또한 종교적 기원(祈願)의 흔적을 완전히 배제하고 합창단도 그 역할을 줄이거나 없애버렸으며 주로 로맨틱한 내용을 갖는 풍속희극의 성격을 띠었다. 희극에서 다루는 대상들은 그 시대 도시생활의 희극적인 상황으로, 가정에서 일어나는 문제들 예컨대 행방불명된 자식들, 늦은 결혼, 잃어버린 보석과 같은 것이나 교활한 노예와 계략에 능한 상인 등에 관한 이야기였다.

서기 2세기 로마의 희극작가 플라우투스와 테렌티우스의 작품에 메난드로스의 함축성 있는 단편적 어구가 인용되고 있어 그의 문학적 특성을 일부나마 엿볼 수 있다. 당시 카이사르는 위의 두 로마 작가를 "아! 둘로 나누어 놓은 메난드로스(O! dimidiate Menaner)"라고 칭찬하였다.

필레몬

필레몬(Philemon : 기원전 360~263)은 그리스 신희극작가로 97편의 희극작품을 발표하였다. 시칠리아의 슈라쿠세에서 아테네로 건너와 기원전 307년경 시민권을 얻었다.

메난드로스와 동시대의 작가로 당시 메난드로스보다 높이 평가되어 상을 받았으나 친구들의 술책으로 상을 받게 된 것이라 전한다. 프톨레마이오스 왕실의 초대를 받았다고 하기도 하고 또는 큐레네의 마고스 왕에게 갔다고도 하나 확실하지 않다. 죽는 날까지 정신적·육체적으로 매우 적극적인 활동을 계속하였으며 97세 혹은 101세까지 살았다고 하는데 전하는 말로는 풀 뜯는 나귀를 보고 웃다가 타계하였다고 한다. 작품은 별로 인용되지 않고 플라우투스가 일부 희극을 본뜨고, 서기 2세기에 필레몬 희극이 재연되어 영예의 동상이 세워지지만 메난드로스의 명성에 비한다면 뒤졌다고 할 수 있다.

엔니우스

엔니우스(Ennius Quintus : 기원전 239~169)는 이탈리아 남부 마그나 그라이키아 주 칼라브리아의 루디이 마을에서 태어났고 천재적인 능력과 탁월한 학식으로 이름을 날리며 로마시민이 되었다(기원전 184). 당시 그의 거칠고 세련미 없는 문체는 오히려 당시로서는 특성 있는 작품으로 여겨졌으며, 넘치는 표현력과 열정이 그 시문의 단점을 메웠다. 퀸틸리안16)은 그를 극구 호평하고 베르길리우스는 자신의 작품에 엔니우스의 시 구절을 대폭적으로 인용하기도 하였다. 18권의 영웅서사시를 연보로 저술하는 등 많은 작품을 발표하였으나 현재 희극, 비극, 서사시 중 남아 있는 작품은 아무 것도 없고 단지 옛 작가들이

---

16) 스페인 태생으로 서기 1세기에 로마에서 이름을 떨친 웅변 및 수사학 교수.

인용한 것에서 그 편린을 접할 수 있을 뿐이다. 라틴어 속기체와 긴 자음에 이중 스펠링을 사용하는 법을 최초로 창안하였다.

엔니우스는 당대의 위대한 인물들과도 친교를 맺었고 카토[17]가 사르디니아 재판관으로 출정하였을 때 동반하여 전공을 세우기도 하였으나, 그러한 영예보다는 역시 시인으로서 높은 평가를 받았다. 한니발을 자마에서 물리쳐 승리를 거둔 로마의 장군 스키피오는 기원전 184년 사망하면서 절친한 시인 엔니우스 옆에 묻으라고 유언, 스키피오의 영묘에는 두 사람의 조상이 세워졌다. 로마의 첫 서정시인으로 칭송받은 엔니우스는 그 스스로 라티움의 호메로스라고 자처할 만큼 자부심이 컸다. 알콜중독과 통풍으로 사망하였다.

17. 로도페

로도페(Rhodope, Rhodopis)는 그리스의 유명한 상류 창녀로, 사모스의 철학자 크산토스 집에서 아이소포스와 함께 노예로 있었다. 크산토스를 따라 이집트로 갔다가, 그녀에게 반한 사포의 형제 카락세스가 막대한 재물을 내고 자유의 몸으로 풀어준 뒤 결혼하였다. 그러나 그 후 이집트의 나일 강구에 위치한 항구도시 나우크라티스로 가서 몸을 팔며 어마어마한 재물을 모아 불후의 이름을 남기게 되었다. 델포이의 아폴론 신전에도 많은 재물을 헌납하여 성역을 빛나게 조성하였으며, 일설에는 이집트에서 한 기의 피라미드를 세웠다고도 한다. 전하는 얘기로는 하루는 로도페가 목욕을 하고 있는데 독수리가 벗어 놓은 그녀의 샌들 하나를 채어 갖고 날아가 멤피스에 있는 이집트 영주 프삼메티코스의 궁전에 떨구었다 한다. 영주는 샌들의 아름다움에 매혹되어 그 임자를 찾기 위하여 온갖 정성을 다하여 수소문하였고 임자는 로도페로 밝혀졌다. 결국 프삼메티코스와 결혼하고 왕비가 되었다 한다.

17) 기원전 234~149년. 로마의 정치가 · 군인 · 문인.

18. 레안드로스와 헤로

헬레스폰트 중간지점(약 1km로 폭이 좁음) 뮤시아쪽 도시 아비도스에 살던 성실한 젊은이 레안드로스(Leandros)는 건너편 도시 세스토스의 아프로디테 사원에 있는 아리따운 여사제 헤로(Hero)와 깊은 사랑에 빠졌다. 그래서 레안드로스는 밤만 되면 물살이 센 해협을 건너가 헤로를 만났고 헤로는 사원의 탑 위에 호롱불을 켜 놓고 이 불빛을 따라 그가 헤엄쳐 오도록 도왔다. 그러던 어느 날 폭풍이 몰아쳐 호롱불이 꺼지고 칠흑같은 어둠과 파도 속에서 레안드로스는 방향을 잃어 버렸다. 다음 날 새벽 헤로는 탑 아래로 밀려온 남자의 시신을 발견하고 극심한 비통에 빠져 그만 탑에서 몸을 던지고 말았다.

티 한점 없는 젊음의 정열과 생동하는 건강미를 찬양하고 동시에 애수가 깃들인 이 내용은 비극시문의 소재로 자주 등장한다. 원래 연인 레안드로스와 헤로에 대한 기품 있는 시는 호메로스 이전의 전설적 시인 무사이오스[18]의 작이라고 하나 남아 있는 작품은 없다. 다른 설에 의하면 서기 5세기 후반기경의 서정시인 무사이오스 그람마티코스의 작품이라 한다.

영국의 낭만파 시인 바이런(1788~1824)은 1810년 이 고사를 회상하며 세스토스에서 아비도스까지 헤엄쳐 건너가기도 하였다.

세스토스에서 아비도스로 헤엄치고 난 후 지은 시[19]
Written After Swimming From Sestos to Abydos

만일 어두운 12월에
레안드로스가 밤마다
(어떤 처녀가 이 이야기를 기억하지 않으랴?)
광활한 헬레스폰트를 건넜다면!

만일, 겨울 폭풍우가 포효할 적에,
그가 헤로에게로 기꺼이 헤엄쳐 갔더라면,

---

18) 기원전 1400년경 리노스 혹은 오르페우스의 아들 또는 후계자.
19) 이재호 역, 『낭만주의 명시』, 탐구당, 1986.

헬레스폰트(다르다넬로스) 해협을 지나며 일리아드, 레안드로스와 헤로의 비극을 간직한 아비도스와 세스토스 간의 선교가 떠올라 감상에 젖게 한다

그리고 이처럼 옛날에도 네 조류가 격했더라면,
아름다운 비너스여! 얼마나 이 두 사람은 가엾은가!

현대의 타락한 자식인 나로 말하면,
5월의 온화한 날이었는데도,
내 물방울 뚝뚝 떨어지는 사지를 맥없이 뻗으며
오늘 내가 공적을 세웠다고 생각한다.

그러나 레안드로스는, 확실치 않은 전설에
따르면, 급류를 횡단했었다,
구애하기 위하여 - 그리고 - 그 밖의 일은 주님만이 아신다,
그는 '사랑'을 위하여 헤엄쳤으나, 나는 '영광'을 위해서 ;

누가 더 나은 일을 했는지 말하기 어려우리라 :
슬픈 인간들이여! 이렇게 신들은 여전히 괴롭히노라!
레안드로스는 잃었다 그의 수고를, 나는 나의 익살을 ;
왜냐하면 그는 익사했고, 나는 학질을 앓게 되었으니.

1810년 5월 9일

19. 폴류그노토스

폴류그노토스(Polygnotus : 기원전 470~420)는 타소스(트라키아 해안 네스토르 강구 앞의 섬) 출신의 이름난 화가로, 역시 화가였던 아비 아글라오폰에게 그림 기법을 배웠고, 아테네에서 활약할 때(기원전 458?~447) 소포클레스와 친하게 지냈다. 아테네의 한 주랑을 장식한 그의 그림은 트로이 전쟁의 절정 장면을 묘사한 것이고, 델포이의 전당에도 하데스의 명계로 간 오듀세우스와 트로이 성의 함락과 약탈 장면을 그린 벽화가 남아 있다. 채색은 거의 하지 않았으나 인물 묘사가 뛰어나고 표정의 표현이 일품이다.

당시 그리스 세계에서 그의 인기는 대단했던 것으로 알려지고 있다. 아테네 사람들은 이 화가를 어찌나 좋아했던지 작품의 대가로 원하는 것은 무엇이든 들어주겠다는 제의까지 하였는데, 그 같은 관대한 대우를 정중히 사양하였다. 또한 그리스의 주요 도시국가의 대표들로 구성된 인보동맹회의(Amphictyonic Council)에서는 그가 그리스의 어디로 가든 소요되는 경비는 각 나라에서 지급한다는 결의를 하기도 하였다.

폴류그노토스 작품에 영향을 받은 기원전 460년경 크라테르 그림. 헤라클레스와 테세우스, 피리투스가 보인다. 파리 루브르 박물관

티만테스

티만테스(Timanthes)는 알렉산더 대왕의 부왕 필리포스가 다스리던 시대의 시큐온의 화가이다. 그의 작품 중 특히 공주 이피게네이아의 희생 이야기를 소재로 삼은 벽화는, 거기

에 배석한 모든 인물의 슬픔에 쌓인 모습을 감성적으로 묘사하고 특히 슬픔을 어찌할 수 없어 얼굴을 가린 아비 아가멤논을 그림의 감상자에게 무한한 상상력을 부여하는 심의적(心意的) 표현으로 처리하여 최고의 천재성을 나타낸 것으로 평가받는다. 당시 크게 명성을 날린 화가 파라시우스와 그 기량을 겨루어 대상을 차지하기도 하였는데, 이 때 소재가 된 것은 아킬레스의 갑옷을 차지하지 못한 데 대한 분으로 아엑스가 광폭한 행동을 하는 장면이었다.

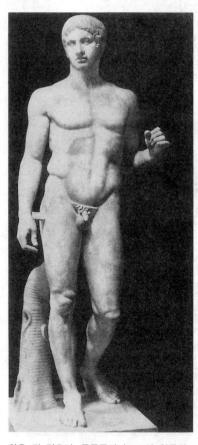

창을 쥔 젊은이. 폴류클레이토스의 청동상 (기원전 5세기 중반)을 폼페이에서 복제한 대리석상. 나폴리 국립박물관

20. 폴류클레이토스

폴류클레이토스(Polycleitus)는 기원전 5세기 아테네의 조각가 페이디아스에 비견된 시큐온의 이름난 조각가로, 「원반 던지는 젊은이」로 이름난 뮤론과 함께 고대 최고의 청동작가이며 사실주의의 절정기이자 고전 휴머니즘의 절정기를 대표한다. 당대에 그의 작품은 다른 사람들로부터 한결같이 아름답다고 찬양받았으며 그 스스로도 완벽하다고 표현할 정도였다고 한다. 가장 유명한 조각상은 황금과 상아로 만든 헤라 여신상인데 기록으로만 남아 있다. 다만 로마의 복제품 「아마존」, 「승리의 머리띠를 매는 젊은이」 및 「창을 쥔 젊은이」가 전해지고 있어 그 솜씨를 엿볼 수 있다. 그는 특히 조각 분야에 있어 류트모스(Rhythmos : 리듬)와 슘메트리아(Symmetria : 균형) 기법을 획기적으로 시도한 인물로 유명하며 『카논』을 저술하기도 하였

다. 그러나 『그리스 철학자 열전』의 저
자 디오게네스에 의하면, 류트모스와
슘메트리아 기법을 가장 먼저 시도한
것은 사모스 출신으로 이탈리아 레지
움으로 이주한 조각가 피타고라스였다
고 하나 현재 남아 있는 작품이나 복
제품은 전혀 없다.

페이디아스로 여겨지는 두상의 복제품(기원전 300년경). 코펜하겐 뉘 카를스베르 글뤼토브테크

페이디아스

페이디아스(Phidias : 기원전   500?~
432)는 이름난 아테네의 조각가. 페리
클레스의 요청으로 유명한 건축가 익

티노스가 맡아 건립한 아테네 아크로폴리스의 파르테논 신전에 안치할 「아테
나 여신상」을 제작하였다. 상아와 황금으로 만든 이 상은 높이가 39피트에 달
하였다. 이 신상 외에도 그는 수많은 작품을 남겼는데 박공 부조 조각에서 보
이는 신의 인간성, 켄타우로스의 광폭성, 유유히 달리는 전사, 아테네 여인의
겸양성과 다소곳한 자세, 신들의 고요하고 평온한 부동자세 등은 조각의 극치
이자 페이디아스 예술의 진수를 보여주는 것으로 평가받고 있다.[20]

그러나 평소 그를 시기하는 자가 많았던데다 여신상 방패에 자신과 페리클
레스의 초상을 새겼다는 비난을 받은 페이디아스는 스스로 예감한 대로 추방
을 당하였다. 이후 엘리스 나라로 가서 정착하고 아테네 조각의 명성을 실추시
킬 훌륭한 조각상을 만들어 자신이 당한 수모에 복수를 하기로 마음먹었다. 이
시도는 성공을 거두어 올림피아 경기장의 「제우스 신상」은 그의 작품 중 최고
걸작으로 평가되었으며, 이집트의 피라미드, 알렉산드리아의 파로스 등대, 바

---

20) 부조의 윤곽은 1674년 한 여행자(Jack Carray)의 사생화로 감지되었으나, 1687년 투르
크 군과 싸우던 베네치아 군이 아크로폴리스를 포격하던 중 신전 안에 있던 화약고가
폭발하여 건물 중심부가 파괴되었다. 게다가 19세기 초에는 영국인 엘진(Elgin)이 남아
있던 조각품을 대대적으로 반출하여 92개의 박공 중 양호한 것은 현재 18개에 불과한
실정이다.

1 2
3 4
5 6
7

세계 7대 불가사의
1. 이집트의 피라미드. 2. 알렉산드리아의 파로스 등대. 3. 바빌로니아의 공중정원. 4. 할리카르나소스의 영묘. 5. 에베소의 아르테미스 신전. 6. 올림피아의 제우스 신상. 7. 로도스의 헬리오스 동상

빌로니아의 공중정원, 할리카르나소스의 영묘, 에베소의 아르테미스 신전, 로도스의 헬리오스 동상과 함께 세계 7대 불가사의로 꼽혔다. 엘리스 사람들은 엘리스 도시에 영예를 부여한 그의 공적에 매우 감동하여 그 후손을 명예관장으로 임명하고 신상을 모시는 임무를 맡게 하였다.

뮤론

뮤론(Myron)은 기원전 480~440년경에 활동한 그리스의 이름난 조소가로, 특히 자연상태를 생동감 있게 묘사한 사실조각으로 유명하며 대표적인 작품으로는 「원반 던지는 젊은이」가 있다. 그의 암소상은 얼마나 생생하고 생동감을 주었던지 수소들도 속아서 살아 있는 암소로 알고 모여들었다고 하며 이는 시 문작가들의 소재로 자주 등장하였다. 그의 명성은 기원전 442년에 절정에 달하였다.

류시포스

류시포스(Lysippus)는 기원전 4세기에 시큐온에서 이름을 날린 조소가이다. 처음에는 쇠붙이 공예품을, 그 후에는 그림을 그렸으나 조소 부분에서 그 천부적 재능을 훨씬 탁월하게 발휘하였다. 알렉산더 대왕 시대인 기원전 325년에 전성기를 구가하였으며, 대왕은 그를 매우 좋아하여 류시포스 이외의 어느 조소가도 자신의 조각상을 만들지 못하게 하였다. 류시포스는 특히 머리 부위의 표현이 뛰어났는데, 알렉산더의 조각에서 머리는 몸에 비해 작게, 체구는 보통보다 가냘프게 표현함으로써 인물상의 크기를 더 크게 보이게 하였다. 친구 한 명이 이것을 알고 이유를 물으니, 선임 조소가들은 원 모습을 그대로 묘사하였으나 자신은 느낌을 묘사하였을 뿐이라고 대답하였다.

류시포스는 적어도 600개 이상의 조소작품을 만든 것으로 전해지는데 그 중 가장 찬사를 받는 작품은 「알렉산더상」, 타렌툼에 세운 높이 약 15m의 「아폴론상」, 아그리파(로마 최고의 군 편성가이며 최고 건축가)가 자신의 욕실에 장치한 「욕조에서 나오는 나신상」, 「소크라테스상」, 「그라니코스 강에 빠진 25기의 기

 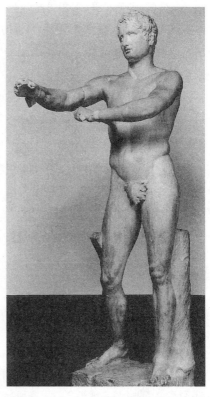

원반 던지는 젊은이. 뮤론이 제작한 청동상(기원전 5세기경)의 로마 대리석 복제품. 로마 국립박물관

아폭슈오메노스(Apoxyomenus). 류시포스가 제작한 청동상(기원전 310년경)의 로마 대리석 복제품. 바티칸 박물관

마병」(기원전 334년 5월 22일 알렉산더와 다리우스 3세의 유명한 전투장면) 등이다. 이들 작품의 값은 대단히 비싸 아우구스투스 시대에는 조각의 무게를 황금 무게로 쳤을 정도였다.

스코파스

스코파스(Scopas)는 기원전 4세기경에 활동한 에베소의 조소가이자 건축가로 아르테미시아(할리카르나소스를 통치한 여왕)가 남편을 위해 세운 영묘 건립에 참여하였다. 영묘 소벽에 묘사된 칼류돈의 멧돼지 사냥 조각상이 그의 작품

욕망(Pothos). 스코파스가 제작한 조상(기원전 4세기)의 로마 대리석 복제품. 로마 팔라초 데이 콘세르바토리

아폴로 사우록토노스. 프락시텔레스가 제작한 청동상(기원전 4세기)의 로마 대리석 복제품

이며, 그 밖에 「아테네의 마이나드」, 「산양을 탄 아프로디테」와 「수금을 지닌 아폴론상」 등이 유명하다. 그와 같은 시대에 활동한 인물로는 프락시텔레스 및 류시포스 등이 있다.

21. 프락시텔레스

　프락시텔레스(Praxiteles)는 아테네의 조각가 케피소도토스의 아들로 기원전 4세기에 명성을 떨친 조각가다. 특히 파리아의 우아한 흰색 대리석으로 조각을 하여 큰 찬사를 받았는데 완벽한 예술성을 자랑하는 이 조각품은 자연을 그대로 재현하면서 감각적인 매력을 한껏 발산, 살아 숨쉬는 듯한 착각을 불러일으켰다.

그의 최고 걸작으로 꼽는 작품 중에 프뤼네에게 준 에로스상이 있다. 이에 관련된 일화에 따르면, 상류사회의 아름다운 창녀 프뤼네는 프락시텔레스의 대리석 조상 중 최고품을 갖고자 내심 열망하였다. 그러나 자신이 작품을 선택하면 흡족할 것 같지 않아 꾀를 내어 그의 집에 불을 지른 후 불이 났다고 아우성을 쳤다. 이 북새통에 프락시텔레스는 그 어느 작품보다도 먼저 에로스상을 구하려고 애를 썼다. 방화가 그녀의 교묘한 술책임이 밝혀지자 그로부터 크게 꾸짖음을 받았으나 프뤼네는 마음과 물질로 최대한 보상을 하고 결국 원하던 조상을 갖게 되었다. 한편 이 일을 계기로 프락시텔레스는 미모의 그녀를 모델로 한 프뤼네상을 조탁하여 델포이 신전에 봉헌하는데 스파르타의 왕 아르키다모스 상과 마케도니아의 왕 필리포스 조각상의 중간에 배치되었다. 에로스상은 카이우스 카이사르(비극시인 겸 웅변가)가 테스피아이 사람에게서 구입하여 로마로 가져갔다가 클라우디우스가 돌려보냈으나 네로가 이것을 다시 차지하였다.

아프로디테 여신상은 코스 주민들의 부탁을 받아 탄생한 것인데, 처음에 프락시텔레스는 그들에게 나신상과 옷을 걸친 상 두 개를 만들어 그 중 하나를 선택하라 하였다. 미적인 완벽성은 나신상쪽이 훨씬 뛰어났지만 코스 사람들은 옷 입은 여신상을 택하였다. 나신상은 마찬가지로 수호신인 아프로디테 여신상을 간절히 원하였던 카리아의 크니도스 주민들에게 넘어갔다. 이 조상의 높은 예술성이 널리 알려지면서 후에 강국이 된 비튀니아의 왕 니코메데스가 크니도스에 막대한 노역의 채무를 탕감해 주는 조건으로 여신상을 원했으나 받아들여지지 않았다.

현재 그의 조각상의 원본들은 모두 없어지고 모작들만 남아 있으며, 다만 올림피아에서 발견된 「어린 디오뉴소스를 안은 젊은 헤르메스상」은 진품으로 인정받아 작가의 예술성의 진면목을 엿볼 수 있는 귀중한 사료가 되고 있다.

22. 파라시우스

파라시우스(Parrhasius)는 에베소의 화가 에우에노르의 아들로, 제욱시스와 같은 시대인 기원전 415년경 크게 명성을 떨친 화가이다. 화가사회에서도 뛰어난 장인으로 평가받았던 그는 미장 및 디자인술 등에 타고난 재능을 발휘하였다.

한 번은 화가 제욱시스와 그림으로 우열을 겨루었는데, 제욱시스가 그린 포도송이를 보고 하늘을 날던 새들이 와서 쪼아 먹으려 했다. 이를 본 친우화가 아펠레스가 새도 그림을 평한다고 말하였다. 곧이어 파라시우스의 그림이 전시되었는데, 제욱시스가 "커튼을 치워야 볼 게 아닌가"라고 하였다. 그러나 사실은 그 커튼이 그림이었다. 제욱시스는 자신이 졌음을 알고 "제욱시스는 새의 눈을 속였으나, 파라시우스는 제욱시스의 눈을 속였다"고 탄복하였다.

그러나 후에 파라시우스는 자신의 예술성을 헛되이 하여 스스로 진홍색 옷에 금관을 쓰고 그림의 왕이라 칭하는 등 거만한 자찬과 허영으로 흘러 화가사회의 비웃음을 샀다.

자신의 무덤에 앉아있는 죽은 병사. 파라시우스 스타일의 영향을 받은 것으로 추정된다. 흰색 레큐토스. 아테네 국립박물관

제욱시스

제욱시스(Zeuxis)는 헤라클레아(시칠리아의 옛도시) 출신의 이름난 화가로, 아테네의 화가 아폴로도로스[21]에 사사하고 파라시우스와 같은 시기에 활동하였다. 그림의 사실적 표현에 있어 그 시대의 모든 화가는 물론 스승을 능가하였는데, 자신의 작품에 애착을 갖고 자부심이 강하여 파격적인 대금에도 작품을 팔지 않았다. 가장 이름난 그림은 신들에게 에워싸인 왕좌에 앉은 제우스와 경악한 부모 앞에 뱀을 압사시키는 어린 헤라클레스, 또한 정숙한 페넬로페와 이탈리아의 헤라 라키니아 사원에 봉헌된 헬레나의 초상화 등이다. 최후작은 크로토나 사람의 요청으로 그린 여신상으로, 그 모델로 삼으라고 보내온 아름다운 처녀들 중 나체미를 기준으로 하여 우아하고 품위 있는 5명을 선택하여 세상에서 가장 완벽한 여인상을 염두에 두고 그려 냈다. 파라시우스와 벌였다는 그림 경합은 잘 알려진 이야기다. 자연 그대로를 완벽하게 표현하고 또한 그 아름다움을 생생히 그려내는 화가였던 그는 포도송이를 들고 있는 소년을 그렸는데 그 사실성이 얼마나 탁월했던지 새가 날아와 캔버스의 포도를 쪼았다고 한다. 그러나 사실 그것은 잘못된 작품으로 포도송이를 들고 가는 소년의 모습이 충분히 묘사되지 않았기 때문에 새들이 두려워하지 않았음을 깨달았다고 한다. 전하는 이야기로는 제욱시스는 노파를 익살스럽게 그리고는 한바탕 웃다가 타계하였다 한다.

아펠레스

아펠레스(Apelles)는 코스의 이름난 화가로, 일설에는 에베소 또는 콜로폰 출신이라고도 하며 피티우스의 아들이다. 알렉산더 대왕은 그를 왕의 진영을 그리는 영예로운 화가로 지정하고 다른 화가는 누구도 그 일을 못하게 금지령을 내렸다. 그림 그리는 일을 천직으로 알고 대단히 열심이었던 아펠레스는 하루 종일 붓을 놓는 법이 없을 정도였다고 한다. 최고 걸작으로 인정받고 있는 것

---

21) 페르가몬에서 「탄원하는 사제」와 「아테나의 벼락에 맞은 아엑스」의 두 작품이 플리니우스 시대에 찬사를 받았다.

아펠레스의　명예훼손. 보티첼리(15세기) 작. 피렌체 우피치 미술관

은 「바다에서 탄생하는 아프로디테」인데, 완성 전에 타계하여 하부가 미완성
인 채였으나 로마에서는 이를 수정할 화공이 없었다 한다. 아우구스투스가 이
작품을 구입하여 카이사르 사당에 봉헌하였다. 또한 알렉산더가 벼락을 쥐고
있는 그림은 어찌나 생동감이 넘치던지 이 그림을 본 플리니우스는 벼락을 든
왕의 손이 캔버스에서 튀어 나와 있는 것 같다고 하였다. 이 그림은 에베소의
디아나 신전에 봉헌되었다. 아펠레스가 그린 또 하나의 알렉산더 초상은, 왕이
그리 만족스럽지 않다고 평하는데 마침 지나가던 말이 그림 한 쪽에 그려진 말
을 보고 울음을 던졌다. 이에 작가가, 그림은 왕보다도 말이 더 잘 평가하는 것
같다고 하였다고 한다. 알렉산더 대왕은 아펠레스에게 자신의 왕비 중 한 명인
캄파스페의 초상도 그리도록 하였는데, 아펠레스가 왕비와 사랑에 빠진 것을
알고는 그녀와의 결혼을 허용해 주기도 하였다. 한편 일설에 아펠레스가 이집
트에서 프톨레마이오스 왕의 생명을 노리는 음모에 가담하여 사형 언도를 받
았으나 진범이 아님이 판명되어 생명을 되찾았다고도 하는데 분명하지 않다.
　아펠레스는 자신의 작품에 이름을 적지 않았는데 다만 「아프로디테」, 「바다
에서 태어나는 아프로디테」 및 「알렉산더 초상」 세 가지에만 서명을 하였다.

화사첨족의 우를 피하고자 한 이 작가의 기질은 자기의 본분을 지킨다는 영국 속담 "구두장이에게 네 구두골을 찌르게 하라(Let the cobbler stick to your last)"를 상기시킨다. 아펠레스는 그림에 관한 3권의 책도 저술하였는데 플리니우스 시대까지 전해졌다.

페릴루스

페릴루스(Perillus)는 아테네의 천재적 예술가로 시칠리아의 도시국가 아그리겐툼의 참주 팔라리스의 요청으로 청동황소를 만들었다. 고위관리에서 참주에까지 오른 팔라리스는 시카니아(스페인)와 페니키아를 성공적으로 물리치며 전쟁에서 용맹성을 발휘하였으나 극히 잔인한 성품을 갖고 있었다. 그는 포로는 물론이고 의심이 나면 주민에게도 가차없이 끔찍한 고문을 가하였다. 특히 죄인이나 포로를 산 채로 잡아 불에 달군 청동황소 위에 올려놓고 태워죽였는데 그 고통으로 인한 울부짖음이 마치 황소의 노호와도 같았다고 한다. 그런데 그 첫 시험대상으로 선택된 것이 청동황소를 만든 당사자인 펠릴루스였다고 하니 역설적이지 않을 수 없다. 결국 팔라리스의 이러한 잔인성은 오래 가지 못해 보복을 당하였다. 그에게 반기를 든 아그리겐툼 시민들이 페릴루스와 똑같은 방식으로 그와 추종자들을 주살하였던 것이다. 기원전 552년의 일이었다.

끔찍한 고문자로 이름난 팔라리스에 관한 이야기 중 일부는 후세에 부풀려 쓰여진 것으로 보인다. 팔라리스의 청동황소는 그 후 하밀카르[22] 장군이 카르타고로 반출하였으나 로마의 스키피오 장군이 이 도시를 점령한 후 다시 아그리겐툼 주민에게 되돌려 주었다.

23. 참주

참주(Tyrannos, Tyrant)란 왕을 참칭한 자라는 뜻으로 귀족 또는 상류계급

---

22) 카르타고의 장군으로 히메라 전투에서 겔론에 참패당하여 기원전 480년에 살해되었다.

출신 인물이 독자적인 힘 또는 비폭력으로 그간의 통치자를 쫓아내고 정권을 전복(무혈 쿠데타), 통치권을 장악한 비합법적 집정관을 의미하지만 원래는 '왕'과 동의어이다. 그리스의 여러 소도시 국가에서는 흔히 혹은 자연스럽게 이들에 의해 통치권이 바뀌었는데, 초기에는 탁월한 전권자로서 선정을 베풀었으며 나라의 본질은 변동시키지 않고 통치수단으로 법칙과 지시를 활용하였다. 기원전 7~6세기를 전형적 참주시대라 하며, 참주정(Tyranny)은 1인 통치를 지속하였으므로 권력에서 제외된 사람들의 반발도 점차 거세져 2대 이상 세습되는 일은 거의 없었다. 아르고스의 페이돈, 사모스의 폴류크라테스, 코린트의 쿱셀로스와 그 아들 페리안드로스, 시큐온의 클레이스테네스, 아테네의 피시스트라토스는 특히 이름난 참주들로 주로 경제의 향상에 적극 힘써 나라를 부강케 하고 문명개화에 이바지하였다. 초기 참주정치는 대개 교육받은 상류사회의 평민 출신자에 의해 이루어졌으므로 자연히 종래의 전통적인 족벌적 계급 차별은 근원적으로 철폐되었다. 이에 따라 주민들은 시민의식과 평등사상을 갖게 되고 하류 계층의 정치적·경제적 진출이 두드러져 민주주의가 발생하였다.

이에 반해 후기의 참주는 오만한 군사적 독재자로서 나라를 전제정치 형태로 변동시키고 폭정을 자행하여 폭군이 되는데, 이 때부터 참주는 폭군 또는 압제자의 뜻으로 변경되고 시민은 폭군 주살자를 찬양하며 동상도 세웠다.

24. 바르바로스

그리스어로 바르바로스(Barbaros)는 원래 야만인이나 동굴에서 살며 생육을 하는 미개인을 가리키는 단어가 아니었다. 옛날 그리스 사람들은 자신들이 알아듣지 못하는 다른 나라 말을 하는 사람들이 내는 소리를 'bar bar'라고 표현하고 그리스 말을 하지 않는 이국인, 외국인을 의미하는 단어로 사용하였다. 거기에는 말뿐 아니라 그리스 나라에서 살지 않고 그리스인과 같은 생각을 하지 않는다는 내용도 포함되어 있었다. 그리스인들은 생활과 사유의 모든 것이 달랐지만 이들 이국인을 칭찬하고 더 나아가 부러워하기도 하였다.

따라서 유태인이 이교도나 이방인을 가리킬 때 쓰는 Gentile과는 의미가 전혀 다르다. Gentile은 순 종족적 및 종교적인 견지에서 비(非)유태인을 의미하나 바르바로스는 인종적인 면이 부수적으로는 있다 해도 적어도 종교적인 의미는 없다.

그 후 그리스인과 로마인은 자신들 이외의 모든 나라 사람들을 총칭해서 barbarians라 하였다. 이는 기원 후에 야만(미개)인, 원시적인 의미로 전환되는데 특히 반달족이 서기 5세기에 유럽을 침입하고 455년에는 로마를 약탈하며 예술문화를 파괴하자 barbaric은 Vandalic과 동일시되면서 야만적이라는 의미를 갖게 되었다.

제18장 도시국가 및 기타

1. 아테네

아테네(Athens, Athenae)는 기원전 1556년경 이집트 사이스의 영주 케크로프스가 12개 마을을 연계하여 건설한 나라로 케크로피아라 불렸으며, 테세우스 시대 때 여신 아테나를 나라의 수호신으로 추대하고 여신의 이름을 따서 아테네라 부른 것이 오늘날까지 이어졌다. 아테네 나라는 왕정체제로 17대 동안 계속되었다. 태조 케크로프스는 50년간을 통치하고 기원전 1506년 크라나오스에게 양위하였다. 이후 왕정은 암픽튜온(기원전 1497), 에릭토니오스(기원전 1489), 판디온(기원전 1437), 에렉테우스(기원전 1397), 케크로프스 2세(기원전 1347), 판디온 2세(기원전 1307), 아이게우스(기원전 1283), 테세우스(기원전 1235), 메네스테우스(기원전 1205), 데모폰(기원전 1182), 옥슌테스(기원전 1149), 아피다스(기원전 1137), 튜모이타스(기원전 1136), 멜란토스(기원전 1128)로 이어졌고, 코드로스(기원전 1091년)가 21년을 통치하고 시살되어 왕정의 막을 내렸다. 이후 왕정은 종신제 통치로 바뀌어 317년간 총 13대를 계속하였다. 이후 10년 임기제로 되고 이는 기원전 684년에 막을 내렸다. 다음 3년간의 무정부기를 거친 후 매년 통치자를 선출하는 집정관 제도가 실시되었다.

기원전 900~600년 사이에 스파르타는 펠로폰네소스 반도에서 우위를 차지하고 아테네보다 세력이 월등 강한 나라였다. 그러나 아테네에서 민주화가 시작되고 특히 솔론의 민주적 헌법 공포(기원전 594)와 획기적인 경제정책에 의한 극빈자의 부채 탕감, 농노가 된 농민과 노예로 팔려간 농민의 복권 등 비인도적 폐습의 금지로 시민의 각성과 자각이 높아지고 개인의 노력이 결실을 맺으면서 발전도상에 올랐다. 귀족세력 간에 갈등이 계속되기는 하였지만, 정치적

개혁에는 반드시 내란이 수반되었던 로마에 비하면 아테네의 개혁은 이성적이고 수용적으로 진행되어 유혈양상을 거의 볼 수 없었다.

야망에 찬 페이시스트라토스는 비록 위계로 아테네의 실권을 잡았으나 20년간(기원전 546~527) 선정을 펴서 빈곤한 농민을 지원하고 예술문예의 부흥에 힘썼다. 신에 대한 제의에도 새로운 형식을 도입하여 연극을 활용하고 기원전 534년에는 최초의 비극 경연을 개최하여 테스피스에게 상을 수여하였다. 시민의 정서와 정신을 연극 이상으로 잘 표현하고 향상시키는 매체는 없다. 서사시에도 공적 지위가 부여되고 호메로스 시의 음송이 판아테나이아와 결부되었다. 이 때 호메로스 시의 최초의 정본(定本)이 만들어졌다고 하는데 페이시스트라토스가 그리스 문화사에 기여한 인상을 반영한 전문(傳聞)일 것이다.

기원전 510년경 정권을 잡은 클레이스테네스는 획기적 개혁을 단행하여 솔론이 처음으로 시작한 민주체제를 거의 완전하게 정착시킴으로써, 세계사에 유래 없는 민주 번영의 바탕을 마련하였다. 이와 함께 아테네 시민들 사이에서는 용감성과 우수성, 인색하지 않는 활수적(滑手的) 개성이 돋보이게 된다.

이 때문에 페르시아는 서점(西漸) 원정을 실시하면서 그 첫 표적으로 그리스 세계의 세력자로 부상한 아테네를 잡았다. 페르시아 왕 크세르크세스는 아테네 시를 집중공략하여 점령하고 2차에 걸쳐 철저한 파괴와 약탈을 자행하여 도시를 초토화시켰다. 그러나 이 때는 이미 아테네 시민이 도시를 비우고 인근 도시와 섬으로 대피한 후였다. 아테네 군을 주축으로 하는 그리스군은 마라톤 전투(기원전 490), 살라미스 해전(기원전 480), 플라타이아 전쟁(기원전 479), 뮤칼레 전투(기원전 479)에서 그 용맹성을 어김없이 발휘하여 엄청난 수의 침입군을 격퇴하였다. 이러한 불후의 대승을 통해 아테네는 그 영향력과 위풍을 전 세계로 떨치며 월등한 존재로 올라섰다. 아테네 시는 테미스토클레스에 의해 아름답게 재건되었으며 아테네 외항 피라이오스를 확장하고 두 도시 간에는 방위 성벽을 쌓았다. 예술에서도 탁월한 우수성과 극도의 세련미를 보이며 예술사에 타의 추종을 불허하는 빛나는 장을 장식하였다. 특히 기원전 480년에서 380년 사이에 만개한 아테네 문화는 일찍이 없었던 가장 문명화된 역사의 경이로 극찬된다. 기원전 5세기의 이러한 문화적 개화는 아테네인의 '아레테'(지적·도덕적, 신체적, 솜씨의 탁월성)의 결실이며 기적 혹은 신의 선물이라고 일컫는다.

2. 스파르타

스파르타(Sparta)는 라코니아의 강신 에우로타스와 왕비 클레타의 딸이다. 왕은 무남독녀 스파르타를 제우스와 타유게테 (아틀라스의 딸)가 낳은 아들 라케다이몬과 혼인 시켰다. 이후 왕이 죽자 라케다이몬은 라코니아 의 왕위를 계승하여 나라를 라케다이몬이라 하 고, 도시는 왕비의 이름은 붙여 스파르타라 하 였다. 스파르타는 아뮤클라스와 에우류디케를 낳았으며, 히메로스와 아시네도 스파르타의 아 이로 전한다. 기원전 1002년 쌍둥이 형제 에우 류스테네스와 프로클레스가 함께 왕위에 올랐 으며 그로부터 스파르타는 2왕 체제가 정착하 였다(레오니다스 항목 참조).

도시 스파르타는 에우로타스 강구에서 50km 거리에 위치하는 펠로폰네소스의 이름난 도시 로 현재는 미시트라라 한다. 때로는 라코니아를 스파르타 또는 라케다이몬이라고도 하고, 라케 다이몬 사람에는 스파르타 시민과 주변 거주민 (Pelioecoi)이 포함된다.

스파르타 국가는 700년을 거치는 동안 여타 의 그리스 도시들과 다른 종류의 개혁과 혁신을 경험하였으며 특이하게 한 번도 참주정치를 거 치지 않았다. 기원전 8세기 후반, 다른 도시국가 들이 해외 식민도시를 확보해 나간 것과 마찬가 지로 스파르타도 라코니아 근방과 메세니아를 정복하여 토지를 빼앗고 그 원주민들을 정복자 에 예속시키는 등 노예로 삼았다.

장기간에 걸친 메세니아인의 저항이 체제에

스파르타에서 발견된 청동 전사상

커다란 긴장을 안겨 주고 있던 기원전 7세기, 전설적인 류쿠르고스의 입법과 개혁을 통해 다른 그리스 도시국가와는 구별되는 사회제도와 규율 및 강력한 군대를 창출해 내었다. 이어 우여곡절을 겪기는 했지만 아르고스를 제외한 펠로폰네소스 전 지역의 주도권을 잡게 되었다.

밀로의 비너스(기원전 130~120년). 밀로스 출토. 파리 루브르 박물관

3. 밀로스

밀로스(Melos : 현 밀로)는 크레타와 펠로폰네소스 사이에 있는 섬이다. 델로스에서 떨어져 산재하는 섬 무리(스포라데스 군도) 중 하나로 테라와 마찬가지로 제일 남쪽에 위치하며 둘레는 약 100km에 이른다. 펠로폰네소스 전쟁 이전 700년 동안 독립체제를 유지하였다. 이 곳에 도래하여 정주한 도리스인(라케다이몬 사람)은 다른 섬 사람들이나 라케다이몬에 대항하는 강대국 아테네에 예속되는 것을 거부하였다. 기원전 416년 아테네는 예속 제의를 거부한 밀로스를 침범, 대학살을 감행하고 여자와 아이들을 노예로 삼았다. 이후 밀로스에 아테네계 사람들이 몰려와 10년 동안 지배하였으나 스파르타 사령관 류산드로스가 아테네의 해군을 격파하고(기원전 407) 밀로스를 복구시킴으로써 원래의 주민들이 섬을 다시 차지하였다.

고대 미노스 문명 시대에는 크레타를 중심으로 테라와 함께 에게해에서 번영을 누리며 고대문명을 꽃피운 곳이다. 여기에서 산출되는 흑요석은 주요 무역 자원이다. 또한 현재 「밀로의 비너스」라는 이름으로 전 세계에 널리 알려진 아프로디테 대리석상이 1820년 발견되었는데, 기원전 2세기의 조상으로 추정되며 프랑스인이 비상수단으로 차지하여 현재 파리 루브르에 소장되어 있다. 원래 분리되어 있는 팔이 있었고 오른쪽 팔에는 사과가 들려 있었다는 소문이 있다. 같은 시기의 포세이돈상은 아테네 고고학 박물관에 비치되어 있다.

4. 스키타이

스키타이(Scythae, Scythia)라는 이름은 기원전 8세기경 나라를 세운 시조 스큐테스에 연원하며, 제우스와 강신 보류스테네스의 딸 사이에서 태어났다고 한다. 일설에는 헤라클레스와 괴물 여인 에키드나 사이에서 태어났다고도 한다. 형제로 아가튜르소스와 겔로노스가 있었는데, 떠나는 헤라클레스를 향해 에키드나는 아이들이 크면 어떻게 할 것인지 물었다. 이에 헤라클레스는 자신의 활 한 자루와 황금배를 단 살통 전대를 건네주며 세 아이 중 누구든 활시위를 당길 수 있는 아들에게 활과 살통을 맡겨 나라를 통치하게 하고 딴 아들들은 국외로 내보내라 하였다. 후에 스큐테스만이 이 일을 해냈으므로 어미는 그에게 통치를 맡기고 형제들은 국외로 보냈다.

스키타이는 유럽과 아시아 북부에 걸친 거대한 지역을 통치하였으나 옛 경계는 불명확하다. 스키타이인은 세계 무대에 모습을 나타내는 그 순간부터 가공할 파괴력과 동의어가 될 정도로 사납고 강한 인상을 남겼다. 기원전 7세기경 그 영향력은 대략 현 우즈베크, 투르크멘 등의 러시아 남부지역, 시베리아, 우크라이나, 크리미아, 폴란드, 헝가리 외 일부, 리투아니아, 독일 북부, 스웨덴, 노르웨이 등의 넓은 지역에 미쳤을 것으로 추측된다. 여러 나라 또는 여러 부족으로 나뉘어져 있었고 유목민의 습성이 역력하여 고정된 도시는 없고 계속 거주지를 이동하였다. 노역과 피로를 참는 데 익숙하였으며 금전을 혐오하고 양젖을 먹고 가축의 모피를 두르고 살았다. 이러한 고결한 생활이 보편화하여

스키타이의 칼가는 사람. 기원전 250~200년경 작품을 복제한 것. 피렌체 우피치 미술관

다른 나라에게도 그 같은 생활철학과 절제심을 따르도록 하였으며 이는 흑해 연안에 거주한 그리스 예술가들에게 영감의 근원이 되기도 하였다.

기원전 5세기 후반에는 그들의 요새를 드니에페르 강(옛 보류스테네스 강) 하류 유역에 건설하여 차차 스키타이 왕국을 정착시켰고, 기원전 4세기에는 왕국의 위세와 부가 최고에 달하였다. 특히 아타이스 왕조 때는 서쪽 경계를 다뉴브 강까지 확장시켰다. 그러나 내부의 암투와 끊임없는 전쟁으로 세력이 쇠퇴하였고 기원전 3세기 초에 이웃 사르마티아 유목부족의 침입을 받아 해안지역과 크리미아 반도로 밀려났다. 이 곳에서 그리스 식민도시를 공략하였으나 실패하고 서서히 역사무대에서 사라졌다. 이후 농경생활로 정착하면서 다른 부족과 융합하고 3세기에 이르러서는 스키타이 왕국은 종말을 고하였다.

5. 페니키아

페니키아(Phoenicia, Phoenice)는 지중해 동쪽에 위치한 소아시아의 한 나라로

원 조상은 메소포타미아의 셈족이었다. 시대에 따라 점유 영역이 변하였으며 학자에 따라 그 경계를 달리 보고 있다. 예컨대 어떤 학자는 페니키아, 시리아 및 팔레스타인을 구분하지 않고 한 나라 또는 같은 나라로 보기도 하였다. 프톨레마이오스에 의하면 아라도스 섬의 하부 지중해로 흐르는 작은 강 엘레우테로스 북쪽에서부터 펠루시움, 혹은 이집트령의 최남쪽이 경계를 이루고 시리아의 동쪽까지가 페니키아에 속하였다. 그러나 페니키아는 대규모의 국가가 아닌 독립적인 상업도시를 발전시켰으며 지중해 연안에 여러 도시를 갖고 있었다. 그 가장 중요한 도시가 시돈과 튜레였다. 근면하고 문자를 만들어 사용한 주민들은 해운교역으로 최고도의 번영을 구가하며 지중해 연안의 카르타고와 히포 및 울티카에 이민 도시를 건설하고 도시연합국 체제를 유지하였다. 생산품은 다른 나라 물품에 비하여 훨씬 질이 뛰어나고 품위와 멋을 갖추고 있어 의복이나 가정용품 모두 시돈 제품이라는 별칭으로 통했다.

페니키아 사람은 대부분 뱃사람이었지만 의례는 그다지 바다와 관계되지 않았다. 그들이 받드는 신 중 중요한 황소는 유목생활과 연관된 것이어서 원래 내륙에서 이주한 종족으로 생각된다. 그들은 바빌로니아의 아슈르 숭배나 아도니스 숭배도 차용하였으며 신을 인간과 황소, 동물형상, 혹은 단순한 원주형으로도 표현하였다. 신전의 사제는 잔인한 의례와 피의 희생 제의를 요구하였는데 가장 진귀한 희생물은 막 태어난, 그것도 첫아이였으며 부모로부터 빼앗아 신상 앞에서 희생시켰다. 이 때문에 페니키아의 신 몰로크는 인간의 생명을 앗아가는 흉폭한 신이라는 낱말을 의미하게 되었다.

왕정을 유지하였던 페니키아는 페르시아인에 정복되어 변방으로 밀려났고 그 후 알렉산더의 지배하에서는 마케도니아에 예속되었으며, 이어 로마인의 지배를 받았다. 전승되는 얘기에 따르면 포세이돈과 리비아의 소생인 아게노르 왕은 텔레파사와 결혼하여 카드모스·포이닉스·킬릭스·에우로파를 낳았는데, 포이닉스가 왕위를 계승하여 나라는 그의 이름을 따서 페니키아라 부르고 주민은 페니키아인이라 불렀다 한다. 일설에는 무성한 팔름나무의 이름을 따서 붙인 이름이라고도 한다.

6. 마케도니아

마케도니아(Macedonia)는 플리니우스에 의하면, 헤라클리다이의 후예로 아르고스에 정착한 카라모스가 기원전 814년에 건국하였다고 한다. 28년간의 통치를 끝낸 카라모스의 뒤를 이은 통치자들은 다음과 같다. 코이노스(기원전 786), 투리마스(기원전 774), 페르디카스(기원전 729), 아르가이오스(기원전 678), 필리포스(기원전 640), 아이로파스(기원전 602), 알케타스(기원전 576), 아뮨타스(기원전 547), 알렉산더(기원전 497), 페르디카스 2세(기원전 454), 아르켈라오스(기원전 413), 아뮨타스(기원전 399), 파우사니아스(기원전 398), 아뮨타스 2세(기원전 397), 참주 아르가이오스(기원전 390), 아뮨타스 재집권(기원전 390), 알렉산더 2세(기원전 371), 프톨레마이오스 알로리테스(기원전 370), 페르디카스 3세(기원전 366), 필리포스(아뮨타스의 아들, 기원전 360), 알렉산더 대왕(기원전 336). 마케도니아의 주민은 호전적이고 용감한 성품에 나라 밖에 대해서는 거의 아는 바 없었으나 필리포스의 치세에서 크게 이름을 떨쳤으며 알렉산더 대왕 때는 아시아의 전 영토를 석권, 예속시켰다. 특히 긴 창[長槍]으로 무장하고 밀집 방진(方陣) 전투에 임한 마케도니아 군의 명성은 자자하였다.

전설상으로 마케도니아의 명칭은 마케돈에서 유래하는데 마케돈의 가계에 관해서는 서로 다른 여러 설이 있다. 마케돈이 원주민이라는 설이 있는가 하면 마그네스와 형제간인 제우스 및 튜이아 사이의 아들이라는 설도 있다. 다른 설로는 류카온의 아들, 혹은 심지어 이집트 신 오시리스의 아들로 오시리스의 세계정복으로 마케도니아에 분봉되었다 한다. 이는 디오도로스[1]의 설로, 마케돈은 아누비스의 형제라 하며 늑대 혹은 재칼의 털가죽을 가슴받이로 착용하고 그 동물의 머리는 가면으로 하였다.

페르디카스

'헤라클레스 후예의 귀환'으로 불리는 도리스인의 침입으로 펠로폰네소스에 도래한 테메노스는 아르고스의 왕이 되었다. 헤로도토스에 의하면, 테메노스의

---

[1] 기원전 1세기 시칠리아의 그리스인 역사가.

후예에 해당하는 가우아네스, 아이로포스 및 페르디카스(Perdiccas) 3형제는 난을 피해 아르고스에서 일리리아인 나라를 거쳐 마케도니아에 도착, 레바이아 도시의 왕실 고용인이 되었다. 그런데 제일 나이 어린 페르디카스에게 자꾸만 이상한 일이 일어나고 행동 또한 심상치 않은 데가 있었다. 예를 들면 동생 몫의 빵은 구울 때마다 매번 저절로 두 배씩 부풀어 오르는 이변이 일어났던 것이다. 왕비로부터 이 이야기를 전해들은 왕은 세 젊은이를 불러 나라를 떠나라고 명령을 내렸다. 젊은이들은 그간의 품삯을 받는 대로 떠나겠다고 하자 기분이 상한 왕은 마침 연통 구멍을 통해 실내 마루로 동그랗게 내리비치는 햇빛을 가리키며 품삯이라고 하였다. 두 형제가 어리둥절해서 아무 말도 못하는데 어린 소년이 나서서 고맙게 받겠다며 작은 주머니칼로 마루의 햇빛 형태를 자르는 일을 세 번 되풀이하였다. 그리고는 이것을 다시 품 속에 넣는 시늉을 하고 떠나갔다. 이 괴이한 행동에 의구심이 든 왕은 기마병에게 그들을 뒤쫓아가 없애 버리라고 명령을 내렸다. 그런데 3형제가 강을 건너자마자 강물이 급격히 불어나 뒤따라온 기마대는 강을 건널 수 없었다. 그 후 아르고스에서 피난온 같은 주민의 후손들은 이 강을 생명의 은인으로 간주하고 제물을 바치게 되었다. 3형제는 마케도니아의 미다스 정원 근처에 정착하고 인근 지역을 정복, 나라를 세운 후 페르디카스가 왕위에 올랐다.

현자 실레노스도 자주 들르던 정원인 미다스 정원에는 자생 장미가 무성하였는데 장미 한 그루에 꽃송이가 60개나 열리고 향기 또한 매우 좋았다. '미다스'라는 이름은 프리지아의 전설적인 왕으로 알려진 고르디오스의 아들 미다스의 이야기에서 나온 것이다. 그런데 프리지아인은 원래 마케도니아에서 브류게스라 하였으며 후에 아시아쪽으로 이주하여 프리지아인이 되었기 때문에 이동 후에도 마케도니아에 그 이름의 흔적이 남게 되었거나 혹은 프리지아인이 마케도니아와 아시아의 두 군데로 이동하면서 같은 전설이 이 두 곳으로 전해졌을 수도 있다. 그런데 프리지아의 왕 고르디오스의 전설에는 재미있는 이야기가 있다. 즉 왕이 되기 전 농부였던 고르디오스가 하루는 밭을 갈고 있는데 한 마리의 독수리가 쟁기에 덤벼들었다고 한다. 점술사에게 물어보니 이는 왕이 될 징조라고 하였고 과연 그는 왕으로 추대되었다. 고르디오스는 왕위에 오른 기념으로 그 쟁기를 풀어 수도 고르디움의 제우스 신전에 봉납하기로 하였다. 그런데 멍에에 매어 놓은 매듭이 어찌나 복잡한지 아무리 해도 풀 수가

없어 쟁기와 함께 신전에 그냥 걸어 두었는데 신탁에 의하면 이 매듭을 푸는
자가 아시아 제국을 지배한다고 하였다. 세월이 흘러 알렉산더 대왕이 이 곳을
지날 때 그 매듭을 한 칼로 베어 버렸다고 한다.

한편 전하는 이야기로는 기원전 729년 마케도니아의 왕이 되어 영토를 크게
확장한 페르디카스는 아들 아르가이오스에게 자신이 묻힐 자리를 알려주며 앞
으로 후손들과 마케도니아 왕위 계승자의 유골이 같은 장소에 안치되는 한 왕
권은 대대로 계승될 것이라고 예언하였다. 이 유지는 마케도니아를 떠나 묻힌
알렉산더 대왕 때까지 잘 지켜졌다. 아직도 알렉산더 대왕의 무덤이 명확히 어
디에 있는지 밝혀지지 않았으며 이집트의 알렉산드리아 근처 오아시스 마을
(Siwa)이라는 추측이 있을 뿐이다. 최근 함모드의 추리에 따라 이루어진 안드
로니코스의 발굴로 마케도니아 왕실의 무덤은 베르기나(고대 마케도니아의 수
도)에 있었음이 밝혀지고 있는데 유적지에 왕실 후손들이 대대로 묻혀 있다는
증거가 농후하다.

알렉산더 대왕

알렉산더 대왕(Alexander the Great : 기원전 356~323년, 재위 기원전 336~323)
은 마케도니아 왕실 내의 음모로 시해된 부왕 필리포스에 이어 왕위에 오른 위
대한 풍운의 정복자이며 그리스에서부터 이집트와 인도 북부지역까지 광대한

이문 신의 뿔을 한 알렉산더 대왕. 드라크
마 은화(기원전 297~281년경). 류시마코스
작

알렉산더 대왕과 다리우스 대왕의 전투. 기원전 300년경 작품을 복제한 것(기원전 2세기). 폼페이 '목신의 집' 모자이크. 나폴리 국립박물관

영역을 지배하여 헬레니즘2)을 고대세계에 널리 퍼지게 하는 데 중대한 기여를 하였다. 역사적으로 한 시대의 종말과 또 다른 시대의 개막을 주도한 것이다.

알렉산더는 왕위에 오른 직후 부왕의 유업을 추진하여 우선 마케도니아 정변을 기화로 일어난 트라키아, 일리리아 및 테베의 반란을 진압하고 그리스 영역의 지배를 매듭지었다. 그리고 역사적으로 항시 그리스를 탐내던 페르시아의 야욕을 쳐부수고자 3만 7천의 군사를 이끌고 웅장한 대장정에 나섰다.

그는 먼저 헬레스폰트의 그라니코스 강변 전투(기원전 334)에서 막대한 수의 페르시아군을 패배시킨 데 이어 이소스(시리아령) 전투(기원전 333)를 승리로 이끌고, 다음 해에는 튜레를 함락시킴으로써 페니키아를 완전히 정복하고 그 곳에 대도시 알렉산드리아를 건설하였다. 그는 소아시아에 마케도니아인 지사를 임명하여 페르시아의 총독제도를 그대로 보전하고 보복이나 약탈을 금지시켰

---

2) 고대 그리스의 문화, 특히 그 절정을 이룬 기원전 5세기의 아테네 문화에 적용하는 명칭이다. 그러나 근래에 와서는 주로 알렉산더 대왕이 이집트에서 동방의 끝 인도 북부령까지 정복함으로써 보급된 그리스의 문화, 정신, 사상, 철학, 예술, 체육 행사 등을 특징으로 하는 문화체계를 가리키며 이는 알렉산더 대왕이 사망한 후부터 로마의 아우구스투스 치세에 이르는 300년간(기원전 323~30) 지속되었다.

으며 세금과 노역도 그 전 수준을 유지하였다. 에베소에서도 민주정을 복구시키고 보복을 금지하였다. 이에 따라 대왕에 대한 찬양은 동화적인 경탄과 아첨으로 변하고 대왕을 신으로까지 존경하게 되었다. 가우가멜라 전투에서는 페르시아의 주력부대를 패배시키고 왕중왕으로 호칭하는 페르시아의 다리우스 3세를 패주시켜 추격을 계속하였는데, 도주하던 페르시아군은 후방에 뒤쳐진 마케도니아군의 병상자를 잔인하게 처치하고 팔을 절단하는 행위를 저질렀다. 이 소식에 접한 알렉산더는 폭우로 흠뻑 젖은데다 지친 군사들을 재촉하여 추격에 나섰고, 다음 날 새벽 급습을 하여 페르시아군을 섬멸하였다. 페르시아의 기록에 의하면, 이 날 하루 동안 입은 병력 손실은 최고에 달하여 11만의 전사자를 냈다고 한다(마케도니아군은 부상자 4천 명에 전사자 302명). 이어 기원전 331년 페르시아의 수도 페르세폴리스를 공략하여 막대한 재물을 반출하고, 계속 동진하여 메디아(기원전 330), 중앙아시아 및 스키타이 유목민(기원전 329)을 정복하였다. 알렉산더 대왕은 휘하의 장병들에게 페르시아 풍습을 받아들이도록 지시하고 계속 아프가니스탄을 거쳐 기원전 327년 인도를 침공하였다. 기원전 326년 휴다스페스 전투에서 편잡을 굴복시켰으나 기나긴 원정에 지친 휘하 장군들은 더 이상의 전진을 원치 않았으므로 기원전 324년 바빌론으로 되돌아왔다.

알렉산더는 페르시아 왕실의 엄청난 재물과 수많은 포로를 획득하였고, 포로 중 상당수에 달하는 왕비와 공주 및 귀족에게는 예의를 갖추어 대우하였다. 기원전 324년 수사에서 알렉산더 대왕과 80명의 중신 및 지휘관들은 정식으로 공주들과 성대한 결혼식을 거행하였다. 동시에 마케도니아의 병사들과 원주민 여인들 1만 쌍의 결합을 권장하여 합법적으로 결혼을 시켰다. 대신 제대하여 마케도니아로 귀환하는 병사들은 고향에 있는 그들 가족과의 갈등이 없도록 원주민 처자는 알렉산드리에 남겨 두게 하였다. 대 인종 혼합으로 사해동포의 뜻을 달성할 목적하에 추진된 일로 추측된다. 알렉산더 대왕은 계속되는 축하연 와중에 열병에 걸려 기원전 323년 6월 10일 거대한 생을 마쳤다.

그의 사후 알렉산더 대왕의 역사는 신화의 영역으로 넘어가고 그의 군사적·정치적 위대성과 각 분야에서의 탁월한 수완이 강조되었다. 그러나 이 모든 것에도 불구하고 역사적 단편이나 남은 알렉산더의 비극을 통해 인산적 측면에서는 자신의 혼을 잃어버린 인물로 평가되기도 한다. 그는 절대권력을 향한 음모와 전쟁, 측근 살육을 계속함으로써 권력과 안정을 확립하였으나 결국 고독만 남은 상태에서 요절하고 말았다. 따라서 역사적으로 알렉산더의 최고 권력이란 궁극적으로 고독이라는 비극을 분명히 보여준다고 평하는 역사가도 있다.

테살로니카

테살로니카(Thessalonica)는 마케도니아의 고대 항구도시로, 카산드로스가 건설하고 부인 테살로니아(알렉산더 대왕의 이복동생)의 이름을 따서 테살로니카라 하였다. 현대에 와서 테르마(온천)라 하였고 다시 살로니카라 부르게 되었다. 로마의 역사가에 따르면, 테스프로티아인이 침입하여 테살리아에 나라를 세우고 그라이코스의 아들 테살로스가 테살로니카를 건설하였다고 한다.

바울은 서기 50년에 이 테살로니카로 전도여행을 하였으나 유대인의 박해를 피해 아테네로 건너간 후 코린토스로 가서 테살로니카에 서한을 보내 그리스도 교회의 재건을 고무하였다. 비잔틴 제국에서는 콘스탄티노플 다음 가는 큰 도시였으며 904년에 사라센족의 침공을 받기 전까지 크게 융성하였다.

7. 렘노스

렘노스(Lemnos)는 에게해의 테네도스, 임브로스 및 사모트라케 섬 사이에 위치한 섬으로, 화산용암으로 이루어져 있으며 토질이 비옥하다. 신화에서는 제우스 혹은 제우스와 헤라가 추한 모습을 하고 있다며 천공에서 차낸 어린 헤파이스토스가 이 섬에 떨어졌다고 한다. 헤파이스토스는 여기에서 야금, 대장 기술을 익혀 금속공예와 무기 제작의 장인이 되고 주민들에게 존경을 받아 신전에 모셔져 숭배되었다. 트로이 원정 때는 이 곳이 보급기지로 이용되기도 하였다.

이 곳에서는 역사상 두 차례에 걸쳐 가공할 학살사건이 일어났다. 한 번은 렘노스 여인들이 남편을 모두 살해한 사건으로, 이후 여인국으로 존재하다가

아르고 대원이 들어오자 비로소 그들을 통해 아이를 생산하였다. 기원전 1100
년경에는 렘노스 주민들이 펠라스기인에게 쫓겨났는데 아티카 해변까지 점유
한 펠라스기인은 아테네 여인들을 끌고 와 아내로 삼고 아이들을 낳았다. 그런
데 개화된 아테네인의 습관과 언어 차이로 열등감을 느낀 펠라스기인은 어미
와 아이를 모두 살해하였으니 이것이 두번째 학살사건이다. 이 살인사건 후 이
지역에서 무서운 역병이 돌았는데 재앙을 종식하게 할 속죄의 신탁을 받아보
니 아테네 사람이 시키는 일은 무엇이건 복종하라 하였으므로 결국 소유한 재
물은 모두 바치게 되었다. 두 차례에 걸친 이러한 잔인한 살륙에 기인하여 사
람들은 비인도적이고 야만적인 행동을 '렘노스인의 행동'이라는 속담으로 일컫
게 되었다.

마케도니아의 큰 산 아토스(2033m)의 그림자 때문에 자주 그늘이 지는 렘노
스 섬은 여왕 흡시퓰레(토아스와 뮤리네의 딸)에 연유하여 흡시퓰레라고도 부르
며 스탈리메네라고도 한다. 이 곳은 인장용 또는 조각용의 석재(石材)인 테라
렘니아로 유명하며 주민은 야금, 대장간 장인들이 많다. 따라서 시문에는 이
곳을 헤파이스토스 대장간으로 묘사하며 이 나라 전체를 헤파이스토스 성역으
로 봉헌하였다. 또한 렘노스는 미궁으로도 유명한데, 일부 전설에는 크레타 및
이집트의 미궁을 능가한다고 한다. 이 지역에 살고 있었던 카리아(페니키아)인
은 아테네인 밀티아데스 부족이 지배하게 되면서 다른 곳으로 이주하였다.

8. 프리지아

프리지아(Phrygia)는 소아시아의 넓은 지역을 점유한 나라로, 대 프리지아와
소 프리지아로 구분하며 시대에 따라 경계가 달라졌다. 비튜니아, 리디아, 카파
도키아 및 카리아 나라 사이에 위치하고 전성기에는 아나톨리아(현 터키)의 대
부분을 차지하였으며 흑해와 에게해로도 출구가 있었다. 프리지아 사람은 트
라키아를 거쳐 소아시아로 이동해 온 인도 유럽어족이며, 아나톨리아 중앙부
의 상가리오스 강(흑해로 흐른다) 서부 들판에 자리잡고 왕은 여러 세대에 걸쳐
고르디오스 또는 그 아들 미다스라는 이름으로 불렸다. 원래 농부였던 고르디

오스가 왕이 되기 전, 프리지아는 거듭되는 내란으로 혼미를 거듭하고 있었다. 이에 신탁에 문의한바, 프리지아를 구할 사람은 이륜마차를 타고 오는 첫 사람이라는 답이 나왔고 마침 고르디오스가 그 첫 사람이라 신탁에 따라 왕위에 올랐다고 한다. 그는 도시 고르디움을 창건하고 여신 큐벨레와 사랑하여 아들 미다스를 두었다. 그리고 왕이 된 기념으로 말의 멍에를 신전에 바치고 나무에 멍에줄로 매어 놓았는데, 매듭이 어찌나 복잡하고 교묘한지 줄의 마디가 없어 아무도 풀 수가 없었다. 이에 이것을 푸는 자가 아시아를 지배할 것이라는 약속의 신탁이 퍼졌다. 아시아 정복에 나선 알렉산더가 도시 고르디움을 지날 때 불가능이 없다는 신념으로 칼을 들어 주저 없이 이 매듭을 잘라 버렸다. 이를 본 적군도 알렉산더는 아시아 정복을 위해서 태어났다고 인정하고, 그의 용단에 탄복하여 감명을 받은 원정군은 신탁이 맞는다고 느끼게 되어 왕의 세계정복 명분은 두말없이 정당성을 얻게 된다.

프리아모스는 프리지아 왕 뮤그돈의 한 가계에 속하고 부인 헤쿠바도 프리지아에서 구해 얻었다. 프리지아는 그 경계가 자주 이동되었으며, 그리스 신화에서 이 나라가 뮤시아나 리디아와 혼돈되고 있는 것은 그 나라 일부가 원래 프리지아 사람들의 땅이었기 때문이다. 여신 큐벨레는 프리지아 사람들의 위대한 신으로 큐벨레 숭배는 프리지아만이 아니라 프리지아의 영토로 편입된 모든 고장으로 널리 퍼졌다.

프리지아라는 이름은 트라키아 또는 마케도니아에서 이주하여 정착한 브류게스에서 유래한 것으로, 와전되어 프리지아라 부르게 되었다. 이 나라에서 나는 갈대피리, 각종 뜨개질, 자수는 유명하다. 어떤 시문에는 이 지역의 특성으로 여성적, 겸손, 노예근성, 육욕 탐닉성을 읊고 있으나 과장된 표현으로 보인다. 사실 이 지역의 음악만 보더라도 엄숙하고 진지한 풍을 띠어 리디아풍과 같이 지나치게 활발하고 경쾌한 맛은 찾아볼 수 없다.

9. 이오니아

이오니아(Ionia) 나라의 시조인 이온은 테살리아의 크수토스와 아테네 왕 에렉테우스의 딸 크레우사 사이에서 태어난 아들이다. 이온은 북쪽 펠로폰네소스 아이기알로스에서 성장하여 아이기알레 왕의 딸 헬리케와 결혼하였다. 왕이 죽자 그가 왕위를 계승하여 펠라스기아(북부 펠로폰네소스) 주민을 지배하고 이들을 이오니아 사람이라고 개칭하였다. 후에 그는 어미의 고향 아티카에서 전투중에 살해되었다. 이오니아인은 도리스인이 침입할 때까지 펠로폰네소스에서 계속 살고 있었으나 아르고스의 아카이아 피난민 무리에 쫓겨 아티카로 도피하고 그 곳에서 아테네 왕 멜란토스의 환대를 받고 정착하였다. 멜란토스 자신도 도리스인의 침입으로 메세니아에서 밀려온 피난민이었다. 많은 이오니아 사람들은 이제 아티카에 영주하게 되나 두 세대가 지난 후 다시 많은 주민이 멜란토스의 손자(코드로스의 아들)에 이끌려 바다를 건너 키클라데스의 여러 섬과 소아시아로 이주하였다. 소아시아에서는 다른 그리스 지역에서 온 무리와 합쳐 12개 도시를 건설 또는 점령하여 신생국을 이오니아라 하고 남쪽 주민 카리아 사람을 축출하였다. 이오니아 나라는 먼저 리디아, 이어 페르시아에 정복당했으나 마케도니아의 필리포스 왕에 의해 페르시아 지배에서 해방되었다.

많은 학자들에 따르면 북쪽에서 그리스어를 사용하는 부족이 침입 혹은 진입해 들어온 것은 세 차례인데, 그 첫 이동의 주역이 이들 이오니아 사람들이고 원주민 펠라기아인을 정복하였다. 일찍부터 그리스와 이탈리아 사이의 바다를 이오니아해라고 하였으며 또한 이오니아인이 아이기알로스에 살았음을 상기해 볼 때 그 부족이 펠로폰네소스 반도의 전부 혹은 대부분을 점유하였으리라 추측된다. 이후 유사시대에 들어서자 이유는 알 수 없으나 이오니아인은 거의 전 펠로폰네소스 반도에서 축출되고 혹은 도리스인과 동화되어 사라졌다. 다음 두번째의 그리스인 침입 파동은 북쪽에서 내도한 아카이아 사람들로, 미케네 문명(기원전 1600~1100)을 이룩하고 트로이 함락 후 얼마 안 되어 멸망하였다. 마지막 세번째의 침입(기원전 1100?~1000)은 북방에서 내도한 도리스인의 무리로, 이후 그리스는 500년 동안 문명의 암흑시대를 겪게 된다. 고전기의 이오니아인은 아티카 지역에 살고, 키클라데스 군도의 대부분의 섬 및 소아시아 이오니아 나라에 살고 있었다. 이오니아인은 아이올리아 방언, 도리스 방언 및 아르카도-큐프리오트 방언과는 확연히 구분되는 방언을 사용하였다. 아티카 방언은 알렉산더의 정복사업으로 널리 보급된 표준어 코이네로 아티카-이오니아 방언이며(기원전 4~서기 3세기) 신약성서는 이 코이네로 쓰여졌다.

10. 트라키아

고대 트라키아(Thracia, Trace) 나라의 영역은 흑해와 에게해에서 마케도니아 동쪽에까지 이르렀으나 확실치 않다. 그리스 사람들은 이 나라를 추운 이국인의 땅이며 북풍신 보레아스의 고향으로 생각하였다. 여기에서는 여러 신을 숭배하였고 일부는 잔인하고 음란한 제의를 요구하기도 하였다. 그리스인은 그중의 한 신인 디오뉴소스 숭배를 수용하고 광란적인 의식도 함께 받아들였다. 아레스의 내력도 트라키아에 연유하였다.

그런데 트라키아와 연관성을 갖는 신화에는 흔히 거세와 같은 야만성 에피소드가 끼여 있다. 특히 트라키아 왕 류쿠르고스(에도니아 부족왕)와 디오메데스(비스토네스 부족왕)는 사람을 죽여 그 인육을 만찬의 식사로 내놓거나 동물의 먹이로 하는 자들로 잔혹성의 본보기로 전해져 온다. 류쿠르고스는 디오뉴소스 숭배를 난폭하게 금지시키고 숭배자를 모두 국외로 내쫓아 버렸다. 그리고 디오뉴소스가 주관하는 포도주가 사람을 만취시켜 정신을 혹하게 하는 불결한 액체라고 하여 자신의 영토 내의 모든 포도나무를 잘라 버리라는 엄명을 내렸다. 결국 이러한 불경 행위는 신의 노여움을 사서 극심한 처벌을 받게 된다. 즉 발광 끝에 자신의 처와 아들 드류아스를 죽이고, 도끼로 포도나무 가지를 치다 자기 다리를 잘랐으며 이 외에도 전하는, 혹은 첨가된 신의 처벌은 많다. 한편 당시 죽기 전에는 포도주 맛을 보지 말라는 신탁이 널리 퍼졌는데, 이는 과음으로 인한 주민의 방종과 타락이 없어졌음을 가리키는 의미심장한 내용을 담고 있는 것으로 풀이된다.

디오메데스는 사람을 살인하여 그 인육을 나귀의 먹이로 삼은 자로 헤라클레스에게 처단당하였다(헤라클레스의 일곱번째 노역). 그 밖에 트로이의 프리아모스 왕의 공주 일리오네와 결혼한 트라키아 케르소네소스 영주인 폴룸네스토르라는 자도 유명하다. 프리아모스 왕은 트로이가 함락되기 전, 자신의 막내아들 폴류도로스에게 막대한 양의 보물을 들려 폴룸네스토르에게 피난시켰는데, 폴룸네스토르는 자기를 믿고 피난온 어린 처남의 보물에 눈이 멀어 그를 잔인하게 죽이고 눈을 도려냈다.

비극시의 소재로 등장하는 인물 중에 테레우스라는 자가 있다. 아테네 왕 판디온에게 협력한 공으로 공주 프로크네를 신부로 맞이한 그는 결혼 5년째 되던 해, 자매를 보고 싶어하는 처의 요망에 따라 처가에서 처제인 필로멜라를 데려오게 되었다. 그런데 돌아오던 도중에 처제의 미모에 반한 테레우스는 한적한 성채로 끌고 가 범하고 그 사실이 폭로될까 봐 두려워 말을 하지 못하도록 그녀의 혀를 자르고 유폐시켜 버렸다. 그리고 부인에게는 도중에 처제가 죽어 그 유해를 최후까지 보살폈다며 애통해하는 척하였다. 그로부터 1년이 지난 후 필로멜라는 그간의 불행과 참혹한 사연을 수를 놓아 표현하고 이를 벽걸이로 만들어 몰래 프로크네에게 보냈다. 이 벽걸이를 보고 분노한 프로크네는 마침 디오뉴소스 축제가 열리자 필로멜라와 은밀히 연락하여 남편에게 복수할 적절한 방법을 짜냈다. 그 방법이란 바로 자신의 6살 난 아들 이튈로스를 살해하여 축제의 만찬으로 남편식탁에 올리는 것이었다. 식사중 아들을 찾는 테레우스에게 아이를 만찬의 스튜로 제공하였다고 말하고 이어 나타난 필로멜라는 이튈로스의 잘린 머리를 식탁에 내던져 그가 저지른 잔인한 학대 행위의 결과를 깨닫게 하였다. 테레우스는 곧 칼을 빼들어 두 여인의 가슴을 찔렀고, 그 찰라 테레우스는 오디새(후투리), 필로멜라는 밤꾀꼬리, 프로크네(일부 작가는 자매 이름을 바꿔 적고 있다)는 제비, 이튈로스는 삐삐도요새로 둔갑하였다. 비극시인 오비디우스가 읊고 있는 이 비극은 포키스의 다울리스에서 일어난 사연을 옮긴 것으로, 이로 인하여 그 고장에서는 밤꾀꼬리를 다울리스 아비스라 부른다.

비극적 사건은 또 있다. 데모폰이라는 영주는 역병이 창궐하자 신탁에 따라 매년 귀족 집안의 처녀를 택하여 인신공양을 하였는데 번번이 자기 딸들은 추첨에서 빠지게 하였다. 마스투시오스가 이 사실을 알고 불평을 하자 데모폰은 얼른 그의 딸을 후보자로 결정토록 하였다. 마스투시오스는 일단 승복하는 태도를 보였다가 제의 날이 닥치자 영주가 언제나 늦게 참석한다는 점을 이용하여 공주를 먼저 제의에 불러 속임수로 자기 딸 대신 희생공양을 하였다. 그리고 왕이 나타나자 피가 섞인 포도주를 차려 와 이를 마시게 하였다. 얼마 후 내막을 알게 된 영주는 마스투시오스와 잔을 바다에 던져 버렸다. 물론 모든 트라키아 왕이 잔인한 것은 아니었으나 신화나 전설에는 이처럼 끔직한 사례들이 많이 보이고 있다.

에우몰포스는 아티카의 데메테르 비교를 창설하고 고위 사제에 올랐으며, 그 후손 에우몰피다이 가계는 천 년 이상 사제직을 계승하였다. 그는 포세이돈과 키오네(보레오스와 오리튀이아의 딸)의 아들로, 출생하자마자 불륜의 관계가 알려질까 봐 두려워한 어미에 의해 바다에 내던져졌다. 포세이돈은 아기의 생명을 구해서 에티오피아로 데려가 자신의 딸 벤테시큐메(포세이돈과 암피트리테의 딸)에게 양육을 맡겼다. 이후 자라서 양모의 사위가 되었으나 처제를 범하려다 발각되어 아들 이스마로스를 데리고 트라키아로 도망하였고, 이 곳에서 트라키아의 왕 테규리오스의 비호를 받고 그 딸과도 혼인하였다. 그러나 왕실과 연줄이 닿은 것을 기화로 모반을 꾀하다 발각되어 다시 아티카로 도망치고 그 곳에서 데메테르 비의를 시작하여 높은 위치의 사제에 올랐다. 그는 엘레우시스에서 헤라클레스가 켄타우로스를 죽인 죄를 정화시켰으며 테규리오스와도 화해하여 그의 왕위를 계승하였다. 후에 엘레우시스와 아테네 사이에 전쟁이 벌어지자 트라키아 병사를 이끌고 엘레우시스를 도우러 갔다가 전사하였다. 포세이돈이 제우스를 설득하여 아들의 복수를 요청하자 제우스는 아테네 왕 에렉테우스를 벼락으로 쓰러뜨렸다.

트라키아의 한 영주 레소스는 스트류몬 또는 에우테르페의 아들로, 성미가 매우 급한 인물이었다. 그는 서부 원정에서 승리를 거두자마자 곧 프리아모스 왕을 지원하기 위해 진군하였다. 그런데 옛 신탁에 의하면 레소스의 말들(포세이돈이 선사한 명마)이 트로아스 들판의 풀을 뜯고 크산토스 강(사람들은 이를 스카만드로스 강이라 한다)의 물을 마시는 한 트로이 성을 함락시킬 수 없다 하였다. 이 신탁을 알고 있던 아카이아 진영의 디오메데스와 오듀세우스는 야간에 전선 근처에서 야영하는 레소스의 막사를 기습하여 그를 죽이고 말들을 내쫓아 버렸다. 레소스의 유해는 트라키아로 옮겨져 로도페 산 동굴에 안치되었는데 영험이 나타나 신탁소로 유명해지게 되었다.

11. 아카이아

불후의 서사시 『일리아드』에서 호메로스는 아킬레스가 이끌고 온 무사들과 아가멤논의 휘하 장병을 아카이아 사람이라 불렀다. 기원전 1500년 이전 그리스어를 쓰고 올림포스 신을 숭배하는 두 부족이 북쪽에서 그리스 땅으로 침입해 들어왔는데, 첫번째가 이오니아 부족이고 두번째가 장발에 밝은 피부색을 가진 아카이아 부족이었다. 매우 호전적인 특성을 지녔던 아카이아인은 청동 무기를 휘두르며 선주민을 덮쳤다. 이후 점차 배를 조정하고 바다를 지배하게 되자 크레타의 크노소스를 침범하여 보물을 탈취하고 장인들을 끌어와 크레타의 전통적인 기술을 미케네와 티륜스에 도입하고 도시에 성채를 구축하였다. 한창 전성기에 이르렀을 때는 트로이 원정을 감행하였다. 호메로스의 시에서 등장하는 아카이아인과 다나이인 등은 동의어이며 그리스인과 같은 뜻으로 사용되었다. 그 후 철기를 사용하는 더 사나운 도리스 부족이 북부에서 침입해오자 에게인, 이오니아인 및 아카이아인들은 소아시아 연안으로 도피하고 일부 아티카 쪽만 침략을 면하였다.

역사시대에는 테살리아의 남동과 펠로폰네소스 반도의 엘리스와 시큐온 사이의 북부 해안지방을 아카이아라 칭하였다. 라틴어로는 이를 그라이키아라고 부르지만 그리스 사람들은 자신의 나라를 특별히 헬라스라고 부른다. 고대 그리스인인 헬레네스는 주로 그리스 반도와 에게해 섬들, 그 밖에 현 터키 서해안의 '동 그리스' 정착지와 남부 이탈리아 및 시칠리아의 '서 그리스' 도시, 현 아프리카의 지중해 연안과 흑해 연안에 흩어져 있는 개척도시에 정착한 그리스어를 사용하는 모든 사람을 말한다.

12. 아르카디아

아르카디아(Arcadia)는 펠로폰네소스 반도 내부의 산악지대에 위치한 나라로 사방이 육지이며 다만 반도 서남쪽 피갈리아 근처만 바다에 접해 있다. 빗물이 알페오스 강 지류로 흘러 들어가는 것도 있으나 주로 지하구멍으로 스며들어 페네이오스 호, 스튐팔로스 호를 이루고 수량이 많아 범람하기도 한다. 주변은 아카이아, 메세니아, 엘리스 및 아르골리스 나라들이 에워싸고 있다.

아르카디아라는 이름은 칼리스토와 제우스 사이에서 태어난 아들 아르카스에 연유한다. 칼리스토는 그 나라 공주, 또는 판의 딸로 아르테미스와 함께 다니며 수렵을 하는 요정인데, 하루는 그녀에게 연정을 품은 제우스가 변신하여 관계하였다. 헤라는 제우스의 이 정사를 알고 질투와 시기로 칼리스토를 곰으로 변신시켜 버렸다. 제우스는 자신의 아이 아르카스를 헤르메스의 어미 마이아의 동굴로 데려가 키우게 하고, 곰으로 변신한 칼리스토는 수렵인들의 추격을 받지 않도록 별자리에 올려 놓았다. 후에 아들도 별자리에 올려 놓아 이들 모자별은 큰곰자리와 작은곰자리가 되었다. 아르카스는 커서 수렵을 하는데 범람하는 물결로 위기를 맞은 수풀의 요정을 구해 주고 이 요정과 결혼하였다. 아들로 아잠, 아피다스 및 엘라토스의 3형제를 두었고, 아르카디아 나라를 나누어 지배하게 하였다.

아르카디아는 떡갈나무가 무성하여 드류모데스(참나무 고장의 뜻)라 부르고, 왕의 이름을 따서 펠라스기아(펠라스고스의 나라), 류카오니아(류카온의 나라)라 하였다. 시문에서는 목가적인 낙토로서 낭만적인 상상이 곁들여져 요정과 양치기의 이상향으로 그려졌다. 도토리로 생활하는 이들 대부분의 주민은 양치기이며 음악을 좋아하는 용감한 병사들이기도 하다. 아르카디아의 선조는 달이 생기기 전부터 살았으며 판 신이 그들과 함께한다고 한다. 이 지역에서는 모든 신을 숭배하지만 특히 제우스를 숭상하여 류카이오스 산(1421m)에는 제우스의 성지가 있으며 혹 성지에 들어간 사람은 돌에 맞아 희생되었다. 만테니아에 위치한 포세이돈 신전은 항상 열려 있으나 두려워하여 출입을 하지 않았다. 한 번은 히포투스[3]의 아들 아이퓨토스가 용기를 내어 신전에 들어갔다가 신전의 제단에서 갑자기 솟아나온 소금물 세례를 받고 눈이 멀었다 하며 수렵 중에 뱀에게 죽임을 당했다.

쿨레네 산에서 태어난 헤르메스는 그 곳에서 경배되기 시작하였다. 류코수라에서는 데메테르 여신이 데스포이나 여신과 합일되어 있다. 원래 데스포이나는 포세이돈과 데메테르와의 연애사건으로 태어난 딸로 피갈리아에서는 데스포이나의 머리를 말상으로 표현하고 '블랙(Black)'이라는 별칭으로 불렀다. 텔푸사에서는 그녀를 에리뉴스라는 별칭으로 불렀으며 공포의 대상으로 여겼다.

그런데 아르카디아는 대부분 목초지로 이루어진 까닭에 목신인 판에 매우 친밀감을 갖고 있었다. 한편 그들은 제우스가 명확히 이 고장에서 탄생했으며

---

3) 포세이돈이 알롭스(Alops)와 강제로 관계하여 낳은 아들.

네다 강은 어미 레아와 어린 제우스를 씻게 하기 위해서 솟아올랐다고 강력히 주장하였다. 아르카디아니즘은 아르카디아풍, 목가적 기풍 또는 소박한 전원 취미를 의미한다.

13. 퓰로스

퓰로스(Pylos)라는 이름은 서부 펠로폰네소스에 세 군데 있다. 그 중 하나인 현 나바리노는 옛 메세니아인의 퓰로스 도시로, 이오니아해에 튀어나온 바위 곶에 위치하며 코류파시온이라고도 부른다. 육지쪽은 '네스토르 동굴'이라 한다. 이 도시는 원래 메가라의 렐레게스인 수령 퓰로스가 건설하였는데, 넬레우스가 밀어내자 엘리스로 가서 작은 마을을 건설하고 퓰로스라 하였다. 그 밖에 페네이오스 강과 셀레이스 강 사이의 강구 알페오스에도 퓰로스가 있고, 트리퓰리아카에도 퓰로스가 있다. 알페오스 강구 도시는 넬레우스의 아들 네스토르가 태어난 곳으로 주장되기도 하는데, 근처에 게라노스 마을이 있고 또 호메로스가 말한 게론 내도 있어 신빙성이 전혀 없지는 않다.

그러나 메세니아의 왕이 네스토르이므로 현 나바리노가 탄생지로서 우선권을 갖는다. 실지로 나바리노를 발굴한바, 네스토르 왕궁터가 발견되었으며 기원전 1200년경의 큰 화재(도리스인의 침입)로 불에 구워진 점토 서판이 발견되었는데 행정사무에 관계된 내용이 기록된 선문자 B서판이었다. 선문자판의 발굴은 미노스와 미케네 문명의 관계에 대한 재검토를 요하는 중요성을 제시하였다. 이 곳에서 네스토르는 오듀세우스의 아들 텔레마코스를 만나 위로하여 주었다. 펠로폰네소스 전쟁 때는 아테네군이 스파르타군을 패배시킨(기원전 425) 중요한 항구였으며 근세에 와서는 1827년 그리스 독립을 위해 터키와 치른 해전으로 유명해졌다. 당시 터키 해군은 이집트 함대를 투입하여 전력의 우세를 보이며 이 해안도시에 집중포격을 가했으나 영국, 프랑스 및 러시아가 함대를 앞세워 포위된 그리스군을 구하였다.

14. 델로스

 델로스(Delos)는 에게해 키클라데스 군도의 약 3㎢에 달하는 작은 섬으로 낙소스 섬의 북쪽에 위치하고 있다. 델로스 섬은 아폴론 신의 탄생지이자, 일부 전승에는 아르테미스의 탄생지로 가장 이름난 곳이다. 이러한 평판 때문에 고대 그리스 세계에서는 탁월한 성지로 인정받았으며 교역지로도 크게 번영하였다. 델로스를 아스테리아 혹은 오르튜기아라고도 하나 델로스 근처의 다른 섬의 이름이라는 설이 주장되고 있다. 신화에서 델로스는 포세이돈이 갑자기 바다 위로 솟아나게 하여 떠 있는 보이지 않는 섬이었으나, 레토가 여기에서 아폴론을 낳으면서 고정된 섬으로 뚜렷히 보이는 섬이 되었다. 아르테미스 여신은 후에 도래하여 델로스의 언덕 퀸토스에 자리잡았는데 이에 유래하여 퀸티아라는 별칭을 가지고 있다.

 위 두 주신의 탄생과는 별도로 델로스는 왕 아니오스의 고향으로도 알려져 있다. 그 딸들은 디오뉴소스의 숭배자였는데 디오뉴소스가 선사한, 원하기만 하면 무엇이든 포도주나 곡물 또는 올리브유로 변하게 하는 선물이 그녀들을 망쳐 버렸다 한다. 트로이를 탈출한 아이네아스 일행이 이탈리아로 항해하는 도중 이 델로스에 기착하여 아니오스에게 환대를 받은 것은 잘 알려진 이야기다.

 원래 델로스 섬 전체는 종교적 성지로서 피나 그 밖의 일체의 오염으로부터 보호되는 정토였기 때문에 섬에는 개의 출입이 금지되었으며 사람이 죽거나 아이를 낳는 것도 아테네법으로 금지되었다. 따라서 모든 시신은 근처 다른 섬으로 이장하였으며 출산이 임박한 여자와 위독한 병자는 즉각 옆에 있는 레네이아 섬으로 이송하였다. 특히 델로스에는 유명한 아폴론 제단이 있는데 여기에는 어떠한 희생공양도 금지되었다. 기원전 490년 그리스를 침입한 페르시아군은 모든 신전을 파괴·약탈하고 독신 행위를 자행하였으나 이 아폴론 신전에 대해서만은 모독행위를 삼갔을 뿐만 아니라 다리우스 왕의 장군 다티스는 여기에 정중히 경배를 올리고 최고의 경의를 표하기도 하였다.

 기원전 478~477년 그리스의 자립을 위한 해상동맹인 델로스 동맹이 체결되자 그 공동재정인 재물이 델로스의 보고(寶庫)에 위탁 저장되었으며 이는 20년 후인 기원전 454년 아테네로 이송되어 아테네 사람들의 직접 관리로 넘어갔다. 델로스는 오랫동안 정치와 무역센터로 번영을 구가하였으나 기원전 88년 폰토스 왕 미트라다테스의 장군 아르켈라오스에 의해 해군기지를 공략당하였고, 기원전 69년에는 같은 계열의 해적의 침입을 받아 주민들이 노예로 전락하였다. 로마의 장군 폼페이우스가 이들 해적을 물리치고 도시를 재건하여 성채를 쌓아 주민을 보호하였으나, 카이사르 시대 때 산업도시로 코린트에 주력을 두게 되면서 델로스의 교역은 격감하고 소수 주민만이 머물게 되었다.

15. 델포이

델포이(Delphi)는 보이오티아 서부 포키스 지방의 한 도시로 고대 그리스의 최고 종교중심지였다. 파르나소스 산록의 가파른 언덕에 에워싸여 위쪽은 침입이 불가능한 절벽이며 아래쪽은 깊은 골짜기로 되어 있다. 델포이는 아폴론의 아들 델포스가 설립하였다고 하는데, 역시 이 도시를 가장 이름나게 한 것은 신탁소였다.

성역 내에는 신전, 야외극장, 경기장, 원형건물, 신탁소 들이 들어서 있었다. 신탁은 원래 가이아의 소관이었는데 일설에는 포세이돈이 분담 소유하였다 하며, 퓨콘이라는 예언자 또는 점술사를 통해서 신탁을 전달하였다. 가이아는 신탁의 지분을 딸 테미스에 넘겨주었다. 아이스퀼로스에 의하면, 테미스는 자신의 몫을 티탄족 자매인 대지의 여신 포이베에게 인계하였고 이는 다시 아폴론에게 양도되었다. 다른 설에는 테미스가 직접 아폴론에게 자신의 몫을 양도하였다고 하기도 하며 혹은 아폴론이 힘으로 탈취하였다고도 한다. 또 다른 이야기에서는 포세이돈의 신탁 권한을 아르고스 만 트로이젠 가까이에 있는 칼라우리아(현 파로스) 섬과 바꾸었다고도 한다.

아폴론은 오래 전부터 델포이 신탁의 주인이었으나 원래 자신이 설립한 것이 아니었기 때문에 소유권을 확고히 하기 위해 원래의 주인 퓨톤 용을 죽이지 않을 수 없었다. 이 괴물은 대지여신의 신탁을 표출하는 큰 뱀으로, 그 이름이 델포이의 딴 이름 퓨토로 남아 있으며 아폴론 예언을 담당하는 여사제의 직명

퓨티아에서도 엿볼 수 있다. 그 곳 사람들은 델포이가 틀림없는 대지의 중심지인 배꼽 옴팔로스이며 벌집모양의 돌을 그 증거로 제시하였는데, 두 마리의 비둘기(혹은 백조 또는 까마귀)가 대지 양끝에서 날아와 이 지점에서 만났다 한다.

옴팔로스 옆에는 아폴론의 좌대가 있고 퓨티아는 삼각대에 앉아 신탁을 받고 예언을 전해 주었는데 초기를 제외하고는 나이 먹은 여인이 무아지경 속에서 예언을 하였다. 옛 이야기에 따르면, 파르나소스 산의 한 양치기가 갈라진 구멍에서 나오는 김을 맡은 양들이 괴이하게 껑충껑충 뛰는 것을 보고 자신도 그 구멍을 찾아 김을 맡고는 발작을 일으켜 예언을 하게 되었다고 한다. 소문을 듣고 찾아온 많은 사람이 같은 경험을 하고는 이 장소를 성역으로 생각하여 아폴론 신전을 세웠다. 이에 연유해서 퓨티아는 삼각대 아래 땅의 틈에서 나오는 증기에 마취되어 무아지경의 상태에서 소리를 냈다고 하는데, 델포이에 대한 대규모 발굴조사에서는 그 갈라진 틈을 찾지 못하였다. 또한 퓨티아가 아폴론의 나무 월계수 잎을 씹는 습관이 있어 이를 무아지경 가설의 근거로 내세우기도 하나 의학적 근거는 없다. 퓨티아로부터 나오는 예언의 중얼거림은 아폴론 신전의 신관이 구체적으로 해설하여 동화적인 시구절로 적어서 내주었다. 신전에 새겨 놓은 격언 "그대 자신을 알라, 무엇이든 지나침이 없어야 한다(Know thyself and Nothing in excess)"는 원래 피티코스가 레스보스 주민에게 준 간곡한 권유의 말이다.

델포이의 신탁은 예로부터 신빙성이 높은 것으로 간주되어 명성이 지중해 세계 곳곳으로 퍼져 나갔다. 전통적으로 예언에서 계시된 내용은 신관들이 두 가지 뜻으로 해석할 수 있도록 꾸며 작성함으로써 신탁의 평판을 유지할 수 있었다. 사람들은 신탁을 받으면 재물을 바쳤는데 특히 리디아의 왕 크로이소스의 상납을 능가할 왕은 없었다. 헤로도토스에 의하면, 한 번은 크로이소스가 자신의 나라를 위협하는 페르시아인을 공격할 것인가에 대해 신탁에 문의한바, 공격하면 위대한 제국이 멸망할 것이라 하였다. 이에 그는 멸망할 제국이 페르시아라고 믿고 공격하였으나 패배하여 리디아는 멸망하였다. 리디아 역시 위대한 제국이었으므로 어찌됐든 신탁이 맞아떨어진 셈이다.

성역의 보고에 저장된 풍부한 재물 보화는 그리스가 로마에 예속되면서 빈번히 약탈당하였다. 포키스 사람들이 1만 탈렌트를, 네로 왕이 적어도 500개 이상의 신상과 이름난 인물동상을 반출해 갔으며, 콘스탄티누스 대제는 가장 화려한 장식품을 떼어 내어 새로운 자신의 수도로 가져갔다.

16. 뮤시아

뮤시아(Mysia)는 소아시아 북쪽 나라로 소 뮤시아와 대 뮤시아로 구분된다. 소 뮤시아의 북쪽은 프로폰티스 해, 서쪽은 비튜니아, 동남쪽은 프리지아와 접경하고 있다. 대 뮤시아의 남쪽은 아이올리아, 서쪽은 에게해, 동북쪽은 프리지아가 그 경계이다.

뮤시아의 으뜸 가는 도시로는 큐지코스와 람프사코스가 있다. 프로폰티아의 섬 큐지코스 도시와 관련해서는 오래 전부터 비극적인 이야기가 전해 내려오고 있다. 즉 옛적에 아르고 호 선원들이 여행길에 큐지코스에 들렀다가 이 곳 왕에게 환대를 받고 떠났는데, 갑자기 강한 바람이 불어 도시의 다른 쪽 해안으로 대피하였다. 그런데 어둠 속에서 나타난 아르고 호를 괴선의 침략으로 오인한 큐지코스의 군사가 공격을 가해 쌍방간에 격전이 벌어졌고 여기에서 뜻하지 않게 아르고 호의 대장 이아손은 큐지코스 왕을 살해하였다.

람프사코스 도시는 헬레스폰트를 거의 지나 프로폰티아 해 입구에 위치하는데, 프리아푸스를 주신으로 섬겼으며 사원은 음란과 방탕의 비호구역으로서 극히 비정상적 성행위가 벌어졌다. 여기에 연유하여 람프사키우스라는 말은 거리낌없는 음란행위와 지나친 방탕의 대명사로 사용되고 있다. 알렉산더는 이 부도덕하며 게다가 페르시아와 내통하는 람프사코스를 멸망시키고 주민을 몰살시키기로 결심하였다. 그러자 디오게네스의 제자로 그 도시 출신인 아낙시메네스는 왕의 노여움을 풀기 위한 사절로 와서 알현을 하였다. 그런데 왕은 그를 보자마자 대뜸 그대의 부탁은 승낙하지 않겠다고 단언하였다. 이에 아낙시메네스는 땅에 엎드려 죄많은 도시를 파괴하시고 모든 시민을 노예로 삼아 달라고 청원하였다. 의표를 찌른 이 탄원으로 왕의 노여움은 풀리고 아낙시메네스는 대왕의 교사로 신임을 받게 되었다. 파멸의 위기를 모면한, 참으로 교묘한 처신이 아닐 수 없다.

뮤시아 주민들은 한때 매우 호전적이었으나 그 기풍이 급격히 쇠퇴하였으며, 여기에서 공덕이 없는 인간을 강조할 때 쓰이는 '뮤소림 알티모스'라는 낱말이 생겨나게 되었다. 고대사회에서는 이들을 고용하여 장례의식에서 슬픔으로 통곡하는 역할을 맡게 하였는데 매우 자연스럽게 멜랑콜리에 빠져 눈물을 흘렸기 때문이라 한다. 뮤시아는 군주가 다스렸으며 이 곳 사람들은 트라키아의 일부 하이모스 산과 다뉴브 강 사이에서 살던 유럽의 뮤시아 인종 후예라고 추측한다.

17. 레스보스

레스보스(Lesbos, Lesvos)는 오랫동안 매우 여러 가지 이름으로 불리다가 이 곳에 자리를 잡은 주민의 왕 마카레오스에 연유하여 마카리아라 하였고 이어 왕위를 계승한 레스보스를 나라 이름으로 삼았다. 레스보스는 라피테스(테살리아 북쪽의 그리스 부족) 왕의 아들로, 신탁에 따라 자진해서 고향을 떠나 유랑하다 이 섬에 도착하여 왕 마카레오스의 외동딸 메튬나 공주와 결혼하고 왕이 죽자 왕권을 계승하였다. 뮤틸리니로도 불리는 레스보스는 소아시아 에게해안에 위치하며 둘레는 약 270km에 달한다. 뮤틸레네(레스보스의 딸 이름)와 메튬나(왕비 이름에서 유래하며 현 Molyvos)가 주요 도시다.

기원전 7세기의 이름난 시인 음악가 테르판드로스, 아리온, 사포, 알카이오스는 모두 이 곳 출신이다. 메튬나에서 태어난 아리온은 코린트의 페리안크 왕실에서 지내다 이탈리아로 가서 많은 재물을 모아 다시 코린트로 돌아오던 길에 그의 재물을 탐낸 욕심많은 뱃사람에 의해 살해당하였다. 그러나 전설에 따르면 그는 살해되기 직전 마지막 노래를 부르고 싶다고 소원하여 허락을 받았는데 그의 노래에 매료당한 돌고래가 몰려와 그를 등에 업고 코린트로 돌아왔다고 한다. 후세 아리스토텔레스에 의해 자의선택 영주로 추서되고 델포이 신전에 "너 자신을 알라"라는 격언을 실제로 새겨놓은 인물로 유명한 정치가 피티코스도 이 곳 출신이다. 그는 뮤틸레네 참주를 추방한 후 통치권을 장악하고 10년간 통치한 후 물러나겠다는 약속을 그대로 실천하였다. 입헌개혁자는 아니었으나 사치금지법을 통과시키고 음주자나 법 위반자에게는 가중처벌을 내렸다. 그의 정적이자 시인인 알카이오스는 생김새가 추하고 하류사회 출신이

라고 비꼬며 멸시하는 시를 썼으나, 그리스 7현의 한 사람으로 크게 존경을 받
았다.

이 외에도 위대한 철학자 테오프라스토스가 여기에서 태어났으며, 플라톤,
아리스토텔레스 및 에피쿠로스도 레스보스에 와서 배우고 활동하였다. 기원전
6세기 중반의 이오니아 출신 시인 아나크레온[4]이 레스보스의 여성은 동성연애
에 열중한다고 과장된 표현을 하여 이후 여성의 변태 행위는 '레스보스'라고
불리게 되었다.

비옥한 토질과 온화한 기온으로 '전원의 천국'이라 불린 레스보스는 위의 도
시 외에도 에레소스(사포의 출생지), 안티사 및 퓨라 도시가 있으며, 청동기시대
에는 트로이와 밀접한 관계를 갖고 테르마에 사람이 모여 살았다. 이어 정착하
기 시작한 아이올리아 이민이 주민의 대부분을 구성하게 되었다. 예로부터 포
도주 산지로 유명하였으며 지금도 그 명성을 유지하고 있다. 시와 음악의 예향
및 미인의 고장으로 찬양받지만 한편으로는 레즈비언과 낭비벽의 대명사가 되
기도 하였다.

페르시아 전쟁 후 격동기를 맞아 레스보스는 델로스 동맹에 가담(메튬나는
불참)하였으나 펠로폰네소스 전쟁중인 기원전 428년에 동맹을 파기하고 아테
네에 등을 돌렸다. 이로 말미암아 기원전 427년 아테네는 배반세력을 응징한다
는 명목하에 원정대를 출발시키고, 아테네 민회에서는 클레온의 선동으로 레
스보스의 모든 주민을 죽이거나 노예로 하자는 의견이 통과되었다. 다음 날 다
시 이 문제를 논의하는 회의가 소집되고, 전날의 잔인한 의결은 동맹국에게 악
영향을 준다는 디오도토스의 사려 깊은 제의가 가결되어 전날의 의결은 취소
되었다. 그러나 일부 원정대가 이미 떠난 상태였으므로 아테네는 쾌속삼단노
선을 발주하여 겨우 시간에 맞추어 레스보스에 닿았다. 다행히 학살은 모면하
고 반역의 주모자만 처형되었다. 레스보스의 토지는 아테네 시민 클레루크스
(다른 나라 토지를 소유하는 시민)에게 분할 분배(메튬나는 제외)되었다.

---

4) 페르시아의 위협으로 사모스의 폴류크라테스 왕실과 아테네 등에서 활동하였다.

18. 사모스

에게 해 동쪽 소아시아 연안에 위치한 수려한 경관의 사모스(Samos : 둘레 약 140km)는 강신 마이안드로스의 딸인 사미아의 이름을 딴 것이다. 현재 터키에 가장 가까이 위치한 그리스 섬이다. 수도도 사모스라 하며 기원전 986년에 건설되었다. 그리스 세계의 빛나는 위대한 철학자 피타고라스, 철학자 에피쿠로스, 우화작가 아이소포스, 천문학자 아리스타르코스[5] 등이 모두 이 곳 출신이다. 역사가 헤로도토스는 자신의 저서『역사』에서 사모스에 관한 사적을 적잖이 소개하고 있다.

옛적에는 파르테니아, 안테무사 등 여러 이름으로 불렸으며 철기시대에 이오니아인이 정착하면서 이오니아 방언이 오래 보전되었다. 한때는 렐레고스(카리아의 주민으로 트로이를 지원하였으며 아킬레스가 침략해 들어오자 할리카르나소스 근방으로 피난하여 정착)에 속하였으나 기원전 7세기에 다시 이오니아인이 지배하였다. 왕정에서 민주정 혹은 과두정으로 바뀌었으며 참주 폴류크라테스 시대에 최고의 번영을 구가하며 문화의 꽃을 피웠고 특히 조각 및 공예로 이름을 떨쳤다. 절대권력자로 군림한 폴류크라테스는 페르시아 제왕 다리우스의 봉신이었으나 페르시아에 반기를 든 이오니아인의 봉기를 지원하였다. 그런데 결정적으로 이오니아와 페르시아의 라데 해전(기원전 494)에서 사모스 함대는 싸움을 기피하고 빠져 버렸기 때문에 이오니아인 봉기를 진압한 페르시아는 사모스의 독자적 민주정을 승인해 주었다. 페르시아의 서방 침략 때는 마드로클레스의 기술진이 헬레스폰트에 군사가교를 가설하였으며 크세르크세스를 지원하여 살라미스 해전에도 참가하였으나 곧이어 페르시아에 반대하고 아테네의 자율동맹국이 되었다. 그 후 400인 과두 정치개혁에 동조하여 델로스 동맹에 반대하였으나 페리클레스가 직접 지휘한 아테네 함대에 제압당하여 국력이 약화되었다. 일시 페르가몬의 왕 에우메네스에게 정복당하였다가 로마의 아우구스투스 시대에 다시 옛 자유와 풍요를 회복하였다. 베스파시아누스 황제 시대에 와서는 로마의 한 속주가 되었으며, 훨씬 후대인 서기 15세기에는 터키계 해족이 출몰하면서 100년간 무인도로 전락하기도 하였다.

---

5) 기원전 310~230년. 지구는 지축을 중심으로 돌며 태양의 주변을 돈다고 주장하였다.

사모스 사람은 헤라를 최고 주신으로 받들어 대단히 장려한 헤라 신전을 건립하였다. 에베소의 아르테미스 신전은 이 사모스인의 건축을 그대로 본뜬 것이다. 사모스인은 자기 고장이 헤라의 출생지이며 임브라오스(파르테니오스라고도 함) 강둑 버드나무 아래에서 태어났다고 굳게 믿어 헤라를 별칭으로 임브라시아 혹은 사미아라 부르며 둑에서 예배를 올렸다.

폴류크라테스

폴류크라테스(Polycrates)는 기원전 540년경 사모스의 참주에 오른 인물로, 하는 일마다 성공을 거두는 행운이 뒤따라 마침내 스스로 군주의 자리에까지 올랐다. 함대 100척을 거느리며 인근 섬나라뿐 아니라 아시아 연안 도시를 정복하여 예속시켰고 이집트 영주 아마시스와는 동맹국 협약을 맺었다. 이러한 폴류크라테스의 계속된 상승세에 두려움을 느낀 아마시스는 그에게 지나친 향유(享有)의 기질을 충고하며 소유한 보물 중 가장 아끼는 보석을 버리라고 하였다. 폴류크라테스는 이를 긍정적인 충언으로 받아들여 아끼던 아름다운 보석 인장을 바다에 내던진 후 한참 동안 괴로워하였다. 수일 후 큰 바다생선을 선물받았는데 그 생선의 배 속에서 버린 보석이 나왔다. 이 소식을 들은 아마시스는 사모스 참주와의 모든 동맹조약을 파기하고 운이 다할 때까지 기다리기로 하였다. 그 후 어느 때 폴류크라테스는 마이안드로스 강구 도시 마그네시아를 방문하였다가 그 곳 페르시아의 주지사 오로이테스의 초청을 받게 되었다. 당시 폴류크라테스의 딸은 꿈자리가 사납다며 아비에게 초청을 거절하라고 권유했으나 이를 물리치고 초대에 응하였다가 그를 견제하려던 주지사에게 주살당하였다. 기원전 522년의 일이다.

폴류크라테스는 퓨타고리온(옛 수도) 항구에 5km에 이르는 성벽을 쌓고 상수도 에우팔리노스 수로 터널을 완성하였는데 이는 토목기술사상 경이적인 일로 평가받는다. 근래 독일 기술진에 의해 8년 동안 행해진 발굴을 통해 이 수로는 1050m 거리에 달하는 상하 이중터널임이 확인되었다. 아래 터널은 수로이고 상부의 터널은 수로를 보수·보존하기 위한 통로이며 여러 군데 광선과 공기가 통할 수 있는 구멍이 지상과 연결 설치되어 있었다. 계곡의 맑은 물을 사모스 도시로 끌어들이는 이 시설은 슬기롭고 경이로운 지혜의 소산이라 할 것이다.

19. 밀레토스

소아시아에서 에게해로 흘러드는 마이안드로스 강구의 도시 밀레토스 (Miletus)는 이름난 이오니아의 수도다. 기원전 7~6세기에 이미 매우 웅장한 도시로 발돋움하여 흑해 연안을 비롯하여 각지에 80개 이상의 식민도시를 건설하였는데, 로마 세네카의 추산에 따르면 380개의 도시를 소유한 큰 해운국이었다.

철학사에서 그 첫장을 장식한 인물이자 그리스 7현인의 한 명인 탈레스를 위시하여 그 학풍(밀레토스 학파)을 이은 당시의 아낙시만드로스 및 아낙시메네스가 이 곳 출신이며, 그 외에 헤카타이오스(기원전 6세기의 역사가), 티모테오스(시인) 및 포퀼리데스(기원전 6세기의 시인·철학자)도 모두 이 고장 출신이다.

원래 이 도시는 미노스의 딸 아카칼리스와 아폴론 사이에서 태어난 아들 밀레토스가 건설하였다. 어미는 미노스의 노여움이 두려워 아기를 낳자 곧 숲속에 버렸으나 암늑대의 젖을 먹고 살아났으며 이를 양치기가 발견해서 데려다가 길렀다. 후에 미노스가 자신의 외손자인 줄도 모르고 소년의 미모에 넋을 잃고 범하려 하자, 카리아로 도피할 것을 권유한 사르페돈의 충고에 따라 이 지역으로 와서 건설한 도시가 바로 밀레토스이다. 다른 설에서는 코드로스(아테네의 마지막 왕)의 아들 넬레우스, 혹은 제우스의 아들 사르페돈이 건설하였다고도 한다. 밀레토스라는 이름이 붙기 전에는 렐레게이스, 후에는 피튜우사또는 아나토리아라고 하였다. 주민은 밀레시이라 하며 매우 강인한 성품을 지녀 강대국 리디아에도 끈질기게 항전, 오랫동안 독립을 지켰다.

페르시아 제국이 제1차로 서진을 할 무렵, 밀레토스는 참주 히스티아이오스와 이어 아리스타고라스가 통치하였는데 두 사람 모두 기원전 499년 페르시아에 대항한 이오니아인의 반란을 촉발시킨 듯하다. 결국 기원전 494년 밀레토스는 페르시아군에게 함락, 소각되고 속령이 되었으며 주민은 페르시아 수도 수

사로 끌려갔다. 기원전 479년 그리스가 페르시아군을 격퇴하자 밀레토스는 재건되어 델로스 동맹에 가담하였으나, 기원전 412년에는 아테네에 대항하였다. 이 시기의 이름난 밀레토스 사람으로는 페리클레스의 애인 아스파시아와 피라이오스 도시 설계자 히포다모스가 있다. 그리스 7현인 중 한 사람인 피타코스도 이 고장 출신이라는 설도 있다. 기원전 4세기 밀레토스는 카리아 왕 마우솔로스에 예속되었으나 기원전 334년 알렉산더 대왕에게 점령, 해방되었다. 밀레토스는 모직물의 생산 중심지로 여기에서 생산되는 제품은 세계 최고로 평가받고 있다.

밀레토스 학파

밀레토스는 아시아 대륙과의 교역중심지로 동방의 상품을 이 곳에서 선적하여 그리스 본토로 싣고 갔다. 아시아의 문화 지식 또한 이 곳을 거쳤는데 천문학, 화폐제도, 계량법 및 문학이 이오니아 사람에게 전해지고 다시 그리스 본토로 전파되었다. 특히 기원전 7~6세기에는 동서문화의 교류중심지로서 유례없는 문화의 꽃을 피웠다.

탈레스로 추측되는 흉상. 바티칸 박물관

탈레스 : 밀레토스 번영의 절정기인 기원전 6세기에 활약한 그리스 철학사상 최초의 자연철학자. 아폴로도로스에 따르면 기원전 624년에 태어났다고 하나 명확하지 않다. 상인이자 정치가, 물리학자로 칭송받았다. 이집트를 왕래하며 견식을 넓히고 동방의 천문학적 지식을 토대로 일식현상을 정확히 예견하였으며 자력(磁力)을 연구하고 이집트의 피라미드 그림자 측정으로 그 높이

를 산출하고 수학 원리를 발견하였다고 전해진다. 고대와 현대의 철학을 통틀어 단연 원조로 칭송되고 그리스 7현인 중에서도 으뜸 가는 인물로 추앙받았다. 해박한 지식과 탁월한 두뇌의 소유자로 알려진 그는 사물의 근원과 본질에 대하여 독자적인 사상을 전개하였으며 만물을 형성하는 기본물질로 물을 원소로 삼았다. 야밤에는 노예를 데리고 집을 나와 하늘의 별을 관찰하는 습관이 있었는데 어찌나 몰두하였던지 언덕에서 떨어지거나 물구덩에 빠지기를 다반사로 하였다고 한다.

아낙시만드로스(기원전 611~549) : 탈레스를 잇는 자연과학자로 지금은 남아 있지 않으나 최초로 자연에 관한 책자를 저술한 인물이다. 모든 존재물의 시원은 불확정하고 무한한 것(apeiron)으로 이는 냉온(冷溫)과 건습(乾濕)과 같은 대립된 성질로 분리되기 이전의 상태라고 주장하였다. 또한 태초에 유동성이었던 지구가 점차 건조해지면서 생물체가 발생하였으며 처음에는 물 속에서 물고기 같은 동물의 보육을 받고 스스로 먹이를 구하다가 뭍으로 옮겨왔다고 추리하였다. 근대적 진화론의 선구자라 할 것이다. 별의 회전운동을 물리적 방식으로 해명하고자 했으며 지구와 천체의 윤곽을 그린 최초의 학자이기도 하다.

아낙시메네스 : 아낙시만드로스의 제자로 기원전 546년경에 활약한 자연철학자이다. 우주의 원초적 원리(arche)는 대기 혹은 공기(aither)로 열에 의해 희석되고 농축하면 물과 대지로 변하며 이것이 합해진 것이 넓고 다양한 세계를 형성하였다고 추리하였다. 또한 대기는 생동하는 우주의 호흡이며, 영생하는 영혼까지 포함하여 신성한 존재로서 우주의 생성과 소멸은 계속 반복된다고 하였다. 그의 문하생으로 밀레토스 학풍을 아테네에 전한 아낙사고라스가 있다.

이상 세 사람은 모든 존재의 발생을 하나의 궁극적인 원소나 물질적 바탕의 근본원리로 설명하고자 한 점에서 자연과학의 발전사상 획기적인 기여를 한 선견자라 할 수 있다.

20. 스뮈르나

스뮈르나(Smyrna)는 소아시아 이오니아의 이름난 항구도시로 탄탈로스가

창건하였다고도 하고 또는 기원전 1000년경에 아이올리아 사람이 건설했다고
도 전한다. 그 후 빈번하게 혁명이 일어났으며 시대에 따라 아이올리아, 이오
니아, 리디아 및 마케도니아 사람이 지배하였다. 리디아인이 침입해 들어와 파
괴를 자행한 지 400년이 지난 후 알렉산더 혹은 류시나코스가 도시를 재건하
였다. 소아시아의 가장 부유하고 강력한 세력을 가진 나라로 알려졌으며 이오
니아 동맹 12개 도시국가 중 하나였다.

주민들은 매우 사치스럽고 나태하지만 전투에 임해서는 용맹하고 대담무쌍
했다고 한다. 로마에 가담하여 미트라다테스 대군과 싸워 로마제국으로부터
각별한 호의를 받았다. 기원전 178년 지진으로 도시가 파괴되었다가 서기 180
년경 로마의 마르코스 아우레티우스에 의해 수리 재건되었다. 현재도 스뮤르
나는 성벽 가까이 흐르는 멜레스 강을 낀 큰 교역도시로 이름 높다. 스뮤르나
사람은 호메로스를 이 고장 출신으로 믿고 그를 신격의 영예로 받들 뿐 아니라
그의 이름이 붙여진 장소도 자랑스럽게 제시하고 있다. 청동으로 주조한 통화
도 호메리움이라 부른다. 그 밖의 이름난 시인으로는 밈네르모스(애수시인), 비
온(전원시인) 및 퀸토스를 들 수 있다.

다른 전승에서는 아마존이 소아시아에 여러 도시국가를 건설하였는데 그 중
가장 이름난 도시가 스뮤르나와 에베소였다고 한다. 아도니스 어미의 이름도
스뮤르나 또는 뮤라라고 하였는데 스뮤르나는 바빌로니아 왕 벨로스와 요정
오리튜이아의 아들인 아테이아스의 딸 혹은 왕 키뉴라스(키프로스의 태조)의 딸
이라고도 한다.

21. 에베소

에베소(Ephesus)는 소아시아 서해안 카유스테르 강구에 위치한 도시로 헬레
니즘 시대 때 해운이 크게 발달하였다. 기원전 11세기 옛 이오니아 때 번영을
구가한 이 도시는 아마존족, 혹은 코드로스의 아들 안드로코스가 건설하였다
고 하기도 하고 카유스테르 강신의 아들 에페소스가 건설하였다고도 한다. 에
베소 사람은 키메리아 사람들의 침범과 리디아 왕국의 침략을 잘 이겨냈으나

후에는 결국 리디아 왕 크로이소스에게 예속되었다. 크로이소스는 에베소에 그 유명한 아르테미스 신전을 건립하여 봉헌하였는데 이 신전은 세계 7대 불가사의의 하나로 꼽힌다. 신전은 길이 140m, 너비 70m에 이르며 127개의 원주가 천장을 떠받쳤는데 그 높이만 20m에 달하였다. 36개의 원주에는 우아미의 극치를 보여주는 조각상이 새겨졌고 내부에는 많은 왕의 조소상이 안치되었다. 이름난 조각가 스코파스가 관여한 이 웅대하고 장려한 사원은 정초 후 220년이 지나도 완공을 보지 못하였다. 설계와 건설을 주도한 사람은 크테시폰이었으며 대문 위에는 거대한 돌이 있었는데 플리니우스에 따르면 아르테미스 여신상이 놓인 석대였다고 한다. 신전 내에는 헤아릴 수 없이 많은 진귀한 보물로 가득찼고 여신을 주신으로 하는 예배와 축제는 최고의 장엄을 갖추어 거행되었다. 그러나 기원전 356년 알렉산더가 태어난 날 밤, 에라토스트라토스는 그저 자신의 이름을 영원히 남기겠다는 생각으로 이 사원에 방화를 하였다. 곧 에베소 사람들은 사원 재건에 착수하였고 설계는 그 전보다 훨씬 찬란하고 장엄하게 구상되었다. 알렉산더는 자신의 출자로 재건할 것을 제의하고 에베소 사람들에게 기증자 이름과 봉헌자를 각자해 주기를 희망하였다. 그러나 에베소 사람들은 아부하는 글의 내용을 보고 이 관대한 제의를 거절하였다. 신성한 신전을 어떤 사람을 위해서 건립한다는 것을 못마땅하게 생각하였기 때문이다.

　　마케도니아의 장군 류시마코스[6]는 자신의 부인의 영예를 남기기 위해서 에베소를 아르시노라고 부르도록 명령하였으나 그가 죽자 다시 옛 이름을 회복하였다. 이 곳 출신으로는 그리스 철학자 헤라클레이토스(기원전 540~475)가 유명하며, 예수의 사도 바울은 전도 여정중 이 곳에 3년간 체재하며 선교를 폈고 서신 에베소서가 있다.

22. 코스

　　코스(Cos, Kos)는 에게해 동남쪽 소아시아의 도시 할리카르나소스 맞은편에 위치한 섬(길이 45km, 너비 11km)으로 12군도 중 로도스 다음으로 중요한 섬이

---

6) 기원전 355?~281년. 알렉산더 대왕 휘하의 장군으로 트라키아 군주가 되었다.

히포크라테스 흉상.
3세기 후반경의 복제품.
나폴리 국립박물관

다. 원래 그리스 본토 에피다우로스 주민인 도리스인의 유이민 정착지였다.

코스 출신의 가장 유명한 인물 중 하나는 기원전 460년경 그리스 세계의 의성으로 불린 히포크라테스이다. 의료의 신 아스클레피오스의 후예로 불리는 히포크라테스는 질병의 원인과 치료에 혁신을 일으켜 전통적인 무속 치료나 신의 계시에 의존하던 사고에서 탈피, 원인을 구명하여 적합하게 치료를 가하는 과학적 진료를 확립하였다. 또한 최초로 의학 교육기관을 창시하였으며 의료윤리를 발표하여 오늘날까지 서구는 물론 세계의 많은 의료인들이 이 히포크라테스 선서를 신봉하고 있다. 의학을 전통과 미신에서 분리하여 체계화시킨 최초의 선각자 히포크라테스의 원리는 여러 방면에 영향을 미쳤다. 특히 후세의 역사가들, 예컨대 투키디데스[7]나 크세노폰[8] 등은 그 원리를 본받아 전쟁사 혹은 혁명사를 기술하는 데 있어 믿을 만한 근거에 의거하여 정확히 기록하는 것을 존중함으로써 역사저술에 혁신을 불러일으켰다.

---

7) 기원전 5세기 후반에 활동한 고대 그리스의 위대한 역사가.
8) 기원전 431~350년경. 라틴 문학에 강한 영향을 미친 그리스의 역사가.

코스는 펠로폰네소스 전쟁 때 스파르타와 아테네 두 나라 사이에서 고통을 받았다. 기원전 366년에는 내분으로 동북 해안 도시에 모여 살고 기원전 354년에는 아테네에 반기를 들어 성공하였으나 이어 마케도니아의 알렉산더의 지배 하에 들어갔다. 그 후 마케도니아, 시리아 및 이집트 간의 분쟁에 휘말려 혼란을 거듭하다가 헬레니즘 시대(기원전 4~3세기)에 이집트 왕 프톨레마이오스의 보호를 받으며 문화의 중심지로서 융성한 발전을 이룩하였다. 이 때 필레타스(시인이자 학자로 프톨레마이오스 2세의 스승), 페오크리토스 등의 유명한 인물들이 배출되었다. 알렉산더 대왕 시대(기원전 336~323)에 최고의 화가로 명성을 떨친 아펠레스도 이 곳 태생이다. 기원전 2세기에는 자유시민권을 인정받은 로마의 보호령이 되고, 로마 황제 카우디우스는 코스 출신의 의사 크세노폰을 총애한 나머지 코스의 모든 세금을 면제해 주었다.

23. 크니도스

크니도스(Cnidos)는 기원전 900년경 소아시아 남서단의 긴 반도에 건설된 그리스계 도시로, 주민은 스파르타의 후손이라 한다. 원래 반도의 남쪽 해안에 위치하여 해상무역의 거점을 이루었으며, 크니도스 사람들은 반도를 섬으로 전환하고자 시도하였으나 뜻을 이루지 못하고 기원전 546년에는 페르시아에 굴복하였다. 페르시아 전쟁 후 아테네와 동맹을 맺었으나 기원전 413년 이후에는 스파르타와 손을 잡았다. 서기 330년경에는 군항과 무역항으로 크게 부상하여 중요한 요지로 자리잡게 되었다. 기원전 3세기에는 프톨레마이오스의 지배를 받고 기원전 2세기 초에는 로도스 사람의 지배를 받았다. 기원전 129년에는 로마에 예속되나 자유시민 도시로 인정받았다. 이 도시 출신으로 유명한 인물로는 크테시아스(의사, 역사가), 에우독소스(천문학자), 소스트라토스(알렉산드리아 파로스의 설계사), 아가타르키데스 등이 있다. 크니도스는 의학교육 기관, 포도주 및 프락시텔레스의 아프로디테상으로 유명하다.

24. 리시아

리시아(Lycia)는 소아시아 서남부 산악지대로 서부는 에게해, 남부는 지중해에 면하고 주변의 카리아, 팜퓔리아 및 프리지아와 경계를 이룬다. 주민은 원래 크레타의 사르페돈에 동반한 주민이 직접 혹은 밀레토스, 뮬로사나 밀류아스를 거쳐 이 곳 리시아에 도래하였으며 밀류아이 또는 테르밀라이(모두 공통적으로 음절 'mil'이 붙음)로 불렸다. 그 후 이 곳에 세력을 확장한 아테네인 판디온의 아들 류코스에 연유하여 리시아인이라 부르게 되었다. 이들 주민은 옛적부터 성품이 근엄·공정하고 활 솜씨에 능하여 큰 지배세력으로 군림하였다. 기원전 6세기 초에는 리디아의 크로이소스 왕에 속했다가 페르시아 큐소스의 지배를 받게 되었는데, 페르시아에 복종하되 통치는 이 곳 왕이 그대로 맡고 페르시아 영주에게 매년 조공을 바쳤다. 기원전 497년 페르시아에 대한 이오니아인의 반항에 적극 가담하여 수도 크산토스의 여자와 어린이와 귀중품을 크산토스 강에 던지고 대항하였지만 희망이 없자 도시를 불사르고 최후의 일인까지 장렬히 싸웠다. 알렉산더 대왕이 동방에 진출할 때는 마케도니아의 속령이 되었고 후에는 셀레우키다이 왕에 예속되었다.

크산토스 강구의 도시 파타라에는 신탁소 파타레우스가 있는데, 아폴론이 이 도시에서 겨울을 난다고 하여 히베르나(피한, 동면신)라는 별칭으로 불리기도 한다. 아폴론은 겨울을 제외한 나머지 기간은 델포이에서 보내고, 이 곳 파타라에서 지내는 동안에는 델포이 신전의 사용을 디오뉴소스에게 양도하였다. 리시아 사람은 레토를 에니 마하나비(성모)라고 부르며 아폴론과 엔테미(아르테미스)의 어머니로 존숭하였고 수도 크산토스에는 거룩한 모자를 위한 신전을 봉헌하였다.

25. 페르가몬

소아시아에 위치한 페르가몬(Pergamon)은 아킬레스의 아들 네옵톨레모스(금발이라 퓨를로스라고도 한다)와 헥토르의 부인이었던 안드로마케 사이에서 태어

필라이테로스가 창건했다고 전하는 소아시아의 페르가몬

난 막내아들 페르가모스에서 연원한다. 전설에 따르면 페르가모스는 아시아에서 어미와 같이 돌아와 테우트라니아의 왕 아레우이스와 격투 끝에 왕이 죽자 자신이 왕위에 올라 나라 이름을 페르가몬이라 하였다 한다. 다른 전설에서는 페르가모스가 에우류퓰로스의 아들 규르모스를 원조하여 적을 물리치자 규르모스가 나라의 한 도시를 제공하고, 이름을 페르가몬이라 하였다고도 한다.

기원전 301년경 입소스에서 안티고노스 부자가 이끄는 대부대(보병 7만, 기병 1만, 75두의 코끼리 부대)와 셀레우코스·프톨레마이오스·류시마코스·카산드로스의 대연합군(보병 6만 4천, 기병 1만 500, 400두의 코끼리 부대, 120기의 전차부대) 사이에 전투가 벌어져 안티고노스 부자가 패배하였다(입소스 전투). 류시마코스는 전리품으로 막대한 금은보화를 차지하고, 신임하는 환관 필라이테로스에게 모든 재물을 맡겨 도시를 건설하였다. 후손 없이 류시마코스가 사망하자 기원전 283년 필라이테로스가 페르가몬의 통치자가 되어 왕국의 기초를 다지며 20년간 군림하였다. 기원전 263년에는 통치권을 조카 에우메네스에 인계하였고, 그 3대인 필로파토르가 후손을 남기지 못하자 기원전 133년 로마인에게 상속권이 넘겨졌다. 이에 로마인에게는 통치의 정통성을 인정할 수 없다며 페르가몬인들이 반란을 일으켰다. 반란의 무력진압에 나선 로마의 장군 아퀼리우스는 한 도시씩 정복해 나갔는데 특히 각 가정에 떠 나르던 식수원을 오염시키는 방식으로 결국 나라 전체를 속령으로 만들었다.

페르가몬 왕국의 수도에는 통치를 담당한 각 군주들이 수집한 20만 권 이상의 장서가 보관된 이름난 도서관이 있었다. 이 귀중한 장서는 시대가 흐른 뒤 안토니우스의 양해를 받아 연인 클레오파트라 여왕에 의해 이집트로 이송되었고, 642년 사라센인에 의해 철저히 파괴당하기 전까지 알렉산드리아 도서관을 빛내는 훌륭한 장서로 소장되었다. 또한 양피지가 이 페르가몬에서 최초로 발명되어 글을 적는 책으로 이용되었는데, 이는 이집트의 왕 프톨레마이오스가 에우메네스로 하여금 알렉산드리아를 능가하는 도서관을 만들지 못하도록 파피루스의 국외수출을 금지하였기 때문에 출현한 것이었다. 이 같은 연유로 양피지는 카르타 페르가메나라 불리게 되었다. 페르가몬은 의학 분야에서 특히 명성이 높아 대의학자 갈레노스를 배출하였으며 의신 아스클레피오스를 이 나라 최고의 주신으로 숭배하였다. 신화학자인 아폴로도로스도 이 곳 출신이다.

26. 시칠리아

시칠리아(Sicilia, Sicily)는 이탈리아 남쪽 지중해의 가장 크고 이름난 섬으로, 일찍이 호메로스는 트리나키아라 불렀으며 그 외 시카니아, 트리나크리아, 혹은 트리쿠에트라라고도 하였다. 삼각형 모양의 이 섬은 세 방향에 있는 곳이 유명한데, 아프리카 쪽으로 나 있는 릴류바이움 곳, 그리스쪽으로 향하고 있는 파큐눔 곳, 마지막으로 이탈리아를 바라보고 있는 펠로룸 곳이 그것이다. 둘레가 약 1000km에 달하는 이 섬은 토질이 매우 비옥하여 로마의 곡창이라고 불렸으며, 플리니우스에 의하면 경작자의 수입이 딴 사업자의 백 배나 되었다고 한다. 이 곳의 초원은 신화상의 괴물 폴류페모스가 지키고 헬리오스의 가축을 사육하는 나라로 알려져 있으며, 이탈리아와 시칠리아를 가르는 메시나 해협 북쪽 양 끝에는 또 다른 괴물의 이름을 딴 소용돌이 스퀼라와 카륌브디스가 있다. 하늘을 찌를듯 솟아 있는 유명한 에트나 화산은 자주 폭발하고 용암을 분출하는 위험한 산으로 가끔 주민들에게 치명적인 재앙을 몰고 왔다. 이 가공할 활화산 에트나의 내부에는 제우스와 아테나가 덮쳐 묻어 버린 괴물 튜폰과 엔켈라도스가 가끔 화염의 숨을 내뿜으며 꿈틀거린다고 한다. 후기 작가 베르길리우스 등은 에트나 산 속에는 헤파이스토스의 대장간이 있어 야금공 큐큘로페스족을 지휘하여 제우스의 벼락을 만들고 신과 이름난 영웅의 무기 갑옷을 만드는 굉음이 들려 온다고 상상하였다. 그는 가정에 따르면 섬의 원주민은 큐클로페스였으나 후에 스페인 사람들인 시카니가 침입하여 중서부에 정착하였고 더 후에는 이탈리아의 주민 시칼리가 동부를 점유하고 엘류미족은 서부에 정착하였다.

투키디데스는 시카니는 이베리아인에서, 시칼리는 이탈리아인에서, 엘류미족은 트로이인에서 유래하였다고 하였다. 엔나 초원은 양질의 꿀 산지로 유명한데, 디오도로스에 의하면 향초백화가 만발하면 온 들판이 향기로 뒤덮여 사냥개조차 후각을 잃어 버릴 정도였다고 한다. 엔나 초원의 주신은 데메테르와 페르세포네이며 전통시문에는 여기에서 하데스가 페르세포네를 납치하였다고 한다. 헤라클레스와 아이네아스가 뜻밖의 사건에 맞닥뜨린 곳이기도 한 이 시칠리아의 전 지역에서는 아프로디테와 에륙스[9]를 비호신으로 모셨다.

페니키아인과 그리스인이 이 개척지에 정착하여 주권을 장악하였고 마지막에는 카르타고인이 섬 전체의 주권을 행사하였으나, 로마인과의 전쟁에서 패하여 로마인의 지배로 넘어갔다. 시칠리아의 가장 이름난 도시로는 슈라쿠세, 메시나, 레온티니, 릴류바이움, 아그리겐툼, 겔라, 드레파눔, 에륙스 등이 있다. 어떤 작가는 시칠리아가 원래 이탈리아와 연결된 지역이었으나 지진으로 분리되어 카륌브디스 해협이 생겨났다고 추측한다. 시칠리아인은 사치를 매우 즐겨 '시퀄라이 멘사이(Siculae mensae)'라는 속담이 생겼다. 안토니우스에 의해 로마시민권이 인정되었다.

---

9) 아프로디테와 포세이돈, 혹은 부테스(Butes) 사이에서 태어난 아들.

27. 테라

테라(Thera)는 에게해 키클라데스(델로스를 둘러싼 섬들이라는 뜻) 군도에 속하는 한 섬으로 속칭 산토리니라고 한다. 옛적에는 스트롱귈레(둥근섬), 칼리스테(아름다운 섬)로 불렸었다. 카드모스 가문 아우스테시온의 아들 테라스는 쌍둥이 왕자 에우류스테네스와 프로클레스의 후견인으로 섭정을 맡다가 왕자들이 성년이 되어 왕위에 오르자(스파르타의 2왕 제도의 시작, 기원전 1102) 조정에서 물러나 해외로 진출하였다. 새 도시를 건설하여 자신의 위광을 드러내고자 한 것이다. 마침 렘노스에서 피난온 아르고 호 대원의 후예 오르코메노스 사람들이 라코니아에 정주하였으나 위협을 받게 되자 테라스를 따라 세 척의 배로 나누어 타고 함께 칼리스테 섬에 도착하였다. 오르코메노스의 부친 이름을 붙여 미뉴아스 사람들이라고도 하는 이들 이민자들은 원주민과 함께 테라스를 왕으로 추대하고 섬 이름도 테라라고 하였다. 산토리니라는 속칭은 근래에 붙여진 이름으로, 외국선박 선원들이 성 이레네 성당이 있는 곳이라는 뜻으로 산타 이리니, 나아가 산토리니라고 부르게 된 것이다.

아득한 옛적에는 지질학적으로 그리스 반도와 소아시아는 육지로 연속된 한 대륙이었는데, 수백만 년 전에 지각 변동으로 지중해가 생기고 큰 산들의 봉우리가 섬이 되어 해면으로 떠올랐다. 진주알처럼 델로스를 둘러싼 키클라데스 군도에서 테라는 그 선상의 다이아몬드와도 같은 둥근섬이다. 그런데 기원전 1500년경 이 섬을 진원지로 하여 대 화산 폭발이 일어나는 바람에 섬의 반 이상이 바다 속으로 가라앉아 버렸다. 이후 섬은 반달 모양으로 되고 가라앉은 부위는 해저 300~400m에 달하는 칼데라로서 거대한 바다웅덩이가 되었다. 또한 이 때의 대폭발로 역사상 가장 강력한 해일이 일어나 그 파도의 높이는 100m를 넘었으며 이 영향이 멀리 크레타와 이집트 해안까지 미쳤다. 특히 크레타 해안의 파고는 거의 70m 이상에 이르렀을 것으로 추정되며, 지질·지진학자들의 추리에 의하면 이로 인해 주변의 이름 있는 도시들과 성스러운 동굴이 순식간에 해일에 휩쓸려 사라졌고 그 유명한 크노소스의 미노스 궁전도 폐허가 되었다. 크노소스 궁만은 그 후 재건되었으나 위세는 그 전보다 훨씬 못하였다. 후에도 규모는 작으나 지진은 자주 발생하였다. 현 산토리니의 서해안

테라(산토리니)

벼랑 300m 위에 건설된 시가지(티라 혹은 피라라 한다)도 1956년의 지진으로 해안쪽 건물은 반 이상이 파괴되었다.

테라 섬의 발생에 대해서는 또 다른 전설이 있다. 아르고 호가 폭풍을 만나 리비아 사막 구릉으로까지 밀려 올라가자 전 대원은 배를 어깨에 메고 트리토니스 호수까지 가서 수로를 찾는데 마침 트리토니스 호수의 신이 나타나 수로를 알려주며 선원 에페모스에게 흙덩이를 선물로 주었다. 귀로에 올라 이 흙덩이를 바다에 떨구었더니 가라앉은 자리에서 섬이 생겨났는데 이 섬이 바로 칼리스테, 즉 테라였다고 한다.

최근 그리스인 고고학자 마리나토스는 1967년부터 산토리니의 아크로티리 유적을 발굴하여 깊은 용암층과 속돌 아래의 화산재 속에서 수천 년을 잠자고 있던 높은 문명의 증거를 찾아냈다. 유사전의 고대도시 건물에서 미노스 궁전 풍의 돌조각들과 프레스코 등을 발견한 것이다. 특히 대단히 아름답고 산뜻하며 활기찬 걸작품인 채색 프레스코 벽화는 미노스 궁전 벽화와 비교해도 손색이 없을 뿐 아니라 보다 명확한 선과 필치, 명석한 채색으로 뛰어난 솜씨를 보여주었다. 산토리니에 매몰된 이 유적은 크레타 유적과 함께 플라톤의『티마이

오스』와 『크리티아스』 대화편에 나오는 사라진 문명 아틀란티스와 연관되어
전 세계를 흥분시켰다. 그렇지 않아도 아틀란티스 문명을 세계 문명의 하나로
꼽고자 하는 미련을 떨구지 못하던 판에 물증의 편린이 나타났으니 흥분하지
않을 수 없었던 것이다. 플라톤이 묘사한 바에 따르면, 아틀란티스는 크고 작
은 섬들로 이루어져 있었으며 거기에는 메트로폴리스 도시와 로얄 도시가 건
설되어 있었다. 그 섬들을 이제 스트롱귤레와 크레타로 추정함으로써 전설상
의 아틀란티스를 실존의 선상으로 한 단계 더 끌어올리게 되었다고 할 것이다.

28. 아틀란티스

  아틀란티스(Atlantis)는 플라톤의 두 대화편 『티마이오스』와 『크리티아스』에
나오는 전설상의 섬(대륙)이다. 이집트의 항구도시 사이스의 한 사제가 들려준
이야기에서 나왔다는 이 섬은 키프랄타 해협을 나온 대서양 중에 있었다고 한
다. 신화상의 얘기에 따르면 이렇다. 포세이돈이 이 섬의 에우에로르 및 레우
키페의 딸 클레이토와 관계하여 10명의 아들을 얻었다. 그 아들들이 영토를 나
누어 장려한 도시와 궁전을 건설하였는데, 그 전체를 장자인 아틀라스가 통치
하여 섬과 주변 바다에 아틀란티스라는 이름이 붙여졌다.
  풍요로운 자원과 풍부한 귀금속을 배경으로 번영을 구가한 아틀란티스는 서
남 유럽과 서북 아프리카까지 영유하였다. 전성기 때 섬 한가운데 건설된 수도
는 바다와 이어지는 최대 폭 533m에 달하는 삼중의 환상운하로 에워싸여 있었
다. 또한 공공건물들은 흑·백·적색 돌을 섞어 건축학적으로 조화있게 설계
되어 장엄함이 돋보였다. 왕궁은 섬 중앙의 아크로폴리스 언덕에 서 있었는데,
여기에는 포세이돈과 클레이토를 모신 신전이 황금 벽으로 감싸여 있었으며
그 건축물은 금·은·구리·주석·상아 등 불꽃같이 빛나는 기이한 금속 등으
로 호화롭게 장식되어 있었다. 육지로 이어지는 운하의 환상로에는 공원, 학교,
병사, 경마장 등이 줄지어 있었으며 이것들은 탑과 문이 달린 다리로 이어졌
다. 큰 부두는 각지에서 몰려든 상인들로 북새통을 이루었으며, 냉천과 온천이
많아 노천 목욕탕이나 옥내 온천 등이 즐비하였다. 그리고 광대한 논밭과 가로

세로로 흐르는 수로에는 물이 풍부하며 작물은 1년에 두 번 수확하였다.

플라톤의 시대로부터 9000년 이전, 아틀란티스는 침략전쟁에서 아테네인의 선조에게 패배하였다. 그 후 아틀란티스 주민은 흉악하고 신을 모독하는 사악한 인간이 되었으며 오래지 않아 하룻밤 한나절 사이에 섬은 바다 속으로 꺼져버렸다. 일종의 환상적이고 아름다운 이상향을 그린 이야기라 할 수 있는데, 디오도로스에 따르면 아틀란티스는 리비아에 인접해 있었고 아마존족의 습격을 받았다 한다.

29. 크레타

크레타(Creta, Crete)는 그리스 본토의 남동쪽, 소아시아에서는 서남쪽, 에게 해 키클라데스 군도의 남쪽에 위치한 그리스에서 가장 큰 섬이다. 호메로스의 얘기에 따르면 오랜 옛적에도 100개의 도시가 있었다고 하며 미노스 왕의 법전으로도 유명하다. 1900년 초 영국인 에반스는 다이달로스가 지었다는 전설상의 미궁 크노소스를 발굴하여 신화상의 왕궁이 실재하였음을 밝혀 냄으로써 크레타는 태고의 문화로서 크게 주목받게 되었다. 에반스는 크레타의 청동기(기원전 3000~1000) 문명을 전설적인 왕의 이름을 따서 미노아 문명이라 하고 이를 초기·중기·말기로 분류하였으며 그 각각을 다시 Ⅰ·Ⅱ·Ⅲ단계로 나누었다. 그리고 출토된 단지의 형태와 문양을 토대로 한 시대를 16단계 혹은 그 이상으로 구분하였다. 크노소스, 파이스토스, 말리아와 자크라의 궁전터 및 큐도니아(사모스인이 건설한 도시로 현 카니아)는 이름이 익히 알려진 발굴지이며 그 밖에 한정된 지역에서도 단지가 출토되었다.

미노아 초기(기원전 3000~2200)는 긴 신석기 시대로, 단지의 형태로 보건대 그리스인이 아닌 서부 아시아인, 아나톨리아인과 시리아, 팔레스타인 등지의 셈족이 도래한 것으로 추측된다. 이후 미노아는 위대한 문명의 시대(기원전 2200~1450)를 맞이한다. 평화와 번영을 누리며 방위벽이 사라지고, 그림문자가 나타났다. 그림문자의 점토원반은 1908년 크레타 남부의 도시 파이스토스에서 발견되어 흔히 파이토스 디스크라 하는데, 기원전 2000년경 것으로 원반 양면에 그림문자가 적혀 있으나 그 외는 알 수 없는 음절이 왼편에서 바른편으로 적혀 있다. 이는 선문자와는 관련이 없는 것 같으며, 원래 크레타에서 시작된 것인지 혹은 목적이 무엇이었는지는 아직 알 수 없다. 이 그림문자를 이어 단순한 선문자 A가 나타났는데 점토판과 비명, 벽면 낙서 등에서 발견되었으며 문자는 아직 미해독 상태이다.

기원전 1700년경 크노소스와 파이스토스의 위대한 궁전은 아마도 소아시아에서 지중해에 걸쳐 일어난 대지진으로 완전히 파괴되었고, 그 후 다시 신축되었다(제2궁전기). 그러나 또다시 기원전 1500년경 대재난이 닥쳤는데, 추측컨대 테라(옛적에는 칼리스테, 현재는 산토리니) 섬에서 일어난 화산 폭발의 여파와 외침 등에 의한 것이었을 것이다. 이 시대에는 토기의 단지 형태가 새로워지고 전과 다른 기명이 나타난다. 점토판 문자는 특이한 선문자 B 필체로 바뀌는데 이 필체판은 그리스 본토 여러 곳에서도 출토되며 해독에도 성공하였다(벤트리스, 1952). 이 시기의 통치자는 미케네계 그리스인으로 추측되어 본토 세력이 크레타까지 그 힘을 확장한 것으로 보인다.

기원전 1375년경 화염과 약탈에 의한 마지막 큰 재해(최후 궁전기)가 크레타를 덮쳤다. 그 원인은 천재지변인지 혹은 외침으로 인한 것인지는 분명하지 않다. 어쨌든 이 재해와 함께 청동기 말기(기원전 1000년까지)의 미노아 문명은 급속도로 몰락하였다. 단 크노소스는 철기시대(기원전 1000년경)에 들어서도 중요 도시로 남고 특히 전략적 위치로 이름이 났다.

크레타는 소아시아 - 키프로스 - 이집트 - 유럽을 왕래하는 바닷길의 징검다리 역할을 한 곳으로, 예로부터 동쪽의 문명이 이 곳을 경유하여 미개한 유럽으로 전달되었다. 역사기에는 도리스인이 우세한 지위를 점하고 귀족정으로 통치되었으며, 크노소스·고르친·큐도니아 등이 중요한 역할을 하였다. 기원전 5~4세기에 와서는 그리스 역사에서 뒷전으로 밀려나게 되고 기원전 3세기 후기에는 해적의 본거지가 되어 해적섬이라는 오명까지 붙게 되었다. 해적은 폰토스 왕 미트라다테스 6세의 지원을 받아 로마에 대항한 세력으로, 기원전 68~67년 로마의 장군 메텔레스에 의해 격파당하였다. 이와 함께 크노소스를 비롯한 많은 도시가 파괴되었고 기원전 66년 크레타는 로마의 속주가 되었다.

크레타는 수많은 신화와 전설의 땅으로도 이름높다. 일설에는 제우스 신도 이 섬의 코류반테스로부터 교육을 받았다 하며, 이다 산(전설의 성산)에는 제우스의 출생지와 무덤도 있다고 한다. 또한 제우스와 이다 산의 요정 사이에서 영웅 크레스가 태어났는데 그를 흙의 아들이라는 의미의 크레탄이라 하였다. 크레스는 이 섬을 통치하였으며 그 주민은 에테오크레탄 또는 진짜 크레탄들이라 한다. 일부 전설에 따르면, 어린 제우스가 아비 크로노스로부터 죽음의 위협을 받았을 때 이다 산 속에 은신하였다고도 한다. 한편 이다 산에 못지 않은 전설의 명산이 바로 딕테 산(2148m)이다. 딕테 산의 여신은 입법의 여신 딕튠나로, 레아의 별칭이며 고대 크레타 왕에게 율법칙령(edicts)이 적힌 명판을 하사하였다. '지시하다'라는 뜻의 영어 dictate는 바로 이 여신이 딕테 산에서 발포한 지령에 연유한 술어다. 다른 설에는, 딕튠나는 브리토마르티스(아르테미스)라고 한다. 이는 그리스어 diktys(어망)에 연유한 것으로, 이 단어로부터 그녀가 미노스 왕의 애정 추적을 피해 언덕에서 바다로 투신하였다가 어망에 걸려 살아났다는 이야기가 파생되어 나왔다.

크레타 사람은 전설상의 변태적 사랑이나 거짓이야기, 해적행위, 약탈 등의 누명을 몹시 싫어하였으며, 쾌활한 성품에 오락을 좋아하였다. 고유의 의상을 즐겨 입고 무용, 황소 뛰어넘기 같은 운동경기를 즐겼으며 투석과 궁술(크레타의 궁수는 예로부터 유명하다)에 능하였다. 또한 법을 매우 존중하여 미노스 법전은 그리스 세계를 넘어서까지 높은 평판을 얻었다.

탈로스

크레타의 전설에 의하면 탈로스(Talus, Talos)는 인간이라고도 하고 또는 청동 로보트라고도 한다. 전자의 설에 따르면, 그는 크레타라는 이름의 연원이 된 영웅 크레스의 아들이며 헤파이스토스의 아비이자 라다만토스의 아비이다. 상도를 벗어난 설에 의하면 오이노피온(아리아드네에게서 난 테세우스의 아들 혹은 디오뉴소스의 아들)이 탈로스의 아비라 한다. 후자의 설에 따르면, 탈로스는 헤파이스토스 혹은 다이달로스가 만든 로보트로 제우스가 미노스에게 제공한 것이라 한다. 혹자는 청동기 시대에 남아 있던 마지막 족속으로도 본다.

탈로스는 본래 크레타의 수호용사이다. 지칠 줄 모르는 자경(自警) 감시인으로 미노스 혹은 제우스가 선발하여 제우스가 사랑한 에우로파와 그 고장의 경호를 맡게 하였다. 완전 무장을 하고 섬 주위를 매일 세 번 순회하는데 이방인의 침입을 막고 주민 중에서 미노스의 허락 없이 떠나는 자를 감시·제제하였다. 다이달로스 부자는 크레타에서 도주할 때 그의 감시가 소홀한 틈을 타 하늘로 날아올라 섬을 벗어나는 데 성공하였다. 탈로스의 주 장기는 어마어마한 큰돌을 멀리까지 던지는 투석이고, 혹 돌로 맞추지 못하더라도 청동으로 된 자신의 몸을 불에 뜨겁게 달구어 외래인을 껴안아 몸서리 나는 고통과 화상을 입혔다. 탈로스는 몸 전체가 불사신이지만 다리 아래에 취약 부위가 있어 그 곳 정맥에는 판막이 달려 있다.

아르고 호의 대원들이 크레타에 기항할 때 메데이아는 마술로 그 정맥판 마개를 열어 탈로스를 죽게 만들었다. 다른 설에서는 아르고 호 대원으로 참가한 필록테테스의 아비 포이아스가 활로 쏘아 정맥을 뚫었다 한다. 탈로스에게는 레우코스라는 아들이 있다.

고르친 법전

크레타의 남부 내륙에 위치한 도리스인의 중요도시 고르친은 후에 로마의 속주 수도로 번영하였다. 고적 발굴에서 적지 않은 비문 명각(銘刻)이 출토되었는데, 특히 '고르친 법전' 또는 '고르친 12법조문'[10]이라 부르는 유명한 법전의 비문석이 발견되었다. 기원전 450년경에 성문화된 민법 12법조문은 기원전 7세기 이후의 형법, 가족법, 기부 저당에 관한 재산법, 노예법, 소송절차 등 여러 가지 규정을 망라한, 헬레니즘 이전의 가장 훌륭한 그리스 법전이다. 이 중 흥미를 끄는 법률은 노예의 지위에 관한 조항으로, 노예에게도 어느 정도의 권리를 부여하여 개인의 재산을 인정하고 자유민 여자와의 혼인도 용인하는 보호정책을 취하고 있다. 그러나 이 법전은 엄격한 계급사회를 반영하여 시민과

10) 12법조문(Twelve Tables)은 로마의 가장 오랜 법조문으로 로마의 평민이 요구하여 제정한 민법이라 한다. 10인 위원이 그리스법을 배워서 기초하였으나 원본은 가울인의 침공과 로마시 함락에 따른 전화로 소실되었다. 인용문 및 참고문을 모은 단편 조문집이 남아 있으나 후기의 보다 발달된 라틴어로 적혀 있고, 일부 학자는 초기의 12법조문의 제정에 의문을 표시하고 있다. 12법조문은 로마법 발전에 기초가 되고 키케로 시대까지 아동들은 학원에서 이 법조문을 열심히 배웠다고 한다.

고르친 법전 비문(기원전 5세기)

농민 및 노예의 세 계급을 뚜렷하게 구분하고 계급에 따르는 권리와 의무를 명시하였다. 예를 들면 자유민의 유죄 판결에는 5명의 증인을, 노예의 경우에는 한 명만 있어도 되었다. 자유민 남자 또는 여자를 겁탈한 죄의 벌금형도 100스타테르스(staters)인 데 비해 노예인 경우에는 단 5스타테르스였다.

　법전의 비문석 석재는 매우 훌륭히 켜져 있어 로마인이 자신들의 야외음악당 오데온을 건설할 때 벽면 석재로 이것을 원형 그대로 활용하였기 때문에 파손을 면할 수 있었다. 비석은 크기가 가로 9m, 세로 3m에 이르는 대형 석판이다. 문장은 부드럽지 않은 도리스 - 크레타 방언으로 빽빽이 써서 새겼는데, 첫 행은 왼쪽에서 오른쪽으로, 둘째 행은 오른쪽에서 왼쪽으로 적는ㅡ마치 소가 밭을 갈 때와 같이 왔다 갔다 하는—이경체(移耕體)로 되어 있다.

카르타고의 한니발은 로마군에게 패하자 고르친으로 후퇴하여(기원전 189) 피신한 바 있고, 기원전 67년 고르친은 로마의 속령이 되었다.

30. 로도스

로도스(Rhodos, Rhodes)는 에게해 동남부 카르파티아 연해 12군도 중 가장 이름난 섬이다. 길이 75km, 폭 35km로 소아시아 카리아 지역 남쪽 30km 지점에 위치한다. 12군도의 한 섬 코스는 의성 히포크라테스의 출생지이며, 파트모스는 서기 95년 요한이 유배된 섬으로 여기에서 신약성서 계시록을 서술한 것으로 알려져 있다. 로도스 사람들은 자신들의 섬을 바다에서 떠오르는 태양신 헬리오스의 성지로 자부하였다.

전해 오는 신화에 의하면, 올림포스 신족이 거인족을 물리친 후 제우스 신은 여러 신들에게 논공행상을 실시하였다. 이 때 제우스는 신들에게 나누어 줄 지배영역을 제비로 정하였는데 마침 헬리오스가 자리를 비웠다. 다시 돌아온 헬리오스는 제우스에게 자신의 몫으로 막 거품이 일며 대양에서 솟아나고 있는 작은 영역을 원하였다. 제안은 받아들여져 제우스는 이 지역을 헬리오스의 유일의 소유영역으로 승인하였다. 기원전 5세기의 시인 핀다로스는 다음과 같이 읊었다. "바닷물 속에서 섬이 솟아오르니/ 태양신은 화염을 뿜는 백마를 몰며/ 꿰뚫는 광선으로 신의 영토를 굳게 지키신다." 태양신은 아름다운 요정 로디아를 아내로 맞아들여 시조가 되니 너무 기뻐서 왕비의 이름을 따서 섬 이름으로 삼고 온 섬을 보다 즐거운 낙원으로 만들겠다고 선포하였다. 헬리오스의 후예 3형제는 기원전 7세기 이전에 각기 이름을 붙인 세 도시 린도스, 카미로스 및 이알류소스를 섬 안에 건설하고 통치하였다. 기원전 408년에는 세 도시가 합작하여 유명한 도시설계자 히포다모스에게 의뢰, 새 수도 로도스를 건설하였다. 헬리오스의 축제 할리에이아 때는 신에게 네 마리의 황소를 공양하였다. 린도스 도시는 아테나 여신을 지모신으로 숭배하고 제의를 올렸는데, 전하는 이야기에 따르면 헬리오스가 자기 아이들에게 아테나 여신의 탄생을 축하하는 공

로도스 동부 해안에 위치한 도시 린도스의 아테나 성역 모형. 코펜하겐 국립박물관

양을 올리라고 분부하였는데 너무 서둘다 보니 불 가져오는 일을 잊어버리는 바람에 불이 없는 채로 공양을 올리게 되었고 그 후로 이것이 관례가 되었다고 한다. 로도스에는 크로노스, 포세이돈, 아폴론(특히 들쥐를 퇴치하는 신), 디오뉴소스 축제와 헤라클레스, 헬레나의 제의도 있다. 일부 전승에는 헤라클레스의 아들 틀레폴레모스가 로도스를 건설·지배하였고, 트로이 전쟁에 출전하여 전사하게 되자 과부가 된 왕비 폴륙소는 이 곳으로 피신온 헬레나를 전쟁을 일으켜 남편을 죽게 한 장본인이라 하여 살해하였다 한다.

기원전 305~304년 로도스 사람들은 엄청난 물량을 동원한 데메트리오스의 공격을 끝까지 막아내는 빛나는 전적(戰績)을 세웠다. 마케도니아의 데메트리오스는 수많은 도시를 공략하여 전승을 거듭한 도시 파괴자로 악명이 붙은 맹장이었다. 로도스 사람들이 거둔 이 승전은 영광과 자신감을 부여하여 그 후 어떠한 강대세력에도 꿋꿋이 대처하여 자립을 지켜나가는 힘이 되었다. 로도스 사람들은 적군이 버리고 간 엄청난 공성장비를 매각한 대금을 승리의 기념으로 수호신 헬리오스의 동상을 봉헌하는 데 쓰기로 하였다. 동상은 로도스의 만드라키 항구에 세워졌는데 모든 선박은 30m가 넘는 이 거대한 동상의 양 다리 아래로 지나가도록 되어 있었다. 동상은 린도스의 작가 카레스가 12년이나 걸려 제작한 것으로 세계 7대 불가사의의 하나로 꼽힌다. 60여 년 간 위용을 자랑하였던 거상은 기원전 226년 지진으로 쓰러져 파괴되어 버렸다. 이에 로도스 사람은 동상을 새로 복원하여 봉헌하기로 하고 신탁에 문의하였더니 많은 재해를 불러오게 될 것이므로 그대로 방치하라는 답이 나왔다. 그래서 쓰러진 동상을 그대로 두었는데, 800년이 지나 이 곳에 침입한 모압(사해 동쪽 지역)의 아랍인이 서기 653년 동상을 유태인에게 팔아 물경 900필의 낙타에 실어 갔다고 한다. 현재 거상의 원위치와 크기에 관해서는 여러 의견이 있으나 정설은 아직 없다. 근래에는 사슴동상 한 쌍을 섬의 새로운 상징으로 삼고 있는데, 이 섬에서 오랫동안 뱀들이 창궐하므로 한 무리의 사슴을 들여와 뱀의 재난을 종식한 성과에 연유한다.

이 나라는 왕정에서 민주정, 귀족정으로 변천하였고 아테네 도시와는 동맹국 관계였다. 지정학적인 위치로 문화와 상업, 교역이 발전하였고 특히 해상무역 활동이 왕성하였다. 또한 법적 권위가 존중된 법치국가로서, 특히 로도스 법전은 유명하였다. 이는 세계적으로도 인정을 받아 어느 나라건 해상 문제를 다룰 때는 로도스 법에 따랐으며, 로마법에도 도입되어 영향을 주었을 뿐만 아니라 현 유럽에서 통용되는 해상규정의 기본이 되기도 하였다.

알렉산더 대왕이 아시아를 석권하였을 때도 로도스 사람은 자치권을 주장하여 계속 해상세력으로서의 위치를 유지하며 그 영향력과 권리를 강도 높게 인정받았다. 이후 카이사르에 대항하는 폼페이우스 휘하의 카시우스 장군을 지원하다 카시우스가 패배하자 로마에 예속되었다. 로도스라는 이름은 요정 로디아에 유래된 것이나 이 고장에 무성하게 피는 장미꽃 로돈에 연원한 것이라고도 한다. 일설에는 포세이돈과 할리아(헬리오스 축제를 할리아 혹은 할리에이아라고 한다) 사이의 딸 혹은 아프로디테의 딸 로디아의 이름을 딴 것이라고도 한다.

헬리오스

헬리오스(Helios)는 그리스 신화의 태양신이나 천공으로부터 너무 멀리 떨어져 있어 중요한 신으로 인정받지 못하였다. 그러나 로도스 섬에서는 이 신의 세력이 매우 강하여, 로도스에 정착한 헬리오스가 요정 로디아를 아내로 맞아들여 시조가 되었으며 로도스의 주민은 그 자손들이라고 믿고 있다. 할리에이아 축제는 바로 이 헬리오스를 기리는 행사이며, 옛 만드라키 항구에는 헬리오스의 거대한 입상이 버티고 서 있었다.

헬리오스는 네 필의 백마가 끄는 수레를 타고 매일 지구 동쪽에서 서쪽으로 달리면서 모든 일, 예컨대 하데스의 페르세포네 납치 같은 일들을 목격하고 있다. 맹세나 엄숙한 서약을 할 때도 헬리오스를 모시고자 하였으며 그에 대한 공양은 황소로 하였다. 작가에 따라서는 헬리오스와 그 배우자를 티탄족의 어버이인 휴페리온과 테아라고 하고, 셀레네와 에오스를 그 여동생으로 보았다. 페르세이스를 배우자로 보기도 한다. 헬리오스의 아이로는 키르케, 아이에테스 및 파에톤이 있다.

신화기가 지나면서 헬리오스는 아폴론과 동일시되었으나, 태양숭배는 이미 태고 때부터 행해진 것이며 로마시대 때 동방의 태양숭배가 유입되면서 솔 인키토스라 칭하고 숭배하였다.

파에톤

파에톤(Phaethon)은 헬리오스와 클류메네의 아들이다. 다른 설에서는 에오스와 케팔로스의 아들이라 한다. 로마의 시인 오비디우스(기원전 43~서기 17)는 태고 때부터 존재하였던 헬리오스의 속성을 아폴론에 접목시켜 포이보스 아폴론을 태양신이라 표현하였다고 보았다.

파에톤에 관련된 전승을 보면 다음과 같다. 클류메네는 이집트 왕 메로페와 결혼하고 파에톤이 성장하자 친아버지의 내력을 알려주었다. 그런데 친구인 에파포스(제우스와 이오의 아들)가 "너는 신의 아들이 아니다"라고 하자 파에톤은 아비를 분명하게 확인하고자 하였다. 이에 어미가 알려준 대로 해뜨는 동쪽 끝에 있다는 아비의 궁전을 찾아갔다. 헬리오스는 찾아온 아들을 반갑게 맞이하고 부자의 정이 넘쳐서 아들에게 무슨 소원이든 들어주겠다 하였다. 파에톤은 자신이 헬리오스의 아들임을 지상에 알리기 위해서는 아비의 태양마차를 타야 한다고 생각하며 이 소원을 말하였다. 아들의 요구에 헬리오스는 매우 망설였으나 이미 스튝스 강에 맹세를 하고 약속한 것이므로 하는 수 없이 단단히 주의를 주고 네 필의 백마가 끄는 태양마차를 맡겼다.

파에톤은 신바람이 나서 아비가 달리던 푸른 창공의 길을 따라 말을 몰았다. 그러나 미숙한 솜씨에 우쭐대며 높이 오르니 겁이 난데다가 황도대의 동물이 눈앞에 다가오자 두려움으로 당황해서 궤도를 벗어나 버렸다. 이에 너무 낮게 달리게 되니 지상에 뜨거운 태양 불길이 닿아 나무는 바싹 타들어가고 개울은 말라붙어 버렸다. 아차 싶어 은하계로 높이 달리니 이번에는 땅이 온통 꽁꽁 얼어붙어 버렸다. 별들이 제우스에게 불평을 하자 제우스는 우주계에 큰 재앙이 일어날 위험성을 방지하기 위해 벼락을 내리쳤고 파에톤은 공중에서 떨어져 에리다노스 강에 빠졌다. 자매들인 헬리아데스는 그 시체를 수습하여 명예롭게 장례를 치러 주었는데, 슬피 울던 끝에 포플러로 변신되었다. 헤로도토스에 따르면 그들이 흘린 눈물이 나무에서 배어 나와 굳어져 호박이 되었다고 하나 사실로는 믿어지지 않는다. 많은 작가는 에리다노스 강을 북부 이탈리아의 포 강에 비견하여 로마 시문에 등장시키고 있으나 아테네로 흐르는 일리소스 강의 한 작은 지류도 같은 이름을 갖고 있다. 히기누스[11]의 신화집에는 파에톤이 아비의 허락 없이 태양마차를 몰았다 하고, 또한 제우스가 지상의 화재를 끄기 위해 강을 범람시킨 것이 데우칼리온의 이야기에 나오는 대홍수를 불러 인간을 멸망시켰다고 추론한다.

31. 키프로스

키프로스(Cyprus)는 지중해 동쪽 끝에 있는 큰 섬나라(최장 230×100km, 인구 630만)이다. 기원전 6000년 이전의 신석기시대의 문화 흔적이 뚜렷하며 청동기시대 초에 아나톨리아(동쪽이라는 뜻) 유민 문화와 이어 소아시아, 특히 시리아 문화가 들어왔다. 기원전 13세기 말에는 원주민 문화는 사라지고 그리스 문화로 바뀌는데 미케네인들이 도리스인 침입으로 대거 망명을 해 왔기 때문인 듯

---

11) 기원전 64?~서기 17년. 아우구스투스 시대 로마의 스페인계 자유민으로 당대의 대작가 오비디우스와 교유하였다. 다방면에 걸쳐 많은 작품을 남겼으나 모두 망실되고 현재는 두 작품만이 그의 것으로 인정되고 있다. 신화집과 천문학에 관한 저서가 그것으로 전래본은 모두 그리스에 전거한 것이다.

하다. 살라미스(현 엔코미)를 미케네인의 주요 도시로 추측하며, 미케네인들은 키프로 미노아 양식의 음절 필기체를 도입하였는데 발굴된 비명은 아직 해독되지 않았다. 인근 로도스 섬은 도리스인의 직접 침입은 받지 않았으나 완전히 도리스화함으로써 간접 영향을 받았다. 그리스계 주민은 대부분 아카이아인이므로 그 방언은 고전기 키프로스어로 통용된다. 철기시대에 와서도 급격한 변화는 없었으나 시리아인 유입이 예술공예 부문에 깊은 영향을 주었다. 기원전 9세기 말에는 튜레에서 온 페니키아인의 영향을 받고 기원전 709년에는 아시리아 제국의 지배하에 들어갔다. 이후 반세기 이상 독립국으로 존속하다가 이집트 왕 아마시스(재위 서기 569~525)에 예속되었다. 기원전 525년에는 페르시아에 종속되었고 기원전 498년에 이오니아인의 반란에 동조하였으나 실패하여 분쇄당하였다. 페르시아 전쟁 후 잠시 키몬(아테네의 정치가이며 장군)에 의해 해방을 맛보았으나(키몬은 키프로스에서 죽었다) 다시 자유를 잃고 페르시아의 지배를 받고 페니키아인은 페르시아측에 가담하였다. 기원전 411년 살라미스 왕 에바고라스(키프로스의 위대한 지도자)의 궐기로 반 페니키아, 친그리스주의 운동이 일어났으나 왕이 쓰러지자 다시 페르시아에 예속되었고 기원전 387년 안탈키다스의 평화(혹은 왕의 평화) 제의로 자치를 인정받았다. 기원전 351년에는 키프로스의 9왕이 반기를 들었으나 곧 막을 내렸다. 기원전 333년에는 알렉산더 대왕에 가담하여 그 함대 세력은 튜레 점령에 결정적 역할을 하였다. 알렉산더가 사망한 후에는 안티고노스에게 지배를 받고 그 후는 프톨레마이오스의 지배를 받았다. 왕정을 억제하고 그리스 도시국가와 유사한 민주정을 권고받았으나 원하지 않았다. 250년간 프톨레마이오스 왕조의 지배를 받다가 기원전 58년에 로마에 종속되어 실리시아의 한 주가 되었다. 카이사르는 기원전 47년 이 섬을 클레오파트라에게 선사하였고 악티움 전쟁 후에는 아우구스투스의 지배를 받았다. 기원전 22년에는 로마제국의 한 작은 주로 원로원에 참여하고 디오클레티아누스(재위 284~305) 개혁 때까지 남아 있었다.

현 키프로스는 남북으로 양분되어 전 인구의 80%를 차지하는 그리스계가 남쪽을 차지하고 나머지 18%를 점하는 터키계는 북쪽에 거주하고 있는데 통일에의 노력이 행해지고 있으나 아직은 미결 상태이다.

옛적 키프로스의 주신은 아프로디테 여신으로, 큐프리안 혹은 큐프리아라 불렸으며 파포스 해안 바위 거품에서 탄생하였다고 전한다. 성역으로는 특히

파포스(퓨그말리온의 딸 이름을 딴 도시)와 아마토스(현 리마솔)의 신전이 유명한
데, 파포스의 아프로디테 신전은 기원전 12세기에 건립된 것이라 하며 아마토
스의 한 신전은 역사상 최초로 건립된 디오뉴소스 신전이라 한다.

키프로스는 일명 아마투시아라고도 하며 주민들은 쾌활하고 유흥을 즐기는
성품을 갖고 있다. 신화의 소재가 각인된 기원전 6세기의 타원형 보석 조각품
이 다수 발굴되기도 하였다.

퓨그말리온

퓨그말리온(Pygmalion)은 셈족 사이에 전승되는 왕으로, 두 사람이 있다. 한
사람은 튜레의 왕으로 무토의 아들이며 엘리사의 형제다. 다른 한 사람은 키프
로스의 왕이다. 그는 상아로 만든 조각여인상(자신이 만든 것이라고도 한다)을 지
극히 사랑한 나머지 아프로디테 여신 축제에 참가하여 조각상을 닮은 여자를
갖기를 기원하였다. 아프로디테가 이 기도에 응답하여 조각상을 살아서 나타
나게 하니 왕은 기뻐하며 결혼을 하고, 그녀를 갈라테이아라 불렀다. 둘 사이
에서 딸 파포스가 태어났고, 파포스는 키뉴라스의 어미가 되었다. 이에 연유하
여 '퓨그말리온 효과'라는 용어가 생겨났는데, 이는 자기 희망대로 성취되는 예
언 혹은 그러한 효과를 뜻한다.

32. 타르소스

타르소스(Tarsus)는 소아시아 남부 해안에 위치한 실리시아 나라의 수도이
다. 아담의 아들 셋이 정착한 곳이라고도 한다. 트립톨레모스(아티카 왕 켈레오
스의 아들)가 건설한 아르고스인의 이민 도시다. 다른 설에는 사르다나팔로스
(아시리아 최후의 제왕), 페르세우스, 또는 헤라클레스가 건설하였다고도 한다.
한때는 알렉산드리아, 아테네와 더불어 헬레니즘 문화의 3대 중심지의 하나로
꼽히며 문예, 특히 철학·교양·예절 교육으로 이름을 떨치고 수많은 인재를
배출하였다. 사도 바울이 태어나 성장한 곳이기도 하다.

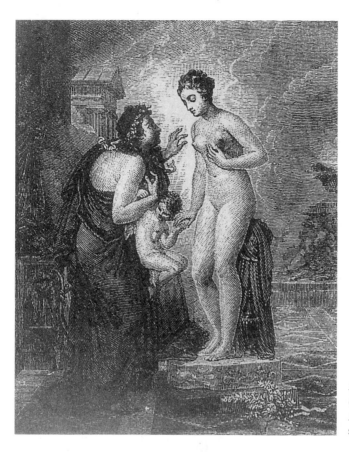

퓨그말리온과 갈라테
이아. 프랑스 지로데
트리오종(Girodet-Trio
son) 그림의 판화

타르소스 사람은 카이사르의 호의에 영합하여 자신들의 도시를 율리오폴리
스라고 불렀으나 그 후 곧 잊혀졌다. 서기 1세기에는 금권책을 채택하여 시민
권 취득에 500드라크마를 징수하는 법을 통과시킴으로써 도시의 번영을 가져
온 직물(리넨) 공장 직공들의 공민권을 박탈하였다.

33. 아시리아

아시리아(Assyria) 왕국은 고대 근동의 대제국으로 인류 역사상 어느 왕국보
다도 오래 지속하였다. 그러나 전제군주 지배하의 아시리아인은 극히 호전적

이고 잔혹한 민족으로 그들이 지나간 자리에는 생명의 그림자도 찾아볼 수 없을 정도였다. 영토의 경계는 흥망성쇠에 따라 차이가 있으나 그리스의 헤로도토스와 크세노폰 등에 따르면, 아시리아 연산과 이란 연산 사이의 모든 나라와 시리아 - 아라비아 사막을 포함한 지역이라 한다. 현재의 아라비아, 이집트, 이란, 이라크, 리비아, 팔레스타인, 시리아, 터키를 포함하는 그야말로 광대한 지역이다. 중심지역은 북과 동으로 뻗어 있는 마시오스 산맥과 쿠르디스 고원을 경계로 티그리스 강 상부에서 기원전 9~7세기에 번영한 왕국이며, 멸망 전 마지막 수도는 니네베[12]였다. 그리스에서는 아시리아를 아수리아라 하고, 옛 작가들은 아시리아인을 슈리안이라고 불렀다. 아수리아라는 단어는 아슈르 신의 이름에서 유래하며, 아슈르는 기원전 3000년의 아시리아 수도 이름이기도 하다.

트로이 전쟁에서 프리아모스를 지원하여 만 명의 병사와 조카인 멤논(이집트 왕)을 파견하기도 한 아시리아는 잔인한 침략전쟁을 통해 영토를 크게 확장하였다. 특히 티글라트 - 필레세르 3세 때는 아시리아 사상 최대의 영토를 점유하였으며 바빌로니아를 정복하였다. 사르곤 2세는 이스라엘을 멸망시키고(기원전 722년경) 그 주민을 강제로 이동시킴으로써 역사상 '실종된 10부족'으로 만들기도 하였다. 아시리아의 마지막 대왕 아슈르바니팔(기원전 669~626)은 이집트 반란(기원전 660년경)을 막지 못하였으나 바빌로니아의 반란(기원전 648년경)을 진압하고 엘라니테스 왕국을 정복하였다. 그러나 이후 아시리아 왕국은 빠른 속도로 기울어지더니 기원전 612년 역사 속에서 사라져 버렸다. 멸망 전 아슈르바니팔은 니네베에 빛나는 황립도서관을 건립하였다.

이 전설적인 고대제국 아시리아가 다시 모습을 드러낸 것은 멸망한 지 2500년이 흐른 1845년의 일로, 아시리아 발굴에 헌신하던 영국인 레이어드가 우연히 니네베를 발견하면서였다. 이 발굴에서 22,000점의 점토서판이 출토되었으며 그 후 여기에 새겨진 설형문자가 해독됨으로써 비로소 고대 메소포타미아(티그리스 강과 유프라테스 강의 사이) 세계의 내막이 알려지게 되었다.

---

12) 아시리아어로 Ninua, 히브리어로 Nineveh, 그리스어로는 Ninos라 한다.

34. 유다 왕국

유다(Judah) 왕국은 원래 히브리 나라(통일이스라엘)로 존재하였으나 솔로몬 왕의 사후 르호보암이 왕위를 계승하자 여로보암 1세가 반란을 일으켜 내분이 일어났다. 이 싸움에서 패배한 여로보암 1세는 10개 부족을 이끌고 가나안[13] 북쪽으로 물러가서 나라를 세웠고, 이에 따라 히브리는 남북의 두 왕국으로 분열하였다. 승리한 유다와 베냐민 두 부족은 수도 예루살렘을 지배하고 통일이스라엘의 마지막 왕이 된 르호보암은 유다 나라의 첫 왕이 되었다.

기원전 722년, 왕국 이스라엘은 아시리아 제국에게 정복당하여 멸망하고 주민은 뿔뿔이 흩어졌다. 히브리인의 나라로 유일하게 남아 있던 유다도 아시리아 통치하에 있다가 이어 이집트의 지배를 받고 마지막에는 바빌로니아 왕의 통치하로 넘어갔다. 이 때 유다 사람들이 반란을 일으키자 바빌로니아의 왕 느부갓네살은 이를 진압하고 기원전 586년 그 보복으로 예루살렘과 신전을 파괴하고 유다 사람들을 바빌로니아로 잡아가서 노예로 삼았다. 이것을 역사상 바빌론의 유수라 한다. 기원전 539년 바빌로니아가 페르시아에 정복되자 히브리인(Jew : 기원전 586년 예루살렘 멸망 이후 살아남은 사람을 지칭)은 예루살렘으로의 귀향을 허용받고 다시 신전과 도시를 재건하였다. 이후 페르시아의 지배는 알렉산더 대왕의 승리와 함께 막을 내리고 셀레우키드스(알렉산더 대왕의 장군)

---

13) 옛적 히브리인들은 팔레스타인 지역을 그와 같이 불렀다. 가나안은 성경 구약의 세계로 지중해 해변의 평야와 요르단 강변 양 유역의 좁은 경작지를 가리키며, 매우 토질이 비옥하여 '젖과 꿀이 흐르는 땅'이라 하였고 종교적으로는 '약속의 땅'으로 신성시되었다. 지리학적으로는 남북이 240km, 동서는 넓은 곳이 160km에 달한다. 북부 지중해쪽에는 높은 헤르만 산과 레바논 산이 있고, 내륙쪽으로는 갈릴리(길이 21km)라 부르는 호수가 있는데 지중해 해면보다 200m(-209)가 낮고 또한 사해(길이 82km, 폭 18km, 넓이 1020 ㎢)는 그보다도 200m(-395)쯤이 더 낮다. 요르단 강은 시발지에서부터 약 1000m가 낮은 사해로 흘러간다. 예로부터 가나안 지역은 전략적으로 중요한 의미를 갖고 있었다. 즉 아프리카와 아시아의 양 대륙 사이를 가로지르는 육로가 이 곳을 지나고 서쪽은 지중해, 동쪽은 황량한 아라비아 사막이 끝없이 펼쳐져 양 대륙을 오가는 대상은 물론 진군하는 군대도 이 곳을 거치지 않을 수 없었던바, 바로 양 대륙을 연결하는 다리의 역할을 하였던 것이다. 따라서 주민들은 동서 강대국의 흥망성쇠에 따라 심하게 부침을 거듭하며 매번 박해를 받아야 했으나 반면 동서문화를 폭넓게 접하고 배울 기회를 가짐으로써 세계적 종교를 탄생시켰으며 강인한 개성을 유지할 수 있었다.

왕의 통치를 받게 되었다. 기원전 168~142년 반란에 성공하여 독립국가 유대를 세웠으나 얼마 안 가서 로마의 지배하에 들어갔다. 이후 로마에 반란을 일으켰다가 서기 70년에 예루살렘은 다시 파괴되고 히브리인들은 전 세계로 뿔뿔이 흩어지고 말았다. 그리고 거의 2천 년의 세월이 지난 1948년, 비로소 이스라엘 공화국이 다시 생겨나게 되었다.

이스라엘 왕국

성경에 등장하는 히브리인(외국인이 말하는 이스라엘인)의 선조 아브라함은 소명을 받아 우르(고대 수메르의 도시이며 아브라함의 출생지)에서 가나안으로 가서 히브리 성(통일이스라엘)을 건설하였다. 기원전 15세기부터 수세기에 걸쳐 팔레스타인의 토착민족과 피비린내 나는 전쟁을 치른 후 결국 토착민을 무자비하게 살해하고 수도 예루살렘을 건설하였다. 그러나 사울과 다윗, 솔로몬으로 이어진 왕국 이스라엘은 솔로몬 사후 남북의 두 왕국으로 양분되었다. 10개 부족을 이끌고 북부로 가서 독립한 이스라엘과 남부의 2개 부족으로 이루어진 유다가 그것이다. 북부 이스라엘 왕국의 수도는 사마리아로 현재 요단강 서안지구에 있는 세바스테(기원 1세기의 호칭)이다. 이스라엘은 기원전 722년 아시리아의 제왕 사르곤 2세에 의해 멸망당하고 주민은 대부분 납치되어 소멸하였는데 이들은 역사상 '실종된 10부족'으로 불린다.

구약성경에 따르면 아브라함은 자신의 아들 이삭을 희생공양하려다 중단하였는데, 그 이삭의 차남으로 히브리를 통치한 것이 야곱이고 그는 이스라엘이라는 별칭으로 불렸다. 여기에서 Isra-El의 원어는 '신이 지배한다'는 뜻을 갖고 있으며, 낱말 끝의 El은 '신'이라는 말이다. Is-Ra는 이시스와 라(Ra : 母子) 혹은 오시리스와 라(Ra : 父子)의 합일체로 추측된다. 따라서 이스라엘은 야곱보다 훨씬 옛적의 신의 이름이다.

35. 다르다노스

그리스 전설에 의하면 다르다노스(Dardanus)는 아틀라스의 딸 엘렉트라가 낳은 제우스의 아들로, 사모트라케에서 형제 이아시오스와 같이 지내다 홍수를 만나 형은 익사하고 자신은 타고 있던 뗏목이 바다로 밀려가 사모트라케와 반대쪽인 아시아 해안에 표착하였다고 한다. 이 곳의 왕 테우케르(스카만드로스와 요정 이다이아의 아들)는 표류한 그를 환대하고 딸 바티에이아와 결혼시킨 후 왕국의 영토를 나눠주었다. 다르다노스는 그 곳에 도시를 건설하여 자신의 이름을 붙이고 테우케르 왕이 별세한 후에는 나라 전체를 다르다니아라 하였다. 바티에이아와의 사이에서는 일로스와 에릭토니오스 및 자퀸토스의 세 아들과 딸 이다이아(바티에이아의 어머니 이름을 붙인 것)를 두었다. 다르다노스는 트로이 성채를 건설하고 트로아스 일대를 지배하였으며, 큐벨레 숭배를 프리지아로 전파하였다. 또한 사모트라케에서는 비의종교 카비리를 창시하였다. 카비리는 여러 신과 유사한 신성을 가진 신원 미상의 신으로 이 신을 다르다노스 자신 혹은 헤파이스토스와 카비로 사이에서 태어난 아들 등으로 전하고 널리 숭배케 하였다. 그는 아르카디아에 봉헌한 팔라스의 조각상 팔라디움을 몰래 가져와 트로이의 수호신으로 삼았다는 이야기도 있는데, 이 조각상은 트로이 전쟁에서 중요한 역할을 하였다.

이탈리아의 전승에 따르면, 다르다노스는 중앙 이탈리아 에트루리아의 도시 코르토나에서 원주민 아보리기네스를 정복하고 도시를 건설한 후 프리지아로 이민, 트로아스를 이탈리아와 연결하는 거점으로 삼았다고 한다. 또한 아이네아스 일행이 트로이 함락 후 헤스페리아(이탈리아) 반도로 찾아간 이유도 그 곳이 자신들의 선조의 땅이라는 기억에 연유하였다고 한다.

트로아스의 돌출부는 다르다니움이라 하는데, 이는 아비도스에서 약 10km 거리에 위치한 다르다노스 읍에 연유한 이름이다. 1659년 터키 황제 무함마드 4세는 해협의 양 기슭에 성채를 쌓고 헬레스폰트 해협을 다르다넬로스라고 이름지었다.

제19장 로마의 등장

1. 로마

로마(Roma, Rome)는 티베르 강 기슭에 위치한 도시로 바다에서 약 20km 정도 떨어져 있다. 로마라는 이름은 에트로스의 리마 부족에서 유래된 이름이라고 생각되나, 전승에서는 달리 전하고 있다. 즉 아비도스에서 10여 km 떨어진 트로아스 도시 다르다니아의 영주 아이네아스는 트로이 성이 함락되자 가족과 인척을 데리고 피난 항해를 거듭하다 이탈리아의 티베르 강구에 기착하였다. 남자들이 상륙하고 없는 사이 배에 남아 있던 여자들은 풍랑에 시달리던 끝에 더 이상 참을 수 없어 지체 높은 부인 로마의 지시에 따라 배들을 태워 버렸다. 이 사실을 알게 된 남자들은 매우 노했으나 여자들은 남자들을 포옹하고 입맞춤하여 달래었다. 이후 로마에서는 인척이 만나면 서로 입맞춤을 하게 되었다 한다. 이제 일행은 별 수 없이 그 곳에 정착하여 새로 도시를 건설하고 배를 태우게 한 부인의 이름을 따서 로마라 불렀다. 다른 설에는 오듀세우스와 키르케의 아들 로마노스가 건설하였다고 하여 로마라 하였다고도 한다.

이 고장은 예로부터 아르데아에서 온 루툴리아인 투르누스가 영주로 있었고 또한 라우렌툼 영주 라티누스가 통솔하는 부족이 살고 있었는데 모두 우호적이었다. 라티누스는 라티움 혹은 라틴이라는 낱말의 시조가 된다. 얼마 후 아이네아스가 영주가 되고 라티누스의 딸 라비니아와 결혼하여 부인 이름을 따서 도시를 라비니움이라 하였다. 아이네아스는 트로이의 수호신과 가보를 상징으로 하여 통치하였으나 트로이 이름들은 버리고 그 지방언어를 수용하였다. 아이네아스 사후에는 라비니아가 섭정이 되어 지배하였고 크레우사 또는 라비니아가 낳은 아들 아스카니우스가 성장하여 통치자가 되었을 것으로 추측된다.

이리의 젖을 먹고 있는 로물루스와 레무스. 청동상(기원전 500년경). 로마 카피톨리노 박물관

　라비니움이 30년 동안의 발전으로 크게 번창하여 복잡해지자 아스카니우스
는 더 내륙쪽으로 들어가 새 도시를 건설, 알바 롱가라 하였다. 왕위는 12대에
걸쳐 평온하게 계승되었으나 13대 왕 누미토르대에 이르러 그 형제인 아물리
우스에 의한 왕위찬탈이 일어났다. 그런데 폭군 아물리우스는 누미토르를 죽
이려고는 하지 않은 것 같으며, 자기 아들들의 계승권을 폐기하고 직책상 후손
을 둘 수 없는 베스타 처녀인 누미토르의 딸 레아 실비아를 내세웠다. 그런데
레아 실비아는 마르스에게 유혹, 강탈되어 쌍둥이를 낳았다. 아물리우스는 양
치기 파우스툴루스를 시켜 당장 아기를 버리게 하였다. 그러나 버려진 이 아이
들이 요행히 이리(혹은 늑대) 젖을 먹고 딱따구리의 보살핌을 받으며 기적적으
로 살아 있음을 알게 된 파우스툴루스는 그를 데려다가 처 라렌티아에게 기르
게 하였다. 두 아이는 커서 아물리우스를 죽이고 할아버지의 왕권을 되찾게 된
다.

　이들 쌍둥이 형제는 로물루스와 레무스라 하며 함께 도시를 새로 건설하기
로 합의하였다. 그런데 도시를 건설하기도 전에 둘 사이에는 싸움이 일어나 급
기야 레무스는 죽임을 당하고 로물루스가 새도시의 왕에 올랐다. 새도시는 형

제의 이름에 연유하여 로마라 하였다. 일설에는 강한 힘 또는 무력이라는 뜻으로 로마라 하였다고도 한다. 때는 기원전 753년 4월 20일이었다.

로마는 곧 막강한 도시국가로 성장하여 주변 일대에서 선망과 두려움의 대상으로 부각되었다. 그러나 이 도시는 여성의 수가 절대적으로 부족한 남자들의 도시였던데다가 그 남자들도 대부분 다른 도시에서 온 망명자 아니면 피난해 온 무법자들이었다. 이에 로마인들은 정상적인 절차를 통해 딴 도시에서 부인을 얻고자 하였으나 실패하였다. 결국 로물루스는 교묘한 책략을 써서 동로마의 산에 살고 있는 집안 좋고 세력 있는 사비니족의 딸들을 축제에 초청한 후 강제 납치하였다. 이 사건은 로마와 사비니 부족 간에 큰 싸움을 불러오게 되고 해결의 실마리는 조금도 보이지 않았다. 그러던 차에 강제 납치된 장본인인 로마의 새색시들이 이 싸움에 개입하여 싸움은 막을 내리고, 마침내 로마인과 사비니족의 대부분은 한 정치체제로 합쳤다. 그리고 로마는 로물루스와 사비니족의 왕 티투스 타티우스 두 사람이 공동 지배하였다. 그러다 얼마 안 되어 사사로운 시비 끝에 티투스가 죽자 로마는 다시 로물루스 1인의 지배체제로 넘어갔다. 그러나 사비니 사람들은 여전히 행정부에서 큰 세력으로 남았고 이후 역사시대에 로마 귀족의 선조가 된 것으로 추측된다.

로물루스는 2, 3개의 다른 도시를 정복한 후 갑작스럽고도 비극적인 종말을 맞았다. 열병식 도중 격렬하게 천둥벼락이 치고 소나기가 쏟아지더니 비구름이 그를 싸안고 천상으로 올라가 버린 것이다. 이후 그는 퀴리누스 신으로 숭배되었는데, 퀴리누스는 로마 세계에서 유피테르, 마르스와 함께 3신에 속한다. 그러나 계속해서 그가 원로원들에게 살해되었다는 소문이 나돌았다.

로물루스가 죽고 새로이 왕이 된 누마 폼필리우스는 사비니족 원로원에서 선출되었다. 누마는 43년 동안 통치자의 자리에 있으면서 법치에 바탕한 평화를 이룩하는 데 진력하고 전쟁을 억지하였다. 특히 법적·종교적인 여러 관례를 제정한 일은 그의 큰 공적으로, 이 관례는 역사시기까지 존속하였다. 누마 이후 왕권을 이어받은 이는 툴루스 호스틸리우스로, 그는 전쟁을 좋아하고 누마의 평화정책을 비난하였다. 알바 롱가를 정복하고 그 주민을 강제로 로마에 이주시켜 로마의 인구는 순식간에 두 배로 불어났으며, 적의를 품고 있던 동로마의 사비니족을 무력으로 정복하는 데 성공하였다. 그러나 통치 말기, 나라를 휩쓸던 질병의 재앙을 가볍게 하고자 연 유피테르 엘리키우스의 제의 때 그는 미신에 사로잡힌 희생물이 되어 죽음을 맞이하였다.

툴루스의 뒤를 이어 왕위에 오른 누마의 손자 안쿠스 마르키우스는 재위 24년 동안 세 선왕의 좋은 점만을 취하여 통치하고자 노력하였다. 특히 대외 진출에도 적극적이어서 남부 라티움으로 세력을 넓히고 서쪽으로는 바다까지 지배하여 티베르 강구에 오스티아 항을 건설하였다. 기원전 616년 안쿠스가 사망하자 그리스인을 아비로 두고 에트루리아의 타르퀴니아 읍에서 출생한 루키우스 타르퀴니우스 프리스쿠스가 왕위를 이어받았다. 온건한 성품에 인망의 정치를 편 그는 수완을 발휘하여 원로원 수를 대폭 증원하며 38년간 왕위에 있었고, 그 사이 반항하는 사비니족과 전쟁을 벌여 옛 로마 세계의 도시들을 최후로 통합하고 로마의 공익사업에 치중하였다. 그의 사후 왕위는 세르비우스 툴리우스(세르비우스란 노예신분임을 나타내는 이름)에게 인계되었다.

세르비우스 툴리우스는 오크리시아와 자신의 나라를 방위하다 죽은 툴리우스 사이에 태어난 아들로, 오크리시아는 코르니쿨룸 도시가 함락된 후 포로로서 로마의 왕비 타나퀼의 노예가 되었다. 전설에 따르면 오크리시아는 왕실의 부엌화덕에서 나타난 불카누스(화산 신)의 남근으로 회임하였으며, 그렇게 해서 태어난 툴리우스는 왕실의 극진한 보살핌 속에서 귀족교육을 받았다. 이후 프리스쿠스가 그를 사위로 삼자, 마르키우스의 아들들이 왕위계승의 기회를 잃을 것을 걱정하여 프리스쿠스를 암살하였다. 이에 미망인 타나퀼은 재빨리 상황을 판단하여 툴리우스의 왕위계승을 확정시켰다. 툴리우스는 재위 40년 동안 중대한 법치 개혁과 획기적 인구조사(로마 거주자는 약 84,000명임을 확인) 등을 실시하고 일반인의 이익을 향상시키는 데 진력하였다. 그러나 이 개혁은 귀족들의 원망을 사게 되고, 결국 자신의 딸과 사위인 수페르부스 및 선왕의 아들들에게 암살당하였다. 기원전 534년에 일어난 사건이다.

이후 수페르부스는 스스로 왕이라 선언하고 우격다짐으로 25년간 왕권을 장악하였다. 그는 브루투스가 이끄는 반란으로 쫓겨나고 그를 마지막으로 로마의 왕정은 막을 내리게 된다. 반란의 직접적인 도화선이 된 것은 수페르부스의 아들 섹스투스가 저지른 무도한 루크레티아 부인의 강탈과 그녀의 자살(기원전 509)이었으나, 로마인이 폭군의 장기집권에 지친 점을 호기로 삼아 수페르부스를 추방하고 이것으로 왕권통치를 완전히 끝장낸 것이었다. 이후 로마는 원로원의 갈등 통치와 카이사르의 독재기간을 제외하고 계속 공화정이 실시되었다.

2. 야누스

야누스(Janus)는 로마의 오랜 옛 신으로 대문, 특히 성벽이나 도시 건물과는 상관없이 만들어진 의례용 출입구로서 상징적인 의미를 갖는 독립적인 구조물에 진좌하고 앞과 뒤를 바라보는 두 얼굴을 가진 수호신이다. 전쟁으로 지샌 고대 로마에서는 이 신을 전쟁을 평화로 전환케 하는 신으로 존숭하고 사제는 두지 않았다. 야누스에 대한 숭배가 강해지면서 점차 유피테르(그리스의 제우스)와 마찬가지로 신 중의 신으로 추앙되어 기도를 올릴 때는 이 신의 이름을 맨 앞에 내세우고 모든 행사에서도 가장 먼저 공양을 올렸다. 그리고 천지의 수호신으로서 모든 일의 첫 시작과 끝맺음을 관장하는 신으로 간주하여 로마인들은 새해를 맞이할 때는 물론이고 사계절, 행운의 성쇠, 인류 문명, 농경, 공업, 예술, 종교 행사의 시작과 마지막에서 항상 그의 가호를 기원하였다.

그리스인에게는 알려져 있지 않은 신인 야누스는 라티움의 먼 옛적의 왕으

두 얼굴을 가진 야누스상

로 인류에 막대한 은혜를 베풀어 신으로 존숭된 것으로 보인다. 전해져 오는 이야기는 다음과 같다. 크로노스(로마에서는 사투른)가 제우스에게 패하여 쫓겨나 이탈리아로 갈 때 야누스도 동행하여 라티움에 도착하였다. 거기에서 야누스는 라티움의 전설적인 왕 카메수스의 환대를 받고 그 나라 일부를 양도받아 통치를 하였으며 언덕에 새도시를 건설하여 야니쿨룸이라고 불렀다. 티베르 강의 이름은 부인 카미세 혹은 카마세니아와의 사이에서 태어난 아들의 이름을 딴 것이었다. 왕 카메수스가 타계하자 야누스는 라티움의 왕에 올랐고, 그가 통치하는 동안 주민의 수가 불고 모든 사람은 정직하며 기술교육으로 야만성에서 탈피하여 개화하고 평화를 구가하였으므로 그의 치세를 황금기라고 불렀다. 신화상으로는 이를 크로노스의 공덕으로 돌리는 설도 있다.

　야누스는 죽은 후 신으로 존숭받았으며, 특히 사비니족의 침공으로부터 로마를 구한 기적이 나타난 후 더욱 각별히 숭배되었다. 그 기적의 이야기는 이러하였다. 로마의 건국 시조 로물루스와 그 부하들이 사비니족의 여자들을 납치하자 사비니족의 왕 티투스 타이투스는 주민을 이끌고 로마 침공에 나섰다. 그런데 로마를 치기 위해서는 먼저 카피톨 언덕, 특히 북쪽 성채 언덕을 넘어야 했기 때문에 왕은 로마 방위대장의 딸을 회유하여 연정에 빠뜨린 후 그녀로 하여금 사비니 군을 성채를 우회하는 샛길로 인도하게 한 다음 로마로 진격하였다. 그러나 갑자기 야누스 신이 나타나 이들 침입군 앞에 뜨거운 온천수를 분출시키니, 공포심에 사로잡힌 사비니 군은 후퇴하고 말았다. 로마 사람들은 이 기적의 영험에 감사하며 이후 야누스 사당에 문을 세우고 위기에 처할 때는 문을 열어 놓아 신이 나타나 로마를 도울 수 있도록 하고, 평화시에는 문을 닫아 놓고 신의 휴식을 공축(恭祝)하였다. 그러나 실제의 사정은 이와 달랐던 것으로 보인다. 예컨대 로마의 역사가 리비우스(기원전 59~서기 17)에 의하면, 누마(로마의 제2대 왕, 재위 기원전 715~673) 치세부터 자신의 시대까지 야누스의 문이 닫혀 있었던 것은 단 두 번뿐으로 한 번은 1차 포에니 전쟁(기원전 241)이 끝나고, 또 한 번은 기원전 31년 악티움에서 옥타비아누스가 승리를 거뒀을 때였다. 아우구스투스의 고기록(Monumentum Ancyranum : 1555년 앙카라에서 발견)에는 세 번 닫혔다고 되어 있는데, 아우구스투스는 광장 근처에 야누스 신전을 봉헌하고 그를 상징하는 대문도 세웠다.

　야누스에 관련된 신화는 전해지는 것이 거의 없고, 단지 신전에서 멀지 않은 샘의 요정 유투르나와 사랑하여 아들 폰스 혹은 폰투스(샘의 신)를 두었다고 한다. 야누스의 조각상은 쌍면신으로 표현하고 왼손에는 열쇠, 바른손에는 홀을 가지고 있다. 천문에서는 토성의 열번째 위성이다. 현재 'Janus-faced'라는 단어는 '양면적인', '겉과 속이 다른', '남을 속이는' 등의 뜻으로 전용되고 있다.

3. 에트루리아 사람

에트루리아 사람(Etruscans)을 그리스에서는 튜레니아 사람이라 하며, 그 이름은 현재 이탈리아 서쪽 바다 이름으로 남아 있다. 로마에서는 투스키 혹은 에트루스키라 하며, 로마가 건국되기 이전 이탈리아 중부에 자리잡은 선주민으로서 로마 초창기에는 가장 강력한 대적국이었다. 에트루리아 문명은 기원전 750년경부터 이탈리아 북쪽 아르노 강과 티베르 강 사이의 지역에서 크게 번창하였다. 기원전 620~500년경까지 최고의 번영을 구가하며 북쪽은 포 강에서, 남쪽은 캄파니아까지 지배하였으며 로마도 그 통치권에 속하였다. 가장 이름난 에트루리아 도시는 타르퀴니아이며, 로마 왕 프리스쿠스는 이 에트루리아 출신으로 알려져 있다. 기원전 6세기 말 타르퀸 왕실이 로마에서 축출되자 에트루리아 세력은 쇠퇴하고 기원전 504년경에는 아리키아에서 대패, 남부의 영토를 잃었고 북쪽 영토는 켈트족에게 점유당하여 속령으로 되었다. 해상에서 막강한 힘을 자랑하던 함대도 기원전 474년 쿠마이 근해에서 슈라쿠세의 참주 히에론이 이끄는 쿠마이아와 슈라쿠세의 연합함대에 대파당하여 패망하였다. 기원전 396년 베이 도시의 함락은 세력의 이동을 상징하게 되고 마침내 전 에트루리아는 로마의 지배하에 들어갔다.

헤로도토스에 따르면, 원래 에트루리아 사람은 소아시아의 리디아에서 도래하였으며 언어는 동쪽 나라 계통(아나톨리아)에 속한다. 그러나 디오뉴시오스[1]

---

1) 그리스의 수사학자이자 역사가로 기원전 30년부터 로마에 와서 여러 해를 살았다. 그리스어로 많은 논설을 썼으나 모두 없어지고 『말의 배열에 관하여』 등의 논설만이 남아 있다. 이 논설에는 '사포의 아프로디테 송시'와 시모니데스의 다나에 시문 단편이 들어 있어 귀중한 보존자료가 되고 있다. 역사가로서 로마에 매우 고무적인 견해를 지녔던 그는 20권에 달하는 로마사를 저술하였고 현재 10권이 남아 있다.

를 위시한 다른 설에는 이탈리아의 원주민으로 되어 있으며 언어는 인도 유럽계가 아니며 다른 언어와도 직접 관련이 없다. 현재 기원전 7세기부터 아우구스투스 황제 때까지의 이야기를 그리스 알파벳으로 적은 비문 수천 개가 남아 있으나 미해독인 채로 남아 있다.

4. 카르타고

고대의 이름난 도시국가 카르타고(Carthago, Carthage)는 아프리카 북부 지중해 튀니지 해안에 위치한 전략적 요지로 오랫동안 로마의 강적으로 군림하였다. 여왕의 통치하에 북아프리카의 넓은 해안지역과 스페인, 시칠리아, 사르디니아, 몰타, 발레아레스 제도를 포함하는 대국을 이룩하였다. 이 나라는 여왕 디도가 기원전 869년경에 건설하였다고 하며, 다른 설에서는 로마가 개국되기(기원전 753) 72년 혹은 93년 전에 건설한 나라라 한다. 수도 카르타고와 그 공화국은 737년 동안 번영을 누렸으며 특히 전성기인 한니발과 하닐카르 시절에는 주민 수가 적어도 70만 명 이상이었다고 한다.

로마와는 소위 푸닉 전쟁이라 하는 세 차례의 대전쟁을 치렀는데 푸닉은 라틴어의 포에니(카르타고라는 뜻)에서 유래한 말이다. 1차는 기원전 264~241년, 2차는 기원전 218~201년, 3차는 기원전 149~146년에 벌어졌는데, 마지막 3차 전쟁에서 카르타고는 참혹하게 파괴되어 멸망하고 성 안에 남은 주민은 단 5000명에 불과하였다. 당시 로마군은 둘레가 34km나 되는 성채 내의 크고 화려한 건축물에 불을 질렀는데 17일 밤낮을 끊임없이 타올라 완전히 전소되었다 한다.

제20장 페르시아 전쟁

1. 페르시아

페르시아(Persia)는 고대 중앙아시아의 왕국으로 그 영역이 최대에 달한 기원전 5세기에는 동으로는 인더스 강, 서로는 헬레스폰트(현 다르다넬로스 해협)까지 약 4500km, 남과 북으로는 폰토스에서 아라비아 남단까지 약 3300km에 달하는 대제국을 건설하였다. 그야말로 세계사의 균형을 뒤흔든 제국이 아닐 수 없다. 원래 페르시아인은 아르타에이 사람이라 불렸으며 시문에서는 파르티아 사람과 동일시되기도 하였다. 전승에 의하면, 페르시아는 페르세우스와 안드로메다의 아들인 페르세스가 정착하여 이룬 큰 부족국가였다고 하며 수도는 페르세폴리스이다. 프톨레마이오스에 의하면, 페르시아의 북쪽은 메디아, 서쪽은 수시아나, 남쪽은 페르시아 만, 동쪽은 카르마니아와 접경을 이루었다한다.

페르시아의 건국자 큐로스 왕은 기원전 559년경 나라를 연 후 메디아를 정복하고, 이어 기원전 546년 소아시아 서해안의 그리스계 부자나라 리디아의 왕 크로이소스를 패배시킴으로써 대제국을 건설하였다. 큐로스의 뒤를 이어 아들 캄비세스가 왕위에 올랐으나(기원전 529), 형제인 스메르디스에게 왕권을 탈취당하였다. 전하는 얘기로는 스메르디스는 이미 캄비세스에게 살해당하였고, 이 사실을 알고 있던 유일한 인물인 마기의 제사(祭司) 가우마타가 스메르디스와 꼭 닮아 그의 행세를 하며 페르시아를 통치하였다고 한다. 그러나 반년 후 가짜임이 드러나 페르시아 귀족 7명에 의해 쫓겨났다. 이어 왕권은 다리우스(기원전 521), 크세르크세스(기원전 486년, 수사의 멤논 궁에서 방탕한 생활을 하다 암살당하였다), 아르타바누스(7개월 집권),[1] 아르타크세르크세스(기원전 464), 크세르

다리우스 · 크세르크세스 대왕의 접견장(기원전 500년경). 이란 페르세폴리스

크세스 2세(기원전 425), 소그디아누스(기원전 424년, 7개월 집권), 다리우스 2세(기원전 423), 아르타크세르크세스 2세(기원전 404)에게 이어졌다. 이어 다리우스 3세(기원전 335)가 왕권을 계승하였는데 기원전 331년 마케도니아의 알렉산더 대왕에게 정복당하였다. 알렉산더 사후 마케도니아가 분할되자 셀레우코스 니카토르가 페르시아 지역을 통치하였다. 이후 파르티아인(스키타이계 부족)이 셀레우코스 왕조에 반기를 들고 일어나 파르티아 제국을 세웠고 그 지배하에서 500년을 지냈다. 서기 229년 일반병 출신 아르다시르(사산 제국의 창시자)가 봉기, 파르티아 군대에게 승리를 거두고 로마에 대항하는 제2 제국시대를 열었다.

　페르시아는 기원전 500~479년에 걸쳐 서진정책을 취하였는데 이는 그리스 전체를 존망의 위기로까지 몰아넣은 인류역사상 굴지의 세계대전을 불러왔다.

---

1) 다리우스 1세의 형제로 조카 크세르크세스에게 그리스 정벌을 단념하도록 설득하였으며, 크세르크세스가 후퇴 귀환하자 음모로 암살하고 그 아들도 같은 방법으로 제거하였다. 형제인 아르타크세르크세스의 암살도 감행하였으나 직전에 발각되어 주살되었다.

다리우스 대왕.
다리우스 보고의 얕은 돋을새김 부분
(기원전 6~5세기).
이란 페르세폴리스

특히 페르시아 제국 최고의 번영기를 이룩하며 왕중왕으로 군림한 오만한 왕 크세르크세스는 대병력을 이끌고 마치 어린아이를 상대하듯 작은 그리스와 전쟁을 벌였다. 그러나 1차 전쟁인 마라톤 전투, 2차 전쟁인 테르모퓰라이 침입 및 살라미스 해전, 플라타이아 격전과 뮤칼레 전투에서 생사를 건 소수의 그리스 연합군에게 뜻밖의 패배를 당하게 되고, 그 후 페르시아의 서진은 완전히 저지되었다.

캄비세스

캄비세스(Cambyses)는 페르시아 대왕 큐로스의 아들로 이집트를 정복한 후 이집트인의 신앙에 매우 기분이 상해 토속신 아피스(소)를 죽이고 사원을 약탈하였다. 특히 그는 펠루시움 도시를 정복할 때 병사들에게 이집트의 토속신인 고양이와 개를 머리에 얹고 진군하게 하였다. 방어에 나선 이집트 병사들이 신성시하는 동물을 죽이지 못할 것이라는 약점을 미끼로 이용한 것이다. 그는 또한 5만의 군대를 출동하여 암몬의 제우스 신전을 파괴하고 카르타고인과 이집트인의 반항을 종식시켰다.

캄비세스는 매우 잔인한 성품을 가진 군주로도 유명한데, 단순히 모반이 의심스럽다는 이유만으로 자신의 형제 스메르디스에게 유죄판결을 내려 산 채로 가죽을 벗겨 죽인 후 그 가죽을 신판석 의자에 부착하고는 아들에게 자신의 지위를 계승할 때 어디에 앉을 것인가를 일러주었다. 이후 그는 말의 등에 꽂아 놓은 자기의 칼에 작은 상처를 입었는데 그 상처가 도져 최후를 맞았다(기원전 521). 당시 이집트인들은 캄비세스가 이집트의 신 아피스를 칼로 벤 바로 그 장소에서 상처를 입은 것을 알고 신들의 응보라고 인식하였다. 왕위계승에 대한 유언을 남겨 놓지 않아 왕권은 사제들에게 찬탈되었으나 곧 이어서 다리우스가 왕위에 올랐다.

아토사

아토사(Atossa)는 페르시아 왕 큐로스의 딸로 캄비세스와 스메르디스의 이복형제이며 후에 다리우스의 부인이 되어 크세르크세스를 낳았다. 유암으로 위독한 상태에 빠졌을 때 그리스에서 납치해 온 의사 데모케데스로부터 치료를 받아 완치되었다.

데모케데스

데모케데스(Democedes)는 기원전 540년 칼리폰의 아들로 태어난 크니도스의 이름높은 의사로, 참주 폴류크라테스와 절친하였다. 사모스에서 납치되어 페르시아 왕 다리우스에게 끌려가 그 곳에서 왕의 발병을 고쳐 주고 왕비 아토사의 유암을 완치시켜 주었다. 그 덕으로 왕의 신임을 얻고 이름이 나자 막대한 재산을 모아 부자가 되었다. 이후 왕은 서진하여 세력을 확장할 의도를 갖고 그에게 첩보 임무를 주어 그리스로 보냈지만, 크로톤(이탈리아의 아카이아 식민도시)으로 도피하여 지내면서 의서를 저술하였다. 이 저서는 그리스의 첫 의학교본이 되었다.

2. 페르시아 전쟁의 간접적인 원인

역사가 헤로도토스에 의하면, 그리스와 아시아 간의 전쟁의 실마리는 해상무역을 주업으로 하던 페니키아인에게 있었다고 한다. 즉 아르고스에 기항한 페니키아인들이 전시한 상품을 거의 다 팔았을 무렵 구경나온 이나코스 왕의 딸 이오를 납치하여 이집트를 향해 떠나버린 것이다. 이에 대해 페니키아인들은, 이오가 선장과 관계를 맺었으며 임신한 것을 알자 자진해서 배를 타고 갔다고 변명하고 있다.

이 일이 있고 나서 이번에는 크레타의 그리스인이 페니키아 왕실에 침입하여 왕녀 에우로파를 납치하니, 여자 유괴 사건은 피장파장이 되었다. 그런데 다음에 파시스²⁾ 강으로 올라가 콜키스에 기착한 그리스 무장 상선이 거래를 끝낸 후 왕의 딸 메데이아를 유괴하였다. 왕은 그 보상과 딸의 반환을 요구하였으나 그리스에서는 지난번의 이오 납치에 대한 보상을 받지 못하였으므로 보상할 의사가 없다며 이를 거절하였다. 40~50년 후 프리아모스의 아들 파리스가 위의 이야기를 듣고 그리스에서 아내가 될 여자를 납치해 오리라 생각하여 헬레나를 빼앗아 온 뒤, 메데이아의 선례를 들어 헬레나의 반환과 그 보상을 거절하였다. 이 때문에 그리스인은 대병력을 모아 아시아에 진격, 트로이를

---

2) 헬리오스와 오큐로이(Ocyroe : 오케아노스의 딸)의 아들. 간통한 어머니를 죽여 정의와 복수의 여신인 푸리아이의 추적을 받자 아르크투로스 강에 투신하여 강 이름이 파시스로 되었다. 옛적에는 아시아 최대의 강 중 하나로 알려져 있었다. 아르메니아 산맥에서 시작된 콜도스(Coldus) 나라의 강이며 흑해 동쪽 연안에 강구가 있다. 아르고 선 원정대는 오랫동안 위험한 항해 끝에 이 강에 진입하였고, 이에 연유하여 위험한 항해라는 뜻의 "파시스 강으로 출범한다(Sailing to the Phasis)"는 속담이 생겨났다. 이 고장에는 큰 새들이 운집하여 사는데 옛 이야기로는 아르고 대원이 그 새를 잡아 그리스로 가져와 새 이름이 Pheasants(꿩)로 되었다고 한다.

멸망시켰다. 이러한 일련의 사건이 먼 원인이 되어 페르시아인 사이에 그리스인에 대한 적의가 움텄다는 것이다.

3. 페르시아 전쟁

  밀레토스(이오니아 수도)의 참주 히스티아이오스는 기원전 512년경 페르시아 - 큐티아 전쟁에서 페르시아 왕 다리우스를 도왔다. 그러나 의심을 품은 다리우스는 그를 초빙하여 영예의 직위를 제수하고 붙들어 놓았다. 이에 히스티아이오스의 조카이자 사위인 아리스타고라스가 밀레토스를 대신 통치하였는데, 그는 장인의 뜻을 받아 기원전 499년 이오니아인의 반항을 충동하고 궐기하면서 그리스 각 나라에 원군을 요청하였다. 당시 이 요청에 응하여 지원군을 보낸 것은 아테네와 에레트리아뿐이었다. 일찍이 팽창의 일환으로 사르디스(리디아의 수도)에 진격, 그리스인을 에베소에서 패배시킨 바 있던 페르시아는 이오니아인의 이 반항을 좌절시켰다. 기원전 497년 다시 반격을 가하였으나 역시 다리우스는 키프로스에서 페니키아 함선을 주축으로 한 함대를 출동시켜 이오니아 함선을 라데 섬 앞바다에서 격파시켰다. 이어 페르시아는 기원전 494년 밀레토스를 함락시키고 주민을 메소포타미아로 강제 이송하였다.

  한편 이즈음하여 민주정치의 기틀이 잡힌 아테네에서는 기원전 494년 집정관으로 테미스토클레스를 선출하였다. 페르시아는 기원전 492년 다리우스의 사위 마르도니우스를 총사령관으로 하여 마케도니아에 출정, 트라키아 케르소네소스의 여러 도시를 정복하였다. 그러나 지원함대가 아토스 반도의 돌출된 곳에서 폭풍을 만나 대파되자 페르시아군은 일단 퇴군하였다. 한편 케르소네소스의 통치자 밀티아데스는 아테네로 도피하여 10명의 장군들(Atrategoi : 지상권과 해상 지휘권을 겸한다) 중 한 사람으로 선출되었다. 당시 아테네에서는 매해 10명의 장군을 선출하였는데 전문직인 장군은 재선출되기도 하였다. 다른 한편 위험인물은 민회(대략 5000명)에서 조개껍질 또는 도편에 이름을 적어내는 공개투표 방식을 통해 국외로 추방시켰다(도편추방제도).

  페르시아는 기원전 491년 그리스의 모든 나라(도시국가)로 외교사절을 보내

승복의 증거로 '물과 흙을 보내라'고 요구하였다. 여러 도시국가들은 별 수 없이 이에 응하였으나 스파르타와 아테네만은 이 요구를 단호히 거절하였다. 헤로도토스에 의하면, 아테네인은 사절을 구덩이에 내던졌으며 스파르타에서는 흙과 물이 있는 우물에 빠뜨렸다고 한다.

드디어 페르시아는 기원전 490년 그리스 본토에 대한 공세를 감행하였다. 페르시아군은 다티스와 아르타페르네스의 지휘하에 히피아스를 대동하고 마라톤 벌에 상륙하였다. 히피아스는 원래 아테네의 유명한 참주 피시스트라토스의 아들로 아비가 사망한 후 형제 히파르코스와 함께 아테네를 통치하였으나 히파르코스가 반대세력에게 암살당하자 광폭한 보복을 가하였다. 이로 인해 아테네에서 추방당한 그는 페르시아로 도망하여 다리우스 휘하에 들어가 마라톤 전투에 참여한 것이다. 페르시아군은 또한 과거 이오니아인의 반항에 지원을 보낸 에우보이아의 도시 에레트리아에 침입하여 파괴를 자행하고 주민들을 살해한 후 여자와 어린이들은 강제로 끌고 갔다. 9월에는 세계사에 이름난 마라톤 전투가 벌어졌다. 밀티아데스를 총사령관으로 한 아테네군은 지형의 이점을 이용하는 전략으로 페르시아 대군을 쳐부수고, 이 소식은 곧 '마라톤 주자'에 의해 아테네로 전해졌다. 패배한 페르시아군은 소아시아로 철수하였고, 그리스 세계에서는 전투가 끝난 후에야 도착한 스파르타인에 대한 실망감과 아테네인에 대한 찬사와 존경이 교차하였다.

마라톤 전투의 승전과 함께 이제 아테네는 전 그리스 국가 중 최고의 우두머리 국가로 부상하였다. 그러나 밀티아데스는 기원전 489년 페르시아에 동조한 섬들을 응징하기 위해 출동하였으나 파로스 공격에 실패하여 투옥되었다. 아테네의 최고 집정관 테미스토클레스는 해상세력을 강화하기 위한 해군함정의 증가를 주장하였으나 반대에 부딪쳤다. 이 반대에는 물론 함정 구입을 위해서는 부자들이 세금을 더 많이 내야 하는 반면 선원 테테스(무기를 살 수 없는 무산자)의 정치적 지위가 높아질 것이라는 정치적 의도가 깔려 있었다. 그러나 테미스토클레스는 결국 자신의 주장을 관철시켜 삼단노 함선 180척을 건립하였는데, 그 경비는 마침 아티카 남단의 라우리움 광에서 새로이 발견한 은광맥 수입으로 충당하였다.

페르시아의 2차 공격은 다리우스 사후 왕권을 계승한 크세르크세스 왕이 감행하였는데, 전하는 이야기로는 100만이 넘는 대군을 이끌고 사르디스를 떠났

테르모퓔라이 전투. 소규모의 스파르타 분견대는 막강한 페르시아군을 맞아 최후의 한 명까지 장렬히 싸우다 전사하였다. 프랑스 다비드(J. L. David : 1748~1825) 작

다 한다. 한편으로는 시칠리아 튜레의 카르타고인(페니키아인)에게 시칠리아의 그리스 식민도시를 공격하라고 지시하였다. 이에 따라 기원전 480년에 시칠리아에서 히메라 전쟁이 일어났으나, 카르타고군은 슈라쿠세의 참주 겔론에게 참패당하였다. 그 후 에트루리아 함선이 도전하였으나 기원전 474년 쿠마이 해전에서 다시 참패를 당하였다. 이에 앞서 기원전 481년 스파르타의 주도로 연합방어동맹을 맺은 그리스측은 아르테미시온에서 페르시아와 첫 해전을 벌였다. 이 싸움은 때마침 불어닥친 폭풍우가 페르시아 함대를 강타하여 그리스측의 승리로 끝났다. 이를 그리스 사람은 아이올로스(풍신), 특히 보레아스(북풍신)의 위력이라고 생각하였다. 기원전 480년 8월에는 스파르타의 레오니다스가 이끄는 300명의 용사와 동맹군 5600명이 연합하여 페르시아 군의 육로침입을 방어하였다. 그러나 중과부적으로 밀리자 레오니다스 휘하의 병사 300명은 테르모퓔라이에서 그리스 연합군을 안전하게 후퇴시킨 후 전원이 장렬하게 전사하였다.

보이오티아와 아티카로 진입한 페르시아 지상군은 도시들을 파괴하며 황폐화시켰고 이윽고 아테네 시로 들어가 약탈을 자행하였다. 위기에 처한 아테네 사람들이 델포이의 아폴론 신전에 신탁을 청하니 "나무 벽 안으로 피신하라"는 답이 나왔다. 이는 함선으로 들어가라는 뜻과 아크로폴리스의 나무 울타리 안으로 피하라는 뜻의 두 가지로 해석되었는데, 다행히 테미스토클레스의 의견에 따라 전자를 택하였다. 아테네 주민은 모두 함선을 타고 트로이젠과 인근 섬으로 피난하고 도시를 비웠다. 한편 그리스 연합함대는 기원전 480년 9월 테미스토클레스의 전략에 따라 스파르타의 에우류비아데스를 연합함대 총사령관으로 하고 페르시아 함대를 좁은 살라미스 해협으로 유인, 격파하였다. 그리스 역사에 빛나는 한 페이지를 장식한 살라미스 해협의 승리이다. 당시 그리스 전함은 페르시아 병선에 비하여 속도가 느리고 기동성이 떨어졌으나, 갑판을 덮어 전투병력을 승선시켰기 때문에 좁은 만 안에서 소수의 함선이 접전을 벌일 때는 유리하였다. 해전에 패한 페르시아 해군은 소아시아로 철수하였다. 그러나 페르시아의 지상군은 마르도니우스의 지휘하에 테살리아의 군영에서 겨울을 나고 봄이 되자 다시 아테네 시에 침입하여 파괴를 자행하였다. 마침내 기원전 479년 그리스 동맹군은 스파르타 파우사니아스 장군의 지휘하에 플라타이아에서 승리를 거두고 페르시아 지상군은 지휘관 마르도니우스가 전사하자 철수하였다.

원정에 실패한 페르시아 함대는 다음 해 장병 10만과 함께 에게해를 가로질러 소아시아로 철수, 병선을 사모스 섬 건너 항구도시 뮤칼레 해안에 정박시키고 공격에 대비하였다. 공교롭게도 마르도니우스가 플라타이아 전투에서 패배한 기원전 479년 9월 22일, 그리스와 페르시아 간에 치열한 뮤칼레 전투가 벌어졌다. 페르시아인은 소수의 그리스인이 배에서 해안으로 내리는 것을 대수롭지 않게 여겼다가 얼마 안 가서 침착하고 결연히 공격을 가하는 그리스인의 용맹성에 밀려날 수밖에 없었다. 소수의 그리스인은 이 전투에서 수천의 페르시아인을 살상하며 군영에 불을 지르고 전리품으로 70상자에 달하는 막대한 금은보화를 가지고 사모스로 돌아왔다. 그리스측의 이 완전한 승리는 플라타이아 승리와 더불어 페르시아의 그리스 침입을 종결시키는 데 결정적인 역할을 하였다.

기원전 478년에는 파우사니아스가 이끄는 연합군이 에게해를 넘어 이오니

아의 도시국가들을 페르시아의 예속에서 해방시키고 민정을 부활시켰다. 테미
스토클레스는 "그리스 나라 사람들은 페르시아 사람들에게 우호적으로 대하
라"고 충고하였고, 그 후 페르시아의 보복이 없이 20년간 평화를 누리게 되었
다. 페르시아가 영토 확장의 욕망을 포기함으로써 모처럼 전쟁의 위협에서 벗
어난 그리스 도시국가들은 정치적·지성적으로 기적적인 발전을 이룩하며 공
전의 문화의 꽃을 피우게 되었다.

4. 마라톤

마라톤(Marathon)은 아티카 지방의 한 마을로 아테네에서 북동쪽으로 40km
떨어져 있으며 태반이 습지와 호수(마라톤 호수)로 이루어져 있다. 옛적에는 큰
도시였으나 지금은 흔적뿐이고 옛 면모를 찾아보기 힘들다.

전쟁 : 페르시아 왕 다리우스는 기원전 492년 트라키아와 마케도니아를 정복
하고 그리스를 예속시키기 위해 원정에 나섰으나 지원선단이 아토스 곶에서
폭풍으로 대파되자 그리스 침입을 중지하고 회군하였다. 그로부터 2년이 지난
기원전 490년 페르시아는 다시 원정에 나서는데 이번에는 해로로 소아시아에
서 에게해를 가로질러 아티카의 마라톤 해안에 진입하여 대병력을 상륙시켰다.
드디어 기원전 490년 9월 28일 아테네군과 다티스와 아르타페르네스가 지휘하
는 이민족군 사이에 대격전이 벌어졌다. 아테네 사람 1만과 플라타이아 사람 1
천으로 구성된 그리스군은 보병 10만에 기병 1만이 넘는 페르시아 대군을 맞
아 사령관 밀티아데스의 지휘를 받으며 중갑보병의 밀집(방진) 대형3) 공격을
가하여 대승을 거두었다. 이 승리는 역사상 위대한 전투의 하나로 기록되어 마
라톤을 일약 세계적인 명소로 만들었다.
파우사니아스에 의하면, 지리에 어두운 이민족군의 선봉이 그리스군의 공격

---

3) 중갑보병의 밀집대형은 보통 8열에 해당하는 종대 병력으로 편성하는데 공격시에는 뒤
로부터 독전의 압박이 가해지는 효과가 있고, 충돌하면 한 쪽이 허물어질 때까지 계속
밀어붙인다. 중갑보병은 장비를 스스로 구입할 수 있는 경제적 능력을 갖추고 군사훈련
을 받아 진형 속에서 행동할 수 있는 젊은이들이었다.

으로 밀리면서 늪지에 빠지게 됨으로써 최대의 살육전이 일어났다고 한다. 후에 마라톤 전투에 동원된 두 세력의 병사 수와 희생자 수를 둘러싸고는 다양한 설이 제기되었다. 예컨대 발레리우스 막시무스(1세기 초 로마의 역사가)에 의하면 페르시아의 총병력은 30만이었다고 하며, 유스티니아누스(2세기 안토니우스 시대의 로마의 역사가)는 그 두 배인 60만으로 산정하였다. 또한 헤로도토스에 의하면 아테네쪽 전사자는 192명, 페르시아측은 6300명이었다고 하며, 유스티니아누스는 페르시아 원정군의 총 손실을 20만 명으로 잡았다.

그리스는 이 불후의 승리를 이끌어 낸 전몰자의 기념비를 전쟁터에 세워 용사의 이름을 부족별로 새겨 숭앙하였다. 투키디데스에 의하면, 원래 아테네의 전몰자는 아테네 교외 케라미코스 묘지에 묻혔으나 이들 마라톤 용사만은 각별한 경의의 표시로 예외적으로 전몰장소인 마라톤 평원에 묻혔다고 한다. 마라톤 전쟁과 관련하여 유명한 인물로는 42km를 쉬지 않고 달려 아테네에 승전보를 알린 후

마라톤 전투를 승리로 이끈 아테네군 총사령관 밀티아데스의 흉상(기원전 550~489년경). 이탈리아 라벤나 출토

탈진하여 생을 마친 병사 필리피데스(또는 페이디피데스)가 있다. 오늘날 이 고사를 기념하는 마라톤 레이스가 연 2회(4월과 10월)에 걸쳐 페이디피데스가 달린 경로를 따라 개최되고 있다. 1896년 4월 개최한 현대의 첫 올림피아 경기에서도 인기 종목으로 등장한 이 마라톤 레이스는 고증된 거리 42.195km(26마일 385야드)로 확정되었다. 현재 마라톤은 장거리 경기를 의미하는 보통명사는 물론 장시간 계속되는 회의를 표현하는 형용사로 사용되고 있으며, 페르시아(이란 등)는 이 종목에 출전하지 않는다.

인물 : 이 고장 출신의 유명한 인물로는 먼저 아테네 사람 이카리오스의 딸

490 제20장 페르시아 전쟁

로서 마라톤의 처녀로 불리는 에리고네를 들 수 있다. 그녀는 아버지가 포도주에 만취한 양치기들에게 살해되었다는 소식에 아버지의 충견을 앞세워 매장된 지점을 발견하고 아버지의 죽음을 확인하자 절망에 빠져 목매어 죽었다. 죽은 후 에리고네는 처녀자리가 되었고 아버지 이카리오스는 목동자리, 충견 모이라는 작은개자리가 되었다 한다. 이 곳 출신은 아니지만 마라톤 평원에서 농작물을 황폐화시키는 광폭한 야생황소를 쓰러뜨린 테세우스도 마라톤과 관련된 인물이라 할 수 있다.

시기를 내려와 특히 두드러진 인물로는 서기 143년 로마의 집정관에 오른 헤로데스 아티쿠스가 있다. 로마의 원로원을 지냈고 소피스트 철학자이자 시인으로 이름을 날린 그는 큰 부자이기도 하였는데 자신의 저택과 재산을 공익사업에 아낌없이 희사하였다. 모국 아테네에도 많은 미술품과 기념물을 기증하였으며 특히 아테네의 아크로폴리스 서남쪽 언덕에 5,000석의 극장을 건립하였다. 이는 160년경 부인 레길라를 위해 세운 음악당으로 거대한 삼목천정에 바닥을 모자이크로 장식한 매우 우아한 건물이었다. 오늘날 그 일부가 복원되어 아테네 축제가 개최되는 등 헤로데스 아티쿠스 극장으로서 찬사를 받는 명소로 자리잡고 있다.

5. 테르모퓔라이

테르모퓔라이(Thermopylae)는 테살리아의 로크리스 지방에서 포키스로 넘어가는 좁고 험한 언덕길에 위치해 있다. 서쪽으로는 매우 큰 산마루가 이어지고 북동쪽은 바다에 면하는데 그 사이는 위험하고 깊은 늪지이며, 폭 7m의 언덕길이 7km까지 뻗어 있다. 부근이 온천지대라 테르모퓔라이라는 이름이 붙여졌다.

페르시아 제국은 크세르크세스 왕이 통치권을 인수하자 10년 전 마라톤 전투에서 패배한 보복으로 대대적인 복수전에 나섰다. 먼저 다리우스 왕이 첫번째 원정에서 폭풍우로 태반의 선단을 잃은 험한 아토스 곶을 피하기 위해 아예 아토스 반도의 좁은 허리를 자르는 대대적 역사를 벌여 길이 2km에 3단 요선

(撓船)이 서로 엇갈릴 수 있는 너비의 운하를 팠다. 또한 헬레스폰트 해협에는 선교(船橋)를 가설하여 지상군이 건널 수 있게 하였다. 이 선교는 해협의 폭이 좁은 아비도스에서 맞은편 세스토스까지 1km 폭에 50노의 3단 요선 7백여 척을 횡으로 연결하여 가설한 것이다. 페르시아의 대군은 이 아토스 운하(현 크세르크세스 운하)와 헬레스폰트 선교를 건너 수륙으로 마케도니아를 거쳐 그리스로 진군하였다. 페르시아의 해군과 병참을 지원하는 수많은 수송선이 그 뒤를 따르고, 드디어 기원전 480년 8월 7일 크세르크세스의 막강한 지상군과 그리스 연합병력이 테르모퓔라이에서 격돌하였다. 그러나 중과부적으로 연합병력이 밀리자 레오니다스가 이끄는 수비대 300명은 3일간 테르모퓔라이 언덕에서 페르시아군 공격을 완강히 저지하며 우군의 철수를 끝내게 한 후 최후의 한 사람까지 싸우다 장렬히 전사하였다. 당시 페르시아가 동원한 총병력은 100만이라고 하는데 어떤 역사가는 500만으로까지 추산한다.

현재 단편적으로만 남아 있는 시인 시모니데스(기원전 556~469)의 「300용사 묘비문」에는 다음과 같은 구절이 나와 있다. "무심히 지나는 길손이여 라케다이몬(스파르타) 사람에게 가서 말해 주오. 분부에 유념한 우리는 이 곳에 누워 있노라고."

6. 레오니다스

스파르타는 에우류스테니다이와 프로클리다이라는 두 가문에서 왕이 배출되었다. 이들 가문은 각각 에우류스테네스와 프로클레스라는 쌍둥이 형제를 시조로 하는데, 그들은 왕인 아버지가 갑자기 죽은 후 델포이의 신탁에 따라 모두 왕이 되었다. 이후 스파르타는 2왕 체제가 유지되었으며 에우류스테니다이에서 31명, 프로클리다이에서 24명의 왕이 배출되었다. 레오니다스(Leonidas)는 바로 에우류스테니다이 가문 출신으로 왕위에 오른 인물이다. 그는 페르시아 왕 크세르크세스가 대군을 이끌고 그리스로 침입하자 우선 수비대원을 선발한 후 때마침 카르네이아 제전(아폴론 축제)으로 인산인해를 이루고 있던 스파르타 시민의 성대한 환송을 받으며 출전하였다. 페르시아측에서는 크세르크

레오니다스 상
(기원전 490~480년경).
스파르타 아크로폴리스 출토

세스의 의도에 거스르지만 않는다면 전 그리스를 통치하는 영주로 제수하겠다
고 레오니다스를 회유하였다. 그러나 그는 영토욕에 불타 불의의 침략을 해 온
페르시아 왕에 대하여 분노를 금치 못해 이 제의를 단호히 거절하며 나라를 위
해 목숨을 바치기로 마음 깊이 다짐하였다. 그리고 출전에 앞서 벌어진 만찬석
상에서 모든 용사들에게 이 출전은 플라톤이 제시한 이상국가론의 구현을 실
현하는 일이라며 애향심을 북돋웠다.

　드디어 테르모퓔라이에서 싸움이 벌어지자 스파르타 용사는 겨우 300명에
불과했지만 전투현장에서 한치의 물러섬도 없이 페르시아의 공세에 힘차게 맞
서니 당랑지부로 우습게 여겼던 페르시아도 이 계속되는 대항에 지쳐서 후퇴
할 수밖에 없었다. 연 3일에 걸친 전투에서 승리를 거두고 있던 참에, 역심을
품은 트라키아인 에피알테스의 안내를 받은 한 무리의 페르시아 군사가 산악
의 비밀 우회로를 통해 스파르타 수비대를 급습하였다. 전하는 이야기에는 스
파르타의 용사들은 전원 옥쇄하고 한 병사만이 가까스로 탈출하여 스파르타에

돌아왔다 한다. 이 병사는 용감히 싸운 동료는 물론 왕실의 지휘자까지도 전사하였는데 불명예스럽게 도망왔다고 비난과 모욕을 받았다.

기원전 480년의 장렬한 테르모퓔라이 전투로 그리스인은 페르시아의 엄청난 대군을 더 이상 두려워하지 않고 자신들의 힘과 대담성을 신뢰하게 되었다. 쓰러진 이 용감무쌍한 영웅들을 위해서는 사당이 세워졌으며 스파르타에서는 매년 레오니데아 제전을 열어 슬기와 용맹을 경축하고 젊은이의 사기를 북돋우며 자부심을 심어주었다.

한편 레오니다스 왕이 출진할 때 부인 고르고에 대해 각별한 권유는 없었으나, 왕이 전사한 후 덕망 있고 영예 있는 사람과 결합해 전 남편의 이름과 용맹성을 아이들에게 계승시켜 아버지의 영광을 이어받을 수 있게 하였다.

7. 살라미스 섬

살라미스(Salamis)는 사로니코스 만에 있는 섬(현 Kolouri)으로 아테네 시 교외 마을 엘레우시스의 바다 건너 5km 거리에 위치한다. 둘레는 약 80km 정도 되고 서쪽에 살라미스 읍과 같은 이름의 항구가 있다. 원래는 이오니아 사람들의 식민지였다가 후에 근방 도시와 아티카 지방 주민들의 식민지가 되었다. 이 섬은 특히 기원전 480년 아티카를 휩쓴 크세르크세스의 페르시아 함대와 그리스 연합함대 간에 벌어진 해전으로 유명해졌다.

당시 페르시아 함대의 함정 수는 엄청나게 많아 2천 척이 넘었고 반면 그리스측은 불과 3백 척 내외였다. 아테네의 집정관이며 해군 지휘관인 테미스토클레스는 그리스 동맹군의 결속을 중시하고, 스파르타의 장군 에우류비아데스에게 총 지휘권을 맡겼다. 페르시아의 막강한 함대는 수적으로 과소한 그리스의 연합함선을 살라미스 만에서 한 척도 빠져 나가지 못하도록 포위하기로 하였다. 심지어 왕 크세르크세스는 살라미스 해협에 제방을 쌓아 그리스 해군을 봉쇄하고 지구전을 펴서 항복시킬 예정이었다. 그런데 돌연 그리스 연합함대가 곧 흩어질 것이라는 테미스토클레스의 전갈을 받고 급작스럽게 출격 명령을 내리게 되었다. 테미스토클레스는 자신의 전략적 의도가 적중하자 기함(旗艦)

을 타고 가장 위험한 지점에서 움직이지 않고 때를 기다렸다. 마침내 결전의 때가 닥치고 기원전 480년 10월 20일 건곤일척의 대해전이 전개되었다. 그리스 인들은 지형과 편진을 효율적으로 활용하고 또한 생사를 건 필사적 용맹을 발휘하여 응전하는데 때맞춰 서북풍까지 불어 바람신의 도움을 받았다. 새벽부터 시작하여 해가 넘어갈 때까지 계속된 이 전투의 결과, 그리스측이 40척의 함정을 잃은 반면 페르시아측은 200척 이상의 함정을 잃었다. 페르시아의 패배였다. 게다가 페르시아측은 싣고 온 엄청난 양의 무기와 보급품까지 빼앗겼다. 동방에서 그리스 세계를 힘으로 석권하여 전 유럽을 예속시키려 했던 페르시아의 야망이 좌절되는 순간이었다.

전성기를 구가하고 있던 당시 페르시아는 군영에서도 사치풍조가 풍미하고 건국 초에 용감무쌍하던 병사들의 사기는 해이해져 군의 기강은 크게 퇴폐해 있었다. 전쟁에 나선 크세르크세스의 진영에는 왕실 요리사는 물론, 무대 무희, 가수 및 창부들에다 향료 제조공까지 있었다는 사실이 이를 단적으로 드러내 준다. 이러한 상황에서는 아무리 페르시아 대군이라 할지라도 온갖 지략을 짜내어 결사항전으로 맞선 그리스군을 이겨낼 수 없었던 것이다.

살라미스의 옛 명칭은 스키라스, 큐크리아 혹은 켄크리아이며 만은 엥기아라 하였다. 토로이 전쟁에 참가한 테우케르와 아엑스는 이 살라미스의 원주민 출신이다. 전설에 따르면 테우케르는 살라미스 왕 텔라몬의 용맹무쌍한 아들이었으나 트로이 전쟁에서 형제 아엑스의 죽음에 복수를 하지 않았다 하여 아버지에게 쫓겨났다. 그러나 이 가혹한 처사에 낙담하지 않고 키프로스로 간 그는 시돈 왕 벨로스의 측근이 되어 도시를 건설하고 고향 이름을 따서 살라미스라 하였다고 한다. 다른 설에는 스페인으로 가서 뉴 카르타고 등을 건설했다고 하나 신빙성이 적다. 또한 잘 알려진 전승에 따르면, 아소포스 하신에게 살라미스라는 딸이 있었는데 포세이돈에게 유괴당하여 아들 큐크레오스를 두었으며 아들 또는 그녀의 이름이 섬 이름이 되었다 한다.

8. 플라타이아

플라타이아(Plataea)는 아티카와 메가리스 사이에 있는 키타이론 산 근처 보이오티아령 내의 한 도시다. 아테네와 친밀한 유대관계를 유지하며 이해를 같이한 플라타이아 사람들은 기원전 479년 9월 22일, 스파르타의 장군 파우사니아스의 지휘에 따라 스파르타 및 아테네인과 같이 크세르크세스의 총사령관 마르도니우스가 이끄는 침입병력에 대항하여 격전을 벌였다(플라타이아인은 1000명이 가담).

당시 페르시아는 총병력 30만 대군을 투입하였으나 전투부대는 전멸하고 겨우 3000명만이 도주하여 죽음을 면하였다. 그리스 지상군은 열세였음에도 불구하고 병력 손실은 미미하여 스파르타인 91, 아테네인 52, 테게아인 16명이 전사하였다. 파우사니아스는 전쟁에서 탁월한 전략과 용맹의 대가로 페르시아군이 약탈하여 진영에 쌓아둔 산더미같은 보물의 10분의 1을 전리품으로 부여받았다. 그 나머지는 각자의 기여도에 따라 배분되었다.

플라타이아에서 그리스군이 대승을 거둔 같은 날 소아시아에서는 뮤칼레 전투가 벌어져 마찬가지로 그리스군이 대승하였다. 그 후 그리스 나라는 계속되던 페르시아의 위협에서 완전히 벗어났고 페르시아의 영주들은 당분간 헬레스폰트를 감히 넘볼 생각을 못하게 되었다.

시기가 내려와 기원전 427년 펠로폰네소스 전쟁 때 플라타이아는 테베군에 함락당하고 스파르타군에 의해 파괴되었다. 이후 알렉산더는 플라타이아를 재건하고 주민들에 막대한 경제적 지원을 해주었다. 그 선조가 페르시아에 대항하여 마라톤 전투와 파우사니아스 장군이 이끄는 전투에서 용감히 싸운 공로를 높이 평가하여 보상한 것이다.

9. 아리스테이데스

아리스테이데스(Aristeides)는 류시마코스의 아들로 아테네의 장군·정치가이며 청렴결백하고 공명정대하기로 이름이 높았다. 그는 참주를 추방하고 귀족정을 확립시킨 찬양받는 아테네의 지도자 클레이스테네스의 정책을 지지하였고, 어린 시절부터 친한 사이였던 테미스토클레스의 정치노선과는 대립하였다. 테미스토클레스는 대중을 기반으로 하는 민정을 지지하였기 때문이다. 전하는 이야기에는 아리스테이데스와 테미스토클레스는 어릴 적에도 놀이나 대화에 차이를 나타냈다고 한다. 예컨대 한 쪽은 모험을 좋아하고 교활하며 어떤 일이건 수단방법을 가리지 않고 기꺼이 처리하는 반면 나머지 한 쪽은 착실하고 침착한 기질에 정당한 행동을 고수하여 놀 때에도 조그마한 거짓이나 방탕 행위, 속임수를 용납하지 않았다.

기원전 490년 페르시아가 마라톤 들판으로 침입하자 곧 참전하여 적군을 격파하는 데 큰 역할을 하였다. 출전한 아테네의 10장군 중 가장 우세한 병력을 갖고 있었던 그는 밀티아데스의 전략을 밀어 다른 장군들로 하여금 모두 합심하게 하고 대오를 정비, 일사불란한 항전으로 막강한 페르시아군을 격퇴하여 세계사에 빛나는 승리를 거두었다. 기원전 489~488년에는 아테네 도시국가의 최고 집정관이 되어 공정하고 청렴한 통치를 하였다. 그러나 이러한 결벽성은 테미스토클레스파와의 갈등을 불러왔다. 그리고 급기야 그의 정적들은 그가 '참주가 되려고 음모를 꾸민다'는 뜬소문을 퍼뜨려 전권을 장악하고 이어 조개껍질 재판으로 그를 국외추방시켰다. 속임수와 책략에 능하면서도 대범한 테미스토클레스와는 딴판으로 너무나 정직하고 강직했던 것이 화근이었다.

이즈음 그리스 재침략을 추진하던 페르시아의 크세르크세스가 대규모 침략군을 이끌고 그리스에 육박하자 아리스테이데스는 추방 2년 만에 다시 소환되어 아테네의 장군으로 취임하고 참전하였다. 기원전 480년 살라미스 해전에서는, 격전이 벌어지는 와중에 적군의 전략적 요충지인 프슈탈레이아 섬에 상륙을 감행하여 보충병력과 보급로를 차단함으로써 혁혁한 전과를 올렸다. 이듬해에는 페르시아와의 최후의 격전 플라타이아 전투에서 아테네의 중무장보병을 지휘하여 스파르타의 파우사니아스 장군이 이끄는 지상병과 연합, 페르시아 지상군을 무찔러 대승을 거두었다.

이후 기원전 478년에는 아테네의 파견함대를 지휘하여 스파르타 파우시나아스 해군의 지나친 활동을 견제하며 페르시아에 예속된 친 아테네계 나라들과 에게해의 여러 섬나라를 다시 수습하여 해방시키는 데 주요한 역할을 담당하였다. 이듬해 기원전 477년에는 적군의 침입에 대비한 델로스 동맹의 체결에

아리스테이데스의 추방을 지지한 도편(기원전 482년). 아테네 아고라 박물관

주역으로 활동하고, 또한 방위에 병선으로 동참하기 어려운 섬나라에는 군자금을 공정히 할당하여 합의를 보았다.

정적 테미스토클레스와 협조하여 페르시아 전쟁을 승리로 이끈 탁월한 지도자 아리스테이데스는 대 아테네의 기반을 확고히 한 위대한 인물로 평가받고 있으며, 또한 민주사회 정책을 확립하게 하였다는 견해도 있다. 스파르타가 반대하는 테미스토클레스의 방위계획을 밀어붙여 아테네에서부터 그 외항 피라이오스 간에 성벽을 구축케 한 것도 바로 그였다.

아리스테이데스는 기원전 467년에도 생존해 있었던 듯하다. 가까운 인척으로는 조카 칼리아스가 있다. 거부 히포니오스의 아들로 밀티아데스의 아들 키몬의 여동생과 결혼한 칼리아스는 마라톤 전투에서 크게 활약하고 올림피아 경기에서는 세 차례 연속 이륜수레 경주에서 우승을 하기도 하였다. 외교에 뛰어난 수완을 발휘하여 특히 페르시아와 아테네 사이의 적대관계를 종결시켜 (칼리아스의 평화) 크게 칭송받았다. 한편 아리스테이데스 집정관을 지낸 초기에는 아이들을 돌볼 수 있을 만한 충분한 재력을 갖추었을 것으로 추측되나 후기에는 가난에 쪼들려 지내다 죽었다. 이 때문에 정부가 구호금으로 그의 장례를 치르게 하였으며 또한 아이들 교육도 나라 돈에서 지원하였다. 과년한 그의 두 딸이 결혼할 때도 나라에서 혼수를 마련해 주었다. 아리스토텔레스에 의하면, 소크라테스에게는 뮈르토라는 둘째부인이 있었는데 그녀는 아리스테이데스의 손녀딸이라 하며 잔소리 많은 부인 크산티페의 질투 중 일부는 후에 들어온 이 부인에 대한 것 같다고 하였다. 가난은 그 집안 내력인지, 손자들도 거리에서 해몽을 하며 근근히 살아갔다. 그럼에도 아테네 사람들은 고결하고 위대한 지도자로서 아리스테이데스를 계속 찬양하며 또한 그를 본받고자 노력하였다. 한 세기 후에 나타난 철학자 플라톤조차 아테네의 모든 위인 중에서도 특히 존경해야 할 인물이 바로 아리스테이데스라고 말할 정도였다.

변함없는 정의감과 분별력, 영예에도 자만하지 않는 겸손함, 역경에 굴하지 않는 침착함, 국가에 대한 철저한 멸사봉공의 신념을 모두 갖춘 인물로서 아테네의 덕망의 상징이 된 아리스테이데스에 대해서는 수많은 일화가 전해지고 있다.

플루타르코스의 아리스테이데스전에 의하면, 자신의 추방을 결정짓는 투표장에서 한 문맹자가 그가 아리스테이데스인 줄 모르고 조개껍질에 '아리스테이데스'라고 적어 달라 하였다. 이에 "그 사람에게서 해를 받은 일이 있느냐"고 하니, "전혀 없고 더구나 어떻게 생겼는지조차 모른다. 다만 어디를 가나 '의인'이라고 하는데 이제 그 소리에 신물이 났다"고 답하였다. 아리스테이데스는 아무 말 없이 조개껍질에 자신의 이름을 써주었다. 또 이런 이야기도 있다. 극장에서 아이스큘로스의 극시를 공연하는데 도중에 암피아라오스의 덕망을 칭송하는 시문이 낭송되었다.

당장은 그렇게 뵈지 않지만 바로 그러한 분이시다.
깊은 지하계에 있으면서도 슬기롭고 분별있는 사려가 싹터서
수확을 거두도록 애쓰시는 그런 분이시다.

그러자 이 낭송을 듣고 있던 모든 관중이 바로 그런 분이 여기에 있다는 듯이 일제히 아리스테이데스에게로 시선을 돌렸다 한다.

아리스테이데스는 친분이나 정실은 물론 분노와 악의를 떠나 언제 어디서나 언행이 공평무사한 인물로도 유명하였다. 한번은 법정 판사석에 앉아 있는데 자기에게 적의를 가진 한 피고가 재판을 받았다. 죄과를 따진 후 피고 본인의 해명도 듣지 않고 재판장이 언도를 내리려 하므로 아리스테이데스는 곧 자리에서 일어나 피고의 해명을 들어주기를 청원하여 법정 권리를 누릴 수 있게 하였다. 이런 일도 있었다. 두 사람 간의 고소사건에서 한 쪽이 상대방을 힐난하며 재판장을 심히 중상하였다고 증언하였다. 아리스테이데스는 무슨 해를 주

어서 그랬는지 말해 주라고 하며 자신은 지금 재판관일 뿐이고 소송사건은 두 사람의 일이지 자신의 일이 아니라고 말해 주었다 한다.

아리스테이데스는 폰토스에 사절로 갔다가 그 곳에서 사망하였다는 설이 있으나 여생을 아테네에서 지내다 종명하였다고도 한다. 아무튼 평생을 덕망높고 청빈한 의인으로 산 아리스테이데스가 사망한 후 아테네 시민들은 그를 기리며 팔레눔(옛 아테네 항구)에 추모기념비를 세웠다.

10. 테미스토클레스

테미스토클레스(Themistocles : 기원전 528?~462)는 아테네 출신으로 이름난 통치자이자 뛰어난 전술가이다. 아비는 네오클레스이고, 어미는 아테네인이 아니라 할리카르나소스 혹은 트라키아쪽 출신으로 에우테르페 혹은 아브로토눈이라 전한다. 젊었을 때는 방탕하고 낭비벽이 심하여 그의 아버지는 그를 어쩔 수 없는 탕아로 여겨 인연을 끊고 상속권을 박탈하였다. 이에 가족 모두가 낙담하였으나 정작 그 자신은 이를 계기로 새로운 야망을 품고 우선 상속의 권리를 찾기 위해 민회의 판결에 호소하였으며, 또한 행정에도 참여하여 마침내 집정관이 되었다.

기원전 490년 페르시아의 대병력이 마라톤 벌판에 침입하여 격전이 벌어졌을 때 밀티아데스 장군의 지휘로 아테네군이 대승을 거두자 이에 감명을 받아 해상 지휘관으로 활약하기로 결심하였다. 그는 아테네 통치자로 있으면서 페르시아의 재침략에 대비하여 해군함정을 대폭 증가시켰다. 과연 마라톤 전투가 있은 지 10년 후 페르시아의 왕위를 계승한 크세르크세스는 패배를 설욕하고자 다시 그리스를 침범하였다. 아무리 침략에 대비를 하였다지만 침입해 들어오는 적군의 병력은 실로 어마어마한 것이었다. 동맹국 스파르타의 레오니다스 왕이 이끄는 수비대가 테르모퓰라이 협곡에서 대규모의 페르시아 침입군과 대항을 벌일 때 아테네와 펠로폰네소스 연합해군은 살라미스 해협에서 페르시아 함대와 일대 격전을 벌였다. 당시 테미스토클레스는 연합함대의 영예스러운 총사령관직에 대한 욕망을 미련 없이 포기하고 이를 스파르타의 에우

테미스토클레스 흉상.
그리스에서 제작된 작품의
로마 복제상(5세기).
오스티아 출토.
오스티아 박물관

류비아데스에게 양보하였다. 만약 그렇게 하지 않았다면 연합함대의 통솔은
갈피를 못 잡고 난맥상이 되어 치명적인 결과를 가져왔을 것이다. 참으로 조
국을 위해서 개인의 욕망을 굽힐 줄 알았던 비범한 인물이라 하지 않을 수 없
다.

　첫 해전은 아르테미시온에서 벌어졌는데, 연합함대의 공격은 미미하였으나
적정(敵情)의 탐색전으로 경험을 얻고 게다가 때마침 북풍과 폭풍우가 불어 페
르시아 함대에 큰 피해를 입혔다. 그럼에도 적함의 수가 워낙 엄청났던지라 기
가 질린 연합군 진영에서는 의견 차이가 나타나고 육지전이 유리하다는 주장
이 우세하게 대두하였다. 적군이 자신들의 도시를 칼과 전화로 덮칠 것이 뻔하
였으므로 아테네 사람들은 아티카로 침입하는 적을 막자 하였고, 스파르타는
코린토스 협곡을 방어하여 펠로폰네소스 반도를 지키겠다며 함대를 돌리자고
하였다. 이 때 만약 테미스토클레스가 협박과 간절한 부탁, 겸해서 신탁의 호
의적인 답까지 내세워 독전하지 않았던들 그리스의 결정적인 대승은 있을 수

없었을 것이다.

테미스토클레스는 절묘한 전략가로서도 탁월한 재능을 발휘하였다. 즉 페르시아 포로 중 그의 심복이 되어 아이들을 돌보던 시킨노스를 페르시아 영주에게 보내 그리스의 연합함대가 곧 흩어질 것임을 알리게 하였다. 이 정보를 들은 크세르크세스는 원래 생각했던 지구전을 포기하고 즉시 함대를 출동시켜 그리스 함대가 빠져 나가지 못하도록 봉쇄를 단행, 일거에 그리스 함대를 쳐부수기로 하였다. 페르시아에 완전 포위된 그리스 연합해군은 이제 도리 없이 자신의 안전과 조국의 영예를 위해 결전을 치르지 않을 수 없게 된 것이다. 마침내 기원전 480년 9월 말 살라미스 해협에서 전운이 감돌더니 두 해군 함선 간에 격전이 벌어졌다. 결과는 그리스 연합군측의 대승이었고 이로써 테미스토클레스는 막대한 페르시아 대군을 격파했다는 영예를 안게 되었다. 또한 그는 페르시아 환관 포로 아르나케스를 보내 크세르크세스에게 페르시아 원정군이 가설한 헬레스폰트의 선교를 끊어 지상군의 철수를 막겠다는 것을 알리게 하였다. 이 계략도 적중하여 퇴로의 차단을 우려한 크세르크세스가 함대를 이끌고 조급히 철수함으로써 그리스측은 해상의 부담을 덜게 되었다. 이듬해 8월에는 월동을 한 페르시아의 지상군과 그리스의 연합지상군 간에 플라타이아에서 전투가 벌어져 스파르타의 파우사니아스 장군이 이끄는 그리스 연합군이 승리를 거두었다.

역사가 헤로도토스는, 전쟁중에 최선의 봉사를 한 주인공은 도시국가로는 아이기나, 개인으로는 테미스토클레스라고 평하였다. 또한 전하는 이야기로는, 여러 지휘관들이 살라미스 해전과 플라타이아 전쟁을 치르고 펠로폰네소스에 들어선 후 신전의 제단에서 이번 전쟁에 누가 가장 훌륭한 활약을 했는지 투표를 하였는데 첫번째는 각자 자신에게 표를 던졌고, 2차 투표에서는 모두 테미스토클레스에게 표를 던졌다고 한다. 페르시아 전쟁이 끝난 후 스파르타 나라 사람들은 전쟁에서 활약한 여러 지휘관들을 수도 스파르타에 초빙하여 노고를 치하하고 에우류비아데스에게는 용맹상을 수여하였다. 그리고 테미스토클레스에게는 지략의 상을 수여하였는데 동시에 월계수 다발을 안겨 주고 올리브 관을 씌워 주었으며 부상으로 그 나라 최상의 이륜마차까지 증정하였다. 게다가 귀로에는 300명의 젊은이들이 나라 경계까지 수행하여 환송해 주었다. 또한 다가온 올림피아 경기를 참관하고자 테미스토클레스가 경기장에 들어서자 온 관

승리의 월계수를 받는 테미스토클레스. 페르시아 전쟁을 승리로 이끈 아테네의 최고 집정관 테미스토클레스를 스파르타에서 초빙, 월계수와 그 나라 최상의 이륜전차를 증정하고 있다.

중은 일제히 열광하며 경기에는 아랑곳없이 온 종일 그를 주시하고 낯선 사람들에게는 그의 인품과 공적을 알리며 아낌없는 감탄과 박수 갈채를 보냈다. 그 자신도 이 때 최고의 환희를 느꼈다고 실토한 바 있다.

테미스토클레스는 적군에 의해 철저히 파괴된 아테네의 외항 피라이오스를 개축하고 동시에 아테네 시까지 약 5km에 달하는 거리를 높이 1.8m에 달하는 견고한 이중 성벽으로 둘렀다. 항구에는 함선을 집합시키고 막강한 해상왕국의 위상을 공고히 하였다.

그러나 페르시아 전쟁을 승리로 이끈 수훈의 이들 두 명장 테미스토클레스와 스파르타의 파우사니아스의 말년은 매우 불운하였다. 테미스토클레스의 영광이 절정에 오르자 시민들은 그와 자기네의 처지가 너무 차이 나는 데 불평하고 시기하고 반감을 품으며 정치적으로 몰락하기를 바랐다. 결국 아테네 시민들은 자신들의 최고 통치자를 도편 표결로 국외추방시켰다(기원전 471년경). 화려한 영화는 어이없이 일장춘몽이 되고 테미스토클레스는 이제 홀로 아르고스

테미스토클레스의 몰락. 도편 표결로 아테네에서 국외 추방되는 테미스토클레스와 가족의 비애

나라에 가서 은거하였다. 그러던 중 스파르타의 파우사니아스 장군이 적과 내통했다는 혐의로 재판을 받던 중 신전에 피신하였으나 결국 굶어 죽었다는 소식과 함께 그 자신도 같은 혐의를 받고 있다는 서신이 전해 왔다. 테미스토클레스는 혐의에 대한 해명서를 아테네로 보냈으나 오히려 그 해명이 증거라며 체포하러 오자(기원전 468년경), 서해 이오니아의 코르큐라에 피신하였다가 다시 건너편 육지 에피로스로 건너갔다. 이 곳에 머물 때는 친구의 도움으로 부인 등 가족과 합류하였다. 그러나 스파르타와 아테네 두 나라에서 계속 추적을 해 왔기 때문에 여기에서도 안주할 수 없어 몰로시아[4] 왕 아드메토스를 찾아갔다. 자신이 아테네의 최고 자리에 있을 때 그의 요구를 무시하고 모욕한 적

---

4) 몰로소스(Molossus)는 원래 네옵톨레미스(아킬레스의 아들)와 안드로마케 사이에서 태어난 아들로, 헬레노스가 죽은 다음 에피로스를 지배하였다. 몰로수에(Molossue) 왕국 남쪽은 암브라키아(Ambracia) 만, 동쪽은 페라이베아(Perrhaebea) 인의 나라였다. 그 주민을 몰로시아라 하고 이 나라의 개는 로마인에게 애완용으로 호평을 받았다. 도도나(Dodona) 또는 테스프로티아(Thesprotia)가 수도라 한다.

이 있었으므로 거절당할 것을 각오하고 찾아간 것이다. 그러나 아드메토스는
의외로 그를 거절하지 않고 받아주었다.

역사가 투키디데스가 전하는 이후 테미스토클레스의 행방은 이렇다. 테미스
토클레스가 마케도니아 동쪽 테르마이 만 퓨드나 항구로 가서 아무도 몰래 배
를 타고 출범하는데 낙소스 섬 근해에 와서 뱃머리를 돌리자 이에 놀란 아테네
사람들이 그를 에워쌌다. 그는 사람들에게 간청도 하고 협박도 하며 바다 멀리
까지 나가 소아시아쪽으로 뱃길을 잡고 에게해를 건너 큐메로 갔다. 그런데 당
시 페르시아에서 테미스토클레스에 막대한 현상금을 내걸어 큐메의 그리스인,
특히 에르고텔레스와 퓨토도로스가 그를 사로잡고자 열중하였으므로 할 수 없
이 아이올리아로 가서 작은 도시 아이가이로 도피하였다. 계속 궁지에 몰리자
꿈의 계시에 따라 돈 많은 친구 니코게네스에게 여자용 마차를 부탁하여 여장
을 하고 페르시아 왕이 있는 곳으로 갔다. 자진해서 호랑이굴로 들어간 것이
다.

당시 페르시아 왕은 크세르크세스의 뒤를 이은 아르타크세르크세스(기원전
464)였는데, 제발로 걸어 들어와 도움을 요청하는 테미스토클레스의 기상천외
한 대담성에 놀라 그를 살려주었다. 게다가 현상금이 걸린 테미스토클레스가
스스로를 끌고 왔다 하며 막대한 현상금도 부여하였다. 테미스토클레스가 1년
간 언어와 풍습을 익힌 다음 통역 없이 왕을 알현하게 되자 유능하고 명석한
성품에 탄복한 왕은 그를 측근에 두고 인정어린 대우를 해주었다. 또한 부유한
3개 도시의 영주로 제수하고 빵과 포도주 및 고기도 내렸다.

테미스토클레스가 어떻게 생을 마쳤는지는 알려져 있지 않다. 어떤 작가는
아르타크세르크세스의 집요한 요구에도 불구하고 자신의 고향 아테네에 해가
되지 않도록 그리스 정벌계획에 반대하였기 때문에 생 소피를 마시는 벌을 받
아 질식사하였다 하기도 하고 또는 자진해서 그렇게 했다고도 한다. 음독하였
다는 설도 있으나, 다른 이야기에는 소아시아의 마그네시아 도시의 영주로 지
내다가 병으로 쓰러졌다고도 한다. 이처럼 그의 행방과 최후를 둘러싸고는 다
양한 설이 있어 명확하지는 않으나 대체적으로 보아, 그리스 재원정을 꿈꾸며
지모의 명장을 필요로 하였던 페르시아 왕에게 받아들여진 테미스토클레스는
비범한 두뇌와 설득력을 발휘, 허심탄회하게 원정의 득실을 정중히 개진하여
원정불가를 납득시킨 것으로 추측되며 이는 결과적으로는 양 진영에 평화를

유지하는 데 기여하였다. 테미스토클레스는 65세를 일기로 기원전 462년경 타계하였다. 페르시아 왕은 예우를 갖추어 정중히 장례를 지내주었으며, 그 후 아티카로 운구된 유골은 아테네 사람들에 의해 영예롭고 장엄한 묘지에 안치되었다. 아테네 사람들은 조국을 구한 영웅에게 너무 비정한 처우를 한 데 대해 후회하였으나 때는 이미 늦었다.

테미스토클레스는 천성적으로 활동적이고 용감하며 전 생애를 통해 뛰어난 선견지명과 분별력, 지략을 발휘하여 세인의 경탄을 받은 반면 다른 한편으로는 극심한 불행을 겪으며 영욕의 양단을 왕래한 파란만장하고 기이한 운명을 산 인물이다. 그러면서도 역경을 헤치고 재기할 수 있는 탁월한 재능을 가진, 그야말로 운명의 여신이 지닌 키의 방향까지 바꾸게 한 만고에 빛나는 영웅이라 할 수 있다. 모든 인간사에는 천시(天時)와 지리(地利)가 관여하고 또한 인화(人和)가 중요함을 새삼 느끼게도 한다.

제21장 소설, 축제, 경기 및 기타

1. 소설

헬레니즘 스타일의 그리스 로맨스 혹은 전기소설(傳奇小說) 중 현재 제대로 전해지는 것은 다섯 편 정도다. 낭만 또는 공상 소설은 헬레니즘기에 등장하여 서기 2세기에 전성기를 맞이하였다. 인물 성격의 묘사는 빈약하지만 강한 구상에 두 연인의 불행한 헤어짐, 일편단심 연인을 찾는 고난의 시련, 위기일발의 탈출, 구사일생, 소름 끼치는 모험과 역경, 수많은 난관과 고비를 넘긴 끝에 재회하여 드디어 행복을 얻는다는 이야기를 주제로 하였다. 같은 시기 라틴어로 된 소설 두 편도 전해지고 있다.

① 『레우키페와 클레이토폰의 모험담』, 아킬레우스 타티오스 지음

두 주인공이 온갖 가공할 고난과 모험 끝에 다시 결합하는 전형적인 로맨스로, 항해, 난파, 고문, 간계, 유괴, 해적의 습격, 도적과의 조우 등이 등장한다. 서기 2세기에 회자된 이 소설에서 작가는 주인공 클레이토폰을 시돈에서 만나본 것처럼 이야기하고 있다. 코이네(당시 표준어)를 사용하지 않은 아티카풍의 작품 스타일로 심한 아티카 사투리에 때로는 쌍소리도 마다 않고 사용하였다. 또한 구절의 접속사 생략과 간결한 단문, 발음 효과 등을 도모하였으며, 목적물·동물·장소 및 사소한 자연현상의 묘사를 즐겼다. 낭독과 연설조, 호소조의 성향을 도입하고, 상반되는 대구의 구사, 예를 들면 여자와의 정사(여색)와 비역(남색), 명성과 중상 등을 나열시켰다. 극 전개에 있어서는 의표를 찌르는 급전환을 처음으로 도입하여 천재적인 문학성을 발휘하였다. 예컨대 레우키페를 세 번이나 죽었다 소생하게 하고 뜻하지 않은 서신과 도착(倒錯)으로 극의

효과를 높였다. 그러나 인물에 대한 성격 묘사가 서툴고 줄거리는 부적절한 개입에 의해 중단되는 등 뒷전으로 밀려나 있다. 비잔틴 비평가는 말씨와 스타일에 찬사를 아끼지 않으면서도 방종에 대해서는 분노를 드러내었다. 작가 아킬레우스는 그리스도교로 개종하여 주교가 되었다는 설이 있으나 대부분의 학자는 부인하고 있다.

② 『카이레아스와 칼리로에』, 카리톤 지음

대략의 줄거리는 다음과 같다. 카이레아스는 슈라쿠세에서 칼리로에와 결혼한 지 얼마 안 되어 질투의 발작으로 발길질한 것이 급소에 맞는 바람에 신부는 관격(關格)으로 죽고 회한의 장례를 치렀는데, 무덤도둑이 그녀가 살아 있음을 발견하여 밀레토스로 데려가 노예로 팔아 버렸다. 신부의 소생과 유괴소식을 알게 된 카이레아스는 곧 그녀를 찾아나섰다. 도중에 붙잡혀 노예가 된 카이레아스는 수없이 많은 고생과 모험을 하며 온 세계를 헤매고 미모의 칼리로에는 많은 구혼자를 물리치고 심지어 페르시아 왕의 구혼까지 마다하며 정절을 지켰다. 마침내 두 사람은 다시 만나 합치고 슈라쿠세로 돌아와 행복을 찾는다.

③ 『아이티오피카』, 헬리오도로스 지음

테아게네스와 카리클레아 사이의 연애를 다룬 소설. 델포이의 아름다운 여사제 카리클레아는 테살리아의 젊은이 테아게네스와 사랑에 빠져 그를 따라 이집트로 줄행랑을 쳤다. 수많은 고난과 모험 끝에 붙잡힌 테아게네스가 신에게 희생제물로 바쳐질 찰나, 카리클레아가 다름 아닌 왕의 딸임이 판명되어 두 연인은 행복한 결혼을 한다.

④ 『다프니스와 클로에』, 롱고스 지음

기원 3세기 중반에 가장 잘 알려진 작품이지만 작가 롱고스에 대해서는 알려진 바 거의 없다. 매혹적인 전원 연애를 소재로 한 이 소설의 주인공인 소박한 연인들은 후에 문학, 음악, 그림, 발레음악, 오페라 등 많은 분야에서 즐겨다루는 소재가 되었다. 특히 프랑스 작가 베르나르댕 드 생 피에르(1737~1814)는 이 작품에서 영감을 얻어 순수한 천상의 연인 같은 청순한 사랑이 비극적인 죽음으로 끝을 맺는 『폴과 비르지니』(1788)를 발표하였다.

⑤ 『에페시아카』(혹은 하브로코메스와 안테이아의 사랑), 크세노폰 지음

에베소의 두 연인이 항해중에 헤어져 난파, 해적과 도둑패의 습격, 노예로의 전락 등 온갖 고난을 이겨내고 구혼자들의 극성과 유혹 등에도 혼인의 서약을 저버리지 않고 결국 재회하여 다시 에베소로 돌아와 행복을 찾는다는 이야기이다.

라틴어 소설로 전해오는 작품은 다음과 같다.

① 『사튜리콘』(사튜로스 설화), 페트로니우스 지음

라틴어 소설로는 첫작품이라고 하며 희극산문체의 풍자소설이다. 페트로니우스는 아프리카 비튜니아의 총독과 로마 집정관을 지내고 마지막에는 네로황제의 오락을 주관하는 행락조정장관으로서 황제의 신임을 얻었다. 그런데 친위대장 티겔리누스의 시기로 피소(Piso)의 황제모반에 동조하였다는 참소를 받아 결국 자살을 명령받았다. 그러나 그는 자살하기 위해 정맥을 열었다가 이를 다시 싸맨 채 친구들과 담소를 나누고 사랑의 시, 즐거운 이야기, 우스운 풍자시에 열을 올렸다. 자기 인장은 죽은 후에 잘못 악용되어 올가미가 되지 않도록 미리 파괴하고 죽음을 맞이할 때까지 평소와 다름없이 익살스런 시간을 보냈다.

그의 이 장편 악한소설 『사튜리콘』은 현재 그 일부만이 전해지는데 엔콜피우스(설화자)와 아스킬투스라는 두 젊은이와 여기에 소년 기톤이 한 패가 되어 반 그리스인 도시의 저속한 지역을 돌아다니는, 도덕심이라고는 찾아볼 수 없는 무뢰한들의 엉뚱한 모험행각을 그렸다. 그러면서도 자유민이 된 신흥 졸부 트리말키오의 만찬에 끼여 들어 겉치장에만 치중하는 그 부인 포르투나타와 만취한 주인남자의 추태 등을 놀랄 만한 구상과 넘치는 생기를 담아 담담한 태도로 서술, 그 시대의 저속한 풍조와 음탕성을 해학적으로 폭로하였다. 또한 이 『사튜리콘』에는 내란에 관한 산문 및 시문과 함께 에베소의 과부 마트론의 비애와 사랑이라는 대본도 포함되어 있는데 이는 『밀레시아 사람의 설화』[1]와

---

1) 밀레토스의 아리스테이데스(기원전 2세기, 그리스인)의 작품으로 사랑과 모험에 관한

같은 구도를 취하고 있다.

페트로니우스는 사치스럽고 방탕한 인물로 유명하지만 로마제국의 사회생활의 단면을 생생하게 보여 주는 그의 저작은 높이 평가받고 있다. 현재 그 저작의 일부만이 전하고 있어 매우 아쉽다.

② 『변신이야기』, 아풀레이우스(124?~170) 지음

황금나귀로 알려져 있는 이 변신담은 나귀로 변신한 주인공이 시련을 겪으며 들은 것을 이야기체로 서술한 것으로, 특히 에로스와 프슈케의 설화는 대단히 절묘하여 일품이라는 평을 받고 있다(프슈케 항목 참조).

2. 축제

축제(Festival)는 부족, 도시, 혹은 국가 단위의 신화나 역사적 에피소드를 주기적으로 극화시켜 장엄한 형식으로 재현시키는 행사를 가리킨다. 옛적에는 하루 또는 수일(주로 보름달과 연관)을 할애해서 부족신이나 나라의 수호신을 위한 제전을 개최하였는데, 주로 종교적 견지에서 제의를 올리지만 세속적 행사도 아울러 진행하고 또한 오락성 축제도 겸하였다. 따라서 운동경기, 연극, 향연이 함께 베풀어졌을 뿐만 아니라 심지어 어떤 축제에서는 성적인 문란이나 음탕한 탈선 행위까지도 함께 이루어졌다. 축전은 매해 또는 수년(8년, 4년 혹은 2년)마다 주기적으로 열렸으며, 그 사이에는 작은 축제가 있었는데 예외적으로 디오뉴소스 오르기아(진탕 마시고 난무난교하는 파티!) 같은 것은 대단히 큰 규모로 행해졌다.

그리스 세계의 주요 축제 혹은 체전에는 올림피아·이스트미아·네메아·퓨티아 경기 등이 있었다. 아테네 도시를 주축으로 하여 행해진 축전은 다음과 같았다. 판아테나이아, 디오뉴시아(연 2회), 레나이아(1~2월), 안테스테리아(3~4월), 오스코포리아(11월), 테스모포라(데메테르 비의), 스키로포리아(한여름 여성

단편소설로 추측된다. 일부 단편이 전해지고 있는데, 그 구상은 『사튜리콘』에 나오는 '에베소의 과부 이야기'에 전용되고 있어 문학성을 엿볼 수 있다.

축제), 타르겔리아(5~6월), 퓨아넵시아(10~11월) 등. 아파투리아는 이오니아 사람들의 씨족 문중 축전으로 아테네에서만 거행되었으며 어린이와 젊은이 및 신혼부부의 문중 등록 행사였다.

스파르타 사람들의 대규모 축제로는 매해 7월에 열리는 굼노파이디아 체전과 카르네이아 제전이 있고, 아르고스에서는 4년마다 헤라 축제, 플라타이아에서는 기원전 479년 페르시아 전쟁에서 거둔 승전을 기념하는 축제인 엘레우테리아가 5년을 주기로 성대히 개최되었다.

바사이 근처 서부 아르카디아의 류카이오스 산은 펠라스고스(가이아의, 또는 제우스와 니오베의 아들)의 아들 류카온이 신전을 세워 제우스 숭배를 시작한 성역으로 제우스 신을 위해 성대한 류카이아를 거행하였으며, 동시에 판 신의 출생지로서 판 축제도 거행하였다.

3. 올림피아 경기

올림피아 경기(Olympian games)는 고대 그리스의 경기 축전으로 명칭은 그 지방명 혹은 제우스의 호칭 올림피오스에서 유래한다. 첫 시작은 확실치 않고 제우스가 티탄족과의 싸움에서 승리한 기념으로 기원전 1453년에 개최하였다고 하고, 일설에는 헤라클레스가 아우게아스에 승리하고 제우스의 영광을 기리기 위하여 기원전 1222년 축전을 열었다고도 한다. 기록상으로는 기원전 776년에 열린 경기가 가장 오래 되었고 이는 서기 393년까지 이어졌다.

도시국가로 이루어진 고대 그리스 세계는 상호간에 전쟁이 빈번하였으나 이 올림피아 경기 기간에만은 싸움을 중단하여 올림피아 휴전이 지켜졌다. 경기는 4년마다 개최되었으며 경기와 다음 경기 사이는 올림피아스, 그 역년(曆年)은 올림피아드(올림피아 연기)라 하였다. 경기는 델포이, 코린트 등 여러 곳에서 치렀으며 그 외 축제 때도 경기를 가져 운동경기가 성행하였다. 초기에는 달리기와 레슬링이 주 경기종목이라 하루 만에 끝났으나 점차 종목이 늘어나고 기간도 늘어났다. 특히 높이뛰기, 원반던지기, 투창을 포함한 5종 경기가 주종목으로 자리를 잡았다.

올림피아 스타디움으로
이어지는 통로

올림피아 경기는 엘리스 나라 사람이 주관하여 매우 공정하게 운영하였는데, 제50회까지는 한 사람, 51회부터 103회까지는 2명이 주관하였으며 그 후 엘리스 부족의 수에 따라 12명까지 늘어나기도 하였다. 경기는 옷을 벗고 행하였으므로 여자의 참석을 금하였다. 승리자에게는 관을 씌워 주었으며 규율을 어긴 자는 암벽에서 던져 버렸다. 선수는 등록하고 나서 10개월 동안 엘리스의 공설경기장에서 연습하게 되는데, 매우 엄격하며 경건하지 않은 자나 죄인은 제외시키고 부정이 없도록 선수 부친에게까지 맹세를 시켰다.

아테네의 경기장은 예로부터 판아테나이아를 거행한 광장으로, 서기 2세기에 아티카의 펜텔리코스산 대리석으로 완전 치장하였으나 그 후 경기가 중단되자 방치되었다가 중세에 대리석을 태워 석회 제조용으로 쓰면서 사라져 버렸다. 현 경기장은 제1회 현대 올림피아 경기를 위해 다시 치장한 것이다.

이 제전은 로마 황제 테오도시우스 1세가 그리스도교로 개종하면서 이교도의 제전이라 하여 금지시킴으로써 393년을 마지막으로 막을 내리고 말았다. 이

옥고 테오도시우스 2세에 와서 제우스 신전, 헤라 신전 등이 해체되었으며 그 후 알라리쿠스가 이끄는 고트족의 침범에 의한 파괴, 지진 및 알페오스 강과 클라데오스 강의 범람에 의한 매몰로 폐허화되었다. 올림피아 경기는 중단된 지 1500년이 지난 1896년, 아테네에서 다시 재개되었다. 이것이 바로 현대의 제1회 올림피아 경기로, 프랑스의 쿠베르텡이 주동하고 아에로프의 지원으로 구현되었다.

원래의 올림피아 경기는 귀족계층이 즐기던 오락이 제도화된 것으로 고전기까지 전해 내려왔다. 경기 우승자에 대해서는 송시가 낭송되었으며, 우승자의 조각상은 축전을 개최한 신전에 봉헌되어 그 영광은 절정에 달하였다. 각 도시 국가에서는 경기에 참가한 선수들에게 포상금을 주었다. 그러나 기원전 7세기에 스파르타의 시인 튜르타이수, 장군이자 철학자인 크세노폰은 경기에서 우승하는 것보다 국가방위가 더 유익하다고 주장하였다. 민주적 주권을 입법화한 고대 그리스 7현인의 한 명인 아테네의 솔론도 올림피아에서 승리한 선수의 포상금을 매번 증액하는 것은 합당하지 않다고 하였다. 대신 전쟁에서 헌신적으로 활약하고 쓰러진 용사에게 응분의 보상을 해주고 그 자녀들은 나라의 돈으로 부양하며 교육을 받도록 해주었다. 이는 젊은이들에게 전쟁터에서 공을 세우는 데 앞장서도록 하여 마라톤 전투에서는 아테네인 만 명과 플라타이아인 천 명이 연합하여 페르시아의 30만 대군과 맞서 싸워 기적적인 대승을 거두는 바탕이 되었다. 이러한 연유로 훈련에 큰 비용을 들여야 했던 경기 참가자들은 승리하더라도 영예는 얻지만 그 외의 득이 없어 나이가 든 후에는 궁핍을 면치 못하는 경우도 있었다. 그러함에도 불구하고 우승자를 예찬하는 관행은 계속되었다.

퓨티아 경기, 이스트미아 경기, 네메아 제전, 아테네 축전

오래 전부터 파르나소스 산 기슭의 델포이(옛 이름은 퓨톤)에서는 아폴론 신을 찬미하기 위한 퓨티아(Pythia) 제전을 개최하였는데 특히 하프와 비슷한 키타라에 맞추어 노래를 부르는 음악경연이 열렸다. 이는 매 8년마다 열렸는데 기원전 582년에는 축제가 재구성되어 올림피아드의 제3년째에 개최되었으며 그리스에서 올림피아 경기 다음으로 중요한 제전으로 자리잡았다. 주로 음악 경연으로서 기악연주·노래, 드라마, 시문 낭독이 행해졌으며 점차적으로 올림피아처럼 운동경기와 마술경기도 보태졌다. 달리기 경주는 파르나소스 산 기슭의 퓨토 경기장에서, 2륜전차 경기는 크리사이아 평원에서 열렸으며 이 곳에 기마장이 생겨났다. 우승자에게는 신전 성역에 있는 월계수 가지로 만든 월계관이 씌워졌다.

코린트의 이스트미아(Isthmia) 경기도 유명하였다. 원래 기원전 1326년 이노의 아들 멜리케르타를 기념하는 경기로 시작되었는데 테세우스 때 재구성되어 포세이돈 신을 위한 제전으로 정착되었다. 일반적으로 기원전 582년에 열린 제전경기를 제1회로 치며, 신성하고 엄숙한 이 제전은 로마장군 뭄미우스에 의한 참화 속에서도 진행되었다. 승자에게는 솔잎관을 씌워 주었는데 후에는 마르고 시든 양미나리 관으로 대체되었다.

네메아(Nemea) 제전도 잘 알려진 행사인데 처음에는 뱀에 물려 죽은 네메아 왕의 아들 아르케모로스를 애도하기 위해 시작되었다. 그 후 헤라클레스의 네메아 사자 퇴치를 기념하기 위하여 새로 재구성되었으며 매 올림피아드의 첫해와 세번째 해에 개최되었다.

아테네의 아테나이아는 전 부족이 참가하는 판아테나이아로 발전하였다. 이 아테나 여신을 위한 축제는 매년 열리는 소규모 축전과 5년마다 열리는 대규모 축전으로 확장되었으며 매우 장엄하고 일대 장관을 이루었다.

4. 파로스의 대리석 비문

파로스의 대리석 비문(Marmor Parium : 파리아인의 연대기)은 원래 높이 184cm, 넓이 68cm, 두께 15cm의 석비인데 현재는 파손되어 두 동강이가 나 있다. 그 한 조각은 현재 영국 옥스퍼드 애시몰런 박물관에 소장되어 있는데, 원래 프랑스 수중에 있던 것을 영국 아룬델 백작의 교역자 페티가 17세기 초에 발견하여 백작이 구입한 후 옥스퍼드 대학에 기증한 것으로 '아룬델'의 비문석으로 널리 알려져 있다. 나머지 하나는 파로스 박물관에 소장되어 있다.

비문 편찬자의 이름은 실명되어 없으나 각인된 연대기에는 아테네 왕의 시조 케크로프스로부터 아테네의 집정관 디오그네토스(기원전 264/3)까지 적혀 있고 내용은 역사 기록에서 끄집어 낸 연대별 사연으로 이루어져 있다. 두 동강이 난 조각에서는 각각 80개와 27개 항목이 식별되며, 각 항목에는 하나 또는 그 이상의 사건이 수록되어 있다. 첫 조각에는 기원전 1581~355년, 둘째 조각에는 기원전 336~299년 동안의 사연이 적혀 있다. 정치, 군사, 종교, 시문, 역사 등이 뒤섞여 있는 이 비문은 그리스의 여명기부터 기록한 연대기로서 그리스 역사의 신기원을 이룩한 매우 귀중하고 가치 있는 유물이다. 비문의 연대기를 발췌하면 다음과 같다.

기원전 1581년 : 케크로프스가 왕권을 확립하고 나라를 케크로피아라 함. 그 전에는 악타이오스에 연유하여 아크테라 함.
기원전 1558년 : 데우칼리온의 홍수.
기원전 1531년 : 아레스와 포세이돈의 소송사건이 아테네의 한 언덕에서 판결되었고 그 곳을 '아레오파고스'라 함.
기원전 1520년 : 헬렌이 왕으로서 그리스를 통치하고 나라 이름을 헬라스라 함.
기원전 1510년 : 다나오스가 펜테콘토로스(50노선)로 이집트에서 그리스에 도래함.
기원전 1505년 : 에릭토니오스가 아테네의 왕이 되고 판아테나이아가 시작됨.
기원전 1462년 : 미노스가 크레타의 왕이 됨.
기원전 1397년 : 엘레우시스 비의가 창립됨.
기원전 1259 년 : 테세우스는 12부족을 합하여 아테네 나라의 시민으로 하고 민주정을 시행함.
기원전 1256년 : 아마존 여인족이 아테네에 침입함.
기원전 1251년 : 7인의 용장이 테베를 공격함.
기원전 1218년 : 트로이 전쟁이 시작됨.
기원전 1209년 : 트로이 성이 함락됨. 타르겔리아(아폴론과 아르테미스의 축제)를 개최하는 타르겔리온(5~6월) 제7일에 달이 이지러짐.
기원전 1208년 : 오레스테스가 아레오파고스 법정에서 석방됨.
기원전 1077년 : 넬레우스가 이오니아의 밀레토스와 그 외 도시를 건설함.
기원전 937년 : 헤시오도스 이름 나다.

기원전 907년 : 호메로스 이름 나다.

기원전 790년 : 아르키아스가 슈라쿠세 건설함.

기원전 683년 : 집정관 제도.

기원전 645년 : 테르판드로스가 음악의 양식을 개정함.

기원전 605년 : 알류아테스(리디아의 크로이소스 부왕)가 메데스 왕이 됨.

기원전 603/596년 : 사포가 시칠리아로 도피함.

기원전 581/562년 : 아테네에 코믹 코로스 창단됨.

기원전 561년 : 페이시스트라토스가 아테네의 참주에 오름.

기원전 490년 : 마라톤 전쟁

기원전 485년 : 아이스큘로스가 비극 경연에서 첫 우승함. 에우리피데스 출생
함.

기원전 324년 : 알렉산더 대왕 사망.

위의 대리석 비문 이외에도 문자 색인, 수개의 명판(銘板)이 19세기와 20세
기에 파로스에서 발견되었다. 이 고장 시인 아르킬로코스의 활동 사연이 적혀
있으나 이름을 넣지 않았다. 아르킬로코스는 전쟁터에서 방패를 팽개치고 도
주한 자신의 비(非)영웅적 행위를 풍자하는 시를 지었다. 그 후 전투중에 도주
한 자신들의 사연을 시문으로 밝힌 작가가 여럿 있으며, 이름난 시인으로 알카
이오스(기원전 620년경), 아나크레온(기원전 570년경), 호라티오스(기원전 65~8)
등이 있다.

5. 그리스의 알파벳

옛적 기원전 8세기 초기의 그리스어 필기 유물은 모두 그리스 도자기에 적
혀 남아 있다. 이들 글자는 주로 그리스 서쪽의 경우 이스키아 섬에서, 동쪽은
포클레스 섬에서 발견된다. 도자기에 남아 있는 필기법은 홀수행(글의 줄)은 왼
쪽에서 오른쪽으로, 짝수행은 오른쪽에서 왼쪽으로 적는 부스트로페돈식이다.

영어와 비교하여 가장 두드러지게 차이 나는 점은 다음과 같다.

E는 짧은 발음의 e(e)

H는 긴 발음의 e(e)−최초의 모음 앞의 H는 생략하고 흡기(aspirate) 여부에 따라 표기를 ’(rough breathing)과 ‘(smooth breathing)로 한다.

θ는 th

K는 경음 c(k)

O는 짧은 o(o)

P는 r(rh)

Y는 u(y)

Φ는 ph

X는 ch(kh)

Ψ는 ps

Ω는 o

대문자와 소문자의 구분은 서기 9세기까지는 확실하지 않았다. 또한 A에서 T까지는 북부 셈어 알파벳으로 페니키아 서체이며, 신화상 카드모스(튜레의 왕 아게노르의 아들)가 그리스 테베로 가져왔다고 한다. H와 Z 사이에는 F를 첨가 하여 영어의 W와 같은 발음을 하고 이를 디감마라 하였으나 고전기 전에 없 어졌다.

그리이스 문자(Greek Characters)

기호	발 음	기호	발 음
A α	alpha	N ν	nu
B β	beta	Ξ ξ	xi
Γ γ	gamma	O o	omicron
Δ δ	delta	Π π	pi
E ε	epsilon	P ρ	rho
Z ζ	zeta	Σ σ	sigma
H η	eta	T τ	tau
θ θ	theta	Υ υ	upsilon
I ι	iota	Φ φ	phi
K κ	kappa	X χ	chi
Λ λ	lambda	Ψ ψ	psi
M μ	mu	Ω ω	omega

6. 점성학

고대 칼데아인들은 달을 숭배한 민족으로, 달여신의 12궁(宿)을 정하고 월상
(月相)과 운행으로 계절을 인지하였으며 곡물의 파종·수확 시기를 점쳤다. 셈
족의 한 부족인 이들 칼데아인은 기원전 12세기부터 바빌로니아에 정주하고
기원전 626년부터 이 지방의 지배권을 장악하였다. 아시리아 제국이 멸망한 후
왕국을 세워 점성학을 천문학으로 발전시켜 정확하고 완전한 천체 관측을 하
였으며, 태양과 달의 공전주기를 계산하고 일식 및 월식을 정확히 예견하였다.
공전(公轉)을 발견한 이 신바빌로니아 왕국은 그 후 급속히 쇠퇴하여 기원전
539년 페르시아 제국에 의하여 멸망하였다.

태양, 달 및 별의 빛으로 점을 치는 점성술의 지혜는 마테시스(학문, 모친의
지혜)라 하며 칼데아어로 점성술사는 마테마티키(모친 지혜의 학문)라 한다. 메
소포타미아에서 시작된 이 점성술은 지중해 지역과 인도로 전파되었으며 특히
그리스 세계에서 수학과 천문학의 발전에 큰 영향을 미쳤다. 한편 그리스도 교
회의 많은 신부들은 점성술이 여성과 관련되어 있다고 생각하여 악마의 술(術)
이라 하였으나 개중에는 적극적으로 수용한 경우도 있었다. 예컨대 이름난 신
부 오리게네스(185?~254)는 별이란 지성을 가진 미래를 예지하는 정령이므로
별의 운행을 관찰하면 정령의 지성을 감지할 수 있다고 하였다. 아퀴나스(122
5~1274)도 오리게네스의 이 의견에 찬성하고 인간의 운명은 별의 운행에서 어
떠한 힘을 받느냐에 따라 정해진다고 주장하기도 하였다.

점성학에 따르면, 천체는 멀리 떨어져 있기는 하나 그 자체가 신성을 지니며
별의 특성인 천체 운행은 인간의 삶에 가장 큰 영향을 미친다. 다시 말해 온 천
체가 시간성·인간성에 관한 사상, 특히 별의 위치가 운명을 결정한다는 사고
와 매우 긴밀히 연결되어 있는 것이다. 현대에 와서는 지구가 태양을 중심으로
회전한다는 사실이 상식으로 되어 있고 그 회전의 궤도를 황도대라 하지만, 옛
적에는 지구가 고정되어 있고 해가 지구 주위를 돈다(천동설)고 보았다. 그리고
그 태양이 1년간 일주하여 그리는 대 원대(圓帶)의 선상에 달이 오게 되면 일
식 또는 월식 현상이 나타난다고 생각하였으므로 이를 성식대(星蝕帶)라고도
하였다.

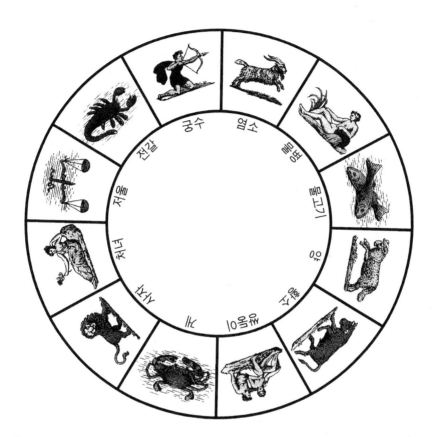

황도 12궁

　황도대는 황도를 중심으로 하여 9도씩 모두 18도 너비가 되는 띠 모양의 천역(天域)으로, 여기에는 동물 이름이 붙은 별자리 궁(sign)[2]이 많아 일명 짐승띠라고도 한다. 이들 별자리는 12등분하여 매겨 놓은 성좌로, 황도 12궁이라하며 점성술에서 중요한 역할을 한다. 황도 12궁은 다음과 같다. 염소자리, 물병자리, 물고기자리, 양자리, 황소자리, 쌍둥이자리, 게자리, 사자자리, 처녀자리, 저울자리, 전갈자리, 궁수자리. 점성술에서는 이들 별자리의 변동을 관찰하여 점성 예언 및 하루하루의 점치기를 행하였다.

---

　2) 그리스의 천문학자 히파르코스(기원전 ?~127)가 처음으로 별자리 목록을 작성하였다고 한다.

후 기

신화에 관심을 가진 지는 오래 전이다. 책을 읽다 보면 신이나 인물 이름이 고사성어로 자리하여 적잖이 나오나 함축된 뜻은 모르고 피상적으로만 이해한 채 넘어가곤 했다. 그래서 구체적으로 어원을 자세히 알아보고 싶은 마음에 신화쪽에 관심을 갖고 국내서점을 뒤져 보았으나 관련 책자는 좀처럼 눈에 띄지 않았다. 외국에 있는 친구에게도 부탁해 보았으나 신화에 관심이 없는 분은 부담만 느끼는 것 같았다. 그래서 우선은 비교적 쉽게 접할 수 있는 세계문학전집 중 호메로스의 『일리아드』와 『오듀세이아』(유영 옮김, 정음사)를 정독하였으나 인물이나 지명이 워낙 많아 생소하고 부담스러웠다. 이를 계기로 영역판 및 일역판 문고를 찾아보고 여러 나라에서 출간한 고전어 사전도 구해 보았다. 80년대 이후에 들어오면서는 우리 나라에도 서서히 신화 관련 서적들이 하나둘 눈에 띄기 시작하여 무척 반가웠다.

필자는 70년대 말과 80년대 후반 수개월에 거쳐 유럽에서 지낼 기회가 있어 주말에는 유럽 몇 나라의 고적과 박물관을 방문하였다. 정년을 하고는 미국·캐나다의 박물관과 특히 그리스 유물 수집으로 이름난 L. A. 근처 말리부 해안에 있는 존 폴 게티 박물관에 들러보았고, 또한 이 박물관이 신축 이전하기 위하여 97년에 문을 닫는다고 하여 다시 한 번 찾아가 보았다. 나일 강 연안과 소아시아의 옛도시, 또한 고적으로 이름난 섬에도 들러볼 기회가 있어 유적지를 돌아보고 감동을 느낄 수 있었다. 특히 이집트의 유적은 남미의 마야, 톨텍, 아스텍 및 잉카의 유적과는 너무도 달랐다. 한편 여러 나라를 방문할 때마다 대학서점을 돌아다니며 책을 섭렵하였는데 그리스 신화, 고대사 특히 민주주의 발생 국가인 아테네에 관한 연구 서적이 즐비하였다. 이러한 경험들이 이 졸작을 펴내는 데 크게 도움이 되었음은 물론이다.

신화는 뮤즈와 그로부터 영감을 받은 시인이 마치 어망을 짜는 것처럼 스토리의 가닥을 시상으로 엮고 시대가 내려오면서 시인 작가들이 그 망 속에 계속 진귀한 감동을 담아 내었다. 그리고 거기에 노래와 춤을 곁들여 축제 때마다 비극과 희극의 경연대회를 개최하여 시민들에게 신화에 몰입, 열광케 함으로써 신의 섭리를 뇌리에 심었다. 이제 신화에 관해서 대충 짐작이 갈 것 같으면서도 한편으로는 그 심오한 진수는 갈수록 가경으로 점입(漸入)하여 오리무중에 빠지니, 옛 시인이 읊은 다음 시조(작가 미상)가 새삼 심금에 와 닿는다.

북소리 들리는 절이 멀다 한들 긔 얼마리
청산지상(靑山之上)이오 백운지하(白雲之下)건마는
그 곳에 백운(白雲)이 잦았으니 아무덴 줄 몰라라

북현인

참고문헌

A. Andrewes, *Greek Society*, Penguin Books, 1971/*The Greeks*, Norton, 1978.

A. S. Muray, *Who's Who in Mythology*, Blacken Books, 1988.

A. Bonnard, *Civilisation Grecque* Ⅰ · Ⅱ · Ⅲ(La Guilde du Livre), Lausanne, 1954~1959.

B. G. Walker, *The Woman's Encyclopedia of Myths and Secrets*, Harper & Row, 1983.

Basil Petrakos, *National Museum : Sculpture-Bronzes-Vases*, Athens : Clio Editios, 1981.

Cyril Aldred, *The Egyptians*, Thames and Hudson, 1994.

Diana Bowder ed., *Who was who in the Greek World*, Phaidon · Oxford, 1982.

Diana Buitron-Oliver, *The Greek Miracle*, Washington : National Gallery of Art, 1992.

E. Tripp, *The Meridian Handbook of Classical Mythology*, New American Library New York, 1970.

Edith Hamilton, *Mythology*, Penguin Books, 1969.

Ehrenbery, *The Greek State*, Basil Blackwell & Matt, 1960(김진경 옮김, 『그리스 국가』, 민음사, 1991).

Eva C. Keuls, *The Reign of the Phallus*, Haper & Row, 1985.

K. Hüebner, *Die Wahrheit des Mythos,* München, 1985(이규영 역, 『신화의 진실』, 민음사, 1991).

G. M. A. Richter, *A Handbook of Greek Art*, Phaidon Press, 1996.

H. A. Groenewegen-Frankfort · Bernard Ashmole, *Art of the Ancient World*, New York : Harry N. Abrams.

H. A. Shapiro, *Myth into Art : Poet and Painter in Classical Greece,* Routledge,

1994.

H. D. F. Kitto, *The Greeks*, Penguin Books, 1951.

H. J. Rose, *Handbook of Greek Mythology*, New York, 1959.

H. P. Eydous, *In Search of Lost World*(영역, Hamlyn, 1972).

H. W. Janson, *History of Art*, Thames and Hudson, 1995.

Henri Stierlin, *The Gold of the Pharaohs*, Terrail, 1997.

J. Boardman, *Athenian Red Figure Vases : The Archaic Period*, Thames and Hudson, 1991.

J. Boardman, *Greek Sculpture : The Archaic Period,* Thames and Hudson, 1993.

J. Boardman ed., *The Oxford History of Classical Art*, Oxford Univ. Press, 1993.

J. Boardman, *Greek Sculpture : The Classical Period*, Thames and Hudson, 1995.

J. Boardman, *Greek Sculpture : The Late Classical Period*, Thames & Hudson, 1995.

J. Boardman, *Greek Art*, Thames and Hudson, 1996.

J. Ferguson, *Among the Gods - An Archaeological Exploration of Ancient Greek Religion*, Routlege, 1989.

J. J. Pollitt, *Art and Experience in Classical Greece*, Cambridge Univ. Press, 1979.

J. Lempriere, *Classical Dictionary*, Routledge & Kegan Paul, 1984.

J. S. Bolen, *Goddesses in Every Woman,* Haper & Row, 1983.

J. S. Bolen, *Gods in Everyman*, Haper & Row, 1989.

Jessica Hodge, *Who's Who in Classical Mythology*, Brompton Books, 1995.

M. Grand and J. Hazel, *Gods and Mortal in Classical Mythology*, Michael Grant, 1973.

M. Stapleton, *The Illustrated Dictionary of Greek and Roma Mythology*, Peter Bedrick Books, 1978.

Manolis Aneronicos, *The Acropolis*, Athens : Ekdotike Athenon S. A., 1980.

N. G. L. Hammond · H. H. Scullard ed., *The Oxford Classical Dictionary*, Oxford Univ. Press, 1970.

Oskar Seyffert, *The Dictionary of Classical Mythology Religion, Literature, and Art*, Gramercy Books, 1995.

P. Grimal, *The Dictionary of Classical Mythology*, Blackwell, 1986.

Peter Clayton, *Great Figures of Mythology*, Crescent Books, 1990.

Peter Green, *Ancient Greece : A Concise History*, Thames and Hudson, 1995.

Peter Levi, *Atlas of the Greek World*, Facts on File, 1993.

R. Graves, *The Greek Myths*, Penguin Books, 1960.

R. R. R. Smith, *Hellenistic Sculpture*, Thames and Hudson, 1991.

Richard Cavendish ed., *Mythology : An Illustrated Encyclopedia*, Macdonald & Co, 1987.

Richard Green · Eric Handley, *Images of the Greek Theatre*, Austin : Univ. of Texas Press, 1995.

Roland Hampe · Erika Simon, *The Birth of Greek Art*, Thames and Hudson, 1980.

Stanislav Grof, *Books of the Dead : Manuals for Living and Dying*, Thames and Hudson, 1994.

T. H. Carpenter, *Art and Myth in Ancient Greece*, Thames and Hudson, 1992.

Y. Bonnefoy, *Mythologies*(G. Honigsblum et al 영역, Univ. of Chicago Press, 1991).

高津春繁, 『ギリシア・ローマ神話辭典』, 東京 : 岩波書店, 1960.

찾아보기

저자 | 홍사석 洪思奭
　　　 1925~1997. 8
　　　 연세대학교 약리학교수
　　　 연세대학교 醫史學資料室長
　　　 연세대학교 의과대학장
　　　 연세대학교 부총장
　　　 연세대학교 명예교수
　　　 세종문화상, 호암상 수상

그림 | 홍승표
　　　 홍익대학교 공예학 전공
　　　 프리랜서 인테리어 디자이너
　　　 곤충동호인회 회장

그리스의 신과 영웅들
살아있는 지중해 신화와 전설

홍 사 석 지음

초판 1쇄 인쇄 2002년 8월 16일
초판 1쇄 발행 2002년 8월 23일

발행처 도서출판 혜안
발행인 오일주
등 록 1993년 7월 30일 제22-471호

주 소 서울특별시 마포구 서교동 326-26
전 화 3141-3711, 3712
팩 스 3141-3710

값 15,000원

ISBN 89-8494-167-0 03210

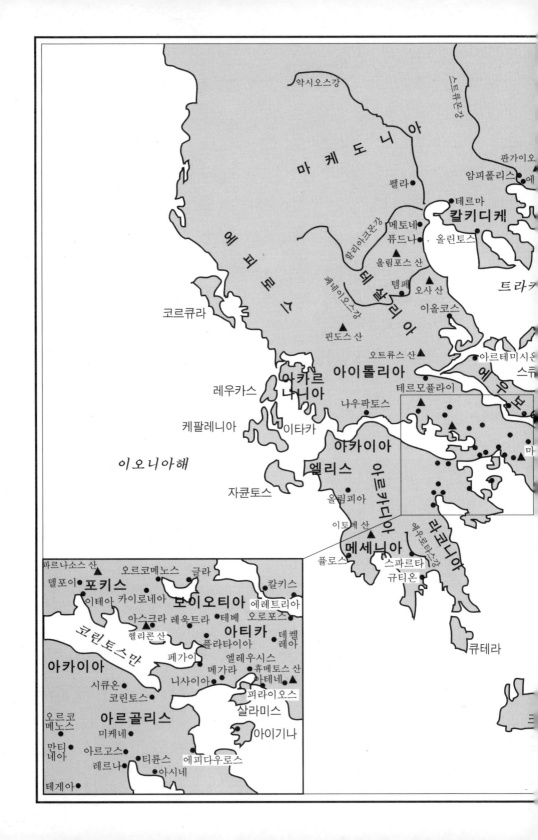

악시오스강

스트뤼몬강

마 케 도 니 아

펠라

판가이오
암피폴리스
에

에 피 로 스

할리아크몬강

테르마
칼키디케

메토네
퓌드나
올림포스 산
템페
오사 산

올린토스

트라키

페네이오스강

코르큐라

테 살 리 아

이올코스

핀도스 산

아르테미시온
스큐

오트류스 산

아 카 르
나 니 아

아이톨리아

에 우 보

레우카스

테르모퓔라이

나우팍토스

케팔레니아

이타카

아카이아

마

이오니아해

엘리스

아르카디아

자큔토스

올림피아

이토메 산

메세니아

라 코 니 아

에우로타스강

퓔로스

스파르타
귀티온

큐테라

트

파르나소스 산
오르코메노스
글라

델포이
포키스
칼키스

이테아 카이로네아
보이오티아
에레트리아

아스크라 레욱트라
테베
오로포스

헬리콘산
아티카
데켈
레아

플라타이아

코린토스만

페가이
엘레우시스
메가라
휘메토스 산

아카이아
니사이아
아테네

시큐온
피라이오스

코린토스
살라미스

오르코
메노스
아르골리스
아이기나

마티
네아
미케네

아르고스

레르나
티륜스
에피다우로스

테게아
아시네

트

흑 해

트 라 키 아

보스포로스 해협

페린토스

비잔티움

칼케돈

비 튜 니 아

프로폰티스해

아이노스

사모
트라케

카르디아

세스토스

람프사코스

큐지코스

임브로스

아비도스

프 리 지 아

시가이움

트로이

▲이다산

뮤 시 아

테네도스

메튬나

렘노스

페르가몬

프 리 지 아

뮤틸레네

카이코스강

레스보스

에 게 해

포카이아

헤르모스강

마그네시아

키오스

클라조메네

사르디스

리 디 아

스뮤르나

켈레네

안드로스

콜로폰

테노스

사모스

에베소

마이안드로스강

팜 풀 리 아

뮤코노스

마그네시아

이카리아

밀레토스

카 리 아

델로스

낙소스

파로스

할리카르나소스

리 시 아

아모르고스

이오스

코스

아스티팔라이아

로도스

테라

로도스

린도스

크 레 타 해

카르파토스

카소스

크노소스

이다산

딕테산

카토자크로